suhrkamp taschenbuch
wissenschaft 2299

Alle »klassischen« Soziologen des 19. und 20. Jahrhunderts versuchten, die große Transformation von der vormodernen zur modernen Gesellschaft zu verstehen und zu erklären. Sie beschritten dazu neue theoretische wie methodische Wege und legten paradigmatische Analysen vor, die in zündenden Zeitdiagnosen gipfelten. Ihre Stichworte lauten: Demokratie (Tocqueville), Kapitalismus (Marx), Moral (Durkheim), Kultur (Simmel) und Rationalisierung (Weber). *Krise und Kritik* stellt die Deutungsversuche dieser Klassiker in fünf Porträts vor, bettet sie in allgemeine Überlegungen zur Moderne ein und zeigt, dass ihre Problemlagen noch immer die unseren sind.

Hans-Peter Müller ist Professor em. für Allgemeine Soziologie an der Humboldt-Universität zu Berlin. Im Suhrkamp Verlag erschienen zuletzt: *Max Weber. Eine Spurensuche* (stw 2317), *Simmel-Handbuch. Begriffe, Hauptwerke, Aktualität* (stw 2251, hg. mit Tilman Reitz), *Pierre Bourdieu. Eine systematische Einführung* (stw 2110) und *Sozialer Wandel. Modellbildung und theoretische Ansätze* (stw 1172, hg. mit Michael Schmid).

Hans-Peter Müller

Krise und Kritik

Klassiker der soziologischen Zeitdiagnose

Suhrkamp

Für Katrin

Bibliografische Information der Deutschen Nationalbibliothek
Die Deutsche Nationalbibliothek verzeichnet diese Publikation
in der Deutschen Nationalbibliografie;
detaillierte bibliografische Daten sind im Internet
über http://dnb.d-nb.de abrufbar.

2. Auflage 2021

Erste Auflage 2021
suhrkamp taschenbuch wissenschaft 2299

Umschlag nach Entwürfen
von Willy Fleckhaus und Rolf Staudt
Druck und Bindung: C. H. Beck, Nördlingen
Printed in Germany
ISBN 978-3-518-29899-2

Inhalt

Vorwort

Die klassischen soziologischen Theorien befassen sich mit drei grundlegenden Themenkomplexen: 1. Ihr zentrales Problem ist die »Große Transformation« agrarisch-feudaler Ständegesellschaften in industriell-kapitalistische Klassengesellschaften. Kurz gesagt: Es geht um das Verhältnis von Tradition und Moderne. 2. Um dieses Problem wissenschaftlich untersuchen zu können, werden Gegenstand (das »Soziale«), Begriffe (wie »Gesellschaft«), Theorien (Handlungs-, Organisations- und Ordnungstheorie) und Methoden (»Verstehen« und »Erklären«) entwickelt. So entsteht eine neue Wissenschaft: die Soziologie. Kurz gewendet: Es geht um das Verhältnis von Soziologie und Moderne. 3. Auf dieser Grundlage – zentrale Problemstellung und neue Wissenschaft – erfolgen Analysen der Großen Transformation, die in eine kritische Gesellschafts-, Kultur- und Zeitdiagnose einmünden und häufig mit Appellen zu »Revolution« oder »Reform« verbunden sind. Kurz gefasst: Es geht um das Verhältnis von Soziologie und kritischer Zeitdiagnose.

Dieses Programm der klassischen soziologischen Theorien wird im Folgenden an den Arbeiten von Alexis de Tocqueville, Karl Marx, Émile Durkheim, Georg Simmel und Max Weber illustriert. Diese fünf sozialwissenschaftlichen Klassiker haben in besonderem Maße zu unserem Grundverständnis der modernen Gesellschaft beigetragen. Im Vordergrund stehen Transformationsprobleme und -analysen, erst in zweiter Linie geht es um Begriffs- und Theoriebildung. In dieser Verknüpfung von Ideen- und Theoriegeschichte mit den jeweiligen Gesellschaftstheorien, Gesellschaftsanalysen und Gesellschaftskritiken wird die Aktualität der Klassiker besonders sichtbar. Denn sie untersuchen meist das Verhältnis von Wirtschaft, Politik und Kultur und reagieren auf die drei Revolutionen der Moderne: 1. die ökonomische Revolution und die Entstehung des Kapitalismus; 2. die politische Revolution und die Heraufkunft der Demokratie; 3. die kulturelle Revolution und die Genese des Individualismus. Kapitalismus, Demokratie und Individualismus umschreiben die Werte- und Institutionenkonstellation, die auch heute noch westliche Gesellschaftsformationen (und mittlerweile natürlich nicht nur diese) auszeichnet. Wer sich mit der Geschichte der soziologischen Klassik intensiv auseinandersetzt, wird deshalb viel über unsere heutige Gesellschaft verstehen lernen. Mein großer Dank gilt Florian Eyert, Cosima Langer, Steven Sello, Jakob Schultz und Laurin Schwartz für ihre Hilfe bei der Endredaktion des Bandes, der ursprünglich als Lehrbrief für die Fernuniversität Hagen (2017) verfasst und für die vorliegende Publikation gründlich überarbeitet worden ist. Eva Gilmer, Philipp Hölzing und Jan-Erik Strasser vom Team Suhrkamp Wissenschaft haben mit ihrer Expertise dem Band den letzten Schliff verpasst.

Hans-Peter Müller, im Oktober 2020

1. Soziologie und Moderne

1.1 Die Entstehung der Soziologie und der Moderne

Die Soziologie als Wissenschaft entsteht nicht im luftleeren Raum. Vielmehr ist sie selbst das Produkt jener »Großen Transformation«, in der jener Gesellschaftstyp sich allmählich herauskristallisieren sollte, den wir heute kurzerhand die Moderne nennen. Deshalb gilt die Soziologie, die sich akademisch erst in der zweiten Hälfte des 19. Jahrhunderts an den Universitäten durchzusetzen beginnt, nach wie vor als eine relativ junge Wissenschaft. Natürlich hat sie einen außeruniversitären Vorlauf und setzt als eigenständige Denkform in der ersten Hälfte des 19. Jahrhunderts ein. Henri de Saint-Simon (1760-1825), August Comte (1798-1857) und Alexis de Tocqueville (1805-1859) in Frankreich, Karl Marx (1818-1883) in Deutschland und im englischen Exil sowie der Brite Herbert Spencer (1820-1903) haben Soziologie betrieben, aber eben nicht als Professoren an einer Universität. Saint-Simon war Ingenieur und Lebenskünstler, Comte erst sein Sekretär, dann als Privatgelehrter selbständig, Alexis de Tocqueville war Aristokrat, Politiker und Privatier, Karl Marx war Journalist und Revolutionär, Herbert Spencer war Eisenbahningenieur und Mitbegründer des *Economist.* Erst mit der Generation von 1890-1920 sollte die Soziologie langsam Eingang in die Universität finden: Émile Durkheim erhält an der Universität von Bordeaux als erster Franzose eine soziologische Stelle, Georg Simmel müht sich als Philosoph redlich an der Berliner Universität, bleibt aber 38 Jahre Privatdozent ohne Bezüge und muss einen Kurs in der ungeliebten Soziologie unterrichten. Max Weber ist Jurist und Nationalökonom und als solcher an den Universitäten Berlin, Freiburg, Heidelberg, Wien und München tätig – bezeichnenderweise aber erst einmal nicht als Soziologe, sondern als Nationalökonom, der erst in seiner letzten Tätigkeit in München neben den Denominationen Nationalökonomie und Wirtschaftsgeschichte Soziologie unter dem Titel Gesellschaftslehre aufnehmen ließ, obwohl gerade er neben Karl Marx das soziologisch bekannteste Werk hinterlassen haben dürfte.

Wenngleich die Institutionalisierung der Soziologie als Fach an der Universität schleppend und diskontinuierlich vorangeht, ist diese neue Wissenschaft doch von Anfang darauf gerichtet, die »Große Transformation« zu studieren. Der soziale Wandel wird auf diese Weise durch die Soziologie als Begleitforschung beobachtet und *nolens volens* tragen die Sozialwissenschaften ihrerseits zu dem Selbstverständnis moderner Gesellschaften bei, die sie als Gegenstand untersuchen.[1] Gesellschaftstheorie, -analyse und -kritik, vor allem soziologische Zeitdiagnosen, sickern als Aufklärungs-, Orientierungs- und Sinngeber in die Kultur und den Sprachgebrauch der Gesellschaft ein und erlangen auf diese Weise Bedeutung. Das ist natürlich ein schleichender Prozess, sozial unauffällig – keiner merkt's – und allmählich – also alles andere als spektakulär oder revolutionär. Nur weil der Einfluss der Sozialwissenschaften unterhalb der gesellschaftlichen Aufmerksamkeitsschwelle verbleibt, heißt das jedoch keineswegs, dass dieser folgenlos oder gar unbedeutend gewesen wäre. Im Gegenteil: Die Sozialwissenschaften drücken zum einen aus, was in der Gesellschaft vor sich geht; sie prägen neue Begriffe und entwickeln neue Theoreme. Zum anderen drücken sie damit aber auch den Gesellschaften ihren Stempel auf und formen so ihr Selbstverständnis und damit das *Gesellschaftsbild* gleich mit. Die Soziologie ist ein Träger der *Historizität*, wie Alain Touraine das Phänomen nennt, dass moderne Gesellschaften große Anstrengungen unternehmen, sich selbst zu verstehen und ihren voraussichtlichen Gang in die Zukunft zu bestimmen.[2] Die Soziologie ist der Spiegel der Gesellschaft.

Man mache die Nagelprobe und sehe sich Begriffe an, die unser Verständnis und Selbstverständnis noch heute prägen. Man wird feststellen, dass die Sozialwissenschaften in der einen oder anderen Weise oft an ihrer Kreation mitgewirkt haben. Eine kleine Auswahl mag diesen Zusammenhang illustrieren: *Industriegesellschaft* nennt Saint-Simon die modernen Gesellschaften; *Kapitalismus*, nicht der Begriff, der auf Werner Sombart zurückgeht,[3] aber die Sache und ihre Theorie, wurde von Marx analysiert, und unter dem Kapitalismus leben wir noch heute; *Demokratie* ist nicht nur eine Regierungsform, sondern prägt auch eine moderne Gesellschafts- und Lebensform, wie uns Alexis de Tocqueville gelehrt hat. Er konzeptualisiert auch den Begriff des *Individualismus*, dessen Wertgehalt

1 Vgl. Niklas Luhmann, *Beobachtungen der Moderne*, Wiesbaden 1992.

2 So Alain Touraine in *La voix et le regard*, Paris 1978.

3 Siehe Werner Sombart, *Der moderne Kapitalismus*, 3 Bde., Leipzig 1902.

das moralische Selbstverständnis der Moderne noch heute informiert; *Rationalisierung* ist wohl der Motor der Modernisierung und ein Mechanismus sozialen Wandels, den Max Weber zum Kern seiner Theorie der Moderne gemacht hat; *Solidarität* gilt zwar als ein Kampfbegriff der Arbeiterbewegung, aber in Gestalt der von Émile Durkheim analysierten »organischen Solidarität« verweist sie auf die Integrationsprobleme moderner Gesellschaften, angesichts von wachsender Arbeitsteilung, technischem Fortschritt und beruflicher Spezialisierung noch so etwas wie gesellschaftlichen Zusammenhalt sicherzustellen. Industriegesellschaft und Kapitalismus, Demokratie und Individualismus, Rationalisierung und Solidarität sind heute längst Alltagsbegriffe geworden, ja Allerweltsvokabeln, die jeder im Munde führt, ohne sich noch groß Gedanken um deren Herkunft zu machen. Begriff und Sinngehalt stammen aber häufig aus der Soziologie und sind dort im Kontext einer Gesellschaftstheorie, Gesellschafsanalyse und Gesellschaftskritik entwickelt worden.

Das wird sich zeigen, wenn wir uns den soziologischen Klassikern zuwenden. Denn dann wird die Wechselwirkung zwischen Soziologie und Moderne vollends deutlich werden. Wer vom Rathaus kommt, ist bekanntlich schlauer. Von heutiger Warte, so scheint es, lassen sich die soziologischen Klassiker alle auf *einen* gemeinsamen, wenn auch hoch abstrakten Nenner bringen: das *Projekt der Moderne*.[4] So unterschiedlich die soziologischen Zeitdiagnosen im Einzelnen ausfallen mögen, so teilen sie doch den thematischen Bezugspunkt: »*Die Moderne verstehen*«.[5] Bevor jedoch die Gemein-

4 Vgl. Jürgen Habermas, »Die Moderne – ein unvollendetes Projekt«, in: ders., *Kleine politische Schriften I-IV*, Frankfurt/M. 1981, S. 444-464.

5 Richard Münch, *Die Struktur der Moderne. Grundmuster und differentielle Gestaltung des institutionellen Aufbaus der modernen Gesellschaften*, Frankfurt/M. 1984. Zu Begriff und Bedeutung der Moderne gibt es ganze Bibliotheken. Begriffsgeschichtlich grundlegend: Hans Ulrich Gumbrecht, »Modern, Modernität, Moderne«, in: Otto Brunner et al. (Hg.), *Geschichtliche Grundbegriffe*, Bd. 4, Stuttgart 1978, S. 93-131. Weiterführend: Christof Dipper, »Moderne, Version: 1.0«, in: *Docupedia-Zeitgeschichte*, 25. 08. 2010, ⟨http://docupedia.de/zg/Moderne⟩. Aus ästhetischer Sicht zentral: Cornelia Klinger, »Modern/Moderne/Modernismus«, in: Karlheinz Barck (Hg.), *Ästhetische Grundbegriffe. Historisches Wörterbuch in 7 Bänden*, Bd. 4, Stuttgart 2002, S. 121-60. Zur Moderne allgemein: Zygmunt Bauman, *Moderne und Ambivalenz*, Hamburg 1992; Jürgen Habermas, *Der philosophische Diskurs der Moderne*, Frankfurt/M. 1985; Luhmann, *Beobach-*

samkeiten wie die Unterschiede der Ansätze zutage treten und damit das Verständnis der Klassiker rekonstruiert wird, sind jedoch drei weitere Schritte vonnöten.

Im ersten Schritt gilt es zu verstehen, was *modern* eigentlich heißt und welche Grundpfeiler der Modernität sich soziologisch ausmachen lassen. In gebotener Kürze ist deshalb zunächst ein knapper, begriffsgeschichtlicher Rückblick notwendig, um die verschiedenen Bedeutungs- und Verwendungsweisen von modern, Moderne und Modernität kennenzulernen. In einem zweiten Schritt gilt es sodann, die wesentlichen Modernisierungserfahrungen, auf die die klassischen Soziologen reagieren, in Grundzügen zu skizzieren. Mit der notwendigen Abstraktion und dem Mut zur Vereinfachung lässt sich daraus ein formaler Bezugsrahmen ableiten, der die nachfolgenden Kapitel systematisch anleiten soll. Im dritten und letzten Schritt werden die soziologische Zeitdiagnostik und ihr Handwerkszeug unter die Lupe genommen. Da die vorliegende Rekonstruktion der soziologischen Klassik an ihren Gesell-

tungen der Moderne; Heinrich Meier (Hg.), *Zur Diagnose der Moderne*, München 1990; Benjamin Nelson, *Der Ursprung der Moderne*, Frankfurt/M. 1984; Talcott Parsons, *Das System moderner Gesellschaften,* München 1972; ders., *Gesellschaften,* Frankfurt/M. 1975; Steven Toulmin, *Kosmopolis. Die unerkannten Aufgaben der Moderne*, Frankfurt/M. 1991; Peter Wagner, *A Sociology of Modernity*, London 1994 und nochmals ders., *Modernity as Experience and Interpretation*, Cambridge 2008. Zu Moderne und Fortschritt siehe Jeffrey C. Alexander u. Piotr Sztompka (Hg.), *Rethinking Progress*, Boston, London u. a. 1990. Zu Moderne und Utopie: Rolf Eickelpasch u. Arnim Nassehi (Hg.), *Utopie und Moderne*, Frankfurt/M. 1996. Zu den Kulturen der Moderne: Thorsten Bonacker u. Andreas Reckwitz (Hg.), *Kulturen der Moderne*, Frankfurt/M., New York 2007. Zu Modernität und Kontingenz: Michael Makropoulos, *Modernität und Kontingenz*, München 1997. Zur Einheit und Vielfalt der Moderne: Shmuel N. Eisenstadt, *Die Vielfalt der Moderne*, Weilerswist 2000; Thomas Schwinn (Hg.), *Einheit oder Vielfalt der Moderne. Kultur- und strukturvergleichende Analysen*, Wiesbaden 2006; Björn Wittrock, »Modernity: One, None or Many? European Origins and Modernity as a Global Condition«, in: *Daedalus* 129 (2000), S. 31-59. Zur Diagnose der Modernisierung und des sozialen Wandels allgemein: Wolfgang Knöbl, *Spielräume der Modernisierung: das Ende der Eindeutigkeit*, Weilerswist 2001 und ders., *Die Kontingenz der Moderne. Wege in Europa, Asien und Amerika*, Frankfurt/M., New York 2007; Hans Peter Dreitzel, *Sozialer Wandel. Zivilisation und Fortschritt als Kategorien der soziologischen Theorie*, Neuwied, Berlin 1967; Wolfgang Zapf, *Theorien des sozialen Wandels*, Köln, Berlin 1970; Hans-Peter Müller u. Michael Schmid (Hg.), *Sozialer Wandel. Modellbildung und theoretische Ansätze*, Frankfurt/M. 1994.

schafts-, Kultur- und Zeitdiagnosen ansetzt, muss genauer überlegt werden, wie man eigentlich Zeitdiagnosen stellt. Wie verfährt die Soziologie, um die »Zeichen der Zeit« zu verstehen?

1.2 Der Begriff der Moderne

Der Begriff »modern« ist interessanterweise keineswegs neu.[6] Erstmals 494 nach Christus nachgewiesen, taucht er in verschiedenen Bedeutungen in Spätantike und Mittelalter auf, wobei die wichtigste die Distinktion »antiqui/moderni« ausmacht. Meist geht es um die »Verteilung von Lob und Tadel«,[7] mit dem ein Autor je nach Gusto Philosophie oder Literatur bedachte.

Ohne in die Begriffsgeschichte *en détail* einzutauchen, lassen sich aus soziologischer Sicht drei Bedeutungen systematisch unterscheiden:

1. modern im Sinne von *gegenwärtig*, momentan dominierend, gerade gültig – dies verweist auf Moderne als Epochenbegriff;
2. modern im Sinne von *neu* als Gegenbegriff zu alt – dies verweist auf die Moderne als Programm oder, wie Habermas sagt, als »Projekt«;
3. modern im Sinne von *vorübergehend* – dies geht auf Charles Baudelaires Verwendungsweise zurück. In »Der Maler des modernen Lebens« aus dem Jahre 1859/1860 versucht Baudelaire modern via »modernité« zu fassen. »Die Modernität«, so definiert er, »ist das Vorübergehende, das Entschwindende, das Zufällige, ist die Hälfte der Kunst, deren andere Hälfte das Ewige und Unabänderliche ist.«[8] Damit liest Baudelaire in folgenreicher Weise zusammen, was bislang stets getrennt war: Einerseits verweist modern auf Mode und deren schnellen Wechsel, nicht auf die gerichtete Teleologie der Moderne und deren ein-

6 Vgl. Gumbrecht, »Modern, Modernität, Moderne« und Dipper, »Moderne, Version: 1.0«.

7 Luhmann, *Beobachtungen der Moderne*, S. 14.

8 Charles Baudelaire, »Der Maler des modernen Lebens«, in: ders., *Der Künstler und das moderne Leben. Essays, »Salons«, intime Tagebücher*, hg. u. mit einem Nachwort von Henry Schumann, Leipzig 1990 [1863], S. 290-320. Siehe auch David Frisby, *Fragmente der Moderne. Georg Simmel, Siegfried Kracauer, Walter Benjamin*, Rheda-Wiedenbrück 1989.

zelne Stufen und Etappen – das meint »das Vorübergehende, das Flüchtige und das Kontingente« in der Kunst. Andererseits jedoch verschwindet das Traditions- und Ewigkeitsbedürfnis nicht einfach. Es heftet sich jetzt nur an den Träger des Flüchtigen, die Mode, und das Ewige wie das Unveränderliche blitzen bloß noch momenthaft auf. Baudelaires Bestimmung sollte vor allem für die kulturelle Moderne und dort an erster Stelle für die Kunst wichtig werden. In der Soziologie hat sich diese Lesart trotz der Bemühungen Georg Simmels und Walter Benjamins nicht durchsetzen können. Das ändert sich erst mit dem Diskurs über die Postmoderne,[9] die Baudelaires ästhetische Bestimmung aufnimmt und mit der Behauptung von einem »Ende der Metaerzählung« verbindet. Freilich – als performativer Selbstwiderspruch sollte der postmoderne Diskurs paradoxerweise selbst ein großes Narrativ anbieten,[10] das die klassische Moderne verabschieden sollte. Obgleich dieser französische Diskurs aus den 1980er Jahren 1989 mit dem Wiedereintritt in die Geschichte schlagartig verstummte, kann er zu analytischen Zwecken gut den erneuten Wandel der Modernität illustrieren. Im Bereich von Erkenntnis und Wissen markiert er den Wandel vom Universalismus zum Relativismus und den Übergang von *der* Wahrheit zu den Wahrheit*en*. Im Bereich von Ethik und Moral signalisiert er den Übergang von rechtfertigungsfähigen Werten und Normen zu ästhetisch vielfältigen Wertmaßstäben. In temporaler Hinsicht scheint an die Stelle vom ewigen Fortschritt des »Höher, schneller, weiter« die Zyklizität mit der ewigen Wiederkehr des Gleichen zu treten, so dass der Postmoderne ein ahistorisches Bewusstsein attestiert wurde.

9 Zentral für den postmodernen Diskurs François Lyotard, *Das postmoderne Wissen*, Wien 2009; französische Originalausgabe *La condition postmoderne*, Paris 1979 und Jacques Derrida, *Die différance. Ausgewählte Texte*, Stuttgart 2004.

10 Entsprechend kritisch fielen die Kommentare in Philosophie und Soziologie aus, so bei Perry Anderson, *The Origins of Postmodernity*, London 1998; Zygmunt Bauman, *Intimations of Postmodernity*, London 1992; Terry Eagleton, *The Illusions of Postmodernism*, Oxford 1996 und David Harvey, *The Condition of Postmodernity*, Cambridge/M., Oxford 1990. Den besten Überblick über die Diskussion gibt immer noch Wolfgang Welsch, *Unsere moderne Postmoderne*, Berlin 2008 [1987].

1. Semantische Konnotationen von »modern«
(vgl. Gumbrecht, »Modern, Modernität, Moderne«, S. 96)

(1) modern i. S. v. *gegenwärtig* vs. *vorherig* [inst. oder personelle Abfolge]
(2) modern i. S. v. *neu* vs. *alt* [Epochenteilung]
(3) modern i. S. v. *vorübergehend* vs. *ewig* [z. B. Mode-Abfolge]

2. Baudelaires Bestimmung der »Modernität«

»La modernité, c'est le transitoire, le fugitif, le contingent.«

1) Jede vergangene Epoche erlebt sich als Gegenwart und ihre Kunst als modern → modern und Modernität kein Epochenbegriff
2) Modern ist das Vergängliche → Gegenbegriff: das Ewige
3) Die »Doppelnatur des Schönen«: die Ergänzung des Modernen und Ewigen
4) Das methodische Prinzip: »tirer l'éternel du transitoire«!

3. Modern und postmodern aus der Perspektive der Postmoderne

			modern	**postmodern**
»Das Wahre«	kognitiv	Erkenntnis – Wissen	ewige Wahrheit Universalismus	wandelbare Wahrheiten Relativismus
»Das Gute«	evaluativ	Moral/ Ethik	rechtfertigungsfähige Werte und Normen	ästhetisch vielfältige Wertmaßstäbe
»Das Schöne«	expressiv	Ästhetik	rekonstruierbarer Geschmack + Abfolge von Stilen (Stil- Avantgarde – neuer Stil) ↓ Nacheinander	diverse Geschmäcker + Pluralität von Stilen (Stil 1, Stil 2, …, Stil n) ↓ Nebeneinander
	temporal	Zeitalter bzw. Epoche	die Moderne ↓ Perfektibilität Fortschritt Höherentwicklung historisches Bewusstsein (Antike – Moderne bzw. Tradition – Moderne)	die Postmoderne ↓ Zyklizität/Zirkularität Gleichschritt/Tritt auf der Stelle Weiterentwicklung ahistorisches Bewusstsein (Moderne u. Postmoderne)

Abbildung 1: Moderne und Postmoderne

Weder die historische Verwendungsweise – Moderne als Epoche – noch die künstlerische Verwendungsweise – Moderne als Durchgangsstadium –, so meine These, spielen in der Soziologie eine maßgebende Rolle. Vielmehr steht die Moderne als Programm im Mittelpunkt. Es stellt sich daher die Frage, auf welche Grundzüge der Moderne das soziologische Augenmerk hauptsächlich gerichtet ist und welche Felder der Modernisierung die soziologische Zeitdiagnostik vorzugsweise betrachtet.

1.3 Die drei Revolutionen der Moderne

Es ist in erster Linie die »Große Transformation« von *der Tradition zur Moderne*, die alle klassischen Soziologen umtreibt. Was versteht man unter einer Transformation, die so bedeutend zu sein scheint, dass man sie mit großem »G« schreibt? Und worauf spielt der Umbruch von der Tradition zur Moderne an? Wie immer, wenn es zu Großschreibungen, zu Substantivierungen und zur Singularisierung kommt – *die* Tradition, *die* Moderne statt Traditionen und Modernitäten –, scheint es sich um ein wirklich einschneidendes Ereignis oder einen gravierenden Prozess zu handeln. Nach diesem Ereignis oder Prozess ist nichts mehr so wie vorher, eine alte Welt ist untergegangen und eine neue Welt entstanden. Für Schlüsselereignisse oder -prozesse dieser Art hat sich der Begriff »Revolution« eingebürgert, vor allem wenn der Umbruch radikal, schnell und nachhaltig erfolgt.

Die Formel von der »Großen Transformation« stammt von Karl Polanyi, der damit eindringlich die Bedingungen und Voraussetzungen, die Prozesse und Mechanismen, den Verlauf und die Konsequenzen der Entstehung kapitalistischer Wirtschafts- und Lebensverhältnisse in England beschreibt. Wer die Vorgeschichte der Industrialisierung und die Heraufkunft des Kapitalismus verstehen will, kommt an Polanyi nicht vorbei.[11]

In der Soziologie hat sich diese Formel von der »Großen Transformation« durchgesetzt, um den Wandel von einer agrarisch-ländlich, feudal-ständisch bestimmten Gemeinschaft zu einer industriell-städtischen, klassenstrukturierten Gesellschaft zu charakterisieren. Wie sehr der konstruierte Gegensatz zwischen *der* Tradition und *der* Moderne durchschlägt, um die Wasserscheide zu markieren, zeigt schon die dichotome Begriffsbildung an: agra-

11 Vgl. Karl Polanyi, *The Great Transformation. Politische und gesellschaftliche Ursprünge von Gesellschaften und Wirtschaftssystemen*, Frankfurt/M. 1978.

risch-industriell, ländlich-städtisch, Stände versus Klassen, Gemeinschaft versus Gesellschaft.[12] In der Gründungsphase der Soziologie wird der Kern der Begrifflichkeiten bestimmt, der unser Selbstverständnis von Moderne einerseits und unser Verständnis von anderen, als traditional geltenden Formen von Gesellschaft andererseits bis auf den heutigen Tag informiert (siehe Abbildung 2). Eine dimensionale Auffächerung der Gesellschaft nach den beiden Säulen von Traditionalität und Modernität ergibt dann folgende zwei Gesellschaftsbilder: Die alte Sozialstruktur ist homogen und stabil, die moderne heterogen und mobil. Die soziale Kontrolle ist im ersten Fall direkt, im zweiten Fall indirekt. Das traditionale Werte- und Normensystem ist konsistent und einfach, das moderne dagegen inkonsistent und komplex. Die gesellschaftliche Position wird im ersten Falle durch die Tradition bestimmt, während sie im zweiten Fall durch Leistung erworben wird. Folglich fallen technische Innovationen in traditionalen Gesellschaften gering aus, werden obendrein negativ sanktioniert und sorgen kaum für eine erhöhte Produktivität. In modernen Gesellschaften dagegen fallen technische Innovationen zahlreich aus, sind erwünscht, also positiv sanktioniert, und ermöglichen eine hohe Arbeitsproduktivität. Der dominante Wirtschaftssektor in traditionalen gesellschaftlichen Verhältnissen ist agrarisch, die Siedlungsform ländlich und die dominante Sozial- und Lebensform die personal vermittelte *Gemeinschaft*. Demgegenüber dominiert der industrielle Sektor in modernen gesellschaftlichen Verhältnissen, die dominante Siedlungsform ist städtisch, und die vorherrschende Sozial- und Lebensform beruht auf der organisatorisch vermittelten *Gesellschaft*. Traditionale Herrschaftsverhältnisse werden vom Patrimonialismus auf der Basis der Heiligkeit von Traditionen (»Es war schon immer so!«) regiert, sei es der *pater familias* in der Gemeinschaft des Haushaltes, sei es der Fürst an seinem Hof. Moderne Herrschaftsverhältnisse beruhen auf einer rationalen Bürokratie, die sich durch die Legalität ihrer Satzungen legitimiert. Die Aggregation der Interessen in einem traditionalen Sozialraum fällt niedrig und lokal aus; politisch formierte *Stände* verfügen über geringe, und wenn, dann spontane Partizipation. In einem modernen Sozialraum sorgen ökonomisch formierte *Klassen* für eine hohe und zentralisierte Aggregation der

12 Vgl. Ferdinand Tönnies, *Gemeinschaft und Gesellschaft*, Darmstadt 2010 [1887].

Interessen sowie für eine starke und institutionalisierte Form der politischen Partizipation. In traditionalen Gesellschaftskonfigurationen werden Konflikte unterdrückt oder gewaltsam ausgetragen, die Kommunikation ist persönlich und direkt. In modernen Gesellschaftskonfigurationen werden Konflikte formalisiert und friedlich ausgetragen, und die Kommunikation ist medial vermittelt.

Tradition	**Moderne**
Agrarisch	Industriell
Ländlich	Städtisch
Stände	Klassen
Gemeinschaft	Gesellschaft
Homogene stabile Sozialstruktur	Heterogene, mobile Sozialstruktur
Direkte soziale Kontrolle	Indirekte soziale Kontrolle
Konsistentes und einfaches Werte- und Normensystem	Inkonsistentes und komplexes Werte- und Normensystem
Positionenvergabe nach Tradition	Positionenvergabe nach Leistung
Technische Innovation gering und negativ sanktioniert	Technische Innovation zahlreich und positiv sanktioniert
Geringe Arbeitsproduktivität	Hohe Arbeitsproduktivität
Traditionale Herrschaft	Rationale Herrschaft
Konflikte werden unterdrückt oder gewaltsam ausgetragen	Konflikte werden formal und friedlich augetragen
Personale und direkte Kommunikation	Medial vermittelte Kommunikation

Abbildung 2: Traditionalität und Modernität (nach M. Rainer Lepsius, *Interessen, Ideen und Institutionen*, Opladen 1990, S. 217 f.)

Es ist dieser bahnbrechende Prozess der »Großen Transformation« von der Tradition zur Moderne, der das Denken der soziologischen Klassik dominiert. Aber wie hat er sich vollzogen? Wenn man nicht historisch argumentiert, sondern soziologisch und damit strukturell, wird man auf drei Phänomene aufmerksam machen, um den revolutionären Charakter dieses Vorgangs systematisch zu verdeutlichen. Es sind drei struktur- und ereignisgeschichtliche Eckpfeiler der »Großen Transformation«,[13] drei bahnbrechende Revolutionen in drei verschiedenen Ländern, welche die Bezugsereignisse für die soziologische Klassik darstellen:

1. In England ist es die *ökonomische Revolution*. Der technologische Fortschritt (die Erfindung der Dampfmaschine), die Landreform und die Freisetzung von Arbeitskräften (vom arbeitslosen Landarbeiter zum beschäftigten Industriearbeiter oder Proletarier) mit der Folge der Entstehung eines Arbeitsmarktes, die Trennung von Kapital und Arbeit sowie die Trennung von Betrieb und Haushalt mit der Folge der Entstehung von Finanz- oder Kapitalmärkten, die Reorganisation der Arbeit (von der Manufaktur zur Fabrik), die Rationalisierung des Rechtssystems mit der Vorstellung von Eigentumsrechten, Vertragsrechten und der Kalkulierbarkeit wirtschaftlichen Handelns in einem nationalstaatlich garantierten Rechtsverband («Rechtsstaat«) – alle diese Entwicklungen zusammen genommen machten den modernen Industriekapitalismus möglich. Das impliziert die Umstellung von agrarischer zu industrieller Produktionsweise, aber auch den Übergang von ländlicher zu städtischer Lebensweise.

2. In Frankreich ist die *politische Revolution* und die Heraufkunft der Demokratie entscheidend. Die Französische Revolution stimmt auch auf dem alten Kontinent Europa das Hohelied der Demokratie an, welches in der neuen Welt von Amerika bereits so erfolgreich geprobt worden war. Aus Monarchien und Aristokratien werden in der Folge Republiken. Die Vorstellungen von »Freiheit, Gleichheit und Brüderlichkeit« machen aus den Untertanen souveräne Bürger mit Menschen- und Bürgerrechten; Politik wird von einem arkanen Eliteunternehmen hinter verschlossenen Türen zur öffentlichen Angelegenheit aller Mitglieder der Gesellschaft; der Staat wird von einem königlichen oder fürstlichen Militär- und Polizeiinstrument zum vernünftigen institutionellen Rahmen der Demokratie. Trotz der egalitären Ideale von Freiheit, Gleichheit und Brüderlichkeit sind die souveränen Bürger freilich in Klassen, wenn auch nicht länger in Stände eingeteilt, die aber idealiter über gleiche »citizenship«-Rechte verfügen.

3. In Deutschland, dem Land der Dichter und Denker, ist

13 Vgl. Talcott Parsons, *Das System moderner Gesellschaften* und ders., *Gesellschaften*. Außerdem Talcott Parsons u. Gerald M. Platt, *The American University*, Cambridge/MA. 1973.

schließlich die *kulturelle Revolution* und die Heraufkunft des Individualismus von zentraler Bedeutung. In der Literatur wird meist nur von einer Doppelrevolution – der ökonomischen: Industrialisierung und Kapitalismus, der politischen: Demokratisierung – gesprochen, um den Weg zur Moderne zu erläutern. Aus soziologischer Sicht erscheint es indes notwendig, auch die geistigen Voraussetzungen dieser Doppelrevolution zu untersuchen, wie sie durch das Christentum und die Aufklärung, die Renaissance und die Reformation vorbereitet wurden. Talcott Parsons nennt sie *Bildungsrevolution*, um auf den engen Konnex von Wissenschaft, Bildung und Universität hinzuweisen.[14] Ich ziehe den Begriff der *kulturellen Revolution* vor, um den Übergang vom Kollektivismus, wie er traditionale Gesellschaften auszeichnet, zum Individualismus, den wir in modernen Gesellschaften antreffen, zu bezeichnen. Zwar spielt die Wissenschaft eine entscheidende Rolle, vor allem für die Industrialisierung und ihre neuen Technologien. Neben dieser kognitiven Komponente von Kultur sollte man darüber nicht die moralisch-ethische Dimension und die expressiv-ästhetische Dimension vergessen. Das Selbstverständnis der Moderne speist sich aus einem spezifischen Verständnis von Moral und einem bestimmten Ideal des Menschen. Historisch und systematisch kommt die kulturelle Revolution in drei Dimensionen zum Ausdruck:

– *erkenntnisphilosophisch* im »Sapere aude«, »Wage es, zu denken«, dem Motto der Aufklärung. »*Aufklärung ist der Ausgang des Menschen aus seiner selbst verschuldeten Unmündigkeit. Unmündigkeit* ist das Unvermögen, sich seines Verstandes ohne Leitung eines anderen zu bedienen. *Selbstverschuldet* ist diese Unmündigkeit, wenn die Ursache derselben nicht am Mangel des Verstandes, sondern der Entschließung und des Mutes liegt, sich seiner ohne Leitung eines andern zu bedienen. Sapere aude! Habe Mut, dich deines *eigenen* Verstandes zu bedienen! Das ist das Motto der Aufklärung.«[15]
– *moralphilosophisch* im »kategorischen Imperativ«, der Forderung also: »Handle nur nach derjenigen Maxime, durch die du zu-

14 Parsons, *Das System moderner Gesellschaften*; ders., *Gesellschaften* und Parsons/Platt, *The American University*.

15 Immanuel Kant, »Beantwortung der Frage: Was ist Aufklärung?«, in: ders., *Schriften zur Anthropologie, Geschichtsphilosophie, Politik und Pädagogik*, Bd. VI der Werke in sechs Bänden, Darmstadt 1983 [1784], S. 51-61.

gleich wollen kannst, daß sie ein allgemeines Gesetz werde.«[16]

– *handlungspraktisch* in dem Motto: »Werde der du bist.« Was Kant philosophisch ausarbeitet, setzt Goethe erstmals in einem deutschen Bildungsroman literarisch um. *Wilhelm Meisters Lehrjahre* bringen sinnfällig das Selbstentfaltungsideal des modernen Individualismus zum Ausdruck, denn Wilhelm sucht über Reisen und Bildung Erfahrungen zu machen, um zu sich selbst zu finden und über diese Selbstfindung auch einen seinen Talenten und Begabungen angemessenen sowie verantwortungsvollen Platz in der Gesellschaft einzunehmen. Goethes *Wilhelm Meister* markiert literarisch sinnfällig den Beginn der modernen Odyssee individueller Selbstverwirklichung.[17]

Wir haben es also mit drei Gleichungen zu tun, auf die sich alle soziologischen Klassiker in unterschiedlicher Akzentuierung beziehen: die ökonomische Revolution in England, Industrialisierung und Kapitalismus; die politische Revolution in Frankreich und die Durchsetzung der Demokratie; die kulturelle Revolution in Deutschland und die Entwicklung des modernen Individualismus.

Aus dieser Konfiguration der Moderne[18] entspringen die Arbeitsgebiete der Soziologie, denn diese untersucht Wirtschaft, Politik und Kultur der modernen Gesellschaft. Es sind die Probleme und Spannungen der Moderne, ihre Strukturen und Institutionen,

16 Immanuel Kant, »Grundlegung zur Metaphysik der Sitten«, in: ders., *Schriften zur Ethik und Religionsphilosophie*, Bd. IV der Werke in sechs Bänden, Darmstadt 1983 [1785], S. 7-102.

17 Johann Wolfgang Goethe, *Wilhelm Meisters Lehrjahre*, in: Hans-Jürgen Schings (Hg.), *Sämtliche Werke*, Bd. 5, München 2006 [(1795/96)].

18 Man sieht hier sehr anschaulich den Arbeits- und Argumentationsstil der Soziologie. Geschichte und Gesellschaft werden regelrecht »abstraktifiziert« und in überschaubare Schemata gepackt, um die Komplexität und Kontingenz der modernen Gesellschaft überhaupt noch zu beherrschen. Je mehr die Soziologie sich in dieser Weise auf Strukturen und Institutionen konzentriert, desto mehr entfernt sie sich von der Geschichte, selbst von der neueren Globalgeschichte. Man vergleiche diesen Argumentationszuschnitt nur einmal mit C. A. Bayly, *The Birth of the Modern World 1780-1914*, Oxford 2004, Jürgen Osterhammel, *Die Verwandlung der Welt. Eine Geschichte des 19. Jahrhunderts*, München 2009, oder Wolfgang Reinhards, *Die Unterwerfung der Welt. Globalgeschichte der europäischen Expansion 1415-2015*, München 2016, um den Abstand zu dieser Art von Makrosoziologie zu ermessen. Und dennoch: Soziologie und Geschichtswissenschaft sind Geschwister, die sich kongenial ergänzen, meist aber kaum voneinander Notiz nehmen.

ihre Zwänge und Chancen, die sie dem modernen Lebensstil und der individuellen Lebensführung aufdrückt – alles dies wird thematisch für die Soziologie in ihrer Entstehungszeit, aber beschäftigt uns auch heute noch. Wir können diese Überlegungen in einem Schema (Abbildung 3) zur »Großen Transformation« systematisch zusammenfassen:

Feld	**Ökonomie**	**Politik**	**Kultur**
Vorreiterland	England	Frankreich	Deutschland
Zeit	seit ca. 1750	1789	18. Jhd.
Prozess	Industrialisierung	Demokratisierung	Individualisierung
Institutionelle Gestalt	Kapitalismus	Staat und Nation	moderne Ethik und Ästhetik
	technologischer Fortschritt (»Dampfmaschine«) Landreform und Transformation von Landarbeitern in Proletarier Kapital und Arbeitsmarkt Trennung von Betrieb und Haushalt	vom Untertanen zum Bürger von der Monarchie zur Republik gleiches Wahlrecht und citizenship	vom Kollektivismus zum Individualismus Aufklärung: »Sapere aude« kategorischer Imperativ
Theoretiker	Adam SMITH David RICARDO Karl MARX Max WEBER	Alexis de TOCQUEVILLE Max WEBER Émile DURKHEIM	Immanuel KANT Georg Wilhelm F. HEGEL Émile DURKHEIM Georg SIMMEL

Abbildung 3: Die Große Transformation

1.4 Die »Zeichen der Zeit« verstehen – Über soziologische Zeitdiagnostik

> WAGNER: Verzeiht! es ist ein groß Ergetzen / Sich in den Geist der Zeiten zu versetzen, / Zu schauen wie vor uns ein weiser Mann gedacht, / Und wie wir's dann zuletzt so herrlich weit gebracht.
> FAUST: O ja, bis an die Sterne weit!/ Mein Freund, die Zeiten der Vergangenheit / Sind uns ein Buch mit sieben Siegeln; / Was ihr den Geist der Zeiten heißt, / Das ist im Grund der Herren eigner Geist, / In dem die Zeiten sich bespiegeln.
>
> Goethe, *Faust*

Wer würde nicht gern die »Zeichen der Zeit«[19] zu deuten verstehen? Je offener die Geschichte, je dynamischer der Wandel und je unsicherer die Zeiten, desto größer wird das Bedürfnis, ja die Sehnsucht nach Selbstverständigung. Wo stehen wir? Wie ist es dazu gekommen? Wohin wird die Reise gehen? So lautet der stets wiederkehrende Fragenkreis, seit die Menschheit über sich nachzudenken begonnen hat. Fern und verblasst die Zeiten, in denen der Religion und ihrer Offenbarung ein unbestrittenes Deutungsmonopol zukam. Heute dagegen tummeln sich viele Anbieter auf den Märkten des Deutungsgeschäftes. Neben den alteingeführten Betrieben wie den Kirchen mit ihrem Glaubensangebot, der universitären Philosophie und Soziologie mit ihrem Aufklärungsversprechen, den solitären Intellektuellen mit ihren kritischen Dauerreflexionsversuchen haben sich neue Supermärkte und Profitcenter der kommerziellen Deutung mit Erfolg etabliert. Allen voran die alten und neuen Medien mit bewusstseinsfesselnder Omnipräsenz durch *entertainment*, *infotainment*, *edutainment*. Dazu treten Werbung und Marketing, Meinungs-, Konsum- und Marktforschung, Social Media und die Potentiale von Big Data, um auch noch die letzten Sinnprovinzen der Gesellschaft aufzustöbern und auf wertvolle Profitabilitätschancen hin zu durchleuchten. »Die Vermessung der Welt«[20] schreitet unaufhaltsam voran. Kurz: Noch nie haben wir so viel über uns gewusst oder doch im Prinzip über uns

19 Vgl. zum Folgenden meine grundsätzlichen Überlegungen: »Sinn deuten. Über soziologische Zeitdiagnostik«, in: *Merkur* 51/4 (1997), S. 352-357.

20 Daniel Kehlmann, *Die Vermessung der Welt*, Reinbek bei Hamburg 2005.

erfahren können: Unser Empfinden und Befinden, unsere Einstellungen und Werthaltungen, unsere Gewohnheiten und Vorlieben. Allein, es scheint nicht viel zu helfen, denn die vielen kleinen Probleme und *petits faits* beantworten nicht die zentralen Orientierungsfragen, legen nicht den vergangenen Erfahrungsraum frei und den zukünftigen Erwartungshorizont[21] offen. Die Ironie der Geschichte: Exzessive Selbsterforschung und permanente Selbstbeobachtung garantieren weder Selbstverständigung noch automatisch Selbstverständnis. Das Gegenteil scheint der Fall zu sein, denn die übermäßige Informationsflut untergräbt die Chance für eine verbindliche gesamtgesellschaftliche Orientierung. *Überinformiert und unterorientiert* – so lässt sich vielleicht die zeitgenössische Lage des modernen Menschen in einer pointierten Kurzformel zusammenfassen.

Plurale Deutungskonkurrenz und konstitutive Probleme sind es, welche die Kompetenz zur vorbildlichen und verbindlichen Wirklichkeitsinterpretation untergraben. Begriff, Funktionen und Probleme der Zeitdiagnostik[22] sollen daher genauer untersucht

21 Reinhart Koselleck, *Vergangene Zukunft. Zur Semantik geschichtlicher Zeiten*, Frankfurt/M. 1979, S. 349 ff.

22 Die Soziologie hat sich erst in jüngerer Zeit wissenssoziologisch für ihr eigenes Deutungsgeschäft zu interessieren begonnen. Klassisch: Karl Mannheim, *Diagnose unserer Zeit. Gedanken eines Soziologen*, Frankfurt/M. 1951 und Karl Jaspers, *Die geistige Situation unserer Zeit*, Berlin, Boston 1998, fortgesetzt von Jürgen Habermas, *Stichworte zur* ›Geistigen Situation der Zeit‹, 2 Bde., Frankfurt/M. 1979 und jüngst Heinrich Geiselberger (Hg.), *Die große Regression. Eine internationale Debatte über die geistige Situation der Zeit*, Berlin 2017. Überhaupt wird spätestens seit Hegel Philosophie als Zeitdiagnose ernst genommen, vgl. Hans-Ludwig Ollig (Hg.), *Philosophie als Zeitdiagnose*, Darmstadt 1991. Überblicke über die soziologische Zeitdiagnostik geben Alexander Bogner, *Gesellschaftsdiagnosen. Ein Überblick*, Weinheim, Basel 2012; Oliver Dimbath, *Soziologische Zeitdiagnosen*, Konstanz, München 2016; Georg Kneer et al. (Hg.), *Soziologische Gesellschaftsbegriffe 2. Klassische Zeitdiagnosen*, München 2001; Volker Kruse, *Historisch-soziologische Zeitdiagnosen in Westdeutschland nach 1945*, Frankfurt/M. 1994; Max Miller u. Hans-Georg Soeffner (Hg.), *Modernität und Barbarei. Soziologische Zeitdiagnose am Ende des 20. Jahrhunderts*, Frankfurt/M. 1996; Fran Osrecki, *Die Diagnosegesellschaft. Zeitdiagnostik zwischen Soziologie und medialer Popularität*, Bielefeld 2011; Sven Papcke, *Gesellschaftsdiagnosen. Klassische Texte der deutschen Soziologie im 20. Jahrhundert*, Frankfurt/M., New York 1991; Ute Volkmann u. Uwe Schimank (Hg.), *Soziologische Gegenwartsdiagnosen*, Wiesbaden 2007. Jüngst analytisch umfassend Manfred Prisching, *Zeitdiagnose. Methoden, Modelle, Motive*, Weinheim, Basel 2018.

werden, bevor wir uns den einschlägigen Versuchen der soziologischen Klassik zuwenden.

Eine Zeitdiagnose umschreibt stets den Versuch, die »Zeichen der Zeit« zu verstehen. Wie macht man das? In aller Regel werden einige meist besonders augenfällige Grundzüge einer Epoche, einer Gesellschaft, einer Kultur oder eines Charakters hervorgehoben, in ihren Zusammenhängen diskutiert und als vorherrschende Trends oder Tendenzen der betrachteten Einheit ausgewiesen. Exemplarisch sei dies im Folgenden jeweils an einem Beispiel für Epoche, Gesellschaft, Kultur und Charakter verdeutlicht. Mit Hilfe dieser vier Illustrationen lassen sich die zentralen Funktionen, aber auch die typischen Probleme von Zeitdiagnosen diskutieren. Was ihre Logik (siehe Abbildung 4) angeht, so befinden sie sich einerseits im Fadenkreuz von vorherrschenden Kulturproblemen, die ihnen Sinn und Bedeutung verleihen, und dem zeitgenössischen philosophischen Diskurs wie z. B. Moderne versus Postmoderne. Andererseits rekurrieren sie auf wichtiges theoretisches Wissen wie auch auf historisch-empirische Erfahrungen, um der Zeitdiagnose Aktualität, Luzidizität und Wirksamkeit zu verleihen.

		[»Kulturprobleme«] kultureller Diskurs		
[theoretisches Wissen]	theoretische Entwicklung	Soziologische Zeitdiagnosen	historisch-empirische Entwicklung	[empirisches Wissen]
		philosophischer Diskurs [paradigmatische Grundlagen]		

Abbildung 4: Die Logik soziologischer Zeitdiagnosen

Ohne Historiker zu sein, können wir uns recht gut einen Reim darauf machen, was die wilhelminische Epoche[23] war. Die *wilhelmi-*

23 Es gibt ganze Bibliotheken über das Kaiserreich. Aus soziologischer Sicht zu empfehlen: Norbert Elias, *Studien über die Deutschen. Machtkämpfe und Habitusentwicklung im 19. und 20. Jahrhundert*, Frankfurt/M. 1989; Christian Graf von Krockow, *Die Deutschen in ihrem Jahrhundert: 1890-1990*, Reinbek bei Hamburg 1992; Fritz Stern, *Kulturpessimismus als Gefahr*, München 1986. Und Stefan

nische Epoche ist gekennzeichnet durch den »Wilhelminismus« und dauerte von 1890, dem Jahr des Rücktritts von Kanzler Bismarck, bis 1914, dem Ausbruch des Ersten Weltkrieges, oder wenn man so will, bis zur deutschen Kapitulation 1918, der Novemberrevolution und dem Exil von Kaiser Wilhelm in Holland. Was bezeichnet der *Wilhelminismus*? Auf der Ebene der Werte und Mentalität herrscht Aufbruchsstimmung, auf zu neuen Ufern, Deutschland auf dem Weg zur Weltmacht, der Kampf um den »Platz an der Sonne«, das deutsche Wesen – der »Rembrandt-Deutsche« – und die deutsche Kultur im Gegensatz zur welschen, verweichlichten westlichen Zivilisation werden betont. Auf der politischen Ebene geht die Zeit vorsichtig ausbalancierender Außenpolitik – das Signum der Bismarck-Ära – rasch zu Ende zugunsten des immer unverhohlener und lautstärker angemeldeten Weltmachtanspruchs der Deutschen. Symptomatisch dafür sind die Flottenpolitik und während des Krieges die ausufernden Kriegszielforderungen. Auf der sozialstrukturellen Ebene erhalten die angriffslustigen Weltmachtambitionen des »jungen Deutschland« ökonomisch Nahrung durch kräftige Wachstumsraten und eine langanhaltende Periode des konjunkturellen Aufschwungs, demographisch durch den enormen Bevölkerungszuwachs. Die literarische Figur der wilhelminischen Epoche ist der »Untertan«: Heinrich Manns[24] Diederich Heßling bringt Habitus und Mentalität dieser Zeit einer »satisfaktionsfähigen Gesellschaft«,[25] die seltsame Mischung aus Allmachtsphantasien und Ohnmachts- wie Inferioritätskomplexen sinnfällig auf den Begriff. Heßling, der Untertan, ist die »wilhelminische Persönlichkeit«; er ist der hässliche Deutsche, der nicht einmal zwanzig Jahre später erneut ins Dritte Reich, die nationalsozialistische Epoche, aufbrechen wird.

Ohne Marxist zu sein, können wir uns lebhaft vorstellen, was gemeint ist, wenn von der *kapitalistischen Gesellschaft*[26] die Rede ist. Die kapitalistische Gesellschaft ist durch den »Kapitalismus«

Zweig, *Die Welt von gestern. Erinnerungen eines Europäers*, Frankfurt/M. 1982, vor allem das erste Kapitel, um die Katastrophen des 20. Jahrhunderts zu verstehen.

24 Heinrich Mann, *Der Untertan*, Frankfurt/M. 2008 [1918].

25 Elias, *Studien über die Deutschen.*

26 Aus den Bibliotheken zum Kapitalismus seien empfohlen: Karl Marx, *Das Kapital*, Bd. 1, in: MEW 23, Berlin 1973 [1867]; Werner Sombart, *Der moderne Kapitalismus*; Thomas Piketty, *Das Kapital im 21. Jahrhundert*, München 2014; Paul Windolf (Hg.), *Finanzmarkt-Kapitalismus. Analysen zum Wandel von Produktionsregimen*, Wiesbaden 2005.

gekennzeichnet. Der *Kapitalismus* umschreibt eine ökonomische Produktionsweise, die privatwirtschaftliche Verwertung nach dem Profitprinzip, also gesellschaftliche Produktion, aber private Aneignung der Gewinne, vorsieht. Die kapitalistische Produktionsweise bringt typischerweise zwei antagonistische Klassen hervor, Kapitalisten und Lohnarbeiter, und zeichnet die wesentlichen Konfliktfronten und -linien zwischen Bourgeoisie und Proletariat vor. Eine vergleichbare Charakterisierung würde die Rede von der »industriellen Gesellschaft«[27] mit ihrem Prinzip des *Industrialismus* nach sich ziehen.

Wenn wir von *amerikanischer Kultur* sprechen, so stehen dahinter nicht nur Coca-Cola, Hamburger, Disneyland und Hollywood – es sei denn, man verengt den Begriff auf Trink-, Ess-, Freizeit- und Filmkultur. Vielmehr ist mit dem *Amerikanismus* der Versuch verbunden, global die Konturen des neuzeitlichen anglo-amerikanischen Volkscharakters zu bestimmen. Akzentuiert man das puritanische Erbe, so ist von »God's new Israel« die Rede. Denkt man an das republikanische Erbe, so ist die Freiheit und Gleichheit der Staatsbürger wie auch die Idee demokratischer Gewaltenteilung und das System der »checks and balances« gemeint. Bezieht man amerikanische Kultur auf die individuelle Persönlichkeit, so steht ein Wert wie »self-reliance« im Vordergrund – die Fähigkeit, auf eigenen Füßen zu stehen, für sich selbst sorgen zu können und nicht auf die Hilfe anderer oder gar des Sozialstaates angewiesen zu sein. Kurz, die Rede von amerikanischer Kultur[28] bezieht sich hauptsächlich auf vorherrschende Werte und Ideale, auf Lebensformen und Lebensstile.

Ähnliches lässt sich sagen, wenn wir im psychologischen Sinne vom typischen *Charakter* sprechen. Die »narzisstische Persönlich-

27 Siehe Claude-Henri Saint-Simon, *Ausgewählte Schriften*, hg. v. Lola Zahn, Berlin 1977; Émile Durkheim, »Cours de science sociale. Leçon d'ouverture«, in: *Revue internationale de l'enseignement* 15 (1888), S. 23-48; Raymond Aron, *Die industrielle Gesellschaft*, Frankfurt/M. 1964.

28 Siehe klassisch: Alexis de Tocqueville, *Über die Demokratie in Amerika*, 2. Bde., Zürich 1987 [1835]; Ralph Waldo Emerson, »Self-Reliance«, in: ders., *The Portable Emerson*, New York 2014 [1841]; David Riesman, Reuel Denney, Nathan Glazer, *Die einsame Masse. Eine Untersuchung der Wandlungen des amerikanischen Charakters,* mit einer Einführung in die deutsche Ausgabe von Helmut Schelsky, Hamburg 1958; Robert Bellah et al., *Gewohnheiten des Herzens. Individualismus und Gemeinsinn in der amerikanischen Gesellschaft*, Frankfurt/M. 1987.

keit« etwa bezeichnet einen neuen Sozialisationstyp der sich dem enormen Wohlstand, den überwiegenden Ein-Kind-Familien, der Labilität dieser Familien und noch einigen anderen Bedingungen mehr verdankt. Narzissmus meint dann mehr als eitle Selbstbespiegelung, wie es Kulturkritiker gerne sehen. Vielmehr scheint der Narzissmus[29] die letzten Entwicklungen unseres gegenwärtigen Individualismus widerzuspiegeln. Freilich: Auch hier bleibt es stets möglich, von dem vorherrschenden Ideal auf eine ganze Sozialformation hochzurechnen, und dann ist man schnell bei der Rede von der »narzisstischen Gesellschaft«.[30]

Was haben diese Beispiele zu Epoche, Gesellschaft, Kultur und Charakter gemeinsam? In allen vier Fällen läuft die Zeitdiagnose auf den Versuch hinaus, ein Bündel von zusammenhängenden Eigenschaften zu beschreiben und mit der Behauptung zu verbinden, dass es die vorherrschenden Struktur- und Entwicklungslinien, die Trends und Tendenzen der jeweiligen Epoche, der Gesellschaft, der Kultur oder des Charakters ausmacht. *Idealiter* lässt sich dieses Bündel von Eigenschaften auf eine Formel oder ein Prinzip bringen, so dass wir abgekürzt häufig auch von »Wilhelminismus«, »Kapitalismus«, »Amerikanismus« und »Narzissmus« sprechen, ohne die Bezugseinheit – Epoche, Gesellschaft, Kultur und Charakter – überhaupt noch mitzunennen.

Zeitdiagnosen machen also den Versuch, die »Zeichen der Zeit« auf den Begriff zu bringen. Dieser Begriff umschreibt in der Regel ein Struktur- und Entwicklungsprinzip, das nicht nur die in Frage stehende Wirklichkeit *ausdrückt*, sondern dieser Wirklichkeit auch seinen Stempel *aufdrückt*: Der *Wilhelminismus* überstrahlt die Epoche von 1890-1918, der *Kapitalismus* strukturiert nicht nur die Wirtschaft, sondern die gesamte Gesellschaft – und das bis zum heutigen Tag. Der *Amerikanismus* dürfte längst global geworden sein. Der *Narzissmus* markiert wohl die typische Sozialisationserfahrung unseres gegenwärtigen Individualismus.

29 Siehe exemplarisch Heinz Kohut, *Narzismuss. Eine Theorie der psychoanalytischen Behandlung narzisstischer Persönlichkeitsstörungen*, Frankfurt/M. 1976; Otto F. Kernberg u. Hans-Peter Hartmann, *Narzissmus. Grundlagen – Störungsbilder – Therapie*, Stuttgart 2006; Christopher Lasch, *Das Zeitalter des Narzissmus*, Hamburg 1995.

30 Hans-Joachim Maaz, *Die narzisstische Gesellschaft. Ein Psychogramm*, München 2016.

Funktion / Merkmale	konstitutiv	kognitiv	expressiv	evaluativ
Erfahrungsmodus	Orientierungswissen	explanatorisches Wissen	ästhetische Erfahrung	moralische Erfahrung
Code	natürlich/unnatürlich	wahr/falsch	authentisch/unauthentisch	gut/schlecht
Ziel	ontologische Sicherheit	intersubjektiv überprüfbare Erkenntnis	Erfassung des »Zeitgeistes«	Bestandsaufnahme der gesellschaftlichen Entwicklung
Mittel	»denkende Erfassung und Ordnung der Wirklichkeit« (Weber)	wissenschaftliche Erklärung	emotional stimmige, intuitive und pointierte Einschätzung	Beurteilung der gesellschaftlichen Lage und Entwicklung
Substrat	Weltbild	wissenschaftliche Weltanschauung	Stimmung	Idealität/Realität
Modus der alltagsweltlichen Selbstbeschreibung	Selbstgewissheit/Ungewissheit	Erfahrbarkeit/Unerkennbarkeit	Behagen/Unbehagen	Fortschritt/Rückschritt

Abbildung 5: Die Funktionen soziologischer Zeitdiagnosen

So verstanden, haben Zeitdiagnosen, welche die »Zeichen der Zeit« in Struktur- und Entwicklungsbegriffe fassen, gleich mehrere Funktionen. Man kann vier Funktionen (siehe Abbildung 5) unterscheiden: die konstitutive, kognitive, evaluative und expressive Funktion. Ihre *konstitutive* Funktion besteht darin, dass sie ganz elementar zur gesellschaftlichen Orientierung beitragen. Denn sie bieten insofern Orientierungswissen, als sie zur »denkenden Ordnung des Wirklichen«[31] beitragen. Zeitdiagnosen sind begriffliche Klassifikationen zur Selbstbeschreibung von Gesellschaften. *Wann* lebst du – im wilhelminischen Zeitalter; *wo* lebst du – in einer kapitalistischen Gesellschaft; *wie* lebst du – in der amerikanischen

31 Max Weber, *Gesammelte Aufsätze zur Wissenschaftslehre*, Tübingen 1973 [1922], S. 176.

Kultur; als *was* lebst du – als narzisstische Persönlichkeit. In diesem konstitutiven Sinne können Zeitdiagnosen dann zur fundamentalen Orientierung in der Gesellschaft beisteuern, wenn sie als anerkannte Begrifflichkeit die Klassifikation der gesellschaftlichen Erfahrungen anleiten und tatsächlich leisten.

Das gelingt am ehesten durch ihre *kognitive* Funktion. Denn Zeitdiagnosen bringen gesellschaftliche Erfahrungen nicht nur auf den Begriff, im Sinne eines allgemeinen Struktur- und Entwicklungsprinzips. Das ist ja – wenn man so will – nur die Spitze des Eisberges. Vielmehr verbergen sich dahinter nicht selten eine ausgearbeitete Theorie der Gesellschaft und eine detaillierte historisch-empirische Analyse, die der sinnhaften Interpretation und Deutung eines Phänomens erst ihr solides wissenschaftliches Fundament verleihen. Neudeutsch gewendet: Es sollte sich um eine *evidenzbasierte Zeitdiagnose* handeln. Dementsprechend verweist der Kapitalismus auf die Marxsche Gesellschaftstheorie, die als Entwicklungs-, Struktur-, Krisen-, Klassen- und Transformationstheorie angelegt und empirisch teilüberprüft ist: als Evolutionstheorie, die eine gerichtete Abfolge von Gesellschaftsformationen unterscheidet – von der Antike über den Feudalismus zum Kapitalismus und schließlich zum Sozialismus; als Strukturtheorie, welche die Gesetze der kapitalistischen Warenproduktion aufstellt; als Krisen- und Klassentheorie, die das Ineinander der beiden Hauptkonflikte, des systemischen Grundwiderspruchs zwischen Produktionsverhältnissen und Produktivkräften einerseits und des sozialen Widerspruchs zwischen Bourgeoisie und Proletariat andererseits, beschreibt; und schließlich als Transformationstheorie, die die Mechanismen sozialen Wandels von einer Gesellschaftsformation zur nächsten Gesellschaftsformation angibt. Es ist diese kognitive Funktion, die das wichtigste Merkmal *soziologischer* Zeitdiagnosen markiert.

Ferner zeichnet Zeitdiagnosen eine *expressive* Funktion aus. Zeitdiagnosen bannen so den »Zeitgeist« in ihre Begrifflichkeit. Die Diskussion um die *Postmoderne*[32] ist ein gutes Beispiel. Obgleich moderne Errungenschaften wie kapitalistische Marktwirt-

32 Siehe exemplarisch Lyotard, *Das postmoderne Wissen*; Derrida, *Die différance* und basal als Überblick geeignet: Wolfgang Welsch, *Unsere moderne Postmoderne* und als kurzer Rückblick Hans-Peter Müller, »Das stille Ende der Postmoderne. Ein Nachruf«, in: MERKUR, *Postmoderne. Eine Bilanz,* Jg. 55, H. 9/10 (1998), S. 975-980

schaft und politische Demokratie unzweideutig fortbestehen, scheinen die kulturellen Erfahrungen »postmodern« zu werden: Die radikale Differenz, der Verlust der kollektiven Sinn verbürgenden Metaerzählung wie etwa der Hoffnung auf Vernunft und Fortschritt, der Pluralismus, die Vielfalt und der Eklektizismus der Stile in Kunst, Malerei und Architektur – alle diese Erscheinungen nähren das Gefühl, in der Postmoderne zu leben. Was für die Kultur, ihren Postmodernismus, indes angebracht sein mag, erweist sich als unangemessen für die übrigen gesellschaftlichen Lebensbereiche. Wer würde schon ernsthaft von der »postmodernen Wirtschaft« oder der »postmodernen Politik«[33] sprechen wollen? Die geschichtsträchtige Zäsur von 1989 jedenfalls hat die Rede von der Postmoderne rasch wieder verstummen lassen.

Ihrer vierten, *evaluativen* Funktion nach beurteilen Zeitdiagnosen Epochen, Gesellschaften, Kulturen oder Charaktere. Der Maßstab, der zugrunde gelegt wird, ist meist ein Ideal, von dem aus die jeweilige Epoche, Gesellschaft, Kultur oder der jeweilige Charakter betrachtet werden. Die vorfindbare Wirklichkeit weicht häufig in trauriger Weise von dem idealen Maßstab ab, was den Zeitdiagnostiker leicht dazu verleitet, von einer Krise[34] zu sprechen. Kri-

33 Wo das doch geschieht, erfolgt die Kennzeichnung häufig mit einem ironischen Augenzwickern oder sogar sachlicher Distanzierung in Gestalt eines Fragezeichens. Siehe zur »postmodernen Politik« Klaus von Beyme, *Theorie der Politik im 20. Jahrhundert*, Frankfurt/M. 1991. Zur »postmodernen Sozialstruktur« Stefan Hradil, »Postmoderne Sozialstruktur? Zur empirischen Relevanz einer ›modernen‹ Theorie sozialen Wandels«, in: Stefan Hradil u. Peter A. Berger (Hg.), *Lebenslagen, Lebensläufe, Lebensstile*, Göttingen 1990, S. 125-152.
Überhaupt scheint der *Postismus* eine verlegenheitsinspirierte Begriffsbildung anzuzeigen, so wenn Peter Drucker von »Post-Kapitalismus« (Peter Drucker, *Die postkapitalistische Gesellschaft*, Düsseldorf 1993) oder Daniel Bell (1975) von »postindustrieller Gesellschaft« (Daniel Bell, *Die nachindustrielle Gesellschaft*, Frankfurt/M. 1975) spricht. Das »Post« annonciert »Zwischenlagen« (Bernhard Giesen, *Zwischenlagen. Das Außerordentliche als Grund der sozialen Wirklichkeit*, Weilerswist 2011), die sich von den Bestimmungsmerkmalen der klassischen Moderne entfernt haben, aber noch nicht in eine Postmoderne im engen Wortsinn eingetreten sind, denn nach wie vor ist die Moderne nicht überwunden, wie Wolfgang Welsch mit dem schönen Buchtitel *Unsere moderne Postmoderne* illustriert. Treffend die Beobachtung von Niklas Luhmann (*Beobachtungen der Moderne*, S. 7): »Die Proklamation der ›Postmoderne‹ hatte mindestens ein Verdienst. Sie hat bekannt gemacht, daß die moderne Gesellschaft das Vertrauen in die Richtigkeit ihrer eigenen Selbstbeschreibungen verloren hat.«

34 Klassisch dazu: Reinhart Koselleck, *Kritik und Krise. Eine Studie zur Pathogenese*

se im ursprünglich griechischen Wortsinn meint »Wendepunkt«: Man kann so weitermachen wie bisher – dann wird man endgültig und irreversibel in die Katastrophe oder den Untergang getrieben; oder man kehrt um bzw. besser auf den Pfad der Tugend zurück und wird so dem als Maßstab zugrunde gelegten Ideal wieder näher kommen. Auf jeden Fall drängt die Zeit zu einer Entscheidung. Es ist diese *normative* Dimension moralischer Kritik,[35] die oft genug die stärkste Motivation zur »Zeitdiagnostik« darstellt. Zeitdiagnosen sind also nicht nur der Versuch zu einem Abbild der Gesellschaft, einem Gesellschaftsbild oder Image; das ist nur eine Seite. Die Kehrseite der Medaille, »Kritik und Krise« (Koselleck), verweist auf die Notwendigkeit der Kurskorrektur, ja der unbedingten Umkehr. Wenn man eine Unterscheidung von Clifford Geertz bemühen will, die von »model of« und »model for society«,[36] dann könnte man sagen, dass Zeitdiagnosen ein ungeschminktes *Abbild* der Gesellschaft und ein *Vorbild* für eine andere, neue und vermeintlich bessere Gesellschaft enthalten.

Drei Probleme (siehe Abbildung 6) sind es, die das Geschäft der Zeitdiagnostik ungemein erschweren und zu einem zwar notwen-

der bürgerlichen Welt, Frankfurt/M. 1973. Koselleck hat sich zeitlebens mit dem Begriffswandel in der Sattelzeit um 1800 beschäftigt, in der unsere zeitgenössischen Begriffe sich gebildet haben. Vgl. Otto Brunner, Werner Conze, Reinhart Koselleck (Hg.), *Geschichtliche Grundbegriffe. Historisches Lexikon zur politisch-sozialen Sprache in Deutschland*, 8 Bde., Stuttgart 1972 ff., hier v. a. Bd. 8/2, 2004. Siehe da zum Krisenbegriff Koselleck: »Krise«, in: Bd. 3, 1982, S. 617-650. Siehe auch Reinhart Koselleck, *Vergangene Zukunft* und ders., *Begriffsgeschichten*, Frankfurt/M. 2006. Zu den Verwendungsweisen des Krisenbegriffs siehe Thomas Mergel, *Krisen verstehen. Historische und kulturwissenschaftliche Annäherungen*, Frankfurt/M., New York 2012. Freilich unterscheiden sich Geschichts- und Sozialwissenschaft auch hier einmal mehr, was dem vorliegenden Buch seinen Titel verdankt. Zwar mag die Kritik einen Vorlauf haben, aber ohne Krise bleibt sie auf der Ebene von Ideen. Erst wenn in der Krise bestimmte Trägergruppen diese Kritik zu ihrem programmatischen Handeln machen, werden kritische Ideen zu einem handlungsmächtigen Verhaltensrepertoire und zeitigen historisch wirkmächtige Effekte und Konsequenzen.

35 Grundlegend Matthias Bohlender, »Was ist Kritik? Versuch einer Archäologie«, in: Harald Bluhm et al. (Hg.), *Ideenpolitik. Geschichtliche Konstellationen und gegenwärtige Konflikte*, Berlin 2011, S. 3-18. Zur Sozialphilosophie der Kritik siehe Rahel Jaeggi u. Tilo Wesche (Hg.), *Was ist Kritik?*, Frankfurt/M. 2009. Zur Soziologie der Kritik basal: Luc Boltanski, *De la critique. Précis de sociologie de l'émancipation*, Paris 2009.

36 Clifford Geertz, *The Interpretation of Cultures. Selected Essays*, New York 1973.

digen, aber höchst riskanten Unternehmen machen: 1. das Problem der Adäquanz; 2. das Problem des Zeitgeistes und der Ideologie; 3. das Problem des Normativen.

Probleme / Dimensionen	Adäquanz	Modischer Zeitgeist und Ideologie	Das Normative
Fokus	Begriff / Begriffenes	theoretische Begriffsbildung historisch-empirische Analyse	Idealität / Realität
Gütekriterium	Angemessenheit der Begriffsbildung	Solidität von theoretischer und empirischer Analyse	intersubjektiv nachprüfbares Verhältnis von Soziologie und Sozialphilosophie
Probleme	Kluft zwischen Begriff und Begriffenem	1) unwissenschaftliche Schnellschussdiagnostik – begriffliche Unterbestimmung 2) ideologische Begriffsakrobatik – begriffliche Überdehnung	Beziehung zwischen Wirklichkeits- und Werturteilen in der Soziologie
Frage	Relevanz vs. Dominanz von Struktur und Entwicklungsprinzipien	Angemessenheit vs. Aktualität von SZD	Bestandsaufnahme vs. Kritik durch SZD
	Erfahrbarkeit	Manipulierbarkeit	Evaluierbarkeit
		der sozialen Wirklichkeit	

Abbildung 6: Die Probleme soziologischer Zeitdiagnosen (SZD)

Das *Problem der Adäquanz* stellt sich regelmäßig dort ein, wo ein Gegenstand durch *einen* Begriff charakterisiert werden soll. Ist der Begriff angemessen, um den Gegenstand voll und ganz zu erfassen? Im Falle von Zeitdiagnosen geht es schließlich darum, mit einem Begriff eine Epoche, eine Gesellschaft, eine Kultur oder einen Charakter zu bezeichnen. Es ist aber eine Sache, die *Relevanz* dieser Struktur- und Entwicklungsprinzipien zu behaupten, eine andere Sache ist es, ihre *Dominanz* zu unterstellen. Wer wollte die Geschichtsmächtigkeit des Kapitalismus ernsthaft leugnen? Aber sind deshalb alle Lebensverhältnisse und -äußerungen durchgängig »kapitalistisch« geprägt? Wenn man das behauptet, überzieht man leicht die heuristische Fruchtbarkeit der Zeitdiagnose und überdehnt die gewählte Grundbegrifflichkeit. Das logische Gegenstück zu Überdehnung und Überstrapazierung der Begrifflichkeit ist die begriffliche Unterbestimmung, die zu einer regelrechten »Hermeneutik des Verdachts«[37] führt. Begriff und politische Kampfformel in eins scheint etwa das Konzept des Rassismus zu sein, mit dem alle mögliche Kommunikation und perhorresziertes Verhalten etikettiert werden können. Freilich: Wenn potentiell alles und jedes unter Rassismusverdacht geraten kann, dann wird der Begriff unscharf und die Kampfformel wohlfeil. In beiden Fällen bleibt das Adäquanzproblem ungelöst.

Es ist leicht zu erkennen, wie sich das Problem mit jeder weiteren gesellschaftlichen Entwicklung verschärft. Je differenzierter, komplexer und pluralistischer eine Gesellschaft wird, desto weniger gelingt es, ihre Struktur- und Entwicklungslinien in einem Begriff unterzubringen. Begriff und Begriffenes klaffen immer weiter auseinander. Die Folge ist eine ganze Korona von Begriffsaspiranten, die für sich reklamieren, gesellschaftliche Erfahrungen konzeptuell erfassen zu können. Nehmen wir nur einige unserer »Gesellschaftsbegriffe« heute: Spätkapitalismus, Industriegesellschaft, Dienstleistungsgesellschaft, Arbeitsgesellschaft, Freizeitgesellschaft, Informationsgesellschaft, Wissensgesellschaft, Risikogesellschaft, Erlebnisgesellschaft, Netzwerkgesellschaft usw.

Eine zweite Schwierigkeit tut sich mit dem *Problem des modischen Zeitgeistes und der Ideologie* auf. Im einen Fall erfolgt eine Diagnose, ohne dass eine umfassende und sorgfältige Analyse vorangegangen wäre. Wir alle können ein Lied von dieser Schnellschussdiagnostik singen. Medien, Werbung, die Konsumindustrie und die kommerzielle Sozialforschung gehen da eine unheilvolle Allianz ein. Eine rasch hingeworfene empirische Studie kommerzieller Sozialforschung findet Eingang in Marketingstrategien, die »sensationellen« Ergebnisse werden unverzüglich von den Medien aufgegriffen, und die Konsumindustrie reagiert rasch mit den entsprechenden Produkten. Auf diese Weise wird aus einer fragwürdigen empirischen Studie flugs ein unumstößlicher, »wahrer« Trend,

37 Siehe dazu die klassische Studie von Paul Ricœur, *Die Interpretation. Ein Versuch über Freud,* Frankfurt/M. 1974.

der in dem Maße, wie von gesellschaftlicher Seite darauf reagiert wird, sich tatsächlich empirisch bewahrheitet.[38]

Das logische Gegenstück zur raschen Alterung von flinken Zeitgeistmoden sind ideologische Dauerbrenner wie der Kapitalismus. Seit Beginn der Industriellen Revolution – und in England begann sie schließlich schon 1750 und ist somit über zweihundertfünfzig Jahre alt – wird eine Gesellschaft allen ihren mannigfachen Wandlungen und Transformationen zum Trotz als »kapitalistische Gesellschaft« gefasst. Wie kann das gehen? Nun, in der Regel bedarf es enormer, fast akrobatischer Ableitungs- und Interpretationsarbeit. Je mehr sich die gesellschaftliche Realität von *dem* Bild des Kapitalismus entfernt, das Karl Marx am britischen Vorbild abgelesen hatte, desto kunstvoller werden die begrifflichen Rekonstruktionen, um die neu entstandenen Phänomene unter einen begrifflichen Hut zu bringen. Selbst wenn man also durchaus die ungeheure Geschichtsmächtigkeit des Kapitalismus anerkennt, stellt sich doch grundsätzlich die Frage, ob auch noch die letzte Faser unserer Lebensführung tatsächlich am Kapitalismus hängt oder, Karl Marx paraphrasierend, ob auch die letzte Pore unserer Gesellschaft vom Kapitalismus durchdrungen wird.

Zeitgeistmoden und Ideologie repräsentieren spiegelbildliche Probleme: Dort werden das Manko theoretischer Begriffsbildung und unzureichende empirische Analysen zu weitreichenden Deutungen missbraucht, die unter Umständen ihren eigenen Trend hervorbringen. Hier ufert die Theoriebildung aus, um mit der Realität mitzuhalten, darüber kommt die historisch-empirische Analyse häufig zu kurz; es wird aber an der weitreichenden traditionellen Deutung festgehalten, obwohl die gesellschaftlichen Entwicklungen immer weniger Anhaltspunkte für den revolutionären Zusammenbruch des Kapitalismus und die Heraufkunft des Sozialismus geben. Das Gegenteil scheint mittlerweile eingetreten zu sein. Trotz endemischer Krisenhaftigkeit und aufgrund mangelnder Alternativen, also des »TINA-Syndroms« («there is no alternative«, Margaret Thatcher), hält sich der global gewordene Kapitalismus zäh am Leben.

38 Trend- und Zukunftsforschung modischer Art bewegt sich stets auf der haarfeinen Trennlinie von Analyse und Marketing. Siehe etwa die Arbeiten von Matthias Horx, z. B. *Die wilden Achtziger – Eine Zeitgeistreise durch die Bundesrepublik*, München 1994.

Eine letzte Schwierigkeit betrifft das *Problem des Normativen.* Da Zeitdiagnosen nicht nur eine radikale Kritik enthalten, sondern häufig genug auch eine normative Alternative, besteht die Gefahr, dass die *Grenze zwischen Soziologie und Sozialphilosophie* verwischt wird. Die Soziologie als rationale, positive und empirische Wirklichkeitswissenschaft, so heißt es, hat nur »Wirklichkeitsurteile« abzugeben, also theoretisch angeleitete, historisch-empirisch informierte Deutungen der Gesellschaft. Demgegenüber hat sie sich in Fragen von »Werturteilen«, also moralischen Empfehlungen zur wünschenswerten Entwicklung der Gesellschaft, strengste Zurückhaltung aufzuerlegen. Da Versuche der Zeitdiagnose stets Gefahr laufen, in das sozialphilosophische Fahrwasser moralischer Kritik zu geraten, sollte eine an diesem Wissenschaftsideal orientierte Soziologie auf die Anfertigung von Zeitdiagnosen am besten gleich ganz verzichten. Das ist die Position, wie wir sie von Max Webers *Postulat der Werturteilsfreiheit*[39] bis hin zur einen Fraktion im Positivismusstreit[40] kennengelernt haben. Die Gegenposition verweist jedoch auf die Schwierigkeit, immer sorgfältig Wirklichkeits- und Werturteile im wissenschaftlichen Alltag voneinander trennen zu können. Da Soziologie und Sozialphilosophie ohnehin unauflöslich miteinander verbunden sind, kommt es vor allem darauf an, die soziologische Behandlung moralischer Fragen so weit wie möglich zu treiben. In diesem Sinne gehören die adäquate Beschreibung, die sorgfältige Erklärung und die evaluative Beurteilung sozialer Phänomene, die Zeitdiagnose, zum ureigensten Geschäft der Soziologie. Das ist die Position, wie sie von Émile Durkheim bis Jürgen Habermas vertreten wird.

Wie auch immer man sich in dieser Grundfrage positionieren mag: Zeitdiagnostik ist und bleibt Soziologie mit beschränkter Haftung. Auch eine noch so vollkommene wissenschaftliche Durchdringung der sozialen Wirklichkeit lässt das Risiko der Deutung bestehen. Deutung heißt stets, das analytisch und empirisch gewonnene Wissen zu synthetisieren und die Erkenntnisse interpretativ zu verdichten. In dieser interpretativen Verdichtung, der Arbeit der Zuspitzung, liegt ein untilgbarer Rest von Spekulation, ja von Metaphysik, den eine noch so gründliche Durchforschung der Welt

39 Weber, *Gesammelte Aufsätze zur Wissenschaftslehre.*

40 Theodor W. Adorno et al., *Der Positivismusstreit in der deutschen Soziologie*, Neuwied 1969.

nicht zu beseitigen vermag. Sicher, die »Metaphysizität« der Zeitdiagnose kann durch Verwissenschaftlichung gebändigt werden, wie die Rede von der *Evidenzbasierung* anzeigt. Evidenzbasierung meint dann eine empirisch gesättigte Zeitdiagnose. Aber nur die alte positivistische Auffassung, dass die Soziologie der »Spiegel der Gesellschaft« sei, so wie die Naturwissenschaften der »Spiegel der Natur«,[41] wird glauben machen wollen, dass ihre Zeitdiagnose ein Abbild der Gesellschaft vermitteln könne. Denn *die* Gesellschaft gibt es nicht; Gesellschaften sind komplexe Gebilde, weshalb *ein* Abbild gar nicht möglich ist. Nicht ein Gesellschaftsbild, sondern Gesellschaftsbilder sind es, welche die Soziologie je nach gewählter Perspektive zu entwickeln vermag. Und die gelingen, wie bei Fotografien auch, mal besser, mal schlechter. Häufig erscheint ein Gesellschaftsbild als verwackelt, dann werden die Konturen unscharf. Oder der Schnappschuss fokussiert einen Ausschnitt so stark, dass der Kontext aus dem Blickfeld gerät; oder aber man verliert vor lauter neutralem Überblick den Einblick in den Charakter einer Gesellschaft, ihre Eigenart und Kulturbedeutung. Niklas Luhmann etwa hat daraus die Konsequenz gezogen, neben dem sozialstrukturellen Wandel stets auch die Variationen der Semantik zu untersuchen.[42] Als Resultat aus einem solchen Programm des Studiums von funktionaler Differenzierung und historischen Semantiken ergeben sich multiperspektivisch angelegte *Selbstbeschreibungen*[43] der modernen Gesellschaft.

Gelingt es dennoch einmal, die verschiedenen Blickwinkel zu synthetisieren und die Zeichen der Zeit als Momentaufnahme *sub specie aeternitatis* zu verstehen, bleibt die Zeitpunkt-, Stimmungs- und Vermittlungsabhängigkeit bestehen. Ein Blick in das soziologische Familienalbum der alten Bundesrepublik ist da instruktiv. Kommt eine Zeitdiagnose zu *früh*, bleibt sie weitgehend unbeachtet. In der ersten Hälfte der achtziger Jahre diskutierte die Soziologie die Krise der Arbeitsgesellschaft,[44] in den neunziger Jahren

41 Richard Rorty, *Der Spiegel der Natur. Eine Kritik der Philosophie*, Frankfurt/M. 1987.

42 Niklas Luhmann, *Gesellschaftsstruktur und Semantik*, Bd. 1, Frankfurt/M. 1980.

43 Im Plural, vgl. Niklas Luhmann, *Die Gesellschaft der Gesellschaft*, 2 Bde., Frankfurt/M. 1997, S. 866-1149 mit einem letzten Abschnitt über »Die sogenannte Postmoderne«, S. 1143-1149.

44 Joachim Matthes (Hg.), *Krise der Arbeitsgesellschaft? Verhandlungen des 21. Deutschen Soziologentages in Bamberg 1982*, Frankfurt/M., New York 1983; Claus Offe,

und noch bis ins 21. Jahrhundert hinein war sie da. Umgekehrt, erscheint die Zeitdiagnose zu *spät* auf der Bildfläche, landet sie auf dem Müllhaufen der Geschichte. Als die Erlebnisgesellschaft[45] und die Multioptionsgesellschaft[46] als Endmoräne der Überflussgesellschaft[47] Anfang der neunziger Jahre aus der Taufe gehoben wurden, ließ die Rückkehr der Knappheit dieses Szenario als unangemessen, ja fast zynisch erscheinen. Pünktlich, *just in time* – das ist die beste Gewähr, dass die zeitdiagnostische Stimme die kollektive Stimmung trifft und breite öffentliche Anerkennung erntet. Nur wer den gesellschaftlichen Gemütszustand und die kollektive Seelenlage richtig einschätzt, hat Erfolg. Diese »irrationale« Seite der Zeitdiagnostik verleitet besonders zur thetischen Verdichtung, zumal im Zeitalter einer medialen Konstruktion sozialer Wirklichkeit. »Der Untergang des Abendlandes«,[48] das »Ende der Geschichte«,[49] der »Kampf der Kulturen«[50] – das lässt aufhorchen. Angesichts der pluralen Deutungskonkurrenz, der medialen Aufmerksamkeitsfilter und des Erfolgsgebots »Stimme trifft Stimmung« ist die Verführung besonders groß, den Wahrheitswert einer Zeitdiagnose, ihre Solidität und Seriosität, zugunsten ihres Spektakularitätswertes, ihrer Sensationalität und Emotionalität zurückzudrängen, um sich durchzusetzen und Gehör zu finden.

Wer behält also am Ende recht, der junge Wagner oder der alte Faust? Ist die Zeitdiagnostik, wie der optimistische Studiosus enthusiastisch meint, ein Instrument der Aufklärung und eine Illustration des Fortschritts? Oder ist sie, wie der skeptische Professor dagegenhält, nur ein Akt der Selbstbespiegelung, der etwas über unser Bewusstsein, nicht aber über das Sein aussagt? Die Soziologie, nicht mehr ganz jung, aber auch noch nicht sehr alt, wird sich zu dieser Ambivalenz bekennen und ihre Herausforderung annehmen müssen.

»Arbeitsgesellschaft«. Strukturprobleme und Zukunftsperspektiven, Frankfurt/M., New York 1984.

45 Gerhard Schulze, *Die Erlebnisgesellschaft. Kultursoziologie der Gegenwart*, Frankfurt/M., New York 1992.

46 Peter Gross, *Die Multioptionsgesellschaft*, Frankfurt/M. 1994.

47 John Kenneth Galbraith, *Gesellschaft im Überfluss*, München 1959.

48 Oswald Spengler, *Der Untergang des Abendlandes*, 2 Bde., München 1921/22.

49 Francis Fukuyama, *Das Ende der Geschichte. Wo stehen wir?*, München 1992.

50 Samuel Huntington, *Kampf der Kulturen. Die Neugestaltung der Weltpolitik im 21. Jahrhundert*, München 2002.

Genau das macht das wertvolle Erbe der soziologischen Klassik aus, dass sie mit großer wissenschaftlicher Phantasie, theoretischer Kühnheit und methodischer Raffinesse die Zeichen der Zeit, wie sie für moderne Gesellschaften gelten, zu erkennen und auf den Begriff zu bringen versucht hat. Das werden die Zeitdiagnosen von Tocqeville («Demokratie als moderne Gesellschafts- und Lebensform«), Marx («Sozialismus als wahrer Humanismus«), Durkheim («Institutioneller Individualismus«), Simmel («Soziale Differenzierung und Individualität«) und Weber («Rationalisierung als Gesellschafts- und Lebensform«) zeigen.

2. Alexis de Tocqueville und die politische Revolution

Je n'ai pas de traditions, je n'ai pas de parti, je n'ai point de cause, si ce n'est celle de la liberté et de la dignité humaine.
Alexis de Tocqueville[1]

2.1 Tocqueville und die deutsche Soziologie

Alexis de Tocqueville (1805-1859) wird gemeinhin nicht zu den Klassikern der Soziologie gezählt.[2] Das gilt vor allem hierzulande. So wird man etwa vergeblich nach dem Namen Tocqueville in der kanonischen zweibändigen Ausgabe *Klassiker des soziologischen Denkens*[3] oder in Lepenies' vierbändiger *Geschichte der Soziologie*[4] suchen. In beiden spielt Tocqueville keine Rolle. Wenn, dann gilt er als Politikwissenschaftler, nicht aber als Soziologe.

Dabei hatte Wilhelm Dilthey schon 1910, in seinen Studien über den Aufbau der geschichtlichen Welt in den Geisteswissenschaften,[5] eine emphatische Würdigung Tocquevilles vorgenommen: »Der dritte unter den originalen historischen Köpfen der Zeit Rankes war Tocqueville. Er ist der Analytiker unter den geschichtlichen Forschern der Zeit, und zwar unter allen Analytikern der politischen Welt der größte seit Aristoteles und Machiavelli.« Was stellt Tocqueville auf eine Stufe mit Aristoteles und Machiavelli? In den Augen Diltheys ist es seine theoretische Perspektive, die heute wohl als Gesellschafts- oder Strukturgeschichte bezeichnet werden würde. Im Lichte dieser Perspektive gewinnt das historisch-empirische Material aus den Archiven eine völlig neue Bedeutung.

1 Zitiert nach J. P. Mayer, *Alexis de Tocqueville. Prophet des Massenzeitalters*, 2. Aufl. Stuttgart 1955, S. 5: »Ich habe keine Traditionen, gehöre keiner Partei an, ich habe kein anderes Anliegen als das der Freiheit und Menschenwürde.«

2 Raymond Aron, *Hauptströmungen des soziologischen Denkens. Teil 1: Montesquieu, Auguste Comte, Karl Marx, Alexis de Tocqueville*, Köln 1971, S. 201.

3 Dirk Kaesler (Hg.), *Klassiker der Soziologie*, 2 Bde., München 2012.

4 Wolf Lepenies (Hg.), *Geschichte der Soziologie*, 4 Bde., Frankfurt/M. 1981.

5 Wilhelm Dilthey, *Gesammelte Schriften. Band VII: Der Aufbau der geschichtlichen Welt in den Geisteswissenschaften*, hg. v. Bernhard Groethuysen, Stuttgart 1927, S. 104f.

Er [Tocqueville, H.-P. M.] sucht in ihnen [den Archiven, H.-P. M.] das Zuständliche, das für das Verständnis der inneren Struktur der Nationen Bedeutsame: seine Zergliederung ist auf das Zusammenwirken der Funktionen in einem modernen politischen Körper gerichtet, und er zuerst hat mit der Sorgfalt und Peinlichkeit des sezierenden Anatomen jeden Teil des politischen Lebens, der in der Literatur, den Archiven und dem Leben selbst zurückgeblieben ist, für das Studium dieses inneren und dauernden Strukturverhältnisses verwertet. Er hat die erste wirkliche Analyse der amerikanischen Demokratie gegeben. Die Erkenntnis, dass in dieser ›Bewegung‹ ›die kontinuierliche, unwiderstehliche Tendenz‹ bestehe, eine demokratische Ordnung in allen Staaten hervorzubringen, erhob sich in ihm aus der Entwicklung der Gesellschaft in den verschiedenen Ländern. Diese seine Erkenntnis hat sich seitdem durch die Vorgänge in allen Teilen der Welt bestätigt.[6]

Obgleich Dilthey Bedeutung und Tragweite von Tocquevilles Werk klar erkennt und überzeugend charakterisiert, hat diese Würdigung keinerlei Rezeption in Deutschland ausgelöst. J. P. Mayers[7] Urteil aus dem Jahre 1955 trifft auch heute noch beinahe uneingeschränkt zu. »Niemand hat sich in Deutschland«, so der Herausgeber der Tocqueville-Schriften, »eine Analyse des Tocquevilleschen Werkes zum Gegenstand gemacht.«[8]

6 Ebd.

7 Mayer, *Alexis de Tocqueville. Prophet des Massenzeitalters*, S. 11.

8 In jüngerer Zeit scheint sich dies zu ändern, wird doch der französische Klassiker als eminent »analytischer Denker« (wieder-)entdeckt. Siehe das gleichnamige Heft von Harald Bluhm u. Hans-Peter Müller (Hg.), *Der analytische Tocqueville. Alexis de Tocqueville zum 200. Geburtstag. Berliner Journal für Soziologie*, Heft 4 (2005) und die vorzügliche Edition von Alexis de Tocqueville, *Kleine politische Schriften*, hg. v. Harald Bluhm, Berlin 2006 wie auch den Sammelband von Harald Bluhm u. Skadi Siiri Krause (Hg.), *Alexis de Tocqueville. Analytiker der Demokratie*, München 2016. Die beste Werkbiographie ist immer noch die von André Jardin, *Alexis de Tocqueville. Leben und Werk*, Darmstadt 1991, die 2005 neu aufgelegt wurde. Die zentralen Arbeiten zu Tocqueville als analytischem Denker stammen von Raymond Boudon, *Tocqueville aujourd'hui*, Paris 2005; Jon Elster, *Alexis de Tocqueville. The First Social Scientist*, Cambridge 2009; Claus Offe, *Selbstbetrachtung aus der Ferne. Tocqueville, Weber und Adorno in den Vereinigten Staaten*, Frankfurt/M. 2004; James T. Schleifer, *The Making of Tocqueville's* ›Democracy in America‹, Indianapolis 2000; Cheryl B. Welch, *De Tocqueville*, Oxford 2001 und Sheldon Wolin, *Tocqueville between Two Worlds: The Making of a Political and Theoretical Life*, Princeton 2001. Sehr gut auch: Olivier Zunz u. Alan S. Kahan (Hg.), *The Tocqueville Reader*, Oxford 2002 und Cheryl B. Welch (Hg.), *The Cambridge*

Woher kommt diese weitgehende Nichtachtung des französischen Denkers und seiner beiden bahnbrechenden Werke *Über die Demokratie in Amerika* (1835/40) und *Der alte Staat und die Revolution* (1856)? Woraus resultiert diese Ignoranz, vor allem in der deutschen Soziologie?

Über die Beantwortung dieser Frage lässt sich trefflich streiten. Nach meiner Auffassung sind wenigstens drei Gründe dafür verantwortlich, dass uns Tocqueville aus dem soziologischen Gedächtnis entschwunden zu sein scheint. Da ist zunächst die Rezeptionslage in Deutschland anzuführen. Wir haben Karl Marx und Max Weber, wozu brauchen wir Alexis de Tocqueville? Wenn man bedenkt, dass Marx vom ökonomischen Primat (Kapitalismus) und Weber vom politischen Primat (politisch-administrative Herrschaft) und zuweilen vom soziokulturellen Primat (die Wirtschaftsethik der Weltreligionen) ausgeht, so sind die wesentlichen Ansatzpunkte bereits abgedeckt, um die »Große Transformation« zu erklären: Ökonomie, Politik und Kultur. Also nochmals: Wozu Tocqueville und sein demokratietheoretischer Ansatz? Tocqueville erscheint von dieser Warte als früher Protosoziologe mit einzelnen, durchaus fruchtbaren Einsichten, aber eben als *Vorläufer* der eigentlichen Soziologie, die wir meist mit Durkheim, Weber und Simmel beginnen lassen.

Ferner ist Tocqueville eine Stilfrage: Wer sich durch Marx' komplizierte Abhandlung über *Das Kapital* durchgearbeitet oder den verschlungenen Konstruktionspfaden der komplexen Begriffsarchitektonik von Webers *Wirtschaft und Gesellschaft* nachgespürt hat, dem werden Tocquevilles Werke wie bessere Reisebeschreibungen vorkommen. Im Lande von Kant und Hegel, wo die schwere Verständlichkeit eines Textes noch immer zu den bevorzugten Gütekriterien von Wissenschaftlichkeit zählt, gilt Tocqueville als

Companion to Tocqueville, Cambridge 2006. Weiterführende klassische Studien sind Alan S. Kahan, *Aristocratic Liberalism. The Social and Political Thought of Jacob Burckhardt, John Stuart Mill and Alexis de Tocqueville*, New Brunswick 2001; Jean-Claude Lamberti, *Tocqueville and the Two Democracies*, Cambridge/MA 1989 und Pierre Manent, *Tocqueville and the Nature of Democracy*, Lanham/MD 1996. Aus deutschsprachiger Sicht sticht die gelungene Gesamtwürdigung von Skadi Siiri Krause, *Eine neue Politische Wissenschaft für eine neue Welt. Alexis de Tocqueville im Spiegel seiner Zeit*, Berlin 2017 hervor, die den *state of the art* der internationalen Tocqueville-Forschung repräsentiert.

zu leichte Kost. Kurz: Seine Werke sind Literatur, aber keine Wissenschaft.[9] Eine solche Einschätzung kommt hierzulande einem Todesurteil gleich, denn es legitimiert dazu, sein Werk getrost vergessen zu dürfen.

Während die besondere Rezeptionslage in Deutschland und die Stilfrage *à conto* der deutschen Soziologie gehen, liegt der dritte Grund für die weitgehende Nichtbeachtung bei dem Autor selbst. Tocqueville, der sich eines verständlichen Stils und lockerer Begrifflichkeit befleißigt hat, wird gerade deswegen sehr unterschiedlich rezeptiert. Robert Nisbet,[10] der den Wandel der Rezeption des französischen Klassikers und seiner Bibel des Amerikanismus, der *Demokratie in Amerika*, in den Vereinigten Staaten untersucht hat, spricht daher nicht zu Unrecht von »many Tocquevilles«. Lässt sich angesichts dieser Mannigfaltigkeit aber nicht doch eine gewisse Kohärenz des Tocquevilleschen Werkes ausmachen? Durchaus. Denn seine zentralen Begriffe geben zweifelsohne die wichtigsten Richtungen der Interpretation vor: Demokratie, Gleichheit und Individualismus.

Für die einen ist Tocqueville der frühe Zeitdiagnostiker, der die Entwicklung moderner Gesellschaften zur Demokratie in ihren Grundzügen analysiert und prophetisch vorausgeahnt hat. Kurz: Tocqueville als *Diagnostiker der demokratischen Revolution*.[11] Gleichzeitig entgehen dem nüchternen Blick des französischen Aristokraten und Weltmannes keineswegs die Kehrseite und die Gefahren der Demokratie. In der demokratischen Republik herrscht zum einen eine gewisse Durchschnittlichkeit, ja Mediokrität, wenn das gesamte gesellschaftliche Streben nur auf das Wohlergehen der größten Zahl gerichtet ist. Zum anderen ist mit diesem seichten Hedonismus politisch die Gefahr des Despotismus verbunden. Wenn jeder nur an sein privates Glück ohne Sorge um das

9 Zu diesem konfliktbehafteten Verhältnis von Wissenschaft und Literatur siehe Wolf Lepenies, *Die drei Kulturen. Soziologie zwischen Literatur und Wissenschaft*, München 1985.

10 Robert Nisbet, »Many Tocquevilles«, in: *American Scholar* 46/1 (1977), S. 59-75.

11 Innerhalb dieser Interpretationsrichtung sind u. a. zu nennen: Reinhard Bendix, *Herrschaft und Industriearbeit*, Frankfurt/M. 1960 sowie ders., *Könige oder Volk. Machtausübung und Herrschaftsmandat*, 2 Bde., Frankfurt/M. 1980; Seymour Martin Lipset, *The First New Nation. The United States in Historical and Comparative Perspective*, New York 1981 [1963]; Robert Nisbet, *The Sociological Tradition*, London 1970.

öffentliche Wohl denkt, verwandelt sich die genuin demokratische Regierungsform leicht in ein despotisches Regime. Tocqueville gilt vielen deshalb auch als früher Vorläufer der Totalitarismustheorie.[12]

Für andere wiederum ist Tocqueville »der große Prophet des Massenzeitalters der abendländischen Welt«,[13] der den Anbruch des Zeitalters der Gleichheit untersucht hat, mit allen Vorzügen und Gefahren wie der *Tendenz zur Massengesellschaft*[14] etwa. In diesem Zusammenhang wird Tocqueville gern als Konservativer angesehen, scheinen doch Vortrefflichkeit und Exzellenz nur auf dem Boden der Ungleichheit und mit Hilfe aristokratischer Eliten zu gedeihen.

Eine dritte, *neuere* Interpretationsrichtung indes erblickt in Tocqueville den scharfsichtigen Diagnostiker des *Zeitalters des Individualismus*.[15] Die Kultur der amerikanischen Gesellschaft bietet einzigartige Voraussetzungen zur Ausbreitung des modernen Individualismus. Der Begriff, der in der Tat von Tocqueville erstmalig theoretisiert wurde, steht für ein Wertsystem, das es dem Einzelnen in einem historisch ungekannten Maße erlaubt, sich von gesellschaftlichen Verpflichtungen freizumachen, seinen eigenen, unverwechselbaren Lebensstil zu entwickeln und eine eigenständige Lebensführung zu verwirklichen.

Ohne die drei skizzierten Interpretationsrichtungen näher zu diskutieren, soll im Folgenden die These vertreten werden, dass alle drei Lesarten zwar nicht falsch, aber einseitig sind. Infolge dieser einseitigen Interpretation verkennen sie den konstitutiven Zusammenhang zwischen Demokratie, Gleichheit und Individualismus, den Tocqueville im Auge hat. Hier wird deshalb eine vierte Lesart vorgeschlagen, die gerade auf den *Zusammenhang von Demokratie, Gleichheit und Individualismus* gerichtet ist. Nach meiner Auffassung ist Tocqueville der Soziologe, der die »Große Transformation« über die politische Revolution und den Übergang von der Aristo-

12 Theodor Eschenburg, »Tocquevilles Wirkung in Deutschland«, in: Tocqueville, *Über die Demokratie in Amerika*, S. 489-562.

13 Mayer, *Alexis de Tocqueville. Prophet des Massenzeitalters*, S. 12.

14 Hierzu: William Kornhauser, *The Politics of Mass Society*, New York 1959 oder auch der genannte Text von Mayer, *Alexis de Tocqueville. Prophet des Massenzeitalters.*

15 Robert Bellah et al., *Gewohnheiten des Herzens. Individualismus und Gemeinsinn in der amerikanischen Gesellschaft*, Frankfurt/M. 1987.

kratie zur Demokratie zu verstehen sucht. Den Übergang von der Tradition zur Moderne als Wandel von der Aristokratie zur Demokratie zu konzeptualisieren, setzt ein neuartiges, *soziologisches* Verständnis von Demokratie voraus. Es heißt, Demokratie nicht nur als politische Regierungsform anzusehen, sondern sie als moderne Gesellschafts- und Lebensform zu begreifen. Genau das ist Tocquevilles Projekt: *Demokratie als moderne Regierungs-, Gesellschafts- und Lebensform*. Im Folgenden soll daher entlang dieser Leitthese Tocquevilles Argumentation rekonstruiert werden: Er versucht, die »Großen Transformation« über die politische Revolution, d.h. den Wandel von der Aristokratie (Tradition) zur Demokratie (Moderne), im Lichte der zeitdiagnostischen Formel der Demokratie als moderner Regierungs-, Gesellschafts- und Lebensform zu verstehen.

Das legt folgende Vorgehensweise nahe: Nach einem knappen Überblick über Tocquevilles Leben und Werk im Allgemeinen wird seine Analyse der amerikanischen Demokratie beleuchtet, wie er sie im ersten Band seiner Amerika-Studien unterbreitet. In einem zweiten Schritt wird die demokratische Gesellschaft der aristokratischen Gesellschaft gegenübergestellt und Tocquevilles Erklärung der revolutionären Transformation skizziert, wie er sie in *Der alte Staat und die Revolution* entwickelt. Schließlich soll im dritten Schritt zusammenfassend die zeitdiagnostische Formel »Demokratie als moderne Regierungs-, Gesellschafts- und Lebensform« beleuchtet sowie der Idealtypus der demokratischen Gesellschaft dargestellt werden, wobei vor allem der zweite Band seiner Amerika-Studien im Zentrum steht.

2.2 Tocqueville – Aristokrat zwischen allen Stühlen

Tocqueville wird am 29. Juli 1805 in Verneuil als dritter Sohn der Familie Hervé de Tocqueville geboren. Während der Französischen Revolution werden seine Eltern eingekerkert und nur durch den Sturz Robespierres am 9. Thermidor vor der Guillotine gerettet. In der Restaurationsära ist sein Vater Präfekt mehrerer Départements. Alexis de Tocqueville besucht das Gymnasium in Metz und studiert Jurisprudenz in Paris. 1827 wird er Hilfsrichter in Versailles, das sein Vater seit 1826 als Präfekt regiert. 1831 erhalten er und sein Freund Gustave de Beaumont vom französischen Innenminister den Auftrag, das amerikanische Gefängniswesen zu untersuchen. Was als Studium des Gefängniswesens intendiert war, wird eine Studie über die amerikanische Demokratie. Von Mai 1831 bis Februar 1832 reisen Beaumont und Tocqueville durch die Vereinigten Staaten und besuchen Neuengland, Québec, New Orleans im Süden und den Westen bis zum Michigansee. Auftragsgemäß erscheint kurz darauf die Studie *Du système pénitentiaire aux États Unis et de son application en France* (1833). Bedeutsamer ist freilich der erste Band von *Über die Demokratie in Amerika*, den Tocqueville 1835 publiziert und der ihn schlagartig bekannt macht. 1840 folgt der zweite Band, der indes nicht auf die Resonanz stößt, die der erste Band ausgelöst hat. Nach seiner Eheschließung im Jahre 1836 mit Mary Motley, einer bürgerlichen Engländerin, schlägt er eine politische Karriere ein, wird 1839 Deputierter von Vologne, dem Wahlbezirk, in dem sein Schloss steht, und bleibt dies bis zum Ende seiner politischen Karriere im Jahre 1851. Der kurze Höhe- und Schlusspunkt dieser Karriere ist sicherlich das Amt des Außenministers, das er vom Juni bis zum Oktober 1851 bekleidet. Danach schreibt er seine *Erinnerungen* (1851/1852),[16] um sich schließlich dem Studium des *Ancien Régime*, der Französischen Revolution und der Zukunft der westlichen Welt zu widmen. 1856 erscheint *Der alte Staat und die Revolution*. Tocqueville will diesem ersten Teil analog zur Amerika-Studie einen zweiten Teil folgen lassen, denn im ersten Teil wird er sich mehr mit dem *Ancien Régime* beschäftigen als mit der Revolution, so dass der zweite Teil ihren Verlauf und ihre Folgen diskutieren sollte. Allein, die Ausführung dieses Plans bleibt ihm nicht vergönnt, er wird ein Opfer seiner zeitlebens schwachen Gesundheit und stirbt am 16. April 1859 in Cannes.

Auf den ersten Blick gibt dieser Lebenslauf erst einmal keinen Hinweis darauf, dass wir es hier mit einem soziologischen Klassiker und obendrein mit einer der wichtigsten Zeitdiagnosen des 19. Jahrhunderts zu tun haben. Ein Aristokrat, der Jurisprudenz studiert und eine politische Karriere anstrebt, das wäre zu stabilen Zeiten des *Ancien Régime* keine bemerkenswerte Biographie gewesen. Aber die Zeiten, in denen Tocqueville seine Schriften abfasst, sind äußerst ungewiss, und es tobt der unversöhnliche Kampf zwi-

16 Alexis de Tocqueville, *Erinnerungen*, Stuttgart 1954.

schen monarchischer Restauration, sozialistischer Revolution und einem autoritären Kaisertum.

Tocqueville als überzeugter Aristokrat alter Schule – *noblesse oblige:* Adel verpflichtet – sitzt *zwischen allen Stühlen*, eine erste unerlässliche Voraussetzung für einen guten Soziologen. Und er versucht, hinter die Oberfläche der rasanten politischen Veränderungen zu dringen, welche die Zeiten so unübersichtlich und ungewiss machen. Er steht neuen Erfahrungen aufgeschlossen gegenüber, hält Frankreich jedoch trotz der Revolution von 1789 keineswegs für die Speerspitze des gesellschaftlichen Fortschritts oder die Avantgarde der westlichen Zivilisation. Im Gegenteil: Seine Aufmerksamkeit gilt den angloamerikanischen Gesellschaften, um im Lichte von deren Entwicklung die französischen Erfahrungen zu klären. England hat neue und gemäßigte Formen einer konstitutionellen Monarchie gefunden, und Adel wie Bürgertum sind gleichermaßen in Industrie und Handel engagiert. Amerika hat keine feudale Vergangenheit, keine verfeindeten Staaten als Nachbarn und kann sich ganz dem Aufbau einer neuen Nation – *der First New Nation* – widmen.

Dieses Interesse an historisch-vergleichender Betrachtung, ja an einer komparativen Methodik ist eine weitere wichtige Voraussetzung für eine moderne Soziologie. Tocqueville ist weit davon entfernt, die französische Erfahrung zu verteufeln oder zu verklären; vielmehr ist ihm an nüchterner Aufklärung gelegen. Seine Studien stellen Versuche dar, für die Entwicklung von der Tradition zur Moderne und die Implikationen der politischen Revolution, also den Wandel von der Aristokratie zur Demokratie, eine Erklärung zu finden.

Tocquevilles Haltung als kritischer und unparteiischer Beobachter, eine dritte wichtige Eigenschaft eines guten Soziologen, kommt in einem Brief an Henry Reeve aus dem Jahre 1837 sehr schön zum Ausdruck:

> Man schreibt mir abwechselnd aristokratische und demokratische Vorurteile zu. Wäre ich in einer anderen Epoche oder in einem anderen Land geboren worden, hätte ich vielleicht das eine oder das andere gehabt. Aber meine Geburt machte es mir, wie sich herausstellte, leicht, mich vor beiden zu schützen. Ich kam am Ende einer langen Revolution auf die Welt, die, nachdem sie alte Institutionen zerstört hatte, keine schuf, die Bestand hatten. Als ich ins Leben trat, war die Aristokratie tot und die Demokratie

noch nicht geboren. Mein Instinkt konnte mich daher weder zu dem einen noch zu dem anderen blind führen.[17]

Ein entwurzelter, ja »entfremdeter« Aristokrat, ein kritischer und nüchterner Beobachter, interessiert an unparteiischer Aufklärung, ein früher Sozialwissenschaftler mit dem Sinn für eine historisch-vergleichende Methode und dem Ziel einer gesellschafts- und strukturgeschichtlichen Erklärung der »Großen Transformation« von der Aristokratie zur Demokratie, wie es in dem Zitat anklingt – alle diese Eigenschaften Tocquevilles sind wichtige Voraussetzungen für sein keineswegs nur protosoziologisches, sondern *soziologisches Werk*. Ihm steht die Tragweite seines Projekts durchaus vor Augen, und er ist sich bewusst, einen innovativen wissenschaftlichen Weg nicht ohne Selbstbewusstsein zu betreten. »Eine völlig neue Welt«, so schreibt Tocqueville,[18] »bedarf einer neuen politischen Wissenschaft.« Er wird mit seinem Werk den Grundstein legen für eine neue *science po*, wie es heute in Frankreich heißt, und damit den analytischen Zweig einer politischen Soziologie begründen. Das könnte man den *analytischen Tocqueville* nennen, dessen Art, Wissenschaft zu treiben – auch hier wieder zwischen allen Stühlen –, zwischen Soziologie und Politikwissenschaft anzusiedeln ist.

2.3 Demokratie und die moderne Lebensweise

Das Thema, das ihm Erlebnis und Vision zugleich ist, wird ihm auf seiner Reise durch die Vereinigten Staaten zuteil: die Demokratie und ihr unaufhaltsamer Vormarsch. Wie eine lange Reihe von bekannten Sozialwissenschaftlern[19] nach ihm, die sich dem Problem der Modernisierung verschreiben, sind für Tocqueville die USA Schlüssel- und Bezugsgesellschaft. Die Vereinigten Staaten von Amerika, das erkennt Tocqueville schon 1835, schreiben das Entwicklungsmodell vor, dem alle anderen westlichen Gesellschaften folgen werden.

Dieses Credo offenbart Tocqueville schon in der Einleitung zu *Demokratie in Amerika*: »Ich gestehe, in Amerika habe ich mehr

17 Zit. nach Nisbet, »Many Tocquevilles«, S. 61 (Übers. HPM).

18 Alexis de Tocqueville, *Über die Demokratie in Amerika*, Teil 1, Zürich 1987 [1835], S. 15.

19 Vgl. Claus Offe, *Selbstbetrachtungen aus der Ferne.*

als Amerika gesehen; ich habe dort ein Bild der Demokratie selbst, ihres Strebens, ihres Wesens, ihrer Vorurteile, ihrer Leidenschaften gesucht; ich wollte sie kennenlernen, und sei es auch bloß, um zu erfahren, was wir von ihr zu erhoffen oder zu befürchten haben.«[20] Was ist der wesentliche Grundzug der Demokratie, deren Bild Tocqueville zu zeichnen versucht? Es ist die Gleichheit, die Gleichheit der Bedingungen bzw. die gesellschaftliche Gleichheit. Alle feudalen und ständischen Privilegien sind abgeschafft, die Gesellschaft ist nicht länger in Stände aufgeteilt; als Mitglieder der Gesellschaft, als Bürger oder Staatsbürger, sind die Menschen gleichgestellt. Es ist das Phänomen der »citizenship«, der allgemeinen und gleichen Staatsbürgerschaft, die Tocqueville als vorherrschendes Strukturmerkmal der modernen Demokratie hervorhebt. Diese gesellschaftliche Gleichheit ist durchaus mit großen sozioökonomischen Ungleichheiten wie unterschiedlichem Vermögen und Besitz zu vereinbaren sowie mit soziokultureller Ungleichheit und einem krassen Bildungsgefälle.

Tocqueville registriert »unter dem Eindruck einer Art religiösen Erschauerns«, dass »mitten unter uns [...] eine große demokratische Revolution vor sich« geht: »Die allmähliche Entwicklung zur Gleichheit der Bedingungen«, so meint er, »ist [...] ein Werk der Vorsehung; sie trägt dessen Hauptmerkmale: sie ist allgemein, sie ist von Dauer, sie entzieht sich täglich der Macht der Menschen; die Geschehnisse wie die Menschen dienen alle ihrer Entwicklung.« Was Tocqueville in prophetischer Weise voraussagt, den »nahen, unaufhaltsamen, allgemeinen Aufstieg [...] der Demokratie in der Welt«, beruht jedoch nicht nur auf geschichtsphilosophischer Weissagung, sondern auf historisch-empirischer Strukturanalyse der amerikanischen Demokratie.[21] Bevor diese Analyse im Einzelnen geschildert wird, gilt es, sich über die Begrifflichkeit zu verständigen, die Tocqueville durchgängig benutzt.

Was genau versteht er unter Demokratie, Gleichheit und Freiheit? In einem Fragment zum geplanten und nicht ausgeführten zweiten Teil von *Der alte Staat und die Revolution* moniert Tocqueville selbst den äußerst unklaren und vagen Gebrauch des Begriffs Demokratie:

20 Tocqueville, *Über die Demokratie in Amerika* 1, S. 25 f.

21 Ebd., S. 14, 10, 5.

Am meisten verwirrt die Gemüter der Gebrauch der Worte Demokratie, demokratische Institutionen, demokratische Regierung. Solange wir sie nicht klar bestimmen und uns über die Definition einigen, werden wir zur großen Freude der Demagogen und der Despoten in einem Gestrüpp verworrener Ideen leben. Man wird sagen, daß ein von einem absoluten Fürsten regiertes Land eine Demokratie sei, weil dieser mit Gesetzen und inmitten von Institutionen regiert, die die Bedingungen des Volkes verbessern. Seine Regierung wird eine demokratische Regierung sein, und er wird eine demokratische Monarchie bilden. Die Worte Demokratie, Monarchie, demokratische Regierung können aber in Wirklichkeit nur eine Herrschaftsform bedeuten, bei der das Volk mehr oder minder stark an der Regierung teilhat. Die Bedeutung dieser Begriffe ist eng verbunden mit der Idee der politischen Freiheit. Wenn wir eine Regierungsform ohne politische Freiheit mit dem Attribut demokratisch schmückten, so begingen wir im natürlichen Sinne des Wortes eine handgreifliche Dummheit. Diese unrichtigen oder zumindest unklaren Formulierungen sind zunächst darauf zurückzuführen, daß der Masse der Bevölkerung etwas vorgegaukelt werden soll, denn der Begriff demokratische Regierung hat auf sie stets einen günstigen Eindruck gemacht. Sodann ist es tatsächlich sehr schwierig, eine so komplizierte Idee: eine absolute Regierung, bei der einerseits das Volk nicht an den Regierungsgeschäften beteiligt ist, andererseits aber die oberen Klassen keine Vorrechte besitzen und die Gesetze so beschaffen sind, daß sie soweit als möglich den Wohlstand des Volkes zu vergrößern suchen, zum Ausdruck zu bringen.[22]

Dieses ausführliche Zitat darf gleich in mehrfacher Hinsicht als aufschlussreich gelten, sagt es doch etwas über Demokratie, Gleichheit und Freiheit aus und präzisiert die Zusammenhänge der Begriffe untereinander. Demokratie bezeichnet nicht nur eine Regierungsform, sondern verweist auch auf einen Gesellschaftszustand und eine Lebensform. Sie bezieht sich nicht nur auf die politische Herrschaft im engeren Sinne, sondern erstreckt sich auch auf das gesellschaftliche Leben im weiteren Sinne. Das ist eine erste Unterscheidung, die eine systematische Zweideutigkeit im Gebrauch des Begriffs Demokratie offenbart. Im engeren Sinne und nach heutigem Verständnis meint Demokratie eine politische Regierungs- oder Regimeform. Im weiteren Sinne, und genau das ist Tocquevilles Verständnis, umschreibt sie zugleich eine Gesellschafts- und Lebensform. Demokratie als Regime bedarf also stets

22 Zitiert nach Aron, *Hauptströmungen des soziologischen Denkens 1*, S. 300.

der sozialen und kulturellen Einbettung in eine passende Gesellschafts- und Lebensform.

Eine zweite Unterscheidung deutet Tocqueville an, wenn er auf die verbreitete Neigung aller neuen Regierungen und Regime anspielt, sich als »demokratisch« auszugeben. Mit dem wichtigen Zusatz »demokratisch« wird von den Herrschenden eine Art *Basislegitimität* reklamiert, um ihre Regierungsweise in der Weltöffentlichkeit und bei der eigenen Bevölkerung als gut und gerecht zu rechtfertigen.[23]

Dieses Problem verweist auf zwei weitere Unterscheidungen, die meist auch mit dem Begriff Demokratie assoziiert werden, die Tocqueville aber eher als Begleiterscheinungen der Gleichheit charakterisiert. Die Demokratie als Lebensform tendiert zur völligen Gleichheit der Bedingungen, unter der Tocqueville die Ähnlichkeit der Lebensweise und die Angleichung des Lebensstandards meint. In diesem Sinne muss man sein Diktum verstehen, dass die Demokratie zum Wohlergehen der größten Zahl beiträgt.

Eng verknüpft mit diesem sozialen Aspekt von Demokratie und Gleichheit ist ein ökonomischer Aspekt: Eine demokratische Regierungs- und Lebensform wird mit dem Recht und der Chance verknüpft, dass der Einzelne sein Glück machen und zu Reichtum sowie Macht gelangen kann. Umgekehrt gilt, dass Demokratie und Gleichheit den meisten Gesellschaftsmitgliedern auch zu diesen Lebenschancen verhelfen.[24]

23 Im zwanzigsten Jahrhundert haben die Zeitgenossen üble Erfahrungen mit dieser Verwechslung von Volkssouveränität mit tatsächlicher Demokratie gemacht. Die Nationalsozialisten, die sich auf den nationalen und rassischen Willen berufen haben, die Kommunisten, die auf den proletarischen Willen rekurriert haben – alle diese mehr oder minder totalitären Regime haben sich wenigstens eine scheinhafte demokratische Basislegitimität im Tocquevilleschen Sinne zugelegt. Genau deshalb wäre es eine »handgreifliche Dummheit«, wie Tocqueville moniert, solche despotischen Regime auch noch mit dem Prädikat »demokratisch« zu veredeln.

24 Wenn man etwa den Zusammenbruch der Staaten des real existierenden Sozialismus in Osteuropa betrachtet und die Hoffnungen analysiert, welche die breite Masse der Bevölkerung mit »Demokratie« verknüpft, so ist es stets die ökonomische Verbesserung ihrer Lebenslage und, bei den Optimisten unter ihnen, die Chance, schnell und ohne große Anstrengung reich zu werden. Demokratie und Marktwirtschaft gehen häufig ununterschieden in der Vorstellungswelt der jahrzehntelang real-sozialistisch bevormundeten Menschen durcheinander. Zur unangenehmen Überraschung der Reformer setzen Demokratiebestrebungen

Tocqueville hat diesen beiden Aspekten, die mit Demokratie und Gleichheit verbunden sind, sehr viel Aufmerksamkeit geschenkt: die Ähnlichkeit der Lebensweisen und die Angleichung des Lebensstandards einerseits, der mit Wohlstand einhergehende praktische Materialismus und Egoismus andererseits. Denn es geht ihm nicht um eine »Lobrede« auf die Demokratie, sondern um die nüchterne Bilanzierung wie Balancierung der Vorzüge und Schattenseiten. Diese Schattenseiten der Demokratie hat er als die Gefahren des *Despotismus* bezeichnet. Despotisch wird ein demokratisches Regime immer dann, wenn die Bürgerschaft sich vom öffentlichen Wohl ab- und ausschließlich dem privaten Wohlergehen zuwendet.[25]

Dieser praktische Materialismus und Individualismus, so Tocqueville,[26] ist ein endemisches Risiko aller demokratischen Gesellschaften. Warum?

> Da in einer derartigen Gesellschaft nichts feststeht, fühlt sich jeder, teils durch die Furcht herunterzukommen, teils durch den Drang, sich emporzubringen, in beständiger Aufregung; und weil das Geld, während es zugleich das Hauptmerkmal geworden ist, das die Menschen klassifiziert und ihren Rangunterschied bedingt, hier eine außerordentliche Beweglichkeit erlangt hat, indem es unaufhörlich aus einer Hand in die andere geht, die Lage der Individuen verändert, die Familien erhebt oder erniedrigt, so gibt es hier fast niemand, der nicht genötigt wäre, verzweifelte und fortwährende Anstrengungen zu machen, um es sich zu erwerben. Die Begierde, um jeden Preis reich zu werden, die Neigung, Geschäfte zu machen, die Gewinnsucht, das Streben nach Wohlleben und sinnlichen Genüssen sind daher die üblichsten Leidenschaften.[27]

Wohlgemerkt – diese Leidenschaften, dieser praktische Materialismus und Individualismus, wie Tocqueville diese Leidenschaften etwas abwertend nennt, gehören unvermeidlich und konstitutiv zu

zunächst einmal einen ungeheuren praktischen Materialismus und Egoismus frei, sein eigenes Wohl um jeden Preis und unter kräftigem Ellenbogengebrauch zu verfolgen, anstatt mit viel Elan und heroischem Engagement die neue demokratische Gesellschaft als Verkörperung von Gemeinwohl und Gemeinsinn aufzubauen.

25 Tocqueville, *Über die Demokratie in Amerika* 1, S. 25.

26 Alexis de Tocqueville, *Der alte Staat und die Revolution*, München 1978 [1856], S. 15.

27 Ebd., S. 15.

einer modernen Demokratie, ja, sie sind für ein Gutteil der ungeheuer lebendigen Dynamik demokratischer Gesellschaften verantwortlich. Soll jedoch dieser Individualismus nicht reibungslos Hand in Hand gehen mit einem umfassenden politischen Despotismus, muss die *politische Freiheit* dazwischentreten. In Tocquevilles Denken kommt der politischen Freiheit die kritische Funktion zu, den Individualismus und die Verfolgung von persönlichen Privatinteressen einerseits und die inhärente Tendenz jeder politischen Macht, auch der demokratischen Macht, sich auszubreiten und despotisch zu werden, andererseits, zu begrenzen. In diesem Sinne ist die politische Freiheit das entscheidende Korrektiv für Individualismus und politischen Despotismus; sie soll verhindern, dass der praktische Materialismus und Individualismus der Menschen in demokratischen Gesellschaften nicht in grenzen- und rückhaltlosen Egoismus ohne öffentliche Tugenden verfällt; und sie soll vermeiden helfen, dass die demokratische Regierungsmacht sich immer weitere gesellschaftliche Lebensbereiche unterwirft und aus der liberalen Demokratie unversehens eine despotische Demokratie wird.

Die politische Freiheit soll vor allem die gefährliche Ehe von Individualismus und Despotismus unterbinden, denn sie schließen einander nicht aus, sondern gehen häufig Hand in Hand. Warum?

> Die Menschen sind hier nicht mehr durch Kasten, Klassen, Korporationen und Geschlechter miteinander verbunden und sind daher nur zu sehr geneigt, sich bloß mit ihren besonderen Interessen zu beschäftigen, immer nur an sich selbst zu denken und sich in einen Individualismus zurückzuziehen, in dem jede öffentliche Tugend erstickt wird. Der Despotismus, weit davon entfernt, gegen diese Neigung [der Individualisierung H.-P. M.] zu kämpfen, macht sie vielmehr unwiderstehlich, denn er entzieht den Bürgern jede gemeinsame Begeisterung, jedes gemeinschaftliche Bedürfnis, jede Notwendigkeit, sich miteinander zu verständigen, jede Gelegenheit zu gemeinschaftlichem Handeln, er mauert sie sozusagen im Privatleben ein.[28]

Angesichts der Schlüsselrolle der politischen Freiheit in seinem liberalen Denken schreibt er ihr gleich mehrere Funktionen zu: erstens ist sie ein unerlässliches Gegengewicht zu Demokratie und Gleichheit (*Ausgleichsfunktion*); zweitens verhindert sie, dass der praktische Materialismus der Menschen in einen rückhaltlo-

28 Ebd.

sen Individualismus und Egoismus abgleitet (*Korrektivfunktion I*); drittens unterbindet sie die unkontrollierte Ausbreitung der politischen Macht des demokratischen Staates und sein Bestreben, immer mehr Lebensbereiche seiner Gestaltung zu unterziehen und despotische Gewalt zu gewinnen (*Korrektivfunktion II*); viertens untersagt die politische Freiheit die Ehe zwischen Individualismus und Despotismus und das Hand-in-Hand-Gehen der ausschließlichen Verfolgung von Privatinteressen und der wohlwollend paternalistischen Bevormundung durch einen autoritären Wohlfahrtsstaat (*Scheidungsfunktion*).

Vor dem Hintergrund dieser vier gewichtigen Funktionen, welche die politische Freiheit in Tocquevilles Denken spielt ist abschließend zu fragen, was Tocqueville unter politischer Freiheit versteht. Obgleich er seine »unzeitige Vorliebe für die politische Freiheit«[29] unumwunden zugibt und man aus den vorangegangenen Überlegungen durchaus schließen kann, dass die »liberté« den obersten Wert in Tocquevilles liberaler politischer Theorie markiert, wird man vergeblich nach einer Definition von politischer Freiheit in seinem Werk suchen.

Seinen Betrachtungen in den beiden Hauptwerken und seinen *Erinnerungen* lassen sich aber vier Bestimmungsmomente entnehmen, die seinen Begriff von *Freiheit* umreißen. Erstens und in einem elementaren Sinne meint Freiheit den Schutz vor staatlicher oder gesellschaftlicher Willkür unter der Herrschaft der Gesetze. Die Rechtmäßigkeit, der der gesellschaftliche Verkehr der Menschen untereinander und in ihrem Verhältnis zum Staat unterworfen wird, garantiert »die Sicherheit jedes einzelnen unter dem Schutz der Gesetze«.[30] Das erste Bestimmungsmoment verweist also auf Freiheit als *rechtlichen Schutz vor Willkür*.

In einem zweiten, der ersten Bedeutung eng verbundenen Sinne meint Freiheit das Recht zu individueller Willkür- und Gestaltungsfreiheit. Erst wenn eine Privatsphäre zur individuellen Ausgestaltung entsteht und auch rechtlich garantiert wird, erhält die Freiheit im Alltag des Einzelnen eine praktische Bedeutung. Es ist die *Freiheit zu individueller Lebensführung*.

In einem dritten Sinne verknüpft Tocqueville politische Freiheit

29 Ebd., S. 14.

30 Aron, *Hauptströmungen des soziologischen Denkens 1*, S. 301.

mit dem Recht auf und der Chance zu politischer Mitgestaltung. Wie sein ausführliches Zitat über den Begriff der Demokratie verdeutlicht hat, verdient eine Gesellschaftsform, die ihren Bürgern ein Mindestmaß an politischer Beteiligung in öffentlichen Fragen verweigert, die Bezeichnung »Demokratie« nicht. Vielmehr fordert eine lebendige und lebensfähige Demokratie das *Recht auf politische Partizipation* für seine Bürgerschaft.

Schließlich ist Tocqueville davon überzeugt, dass Gesetzmäßigkeit, Privatsphäre und politische Partizipation – die ersten drei Bedeutungen von politischer Freiheit – diese Idee nicht völlig ausschöpfen. »Eine Gesellschaft ist erst frei, wenn in ihr freie Menschen leben.«[31] Was versteht Tocqueville unter freien Menschen? Wann ist ein Mensch frei? Seine Antwort fällt überraschend modern aus und ist doch sehr alt. Denn er ist ein Anhänger der Ideale des klassischen Republikanismus. Freiheit im vierten und letzten Sinne gilt als eine politische Tugend. Sie beinhaltet den Willen, sich gesellschaftlich zu engagieren, wie das heute genannt würde. Erst ein solches gesellschaftliches Engagement und die Zurück- und Hintanstellung des kleinen privaten Glücks zugunsten des Schicksals der »Polis«, der gesellschaftlichen Gemeinschaft, stiftet ein gemeinsames Band politischer Solidarität. Nur das öffentliche Leben macht ein »gutes Leben« (*eu zen*) aus. Individuelle Freiheit gibt es nur als *Bereitschaft zu gesellschaftlichem Engagement*. Eine freie Gesellschaft entsteht aus und mit freien Menschen nur, wenn sie die Pflicht zu aktiver Teilnahme als höchste politische Tugend und Eigenwert anerkennen.

Tocqueville bewegt sich also im Bannkreis des politischen Denkens, wie wir es von Aristoteles bis Montesquieu kennen. Warum ist Freiheit in diesem Sinne eine politische und öffentliche Tugend?

> [Nur die Freiheit] vermag die Bürger aus der Vereinzelung, in der gerade die Unabhängigkeit ihrer Lage sie leben läßt, herauszuziehen, um sie zu nötigen, sich einander zu nähern; sie, die Freiheit, erwärmt und vereinigt sie [die Bürger H.-P.M.] jeden Tag aufs neue durch die Notwendigkeit, sich in der Behandlung gemeinsamer Angelegenheiten miteinander zu besprechen, einander zu überzeugen und sich wechselseitig gefällig zu sein. Sie allein ist fähig, die Bürger dem Kult des Geldes und den täglichen kleinen Plagen ihrer Privatangelegenheiten zu entreißen, um sie jeden Augenblick

31 Ebd., S. 302.

das Vaterland über und neben ihnen wahrnehmen und fühlen zu lassen; sie allein läßt von Zeit zu Zeit die Lust am behaglichen Leben durch tüchtigere und erhabenere Leidenschaften verdrängen, bietet dem Ehrgeiz edlere Gegenstände als die Erwerbung von Reichtümern und erzeugt das Licht, das es gestattet, die Laster und Tugenden der Menschen zu erkennen und zu beurteilen.[32]

Nur eine derart ausführliche Diskussion der Begriffe Demokratie, Gleichheit und Freiheit vermag ihren inneren Zusammenhang zu verdeutlichen. Ohne diesen Zusammenhang, der gleichsam den analytischen Bezugsrahmen von Tocquevilles Arbeiten ausmacht, kann man seine historisch-komparativen Analysen Amerikas und Frankreichs kaum angemessen verstehen. Wir können das allgemeine Modell wie auch den Zusammenhang der einzelnen Begriffe in einem Schema zusammenfassen (siehe Abbildung 1).

2.4 Die liberale Demokratie in den Vereinigten Staaten – Eine historisch-empirische Bestandsaufnahme

Im ersten Band von *Über die Demokratie in Amerika* (1835) geht Tocqueville der Frage nach, welche *Ursachen* die Vereinigten Staaten von Amerika zu einer liberalen Demokratie machen. Er versucht ein »Gesamtbild« dieser demokratischen Gesellschaft zu entwerfen, ihre »Gestalt« zu erfassen, »eine klare Vorstellung vom Ganzen«[33] zu gewinnen, indem er ihre Grundzüge studiert. So wie Montesquieu im *Geist der Gesetze*[34] die politische Arithmetik von Monarchie, Aristokratie und Demokratie analysiert, so versucht Tocqueville den *Geist der amerikanischen Nation* zu verstehen.

32 Tocqueville, *Der alte Staat und die Revolution*, S. 16.

33 Tocqueville, *Über die Demokratie in Amerika* 1, S. 606.

34 Montesquieu, *De l'esprit des lois*, Genf 1748; dt.: *Vom Geist der Gesetze*, 2 Bde., Tübingen 1992.

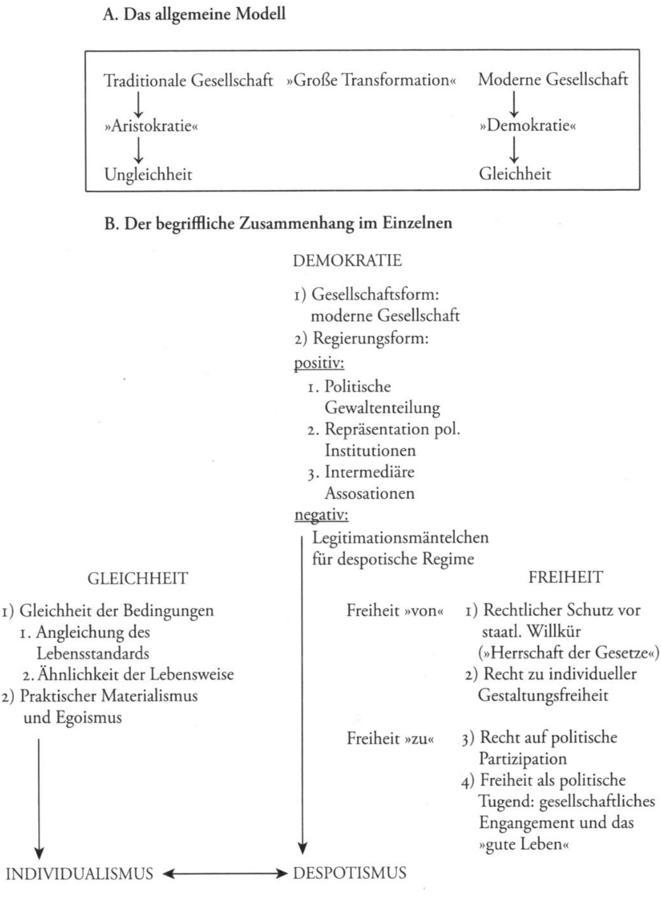

Abbildung 1: Der begriffliche Zusammenhang im Werk Tocquevilles

Aber nicht nur in der *Zielsetzung*, sondern auch in der *Methode* kann man eine bemerkenswerte Analogie zu Montesquieus Werk erblicken. Ähnlich wie Montesquieu betrachtet Tocqueville drei Gruppen von Ursachen und verbindet diese Betrachtung mit einer dreistufigen Erklärung. Diese drei Ursachenbündel sind: 1. zufällige Besonderheiten; 2. Gesetze und 3. Gewohnheiten und Sitten. Alle drei Gruppen von Ursachen spielen eine wichtige Rolle in der Etablierung und Aufrechterhaltung einer liberalen Demokratie – sie haben aber unterschiedliches Gewicht. Tocquevilles Erklärung beruht auf der *These*, dass Gewohnheiten und Sitten wichtiger sind als Gesetze, Gesetze wichtiger als zufällige Besonderheiten. Trotz der unterschiedlichen Gewichtigkeit ihres Einflusses sind alle drei Gruppen von Ursachen *notwendige* und *hinreichende Bedingungen* für eine liberale Demokratie. So lautet seine zentrale Behauptung, »daß sich sämtliche Ursachen, die den Bestand der demokratischen Republik in den Vereinigten Staaten begünstigen, auf drei zurückführen lassen: Die erste ist die besondere und zufällige Lage, in welche die Vorsehung die Amerikaner versetzte. Die zweite entstammt den Gesetzen. Die dritte folgt aus den Lebensgewohnheiten und den Sitten.«[35]

Vor dem Hintergrund dieser Zielsetzung – den »Geist der amerikanischen Nation« verstehen – und der geschilderten Methode – einer dreistufigen Erklärung auf der Grundlage der drei Ursachenbündel unterschiedlicher Gewichtigkeit – lassen sich seine Überlegungen im Einzelnen betrachten. Die knappe und systematische Rekonstruktion macht dabei keinen Versuch, zu prüfen, ob sein Erklärungsversuch zu seiner Zeit angemessen war oder gar auf die gegenwärtigen Verhältnisse in den Vereinigten Staaten zutrifft. Zweifellos ist die *Demokratie in Amerika* auch heute noch die *Bibel des Amerikanismus*. Sie ist dies in ähnlicher Weise, wie Marx' *Kapital* die *Bibel des Kapitalismus* ist: Im Einzelnen durchaus fehlerhaft und in den Schlussfolgerungen stark akzentuiert und teilweise überzogen – aber als Gesamtanalyse bis heute unübertroffen und damit von bleibendem zeitdiagnostischen Wert.

Tocqueville eröffnet seine Analyse mit den *zufälligen Besonderheiten*, den – seinem stufenartigen Erklärungssschema folgend – vergleichsweise nachgeordneten Faktoren. Es sind jedoch genau diese geographisch einzigartigen und historisch kontingenten Faktoren, die in der gesamten nachfolgenden Diskussion der amerikanischen Erfahrung im Gefolge von Tocqueville als *American Exceptionalism*[36] eine herausragende Rolle spielen sollten. Welches sind nun diese

35 Tocqueville, *Über die Demokratie in Amerika* 1, S. 416.

36 Vgl. Seymour Martin Lipset, *American Exceptionalism. A Double-Edged Sword*, New York 1997.

Faktoren, die das erste Ursachenbündel für die liberale Demokratie in Amerika ausmachen?

Ursachen der	liberale Demokratie	Folgen für
1. zufällige Besonderheiten		1. das geistige Leben: Pragmatisnus und Perfectibilité
2. Gesetze		2. das Gefühlsleben (1) Individualismus (2) Freiheit und freiwillige Vereinigungen (3) Liebe zu materiellem Wohlergehen (4) Perfectibilité / Rastlosigkeit
3. Gewohnheiten und Sitten		3. die Sitten: das Verhältnis von (1) Diener und Herren (2) Mann und Frau (3) innerhalb der Familie
Geist der amerikanischen Nation		Idealtyp der modernen Demokratie

Abbildung 2: Tocquevilles Amerikastudie

Tocqueville beginnt mit der äußeren *geographischen Gestalt* Amerikas. Zunächst ist es vor allem der dünn besiedelte, unermessliche *Raum*, der seine Aufmerksamkeit findet. Diese Tatsache macht die Vereinigten Staaten nicht nur von vornherein zum klassischen Einwanderungsland, sondern auch zu einem schier unerschöpflichen Hort von Lebenschancen für die Immigranten. Durch die flexible *frontier*, die Ausdehnung des Territoriums durch Besiedelung des Westens, gibt es keine Landknappheit. Landknappheit jedoch ist die erste strukturelle Voraussetzung für die Entstehung einer landbesitzenden *Aristokratie*.

Eine weitere geographisch wichtige, historische Besonderheit ist die Tatsache, dass Amerika keine benachbarten feindlichen Staaten und Großmächte kennt. Diese einzigartige *geographische Lage* garantiert Ruhe und Sicherheit an den Grenzen und ermöglicht eine zurückhaltende Diplomatie in den internationalen Beziehungen. Wer keinen Krieg mit anderen Mächten führen muss, kann sich ganz dem Aufbau der eigenen Nation widmen. Man vergleiche etwa diese exklusive geographische Lage der Vereinigten Staaten mit der geographischen Mittellage Deutschlands auf dem alten Kontinent. Diese Mittellage hat das deutsche Territorium nicht nur zum bevorzugten Kriegsschauplatz in der Geschichte Europas gemacht, sondern auch den Aufbau einer deutschen Nation im Konzert der anderen europäischen Mächte mit allen bekannten historischen Folgen enorm erschwert.[37]

Zu diesen geographisch relevanten Faktoren – dem unermesslichen Raum und der territorialen »Insellage« – kommen technologische Faktoren hinzu. So ermöglichen die ständigen Einwanderungswellen nicht nur das zur fortgesetzten Arbeitsteilung notwendige Bevölkerungswachstum und die erforderliche Bevölkerungsdichte; sondern in eins mit dem handwerklichen Geschick und den technischen Fertigkeiten der eingewanderten Arbeiter kann man auch die jeweils fortschrittlichsten *Technologien* der europäischen Länder importieren.

Schließlich betrachtet Tocqueville auch noch die Gewohnheiten und Sitten der Einwanderer; nach *Mentalität* und vorherrschenden *Werten*, wie man heute sagen würde, vertreten die meisten Immigranten, vor allem die ersten puritanischen Einwanderer, Vorstellungen von *Freiheit* und *Gleichheit*, deren Sinn in starkem Maße in lebendige *religiöse Traditionen* eingebunden ist. Dieser Sinn für Freiheit und Gleichheit lässt es daher auch von der kulturellen Seite her nicht zu, dass erneut eine erbliche Aristokratie entsteht. Die strukturelle Ursache – der Überfluss an Land – und die kulturelle Ursache – der puritanische Sinn für Freiheit und Gleichheit – verstärken sich wechselseitig und fördern die Etablierung einer *demokratischen Gesellschaftsform*. Schon die Betrachtung dieses ersten Ursachenbündels führt Tocqueville zu der *These*: »die gesellschaftli-

37 Dieser Vorzug außenpolitischer Jungfräulichkeit in den ersten 150 Jahren der amerikanischen Republik hat der Doktrin des *American Isolationism* mächtig Auftrieb gegeben. Allerdings sind die USA aus dem Stand internationaler Unschuld längst herausgetreten und zum Weltmachtpolizisten par excellence geworden, wie die gegenwärtigen Krisen im Nahen und Fernen Osten eindrucksvoll beweisen. Doch nach jedem internationalen Rückschlag erfolgt in der amerikanischen Öffentlichkeit eine Periode der außenpolitischen Ernüchterung, in der isolationistische Politiken Auftrieb bekommen und man dafür plädiert, die »schlechte Welt« sich selbst zu überlassen und das »demokratische Missionieren« einzustellen. Freilich: Diese Phase nagenden Selbstzweifels dauert meist nur kurz an, und der Wille zur weltpolitischen Gestaltung nimmt rasch wieder überhand.

che Ordnung der Amerikaner ist im höchsten Grade demokratisch. Sie war es von der Entstehung der Kolonien an; sie ist es gegenwärtig noch mehr.«[38]

Während die äußeren geographischen und sozialstrukturellen Rahmenbedingungen die Errichtung einer Demokratie begünstigen, sind es die *Gesetze*, so Tocqueville, welche ihre kontinuierliche Aufrechterhaltung und ihre regelmäßige Funktionsweise ermöglichen und die *politische Freiheit* garantieren. Er fasst unter »Gesetze« alles das, was wir heute als gesellschaftliche und politische Organisation im weiteren, als politisch-administratives System im engeren Sinne bezeichnen würden. Kurz: Es geht um die institutionelle Analyse der amerikanischen Politik.

Ausgangspunkt seiner Betrachtung ist die *föderale Verfassung* der amerikanischen Republik. Die *vertikale* Macht- und Gewaltenteilung zwischen Präsident und Regierung auf der Bundesebene und den Einzelstaaten bis hinunter zur Gemeindeebene scheint ihm eine gute Gewähr für die Aufrechterhaltung einer liberalen Demokratie zu sein, besser jedenfalls als der Despotismus der französischen politisch-administrativen Zentralisation. Die Union auf der obersten Ebene garantiert die äußere Sicherheit, die Einzelstaaten bis hin zu den Gemeinden sind verantwortlich für die konkreten regionalen und lokalen politischen Probleme. So erlaubt die föderale Verfassung, die Vorzüge einer großen Nation mit der Flexibilität und Anpassungsfähigkeit einer differenzierten politischen Arbeitsteilung zu verbinden.

Er betrachtet sodann die *politische Gewaltenteilung* im herkömmlichen Sinne, also die *horizontale* Macht- und Gewaltenteilung zwischen dem Präsidenten und den beiden Kammern, dem Senat und dem Repräsentantenhaus. Er untersucht die Rolle des Supreme Court und den in der politischen Gerichtsbarkeit zum Ausdruck kommenden Juristengeist, der für Nüchternheit und Fairness steht. Ferner analysiert er die Rolle der Parteien als weltanschaulich-ideologisch nicht fixierte Vereinigungen. Überdies studiert er die Rolle der Vereinigungsfreiheit und die für die Demokratie lebenswichtigen freiwilligen Organisationen und Assoziationen. Hinzu treten die Pressefreiheit, die wichtige Funktion der Zeitungen und der wachsende Einfluss der öffentlichen Meinung.

38 Tocqueville, *Über die Demokratie in Amerika* 1,, S. 71.

Sollte man aus diesem umfangreichen Analysekomplex einen Faktor in seiner Bedeutung und Stellung hervorheben, so wäre sicherlich die Gemeinde und die Rolle des Gemeindelebens zu nennen. Tocqueville zeigt sich geradezu fasziniert von der politischen Partizipation in der Gemeinde, wenn man so will der »Demokratie in vivo«, also der *gelebten Demokratie*. Sein Fazit zu dem zweiten Ursachenbündel, den Gesetzen, lautet kurz und bündig:

> Drei Dinge scheinen mehr als alle anderen zur Erhaltung der demokratischen Staatswesen in der Neuen Welt beizutragen: das erste ist die bundesstaatliche Form, die die Amerikaner angenommen haben und die der Union erlaubt, sich der Macht eines großen und der Sicherheit einer kleinen Republik zu erfreuen. Das zweite finde ich in den Gemeindeeinrichtungen, die dadurch, daß sie den Despotismus der Mehrheit mäßigen, zugleich dem Volk den Sinn für Freiheit und die Kunst des Freiseins beibringen. Das dritte besteht in der Begründung der richterlichen Gewalt. Ich habe dargetan, wie sehr die Gerichtshöfe die Verirrungen der Demokratie berichtigen helfen und wie sie, ohne je den Gang der Mehrheit aufhalten zu können, diesen doch zu verlangsamen und zu lenken vermögen.[39]

Die wichtigste Grundlage für die Erhaltung einer funktionsfähigen liberalen Demokratie markiert das dritte Ursachenbündel: die *Gewohnheiten und Sitten*. Was versteht Tocqueville darunter? »Ich nehme hier den Ausdruck *Sitten* in dem Sinne, den die Alten dem Wort *mores* geben; ich wende ihn nicht nur auf die eigentlichen Sitten an, die man Gewohnheiten des Herzens nennen könnte, sondern auf die verschiedenen Begriffe, die die Menschen besitzen, die verschiedenen Meinungen, die unter ihnen gelten, und auf die Gesamtheit der Ideen, aus denen die geistigen Gewohnheiten sich bilden.«[40] Tocqueville versteht Sitten im weitestmöglichen Sinne, so dass das Studium der Sitten in seinem Sinne letztlich auf »den ganzen sittlichen und geistigen Zustand eines Volkes« abzielt. Anders jedenfalls kann man seine Rede von Begriffen, Meinungen und Ideen, aus denen die geistigen Gewohnheiten hervorgehen, einerseits, die *Gewohnheiten des Herzens* als den Sitten im engeren Sinne andererseits, nicht verstehen. So gesehen, versteht er unter Sitten die gesamte *Kultur* einer Nation. Doch beschränkt er sich im vorliegenden Zusammenhang auf diejenigen Sitten, welche po-

39 Ebd., S. 431 f.
40 Ebd., S. 432.

litische Freiheit und liberale Demokratie begünstigen. In die heutige sozialwissenschaftliche Terminologie übertragen, müsste man wohl sagen, er studiert die *politische Kultur*. Tocqueville geht es also darum, zu prüfen, inwieweit die amerikanische Nation über eine politische Kultur verfügt, welche eine liberale Demokratie »trägt« und politische Freiheit erhält.

Da auf diesen Fragekomplex in der abschließenden Betrachtung der zeitdiagnostischen Formel »Demokratie als moderne Regierung-, Gesellschafts- und Lebensform« zurückzukommen sein wird, sei an dieser Stelle nur Tocquevilles zentrale These genannt. Man könnte sie als kongeniale *Wahlverwandtschaft von Politik und Religion* bezeichnen. Liberale Demokratie und Christentum sind zwar verfassungsmäßig getrennt, unterstützen sich aber wechselseitig, so dass der »Geist der Religion« den »Geist der Freiheit« widerspiegelt. »Amerika«, so Tocqueville, »[ist, H.-P.M.] in der Welt der Ort, wo die christliche Religion am meisten wirkliche Macht über die Seele bewahrt; und wie nützlich und natürlich sie den Menschen ist, zeigt sich am besten darin, daß das Land, wo sie heute die größte Macht ausübt, zugleich das aufgeklärteste und das freieste ist.«[41]

Alles in allem, so können wir die vorausgegangene Rekonstruktion seiner Analyse resümieren, zeichnet Tocqueville ein optimistisches Bild von der Erhaltung und der Zukunft der liberalen Demokratie in den Vereinigten Staaten; denn die zufälligen Besonderheiten, die Gesetze und die Gewohnheiten und Sitten tragen allesamt, wenn auch in abgestuftem Maße, zur freiheitlichen Demokratie in Amerika bei.

2.5 Die Revolutionierung des *Ancien Régime* – Der Versuch einer gesellschaftsgeschichtlichen Erklärung

Der Optimismus, der ihn beim Anblick der Neuen Welt erfasst, verflüchtigt sich indes schlagartig, wenn er sich dem Alten Kontinent Europa zuwendet und das historische Schicksal sowie die voraussichtliche politische Zukunft Frankreichs betrachtet. Da beschleicht ihn nicht nur Skepsis, sondern Pessimismus *tout court*.

41 Ebd., S. 439.

Während sich in Amerika Demokratie und Gleichheit mit politischer Freiheit zugunsten einer *liberalen Demokratie* verknüpfen lassen, scheint das in Frankreich einfach nicht gelingen zu wollen. Obgleich Frankreich mit der Revolution von 1789 und ihrer Formel von »liberté, egalité und fraternité« der Welt ein Zeichen für den Aufbruch in das demokratische Zeitalter gesetzt hat, gibt die politische Entwicklung Frankreichs seither eher Anlass zur Sorge. Es scheint so, als ob die französische Nation im Gegensatz zur amerikanischen Demokratie und Gleichheit nur mit politischer Unfreiheit und dem Übel einer *despotischen Demokratie* zu verbinden wüsste. Warum? Woher rührt Tocquevilles Pessimismus? Warum soll sich ausgerechnet in dem Land, das sich am gewaltsamsten und radikalsten von den Fesseln des *Ancien Régime* befreit und für viele andere Länder ein revolutionäres Fanal gesetzt hat, der politische Modernisierungsprozess am wenigsten durchsetzen lassen? Ist das nicht ein merkwürdiges, um nicht zu sagen *tragisches Paradox*?

Bevor sich diese Fragen schlüssig beantworten lassen, müssen Zielsetzung und Methode seiner Studie *Der alte Staat und die Revolution* betrachtet werden. Erst danach lassen sich seine drei zentralen inhaltlichen Thesen, die auch im Großen und Ganzen der Einteilung in drei Partien der Untersuchung entsprechen, verstehen: 1. die These von der politisch-administrativen Zentralisation; 2. die These von der Stände- und Klassenstruktur in Frankreich; 3. die These von der Rolle der Intellektuellen und der Religion in der Französischen Revolution.

In Zielsetzung und Methode folgt Tocqueville einmal mehr bereitwillig seinem Lehrer Montesquieu. *Der alte Staat und die Revolution* lässt sich von Thema und Stoßrichtung der Argumentation durchaus vergleichen mit Montesquieus *Betrachtungen über die Ursachen von Größe und Niedergang der Römer.*[42] So wie Montesquieu versucht Tocqueville, die Ursachen für die »Große Transformation« in Frankreich zu ergründen. Seine Analyse führt ihn, wie er[43] selbst bemerkt, »bis zur Schwelle dieser denkwürdigen Revolution«, ohne dass er diese Schwelle überschreitet; dieses Vorhaben ist dem

42 Vgl. Aron, *Hauptströmungen des soziologischen Denkens 1*, S. 216 und Montesquieu, *Größe und Niedergang Roms,* hrsg. und eingeleitet von Friedrich Schuckert, Frankfurt/M. 1980.

43 Tocqueville, *Der alte Staat und die Revolution*, S. 206.

zweiten Teil vorbehalten, der jedoch nicht mehr zur Ausführung gelangt ist. »Dann werde ich sie [die Revolution, H.-P.M.]«, so Tocqueville,[44] »nicht mehr in ihren Ursachen betrachten, sondern sie an sich selbst untersuchen und es schließlich wagen, die Gesellschaft zu beurteilen, die aus ihr hervorgegangen ist.«

Wir haben es also in Zielsetzung und Anlage der Argumentation mit einer vergleichbaren Studie wie *Demokratie in Amerika* zu tun. Band I skizziert die Ursachen für die revolutionäre Entwicklung, so wie Band I von *Demokratie in Amerika* den Ursachen der demokratischen Entwicklung gewidmet war; Band II hingegen versucht eine Gesamteinschätzung zu geben und das gesellschaftliche und politische Leben im Gefolge der Großen Revolution zu bestimmen.

Diese formale Analogie zwischen der Amerika- und der Frankreich-Studie darf jedoch nicht über die Unterschiede hinwegtäuschen. Während die Amerika-Studie mehr oder minder eine kongeniale Reisebeschreibung ist, die von der sensiblen Auffassungsgabe und der geschmackssicheren Intuition ihres Autors lebt, beruht die Frankreichstudie auf solidem Quellenstudium in den Archiven Frankreichs, Deutschlands und Englands. Im Lichte des Eingangszitats von Wilhelm Dilthey war es gerade diese erstaunliche Fähigkeit, die Archive in neuartiger Weise zum Sprechen zu bringen, welche den deutschen Geisteswissenschaftler so nachhaltig beeindruckt hatte. Methodisch gesehen, ist *Der alte Staat und die Revolution* auch heute noch eine vorbildliche Studie historisch-komparativer Betrachtungsweise. Tocquevilles Quellenstudium von Büchern, öffentlichen Urkunden, Protokollen der Stände- und Provinzialversammlungen sowie Akten der Staatsverwaltung eröffnet, wie er nicht ohne Stolz gesteht, »das Testament der alten französischen Gesellschaft«.[45]

Gleich zu Beginn stellt er klar, dass es ihm nicht um eine Geschichte der Revolution, sondern um eine *Studie* der Revolution zu tun ist. Ihm geht es also nicht nur um eine weitere detaillierte *Beschreibung*, sondern um eine *historisch-genetische Erklärung*. Sein Erklärungsversuch beruht auf einer zu dieser Zeit völlig neuartigen *Kontinuitätsthese*. Während die Geschichtsschreibung üblicherweise einen großen Bruch – *la grande rupture* – zwischen *Ancien Régime*

44 Ebd., S. 206.

45 Ebd., S. 10.

und der neuen französischen Republik annimmt, die zwei Epochen und Zeiten durch die demokratische Revolution gewaltsam und einschnittartig trennt – die Tradition und die Moderne –, behauptet Tocqueville glatt das Gegenteil: die unübersehbare Kontinuität zwischen *Ancien Régime* und der revolutionierten französischen Gesellschaft. Welches Band verknüpft Tradition und Moderne?

Die Kontinuität in Frankreich, so Tocqueville, besteht in dem mächtigen Staatsapparat und der politisch-administrativen Zentralisierung mit Paris als politischem und symbolischem Zentrum Frankreichs. Seine *Zentralisierungsthese* erlaubt es ihm, eine Brücke zwischen traditionellem und modernem Frankreich zu schlagen. Während 1789 in der populären Geschichtsbetrachtung den markanten Einschnitt für die revolutionäre Transformation von der Tradition zur Moderne[46] repräsentiert, gestattet es Tocquevilles Augenmerk, die Kontinuität wahrzunehmen. »Ich war stets der Ansicht«, so sagt er,

> daß ihnen [den Franzosen, H.-P.M.] dieses sonderbare Unternehmen weit weniger gelungen sei, als man im Ausland geglaubt und als sie es anfangs selbst geglaubt haben. Ich war überzeugt, daß sie, ohne es zu wissen, großenteils die Gesinnungen, Gewohnheiten, ja sogar die Ideen des alten Staates beibehalten hätten, um das Gebäude der neuen Gesellschaft aufzuführen, so daß man, um die Revolution und ihr Werk richtig zu verstehen, das gegenwärtige Frankreich einen Augenblick vergessen und das ehemalige Frankreich in seinem Grabe befragen müsse.[47]

Wie seine Ausführungen verdeutlichen, versucht Tocqueville, eine ähnliche *strukturelle Erklärung* wie Marx zu geben. So wie sich die Gesetze der kapitalistischen Warenproduktion »hinter dem Rücken der Produzenten« durchsetzen und ein falsches Bild von Freiheit und Gleichheit im industriegesellschaftlichen Kapitalismus erzeugen, so setzt sich die politisch-administrative Zentralisation »hinter dem Rücken der Revolutionäre« durch und produziert eine falsche Sicht auf 1789 als radikale Epochen- und Zeitenwende.

Um diese strukturelle Erklärung »hinter dem Rücken der Revo-

46 Vor allem François Furet hat sich mit Tocquevilles Kontinuitätsthese auseinandergesetzt. Siehe sein *1789 – Vom Ereignis zum Gegenstand der Geschichtswissenschaft*, übersetzt v. Tamara Schoenbaum-Holtermann, Frankfurt/M. u.a. 1980 und *La Révolution 1770-1880*, Paris 1988.

47 Tocqueville, *Der alte Staat und die Revolution*, S. 9.

lutionäre« zu illustrieren, die statt der emanzipatorischen Moderne mit ihrer »Freiheit, Gleichheit und Brüderlichkeit« den »stummen Zwang« der politisch-administrativen Zentralisation durchsetzt, geht Tocqueville vier Fragen nach: 1. Welchen Charakter hat die Französische Revolution? 2. Warum ist die Revolution ausgerechnet in Frankreich ausgebrochen? 3. Wie ist sie aus dem Schoß der alten Gesellschaft entstanden? 4. Warum ist die alte Monarchie so plötzlich und vollständig zusammengebrochen?

Nach Tocquevilles Auffassung muss man sie als *politische Revolution* begreifen, die aber – und das ist wichtig, um ihre enorme, weltweite Ausstrahlung nachvollziehen zu können – in der Art einer *religiösen Revolution* ablief. »Da sie den Anschein erweckte«, so Tocqueville,

> die Wiedergeburt des Menschengeschlechts noch mehr als die Reform Frankreichs zu erstreben, hat sie eine Leidenschaft entzündet, wie sie bis dahin die heftigsten politischen Revolutionen niemals zu erzeugen vermocht hatten. Sie hat den Bekehrungsdrang eingeflößt und die Propaganda entstehen lassen. Dadurch hat sie denn auch jenen Anschein einer religiösen Revolution zu gewinnen vermocht, der die Zeitgenossen so sehr in Schrecken versetzt hat; oder vielmehr sie ist selbst eine Art neuer Religion geworden, allerdings eine unvollkommene Religion, ohne Gott, ohne Kultus und ohne künftiges Leben, die aber trotzdem, gleich dem Islam, die ganze Erde mit ihren Soldaten, ihren Aposteln und ihren Märtyrern überschwemmt hat.[48]

Dieser religiöse Charakter der Revolution, ja die Revolution als eine »Art neuer Religion«, erklärt nicht nur ihre Ausstrahlungskraft; sondern, wie wir im Verlauf unserer Argumentation vor allem am Beispiel von Émile Durkheims Zeitdiagnose noch sehen werden, er stiftete selbst die Grundlage für die *Mythologisierung von 1789*; und der revolutionäre Festkalender, mit dem jährlich gefeierten 14. Juli, dem Tag der Erstürmung der Bastille, macht deutlich, in welchem starken Maße die demokratische Revolution zu einer Art säkularer Zivilreligion Frankreichs geworden ist. Gerade Durkheim vertieft Tocquevilles Analyse des religiösen Charakters der Revolution, indem er darauf hinweist, dass diese säkulare Religion durchaus ihren Kultus und Ritus besitzt.

Doch, so wird Tocqueville nicht müde zu betonen, sollte man

48 Ebd., S. 29.

hinter der propagandistischen Glanzfassade der Französischen Revolution – die demokratische Befreiung des Menschengeschlechts – nicht das eigentliche Werk der Revolution übersehen. Worin besteht dieses Werk? Es ist nicht der Versuch, das Reich des religiösen Glaubens zu zerstören, wie manche Betrachter aus dem heftigen Kampf gegen die katholische Kirche zu schließen meinten. Die katholische Kirche, so Tocqueville, war so tief in das *Ancien Régime* verstrickt, dass sie mit ihm zwangsläufig in den Abgrund gezogen werden musste. Es ist auch nicht der Versuch gewesen, die *politische Anarchie* zu methodifizieren, wie Edmund Burke in seinen einflussreichen *Reflections on the Revolution in France* (1790)[49] meinte. Ebenso wenig sollten damit Errungenschaften und Fortschritt der abendländischen Zivilisation ein für alle Mal aufs Spiel gesetzt werden. Vielmehr, so Tocqueville, hatte diese Revolution zur Folge, »jene politischen Institutionen, die mehrere Jahrhunderte hindurch bei den meisten europäischen Völkern die ungeteilte Herrschaft gehabt hatten und die man gewöhnlich unter dem Namen Feudalwesen zusammengefaßt [hatte, H.-P.M.], abzuschaffen, um an deren Stelle eine gleichförmigere soziale und politische Ordnung einzuführen, deren Grundlage die Gleichheit war«.[50]

Wenn die Abschaffung des Feudalwesens zugunsten einer gleichförmigeren politischen Ordnung das zentrale Werk der Revolution war, dann stellt sich die Anschlussfrage, warum das Lehnswesen gerade in Frankreich so besonders verhasst war. Eine naive, ideologische Antwort hieße, der Hass auf das Feudalwesen resultierte aus der Freiheits- und Gleichheitsliebe der Franzosen. Tocqueville indes beantwortet diese Frage mit einem *Paradox*: Eigentlich war das Lehnswesen im *Ancien Régime* bereits weitgehend zersetzt, vermochte aber als abgestorbene Institution, seinen Einfluss nach wie vor unangenehm geltend zu machen.

Tocqueville illustriert dieses vermeintliche Paradox anhand der Situation der französischen Bauern. Diese Diskussion ist deshalb so aufschlussreich, weil sich von hier aus interessante Parallelen zu Marx' Betrachtung des »Parzellenbauern« im *18. Brumaire des Louis Bonaparte* ziehen lassen. Im Vergleich zur rechtlichen und materiel-

49 Edmund Burke, *Betrachtungen über die Französische Revolution,* aus dem Englischen übertragen von Friedrich Gentz und hrsg. von Ulrich Frank-Planitz, Zürich 1987.

50 Tocqueville, *Der alte Staat und die Revolution*, S. 35.

len Lage der Bauern in England und Deutschland, so Tocquevilles *These*, geht es dem französischen Bauern vergleichsweise gut. Die Leibeigenschaft ist weitgehend abgeschafft, er ist Grundeigentümer und sein eigener Herr. »Der Bauer ging, kam, kaufte, verkaufte, schloß Verträge und arbeitete ganz nach Belieben.«[51] Woraus bezieht dann der Hass auf die Lehnsrechte noch seine Nahrung, wenn seine wesentlichen Elemente bereits in Auflösung begriffen sind? »Die Ursache dieser Erscheinung ist einerseits«, so Tocquevilles Antwort, »daß der französische Bauer Grundeigentümer geworden war, und andererseits, daß er der Regierung seines Grundherrn völlig entronnen war.«[52] Mit anderen Worten, das Feudalwesen lebte als bürgerliche Institution in Gestalt von Abgaben und adeligen Privilegien fort, ohne noch eine politische Institution zu sein, denn die politischen, administrativen und richterlichen Befugnisse waren längst an den absoluten König und seine Intendanten und Provinzialbeamten übergegangen. Der Hass der Bauern musste sich zwangsläufig auf die funktionslos gewordene Aristokratie richten, die gleichsam künstlich als steuerlich privilegierter, aber politisch machtloser Stand am Leben erhalten wurde. Tocqueville bringt die Situation des französischen Adels auf die eingängige Formel vom Übergang von der Aristokratie zur Kaste: »Je mehr dieser Adel aufhört, eine Aristokratie zu sein, um so mehr scheint er eine Kaste zu werden.«[53]

Die Verkörperung des *Ancien Régime* stellten aus Sicht der Bauern vor allem der Adel und die katholische Kirche dar als Nutznießer der drückenden Steuern und Abgaben. Dies ist, wenn man so will, durchaus eine falsche oder zumindest verzerrte, demnach *ideologische Repräsentation* des *Ancien Régime* seitens der Bauernschaft; denn sie identifiziert das Feudalwesen mit dem privilegierten Adel und der katholischen Kirche, nicht jedoch mit dem absoluten Königtum und der politisch-administrativen Zentralisation durch königliche Intendanten und Provinzbeamte – den eigentlich politisch wirksamen Kräften des *Ancien Régime*.

Versucht man der ideologischen Repräsentation des *Ancien Régime*, die wir am Beispiel der Bauernschaft illustriert haben, auf den Grund zu gehen und das vorherrschende »falsche Bewusstsein« zu

51 Ebd., S. 40.
52 Ebd., S. 46.
53 Ebd., S. 95.

erklären, muss man zwei Dinge näher betrachten: einerseits Prozess und Resultat der politisch-administrativen Zentralisation, andererseits die Eigenart der ständischen Klassenstruktur Frankreichs vor der Revolution. Politisch-administrative Zentralisation und Klassenstruktur zusammengenommen verdeutlichen, wie die Revolution aus dem Schoße der alten Gesellschaft hervorgegangen ist. Mit der Betrachtung von Zentralisierung und Klassenstruktur können wir demnach die zweite Frage – die Frage nach der Revolution als Folge der besonderen Verfassung des *Ancien Régime* in Frankreich – beantworten. Tocqueville konstatiert:

> Man staunt über die außerordentliche Leichtigkeit, mit der die konstituierende Versammlung mit einem Schlage die sämtlichen alten Provinzen Frankreichs, von denen mehrere älter als die Monarchie waren, zertrümmern und das Königreich schematisch in 83 einzelne Teile zerlegen konnte, als ob es sich um den jungfräulichen Boden der Neuen Welt gehandelt hätte. Nichts hat das übrige Europa, das auf ein solches Schauspiel nicht vorbereitet war, mehr mit Erstaunen, ja Entsetzen erfüllt.[54]

Wie war das möglich? Den Schlüssel zur Beantwortung dieser Frage liefert Tocqueville selbst mit seiner Bemerkung, dass man nur dem Anschein nach »lebendige Leiber«, in Wirklichkeit aber »nur Tote« zerstückelt habe. Diese schematische Neugliederung Frankreichs war tatsächlich nur Höhe- und Schlusspunkt eines langanhaltenden *Zentralisierungsprozesses* und der systematischen Zusammenfassung und Konzentration der *politisch-administrativen Macht* in der Hand des *Königs und seiner Beamten*.

Im Mittelpunkt dieser Entwicklung steht ein einzigartiges Verwaltungskollegium, der *königliche Rat* (*conseil du roi*), der – dem König zuarbeitend – gleich mehrere Funktionen auf sich vereinigt: 1. höchster Gerichtshof, dem das Recht zusteht, alle Urteile anderer Gerichtshöfe zu revidieren; 2. höchstes Verwaltungsgericht, dem alle anderen Gerichte unterstehen; 3. als Regierungsrat die gesetzgebende Gewalt, welche Gesetze entwirft und verabschiedet; 4. schließlich fiskalische Instanz, welche die Steuern festsetzt.

Alle diese Funktionen werden nach Maßgabe königlichen Er-

54 Ebd., S. 84 f. Tocqueville lässt an dieser Stelle Edmund Burke zu Wort kommen, um diesen Punkt zu verdeutlichen. Laut Burke, so Tocqueville, sei es »das erste Mal, daß man Menschen ihr Vaterland in einer so barbarischen Weise in Stücke zerlegen sieht«.

messens ausgeübt, so dass diesem Gremium in der Tat nur der Status von *Ratgebern* zukommt. Die personelle Rekrutierung dieses zentralen Gremiums erfolgt nicht etwa aus den Kreisen der alten Aristokratie; vielmehr handelt es sich um Männer bürgerlicher Herkunft mit Fachkenntnis, die gleichsam als Beamte auf Widerruf eingesetzt werden. So verbindet sich die reale Machtfülle des Amtes mit extremer Labilität der Stellung, die einzig und allein von der Gunst und Willkür des Königs abhängt.

Ganz ähnlich sieht die Stellung der *Generalkontrolleure* oder *Intendanten* der Provinzen aus. Auch hier handelt es sich in der Regel um einen jungen »Mann von gewöhnlicher Herkunft, der sein Glück machen will«, wie Tocqueville[55] sich ausdrückt. Diese Intendanten, eine Gruppe von circa dreißig Beamten, leiten faktisch die Verwaltung in den Provinzen selbst dann, wenn sich die alten adligen *Provinz-Gouverneure* als erbliche Repräsentanten des feudalen Königtums noch im Amt befinden. Die faktische politische Macht der Verwaltung wird somit sorgfältig von der symbolischen politischen Repräsentation getrennt; Fassade und reale Verwaltungsgewalt klaffen auseinander.

Nirgends werden diese Kluft und die tatsächliche Machtfülle der königlichen Intendanten deutlicher als an dem zentralen fiskalischen Instrument, der *Steuerverwaltung*. Was den Teil der Steuern anbetrifft, der verpachtet war, so war es der königliche Rat, der mit den Finanzgesellschaften Verträge schloss und die Bedingungen im Einzelnen festsetzte. Alle anderen Abgaben wie etwa die *Taille*, die wichtigste Steuer, wurden auf Geheimschluss des Rates hin in ihrer Höhe festgelegt und der jeweilige Anteil für die Provinzen bestimmt. An der Geschichte der *Taille* lässt sich die fortschreitende Misere des *Ancien Régime* exemplarisch verdeutlichen. Ursprünglich als allgemeine, direkte Steuer vom König eingeführt, wird der Adel von dieser Abgabe von vornherein ausgenommen. Zum Zeitpunkt der Einführung war die Aristokratie noch mächtig, so dass der König mit Recht den Widerstand des Adels fürchten musste. Also wird der Adel davon befreit mit dem Argument, dass er ja der Verpflichtung zu unentgeltlichem Kriegsdienst für den König im Kriegsfalle nachzukommen hätte. In der Folgezeit wird die *Taille* indes systematisch dazu benutzt, Steuermittel einzunehmen, um

55 Ebd., S. 51.

den wachsenden Finanzbedarf des Staates zu decken; dabei werden nicht die zahlungsfähigen Kreise, sondern die organisations- und konfliktunfähigen unteren Klassen in immer stärker anwachsendem Maße zur Kasse gebeten. Wie in einem Brennglas bündelt die *Taille* somit die krasse Ungerechtigkeit des Ancien Régime.[56]

Die Diskussion der *Taille* macht die Steuerpolitik und die Klassenpolitik der zentralisierten politisch-administrativen Herrschaft deutlich. Sie beleuchtet darüber hinaus den Zusammenhang zwischen fiskalischer Politik und der Strategie der Klassenabsonderung, ja der Züchtung von Klassenantagonismen als wirksamem Mittel ihrer umso leichteren Beherrschung. Die Steuerpolitik als wichtigstes fiskalpolitisches Instrument ist *geheim,* also nicht-öffentlich; sie ist *willkürlich,* also nicht im Voraus von den Betroffenen kalkulierbar; sie ist *ungerecht,* da die Klassen umgekehrt proportional zu ihrer Macht bzw. Ohnmacht besteuert werden; sie ist *strategisch,* da sie das Ressentiment der Klassen untereinander schüren soll; sie entspringt einem *machtpolitischen Kalkül,* da sie dem König die unentbehrliche und unanfechtbare Rolle als Schiedsrichter im gesellschaftlichen Kampf der Klassen zuschanzt – die wirkungsvollste Sicherung des absoluten Königtums.

In Tocquevilles Augen ist daher der alte Staat beides zugleich: zentrale Konfliktschlichtungsinstanz und hauptsächliches Agens und Movens der Klassenantagonismen. Hinter dieser zweideutigen oder zweischneidigen, um nicht zu sagen *paradoxen Rolle* des Staates scheint Tocquevilles *Klassentheorie* auf. Seine Klassenanalyse ist das Kernstück seiner Transformationsanalyse – neben der politischen Entwicklung zur politisch-administrativen Zentralisation, wie wir gesehen haben, und der kulturellen Entwicklung, der Rolle

56 Ausführlich heißt es bei Tocqueville: »Zu all den speziellen Ungleichheiten, die schon damals existierten, gesellte sich also eine allgemeinere, die alle übrigen verschärfte und befestigte. In dem Verhältnis, in dem seit jener Zeit die Bedürfnisse der Staatskasse zugleich mit den Befugnissen der Zentralgewalt anwachsen, steigert und vervielfältigt sich auch die Taille; bald ist sie verzehnfacht und allen neuen Steuern werden Tailles. Mit jedem Jahre trennt also die ungleiche Besteuerung die Klassen und isoliert die Menschen entschiedener, als sie es bis dahin gewesen waren. Seit dem Augenblick, wo die Steuer darauf zielte, nicht diejenigen zu treffen, die am fähigsten waren, sie zu bezahlen, sondern diejenigen, die am unfähigsten waren, sich dagegen zu wehren, musste man zu der scheußlichen Konsequenz hingeführt werden, sie dem Reichen zu ersparen und den Armen damit zu belasten.« (Ebd., S. 107).

der Intellektuellen und der Irreligiosität vor der Revolution, wie wir noch sehen werden.

Gleich Marx dekretiert er – und wohlgemerkt, dieser Satz stammt von Tocqueville und nicht von Marx: »Ich spreche von Klassen, sie allein dürfen die Geschichte beschäftigen.« Und er schickt diesem Credo voraus: »Man kann mir ohne Zweifel Individuen entgegenhalten.«[57] Also nicht Individuen, sondern Klassen sind Subjekt der Geschichte und – wie wir heute sagen – kollektive Akteure im historischen Geschehen. Ihre Lage und ihre Stellung in der Gesellschaft entscheiden über ihr Selbstverständnis, ihre Mentalität und ihre Lebensweise. Ihr Verhältnis zu anderen Klassen stellt eine wichtige Determinante in der revolutionären Bewegung dar. Man muss daher Klassen als ereignisproduzierende oder -verhindernde Wesen im Geschichtsprozess äußerst ernst nehmen.

Wenn die politisch-administrative Zentralisation die entscheidende Kontinuität zwischen *Ancien Régime* und neuer republikanischer Gesellschaft bezeichnet, markieren Klassen die Dynamik und den Wandel in der Großen Transformation. Trotz ihrer großen Bedeutung, die wir gerade skizziert haben, verankert Tocqueville seine Klassenanalyse nicht in einer sozialstrukturellen Analyse wie Marx. Weder definiert er Klassen in Abhängigkeit von ihrer Stellung zu den Produktionsmitteln, noch stellt er weiter reichende Überlegungen zu einer Klassentheorie an. Er geht einfach empirisch von den historisch existenten Großgruppen im *Ancien Régime* aus und studiert konkret ihre Lage und ihre Stellung in der Gesellschaft und zueinander.

Wenn man indes partout an der Analogie zu Marx festhalten wollte, so könnte man sagen, dass er Klassen nicht in Anlehnung an die Produktionsmittel, sondern entlang der »Steuermittel« definiert. Es sind also weder der Besitz oder Nicht-Besitz von Produktionsmitteln noch die unterschiedlichen Einnahmequellen, die den Klassenunterschied ausmachen. Vielmehr lautet das Kriterium für Klassenzugehörigkeit: *Befreiung von* oder *Zwang zu Steuerzahlungen*. Streng genommen handelt es sich hierbei nicht um ein ökonomisches, sondern um ein *politisches* Kriterium. Wie wir eingangs gesehen haben, steht dahinter Tocquevilles Überzeugung, dass es nicht ökonomische Ungleichheiten *per se*, sprich Unterschiede des

57 Ebd., S. 126.

Reichtums, oder kulturelle Ungleichheiten, sprich das Bildungsgefälle, sind, welche die größte *Diskriminierung* unter den Menschen hervorrufen, sondern politische Privilegierung oder Nicht-Privilegierung. »Nun ist aber unter allen Mitteln, die Menschen zu unterscheiden und die Klassen zu bezeichnen«, so schreibt er, »die Ungleichheit in der Besteuerung das verderblichste.« Warum? »Sie ist am meisten geeignet, zur Ungleichheit die Absonderung zu gesellen und gewissermaßen beide unheilbar zu machen.«[58]

Betrachten wir auf der Grundlage dieser politischen Klassenbestimmung – der unterschiedlichen Besteuerung – und ihrer beiden unterstellten Effekte – der Sichtbarkeit der Ungleichheit und der Absonderung der Klassen – die Großgruppen des *Ancien Régime*: Adel, Bürgertum, Arbeiter und Bauern. Der *Adel*, so haben wir bereits gesehen, ist von einer politisch funktionierenden Aristokratie zu einer privilegierten Kaste degeneriert. Wie erklärt Tocqueville diesen Verfallsprozess? Mit der Durchsetzung des absoluten Königtums und der Etablierung des Regimes königlicher Verwaltungsbeamter verlor der Adel nach und nach alle politischen Funktionen. Während er als Aristokratie das rechtliche und politische Leben auf lokaler und regionaler Ebene entscheidend bestimmt hatte, sind ihm davon aus dieser Zeit nur die zahlreichen Privilegien geblieben. Waren diese Privilegien einstmals Ausdruck der hervorgehobenen Stellung der Aristokratie im öffentlichen Leben, werden sie nunmehr Anlass zu Abneigung und Ressentiment der anderen Klassen, scheinen sie doch nur noch das Vehikel zur Finanzierung eines adeligen Lebensstils am luxuriösen Hof des Königs in Versailles zu sein. In dem Maße, wie Handel und Industrie zunehmen, die meisten Güter zu Waren werden und nur durch Geld zu erwerben sind, verarmen die Adligen. In der Regel vermochte ihr pekuniärer Bedarf an repräsentativer Lebensführung mit ihren begrenzten Einkünften nicht Schritt zu halten, und unternehmerisches Engagement in Handel und Industrie galt – im Gegensatz zur Situation in England – als »bürgerlich« und somit als unfein.

Während der Adel verarmt, gewinnt der sogenannte dritte Stand, das *Bürgertum* oder die Bourgeoisie, an politischem und ökonomischem Gewicht. Politisch, weil sich mit dem königlichen Staatsdienst neue Berufs- und Karrierewege am Hof und in den

58 Ebd., S. 96.

Provinzen eröffnen. Wirtschaftlich, da die Bourgeoisie der Träger kommerziellen und industriellen Fortschritts ist und neue Industrien erkleckliche Vermögen abwerfen. Zugleich wird der Adel käuflich, und insofern ist auch der Aufstiegskanal zur Aristokratisierung dem Bürgertum geöffnet. Das ist nicht nur eine Frage des *adeligen Prestiges*, sondern verspricht auch – rein ökonomisch gesehen – *steuerliche Privilegien*. Die Aristokratisierung verleiht der französischen Bourgeoisie nicht nur höheren sozialen Status, sondern in eins damit auch steuerliche Erleichterung – ein in doppeltem Sinne lohnendes Geschäft. Zugleich führt dies jedoch nicht zu einer Annäherung, sondern eher zu einer ressentimentgeladenen gegenseitigen Abstoßung von altem Adel und neu geadelter Bourgeoisie. Der alte Adel blickt mit Verachtung auf die prestigehungrigen »nouveaux riches«; die Bourgeoisie – plötzlich formal auf eine Stufe mit der altehrwürdigen Aristokratie gestellt – betrachtet mit unverhohlener Abneigung die dekadenten Adelsgeschlechter als Relikte einer vergangenen Zeit und sich selbst als die eigentliche, auf jeden Fall zukünftige Aristokratie – die Aristokratie des Geldes und des Unternehmergeistes. »Zu keiner Zeit unserer Geschichte«, so konstatiert Tocqueville, »hatte sich der Adel so leicht erwerben lassen wie im Jahre 1789, und niemals waren der Bürger und der Edelmann so schroff voneinander geschieden.«[59]

Es scheint nur das bekannte Stück von der alten Führungsschicht und der bereitstehenden Avantgarde zu sein, das am Vorabend der Französischen Revolution, wie so oft in der Geschichte, zur Aufführung gelangt. Und doch trennt die politische Ungleichheit in Form von rechtlicher Ungleichheit und in der Gestalt von Sitten, vor allem der unterschiedliche Ehrbegriff, die beiden Stände. »Erziehung und Lebensweise«, so versucht Tocqueville diesen Unterschied herauszuarbeiten,

> hatten zwischen diesen beiden Klassen bereits tausend andere Ähnlichkeiten zuwege gebracht. Der Bürger besaß ebenso viel Bildung wie der Edelmann, und seine Bildung war, was wohl zu bemerken ist, genau aus derselben Quelle geschöpft. Beide hatte dasselbe Licht aufgeklärt. Der eine wie der andere hatte in gleicher Weise eine theoretische und literarische Erziehung genossen. Paris, das mehr und mehr der einzige Lehrer Frankreichs geworden war, gab vollends allen Geistern die gleiche Form und

59 Ebd., S. 98.

die gleiche Haltung. Zu Ende des 18. Jahrhunderts konnte man allerdings zwischen den Manieren des Bürgerstandes und denen des Adels noch einen Unterschied wahrnehmen, denn nichts gleicht sich langsamer aus als jene Oberfläche der Sitten, die man die Manieren nennt; im Wesentlichen aber glichen alle über der Volksmasse stehenden Menschen einander; sie hatten die gleichen Ansichten, die gleichen Gewohnheiten, folgten den gleichen Neigungen, ergaben sich den gleichen Vergnügungen, lasen die gleichen Bücher, redeten die gleiche Sprache. Nur durch ihre Rechte unterschieden sie sich voneinander.[60]

Die Ähnlichkeit der Lebensführung von Adel und Bürgertum hob sich jedoch drastisch vom Rest der »Volksmasse« ab, den Arbeitern und Bauern. Frankreich am Vorabend der Revolution war trotz des Aufschwungs von Handel und Industrie ein agrarisch bestimmtes Land. Doch die politische und administrative Zentralisation hatte auch die ökonomische Konzentration in Paris nach sich gezogen. Paris war nicht nur zum politischen, sondern auch zum wirtschaftlichen Zentrum des Landes geworden. »Diese Entwicklung«, so Tocqueville,

hatte sich seit geraumer Zeit vorbereitet; wie es scheint, war Paris schon im Mittelalter die gewerbereichste Stadt des Königreichs, so wie es die größte war. Das wird offenkundig, je mehr wir uns der Moderne nähern. In dem Maße, wie die Verwaltungsgeschäfte nach Paris gezogen werden, wenden sich auch die industriellen Geschäfte dorthin. Als Paris mehr und mehr Muster und Richter des Geschmacks, einziger Mittelpunkt der Macht und der Künste und Hauptherd der nationalen Tätigkeit wird, zieht sich auch das industrielle Leben der Nation hier zusammen und konzentriert sich hier.[61]

Die Konzentration der *Arbeiterschaft* in der Hauptstadt hatte zur Folge, dass am Vorabend der Revolution die Bevölkerung von Paris zu 60 Prozent aus Arbeitern bestand. Der vierte Stand massierte sich im Zentrum, so dass alle künftigen politischen Bewegungen mit der Avantgarde des Pariser Proletariats rechnen mussten. Zu-

60 Ebd., S. 90.

61 Ebd., S. 85. Präzisiert wird dies im nachfolgenden Abschnitt, in dem es heißt: »Obwohl die statistischen Unterlagen des alten Staates meistens wenig Vertrauen verdienen, glaube ich doch, dass man unbedenklich versichern darf, dass während der letzten 60 Jahre vor der Revolution die Zahl der Arbeiter in Paris sich mehr als verdoppelt hat, während in der gleichen Zeit die Bevölkerung der Stadt im allgemeinen sich kaum um ein Drittel vermehrte.« (Ebd.)

gleich wurde die Arbeiterschaft zu einem sensiblen politischen Barometer, denn alle ökonomischen Engpässe und Krisen betrafen diese Bevölkerungsgruppe naturgemäß neben den Bauern am härtesten.

Das harte Los der *Bauernschaft* hatten wir eingangs dieses Abschnitts schon angedeutet. Die ambivalente Lage, einerseits schon Eigentümer der »Parzelle« und »Besitzer ihrer Produktionsmittel«, andererseits noch die am stärksten ausgebeutete Klasse zu sein, die unter den fortbestehenden feudalen Vorrechten und den unersättlichen, weil ständig wachsenden fiskalischen Bedürfnissen des absoluten Staates und seiner Steuerpolitik gleichermaßen zu leiden hat, macht die Bauernschaft zu der Klasse, welche die Hauptlasten des *Ancien Régime* tragen musste. Obwohl von der Politik des alten Staates am meisten »betroffen«, ist die Bauernschaft vom Rest der Nation am stärksten isoliert. Tocqueville zeichnet ein drastisches Bild vom ländlichen Leben:

> Im 18. Jahrhundert ist ein Dorf eine Gemeinde, deren Mitglieder sämtlich arm, unwissend und roh sind; ihre Magistrate sind ebenso ungebildet und ebenso verachtet wie sie selber; ihr Syndikus kann nicht lesen; ihr Einnehmer kann die Abrechnungen nicht eigenhändig schreiben, von denen das Vermögen seiner Nachbarn und sein eigenes abhängt. Ihr ehemaliger Lehnsherr hat nicht nur kein Recht mehr, sie zu regieren, sondern ist sogar so weit gekommen, es gleichsam als etwas Unwürdiges zu betrachten, sich mit ihrer Regierung zu befassen. Auferlegung der Taille, Aushebung der Miliz, Anordnung der Fronen sind lauter Knechtsgeschäfte, die dem Syndikus zukommen. Nur die Zentralgewalt beschäftigt sich noch mit der Gemeinde, und da sie sehr entfernt ist und noch nichts von deren Einwohnern zu fürchten hat, beschäftigt sie sich nur mit ihr, um Vorteil aus ihr zu ziehen.[62]

Diese knappe Skizze der Klassenstruktur Frankreichs am Vorabend der Revolution verdeutlicht drei Eigenarten: Erstens sind alle Klassen – Adel, Bürgertum, Arbeiter und Bauern – in Strategie und Verhalten auf die Zentralgewalt gerichtet; nur vom politisch-administrativen Zentrum, dem König und seiner Beamtenherrschaft, erwartet man Unterstützung und erntet oft genug nur weitere Lasten. Aber allesamt werden sie zu Klienten der Staats- und Verwaltungsmaschinerie. Ferner sind, zweitens, ihre Strategien dem System der

62 Ebd., S. 128.

Zentralverwaltung inhaltlich angepasst. Der Adel bleibt defensiv und versucht, so gut es geht, seine verbliebenen Privilegien zu erhalten, ohne noch Anstrengungen zu unternehmen, seine einstmalige politische Macht wiederzugewinnen. Die Bourgeoisie agiert offensiv, indem sie sich »bereichert« und die Aristokratisierung anstrebt; die Arbeiter erwarten sich staatliche Maßnahmen zur Unterstützung ihrer Interessen gegen die bourgeoisen »patrons«; die Bauern sind ebenso defensiv, um nicht zu sagen passiv wie der Adel, ohne doch dessen rechtliche Immunität und dessen Privilegien als Ressourcen zur Abwehr weiterer staatlichen Lasten zu besitzen. Drittens schließlich scheinen die Klassen paradoxerweise in dem Maße, in dem sie alle gleichermaßen dem »Leviathan« des *Ancien Régime* hilflos ausgeliefert sind, sich zusätzlich noch wechselseitig immer stärker abzusondern, ja ressentimentgeladen abzulehnen, ohne erkennbare Chancen zur Mobilisierung von Klassenmacht oder der Herausbildung eines selbständigen Klassenbewusstseins. Tocquevilles *Fazit* lautet daher:

Als nun aber der Bürger so vom Edelmann und der Bauer vom Edelmann und vom Bürger gesondert war; als nun, weil im Schoße jeder Klasse ein ähnlicher Prozess vor sich ging, innerhalb einer jeden derselben sich wieder kleine besondere Verbindungen gebildet hatten, die fast ebenso isoliert voneinander waren wie die Klassen selbst, da fand es sich, dass das Ganze nur eine homogene Masse bildete, deren Teile aber nicht mehr zusammenhingen. [...] So konnte das ganze Gebäude der Größe dieser Fürsten in einem Augenblick zusammenstürzen, sobald die Gesellschaft, die ihm als Grundlage diente, in Bewegung geriet.[63]

Um die geschilderte gesellschaftliche Situation auf einen Begriff zu bringen – die desolaten, unorganisierten Klassen in einer homogenen Masse –, wählt Tocqueville[64] die bemerkenswerte Bezeichnung »kollektiver Individualismus«. Was versteht er unter *kollektivem Individualismus*?

Unsere Väter hatten das Wort ›Individualismus‹ nicht, das wir für unseren Gebrauch gebildet haben, weil es zu ihrer Zeit allerdings kein Individuum gab, das nicht zu einer Gruppe gehörte und sich als ganz alleinstehend hätte betrachten können; aber jeder der tausend kleinen Gruppen, aus denen die

63 Ebd., S. 139.
64 Ebd., S. 103.

französische Gesellschaft bestand, dachte nur an sich selbst. Es war dies, wenn ich mich so ausdrücken darf, eine Art kollektiver Individualismus, der die Gemüter auf den uns bekannten eigentlichen Individualismus vorbereitete.

Bevor wir in unserem abschließenden Teil auf diesen Individualismus als konstitutiven Bestandteil von Demokratie als moderner Regierung-, Gesellschafts- und Lebensform zu sprechen kommen, müssen wir noch einen Blick auf die katalysatorischen Elemente werfen, welche das ausgehöhlte Gebäude des *Ancien Régime*, von dem im obigen Zitat die Rede war, zum Einsturz bringen können. Mit dieser Betrachtung der katalysatorischen Elemente lässt sich die vierte Frage beantworten, die wir oben aufgeworfen hatten. Warum kommt es zum plötzlichen Zusammenbruch des *Ancien Régime*?

Eine Antwort auf diese Frage findet sich in Tocquevilles dritter These seiner Studie. Nachdem wir die These von der politisch-administrativen Zentralisation und die These von der ständischen Klassenstruktur behandelt haben, müssen wir uns der Rolle der *Intellektuellen* und der Bedeutung der *Religion* zuwenden. *Cum grano salis* könnte man Folgendes sagen: Die Zentralisierung und die Klassenstruktur bilden gleichsam die politischen und sozialstrukturellen Rahmenbedingungen der Französischen Revolution; die *These von den Intellektuellen und der Religion* hingegen verweist auf die kulturelle und politische Mobilisierung in der Großen Transformation.

Was meint *kulturelle und politische Mobilisierung*? Das Bild, das Tocqueville vom alten Staat bislang gezeichnet hat, zeigt eine mächtige staatliche Zentralgewalt, welche die Gesellschaft mit einer einheitlichen Organisation überzieht. Diese Verwaltungsorganisation mag ihre Nachteile haben; sie ist *uniform*, wo sie der Vielfalt der französischen Provinzen gerecht werden sollte; sie ist *subaltern*, weil die Intendanten auf Gedeih und Verderb vom König abhängen; sie ist *unzureichend*, weil sich mit circa 30 Intendanten kein so großes Reich wie Frankreich regieren lässt. Uniformität, Subalternität und Insuffizienz mögen tatsächlich ernsthafte Schwächen sein; aber Tatsache ist, dass Frankreich zentral verwaltet wird. Da politische Herrschaft, wie Max Weber bemerkt, im Alltag stets Verwaltung bedeutet, wird Frankreich durchaus regiert. Wo steckt also das Schlüsselproblem, das das *Ancien Régime* zum Zusammenbruch führen konnte? Wohlgemerkt: Regierung und Verwaltung im alten Staat mögen suboptimal sein; doch erweckt Tocquevilles Schilderung auf Anhieb nicht den Eindruck, als sei die *politische Stabilität* ernsthaft gefährdet; allenfalls könnte man von einer gewissen *politischen Stagnation* sprechen.

Ähnliches lässt sich feststellen, wenn wir seine Analyse der Klassenstruktur resümieren. Das desolate Bild unorganisierter Klassen, ihre Degeneration und Absonderung, scheint eher ein Argument für das Geschick der Zentralregierung zu sein, Klassenbewusstsein schon im Keim zu ersticken und durch die Absonderung der Klassen jegliche gesellschaftliche Gegengewalt gegen die Zentralregierung zu verhindern. Nochmals: Wo schlummert das systemgefährdende Schlüsselproblem, das das *Ancien Régime* hinwegfegen könnte?

Ich möchte behaupten, dass politische Zentralisierung und Klassenstruktur für sich genommen – entgegen Tocquevilles eigener Einschätzung – nicht auf den Zusammenbruch, sondern auf den Fortbestand des *Ancien Régime* hindeuten. Es muss also woanders gesucht werden, wenn die Faktoren und katalysatorischen Elemente der Französischen Revolution gefunden werden sollen. Gehen wir die analytisch möglichen Erklärungen einfach einmal durch: 1. *Äußere Bedrohung und Krieg*: Wäre dies des Rätsels Lösung, so hätte schon das Regime Ludwigs XIV. zusammenbrechen müssen, der einen Krieg nach dem anderen geführt hat. Mit dem Sonnenkönig wird aber gerade der Anbruch des absoluten Königtums und der Höhepunkt des *Ancien Régime* verbunden. Zudem hätte diese Erklärung wohl mehr Plausibilität für das *postrevolutionäre* Frankreich, gegen das sich das restliche Europa der Feudalmächte verbünden wird. 2. *Materielle Interessen der Klassen*: Tocquevilles Analyse selbst verneint diese Möglichkeit; gerade weil die Klassen so egozentrisch mit sich selbst beschäftigt sind und sich in ihrer Interessenverfolgung an die Adresse des alten Staates wenden, geht von ihnen keine umgestaltende politische Macht, geschweige denn revolutionäre Kraft aus.

Wenn weder äußere Bedrohung (Krieg) noch innere Bedrohung (Klassenkampf) eine ernsthafte Gefahr für das *Ancien Régime* darstellen, dann bleibt als dritte und letzte Möglichkeit nur die *Rolle von Ideen* übrig. Tatsächlich haben wir mit den *Ideen von 1789*, wie wir heute die Vorstellungen von Freiheit, Gleichheit und Brüderlichkeit kurzerhand bezeichnen, den zentralen Erklärungsfaktor und die katalysatorischen Elemente zur Hand, die Tocqueville als entscheidend für den plötzlichen Ausbruch der Revolution ansieht. Ideen bedürfen jedoch stets Träger, um sich Gehör in der breiten Öffentlichkeit zu verschaffen. Die Träger der Ideen von 1789 sind die *Intellektuellen*, wie wir heute eine meist akademisch gebildete Elite mit einem ausgeprägten Interesse am öffentlichen Wohl nennen. Tocqueville bezeichnet sie, dem Sprachgebrauch des 18. Jahrhunderts folgend, als »philosophes«; der Begriff des Intellektuellen wird erst – und dann gleich schon in seiner pejorativen Bedeutung – in der Dreyfus-Affäre zur Prominenz gelangen, wie wir anhand der Analyse von Durkheims Zeitdiagnose sehen werden.

Wer oder was sind die Intellektuellen, und worin besteht ihre Leistung? Die Intellektuellen des *Ancien Régime* sind Philosophen und Literaten, die – meist abgekoppelt vom tatsächlichen politischen Leben – die Zustände im alten Staat analysieren und grundlegend kritisieren. Sie setzen den herrschenden Missständen in Gesellschaft und Staat das *Bild einer wohlgeordneten Gesellschaft* entgegen. Neben der real existierenden Gesellschaft des *Ancien Régime* mit allen ihren Schwächen ersteht gleichsam eine »imaginäre Gesellschaft«, wie Tocqueville[65] es nennt. Diese *imaginäre Gesellschaft* setzt an die Stelle der traurigen Realitäten ideale Zustände: statt staatlicher Despotie die Freiheit aller Bürger; statt ständischer Ungleichheit rechtliche und soziale Gleichheit; statt des ressentimentgeladenen Hasses der abgesonderten und antagonistischen Klassen die Idee allgemeiner Brüderlichkeit.

Diese *Ideale einer imaginären Gesellschaft* gewinnen an Einfluss über das Medium der Öffentlichkeit; die Diskurse in der Öffentlichkeit dringen in die Welt der Vorstellungen und Gedanken der höheren Klassen ein und gewinnen so Macht über Denken, Fühlen und Handeln der gebildeten Kreise in Adel und Bürgertum. Tocqueville ist überzeugt, mit der Rolle der Intellektuellen einen wichtigen Schlüssel zur Erklärung der Französischen Revolution gefunden zu haben:

> Dieser in der Geschichte so neue Umstand, dass die ganze politische Erziehung eines großen Volkes ausschließlich durch Schriftsteller geschah,

65 Ebd., S. 148.

trug vielleicht am meisten dazu bei, der Französischen Revolution ihren eigentümlichen Geist zu geben und aus ihr hervorgehen zu lassen, was wir vor uns sehen. Die Schriftsteller gaben dem Volke, das diese Revolution machte, nicht nur ihre Ideen, sondern auch ihr Temperament und ihre Stimmung. Unter ihrer langen Disziplin, in Ermangelung aller anderen Führer und in ihrer vollständigen Unbekanntheit mit der Praxis, nahm die ganze Nation, indem sie diese Schriftsteller las, endlich deren Neigungen, Anschauungen, Vorlieben, ja sogar die natürlichen Verkehrtheiten an, so dass sie, als sie endlich zum Handeln kam, alle Gewohnheiten der Literatur in die Politik hinübernahm. Studiert man die Geschichte unserer Revolution, so sieht man, dass sie genau in demselben Geiste geleitet worden ist, der so viel abstrakte Bücher über die Regierung hervorgebracht hat: gleicher Geschmack an allgemeinen Theorien, vollständigen Systemen der Gesetzgebung und genauer Symmetrie in den Gesetzen; gleiche Verachtung des tatsächlich Bestehenden; gleiches Vertrauen auf die Theorie; gleiche Vorliebe für das Originelle, Sinnreiche und Neue in den Institutionen; gleiche Lust, auf einmal die ganze Verfassung nach den Regeln der Logik und nach einem einheitlichen Plan neu zu bilden, anstatt zu versuchen, sie in ihren Teilen zu verbessern.[66]

Tocqueville ist weit davon entfernt, die Orientierung an systematischer Theorie, die Vorliebe für logische Symmetrie, die Schöpfung einer genuin neuen Verfassung und die umfassende Einrichtung gänzlich neuer Institutionen gutzuheißen. Im Gegenteil: »Schreckensvolles Schauspiel! Denn was beim Schriftsteller ein Vorzug ist, wird beim Staatsmann manchmal zum schweren Fehler, und dieselben Dinge, die oft schöne Bücher entstehen lassen, können zu großen Revolutionen führen.«[67]

Sie können zu großen Revolutionen führen, aber müssen sie es auch? Tocqueville nennt zwei weitere wichtige kulturelle und politische Rahmenbedingungen, welche im Verein erst den Intellektuellen einen so einzigartigen Einfluss auf die Geschichte sicherten: die vorherrschende Irreligiosität und die aktuelle politische Krise am Vorabend der Revolution.

Was die erste Bedingung angeht, die verbreitete *Irreligiosität* im *Ancien Régime*, so treffen hier zwei Umstände folgenreich zusammen: die philosophische Religionskritik der Aufklärung und der Hass auf die traditionelle katholische Kirche. Den Aufklärungsphi-

66 Ebd., S. 149.
67 Ebd.

losophen war die christliche Religion als ernsthaftes Hindernis für jenes *Sapere aude* («wage es zu denken«) und das Heraustreten des Menschen aus seiner selbstverschuldeten Unmündigkeit erschienen. Die christliche Kirche, namentlich die katholische mit ihren rigiden Dogmen und Vorstellungen, konnte und wollte wohl auch nicht dem Individuum ein Recht auf selbstbewusstes und selbsttätiges Denken einräumen. War dies schon ein erster Grund zur Ablehnung der kirchlich verfassten christlichen Religion, so trat mit dem weltlich-politischen Gebaren der katholischen Kirche noch ein weiterer Grund hinzu. Die katholische Kirche war ein mächtiger Feudalherr im alten Frankreich, so dass zu der geistigen Unfreiheit sich die politische Bevormundung gesellte. Dieses Zusammentreffen von philosophischer Religionskritik der Aufklärung mit der politischen Machtausübung der katholischen Kirche, dieser Zusammenprall von abstrakten, aber verführerischen Ideen mit konkreter, aber umso verhassterer Herrschaft im Alltag, hatte zur Folge, dass nur eine vollständige Abschaffung der Institution »Kirche« selbst eine geistige und politische Emanzipation vorstellbar zu machen schien. »Ein Hindernis bereitete die Kirche schon durch die Prinzipien ihres Regimentes«, so Tocqueville,

> die Prinzipien, die jene Männer in der weltlichen Regierung zur Geltung bringen wollten. Sie stützte sich vornehmlich auf die Tradition, jene äußerten eine Verachtung gegen alle Institutionen, die sich auf Ehrfurcht vor der Vergangenheit gründen; sie erkannte eine höhere Autorität über der individuellen Vernunft an, jene appellierten gerade ausschließlich an diese Vernunft; sie gründete sich auf eine Hierarchie, jene strebten nach Ausgleichung aller Rangstufen.[68]

Wenn die katholische Kirche als das repressivste und folglich am meisten verhasste Bollwerk des *Ancien Régime* erscheint und die Intellektuellen der geistigen Bevormundung durch die katholische Kirche eine säkulare Ideologie und politische Utopie entgegenzusetzen vermögen, so bedarf es zusätzlich noch des Zündstoffs, um aus der abstrakten Gegnerschaft zwischen traditioneller geistiger Elite und avantgardistischer Gegenelite den Ausbruch offener Feindseligkeiten hervorgehen zu lassen. Diesen Anlass, so meint Tocqueville, bietet eine *akute politische Krise* am Vorabend der Re-

68 Ebd., S. 153.

volution. Es ist nun nicht eine jener schon chronischen Finanzkrisen, die den entscheidenden Funken zum Sprühen bringt, der das Pulverfass des *Ancien Régime* auseinandersprengt. Vielmehr ist es eine »crise heureuse«, also eine »glückliche Krise«, wie Durkheim das so treffend nennt, die den Auftakt der großen Umwälzung markiert.

Was meint die sogenannte »crise heureuse«? Tocqueville versucht den Nachweis zu führen, »dass die Regierungszeit Ludwigs XVI. die blühendste Epoche der alten Monarchie war, und wie gerade dieser blühende Zustand die Revolution beschleunigte«. Die These einer »crise heureuse«, einer unerwarteten Wachstums- und Wohlstandsphase, widerspricht zunächst ganz und gar den Erwartungen unseres Alltagsverstandes. Normalerweise, so würde man annehmen, trägt die Verbesserung einer wirtschaftlichen Lage zur politischen Stabilität bei. Wie muss man sich also dieses Paradox erklären? Warum verhilft der neu gewonnene gesellschaftliche Wohlstand dem herrschenden Regime nicht zu politischer Ruhe und Ordnung, sondern entzündet politischen Unfrieden und Revolution? »Die Franzosen«, so Tocquevilles *paradoxe These*, »haben ihre Lage umso unerträglicher gefunden, je besser sie wurde.«[69] Seine Begründung:

> Man gelangt nicht immer nur dann zur Revolution, wenn eine schlimme Lage zur schlimmsten wird. Sehr oft geschieht es, dass ein Volk, das die drückendsten Gesetze ohne Klage und gleichsam, als fühlte es sie nicht, ertragen hatte, diese gewaltsam beseitigt, sobald ihre Last sich vermindert. Die Regierung, die durch eine Revolution vernichtet wird, ist fast stets besser als die unmittelbar voraufgegangene, und die Erfahrung lehrt, dass der gefährlichste Augenblick für eine schlechte Regierung der ist, wo sie sich zu reformieren beginnt.[70]

Eine despotische Regierung lockert sich, wird liberaler, aber da die revolutionäre Dynamik bereits eingesetzt hat, gehen die kleinen Verbesserungen plötzlich nicht mehr schnell genug. Die politischen Erwartungen der Betroffenen steigen überproportional an, so rasch, dass die Reformen mit dem ständig wachsenden Erwartungshorizont des Volkes nicht mehr Schritt halten können. Die Folge ist politische Ungeduld, ja revolutionäres Aufbegehren. Werden die Zügel daraufhin noch weiter gelockert, so beschleunigt die-

69 Ebd., S. 169.
70 Ebd., S. 176.

se »Liberalisierung« nur die Spirale zwischen der Anspruchsexplosion der Betroffenen und der anschließenden Enttäuschung ihrer Erwartungen.

Warum ist das so? Woraus resultiert eine solche Spirale von Anspruchsexplosion und kumulativer Enttäuschung hoffnungsvoller Erwartungen? Nach Tocqueville muss man sich dies mit der wachsenden Sensibilisierung für Ungerechtigkeit erklären, die mit jeder reformerischen Kurskorrektur nur mehr neue Nahrung gewinnt. »Das Übel ist geringer geworden, aber die Empfindlichkeit ist lebhafter. Das Lehnswesen hatte in seiner vollen Kraft den Franzosen nicht so viel Hass eingeflößt, wie in dem Augenblick, da es im Begriffe stand zu verschwinden. Die geringsten Willkürakte Ludwigs XVI. schienen schwerer zu ertragen als der ganze Despotismus Ludwigs XIV.«[71]

Abgesehen davon, dass die Schilderung der ökonomischen Situation am Vorabend der Revolution empirisch falsch ist – eine katastrophale Missernte im Jahre 1789 mit der Folge einen exorbitanten Preissteigerung für Getreide und eine schwere industrielle Krise charakterisieren das Revolutionsjahr –, hat Tocqueville ein wichtiges *Theorem revolutionärer Dynamik* gefunden: Nicht das absolute Leiden entscheidet über Gehorsam oder Aufruhr, sondern die relative Benachteiligung.[72]

Fassen wir zusammen: Tocqueville erklärt den plötzlichen und raschen Zusammenbruch des *Ancien Régime* vor allem mit seiner dritten These, der These von den Intellektuellen und der Irreligiosität. Die Existenz einer laizistischen Gegenelite zur etablierten katholischen Elite, das Vorherrschen der Irreligiosität angesichts der politisch-weltlichen Verstrickungen der katholischen Kirche und schließlich die »crise heureuse« mit ihrer das Ungerechtigkeitsbewusstsein verschärfenden, leichten Entspannung und Verbesserung der materiellen Situation – kurz Intellektuelle, Irreligiosität und

71 Ebd., S. 176.

72 In der Revolutionsforschung ist dieses Theorem – in der Soziologie der Folgezeit *relative Deprivation* genannt (Walter G. Runciman, *Relative Deprivation and Social Justice*, London 1972) – mehrfach nachgewiesen worden. Ein Beispiel aus der jüngeren Vergangenheit Deutschlands mit seiner friedlichen Revolution zeigen die Demonstrationen in Leipzig: Aus der Parole »Wir sind das Volk« wurde flugs »Wir sind ein Volk«, und aus der Vorstellung eines reformierten Sozialismus wurde der Gedanke einer einheitlichen deutschen Nation.

relative Deprivation sind die zentralen katalysatorischen Elemente, welche letztendlich den so raschen Zusammenbruch des alten Staates besiegeln.

2.6 Demokratie und Individualismus als moderne Lebensform

Wir wollen uns abschließend nochmals Tocquevilles Amerika-Studie zuwenden. Im zweiten Band von *Demokratie in Amerika* entwickelt er den *Idealtyp der modernen liberalen Demokratie*. War der erste Band vornehmlich eine historisch-empirische Kausalanalyse der Gründe für die Entstehung und Aufrechterhaltung einer liberalen Demokratie in Amerika, so ist der zweite Band dem eher allgemeinen Versuch gewidmet, den Einfluss der Demokratie auf die gesellschaftliche Lebensweise und die individuelle Lebensführung der Menschen zu untersuchen. Was heißt es, in einer etablierten Demokratie als Ausdruck der Transformation von der Tradition zur Moderne zu leben?

Im zweiten Band findet sich der Kern von Tocquevilles *Zeitdiagnose*, die wir eingangs auf die Formel *Demokratie als moderne Regierungs-, Gesellschafts- und Lebensform* gebracht hatten. Folglich steckt hier sein geistiges Vermächtnis, denn der französische Aristokrat ist felsenfest von der unaufhaltsamen Entwicklung zu Gleichheit, Demokratie und Individualismus in der modernen Welt überzeugt. Die Vereinigten Staaten von Amerika repräsentieren demnach, so seine Auffassung, das Bild der Zukunft für den Rest der Welt. Behält Tocqueville mit seiner Prognose am Ende Recht, und erleben wir auch heute noch – oder vielleicht wieder – die *Hegemonie des Amerikanismus* in der gegenwärtigen Welt?

Bevor diese Frage abschließend zu beantworten ist, muss seine ausführliche Untersuchung der Demokratie als moderner Regierungs-, Gesellschafts- und Lebensform in gebotener Kürze nachvollzogen werden. Das soll in drei Schritten erfolgen. Zunächst rekonstruieren wir seine Analyse des Einflusses der Demokratie auf das geistige Leben, auf das Gefühlsleben und auf die Sitten. Sodann resümieren wir diese Einzelanalysen (Demokratie – geistiges Leben, Demokratie – Gefühlsleben, Demokratie – Sitten) in seiner allgemeinen und weitsichtigen Prophezeiung der zukünftigen

Weltmächte. Schließlich sollen einige typische Probleme diskutiert werden, der sich moderne Demokratien regelmäßig ausgesetzt sehen – wie das Problem der Religion, das Problem des Individualismus, die Gefahr einer neuen Geldaristokratie, die Gefahren einer rassischen Drei-Klassen-Gesellschaft und das Problem des politischen Despotismus. Dann sind wir hoffentlich in der Lage, die Frage nach der Hegemonie des Amerikanismus abschließend zu beantworten.

Zum ersten Schritt: Wie beeinflusst die Demokratie das geistige Leben, das Gefühlsleben und die Sitten der Amerikaner? Was das *geistige Leben* in den Vereinigten Staaten angeht, charakterisiert nichts besser die amerikanische Lebensweise als die geistige Haltung des *Pragmatismus*, die Tocqueville in allen wichtigen Lebensfragen anzutreffen vermeint. Tocqueville, der noch vor der eigentlichen Entstehung des Pragmatismus als amerikanischer Grundphilosophie schreibt – Charles Sanders Peirce (1839-1914) und William James (1842-1910), die Hauptvertreter dieser philosophischen Doktrin, werden da gerade geboren –, bemerkt zunächst, dass es »in der Kulturwelt kein Land [gibt, H.-P.M.], in dem man sich weniger mit Philosophie befasst als in den Vereinigten Staaten«.[73] Obgleich er diese Abneigung vor abstrakter und systematischer Reflexion allerorten konstatiert, ist den Amerikanern als wesentliche charakteristische Grundhaltung ein *Denkhabitus* gemeinsam, den er als »philosophische Denkweise« bezeichnet. Worin besteht diese *praktische Doktrin*?

> Sich freihalten von Systemgeist, vom Joch der Gewohnheit, von Familienmaximen, von Klassenanschauungen und bis zu einem gewissen Grade von nationalen Vorurteilen; die Überlieferung lediglich als Hinweis, die gegenwärtigen Verhältnisse nur als nützliche Lehre zum Anders- und Bessermachen betrachten; den Grund der Dinge in sich selbst suchen, ohne Bindung an die Mittel auf das Ziel losgehen und durch die Form hindurch auf den Kern zielen; das sind die Grundzüge dessen, was ich als philosophische Denkweise der Amerikaner bezeichnen möchte.[74]

Wenn man Tocquevilles Charakterisierung mit allen neueren gelehrten Betrachtungen zum *Pragmatismus als Schulphilosophie* be-

73 Alexis de Tocqueville, *Über die Demokratie in Amerika 2*, S. 11.

74 Ebd.

trachtet – und der Pragmatismus als analytische Philosophie erlebt eine überraschende Renaissance, sei es der Klassiker John Dewey oder sei es der gegenwärtige Repräsentant dieser Denkrichtung, Richard Rorty –, dann wird man feststellen, dass es in dieser Kürze kaum eine gelungenere systematische Zusammenfassung des Pragmatismus gibt.

Tocqueville nimmt hier aber nicht nur die Entwicklung der amerikanischen Philosophie vorweg; sondern er behauptet darüber hinaus, dass der Pragmatismus die *amerikanische Mentalität* auf den Begriff bringt. Es ist gleichsam die *geistige self-reliance*, welche die amerikanische Haltung in allen Lebensfragen ausmacht. Nur die eigene Vernunft zur Richtschnur des Handelns machen – das ist das *Sapere aude* der europäischen Aufklärung, in eine praktische amerikanische Doktrin gegossen.

Diese geistige Freiheit und Unabhängigkeit in der Behandlung aller anstehenden Fragen hat eine Reihe von bemerkenswerten Konsequenzen. Tocqueville analysiert im Einzelnen ihren Einfluss in Wissenschaft, Dichtung und Kunst; im Theaterwesen und in der Literatur, ja sogar in der Architektur. Betrachtet sei hier nur eine einzige Konsequenz, die auch immer wieder als hervorstechender amerikanischer Charakterzug im Alltag beobachtet werden kann: die Vorstellung *unbegrenzter Vervollkommnungsfähigkeit des Menschen*. Diese Idee der *perfectibilité*, die uns in der französischen Aufklärungsphilosophie begegnet und da vor allem bei Rousseau, hat in den Vereinigten Staaten handfeste praktische Auswirkungen für die Lebensführung der Menschen. Nichts ist unmöglich. Im Gegenteil, alles ist möglich, wenn man nur will und wenn sich zu dem leidenschaftlichen Wollen eine unbeugsame und unbeirrbare Disziplin sowie die Bereitschaft zu harter Arbeit hinzugesellen. Das gilt unabhängig von Intelligenz, Talent, Vermögen oder Beziehungen – also für alle.

Diese *can-do*-Mentalität fasst Tocqueville[75] kongenial im »Bild einer idealen und stets fliehenden Vervollkommnung« zusammen: »So strebt er [der Mensch, H.-P.M.], ständig suchend, stürzend, sich wieder aufrichtend, oft enttäuscht, nie entmutigt, immerzu nach jener unermesslichen Größe, die er undeutlich am Ende der langen, von der Menschheit noch zu durchlaufenden Bahn er-

75 Ebd., S. 52 f.

späht.« Das Ziel ist unbekannt oder doch nur in vagen Umrissen bekannt – denn was genau heißt schon *Selbstverwirklichung*? –, aber der Weg steht unbeirrbar fest: sich weiterbringen und immer weiter, Aufbruch zu neuen Ufern und wie sonst noch die Metaphern der individuellen Emanzipationssemantik heißen. Man vergleiche unter diesem Blickwinkel Goethes *Faust*, diese tragisch-pessimistische Urgestalt europäischen Bildungsbürgertums, mit dem modernen amerikanischen Lebensideal, dieser stets zukunftsfrohen und -offenen Figur, die – weit von der Tragik der endemischen Sinnlosigkeit menschlicher Selbstverwirklichung entfernt – stets unverdrossen und optimistisch immer weitermacht.

Fassen wir Tocquevilles Überlegungen zum Einfluss der Demokratie auf das *geistige Leben* zusammen, so ist es unzweideutig jene Kombination von geistiger Freiheit sowie Unabhängigkeit und ihrem wichtigsten Korrelat, der Vorstellung unbegrenzter menschlicher Vervollkommnungsfähigkeit, die den Amerikaner zum *modernen Menschen* schlechthin zu machen scheint. Während im postfeudalen Europa noch die alten Klassenkämpfe zwischen Aristokratie und Bürgertum einerseits, Bourgeoisie und Proletariat andererseits toben, ist man in den Vereinigten Staaten schon längst zur Tagesordnung des *Individualismus* und des persönlichen *pursuit of happiness* – der Verfolgung des privaten Glücks individueller Selbstverwirklichung – übergegangen. *Politisch* gesehen, so Tocqueville, kommt dieser Unterschied zwischen altem Europa und modernem Amerika besonders sinnfällig in dem unterschiedlichen Gebrauch von *gentilhomme* und *gentleman* zum Ausdruck. Während »gentilhomme« in Frankreich den Aristokraten oder den avancierten Bürger mit adeliger Lebensführung kennzeichnet, meint »gentleman« in den Vereinigten Staaten ganz einfach den Staatsbürger allgemein, den *citizen* mit seinen unveräußerlichen Menschen- und Staatsbürgerrechten. Anhand der begriffsgeschichtlichen Semantik von »gentilhomme« und »gentleman« – diese Bemerkung nur in Parenthese – kann man in der Tat die moderne Geschichte der sozialen Ungleichheit rekonstruieren. »In jedem neuen Jahrhundert«, so bemerkt auch Tocqueville, »wendet man es [das Wort, H.-P.M.] auf Männer an, die ein wenig niedriger auf der gesellschaftlichen Stufenleiter stehen.«[76] Es findet endlich

76 Tocqueville, *Der alte Staat und die Revolution*, S. 92 f.

mit den Engländern seinen Weg nach Amerika. Dort gebraucht man es, um ohne Unterschied alle Staatsbürger zu bezeichnen. Seine Geschichte ist die Geschichte der Demokratie selbst. Ein kurzer Abstecher in die amerikanische Literatur offenbart, dass sich diese Auffassung von »gentlemanhood« in Louisa May Alcotts *Little Women* (1868) wiederfindet. In *Little Women*, dem puritanischen Frauenroman schlechthin, hat die jüngste Tochter nur ein Ziel und nur einen leidenschaftlichen Wunsch in ihrem Leben: Sie möchte gern eine *gentlewoman* werden.[77]

Dieser Wunsch weiblicher puritanischer Selbstverwirklichung leitet zum zweiten Punkt über – dem Einfluss der Demokratie auf das Gefühlsleben. Das wichtigste Problem im amerikanischen *Gefühlsleben* betrifft zweifelsohne den bereits erwähnten Hang zum *Individualismus*. Wie grenzt Tocqueville Individualismus vom alten Egoismus ab? Während er den Individualismus als »überlegenes und friedfertiges Gefühl« bestimmt, das den Bürger dazu »drängt, sich von der Masse der Mitmenschen fernzuhalten« und sich in einem gesonderten Bereich seiner Nahwelt zu isolieren, steht der Egoismus demgegenüber für eine »leidenschaftliche und übersteigerte Liebe zu sich selbst«, eine Liebe »die den Menschen dazu treibt, alles nur auf sich zu beziehen und sich selbst vor allem den Vorzug zu geben«.[78]

Insofern darf Individualismus also nicht einfach mit Egoismus verwechselt werden, was im alltäglichen Sprachgebrauch nur allzu leicht geschieht – besonders dann, wenn die »Auswüchse des Individualismus« gebrandmarkt werden. An sich bezeichnet der Individualismus zunächst eine gefühlsmäßige Haltung, die nicht nur die wesentliche Motivationskraft des modernen Menschen umschreibt, sondern zugleich auch die Eingrenzung der Verkehrskreise auf Familie, Verwandtschaft und Freunde umreißt. Die Konzentration auf die eigenen Lebensziele und das Leben im Kreise der Nächsten verdeutlicht jenen großen Freiraum, der mit der Auflösung feudaler Bande in ständischen Gesellschaften entsteht und die kreative Dynamik individueller Selbstgestaltung erst freisetzt. So gesehen ist der Individualismus eine durchaus positive motivationale Ressource moderner Gesellschaften.

77 Louisa Mae Alcott, *Little Women*, London 2020 [1868].

78 Tocqueville, *Über die Demokratie in Amerika 2*, S. 147.

Alles kommt demnach nur darauf an, wie weit der Individualismus getrieben wird und wie er sich im öffentlichen Leben verortet. In einem zu weit getriebenen Individualismus, das sieht Tocqueville mit nüchterner Klarheit, steckt daher eine nicht unbeträchtliche Gefahr. »Der Egoismus dörrt alle Tugenden im Keim aus, der Individualismus legt vorerst nur den Quell der öffentlichen Tugenden trocken; mit der Zeit aber greift er alle andern an und zerstört sie und versinkt schließlich in den Egoismus.«[79]

Der neuzeitliche Individualismus geht Hand in Hand mit der *modernen Demokratie.* »Der Individualismus«, so Tocqueville, »ist demokratischen Ursprungs, und er droht sich in dem Grade zu entfalten, wie die gesellschaftliche Einebnung zunimmt.«[80] Warum breitet sich der Individualismus in dem Maße aus, wie die Gleichheit der Bedingungen und die gesellschaftliche *Nivellierung* – Tocquevilles Synonym für fortgeschrittene Demokratisierung – zunimmt?

> Da jede Klasse sich den übrigen nähert und mit ihnen vermischt, werden ihre Angehörigen gleichgültig und einander gleichsam fremd. Die Aristokratie bildete aus allen Bürgern eine lange Kette, die vom Bauern bis zum König hinaufreichte; die Demokratie zerbricht die Kette und sondert jeden Ring für sich ab. […] So lässt die Demokratie jeden nicht nur seine Ahnen vergessen, sie verbirgt ihm auch seine Nachkommen und trennt ihn von seinen Zeitgenossen; sie führt ihn ständig auf sich allein zurück und droht ihn schließlich ganz und gar in der Einsamkeit seines eigenen Herzens einzuschließen.[81]

Wie lässt sich die Gefahr eines zu weit getriebenen Individualismus am ehesten bannen? Das größte Gegengewicht bilden einmal mehr die öffentlichen Tugenden als Ausdruck *politischer Freiheit.* Insoweit die Amerikaner am öffentlichen Leben partizipieren, sich für die politischen Belange ihrer Gemeinde engagieren und sich in bürgerlichen Vereinen zusammenschließen, entgehen sie der Gefahr, sich allein um ihr persönliches Wohlergehen zu kümmern. »Die Amerikaner haben den Individualismus, die Frucht der Gleichheit, durch die Freiheit bekämpft, und sie haben ihn besiegt.«[82] Aber

79 Ebd., S. 147.
80 Ebd., S. 148.
81 Ebd., S. 149 f.
82 Ebd., S. 155.

dieser Sieg scheint nur vorübergehender Natur zu sein, bilden doch die Gleichheit und die Freiheit, der Individualismus und die öffentlichen Tugenden stets eine *prekäre Balance*.

Diese Balance wird chronisch gefährdet durch den ausgeprägten Hang zum *Wohlergehen*. »Die leidenschaftliche Liebe zum Wohlstand ist recht eigentlich eine Leidenschaft des Mittelstandes; sie wächst mit diesem und breitet sich mit ihm aus, sie erringt mit ihm die Vorherrschaft. Von da aus ergreift sie die höheren Stufen der Gesellschaft und dringt tief in die Volksschichten hinab.«[83]

Tocqueville zeichnet alles in allem ein *ambivalentes Bild*, so können wir seine Überlegungen zum Zusammenhang von Demokratie und Gefühlsleben resümieren: die prekäre Balance von Gleichheit und Freiheit, von Individualismus und öffentlichen Tugenden steht angesichts des Materialismus der Amerikaner, der gesellschaftlichen Nivellierung und der Ausbildung einer breiten Mittelschicht immer vor der Gefahr, in das vereinzelte Streben nach persönlichem Wohlergehen abzugleiten.

Welche Rolle spielen die Sitten in modernen Gesellschaften? Welchen Zusammenhang sieht Tocqueville zwischen *Demokratie und Sitten*? Generell, so stellt er fest, werden die Sitten dank des wachsenden gesellschaftlichen Ausgleichs *sanfter*. Diesen generellen Trend zur *Milderung der Sitten* macht er vor allem an zwei Sachverhalten fest: dem gewandelten Verhältnis von Herren und Dienern einerseits, den veränderten Familienbeziehungen andererseits.

In dem berühmten Kapitel über das *Verhältnis von Herren und Dienern* rekonstruiert Tocqueville den Wandel vom *Status* zum *Kontrakt*, wie Henry Sumner Maine (1861) den Übergang von der Tradition zur Moderne[84] bezeichnet hatte. In den *aristokratischen Gesellschaften* gibt es zwei Stände, den Herrenstand und den Dienerstand, mit einem eigenen Pflichtkodex, der Herrenehre und der Dienerehre. Herren- und Dienerfamilie werden häufig über mehrere Generationen hinweg miteinander verbunden, so dass die Generationenkette einen ausgeprägten Sinn für Herrschaft und Schutz bei den Herren, einen Sinn für Dienst und Treue bei den Dienern wachsen lässt. Dieses Beziehungsgeflecht kann einherge-

83 Ebd., S. 191.

84 Henry Sumner Maine, *Das alte Recht: sein Zusammenhang mit der Frühgeschichte der Gesellschaft und sein Verhältnis zu modernen Ideen*, hrsg. und übers. von Heiko Dahle. Baden-Baden 1997.

hen mit schroffer Distanz zwischen Herren und Dienern wie in England oder mit einer schon fast familiären Vertraulichkeit der beiden Stände wie in Frankreich. Auch in *demokratischen Gesellschaften* existieren durch die sozialen Ungleichheiten »Herren« und »Diener«. Sie sind jedoch nicht durch Tradition und differentiellen Status aneinander gebunden, sondern durch *Vertrag*. »Von Natur ist keiner dem anderen untergeordnet, und sie werden es nur vorübergehend durch die Wirkung des Vertrages. Innerhalb der Grenzen dieses Vertrages ist der eine der Diener, der andere der Herr; außerhalb davon sind sie zwei Bürger, zwei Menschen.«[85] Tocqueville erscheint die Demokratisierung des Verhältnisses von Herren und Dienern – vom Status zum Kontrakt – als eine abgemilderte Beziehung in mehrfacher Hinsicht: erstens wird das Band *lockerer*, denn Herr und Diener sind nicht lebenslang und schon gar nicht über mehrere Generationen hinweg aneinander gebunden; zweitens wird das Band *spezifischer*, da der Vertrag zwischen Herr und Diener die zeitliche Inanspruchnahme und die finanzielle Entlohnung klar regelt; drittens wird das Band *egalisiert*, stehen sich doch nicht Freie und Unfreie gegenüber, sondern »Arbeitgeber« und »Arbeitnehmer« auf der Basis allgemeiner staatsbürgerlicher Gleichheit. Tocqueville erblickt in dieser Entwicklung insofern einen »Fortschritt«, als die Sitten zwischen Herren und Dienern »abgemildert« und per Vertrag kalkulierbarer werden. Wir werden jedoch an Marx' Diskussion des *Arbeitsvertrags* sehen, dass aus der Kontraktualisierung von sozialen Beziehungen allein noch kein demokratischer Fortschritt zu Freiheit und Gleichheit resultieren muss. Im Gegenteil – unter kapitalistischen Verhältnissen ist die Vertragsfreiheit die rechtliche Voraussetzung zu ökonomischer Ausbeutung.

Nach Tocquevilles Auffassung wird jedoch nicht nur das Verhältnis von Herren und Dienern egalisiert, sondern auch die Beziehungen in der *Familie* demokratisiert. In diesen aufschlussreichen Abschnitten findet man die Grundlagen für eine moderne Familientheorie, wie sie im Einzelnen dann später von Émile Durkheim weiter ausgearbeitet wird. Gemäß unserer heutigen Begrifflichkeit beschreibt Tocqueville den Wandel von der *patriarchalen Familie* zur *bürgerlichen Kernfamilie*. In den aristokratischen Gesellschaf-

85 Tocqueville, *Über die Demokratie in Amerika 2*, S. 269.

ten ist der Vater ein *Patriarch,* der seine Familie so regiert wie der König die Gesellschaft. »Man hört auf ihn mit Ehrerbietung; man nähert sich ihm nur mit Ehrfurcht, und die ihm entgegengebrachte Liebe wird stets durch die Furcht gedämpft.«[86] Die Primogenitur bzw. das Erstgeburtsrecht setzt diese Ungleichheit zwischen väterlicher Autorität und Familie im Verhältnis der Geschwister fort. Ähnliches trifft auf die ungleiche Stellung von Mann und Frau in der Ehe zu. »Je demokratischer die Sitten und Gesetze werden, um so vertraulicher und milder wird, so denke ich, das Verhältnis zwischen Vater und Sohn; das Vertrauen und die Liebe sind oft größer, und das natürliche Band scheint enger zu werden, wogegen das gesellschaftliche Band sich lockert.« Kurz: »Der Herr und der Amtsträger sind verschwunden; der Vater bleibt.«[87] Durch die Erbteilung werden die Geschwister gleichgestellt, was die Spannung zwischen Erstgeborenem und den anderen Geschwistern beseitigt. Auch die Stellung der Frau in den demokratischen Gesellschaften wird aufgewertet: »Die jungen Mädchen sind in allen protestantischen Völkern in ihrem Tun weit selbständiger als in den katholischen Ländern.«[88] Ausdruck für die weibliche Selbständigkeit ist die Tatsache, dass die jungen Frauen nach reiflicher Überlegung und aufgrund eigener Entscheidung in den Stand der Ehe eintreten und nicht aus Familien- und Standesinteressen zu einer ehelichen Verbindung gezwungen werden können. Tocqueville zweifelt denn auch nicht an der endgültigen Gleichstellung von Mann und Frau: »Ich denke, dass die soziale Bewegung, die den Vater und den Sohn, den Diener und Herrn und allgemein den Niederen und Höheren auf die gleiche Stufe zu stellen sucht, die Frau hebt und sie mehr und mehr dem Manne ebenbürtig machen muss.«[89]

Wir haben den Zusammenhang zwischen Demokratie und geistigem Leben, dem Gefühlsleben und den Sitten nachgezeichnet, um »den allgemeinen Einfluss der Gleichheit auf das Schicksal der Menschen beurteilen«[90] zu können. Amerika wie der amerikanischen Gesellschafts- und Lebensform gehört die Zukunft. Tocqueville ist so überzeugt davon, dass er am Ende eine kühne *Prognose*

86 Ebd., S. 287.
87 Ebd., S. 288f.
88 Ebd., S. 293.
89 Ebd., S. 311.
90 Ebd., S. 482.

wagt. Diese Prophezeiung, die schließlich Realität werden sollte, verdient, ausführlich zitiert zu werden.

> Es gibt heute auf Erden zwei große Völker, die, von verschiedenen Punkten ausgegangen, dem gleichen Ziel zuzustreben scheinen: die Russen und Angloamerikaner. Beide sind im Verborgenen groß geworden, und während die Blicke der Menschen sich anderswohin richteten, sind sie plötzlich in die vorderste Reihe der Nationen getreten, und die Welt hat fast zur gleichen Zeit von ihrer Geburt wie von ihrer Größe erfahren. Alle anderen Völker scheinen die Grenzen ungefähr erreicht zu haben, die ihnen die Natur gezogen hat, und nur noch zum Bewahren dazusein; sie aber wachsen [...]. Der Amerikaner kämpft gegen die Hindernisse, die ihm die Natur entgegenstellt; der Russe ringt mit den Menschen. Der eine bekämpft die Wildnis und die Barbarei, der andere die mit all ihren Waffen gerüstete Zivilisation: so erfolgen denn die Eroberungen des Amerikaners mit der Pflugschar des Bauern, die des Russen mit dem Schwert des Soldaten. Um sein Ziel zu erreichen, stützt sich der eine auf den persönlichen Vorteil und lässt die Kraft und die Vernunft der einzelnen Menschen handeln, ohne sie zu lenken. Der zweite fasst gewissermaßen in einem Manne die ganze Macht der Gesellschaften zusammen. Dem einen ist Hauptmittel des Wirkens die Freiheit; dem andern die Knechtschaft. Ihr Ausgangspunkt ist verschieden, ihre Wege sind ungleich; dennoch scheint jeder von ihnen nach einem geheimen Plan der Vorsehung berufen, eines Tages die Geschicke der halben Welt in seiner Hand zu halten.[91]

Wohlgemerkt, diese Prognose stammt aus dem Jahr 1835. Im 20. Jahrhundert ist sie in Erfüllung gegangen. Die Teilung der Ersten und Zweiten Welt, der westlichen und östlichen Welt, mit dem Kalten Krieg als ewigem Ost-West-Konflikt hat die Politik im 20. Jahrhundert in der Tat nachhaltig beschäftigt. Im 21. Jahrhundert jedoch ist diese Konstellation durch die jüngere Geschichte Makulatur geworden. Das Regime des sowjetischen Imperiums mit seinem osteuropäischen Staatengürtel ist zusammengebrochen und hat der Teilung in die Erste und die Zweite Welt ihre zündende Brisanz genommen. Schon mehren sich die Stimmen, die auch die zweite Supermacht, die Vereinigten Staaten, in einer Krise versinken sehen. Denn parallel zum Aufstieg Chinas könnte diese Amerika seiner Weltmachtrolle berauben. Bevor wir abschließend unsere Frage nach der Hegemonie des Amerikanismus beantwor-

91 Tocqueville, *Über die Demokratie in Amerika* 1, S. 613 f.

ten, sollen kurz noch die endemischen Gefahren der *Demokratie als moderner Regierungs-, Gesellschafts- und Lebensform* kurz beleuchtet werden.

Die *Gefahren* beziehen sich auf die Kultur, die Sozial- und Klassenstruktur und die Politik. Die Probleme des *Individualismus* haben wir bereits diskutiert. Eng verbunden mit dem individuellen Streben nach materiellem Wohlergehen, das alle Interessen zwangsläufig auf die Industrie lenkt, ist die Frage, ob durch die Ungleichheit der Vermögen nicht doch eine *neue Aristokratie*, der »Geldadel«, hervorgehen könnte. Die industrielle Arbeitsteilung, so doziert Tocqueville in Anlehnung an Adam Smith, verschlechtert ständig das Los des Arbeiters, während sie die Stellung des Unternehmers unaufhaltsam verbessert. Zugleich werden Unternehmer und Arbeiter wie Herren und Diener voneinander abhängig. Eine neue Aristokratie also? Tocqueville verneint diese Frage: Erstens beschränkt sich die neue Aristokratie nur auf die Industrie, erstreckt sich nicht auf die gesamte Gesellschaft wie der alte Adel. Zweitens bilden die Unternehmer keine neue Aristokratie: »Obwohl es Reiche gibt, besteht in Wirklichkeit eine Klasse der Reichen nicht.« Drittens besteht kein echtes Band zwischen Arbeitgeber und Arbeitnehmer: »Der Arbeiter hängt von den Herren im allgemeinen, nicht aber von einem bestimmten Herrn ab.« Kurz: »Im ganzen genommen ist [...] die Aristokratie der Fabrikanten [...] eine der härtesten, die auf Erden erschienen ist; sie ist aber zugleich eine der kleinsten und ungefährlichsten.«[92] Freilich scheint diese optimistische Hoffnung Tocquevilles aus gegenwärtiger Perspektive unhaltbar, denn längst hat die Klasse der Reichen und ihre Plutokratie die Vereinigten Staaten von Amerika im ökonomischen *und* politischen Griff.[93]

Während Tocqueville im Gegensatz zu Marx kein systemgefährdendes Problem im Gegensatz von Bourgeoisie und Proletariat erblickt, sieht er in den drei »Klassen« aufgrund der »Rassen« einen unkalkulierbaren Sprengsatz in die moderne Demokratie Amerikas eingebaut: Weiße, Rote und Schwarze stehen sich unversöhnlich

92 Ebd., S. 238-240.

93 Das belegt die neuere ökonomische Ungleichheitsforschung eindrucksvoll. Siehe Thomas Piketty, *Das Kapital im 21. Jahrhundert*, München 2014 und Branko Milanovic, *Die ungleiche Welt. Migration, das Eine Prozent und die Zukunft der Mittelschicht*, Berlin 2016.

gegenüber. Tocqueville gibt eine einfühlsame Schilderung vom Schicksal der »*Indianer*« Nordamerikas und ist von ihrer bevorstehenden »Ausrottung« überzeugt. Sein Fazit: »Ich glaube, daß die Indianerrasse Nordamerikas zum Untergang verurteilt ist, und kann mich nicht enthalten zu denken, daß sie an dem Tage, da sich die Europäer an der pazifischen Küste niedergelassen haben werden, verschwunden sein wird.«[94] Während die »Indianer« von Extinktion bedroht sind, droht den *Schwarzen* die dauerhafte rassistische Unterdrückung. Die Repression der Schwarzen ist von dauerhafter Natur, weil sich die Sklaverei mit rassistischer Diskriminierung unauflöslich verbindet. »Die Erinnerung an die Sklaverei entehrt die Rasse, und in der Rasse dauert die Erinnerung an die Sklaverei fort.«[95] Wie muss man diese Verbindung von Sklaverei und »Rasse« verstehen, und warum wird die rassistische Diskriminierung von so hartnäckig dauerhafter Natur sein? »Der heutige Sklave unterscheidet sich vom Herrn nicht nur durch die Freiheit, sondern auch durch die Abstammung. Ihr könnt dem Neger die Freiheit geben, ihr könnt aber nicht bewirken, daß er für den Europäer nicht in der Stellung eines Fremden sei.«[96] Diese Einschätzung bestätigt die unterschiedliche Situation im Norden und Süden der Vereinigten Staaten. Obgleich der Norden die Sklaverei formell abgeschafft hat, scheint das Ressentiment der Weißen gegenüber den Schwarzen dort noch stärker als im Süden zu sein. Dieser paradoxen Situation – offizielle Freiheit für Schwarze bei gleichzeitig ausgeprägten rassistischen Vorurteilen im Norden – steht das Dilemma im Süden gegenüber. Die Sklaverei ist nur schwer aufrechtzuerhalten angesichts der gewonnen Freiheitsrechte für Schwarze im Norden; wird indes die Sklaverei im Süden aufgehoben, so besteht ein quantitatives Übergewicht der Schwarzen gegenüber ihren ehemaligen weißen Herren. Tocqueville sieht daher folgenschwere, bürgerkriegsähnliche Rassenunruhen voraus: »Die Neger können lange Zeit Sklaven bleiben, ohne sich zu beklagen; sind sie aber einmal freie Menschen geworden, werden sie sich bald darüber empören, fast aller Bürgerrechte beraubt zu sein; und da sie den Weißen nicht gleich werden können, werden sie sich alsbald als ihre Feinde entpuppen.«[97]

94 Tocqueville, *Über die Demokratie in Amerika 1*, S. 492.
95 Ebd., S. 509.
96 Ebd.
97 Ebd., S. 535.

Neben den Gefahren des Individualismus und der rassistisch geprägten Sozial- und Klassenstruktur mit ihrem Konfliktpotential diskutiert Tocqueville eine dritte Bedrohung, die er *demokratischen Despotismus* nennt. Darunter versteht er eine »vermittelnde[] Form zwischen Verwaltungsdespotie und Volkssouveränität«. Wie muss man sich diese Form politischer Gefahr vorstellen? »Unsere Zeitgenossen«, so Tocqueville, »werden immerfort durch zwei feindliche Leidenschaften bedrängt; sie haben das Bedürfnis, geführt zu werden, und das Verlangen frei zu bleiben.« Wie lassen sich diese beiden unvereinbaren Bedürfnisse verkoppeln?[98]

Sie denken sich eine einzige, schützende, allmächtige Macht aus, die jedoch von den Bürgern gewählt wird. Sie verquicken die Zentralisierung und die Volkssouveränität. Das verschafft ihnen eine gewisse Erleichterung. Sie nehmen die Bevormundung hin, indem sie sich sagen, daß sie ihre Vormünder selber ausgewählt haben. Jeder duldet, dass man ihn feßle, weil er sieht, daß weder ein Mann noch eine Klasse, sondern das Volk selbst das Ende der Ketten in Händen hält. Bei dieser Ordnung der Dinge treten die Bürger einen Augenblick aus ihrer Abhängigkeit heraus, um ihren Herrn zu bezeichnen, und kehren wieder in sie zurück.[99]

Fassen wir zusammen: Tocqueville zeichnet am Ende folgendes Bild der *Demokratie als moderner Regierungs-, Gesellschafts- und Lebensform*, das uns zum Teil durchaus vertraut vorkommt:

Die großen Reichtümer verschwinden; die Zahl der kleinen Vermögen wächst; die Vielfalt der Wünsche und der Genüsse nimmt zu [...]. Der Ehrgeiz herrscht als Gefühl allgemein, ein Streben nach großen Zielen ist selten. Jeder ist vereinzelt und schwach; die Gesellschaft ist rührig, vorausblickend und stark; die einzelnen tun kleine Dinge, und der Staat deren gewaltige. [...] Die Menschen leben länger und ihr Besitz ist besser gesichert. Dem Leben fehlt fast jeglicher Glanz, aber es ist sehr bequem und friedlich. [...] Alle Fesseln der Rasse, der Klasse, des Vaterlandes lockern sich; das große Band der Menschheit schließt sich enger.[100]

In diesem Bild der *Demokratie als moderner Regierungs-, Gesellschafts- und Lebensform* lässt sich Tocquevilles Zeitdiagnose verdichten. Hat er also, um zur letzten Frage zu kommen, eine *He-*

98 Ebd., S. 465.
99 Ebd.
100 Ebd., S. 483.

gemonie des Amerikanismus vorausgesehen? Vor dem Hintergrund der gegenwärtigen Situation der USA ergibt sich eine *paradoxe Zeitdiagnose.* Worin besteht dieses Paradox? Es resultiert aus der Diskrepanz zwischen der Schwäche der heutigen USA als Nation und der beobachtbaren wie kritisierten Hegemonie des Amerikanismus.

Tatsächlich mehren sich die Stimmen, die von einem *Ende des amerikanischen Jahrhunderts*[101] sprechen. Die inneren Schwächen der Supermacht USA sind unübersehbar: Einem riesigen Schuldenberg des Staates steht der Verfall der Gesellschaft gegenüber – steigende Kriminalität und Drogensucht, der Verfall der Innenstädte und die veraltete Infrastruktur, der Niedergang des Bildungssystems und die wachsende Ungleichheit zwischen Arm und Reich verlangen nach staatlichen Interventionen, für die weder Geld noch die notwendige Ideologie da sind. Gleichzeitig hat sich China nicht nur als größter Hauslieferant für den amerikanischen Lebensstil etabliert, sondern schickt sich auch an, das 21. Jahrhundert als »sinisches Jahrhundert« zu begreifen.

Während die Anzeichen für eine *Krise der Supermacht USA* also unübersehbar sind, scheint die *Hegemonie des Amerikanismus* fortzubestehen. Mit dem Zusammenbruch der Zweiten Welt und dem weiteren Abrutschen der Dritten Welt scheint es kaum mehr eine Alternative zum westlichen Modell, der Demokratie als moderner Regierungs-, Gesellschafts- und Lebensform, die Tocqueville so überzeugend beschrieben hat, zu geben. Amerikanische Technologien aus dem Silicon Valley verändern Wirtschaft und Kommunikation weltweit nachhaltig, während Hollywood noch immer die schönen, glückverheißenden Bilder des westlichen Lebensstils produziert. Vieles deutet auf die Entstehung *einer Welt* hin: den Weltmarkt und die kapitalistischen Informationsgesellschaften, das Weltmediensystem und die globale Kommunikation, politische Gemeinschaften, die sich »Demokratie« nennen, oftmals ohne es zu sein, und die Kultur des Individualismus auf der Basis von Freiheit, Gleichheit und Solidarität.[102] Und dennoch wächst die Einsicht in die Unhaltbarkeit des westlichen Modells als Vorbild für

101 David S. Mason, *The End of the American Century,* New York 2008.

102 So John W. Meyer, *Weltkultur. Wie die westlichen Prinzipien die Welt durchdringen,* Frankfurt/M. 2005.

die gesamte Welt. Ökonomische, soziale, politische und ökologische Krisenhaftigkeit legen eine erneute »Große Transformation«[103] nahe.

103 Klaus Dörre et al. (Hg.), *Große Transformation? Zur Zukunft moderner Staaten.* Sonderband des *Berliner Journals für Soziologie*, Wiesbaden 2019.

3. Karl Marx und die ökonomische Revolution

> Die Menschen machen ihre eigene Geschichte, aber sie machen sie nicht aus freien Stücken, nicht unter selbstgewählten, sondern unter unmittelbar vorgefundenen, gegebenen und überlieferten Umständen. Die Tradition aller toten Geschlechter lastet wie ein Alp auf dem Gehirne der Lebenden. Und wenn sie eben damit beschäftigt scheinen, sich und die Dinge umzuwälzen, noch nicht Dagewesenes zu schaffen, gerade in solchen Epochen revolutionärer Krise beschwören sie ängstlich die Geister der Vergangenheit zu ihrem Dienste herauf, entlehnen ihnen Namen, Schlachtparole, Kostüm, um in dieser altehrwürdigen Verkleidung und mit dieser erbürgten Sprache die neue Weltgeschichtsszene aufzuführen.
>
> Karl Marx, *Der 18. Brumaire des Louis Bonaparte*

3.1 Sozialismus als wahrer Humanismus

Karl Marx ist – wie das obige Zitat andeutet – der Philosoph der Revolution, der Nationalökonom des Kapitalismus, der Soziologe des Klassenkampfes und der Prophet des Sozialismus. Die vielfältigen Gebiete, mit denen er sich auseinandersetzt, Kapitalismus, Klassenherrschaft und Sozialismus, weisen ihn als eine der herausragenden Gestalten des 19. Jahrhunderts aus. Die radikale Kritik der bestehenden Gesellschaft und die Voraussage einer gesellschaftlichen Umwälzung machen ihn zum Zeitdiagnostiker *par excellence*. Angesichts dieser herausragenden Stellung markiert sein Werk eine Wasserscheide in der Soziologie: gleichgültig, ob positive Anknüpfung an oder kritische Auseinandersetzung mit Marx – *ohne* Marx ist eine Soziologie als kritische Gesellschaftstheorie nicht recht denkbar.[1] Diese fortdauernde *theoretische* Bedeutung von Marx gilt es besonders zu betonen, nachdem die gesellschaft-

1 Insofern setzen sich alle Klassiker der Soziologie mit Marx kritisch auseinander: Ferdinand Tönnies, Émile Durkheim, Georg Simmel und Max Weber, wie wir noch sehen werden.

lichen Systeme des Ostblocks zusammengebrochen sind, die sich auf eine *marxistisch-lenistische Ideologie* berufen hatten. Kurz: Mit dem Marxismus-Leninismus als politischer Herrschaftslehre stirbt noch keineswegs die *Marxsche Gesellschaftstheorie* – zumal vor dem Hintergrund von Marx' eigenem Bekenntnis gegen Ende seines Lebens: »Tout ce que je sais, c'est que je ne suis pas Marxiste.«[2]

Dennoch ist unstrittig, dass die vielfältigen Rollen, die Marx als *kritischer Intellektueller* gespielt hat, Philosoph, Nationalökonom, Soziologe und politischer Prophet, das *Verständnis seines Werkes* nicht gerade erleichtert haben. Im Gegenteil: Seine Arbeiten sind bis zum heutigen Tag Gegenstand von Kontroversen, wenn auch mit nachlassendem Interesse.[3] Marx sollte man aber nicht »als toten

2 »Alles, was ich weiß, ist, dass ich kein Marxist bin.« Friedrich Engels, »Brief Engels an Paul Lafargue, 27. August 1890«, in: MEW 37, Berlin 1967 [1890], S. 450-451, hier S. 450. Das soll laut Friedrich Engels in seinem Brief an Konrad Schmidt Karl Marx französischen Marxisten geantwortet haben, die sich auf seine Ideen berufen haben. Wie die laufende MEGA-Ausgabe zeigt, darf wohl Friedrich Engels angesichts seiner Editionspraxis Marxscher Schriften als der erste Marxist bezeichnet werden. *Die Erfindung des Marxismus. Wie eine Idee die Welt eroberte*, München 2017, analysiert anschaulich Christina Morina in ihrer Studie. Wie die MEGA-Ausgabe unser Marx-Bild verändern dürfte, zeigt Harald Bluhm auf: ders., »MEGA-Marx«, in: *Zeitschrift für Ideengeschichte* XI/3 (2017), S. 41-54; vgl. auch die weiteren Beiträge in diesem Marx-Schwerpunktheft.

3 Durch den Marxismus-Leninismus, aber auch durch den westlichen Marxismus bedingt, gibt es ganze Bibliotheken zu Marx. Als erster Einstieg und Überblick aus soziologischer Sicht geeignet Ralf Dahrendorf u. Christoph Henning, »Karl Marx (1818-1883)«, in: Dirk Kaesler (Hg.), *Klassiker der Soziologie. Band 1: Von Auguste Comte bis Alfred Schütz*, München 2012, S. 58-91; Walter Euchner, *Karl Marx*, München 1983; Marco Iorio, *Einführung in die Theorien von Karl Marx*, Berlin 2012; Michael Quante u. David Schweikard, *Marx Handbuch. Leben – Werk – Wirkung*, Stuttgart 2015. Eine gute Biographie bietet David McLellan, *Karl Marx. His Life and Thought*, New York 1974; eine lebendige Isaiah Berlin, *Karl Marx. His Life and Environment*, London 1996, neu übersetzt v. Britta Grell, hg. v. Hans-Peter Müller, *Karl Marx. Sein Leben und sein Werk*, Wiesbaden 2021 (im Erscheinen); Richard Friedenthal, *Karl Marx. Sein Leben und seine Zeit*, München 1990. Zum 200. Geburtstag sind zwei bemerkenswerte Biographien erschienen. Gareth Stedman Jones, *Karl Marx. Die Biographie*, Frankfurt/M. 2018 bemüht sich um Historisierung, Jürgen Neffe, *Marx. Der Unvollendete*, München 2018 geht es um die Aktualisierung Marx'. Einen lebendigen Eindruck von der Zusammenarbeit zwischen Marx und Engels vermitteln Hans Magnus Enzensbergers (Hg.) *Gespräche mit Marx und Engels*, 2 Bde., Frankfurt/M. 1973. Klassiker der kritischen Auseinandersetzung mit Marx sind Georg Lukács, *Geschichte und Klassenbewusstsein. Studien*

Hund«[4] behandeln – ein Umstand, den Marx selbst schon kurz nach Hegels Tod am Schicksal des preußischen Staatsphilosophen kritisch konstatiert hatte.

Marx nicht als »toten Hund« behandeln – das heißt, sich seiner Analyse der »Großen Transformation« zuzuwenden und die Aufmerksamkeit auf seine Kritik der Politischen Ökonomie und des Kapitalismus zu richten. Wenn wir von Tocqueville zu Marx übergehen, so wechseln wir die *Perspektive*: Nicht die politische Revolution und die Heraufkunft der liberalen Demokratie, sondern die *Industrielle Revolution* und die Entstehung des *Kapitalismus* stehen im Vordergrund. Nicht die Kritik der modernen Demokratie, sondern die *Kritik der Politischen Ökonomie* rückt in den Mittelpunkt des Interesses. Nicht die politische Analyse des Übergangs von der Aristokratie zur Demokratie, sondern die *ökonomische Analyse* des Wandels vom *Feudalismus zum Kapitalismus* steht im Zentrum. Nicht das Paar Vereinigte Staaten von Amerika und Frankreich sind die relevanten *Bezugsgesellschaften*, die uns das Bild der zukünftigen Entwicklung vorschreiben, sondern das Paar England

über marxistische Dialektik, Berlin 1923; Karl Korsch, *Marxismus und Philosophie*, Frankfurt/M. 1966 [1923]; Max Horkheimer u. Theodor W. Adorno, *Dialektik der Aufklärung*, Frankfurt/M. 1969; Herbert Marcuse, *Der eindimensionale Mensch. Studien zur Ideologie der fortgeschrittenen Industriegesellschaft*, Neuwied, Berlin 1967; Jürgen Habermas, *Legitimationsprobleme im Spätkapitalismus*, Frankfurt/M. 1973; ders., *Zur Rekonstruktion des Historischen Materialismus*, Frankfurt/M. 1976; Claus Offe, *Strukturprobleme des kapitalistischen Staates*, Frankfurt/M. 1972. Wichtig ist der französische strukturale Marxismus Louis Althussers in *Für Marx*, Frankfurt/M. 1965; Louis Althusser u. Étienne Balibar, *Das Kapital lesen I+II*, Reinbek 1972; neu Althusser et al., Das Kapital *lesen. Vollständige und ergänzte Ausgabe mit Retraktationen zum* Kapital, Münster 2015; Nicos Poulantzas, *Politische Macht und gesellschaftliche Klassen*, Frankfurt/M. 1975. Theoretisch relevant ist auch der analytische Marxismus, siehe Gerald A. Cohen, *Karl Marx's Theory of History. A Defence*, Princeton 1978; Jon Elster, *Making Sense of Marx*, Cambridge 1985; John Roemer (Hg.), *Analytical Marxism*, Cambridge 1986. Zur neueren Auseinandersetzung mit Marx siehe Luc Boltanski u. Ève Chiapello, *Der neue Geist des Kapitalismus*, Konstanz 2003; Klaus Dörre, Stephan Lessenich, Hartmut Rosa, *Soziologie – Kapitalismus – Kritik. Eine Debatte*, Frankfurt/M. 2009; Terry Eagleton, *Why Marx was Right*, New Haven 2011; Christoph Henning, *Philosophie nach Marx. 100 Jahre Marxrezeption und die normative Sozialphilosophie der Gegenwart in der Kritik*, Bielefeld 2005; Rahel Jaeggi u. Daniel Loick (Hg.), *Nach Marx. Philosophie, Kritik, Praxis*, Berlin 2013.

4 Karl Marx, *Das Kapital*, Bd. 1, in: MEW 23, S. 27.

und Frankreich. In gewisser Weise gilt es also, den Blick von der Neuen Welt wieder zurück auf das *alte Europa* zu richten. Nicht Freiheit, Gleichheit und Menschenwürde wie bei Tocqueville umschreiben die oberste Zielsetzung, sondern die Ideale der Französischen Revolution: Freiheit, Gleichheit und Brüderlichkeit.

Was auf Anhieb wie ein ähnliches Wertesystem bei Tocqueville und Marx aussieht, verbirgt in Wahrheit einen zentralen Unterschied zwischen Liberalismus und Sozialismus. Denn die Unterscheidung zwischen Menschenwürde und Brüderlichkeit verweist auf den Unterschied zwischen *Gesellschaft* und *Gemeinschaft*. Dahinter steckt die Frage, ob auch eine moderne Gesellschaft noch so etwas wie eine primordiale Gemeinschaft aufgrund von Sprache, Tradition, Herkunft oder Nation sein kann. Nur in solchen meist kleinen und einfachen Gemeinschaften lässt sich ein Wert wie Brüderlichkeit oder Schwesterlichkeit in Gestalt von Sozialismus oder Kommunismus auf der Basis identitärer Solidarität realisieren. In Gesellschaften hingegen meint Menschenwürde den Respekt vor dem Individuum und die Institutionalisierung von Menschenrechten als Bürgerrechten. Es geht also um »citoyenneté« oder »citizenship«, nicht um Brüderlichkeit oder Schwesterlichkeit. Dennoch gebührt Marx das Verdienst, die Bedingungen der Möglichkeit von Gemeinschaft in Gesellschaft in Form der Institutionalisierung von Brüderlichkeit durchdacht zu haben, ähnlich wie Durkheim das von einem republikanischen Standpunkt aus tut, wie wir noch sehen werden. Eingedenk von Marx' eigenem Motto aus der »Einleitung« von *Zur Kritik der Hegelschen Rechtsphilosophie*: »Die Deutschen haben in der Politik *gedacht,* was die andern Völker *getan* haben. Deutschland war ihr *theoretisches Gewissen*.«[5]

Wie lautet die zentrale Botschaft von *Marx' Zeitdiagnose*? Was ist das Pendant zu Tocquevilles Zeitdiagnose, die wir auf die Formel von der *Demokratie als moderner Regierungs-, Gesellschafts- und Lebensform* gebracht hatten? Versucht man den Kern von Marx' Zeitdiagnose auszumachen, so könnte man sie auf die Formel vom *Sozialismus als wahrem Humanismus* bringen. Was soll man sich darunter vorstellen? Die Botschaft von Marx' Zeitdiagnose besteht aus zwei Teilen. Die eigentliche *Diagnose* lautet: Die Gegenwart ist

5 Karl Marx, *Zur Kritik der Hegelschen Rechtsphilosophie. Einleitung*, in: MEW 1, Berlin 1978 [1844], S. 385.

gekennzeichnet durch den Kapitalismus als ungeheurer Warengesellschaft, die auf Ausbeutung und Entfremdung beruht. Die optimistische *Prognose* lautet: Die Zukunft gehört dem Sozialismus als wahrer Gesellschaft, welche über eine gewaltsame politische Revolution aus dem *Reich der Notwendigkeit* (Kapitalismus) in das *Reich der Freiheit* (Kommunismus) führt.[6] Statt Ausbeutung und Entfremdung werden künftig demokratische Kooperation und allseitige Selbstentfaltung des Menschen herrschen.

In dieser Doppelgleisigkeit von Marx' Zeitdiagnose – dem Sozialismus als wahrem Humanismus – haben wir wie in einem Brennglas gebündelt die Problematik seines Ansatzes vor uns. Denn aus der vermeintlichen *Richtigkeit* der Analyse des Kapitalismus als entfremdender Gesellschaft folgt nicht notwendig die *Zwangsläufigkeit* der revolutionären Transformation zum Sozialismus. Aus der Diagnose folgt nicht notwendig und zwangsläufig die Therapie. Dieses *Non sequitur* ist die Achillesferse der Marxschen Gesellschaftstheorie.

Wenn wir uns an die eingangs geschilderte Problematisierung von Zeitdiagnosen in der Soziologie zurückerinnern, ist es die Spannung zwischen soziologischer und geschichtsphilosophischer Zeitdiagnose einerseits, zwischen der kognitiven und evaluativen Funktion von Zeitdiagnosen andererseits, die Marx' Werk für uns heute so problematisch macht. Die Einsicht in die notorische Krisenhaftigkeit des reinen Kapitalismus als gesellschaftlicher Produktionsweise – der wahre Kern der *soziologischen* Zeitdiagnose – zieht eben *nicht* notwendig und zwangsläufig die Änderung der gesellschaftlichen Verhältnisse nach sich – dies ist das problematische Erbe der *philosophischen* Zeitdiagnose. Aus der Kritisierbarkeit gesellschaftlicher Verhältnisse mag zwar die *Wünschbarkeit* andersgearteter Verhältnisse resultieren, nicht jedoch deren naturnotwendige *Realisierung*.

Diese naturnotwendige Verwirklichung des Sozialismus verweist auf das Erbe der Hegelschen Geschichtsphilosophie, die von der progressiven Durchsetzung der Vernunft in der menschlichen Geschichte ausgeht. Schließlich gilt auch für Marx Hegels Diktum: »*Was vernünftig ist, das ist wirklich; und was wirklich ist, das ist vernünftig.*«[7] Es ist dieses eschatologische und teleologische Mo-

6 Vgl. Karl Marx, *Das Kapital*, Bd. 3, in: MEW 25, S. 828.

7 Georg Wilhelm Friedrich Hegel, *Grundlinien der Philosophie des Rechts*, Frankfurt/M. 1972, S. 11.

ment im Marxschen Ansatz, der für das nahtlose Ineinanderübergehen von soziologischer in geschichtsphilosophische Zeitdiagnose verantwortlich ist. Auf diese Weise gerät Marx' Gesellschaftstheorie jedoch in das wissenschaftlich unkontrollierbare Fahrwasser spekulativer Geschichtsphilosophie und messianischer Fortschrittsmetaphysik.

Das alles hat Marx natürlich gewusst, wie sein leidenschaftliches Plädoyer für einen *wissenschaftlichen Sozialismus* demonstriert. Allein, er hat sich selbst daran nicht gehalten und konnte es wohl auch nicht. Denn in letzter Instanz sind die beiden Rollen als *reiner Wissenschaftler* und *radikaler Revolutionär* schlichtweg unvereinbar. Wer sein ganzes Leben und damit die wissenschaftliche *und* politische Arbeit der *Mission einer sozialistischen Revolution* verschreibt – Fausts Teufelspakt gleich –, der wird zwangsläufig dazu getrieben, die Wirklichkeit auf alle möglichen Vorboten einer radikalen Umwälzung hin auszudeuten. Es spricht für Marx' wissenschaftliche Redlichkeit, dass er in seinen Analysen stets versucht hat, neben den revolutionären Tendenzen auch gesellschaftlich stabilisierende Gegentrends mit in Rechnung zu stellen. Freilich immer so, und darin kommt das messianische Moment zum Ausdruck, dass am Ende doch die revolutionären über die konterrevolutionären Kräfte obsiegen.

Nichtsdestotrotz, so meine These, hat der *soziologische Kern* von Marx' Zeitdiagnose bleibenden, gleichsam *klassischen* Wert gewonnen: die *Anatomie der bürgerlichen Gesellschaft* und die Analyse ihrer materiellen Grundlage – der *Kapitalismus als gesellschaftliche Produktionsweise*. Im Zentrum der folgenden Überlegungen soll seine Zeitdiagnose, der Sozialismus als wahrer Humanismus, in ihrer Doppelgestalt – als Diagnose vom Kapitalismus der Gegenwart als ungeheurer Warengesellschaft und als Prognose vom Sozialismus der Zukunft als wahrer, brüderlicher Gesellschaft – stehen. Unser Hauptaugenmerk gilt seiner Analyse der Industriellen Revolution und den Gesetzmäßigkeiten der kapitalistischen Produktion. Folglich verstehen wir Marx' Gesellschaftstheorie als Entwicklungs-, Struktur-, Krisen-, Klassen- und Transformationstheorie. Als *Entwicklungstheorie*, denn im Historischen Materialismus unterbreitet Marx eine Klassifikation von gesellschaftlichen Produktionsweisen *und* eine Abfolge von Gesellschaftsformationen. Marx skizziert demnach eine *Entwicklungslogik* und eine *Entwicklungsdynamik* von Gesellschaften. Als *Strukturtheorie*, denn die Anatomie der bürgerlichen Gesellschaft ist auf die Gesetzmäßigkeiten der kapitalistischen Produktion gerichtet. Kurz, die Strukturtheorie besteht vor allem in Kapitalismusanalyse. Als *Krisen- und Klassentheorie*, denn der Widerspruch zwischen Produktivkräften und Produktionsverhältnissen treibt zum Widerspruch *und* Konflikt zwischen Kapital und Lohnarbeit, zwischen Bourgeoisie und Proletariat. Und schließlich als *Transformationstheorie*, welche die »Übersetzung« von ökonomischen Konflikten in politischen Klassenkampf beschreibt. Abstrakter gewendet, charakterisiert sie die Umsetzung von strukturellem Wandel in politische Revolution, kurz: Von »Struktur« in »Praxis« bzw. »Handeln«.

Fasst man Marx' Gesellschaftstheorie in diesem Sinne als Entwicklungs-, Struktur-, Krisen-, Klassen- und Transformationstheorie auf, dann gewinnt man auch einen anderen Blick auf die Marxsche Werkentwicklung. Im Großen und Ganzen ist sein Werk ein riesiger unabgeschlossener Torso; umso größer ist naturgemäß das Bedürfnis der Interpretation, in diesen Torso eine gewisse Ordnung hineinzubringen. Gemeinhin wird in der Sekundärliteratur[8] zwischen frühem und spätem Marx unterschieden. Der *frühe* Marx gilt als *Philosoph*, der sich dem Studium Hegels und Feuerbachs verschreibt. Im Bann von Hegels Dialektik und Feuerbachs Materialismus analysiert Marx die menschliche Praxis, Arbeit und Kooperation, um auf diese Weise einen Maßstab zur Kritik der gegenwärtigen Gesellschaft zu gewinnen. Diesen Maßstab findet er indes erst, als er sich dem Studium und der Kritik der Politischen Ökonomie zuwendet. Der *späte* Marx steht daher im Bann von Adam Smith und David Ricardo, deren Arbeitswertlehre die Grundlage für sein dreibändiges Werk *Das Kapital* wird. Erst der ökonomische Marx entdeckt den wahren Maßstab, um die herrschenden gesellschaftlichen Verhältnisse als Verhältnisse von Ausbeutung und Entfremdung zu decouvrieren.

8 Meist wird zwischen Frühwerk (bis 1848) und dem reifen Marx unterschieden. Klassisch die Einteilung von Althusser, *Für Marx* in vier Phasen: 1) 1840-44: Jugendwerke; (2) 1845: Werke des Einschnitts; (3) 1845-57: Werke der Reifung; (4) 1857-83: Werke der Reife. Andreas Arndt hat die Bruchthese bereits 1985 kritisiert und den inneren Zusammenhang der Theoriebildung genau rekonstruiert. So ders., *Karl Marx. Versuch über den Zusammenhang seiner Theorie*, Berlin 2011. Zu dieser Diskussion siehe auch Quante u. Schweikard, *Marx-Handbuch*.

Die Gegenüberstellung von frühem philosophischem und spätem ökonomischem Marx ist jedoch nicht unproblematisch, da sie einen tiefen *Bruch* in der Werkentwicklung unterstellt und in einigen Fällen[9] davon ausgeht, dass man eigentlich nur *Das Kapital* und andere ökonomische Schriften zu lesen habe, um den »wirklichen« Marx kennenzulernen. Stattdessen schlage ich eine *Kontinuitätsthese* vor, die den Zusammenhang zwischen frühem und spätem Marx in dem Bemühen erblickt, eine *kritische Theorie der Gesellschaft* zu entwickeln. Das schließt thematische und theoretische Umorientierungen ebenso ein wie eine Art von *Wendepunkt* in der Entwicklung seines Werkes. Diesen Wendepunkt markiert das Jahr *1848* politisch und theoretisch: *Politisch*, weil die demokratische Revolution von 1848 scheitert und eine Phase der politischen Restauration und Unfreiheit einleitet. *Theoretisch*, weil Marx sich, auch unter dem Zwang der Verhältnisse – die endgültige *Emigration* nach London –, in das Studium der Politischen Ökonomie vertieft, um einen ökonomischen Gradmesser zur Beurteilung der enttäuschenden politischen Entwicklung zu gewinnen. *Sachlich* markiert diesen Wendepunkt das *Kommunistische Manifest* von 1848: Es enthält in politisch-programmatischer Kurzform die *Zeitdiagnose* von Marx und Engels, *und* es steht noch ganz im Zeichen des *politischen Adventismus*. Marx und Engels sind sich des Herannahens und der siegreichen Durchsetzung der Revolution durchaus gewiss: das Gespenst des Kommunismus steht im Raum und lässt sich nicht mehr wegleugnen.

»Ein Gespenst geht um in Europa – das Gespenst des Kommunismus«, so lautet der erste Satz des *Kommunistischen Manifests*.[10] Marx und Engels halten selbstbewusst zwei vermeintliche »Tatsachen« fest. Erstens: »Der Kommunismus wird bereits von allen europäischen Mächten als eine Macht anerkannt.« Und zweitens: »Es ist hohe Zeit, dass die Kommunisten ihre Anschauungsweise, ihre Zwecke, ihre Tendenzen vor der ganzen Welt offen darlegen und dem Märchen vom Gespenst des Kommunismus ein Manifest der Partei selbst entgegenstellen.«[11] Diese selbstbewussten Sätze,

9 Das lässt sich in der politischen Verwendungsweise von Marx bei der Sozialdemokratie und dem sowjetischen Marxismus beobachten.

10 Karl Marx u. Friedrich Engels, *Manifest der kommunistischen Partei*, in: MEW 4, Berlin 1959 [1848], S. 459-493, hier S. 461.

11 Marx u. Engels, *Manifest der kommunistischen Partei*, S. 461.

verfasst im Dezember 1847/Januar 1848, scheinen sich noch im Februar 1848, dem Beginn der Revolution, zu bestätigen. Aber schon nach der Niederschlagung des Juni-Aufstandes, vollends aber mit der neuen Verfassung vom November 1848 und dem überwältigenden Wahlerfolg von Louis Bonaparte zum Präsidenten der Republik (mit 74% aller Stimmen) werden sie zur Makulatur. Denn Louis Bonaparte nützt demagogisch die Gunst der Stunde und vermag, nach wechselvollem politischen Ringen und seinem zweiten Staatsstreich vom Dezember 1851, im November 1852 die Kaiserwürde zu erringen. Die Geschichte der Revolution von 1848-1852 in Frankreich zeigt also, dass am Ende nicht die erhoffte *sozialistische Revolution* unter Führung der Kommunisten steht, sondern das *Kaiserreich* von Napoleon III. Nicht die Revolution hat gesiegt, sondern die Reaktion triumphiert.

Marx reagiert, wie erwähnt, auf dieses einschneidende historische Ereignis mit der endgültigen Hinwendung zum Studium der politischen Ökonomie. Die Anatomie der bürgerlichen Gesellschaft und ihre materielle Grundlage, den Kapitalismus, zu analysieren, markiert seinen Versuch, die *historische Zäsur von 1848* wissenschaftlich produktiv zu verarbeiten. Die *Bewegungsgesetze des Kapitals*, so glaubt er, sind der Schlüssel zur Erklärung der wechselvollen politischen Geschichte und zu einer realistischen Einschätzung der politischen Chancen einer *sozialen Revolution*. In diesem Sinne bezeichnet die historische Zäsur den *Wendepunkt* in der Marxschen Werkentwicklung, die von der gängigen Marx-Interpretation als Bruch zwischen frühem philosophischen und spätem ökonomischen Marx angesehen wird.

In meinen Augen muss dieser Wendepunkt jedoch anders aufgefasst werden. Die Kontinuität – das Bemühen um eine kritische Gesellschaftstheorie als wichtigste »Waffe der Kritik« – bleibt unangetastet von dem *theoretischen Umbau*. Besser als die philosophisch inspirierte politische Kritik der bestehenden gesellschaftlichen Verhältnisse und journalistische Agitation zur revolutionären Bewusstseinsbildung, die so lange Sinn macht, wie die Revolution kurz bevorzustehen scheint, vermag die Kritik der Politischen Ökonomie die Zukunftsaussichten einer revolutionären Veränderung realistisch einzuschätzen. In der Tat rücken damit Adam Smith und David Ricardo an die Stelle von Georg Wilhelm Friedrich Hegel und Ludwig Feuerbach in Marx' theoretischem System. Doch bedeutet diese *Schwerpunktverlagerung* von der Philosophie zur Politischen Ökonomie weder, dass Marx die philosophischen Grundlagen von Hegel und Feuerbach endgültig verlässt noch dass er zum reinen Ökonomen im heutigen Sinne wird. Vielmehr betreibt er mit Philosophie *und* Politischer Ökonomie gleichermaßen radikale Gesellschaftskritik. Schon seine frühen philosophischen Schriften wie etwa die *Ökonomisch-Philosophischen Manuskripte* (1844) betonen die Bedeutung der materiellen Basis einer Gesellschaft. Und auch die späteren ökonomischen Schriften sind nicht nur reine Kapitalismusanalyse, sondern in eins damit der Versuch, aus der Erkenntnis der ökonomischen Mechanismen der Ausbeutung und Entfremdung politisches Kapital zu schlagen und die Transformationschancen der ausgebeuteten und entfremdeten Klasse, des Proletariats also, zu bestimmen.

Im Folgenden werden diese drei Thesen ausführlich entwickelt: die *zeitdiagnostische These* vom Sozialismus als wahrem Humanismus, die *werkinterpretatorische These* von der Kontinuität der Marxschen Werkentwicklung trotz Wendepunkt und die *systematische These*, Marx' kritische Gesellschaftstheorie als Entwicklungs-, Struktur-, Krisen-, Klassen- und Transformationstheorie.

Die Explikation der drei Thesen legt folgende Vorgehensweise nahe: Nach einem knappen Blick auf Marx' Biographie wird zunächst die Zeitdiagnose von 1848 skizziert: Das Gespenst der kommunistischen Revolution. Danach wenden wir den Blick zurück auf die Frühschriften und schildern das praxisphilosophische Grundmodell, das Marx aus seiner kritischen Auseinandersetzung mit Hegel und Feuerbach gewinnt: Der Mensch und die gesellschaftliche Praxis. An diesem *praxisphilosophischen Grundmodell*, so meine These, hält Marx zeit seines Lebens fest, und dessen Konturen lassen sich selbst in seiner Kapitalismusanalyse wiederentdecken. Anschließend wird der entwicklungstheoretische Rahmen des Historischen Materialismus diskutiert mit seiner Entwicklungslogik von Produktionsweisen und seiner Entwicklungsdynamik von Gesellschaftsformationen. Sodann wenden wir uns Marx' strukturtheoretischer Kapitalismusanalyse zu, um auf dieser Basis schließlich die Grundzüge seiner Klassentheorie als Krisen- und Konflikttheorie zu schildern. Am Ende kehren wir in einem kurzen Resümee zum Ausgangspunkt unserer Überlegungen zurück und diskutieren den Hiatus zwischen Wissenschaft und Politik, mithin die Diskrepanz zwischen wissenschaftlichem Sozialismus und politischem Messianismus.

Das legt sechs Schritte nahe: 1. die Biographie, 2. die Zeitdiagnose, 3. das praxisphilosophische Grundmodell, 4. den entwicklungstheoretischen Rahmen des Historischen Materialismus, 5. die strukturtheoretische Kapitalismusanalyse, 6. die Klassen- und Krisentheorie.

3.2 Karl Marx – Rabbinerenkel, Protestant, Revolutionär und politischer Messias

Karl Marx wird am 5. Mai 1818 als Sohn des angesehenen Rechtsanwalts Heinrich Marx und als Nachkomme einer alten Rabbinerfamilie in Trier geboren. Als ehemaliger Jude und getaufter Protestant wächst er in der katholisch geprägten Kleinstadt Trier auf, was ihn von vornherein in eine gesellschaftliche Randstellung drängt. Marx macht die Erfahrung des »Andersseins«, obgleich die häuslichen Verhältnisse durchaus von bescheidenem bürgerlichen Wohlstand zeugen und die Biographen davon ausgehen, dass die Familie Marx in Trier durchaus integriert war. Von 1835 bis 1841 studiert er zunächst Jurisprudenz in Bonn, ab 1836 Jurisprudenz, Philosophie und Geschichte in Berlin, wo er in Kontakt mit den Linkshegelianern des »Doktorclubs« kommt. 1841 promoviert er nicht in Berlin, sondern in Jena zum Dr. phil. Schon zu dieser Zeit sind Marx' radikale politische Auffassungen bekannt, und um den Abschluss seines Studiums nicht zu gefährden, weicht er nach Jena aus.

Eine wissenschaftliche Karriere verbietet sich jedoch unter diesen Umständen, so dass er die journalistische Laufbahn einschlägt und 1843 Redakteur der *Rheinischen Zeitung* in Köln wird. Angesichts der Schärfe seiner Artikel muss er schon nach kurzer Zeit unter polizeilichem Druck zurücktreten. Ebenfalls 1843 heiratet er seine langjährige Verlobte Jenny von Westphalen, deren Bruder Ferdinand später Minister in der preußischen Regierung wird, die Marx zeit seines Lebens verfolgen sollte. Nach seinem kurzen Intermezzo bei der *Rheinischen Zeitung* verfasst Marx seine erste Schrift, *Zur Kritik der Hegelschen Rechtsphilosophie* (1843).

Von 1844 bis 1845 weilt er in Paris, trifft dort auf den Dichter Heinrich Heine, den französischen Sozialisten Pierre-Joseph Proudhon und den russischen Anarchisten Michail Bakunin. Paris ist zu dieser Zeit das Mekka aller politisch Verfolgten. Aus dieser Zeit datiert auch die lebenslange Freundschaft mit Friedrich Engels, mit dem er 1845 das erste gemeinsame Werk, *Die Heilige Familie*, verfasst.

Nach seiner Ausweisung aus Paris 1845 auf Veranlassung der preußischen Regierung weilt er von 1845 bis 1848 in Brüssel, wo *Die deutsche Ideologie* (1846), zusammen mit Engels, *Das Elend der Philosophie* (1847) und das bereits erwähnte *Manifest der Kommunistischen Partei* (1848), ebenfalls mit Engels, entstehen. Nach der Publikation des *Manifestes* wird er aus Brüssel ausgewiesen und geht erneut kurz nach Paris, wo er jedoch nicht bleiben kann. Er kehrt daraufhin nach Köln zurück, wo er Chefredakteur der *Neuen Rheinischen Zeitung* wird. Aufgrund seiner heftigen politischen Agitation wird Marx 1849 in Köln angeklagt, zwar freigesprochen, aber ausgewiesen.

Marx emigriert nach London, wo er den Rest seines Lebens verbringen wird. 1851 avanciert er zum ständigen Mitarbeiter der *New York Tribune*, eine Tätigkeit, von der er mehr schlecht als recht einen Großteil seines Familienunterhaltes bestreitet. 1852 erscheint *Der achtzehnte Brumaire des Louis Bonaparte*, 1859 das Werk *Zur Kritik der Politischen Ökonomie* und 1867 der erste Band von *Das Kapital*. Die Familie Marx lebt in diesen Jahren in ständiger finanzieller Not, vor allem als Marx 1862 mit dem Beginn des amerikanischen Bürgerkrieges und dem erlahmenden Interesse an Europa seine Korrespondententätigkeit für die *New York Tribune* verliert.

Ein gut informierter Beobachter, dessen Name unbekannt bleibt, gibt uns folgende eindringliche Schilderung der beengten Verhältnisse in seinem Spitzelbericht für die preußische Polizei aus dem Jahre 1852/1853:

> Der Chef dieser Partei (der Kommunisten) ist Karl Marx; die Unterchefs sind Friedrich Engels in Manchester; Freiligrath und Wolff (Lupus genannt) in London; Heine in Paris; Weydemeyer und Cluß in Amerika; Bürgers und Daniels waren es in Köln; Weerth war es in Hamburg. Alle außer diesen sind nur einfache Mitglieder. Der schaffende und handelnde Geist, die eigentliche Seele der Partei ist aber Marx; darum will ich Sie auch mit seiner Familie bekannt machen.
>
> Marx ist von mittlerer Statur, 34 Jahre alt; trotz seines besten Alters werden seine Haare schon grau; seine Gestalt ist kräftig; seine Gesichtszüge mahnen sehr an Szenere (einen ungarischen Revolutionär), nur ist sein

Teint mehr braun, sein Haar und Bart ganz schwarz; letzteren rasiert er gar nicht; sein großes, durchdringend feuriges Auge hat etwas dämonisch Unheimliches; man sieht ihm übrigens auf den ersten Blick den Mann von Genie und Energie an; seine Geistesüberlegenheit übt eine unwiderstehliche Gewalt auf seine Umgebung aus. Im Privatleben ist er ein höchst unordentlicher, zynischer Mensch, ein schlechter Wirt; er führt ein wahres Zigeunerleben. Waschen, Kämmen und Wäschewechsel gehört bei ihm zu den Seltenheiten; er berauscht sich gern. Oft faulenzt er tagelang, hat er aber viel Arbeit, dann arbeitet er Tag und Nacht mit unermüdlicher Ausdauer fort; eine bestimmte Zeit zum Schlafen und Wachen gibt es bei ihm nicht; sehr oft bleibt er ganze Nächte auf, dann legt er sich wieder mittags ganz angekleidet aufs Kanapee und schläft bis abends, unbekümmert um die ganze Welt, die bei ihm frei aus- und eingeht.

Seine Gattin ist die Schwester des preußischen Ministers von Westphalen, eine gebildete und angenehme Frau, die aus Liebe zu ihrem Mann sich an dieses Zigeunerleben gewöhnt hat und sich in diesem Elend nun ganz heimisch fühlt. Sie hat zwei Mädchen und einen Knaben, alle drei Kinder sind recht hübsch und haben die intelligenten Augen des Vaters.

Als Gatte und Familienvater ist Marx, trotz seines sonst unruhigen und wilden Charakters, der zarteste und zahmste Mensch. Marx wohnt in einem der schlechtesten, folglich auch billigsten Quartiere von London. Er bewohnt zwei Zimmer, das eine mit der Aussicht auf die Straße ist der Salon, rückwärts ist das Schlafzimmer. In der ganzen Wohnung ist nicht ein reines und gutes Stück Möbel zu finden, alles ist zerbrochen, zerfetzt und zerlumpt, überall klebt fingerdicker Staub, überall die größte Unordnung. In der Mitte des Salons steht ein altväterlicher großer Tisch, mit Wachsleinwand behangen. Auf diesem liegen seine Manuskripte, Bücher, Zeitungen, dann die Spielsachen der Kinder, das Fetzenwerk des Nähzeugs seiner Frau, dann einige Teetassen mit abgebrochenen Rändern, schmutzige Löffel, Messer, Gabeln, Leuchter, Tintenfaß, Trinkgläser, holländische Tonpfeifen, Tabakasche, mit einem Wort alles drunter und drübergehäuft, und alles dies auf einem einzigen Tisch.

Wenn man bei Marx eintritt, werden die Augen von dem Steinkohlen- und Tabaksqualm derart umflort, dass man im ersten Augenblick wie in einer Höhle herumtappt, bis sich der Blick mit den Dünsten allmählich befreundet und man wie im Nebel einige Gegenstände ausnimmt. Alles ist schmutzig, alles voll Staub, mit dem Niedersitzen ist es eine wahrhaft gefährliche Sache. Da steht ein Stuhl nur auf drei Füßen, dort spielen die Kinder und machen ihre Küche auf einem anderen Stuhl, der zufällig noch ganz ist. Richtig, den trägt man dem Besucher an, aber die Kinderküche wird nicht weggeputzt, setzen Sie sich, so riskieren Sie ein Paar Beinkleider. Alles dies bringt aber Marx und seine Gattin durchaus in keine Verlegenheit. Man empfängt auf das freundlichste, man trägt Pfeife, Tabak und was eben da ist mit Herzlichkeit an. Eine geistreiche angenehme Konversation ersetzt endlich die häuslichen Mängel, macht das Ungemach erst erträglich. Man söhnt sich mit der Gesellschaft aus, findet diesen Zirkel interessant, ja originell. Das ist das getreue Bild von dem Familienleben des Kommunistenchefs Marx.[12]

Erst ab 1869, als es Engels möglich wird, Marx eine Jahresrente auszusetzen, bessert sich die materielle Lage der Familie Marx. Als seine Frau 1881 stirbt, beginnen Marx' Kräfte sichtbar zu schwinden und er stirbt am 14. März 1883 in London.

Was zeigt die Biographie von Karl Marx? Sie umschreibt das typische Schicksal eines Revolutionärs, der meist unter finanzieller Bedrückung, ständiger politischer Verfolgung und häufigem Wohnortwechsel – die Stationen Paris, Brüssel, Köln und London beweisen es – gelitten hat. Es spricht für seine wissenschaftliche Redlichkeit *und* seine politische Mission, dass er stets seinem Wahlspruch treu geblieben ist, den er einem seiner Lieblingsdichter, Dante, entlehnt hat: »Segui il tuo corso, e lascia dir le genti!« («Geh deine Bahn und lass die Leute reden!«) Marxens Lebensmotto findet sich bezeichnenderweise am Ende des »Vorworts« zum ersten Band seines Hauptwerkes: *Das Kapital*.[13]

Was ist nun der Stein des Anstoßes, der Marx zum »Kommunistenchef« befördert und den Kommunismus zu einer gefährlichen sozialen Bewegung macht, die es politisch zu unterdrücken gilt und Marx die lebenslange politische Verfolgung einträgt? Wie lautet die Botschaft des *Kommunistischen Manifests*, die als Fanal für die künftigen sozialistischen Bewegungen gewirkt hat? Wir kommen damit zur Zeitdiagnose von Marx und Engels.

3.3 Die Zeitdiagnose – Das Gespenst der kommunistischen Revolution

Das Problem, das im Mittelpunkt des *Manifests der kommunistischen Partei* steht, ist der Klassenkampf. »Die Geschichte aller bisherigen Geschichte ist die Geschichte von Klassenkämpfen. Freier

12 Enzensberger (Hg.), *Gespräche mit Marx und Engels*, S. 251-253.

13 Marx, *Das Kapital*, Bd. 1, S. 17.

und Sklave, Patrizier und Plebejer, Baron und Leibeigener, Zunftbürger und Gesell, kurz: Unterdrücker und Unterdrückte standen in stetem Gegensatz zueinander, führten einen ununterbrochenen, bald versteckten, bald offenen Kampf, einen Kampf, der jedesmal mit einer revolutionären Umgestaltung der ganzen Gesellschaft endete oder mit dem gemeinsamen Untergang der kämpfenden Klassen.«[14]

Gesellschaft und gesellschaftliches Leben beruht auf Kampf, dem Kampf zwischen verfeindeten Gruppen, kurz: *Klassenkampf*. Stets handelt es sich, und das sind die beiden Charakteristika des Klassenkampfes, um den Antagonismus zwischen Unterdrückern und Unterdrückten einerseits, die Polarisierung in zwei oppositionellen Blöcken andererseits. Mit anderen Worten: Es geht immer um *repressive Herrschaft* und *soziale Dichotomie*.

Die beiden verfeindeten Blöcke der Gegenwart sind »Bourgeois und Proletarier«, wie der erste Abschnitt des *Manifests* überschrieben ist. Warum geraten Bourgeoisie und Proletariat an- bzw. gegeneinander? Durch die Entstehung von Manufaktur und Fabrik, Großindustrie und Weltmarkt, »eine Reihe von Umwälzungen in der Produktion und Verkehrsweise«[15] also, entstehen in idealtypischer Reinheit diese beiden großen antagonistischen Klassen als Unterdrücker und Unterdrückte.

Marx und Engels skizzieren nun nacheinander Rolle und historische Mission dieser beiden Klassen. Was folgt, hört sich wie ein wahres Loblied auf die *Bourgeoisie* an: »Die Bourgeoisie«, so Marx und Engels, »hat in der Geschichte eine höchst revolutionäre Rolle gespielt.«[16] Die Apotheose, als die man die Charakterisierung der Bourgeoisie auch lesen kann, macht es schwierig und fast unvorstellbar, warum und wodurch die erfolgreichste aller Klassen in der Menschheitsgeschichte jemals aus ihrer führenden Stellung verdrängt werden sollte.

Das prometheische Werk der Bourgeoisie, die Schaffung einer »Welt nach ihrem eigenen Bilde«,[17] beruht auf drei bahnbrechenden Leistungen. Erstens, *die Zerstörung aller alten feudal-ständischen Verhältnisse*: »Alles Ständische und Stehende verdampft, alles Heili-

14 Marx u. Engels, *Manifest der kommunistischen Partei*, S. 462.

15 Ebd., S. 464.

16 Ebd., S. 469.

17 Ebd., S. 466.

ge wird entweiht, und die Menschen sind endlich gezwungen, ihre Lebensstellung, ihre gegenseitigen Beziehungen mit nüchternen Augen anzusehen.«[18] Diese *Enttraditionalisierung* und *Versachlichung* aller sozialen Beziehungen ist in Marx' und Engels' Augen ein wichtiger *gesellschaftlicher Fortschritt*, treten doch an die Stelle ständischer Ideologien und Illusionen bürgerliche Nüchternheit und zweckbezogene Interessen. Wie in der Diskussion von Georg Simmel und Max Weber zu sehen sein wird, heben auch diese beiden klassischen Soziologen der Gründerzeit die Nüchternheit, Sachbezogenheit und Kalkulierbarkeit aller sozialen Beziehungen, ihre *Rationalisierung* bzw. *Rationalität* als Kennzeichen der Moderne bzw. des Kapitalismus, hervor. Zweitens, *die Revolutionierung der Technik und die Anhäufung materiellen Reichtums.* »Die Bourgeoisie kann nicht existieren«, so Marx und Engels, »ohne die Produktionsinstrumente, also die Produktionsverhältnisse, also sämtliche gesellschaftlichen Verhältnisse fortwährend zu revolutionieren. [...] Die fortwährende Umwälzung der Produktion, die ununterbrochene Erschütterung aller gesellschaftlichen Zustände, die ewige Unsicherheit und Bewegung zeichnet die Bourgeosieperiode vor allen anderen aus.«[19]

Wir sehen also, dass Marx und Engels eine ganz ähnliche Beschreibung der Rastlosigkeit und des Bewegungscharakters der modernen Gesellschaft geben wie Alexis de Tocqueville in seiner Amerikastudie. Sie ziehen daraus aber entgegengesetzte Konsequenzen: Tocqueville schließt von dem permanenten Bewegungscharakter der modernen Gesellschaft auf das Ausbleiben der *einen* großen Bewegung – der Revolution. Seine Begründung: Wenn jeder seine eigenen Interessen in überschaubarem Rahmen verfolgt, sich um sein persönliches Wohlergehen kümmert und persönliche Ziele zu erreichen sucht, so wird das Interesse weder aristokratisch auf militärischen Ruhm noch »proletarisch«, um die Diktion von Marx und Engels zu verwenden, auf eine politische Revolution gerichtet sein. Marx und Engels hingegen gehen davon aus, dass das Schwungrad der Bewegung sich unter dem Einfluss akuter Krisen beschleunigen und eine sozialistische Revolution notwendig machen wird. Sowohl Tocqueville als auch Marx und Engels sind sich indes einig

18 Ebd., S. 465.
19 Ebd., S. 465.

in der Beurteilung der Leistungen der bürgerlichen Gesellschaft, die einen ungekannten Zuwachs an *materiellem Reichtum* nach sich gezogen hat. »Die Bourgeoisie hat in ihrer kaum hundertjährigen Klassenherrschaft massenhaftere und kolossalere Produktionskräfte geschaffen als alle vergangenen Generationen zusammen.«[20] Sie hat demnach in unübertroffenem Maße zum *technischen* und *ökonomischen Fortschritt* beigetragen.

Schließlich hat sie drittens – und das legt die Bezeichnung als *entfesselter Prometheus*,[21] die Umgestaltung der Welt nach ihrem eigenen Bilde, nahe – eine weltweit *einheitliche Zivilisation* geschaffen. »Die Bourgeoisie«, so konstatieren Marx und Engels, »reißt durch die rasche Verbesserung aller Produktionsinstrumente, durch die unendlich erleichterten Kommunikationen alle, auch die barbarischsten Nationen in die Zivilisation.«[22]

Diese drei bahnbrechenden Leistungen zu gesellschaftlichem, technisch-ökonomischem und zivilisatorischem Fortschritt läuten ein *Zeitalter bürgerlicher Weltherrschaft* ein, das ungleich stabiler erscheint als alle vorangegangenen Weltreiche. Es ist daher kaum verwunderlich, dass Verfechter und Apologeten des Kapitalismus immer wieder bei den schärfsten Kritikern dieser Produktionsweise Anleihe gemacht und genüsslich das *Kommunistische Manifest* zum Kronzeugen für ihre Argumentation erhoben haben. So hat etwa Peter Berger in seiner Studie *The Capitalist Revolution*[23] fünfzig Thesen zu Wohlstand, Gleichheit und Freiheit aufgestellt, die sich allesamt den segensreichen Leistungen des Kapitalismus verdanken lassen sollen.

Wie darf man sich unter diesen Umständen vorstellen, dass eines Tages eine andere Klasse an die Stelle des erfolgreichen Bürgertums treten sollte? Diese neue Klasse müsste, wenn man der Logik des Klassenkampfmodells im *Kommunistischen Manifest* folgt, mit ähnlichen Leistungen aufwarten können wie die Bourgeoisie. Die skizzierten Beiträge zu gesellschaftlichem, technisch-ökonomischem und zivilisatorischem Fortschritt sind es ja, die der Bourgeoisie als

20 Ebd., S. 467.

21 David S. Landes, *Der entfesselte Prometheus. Technologischer Wandel und industrielle Entwicklung in Westeuropa*, Köln 1986.

22 Marx, Engels, *Manifest der kommunistischen Partei*, S. 466.

23 Peter L. Berger, *The Capitalist Revolution. Fifty Propositions about Prosperity, Equality, and Liberty*, New York 1986.

Klasse zu ihrer *Geschichtsmächtigkeit* verholfen hat. Welche andere, »neue« Klasse zeichnen Marx und Engels aus?

Marx und Engels glauben, die neue, fortschrittliche Klasse im *Proletariat* gefunden zu haben. Was prädestiniert das Proletariat zu dieser Führungsrolle? Worin besteht sein Beitrag zu gesellschaftlichem Fortschritt? Wie sehen seine Leistungen auf den Gebieten der fortschreitenden Entzauberung und Enttraditionalisierung, der Entwicklung der Produktivkräfte und der Zivilisation aus? Marx und Engels geben eine verblüffende, um nicht zu sagen, *paradoxe Antwort*: seine *Unterdrückung*. Aber warum gerade die Unterdrückung? Worin besteht die Leistung, unterdrückt zu sein bzw. sich unterdrücken zu lassen? Wieso kann und soll aus dieser vermeintlichen Inferiorität gesellschaftliche Superiorität entstehen? In einem Wort: Warum macht gerade die Unterdrückung des Proletariats diese Klasse zu einem geeigneten Nachfolgekandidaten der Bourgeoisie?

Die *prophetische These* von Marx und Engels lautet: »Mit der Entwicklung der großen Industrie wird [...] unter den Füßen der Bourgeoisie die Grundlage selbst hinweggezogen, worauf sie produziert und Produkte sich aneignet. Sie produziert vor allem ihre eigenen Totengräber. Ihr Untergang und der Sieg des Proletariats sind gleich unvermeidlich.«[24] Wie begründen sie diese überraschende und auf Anhieb wenig überzeugende These?

Zunächst versagen sie sich eine Erklärung, die an der Bourgeoisie selbst ansetzt. Weder sind es, erstens, *kulturelle Gründe*, welche zu einer Auszehrung der »Bürgerlichkeit« der Unternehmer führt – eine Interpretation, die wir aus Max Webers Protestantismusstudie kennen und anhand seiner Zeitdiagnose näher diskutieren werden. Waren die Puritaner aus religiösen Gründen – dem Erwerb von Reichtum als »Beweis« für die Auserwähltheit zum Reiche Gottes – zur ökonomischen Akkumulation gezwungen, so führt die Säkularisierung zum Wegfall dieses religiösen Motivs. Es besteht fortan die Gefahr, so Daniel Bell in *The Cultural Contradictions of Capitalism*,[25] dass die asketische Produktions- und Akkumulationsethik umschlägt in eine hedonistische Konsumethik, wodurch wiederum die kapitalistische Dynamik zu erlahmen und der technisch-ökonomische Fortschritt zu stagnieren droht.

24 Marx, Engels, *Manifest der kommunistischen Partei*, S. 474.

25 Daniel Bell, *The Cultural Contradictions of Capitalism*, New York 1976.

Noch sind es, zweitens, *ökonomische Gründe* im engeren Sinne, die dem Kapitalismus und der bürgerlichen Herrschaft zum Verhängnis werden könnten. Die wirtschaftliche Konzentration zu Großunternehmen, so Schumpeters Stagnations- und Zusammenbruchsthese in seiner Studie *Kapitalismus, Sozialismus, Demokratie*,[26] setzt den bürokratischen Manager an die Stelle des risikofreudigen, dynamischen und innovativen Unternehmers, der kreativ neue Märkte erschließt. Wird unternehmerisches Handeln durch die Logik bürokratischen Handelns abgelöst, so befürchtet Schumpeter, dann ist es auch mit den Zeiten technischen Fortschritts und wirtschaftlichen Wachstums vorbei. Die Innovationsfähigkeit des dynamischen Kapitalismus ist erschöpft, die Folgen von Stagnation und Krise lassen es zwangsläufig erscheinen, dass der Kapitalismus durch eine neue Produktionsweise abgelöst wird: den Sozialismus.

So unterschiedlich die Erklärungsmodelle von Weber und Bell einerseits, Schumpeter andererseits sind – dort sind es kulturelle Gründe, hier dagegen ökonomische Gründe, die den Verfall des Kapitalismus und der bürgerlichen Herrschaft scheinbar unaufhaltsam bedingen –, beide Modelle setzen an der Trägerklasse des Kapitalismus an: der Bourgeoisie. Nicht so Marx und Engels, die das Ende bürgerlicher Herrschaft nicht bei der Bourgeoisie selbst suchen, sondern bei ihrem Klassengegner: dem *Proletariat*. Marx und Engels stützen also ihre Erklärung hauptsächlich auf die Rolle, Entwicklung und politische Organisation der Arbeiterklasse. Das Proletariat als unterdrückte Klasse, so hatten wir gesehen, entsteht mit der Bourgeoisie als Unterdrücker. Die *Ausbeutung* der Arbeiterklasse besteht zum einen in der *Entfremdung* im Arbeits- und Produktionsprozess, zum anderen in der *Verelendung* im realen Lebens- und Reproduktionsprozess. Die Arbeiter werden zum leblosen Appendix der Maschine und damit zu »gemeinen Industriesoldaten« im Produktionsprozess sowie zum Pauper im Reproduktionsprozess. Zu dieser Entfremdung gesellt sich die Verelendung, da die Löhne sich zum Teil unter dem Existenzminimum bewegen. »Der Arbeiter wird zum Pauper, und der Pauperismus entwickelt sich noch schneller als Bevölkerung und Reichtum.« Was schließen Marx und Engels daraus? »Es tritt hiermit offen hervor, daß

26 Joseph A. Schumpeter, *Kapitalismus, Sozialismus und Demokratie*, München 1975.

die Bourgeoisie unfähig ist, noch länger die herrschende Klasse zu bleiben und die Lebensbedingungen ihrer Klasse der Gesellschaft aufzuzwingen. Sie ist unfähig zu herrschen, weil sie unfähig ist, ihrem Sklaven die Existenz selbst innerhalb der Sklaverei zu sichern, weil sie gezwungen ist, ihn in eine Lage herabsinken zu lassen, wo sie ihn ernähren muß, statt von ihm ernährt zu werden.«[27]

Das ist zunächst ein überraschendes Argument. Es insinuiert, dass eine Gesellschaft bereits dann in eine Krise und revolutionäre Situation geraten soll, wenn es nicht gelingt, ihren Mitgliedern ein menschenwürdiges Leben zu ermöglichen. Träfe dieses Argument wirklich zu, so hätten mindestens 95 % aller bisherigen Gesellschaften unter ständigem Revolutionsdruck gestanden. Ein Blick auf die Geschichte lehrt indes, dass große Revolutionen selten waren und – folgt man Tocquevilles Einschätzung – in Zukunft noch rarer werden. Es scheint, dass im »Normalfall« gesellschaftliches Zusammenleben auf einem harten *Reich der Notwendigkeit* beruht; nur im »Ausnahmefall« und auch dann nur vorübergehend und häufig genug als Illusion gelingt es, ein *Reich der Freiheit* zu errichten. Was auf den ersten Blick wie ein krisen- und revolutionstheoretisches Argument aussieht, scheint lediglich ein *moralisches*, um nicht zu sagen, *moralisierendes* Argument zu sein.

Vollends ein »non sequitur« ist indes die Vorstellung, dass die Bourgeoisie gezwungen wäre, die Arbeiterschaft zu ernähren, statt sich von ihr ernähren zu lassen. Marx und Engels fallen hier hinter ihre eigenen späteren Einsichten zurück: den fundamentalen Unterschied zwischen *Sklaverei* und *moderner Lohnarbeit*. Während die physische Reproduktion in der Tat die Verwertungsgrenze in der Sklaverei markiert – ein toter Sklave ist ein schlechter Sklave, weil keine Arbeitskraft mehr –, ist diese Grenze beim modernen Proletariat ja gerade außer Kraft gesetzt. Verschlissene Arbeitskräfte können entlassen und in die *industrielle Reservearmee* abgeschoben werden, wie Marx das Heer der Arbeitslosen bezeichnet, ohne dass der einzelne Bourgeois oder die Bourgeoisie als Ganzes für das Einzelschicksal von Arbeitern verantwortlich gemacht werden können.

Marx und Engels führen also die notwendige Revolutionierung aller gesellschaftlichen Verhältnisse weniger auf die fortschreitende Degeneration der Bourgeoisie zurück als auf die *Degeneration der*

27 Marx, Engels, *Manifest der kommunistischen Partei*, S. 473.

Arbeiterklasse. Technisch und ökonomisch gesehen, hat demnach die Bourgeoisie noch lange nicht ausgespielt: die Revolutionierung der Produktivkräfte, die koloniale Erschließung neuer Märkte, die Expansion der Wirtschaftsbeziehungen, die Perfektionierung kapitalistischer Organisation in der Großindustrie usf. – alles dies ist *und* bleibt ihr Werk. Warum wird auf diesen Punkt so viel Nachdruck gelegt? Dieser Punkt illustriert, dass Marx und Engels im *Kommunistischen Manifest* uneingestandenermaßen selbst die besten Argumente liefern, warum die bürgerliche Herrschaft bis auf den heutigen Tag erhalten geblieben ist. Wir leben zwar zwischenzeitlich in einer postindustriellen Informations- und Kommunikationsgesellschaft und kulturell in der Spätmoderne, ökonomisch und sozial jedoch nach wie vor im Rahmen einer kapitalistischen Wirtschaftsweise: gesellschaftliche Produktion und private Aneignung.

Nicht erst der Zusammenbruch des real existierenden Sozialismus hat deutlich gemacht, dass die sozialistische Produktionsweise weder eine eigenständige Produktionsweise aus sich heraus hervorgebracht hat noch die notwendige Konkurrenzfähigkeit gegenüber der kapitalistischen Produktionsweise hat entwickeln können. Was sind sozialistische Produktivkräfte, was ist sozialistische Technik? Was heißt sozialistische Organisation, und was sind die distinkten Eigenschaften des sozialistischen Leistungsprinzips? Alle diese Fragen – so viele Antworten darauf auch im Laufe der Zeit versucht wurden – konnten im Grunde genommen niemals zufriedenstellend gelöst worden. Im Gegenteil: Es hat sich historisch-empirisch gezeigt, dass das »Verwertungsinteresse des Kapitals« noch immer den mächtigsten Antriebsmechanismus zu technologischer Entwicklung, zur Perfektionierung der Produktions- und Absatzorganisation und zum Auf- und Ausbau von immer raffinierteren Informations- und Kommunikationssystemen darstellt.

Es bleibt daher[28] festzuhalten: Marx und Engels' Zeitdiagnose im *Kommunistischen Manifest*, die eine gewaltsame Umwälzung und die Herrschaft des Proletariats prognostiziert, stützt ihre Aussage in erster Linie auf die Entwicklung des Proletariats und nicht

28 Vgl. Hans-Peter Müller, »Editorial«, in: *Berliner Journal für Soziologie* 8/3 (1998), S. 301-304 (Schwerpunktthema des Heftes: »Fin de siècle und seine Zeitdiagnosen – 150 Jahre ›Kommunistisches Manifest‹«) und die einschlägigen Beiträge in diesem Heft.

auf die wachsende Schwäche der Bourgeoisie. Im Gegensatz zu Weber und Bell einerseits und Schumpeter andererseits, die aus dem Rückgang unternehmerischen Handelns pessimistische Rückschlüsse für die Dynamik des Kapitalismus ziehen, halten Marx und Engels an der revolutionären Rolle und der hohen Leistungsfähigkeit der Bourgeoisie ungebrochen fest. Was sie als »Schwäche« konstatieren, ist weniger technischer oder ökonomischer Natur als vielmehr *moralischer* Natur. Die kapitalistische Produktionsweise auf der Grundlage gesellschaftlicher Produktion bei privater Aneignung bringt massive soziale Ungleichheiten mit sich, die als *soziale Ungerechtigkeit* anzusehen sind. Die Ungerechtigkeit dieser gesellschaftlichen Verhältnisse ist ablesbar an der Unfähigkeit, alle proletarischen Bevölkerungskreise angemessen und ausreichend zu versorgen – kein Produktions-, sondern ein Verteilungsproblem, aber natürlich ein Skandalon angesichts des materiellen Reichtums, den die kapitalistische Produktion hervorgebracht hat. Auf keinen Fall folgt daraus, dass die Bourgeoisie gezwungen wäre, das Proletariat zu versorgen, statt sich von ihm selbst ernähren zu lassen.

Die revolutionären Erwartungen stützen sich daher eher auf das *Proletariat*. Was macht das Proletariat zu einer revolutionären Klasse? Wir haben gesehen, dass Marx und Engels darauf vier Antworten geben: Erstens, die wachsende *Ausbeutung*, die auf Entfremdung einerseits und auf Verelendung andererseits beruht; zweitens, die *Dichotomisierung der Klassenstruktur* – das Verschwinden von Zwischen- und Übergangsklassen und das *Anwachsen des Proletariats*; drittens, die wachsende *politische Organisation* der Arbeiterklasse; und, viertens, die Zunahme des *Klassenkampfes* zwischen Bourgeoisie und Proletariat. Diese vier *quantitativen* Steigerungsprozesse – Ausbeutung, Wachstum des Proletariats, politische Mobilisierung und politische Organisation sowie verschärfter Klassenkampf – erreichen einen Punkt, an dem sie in eine *neue Qualität* umschlagen. Die Anlehnung an Hegels dialektisches Modell ist unübersehbar: ›was vernünftig ist, wird wirklich‹ – aber, so könnte man kritisch hinzufügen: ›wird auch alles wirklich, was logisch erscheint?‹

Die proletarische Revolution, so Marx' und Engels' Zuversicht, wird gleichsam die erste und letzte Revolution sein; die *erste* Revolution, die nicht eine alte durch eine neue Klassengesellschaft ersetzt, sondern die Existenz von Klassen gänzlich abschafft; die *letzte* Revolution, weil die freie Assoziation gesellschaftlicher Produzenten das »Reich der Freiheit« in Gestalt einer wahrhaft humanen, brüderlichen Gesellschaft errichtet. Die *sozialistische Gesellschaft* ist daher »Gemeinschaft« und »Gesellschaft« zugleich: *Gemeinschaft*, weil sie in der freien Vereinigung assoziierter Individuen und mit der allseitigen Entfaltung des Menschen ein wirksames Band der *Solidarität* stiftet; *Gesellschaft*, weil dieses humane Zusammenleben auf dem hohen Stand der kapitalistischen Entwicklung der Produktivkräfte *und* des akkumulierten kapitalistischen Reichtums erfolgt. Sozialismus, in einem Satz, ist das Versprechen, »to have the best of both worlds«: vom Kapitalismus den Reichtum, vom Kommunismus die Brüderlichkeit. Voilà, das meint *Sozialismus als wahrer Humanismus* – Marx' und Engels' Zeitdiagnose.

Um diesen behaupteten dialektischen Umschlag von Quantität in Qualität zu verstehen, muss man das praxisphilosophische Grundmodell einerseits betrachten, das Marx von Hegel und Feuerbach entlehnt, und die evolutionäre Abfolge von Gesellschaftsformationen andererseits, die zwingend auf den Kapitalismus den Sozialismus folgen lässt. Dafür wenden wir uns dem frühen Marx zu. Es bleibt indes festzuhalten, dass Marx' und Engels' radikale Gesellschaftskritik im *Kommunistischen Manifest* lediglich an »Oberflächenerscheinungen« des Kapitalismus wie Ausbeutung, Entfremdung und Verelendung ansetzt, ohne bereits die Ursachen von Exploitation und die ökonomische und soziale Krisendynamik genau zu kennen. Die »Bewegungsgesetze des Kapitals« ergeben sich erst aus der Kritik der Politischen Ökonomie. Wir müssen daher am Ende auf den späten Marx zurückgreifen, um den Motor für die Krisen- und Klassenkampfdynamik zu begreifen.

3.4 Das praxisphilosophische Grundmodell

Will man das praxisphilosophische Modell verstehen, so muss man das Augenmerk zurück auf den jungen Marx lenken und seine Faszination für die Philosophie Hegels und Feuerbachs verdeutlichen. Besonders aufschlussreich in diesem Zusammenhang liest sich der Brief an seinen Vater aus dem Jahre 1837, in dem er diesem zu erklären versucht, warum er von der Jurisprudenz weg- und tief hinein in das Studium der Philosophie getrieben wurde. Man stelle sich die heikle Situation vor, dem Vater, einem angesehenen

Justizrat, begreiflich zu machen, warum man von einem respektablen Brotberuf, der Jurisprudenz, zu einer »brotlosen Kunst«, der Philosophie, überwechselt. Marx wählt den einzig richtigen Weg und schildert dem Vater den Gang seines »Erkenntnisfortschritts« in seinem Studium. »Ein Vorhang war gefallen, mein Allerheiligstes zerrissen, und es mußten neue Götter hineingesetzt werden. Von dem Idealismus, den ich beiläufig gesagt, mit Kantischem und Fichteschem verglichen und genährt, geriet ich dazu, im Wirklichen selbst die Idee zu suchen. Hatten die Götter früher über der Erde gewohnt, so waren sie jetzt das Zentrum derselben geworden. Ich hatte Fragmente der Hegelschen Philosophie gelesen, deren groteske Felsenmelodie mir nicht behagte.«[29]

Die neuen Götter, das meint die Vorstellung und den Versuch, »im Wirklichen selbst die Idee zu suchen«. Obgleich Marx noch eine innere Distanz gegenüber Hegel in dem Brief an seinen Vater zum Ausdruck bringt – er beklagt ihre »groteske Felsenmelodie« –, sollte doch bald die Hegelsche Philosophie die Grundlage für seine Suche nach einer »Wirklichkeitswissenschaft« werden. Wie das? Warum ausgerechnet die Hegelsche Philosophie?

Nach meiner Auffassung sind es drei Momente, die Marx' lebenslange Faszination für Hegels Philosophie begründen: *Erstens* bringt dessen Philosophie – in wie »verkehrter Form« auch immer – das gegenwärtige Zeitalter auf den Begriff. »Das was *ist* zu begreifen«, so Hegel in der Rechtsphilosophie, »ist die Aufgabe der Philosophie, denn das was ist, ist die Vernunft. Was das Individuum betrifft, so ist ohnehin jeder Sohn seiner Zeit; so ist auch die Philosophie *ihre Zeit, in Gedanken gefaßt.*«[30] *Philosophie als Zeitdiagnose* – das ist eine Vorstellung, die Marx sich zu eigen macht. Die Erkenntnis der Wirklichkeit erlaubt es, die »Zeichen der Zeit« zu deuten und auf den Begriff zu bringen.

Zweitens hilft bei diesem Unterfangen Hegels *Methode der Dialektik*. Der Dreischritt von These, Antithese und Synthese legt die Vorstellung nahe, dass die Geschichte der Menschheit als wechselvoller Prozess von Ordnung und Konflikt, Bewahrung und Wandel, Krisen und Kämpfen, Reaktion und Revolution zu begreifen ist. Die menschliche Geschichte folgt nicht einfach einem gerad-

29 Karl Marx, *Die Frühschriften*, hg. v. Siegfried Landshut, Stuttgart 2004, S. 7.

30 Hegel, *Grundlinien der Philosophie des Rechts*, S. 26.

linigen, lineareren Prozess, sondern vollzieht sich in qualitativen Sprüngen zu neuen Synthesen, die ihrerseits wieder der Ausgangspunkt für neuerliche Thesen und Antithesen werden. Trotz dieser dialektischen Prozesshaftigkeit ist die menschliche Geschichte – aufs Ganze gesehen – ein Fortschrittsgeschehen – »*Fortschritt im Bewußtsein der Freiheit*«,[31] wie Hegel das in seinen *Vorlesungen über die Philosophie der Geschichte* bezeichnet. Wie ist dieser Fortschritt zu erklären, wenn doch die menschliche Geschichte auf ihrer Oberfläche nur das Bild unablässigen Ringens zwischen Ordnung und Wandel, Stabilität und Konflikt darbietet? Um diesen vermeintlichen Widerspruch zwischen »Wesen« und Fortschritt sowie zwischen »Erscheinung« und Kampf zu lösen, greift Hegel zu einer raffinierten Denkfigur: der List der Vernunft. Was versteht er unter der List der Vernunft? »Das ist die *List der Vernunft* zu nennen, daß sie die Leidenschaften für sich wirken läßt, wobei das, was durch sie sich in Existenz setzt, einbüßt und Schaden leidet. Denn es ist eine Erscheinung, von der ein Teil nichtig, ein Teil affirmativ ist. Das Partikulare ist meistens zu gering gegen das Allgemeine: die Individuen werden geopfert und preisgegeben. Die Idee bezahlt den Tribut des Daseins und der Vergänglichkeit nicht aus sich, sondern aus den Leidenschaften der Individuen.«[32] Während die Menschen im täglichen Leben nur ihren Leidenschaften folgen und sich in Kämpfe verstricken, besorgen sie, ohne es zu merken, nur das Geschäft des Weltgeistes und vollziehen damit das »Gesetz« der Geschichte. Das Gesetz der menschlichen Geschichte aber heißt: Fortschritt im Bewusstsein der Freiheit. Wir haben es hier mit einer ähnlichen Denkfigur zu tun wie bei Adam Smiths »unsichtbarer Hand« des Marktes. Alle Menschen verfolgen ihr individuelles Interesse und realisieren damit unbewusst das gesellschaftliche Gesamtinteresse: die Wohlfahrt der Menschen und den Wohlstand der Nationen. Aber das erfolgt gleichsam bewusstlos und »hinter dem Rücken« der Produzenten, wie Marx später sagen sollte.

Marx macht sich die dialektische Methode zu eigen, steht sie doch für zwei unvergleichliche Vorzüge: Zum einen gibt sie mit dem Dreiklang von These, Antithese und Synthese ein präzises Erkenntnisinstrument zum Studium der Geschichte an die Hand;

31 Hegel, *Werke*, Bd. 12, Frankfurt/M. 1970, S. 32.
32 Ebd., S. 49.

zum anderen ermöglicht sie, den Idealismus in der Wirklichkeit selbst zu realisieren und damit den unversöhnlichen Dualismus von Sein und Sollen zu überwinden, den Kants idealistische Philosophie errichtet hatte.

Darüber hinaus knüpft Marx noch in einer weiteren Hinsicht an Hegels Philosophie an. Er übernimmt, *drittens*, einen wichtigen theoretischen Baustein von Hegels Ansatz. Hegel hatte als Wesen des Menschen die Arbeit bestimmt und als sein Schicksal die Entfremdung. Dieser Zusammenhang von *Arbeit und Entfremdung* ist der konstitutive Ausgangspunkt von Marx' eigener Theorie.

Trotz dieser drei zentralen Anknüpfungspunkte – Philosophie als Zeitdiagnose, Dialektik als Methode und Arbeit und Entfremdung als theoretische Grundlage – unterzieht Marx Hegels Philosophie einer *radikalen Kritik*. Ihm muss es in der Tat wie eine »groteske Felsenmelodie« anmuten, wenn die kritikwürdigen Verhältnisse der preußischen Monarchie bei Hegel unvermutet als »Wirklichkeit der sittlichen Idee« erscheinen. Marx charakterisiert daher die Hegelsche Staatsphilosophie als spiritualistisch und teleologisch; sie ist *spiritualistisch*, weil sie den Geist als tätiges Wesen hypostasiert, statt vom wirklichen Menschen auszugehen; und sie ist uneingestandermaßen *teleologisch*, weil sie die Selbstentfaltung des Geistes in den politischen Institutionen der preußischen Monarchie zur Ruhe kommen lässt. Marx hingegen ist es darum zu tun, die »Verhältnisse zum Tanzen zu bringen« und grundlegend zu verändern gemäß seinem Diktum in der elften Feuerbachthese: »Die Philosophen haben die Welt nur verschieden interpretiert, es kömmt darauf an, sie zu *verändern*.«[33] Da Hegels Staatsphilosophie eine »verkehrte Welt« produziert, muss man Hegel vom Kopf auf die Füße stellen und dessen spekulativen Idealismus durch einen kritisch-empirischen Materialismus ersetzen. Aber wie?

Das große Vorbild, auf das sich der junge Marx bei seinem Versuch stützt, Hegel vom Kopf auf die Füße zu stellen, ist Ludwig Feuerbach. Feuerbach hatte als erster die Hegelsche Philosophie einer radikalen Kritik unterzogen und dabei an der Religion angesetzt. Während Hegel die Religion als erste Stufe des Selbstbewusstseins des Menschen ansieht, fasst Feuerbach sie als extreme Form der Selbstentfremdung des Menschen. In seinen *vorläufigen Thesen*

33 Marx, *Thesen über Feuerbach*, in: MEW 3, Berlin 1978, S. 7.

zur Reformation der Philosophie hatte Feuerbach den Versuch unternommen, den Menschen von den entfremdenden Wirkungen der Religion zu befreien. Religion, so hatte er dekretiert, ist nichts weiter als eine Projektion des Menschen und Gott letztlich nichts anderes als der entfremdete Mensch.

Marx interessiert sich nicht in erster Linie für Feuerbachs radikale Religionskritik, obgleich er in seiner Ideologiekritik auch die Religion als »Opium des Volkes«[34] bezeichnet. Vielmehr knüpft er *methodisch* und *theoretisch* (nicht aber sachlich) an Feuerbachs Philosophie an. Er übernimmt dessen transformative Methode und verallgemeinert dessen Religionskritik zum Modell radikaler Gesellschaftskritik überhaupt.

Feuerbach hatte Hegel vorgeworfen, dass er Mensch und Natur unnötig voneinander trenne. Der Mensch jedoch sei selbst ein Teil der Natur. Um dies zu zeigen, kehrt Feuerbach die Hegelsche Subjekt-Objekt-Relation gemäß seiner *transformativen Methode* um.[35] Während Hegels Idealismus das Denken bzw. den Geist als Subjekt setzt und Mensch und Natur als Objekt, fasst Feuerbach den Menschen *in concreto* als Subjekt und das Denken bzw. den Geist als Objekt. Marx geht insofern über Feuerbachs »anschauende[n] Materialismus«[36] noch einen Schritt hinaus, als er zwar auch den Menschen als Subjekt begreift, als Objekt jedoch die Praxis bzw. die Gesellschaft. Auf diese Weise gelangt er durch die kritische Aneignung von Hegel und Feuerbach zu dem für die klassische Soziologie konstitutiven Begriffspaar von Individuum und Gesellschaft.

Feuerbachs Religionskritik dient ihm darüber hinaus als *Modell einer radikalen Gesellschaftskritik* schlechthin. Von der Religion zur Gesellschaft fortzuschreiten, heißt, Feuerbachs Kritikmuster auf die ganze Gesellschaft und ihre Institutionen auszudehnen. Es reicht dann nicht mehr aus, die Religion als menschliche Selbstentfremdung zu brandmarken. Vielmehr sind die vorfindbaren gesellschaftlichen Zustände selbst Ausdruck der totalen Entfremdung des Gattungswesens »Mensch« vom »Ensemble der gesellschaftlichen Verhältnisse«.

34 Marx, *Zur Kritik der Hegelschen Rechtsphilosophie. Einleitung*, S. 378.

35 Vgl. Shlomo Avineri, *The Social and Political Thought of Karl Marx*, Cambridge 1968, S. 8-40.

36 Marx, *Thesen über Feuerbach,* S. 7.

»Die Waffe der Kritik«, so bemerkt Marx in der *Kritik der Hegelschen Rechtsphilosophie*,

> kann allerdings die Kritik der Waffen nicht ersetzen, die materielle Gewalt muß gestürzt werden durch materielle Gewalt, allein auch die Theorie wird zur materiellen Gewalt, sobald sie die Massen ergreift. Die Theorie ist fähig, die Massen zu ergreifen, sobald sie *ad hominem* demonstriert, und sie demonstriert *ad hominem*, sobald sie radikal wird. Radikal sein ist die Sache an der Wurzel fassen. Die Wurzel für den Menschen ist der Mensch selbst. Der evidente Beweis für den Radikalismus der deutschen Theorie, also für ihre praktische Energie, ist ihr Ausgang von der entschiedenen *positiven* Aufhebung der Religion. Die Kritik der Religion endet mit der Lehre, daß der *Mensch das höchste Wesen für den Menschen sei*, also mit dem *kategorischen Imperativ, alle Verhältnisse umzuwerfen*, in denen der Mensch ein erniedrigtes, ein geknechtetes, ein verlassenes, ein verächtliches Wesen ist.[37]

Marx' Gedankengang wirft unmittelbar vier Fragen auf. Erstens, was ist die menschliche Wirklichkeit? Marx' Antwort: die Praxis. »Der Hauptmangel alles bisherigen Materialismus (den Feuerbachschen mit eingerechnet)«, so Marx in der ersten Feuerbachthese am Beginn der *Deutschen Ideologie* (1845/46), »ist, daß der Gegenstand, die Wirklichkeit, Sinnlichkeit nur in der Form des *Objekts oder der Anschauung* gefaßt wird; nicht aber als *sinnlich-menschliche Tätigkeit, Praxis*, nicht subjektiv.«[38] Zweitens erhebt sich die Frage, was der Mensch bzw. das menschliche Wesen sei. Marx' Antwort: ein tätiges Wesen in Gesellschaft. »[D]as menschliche Wesen«, so Marx in der sechsten Feuerbachthese, »ist kein dem einzelnen Individuum innewohnendes Abstraktum. In seiner Wirklichkeit ist es das Ensemble der gesellschaftlichen Verhältnisse.«[39] Drittens stellt sich die Frage, was denn die gesellschaftlichen Verhältnisse ausmacht. Marx' Antwort: die Produktion bzw. die materiellen Bedingungen der Produktion. »Man kann die Menschen durch das Bewußtsein, durch die Religion, durch was man sonst will, von den Tieren unterscheiden. Sie selbst fangen an, sich von den Tieren zu unterscheiden, sobald sie anfangen, ihre Lebensmittel zu *produzieren*«; kurz: »Wie die Individuen ihr Leben äußern, so sind sie. Was sie sind, fällt also zusammen mit ihrer Produktion, sowohl damit, *was*

37 Marx, *Zur Kritik der Hegelschen Rechtsphilosophie. Einleitung*, S. 385.

38 Marx, *Thesen über Feuerbach*, S. 5.

39 Ebd., S. 6.

sie produzieren, als auch damit, *wie* sie produzieren. Was die Individuen sind, das hängt ab von den materiellen Bedingungen ihrer Produktion.«[40] Viertens erhebt sich schließlich die Frage, wer der »erniedrigte Mensch« denn ist, von dem oben die Rede war. Marx' Antwort: der entfremdete Mensch. Was versteht Marx unter Entfremdung?

Um diese Frage beantworten zu können, gilt es, von Feuerbach zu Hegel zurückzukehren und auf den theoretisch konstitutiven Zusammenhang von *Arbeit und Entfremdung* zurückzukommen. »Das Große an der Hegelschen Phänomenologie und ihrem Endresultat – der Dialektik der Negativität als dem bewegenden und erzeugenden Prinzip – ist also einmal,« so bemerkt Marx in den *Ökonomisch-philosophischen Manuskripten*,

> daß Hegel die *Selbsterzeugung des Menschen* als einen Prozeß faßt, die Vergegenständlichung als Entgegenständlichung, als Entäußerung und als Aufhebung dieser Entäußerung; dass er also das *Wesen der Arbeit* faßt und den *gegenständlichen Menschen*, wahren, weil wirklichen Menschen, als *Resultat seiner eigenen Arbeit* begreift. Das wirkliche, tätige Verhalten des Menschen zu sich als Gattungswesen oder die Betätigung seiner als eines wirklichen Gattungswesens, d.h. als menschlichen Wesens, ist nur möglich dadurch, dass er wirklich alle seine Gattungskräfte – was wieder nur durch das Gesamtwirken der Menschen möglich ist, nur als Resultat der Geschichte – herausschafft, sich zu ihnen als Gegenständen verhält, was zunächst nur in der Form der Entfremdung möglich ist [...].[41]

In diesem komplizierten Zitat aus den *Ökonomisch-philosophischen Manuskripten* sind alle Bestimmungsstücke zum Zusammenhang von Arbeit und Entfremdung enthalten. Das Wesen des Menschen, so betont Marx nochmals, ist *Arbeit.* Die Arbeit ist ein tätiges Verhalten, eine Entäußerung von Kräften, eine Ent- und Vergegenständlichung zu einem *Produkt.* Ein solches Produkt wird nicht in Vereinzelung hergestellt, sondern in *arbeitsteiliger Kooperation.* In der Notwendigkeit der Entäußerung und Vergegenständlichung einerseits, in der Arbeitsteilung andererseits steckt bereits der Keim der *Entfremdung.*

Marx gebraucht indes den Begriff der Entfremdung vage und

40 Marx, *Die Frühschriften*, S. 347.

41 Karl Marx, *Ökonomisch-philosophische Manuskripte aus dem Jahre 1844*, in: MEW 40, S. 574.

weitläufig; zum Teil setzt er ihn synonym mit Entäußerung und differenziert auch nicht systematisch nach verschiedenen Formen der Entfremdung. Man kann *vier Formen der Entfremdung*[42] unterscheiden: 1. die Entfremdung vom *Produkt*, das materielle Gewalt über den Produzenten gewinnen kann; 2. die Entfremdung von der eigenen *Tätigkeit*, etwa in Gestalt der monotonen Routine von Fabrikarbeit im Gegensatz zur reichen Kreativität des Gattungswesens Mensch; 3. die Entfremdung der Menschen untereinander, etwa durch Arbeitsteilung zwischen *Stadt* und *Land* sowie die einhergehende Differenzierung zwischen Städtern und Landleuten oder die Arbeitsteilung zwischen *geistiger* und *körperlicher* Arbeit sowie die Hierarchisierung von Kopfarbeitern und Handarbeitern; 4. schließlich die Entfremdung vom *Gattungswesen Mensch*, das für Marx im Bild der allseitigen Entfaltung einen idealen Maßstab als kritische Folie für vorfindbare reale gesellschaftliche Verhältnisse dient.

Meine These ist, und damit lässt sich dieser Abschnitt resümieren, dass Marx an diesem Subjekt-Objekt-Modell zeit seines Lebens festhält – ein Grund für die bemerkenswerte Kontinuität seines Denkens. Freilich enthüllt dieses einfache Schema nur die Logik seines Denkens und die wesentlichen konstitutiven Dualismen wie Individuum und Gesellschaft, Arbeit und Entfremdung usf. Es enthält jedoch weder eine historische Dimension der Abfolge von Produktionsweisen noch die institutionelle Infrastruktur einer Produktionsweise. Um die weitere Ausarbeitung zu verfolgen, müssen wir uns daher seiner materialistischen Geschichtsauffassung zuwenden.

42 Schlüsselstellung und Vieldeutigkeit des Begriffs haben zu einer bis heute nicht abreißenden Diskussion geführt. Aus der Fülle der Literatur einschlägig Georg Lukács, *Geschichte und Klassenbewusstsein*, Berlin 1923; Max Horkheimer u. Theodor W. Adorno, *Dialektik der Aufklärung*; Melvin Seeman, »On the Meaning of Alienation«, in: *American Sociological Review* 24/6 (1959), S. 783-791; Joachim Israel, *Der Begriff Entfremdung*, Hamburg 1972; Heinrich Popitz, *Der entfremdete Mensch. Zeitkritik und Geschichtsphilosophie des jungen Marx*, Darmstadt 1973; Georg Lohmann, *Indifferenz und Gesellschaft. Eine kritische Auseinandersetzung mit Marx*, Frankfurt/M. 1991; Rahel Jaeggi, *Entfremdung. Zur Aktualität eines sozialphilosophischen Problems*, Frankfurt/M. 2005; Hartmut Rosa, *Beschleunigung und Entfremdung. Entwurf einer kritischen Theorie spätmoderner Zeitlichkeit*, Berlin 2013. Ein guter Überblick bei Christoph Henning, *Theorien der Entfremdung zur Einführung*, Hamburg 2015.

3.5 Der entwicklungstheoretische Rahmen – Materialistische Geschichtsauffassung und gesellschaftliche Evolution

Obgleich Marx immer vorhatte, einmal »seine Dialektik« zu schreiben, um den Dreischritt von These, Antithese und Synthese über seinen intuitiven Erkenntniswert hinaus zu einem anschaulichen *Modell der Geschichte* auszuarbeiten, ist er dazu nie gekommen. Ebenso wenig haben Marx oder Engels ihre materialistische Geschichtsauffassung jemals in einer eigenständigen Untersuchung methodisch gründlich dargelegt. Was heute als *Historischer Materialismus* bezeichnet wird, ist ein Begriff, den weder Marx noch Engels verwendet haben.

Die der materialistischen Geschichtsauffassung zugrundeliegenden zentralen Ideen finden sich bei Marx an vier Stellen. Diese vier Quellen sind: 1. *Die deutsche Ideologie* von 1845/1846, in dem bereits erwähnten Feuerbach-Kapitel;[43] 2. *Das Manifest der Kommunistischen Partei* von 1848, in dem bereits diskutierten Abschnitt »Bourgeois und Proletarier«;[44] 3. *Grundrisse der Kritik der Politischen Ökonomie* von 1857/1858, in dem dritten Teil, »Das Kapitel vom Kapital«, und dort in dem berühmten Abschnitt »Formen, die der kapitalistischen Produktion vorhergehen«;[45] 4. *Zur Kritik der Politischen Ökonomie. Vorwort* von 1859.[46]

Während die erste und zweite Quelle mit Engels zusammen verfasst sind, stammen die dritte und vierte ausschließlich aus Marx' Feder. Die beiden letztgenannten Quellen sind denn auch die reifsten Texte. Marx' Diskussion der »Formen, die der kapitalistischen Produktion vorhergehen« in den *Grundrissen* ist besonders aufschlussreich, weil er dort der Entstehung und der Entwicklung zum Kapitalismus nachgeht. Wie war der Kapitalismus möglich? Welche Voraussetzungen mussten gegeben sein, damit sich Lohnarbeit und Kapital entwickeln konnten? Um diese Fragen beantworten zu

43 Karl Marx u. Friedrich Engels, *Die deutsche Ideologie*, in: MEW 3, S. 17-77.

44 Marx u. Engels, *Manifest der kommunistischen Partei*, S. 459-493, besonders S. 462-474.

45 Karl Marx, *Grundrisse der Kritik der Politischen Ökonomie. (Rohentwurf 1857-1858)*, Berlin 1974 [1857/1858], S. 375-413.

46 Karl Marx, *Zur Kritik der Politischen Ökonomie*, in: MEW 13, Berlin 1971 [1859], S. 7-11.

können, skizziert Marx die Urbildung des Kapitals und die Entstehung freier Lohnarbeit. Er rekonstruiert zu diesem Zweck die Entwicklungs- und Auflösungsprozesse, die von der *Urgemeinschaft* als reiner Gebrauchswertökonomie zur *bürgerlich-kapitalistischen Gesellschaft* als reiner Tauschwertökonomie führen.

Den komprimiertesten Ausdruck der materialistischen Geschichtsauffassung bietet freilich das *Vorwort zur Kritik der Politischen Ökonomie*. Marx schien das Bedürfnis zu haben, sich und seinen treuen Anhängern wie der leidgeprüften Leserschaft nochmals klarzumachen, warum die kritische Auseinandersetzung mit der Politischen Ökonomie unumgänglich ist, wie sich diese Studien in das *Projekt einer kommunistischen Gesellschaft* und der Revolutionierung gesellschaftlicher Verhältnisse einfügen und wie die Idee des Kommunismus im Geschichtsverlauf selbst anzusiedeln ist. Das Vorwort ist ein bemerkenswertes Zeugnis – zumindest in zweierlei Hinsicht: einerseits ist Marx' Bemühen unverkennbar, die Kontinuität seines Denkens von seiner frühen Auseinandersetzung mit Hegel bis hin zu seinem Studium der Politischen Ökonomie nachzuweisen; andererseits zeigt dieser Text, dass es Marx trotz langjähriger Studien noch immer nicht gelungen war, die *Kritik* der Politischen Ökonomie auf den Punkt zu bringen – das gelingt ihm erst im *Kapital*. Angesichts der Bedeutung des Textes soll er in einem längeren Zitat vorgestellt werden.

Das allgemeine Resultat, das sich mir ergab und, einmal gewonnen, meinen Studien zum Leitfaden diente, kann kurz so formuliert werden: In der gesellschaftlichen Produktion ihres Lebens gehen die Menschen bestimmte, notwendige, von ihrem Willen unabhängige Verhältnisse ein, Produktionsverhältnisse, die einer bestimmten Entwicklungsstufe ihrer materiellen Produktivkräfte entsprechen. Die Gesamtheit dieser Produktionsverhältnisse bildet die ökonomische Struktur der Gesellschaft, die reale Basis, worauf sich ein juristischer und politischer Überbau erhebt, und welcher bestimmte gesellschaftliche Bewußtseinsformen entsprechen. Die Produktionsweise des materiellen Lebens bedingt den sozialen, politischen und geistigen Lebensprozeß überhaupt. Es ist nicht das Bewußtsein der Menschen, das ihr Sein, sondern umgekehrt ihr gesellschaftliches Sein, das ihr Bewußtsein bestimmt. Auf einer gewissen Stufe ihrer Entwicklung geraten die materiellen Produktivkräfte der Gesellschaft in Widerspruch mit den vorhandenen Produktionsverhältnissen oder, was nur ein juristischer Ausdruck dafür ist, mit den Eigentumsverhältnissen, innerhalb deren sie sich bisher bewegt hatten. Aus Entwicklungsformen der Produktivkräfte schlagen diese Verhältnisse in Fesseln derselben um. Es tritt dann eine Epoche sozialer Revolution ein. Mit der Veränderung der ökonomischen Grundlage wälzt sich der ganze ungeheure Überbau langsamer oder rascher um. In der Betrachtung solcher Umwälzungen muß man stets unterscheiden zwischen den materiellen, naturwissenschaftlich treu zu konstatierenden Umwälzungen in den ökonomischen Produktionsbedingungen und den juristischen, politischen, religiösen, künstlerischen oder philosophischen, kurz, ideologischen Formen, worin sich die Menschen dieses Konflikts bewußt werden und ihn ausfechten. Sowenig man das, was ein Individuum ist, nach dem beurteilt, was es sich selbst dünkt, ebensowenig kann man eine solche Umwälzungsepoche aus ihrem Bewußtsein beurteilen, sondern muß vielmehr dies Bewußtsein aus den Widersprüchen des materiellen Lebens, aus dem vorhandenen Konflikt zwischen gesellschaftlichen Produktivkräften und Produktionsverhältnissen erklären. Eine Gesellschaftsformation geht nie unter, bevor alle Produktivkräfte entwickelt sind, für die sie weit genug ist, und neue höhere Produktionsverhältnisse treten nie an die Stelle, bevor die materiellen Existenzbedingungen derselben im Schoß der alten Gesellschaft selbst ausgebrütet worden sind. Daher stellt sich die Menschheit immer nur Aufgaben, die sie lösen kann, denn genauer betrachtet wird sich stets finden, daß die Aufgabe selbst nur entspringt, wo die materiellen Bedingungen ihrer Lösung schon vorhanden oder wenigstens im Prozeß ihres Werdens begriffen sind. In großen Umrissen können asiatische, antike, feudale und moderne bürgerliche Produktionsweisen als progressive Epochen der ökonomischen Gesellschaftsformation bezeichnet werden. Die bürgerlichen Produktionsverhältnisse sind die letzte antagonistische Form des gesellschaftlichen Produktionsprozesses, antagonistisch nicht im Sinn von individuellem Antagonismus, sondern eines aus den gesellschaftlichen Lebensbedingungen der Individuen hervorwachsenden Antagonismus, aber die im Schoß der bürgerlichen Gesellschaft sich entwickelnden Produktivkräfte schaffen zugleich die materiellen Bedingungen zur Lösung dieses Antagonismus. Mit dieser Gesellschaftsformation schließt die Vorgeschichte der menschlichen Gesellschaft ab.[47]

Marx' materialistische Geschichtsauffassung lässt sich in sieben Punkten resümieren. 1. Der Stoff des gesellschaftlichen Verkehrs sind stets die *materiellen Lebensverhältnisse*; diese verweisen im Kapitalismus auf die *Anatomie der bürgerlichen Gesellschaft* und erheben die Politische Ökonomie zur Grundlagenwissenschaft. 2. Die gesellschaftliche Produktion lässt sich aufteilen in die *Pro-*

47 Ebd., S. 8 f.

duktivkräfte einerseits, die *gesellschaftlichen Produktionsverhältnisse* andererseits. Die Produktivkräfte umschreiben stets die Technik im weiteren Sinne, umfassen also die Technologie *und* die Fähigkeiten und Fertigkeiten der Produzenten. Die Produktivkräfte sind die eigentlich treibenden Kräfte der gesellschaftlichen Produktion und schreiben der Gesellschaft das Entwicklungstempo und die Entwicklungsrichtung vor. Sie sind eingebettet in den Rahmen der Produktionsverhältnisse, die, juristisch betrachtet, nichts weiter als die Eigentumsverhältnisse sind. Die Produktionsverhältnisse sagen also etwas über die Art und Weise des gesellschaftlichen Verkehrs aus und charakterisieren die Verteilung der Produktionsmittel, idealtypisch den *Besitz* oder *Nicht-Besitz an Produktionsmitteln* und damit *Kapital* und *Lohnarbeit* oder, von der Warte der Trägergruppen betrachtet, *Bourgeoisie* und *Proletariat.* Zugleich fasst Marx das »Ensemble der gesellschaftlichen Verhältnisse« als *Basis,* die ideologischen Verkehrsformen als *Überbau.* Der Überbau – das sind die politischen, rechtlichen und kulturellen Beziehungen. Die Basis oder ökonomische Struktur stellt das treibende Moment dar, der Überbau das Trägheitsmoment, das mit der ökonomischen Entwicklung meist nicht Schritt hält. 3. charakterisiert Marx das Basis-Überbau-Schema durch die *Dialektik von Sein und Bewusstsein.* Das gesellschaftliche Sein bestimmt das Bewusstsein, nicht umgekehrt. Man darf daher nicht einfach von dem herrschenden Bewusstsein einer Epoche ausgehen, um ihre Lebensverhältnisse zu analysieren; das hieße, die ideologischen Verkehrsformen an die Stelle der tatsächlichen materiellen Lebensverhältnisse zu setzen. Man würde einem Schein aufsitzen und nicht zum Wesen der Gesellschaft vordringen. Dennoch ist das Bewusstsein nicht nur ein Epiphänomen der Gesellschaft, denn der Überbau bestimmt darüber, wie die Gesellschaft sich selbst begreift. 4. tritt der Hiatus zwischen Basis und Überbau, Sein und Bewusstsein immer dann offen zutage, wenn die Produktionsverhältnisse mit der Entwicklung der Produktivkräfte nicht mithalten und, wie Marx es nennt, die Produktionsverhältnisse in eine Fessel für die Produktivkräfte umschlagen. 5. Marx geht davon aus, dass der so gefasste Widerspruch zwischen Produktivkräften und Produktionsverhältnissen notwendig und zwangsläufig zu einem offenen Konflikt treibt und, wie er meint, eine Epoche der sozialen Revolution einleitet. Das Ziel und der Endpunkt einer solchen Revolution ist ein neues

»Gleichgewicht« zwischen Produktivkräften und Produktionsverhältnissen; nach der Logik seiner materialistischen Geschichtsauffassung heißt das, dass eine neue Produktionsweise entsteht und mithin eine neue ökonomische Gesellschaftsformation. 6. Freilich wird eine neue Gesellschaftsformation nur möglich, wenn alle Bedingungen dafür im »Schoße der alten Gesellschaft« ausgebildet sind. Beispielsweise wäre eine sozialistische Revolution nur möglich, wenn in der bürgerlichen Produktionsweise die Produktivkräfte so weit entwickelt sind, dass der Übergang zur sozialistischen Produktionsweise möglich wird. 7. Schließlich unterscheidet Marx asiatische, antike, feudale und bürgerliche Produktionsweisen und setzt diese Produktionsweisen mit der Abfolge von Gesellschaftsformationen gleich. Der Logik von Produktionsweisen entspricht demnach eine historische Abfolge von Gesellschaftsformationen. Entwicklungslogik von Produktionsweisen und Entwicklungsdynamik von Gesellschaftsformationen dürfen also als synonym angesehen werden. Darüber hinaus behauptet Marx, dass asiatische, antike, feudale und bürgerliche Produktionsweisen die Vorgeschichte der Menschheit umschreiben. Diese Vorgeschichte der Menschheit weist zurück auf den natürlichen Ausgangspunkt der Entwicklung der Menschheit, die *Urgemeinschaft*. Und sie deutet prophetisch auf den wahren Beginn der eigentlichen Geschichte hin – die *kommunistische Gesellschaft*, in der auf höherer Stufe der Produktivkraftentwicklung die nicht-entfremdenden Lebensbedingungen der Urgemeinschaft auf höherem Niveau der sozialistischen Gemeinschaft wiederhergestellt werden.

Wir können an dieser Stelle nicht die *Probleme*[48] ausführlich diskutieren, welche die materialistische Geschichtsauffassung mit sich bringt. Es seien nur die wichtigsten kurz genannt. Zunächst wirft die Gleichsetzung von Entwicklungs*logik* von Produktionsweisen und Entwicklungs*dynamik* von Gesellschaftsformationen die schwierige Frage auf, wie einzelne Produktionsweisen einzuordnen sind; z. B. die asiatische Produktionsweise – geht sie notwendig der antiken Produktionsweise voraus, wie das Schema intuitiv nahelegt? Oder kann sie sich durchaus parallel zur antiken Gesellschaftsformation behaupten, was plausibler erscheint, wenn man die Geschichten von Okzident und Orient vergleichend betrachtet.

48 Grundlegend Habermas, *Zur Rekonstruktion des Historischen Materialismus.*

Ferner verleitet die missverständliche Rede von der »Vorgeschichte« zu einer *teleologischen* Geschichtsauffassung, die gar nicht so sehr von der Hegelschen Konstruktion entfernt ist. So wie bei Hegel der Weltgeist in der preußischen Monarchie zu sich selbst findet und zur Ruhe kommt, so scheint bei Marx mit der Verwirklichung der kommunistischen Gesellschaft Ziel- und Endpunkt der menschlichen Geschichte erreicht. Schließlich insinuiert das »Ende der Geschichte« die Vorstellung einer stillgestellten Dialektik, in der alle gesellschaftlichen Kräfte und Verhältnisse zu einer neuen, versöhnlichen Einheit zurückfinden. Alle Gegensätze scheinen aufgehoben, alle Differenzen eingeebnet; stattdessen herrscht die harmonische Eintracht von Produktivkräften und Produktionsverhältnissen, von Entäußerung und Wiederaneignung, von Produktion und Konsum, von Arbeit und Selbstverwirklichung usf. Man hat daher nicht zu Unrecht dieses geschichtsphilosophische Moment des Historischen Materialismus mit der christlichen Heilslehre[49] verglichen. Nach dem Sündenfall, der Auflösung der Urgemeinschaft, durchwandert die Menschheit unter vielen Leiden ein Jammertal – die Vorgeschichte von Klassengesellschaften –, um am Ende doch, nach der Regie eines unsichtbaren Heilsplans, wieder im Garten Eden der sozialistischen Gesellschaft anzukommen; nur mit dem Unterschied zum Christentum, dass es sich dabei um ein Paradies auf Erden handelt. In dieser Lesart, so viel kann man an der Stelle schon resümieren, ist der Historische Materialismus als teleologischer Evolutionismus unhaltbar. Er bewährt sich jedoch durchaus als theoretischer Rahmen für das Studium von Klassengesellschaften wie der kapitalistischen Produktionsweise, der wir uns jetzt zuwenden.

3.6 Die strukturtheoretische Analyse – Kapitalismus und Ausbeutung

Die Kritik der Politischen Ökonomie in Gestalt der Kapitalproduktion und -verwertung bildet das Herzstück der Marxschen Theorie.[50] Was Marx zu zeigen versucht, ist nicht, dass auf der Basis

49 Exemplarisch etwa Karl Löwith, *Weltgeschichte und Heilsgeschehen. Die theologischen Voraussetzungen der Geschichtsphilosophie*, Stuttgart 1953 und ders., *Von Hegel zu Nietzsche*, Zürich, New York 1941.

50 Vgl. Euchner, *Karl Marx*, S. 80.

der materialistischen Geschichtsauffassung sich eine bessere ökonomische Theorie entwickeln lässt, als es der bürgerlichen Wirtschaftslehre möglich war. Vielmehr ist die Kritik der Politischen Ökonomie nur die Grundlage zu einer kritischen Gesellschaftstheorie, mit der man drei Fliegen mit einer Klappe schlagen kann: Zunächst kann man beweisen, dass die sozialistische Wissenschaft besser ist als die bürgerliche Wissenschaft; ferner zeigt sich, dass der wissenschaftliche Sozialismus allen anderen Spielarten eines spekulativen Sozialismus überlegen ist; schließlich, und das ist der wichtigste Punkt, erhält die radikale Gesellschaftskritik, wie wir sie geschildert haben, nicht nur eine theoretische Form, sondern die kritische Gesellschaftstheorie entreißt der bürgerlichen Gesellschaft das Geheimnis der Quellen ihrer Herrschaft und liefert mithin den entscheidenden Ansatzpunkt für eine politisch-revolutionäre, sozialistische Transformationsstrategie.

Dass es Marx keineswegs nur um die Entwicklung einer neuen ökonomischen Theorie zu tun ist, sondern um eine kritische Gesellschaftstheorie, wird deutlich, wenn man einen Blick auf seinen ursprünglichen Arbeitsplan wirft. »Ich betrachte das System der bürgerlichen Ökonomie«, so berichtet Marx im Vorwort *Zur Kritik der Politischen Ökonomie*, »in dieser Reihenfolge: *Kapital, Grundeigentum, Lohnarbeit; Staat, auswärtiger Handel, Weltmarkt.* Unter den drei ersten Rubriken untersuche ich die ökonomischen Lebensbedingungen der drei großen Klassen, worin die moderne bürgerliche Gesellschaft zerfällt; der Zusammenhang der drei andern Rubriken springt in die Augen. Die erste Abteilung des ersten Buchs, das vom Kapital handelt, besteht aus folgenden Kapiteln: 1. die Ware; 2. das Geld oder die einfache Zirkulation; 3. das Kapital im Allgemeinen.«[51]

Unglücklicherweise hat Marx von diesem immensen Arbeitsplan, der das System der bürgerlichen Ökonomen in allen Einzelheiten bloßgelegt hätte, nur den ersten Punkt, das Kapital, behandelt. Grundeigentum, Lohnarbeit, Staat, auswärtiger Handel und Weltmarkt – alle diese Bereiche sind nicht mehr zur Ausführung gelangt. Das ist in dreierlei Hinsicht fatal: Erstens erscheint die Kapitalanalyse als das, was sie ist und doch nicht sein will – ökonomische Analyse, deren Zusammenhang mit den anderen genann-

51 Marx, *Zur Kritik der Politischen Ökonomie*, S. 7.

ten Punkten nicht recht erkennbar wird. Zweitens wird die enge Verbindung zwischen Kapital- und Klassenanalyse auseinandergerissen, und der Zusammenhang zwischen Kapital, Lohnarbeit, Grundeigentum und den drei großen Klassen lässt sich nur noch erahnen. Drittens fällt damit nicht nur die dringend notwendige Analyse des Staates unter den Tisch, so dass die Beziehungen zwischen Ökonomie und Politik beim späten Marx unklar bleiben; vielmehr wird auch die internationale Komponente des Kapitalismus – auswärtiger Handel und Weltmarkt – ausgeblendet; ein Desideratum, das dann von der Imperialismustheorie von Lenin und Rosa Luxemburg bis hin zur Weltsystemtheorie von Wallerstein einzulösen versucht wurde.[52] Kurz und in einem Satz: Wenn wir uns der Strukturanalyse des Kapitalismus zuwenden, muss uns stets klar sein, dass wir nur ein *Fragment* von *der* Analyse vor uns haben, die Marx selbst für nötig gehalten hätte, auch wenn dieses Fragment in drei dicken, schier vor Materialfülle berstenden Bänden des *Kapitals* daherkommt. Es ist dieser fragmentarische Charakter, der bei einem voraussetzungslosen Studium des *Kapitals* dieses Werk für den Betrachter zu einem Buch mit sieben Siegeln macht. Man muss daher Zielsetzung, Vorgehensweise und Anlage dieser Studie rekonstruieren, um so etwas wie einen roten Faden der Analyse zu gewinnen und die Verankerung der Marxschen Politischen Ökonomie im Rahmen seiner kritischen Gesellschaftstheorie nicht gänzlich aus den Augen zu verlieren.

Was ist die *Zielsetzung* des Kapitals? Marx' Ziel ist es, die »Naturgesetze der kapitalistischen Produktion« aufzudecken. »Was ich in diesem Werk zu erforschen habe«, so Marx im »Vorwort« des ersten Bandes vom *Kapital,* »ist die kapitalistische Produktionsweise und die ihr entsprechenden Produktions- und Verkehrsverhältnisse.«[53] Zu diesem Zweck wendet er sich England als der Gesellschaft zu, deren kapitalistische Entwicklung am weitesten fortgeschritten ist. So wie Tocqueville die *Demokratie* in den Vereinigten Staaten von Amerika untersucht, so analysiert Marx den *Kapitalismus* in

52 W. I. Lenin, *Der Imperialismus als höchste Stufe des Kapitalismus. Gemeinverständlicher Abriß*, Berlin 1962 [1917]; Rosa Luxemburg, *Die Akkumulation des Kapitals. Ein Beitrag zur ökonomischen Erklärung des Imperialismus*, Berlin 1913; Immanuel Wallerstein, *The Modern World-System I. Capitalist Agriculture and the Origins of the European World-Economy in the Sixteenth Century*, New York 1974.

53 Marx, *Das Kapital*, Bd. 1, S. 12.

England, um »das ökonomische Bewegungsgesetz der modernen Gesellschaft zu enthüllen«.[54] Denn: »Das industriell entwickeltere Land zeigt dem minder entwickelten nur das Bild der eigenen Zukunft.«[55]

Das *Kapital* ist damit ökonomische Strukturanalyse *und* praktisch folgenreiche Ideologiekritik. Was Marx zu zeigen versucht, sind die typischen *Verkehrungen* in der bürgerlichen Gesellschaft. Er bedient sich dazu einmal mehr der bei Feuerbach entlehnten transformativen Methode. So wie er in seiner Kritik der Hegelschen Staats- und Rechtsphilosophie den Nachweis geführt hatte, dass Hegel am Ende die preußische Monarchie mit dem Selbstbewusstsein des Weltgeistes gleichsetzen muss, so bemüht sich seine Kritik der Politischen Ökonomie aufzuzeigen, dass die politischen Ökonomen die kapitalistische Produktionsweise mit der Wirtschaft schlechthin gleichsetzen. Die Klassiker der Politischen Ökonomie hatten sich in Widersprüche verstrickt, weil sie die *Oberflächenerscheinungen* der bürgerlichen Gesellschaft zur *Natur* der Wirtschaft selbst verklärt hatten. Ihr Augenmerk hatte sich den wahrnehmbaren sozialökonomischen Beziehungen zugewandt: »dem geldvermittelten Warentausch zwischen gleichberechtigten Vertragspartnern (worunter auch der Arbeitsvertrag zwischen Unternehmern und Arbeitern fällt), der Bildung der Warenpreise durch die Konkurrenz sowie den Einkommensarten Unternehmergewinn (Profit), Grundrente und Arbeitslohn, die auf den Produktionsfaktoren Kapital, Boden und Arbeit beruhen«.[56] Diese Oberflächenphänome wie Äquivalententausch, Konkurrenz und die Einkommensarten Profit, Grundrente und Lohn sind jedoch nur Ausdruck der Kerngestalt und Grundstruktur modernen Wirtschaftens: der gesellschaftlichen Kapitalproduktion und -verwertung, die auf gesellschaftlicher Produktion bei privater Aneignung beruhen und die Ausbeutung der Arbeiterklasse bedingen. Was die Klassiker der Politischen Ökonomie als *natürlich* ansehen, ist also in Wirklichkeit ein *gesellschaftlicher Prozess*. Als gesellschaftliche Prozesse unterliegen die Produktions- und Verkehrsformen historischem Wandel – der gesellschaftliche Prozess im Kapitalismus *ist* so, aber er *muss* nicht immer so sein und kann – mit Willen und

54 Ebd., S. 15 f.

55 Ebd., S. 12.

56 Euchner, *Karl Marx*, S. 82.

Bewusstsein – geändert werden. Diese prinzipielle *Wandelbarkeit* der kapitalistischen Produktionsweise unterstreicht Marx gleich zu Beginn seiner Untersuchung: »Es sind dies Zeichen der Zeit, die sich nicht verstecken lassen durch Purpurmäntel oder schwarze Kutten. Sie bedeuten nicht, dass morgen Wunder geschehen werden. Sie zeigen, wie selbst in den herrschenden Klassen die Ahnung aufdämmert, dass die jetzige Gesellschaft kein fester Kristall, sondern ein umwandlungsfähiger und beständig im Prozeß der Umwandlung begriffener Organismus ist.«[57]

Wie geht Marx vor? Wie legt er seine Studien im *Kapital* an? Um »das ökonomische Bewegungsgesetz der modernen Gesellschaft zu enthüllen«, untersucht Marx in erster Linie die Kerngestalt und Grundstruktur des Kapitalismus und zeigt die Vermittlung zwischen Kerngestalt und den ökonomischen Phänomenen der Oberfläche auf. Das beweist sein Rückblick im dritten Band des *Kapitals* auf den Gang der Untersuchung:

> Im ersten Buch wurden die Erscheinungen untersucht, die der kapitalistische *Produktionsprozeß*, für sich genommen, darbietet, als unmittelbarer Produktionsprozeß, bei dem noch von allen sekundären Einwirkungen ihm fremder Umstände abgesehen wurde. Aber dieser unmittelbare Produktionsprozeß erschöpft nicht den Lebenslauf des Kapitals. Er wird in der wirklichen Welt ergänzt durch den *Zirkulationsprozeß*, und dieser bildet den Gegenstand der Untersuchungen des zweiten Buchs. Hier zeigte sich, [...] daß der kapitalistische Produktionsprozeß, im ganzen betrachtet, Einheit von Produktions- und Zirkulationsprozeß ist.

Im dritten Buch hingegen galt es,

> die konkreten Formen aufzufinden und darzustellen, welche aus dem *Bewegungsprozeß des Kapitals, als Ganzes betrachtet*, hervorwachsen. [...] Die Gestaltungen des Kapitals, wie wir sie in diesem Buch entwickeln, nähern sich also schrittweise der Form, worauf sie auf der Oberfläche der Gesellschaft, in der Aktion der verschiedenen Kapitale aufeinander, der Konkurrenz, und im gewöhnlichen Bewußtsein der Produktionsagenten selbst auftreten.[58]

Produktionsprozess, Zirkulationsprozess und der Gesamtprozess der kapitalistischen Produktion bilden die Einzelschritte der Untersuchung und entsprechen der Einteilung in drei Bände. Wir

57 Marx, *Das Kapital*, Bd. 1, S. 16.
58 Marx, *Das Kapital*, Bd. 3, S. 33.

können die Schritte nicht im Einzelnen verfolgen – das würde den Rahmen sprengen. Vielmehr soll nur der allgemeine Gang der Untersuchung vergegenwärtigt werden, um zu demonstrieren, dass Marx erst in seiner Kritik der Politischen Ökonomie das Unbehagen am modernen Kapitalismus, das schon in den Frühschriften, vor allem den *Ökonomisch-philosophischen Manuskripten*, zum Ausdruck kommt, im *Kapital* theoretisch auf den Begriff bringt.

Ausgangspunkt seiner Untersuchung ist die Beobachtung, dass der Reichtum der modernen Gesellschaften als »ungeheure Warensammlung« erscheint. Sein Augenmerk richtet sich daher zuerst auf die Grundeinheit der *Ware* und das Verhältnis von Ware und Geld. Wodurch wird eine Ware bestimmt? Zunächst ist eine Ware ein nützliches Ding mit *Gebrauchswert*. In der arbeitsteiligen, bürgerlichen Ökonomie werden Waren jedoch produziert, um von demjenigen, der sie benötigt, durch Austausch einen Gegenwert zu bekommen. Das macht den *Tauschwert* einer Ware aus. Eine Ware ist also immer zweifach bestimmt: durch ihren Gebrauchswert *und* ihren Tauschwert.

Nach ihrem Gebrauchswert sind die Waren höchst unterschiedlich, während sie nach ihrer abstrakten Eigenschaft, Tauschwert zu besitzen, gleich sind. Was macht den gemeinsamen Nenner des Tauschwerts aller Waren aus? Marx zufolge ist es die Tatsache, Produkt von *Arbeit*, also Arbeitsprodukt zu sein. Er vertieft diese Einsicht, indem er eine Unterscheidung einführt, die Gebrauchs- und Tauschwert analog ist: die Unterscheidung von nützlicher, *konkreter Arbeit* und *abstrakter Arbeit*. Wenn eine Schneiderei ein Kleid herstellt, so ist dies konkrete Arbeit mit Gebrauchswert. Betrachtet man die Kleiderproduktion eines Landes, so richtet sich das Augenmerk auf die abstrakte Arbeit, die Verausgabung von »Hirn, Muskel, Nerv, Hand«.[59] Die Gleichheit der Tauschwerte besteht in der auf ihre Produktion verwendeten abstrakten, qualitätslosen Arbeit, da nur sie in Zeitanteilen gemessen werden kann. Marx schließt daraus, dass die durchschnittlich notwendige *Arbeitszeit*, die zur Produktion einer Ware verausgabt wird, ihren Wert bestimmt. Der Wert einer Ware, ihr Tauschwert, bemisst sich also nach der in sie eingegangenen, durchschnittlichen notwendigen Arbeitszeit.

Nun darf man diese Behauptung nicht so verstehen, als ob

59 Marx, *Das Kapital*, Bd. 1, S. 58.

im Tausch jedes Mal die durchschnittlich notwendige Arbeitszeit zweier Waren verglichen wird. Vielmehr drückt sich der Wert einer Ware in ihrem Preis aus, der in Geldgrößen gefasst wird. Das *Geld* ist nach Marx selbst eine Ware, welche den Wert aller anderen Waren materiell ausdrückt. Das Geld ist also das notwendige Zwischenglied jedes Warentausches. Die Waren drücken im Geld ihren Tauschwert aus.

> Das Geheimnisvolle der Warenform besteht also einfach darin, dass sie den Menschen die gesellschaftlichen Charaktere ihrer eignen Arbeit als gegenständliche Charaktere der Arbeitsprodukte selbst, als gesellschaftliche Natureigenschaften dieser Dinge zurückspiegelt, daher auch das gesellschaftliche Verhältnis der Produzenten zur Gesamtarbeit als ein außer ihnen existierendes gesellschaftliches Verhältnis von Gegenständen. [...] Es ist nur das bestimmte gesellschaftliche Verhältnis der Menschen selbst, welches hier für sie die phantasmagorische Form eines Verhältnisses von Dingen annimmt.[60]

Marx nennt dies den »Fetischcharakter der Warenwelt«.[61] Dieser *Fetischismus* resultiert daraus, dass die bürgerliche Produktionsweise des Kapitalismus ein *verkehrtes Bild* der Wirtschaft an ihrer gesellschaftlichen Oberfläche erzeugt. Was ein sozialer Prozess ist, gesellschaftliche Produktion bei privater Aneignung, erscheint als natürlicher Prozess alles Wirtschaftens. Wie heute wird Kapitalismus mit Wirtschaft schlechthin gleichgesetzt.

Marx glaubt in seiner Warenanalyse bereits die Kerngestalt des Kapitalismus herausgearbeitet zu haben: »die Warenform des Arbeitsprodukts oder die Wertform der Ware« als »die ökonomische Zellenform« der bürgerlichen Produktionsweise.[62] Gerade weil er diesem ersten Abschnitt über Ware und Geld, aus dem sich alle weiteren Bestimmungen des Kapitalismus ableiten lassen sollen, so enorme Bedeutung beimisst, hat dieses komplizierte Kapitel bis auf den heutigen Tag mannigfache Interpretationen und lebhafte Kontroversen[63] ausgelöst.

60 Ebd., S. 86.

61 Ebd., S. 87.

62 Ebd., S. 12.

63 Basal Helmut Reichelt, *Zur logischen Struktur des Kapitalbegriffs bei Karl Marx*, Frankfurt/M. 1968; ders., *Neue Marx-Lektüre. Zur Kritik sozialwissenschaftlicher Logik*, Hamburg 2008; Michael Heinrich, *Kritik der Politischen Ökonomie – eine*

Dennoch ist die Warenanalyse als *pars-pro-toto*-Charakterisierung des Kapitalismus nur die Vorstufe für das Herzstück der Untersuchung: die Bestimmung von *Lohnarbeit* und *Kapital*. Marx versucht in den nächsten Schritten aufzuzeigen, wie aus dem Geld- und Warenverkehr Kapital entspringen kann. Kapital kann man als Ressource ansehen, die mit der Absicht eingesetzt wird, ihren Wert zu erhöhen bzw. Mehrwert zu bilden. Da am Markt durchschnittlich Äquivalententausch herrscht, muss die Vergrößerung der investierten Wertsumme auf einer eingetauschten Ware beruhen, welche »die eigentümliche Beschaffenheit besäße, Quelle von Wert zu sein [...]. Und der Geldbesitzer findet auf dem Markt eine solche spezifische Ware vor – das Arbeitsvermögen oder die Arbeitskraft.« Was versteht Marx darunter? »Unter Arbeitskraft oder Arbeitsvermögen verstehen wir den Inbegriff der physischen und geistigen Fähigkeiten, die in der Leiblichkeit, der lebendigen Persönlichkeit eines Menschen existieren und die er in Bewegung setzt, sooft er Gebrauchswerte irgendeiner Art produziert.«[64]

Die Menschen, die nichts als ihre Arbeitskraft besitzen, sind die *Proletarier*. Der moderne Arbeiter ist in *dem* Doppelsinne frei, »dass er als freie Person über seine Arbeitskraft als *seine* Ware verfügt, daß er andererseits andre Waren nicht zu verkaufen hat, los und ledig, frei ist von allen zur Verwirklichung seiner Arbeitskraft nötigen *Sachen*«.[65]

Worin besteht das Geheimnis der Ware Arbeitskraft, mehr Wert zu schaffen? Marx arbeitet mit folgendem Beispiel: Man stelle sich, dass ein Arbeiter sechs Stunden pro Tag arbeiten muss, um die Lebensmittel zu seiner eigenen Reproduktion zu erzeugen. Tatsächlich arbeitet er aber zwölf Stunden. Die zweite Hälfte des Arbeitstages – die sogenannte *Surplusarbeitszeit* im Gegensatz zur *reproduktionsnotwendigen Arbeitszeit* – wird vom Kapitalisten angeeignet. Die unbezahlte Mehrarbeit schafft den Mehrwert. Mehrwertproduktion zieht zwangsläufig *Ausbeutung* oder *Exploitation*

Einführung, Stuttgart 2004; ders., *Die Wissenschaft vom Wert. Die Marxsche Kritik der politischen Ökonomie zwischen wissenschaftlicher Revolution und klassischer Tradition*, Münster 2001; Wolfgang Fritz Haug, *Vorlesungen zur Einführung ins »Kapital«*, Köln 1974; ders. (Hg.), *Historisch-kritisches Wörterbuch des Marxismus*, 15 Bde., Hamburg 1994 ff.

64 Marx, *Das Kapital*, Bd. 1, S. 181.

65 Ebd., S. 183.

nach sich. Warum? Nach dem Prinzip des Äquivalententausches wird im *Arbeitsvertrag* festgelegt, dass Arbeitskraft gegen Arbeitslohn getauscht wird; mithin wird unterstellt, dass die gesamte Arbeitsleistung des Arbeiters bezahlt wird; in Wirklichkeit jedoch ist das nicht der Fall. Die Diskrepanz zwischen dem Prinzip des Äquivalententausches und der tatsächlichen Unternehmerpraxis bezeichnet Marx als Ausbeutung.

Um dieses einfache Beispiel zu vertiefen, unterscheidet Marx zwei Arten der Mehrwertproduktion: die Produktion des *absoluten* und *relativen* Mehrwerts. Angenommen, die notwendige Arbeitszeit sei konstant (6 Stunden), die Surplusarbeitszeit variabel. Unter dieser Prämisse kann der Kapitalist in dem Maße seinen Mehrwert erhöhen, wie er den Arbeitstag verlängert. Denn: Je länger der Arbeitstag, desto größer die Mehrarbeit. Diese Produktion des *absoluten Mehrwerts* ist jedoch beschränkt durch den kollektiven Widerstand der Arbeiter, wie Marx am *Kampf um den Normalarbeitstag* demonstriert.

Typisch für die kapitalistische Produktionsweise ist daher die Produktion des *relativen Mehrwerts*. In diesem Falle ergibt sich das Wachstum der Mehrwertproduktion aus der Verkürzung der notwendigen Arbeitszeit, die möglich wird, wenn die *Produktivkraft* der Arbeit durch neue Technologien verbessert wird. Das hat zur Konsequenz, dass die Arbeitskraft billiger wird. Um diesen Zusammenhang im Einzelnen zu veranschaulichen, untersucht Marx die Produktionsmethoden des relativen Mehrwerts. Er studiert die *Kooperation*, die *Manufaktur*, die *große Industrie* und die *Fabrik*. In allen diesen *Formen der Arbeitsteilung*, so Marx, wird die Ausbeutung verschärft. So wird die kombinierte Arbeitskraft nicht bezahlt, weil nur der einzelne Arbeiter entlohnt wird. Ferner haben diese neuartigen Formen der Arbeitsteilung die Intensivierung der Arbeit, die Verdichtung der Arbeitszeit und den breiten Einsatz von Frauen- und Kinderarbeit zur Folge.

Diese Methoden der Mehrwertproduktion, die in den neuen Formen der Arbeitsteilung zum Ausdruck kommen, ziehen nicht nur eine verschärfte Ausbeutung der Arbeiter nach sich. Sie verändern auch in folgenreicher Weise das Verhältnis von *toter Arbeit* und *lebendiger Arbeitskraft*. Als tote Arbeit bezeichnet Marx die Maschinen und Arbeitsmittel, die das Produkt lebendiger Arbeitskraft sind. Nach seiner Auffassung steuert nur die lebendige Arbeitskraft zur

Wertschöpfung bei. Die wachsende Disproportionalität zwischen toter und lebendiger Arbeit verändert das Verhältnis von *konstantem* und *variablem Kapital*, die Marx auch die *organische Zusammensetzung des Kapitals* nennt. Als konstantes Kapital fasst Marx die Investition in Produktionsmittel, da diese ihre Wertgröße im Produktionsprozess selbst nicht verändern; als variables Kapital bezeichnet er die eingesetzte Arbeitskraft, die im Produktionsprozess ihren Wert erhöht. Das Kapital C setzt sich also zusammen aus konstantem Kapital c und variablem Kapital v; der Wert der produzierten Ware lässt sich auf die Formel bringen: W = c + v + m (m = Mehrwert).

Die Veränderung in der organischen Zusammensetzung des Kapitals zieht *paradoxe Folgen* nach sich. Der wachsende Einsatz von Maschinerie – die Steigerung von c – bedingt die Reduktion von v – den Einsatz von Arbeitskraft. Diese Veränderung bringt unerwünschte Effekte für Kapital und Arbeit mit sich. Für das *Kapital*: Einerseits soll der höhere Aufwand für das konstante Kapital die notwendige Arbeitskraft verkürzen und so den Mehrwert erhöhen; andererseits verkleinert er den Einsatz von lebendiger Arbeitskraft, die allein mehrwertschöpfend sein soll. Für die *Arbeit*: Der geringe Einsatz von Arbeitskraft trägt zu technologisch bedingter *Arbeitslosigkeit* bei und drängt immer mehr Arbeiter in die *industrielle Reservearmee* ab. »Mit der durch sie selbst produzierten Akkumulation des Kapitals«, so Marx, »produziert die Arbeiterbevölkerung also in wachsendem Umfang die Mittel ihrer eignen relativen Überzähligmachung. Es ist dies ein der kapitalistischen Produktionsweise eigentümliches Populationsgesetz [...].«[66]

Die fatalen Folgen, die aus der Veränderung der organischen Zusammensetzung des Kapitals resultieren, bestätigen in Marx' Augen nur den *Grundwiderspruch* der kapitalistischen Produktionsweise: die gesellschaftliche Produktion einerseits, die private Aneignung andererseits. In diesem Fall kommt der Grundwiderspruch zum Ausdruck in der parallelen *Überproduktions- und Unterkonsumtionskrise*: Die geschilderten Methoden zur Steigerung der Mehrwertproduktion führen zwar zu einem Wachstum des Güterausstoßes, der aber angesichts des Drucks auf die Arbeiterlöhne und der sich vergrößernden industriellen Reservearmee keine Abnehmer findet. Diese endemische Systemkrise des Kapitalismus – Überproduktion

66 Ebd., S. 660.

und Unterkonsumtion –, das hat schon die vereinfachte Analyse der Gesetze der kapitalistischen Warenproduktion gezeigt, verweist zugleich auf den *Handlungskonflikt zwischen Kapital und Lohnarbeit*: den Widerspruch zwischen Bourgeoisie und Proletariat.

Diese Einsichten vertieft Marx im zweiten Band – der Analyse des Zirkulationsprozesses – und dem dritten Band – der Untersuchung des gesamtgesellschaftlichen Produktionsprozesses. Vor allem im dritten Band versucht Marx mit dem *Gesetz des tendenziellen Falls der Profitrate* eine Formel zu finden, welche die unvermeidliche Krisenanfälligkeit des Kapitalismus verbindlich auf den Begriff bringt. Durch Einbeziehen der *Konkurrenz* zwischen den Kapitalisten, also durch Einschluss der sogenannten Oberflächenbeziehungen, geht er den Strategien der Unternehmer nach, Profit zu erwirtschaften. In der Unternehmerpraxis wird die organische Zusammensetzung des Kapitals – also c + v – zum *Kostpreis k* einer Ware zusammengefasst, der vorgeschossen wird, um den Profit p zu erzeugen. Aus der ursprünglichen Formel W = c + v + m wird damit W = k + p. Zudem orientiere sich der Kapitalist weniger an der Mehrwertrate m/v, welche das Verhältnis von Mehrwert zum variablen Kapital und zugleich den Exploitationsgrad der Arbeit markiert; vielmehr sei für ihn maßgebend die *Profitrate* m/(c + v) = m/C, die das Verhältnis von Mehrwert und dem gesamten investierten Kapital bezeichnet.

Marx geht davon aus, dass ein Unternehmen mehrere Produktionsbereiche besitzt, die unterschiedliche Profitraten abwerfen. Der Kapitalist wird den durchschnittlichen Profit errechnen und ihn dem Kostpreis zuschlagen. Daraus resultiert der *Produktionspreis*, den der Kapitalist auf alle Fälle erhalten will. Was für ein Unternehmen mit verschiedenen Produktionsbereichen gilt, trifft auch auf die unterschiedlichen Produktionszweige eines ganzen Landes zu. Es ist also möglich, eine allgemeine Profitrate zu bilden. In seinem Gesetz des tendenziellen Falls der Profitrate glaubt Marx, zeigen zu können, dass die geänderte organische Zusammensetzung des Kapitals und mithin das Verhältnis von toter und lebendiger Arbeit zwangsläufig eine kontinuierliche Verringerung der Profitrate nach sich ziehen. Marx unterbreitet ein einfaches Rechenexempel. Angenommen, das variable Kapital sei 100 Pfund und der produzierte Mehrwert ebenfalls 100 Pfund, dann ergeben sich durch Variationen im konstanten Kapital ebenso Variationen in der Profitrate:

Wenn c = 50, v = 100, so ist p' = 100/150 = 66,66 %
Wenn c = 100, v = 100, so ist p' = 100/200 = 50 %
Wenn c = 200, v = 100, so ist p' = 100/300 = 33,33 %
Wenn c = 300, v = 100, so ist p' = 100/400 = 25 %
Wenn c = 400, v = 100, so ist p' = 100/500 = 20 %

Freilich gibt es Tendenzen, welche dem allgemeinen Gesetz entgegenwirken. Marx nennt im Einzelnen: 1. Die Erhöhung des Exploitationsgrades der Arbeit; 2. die Herabdrückung des Arbeitslohnes unter seinen Existenzwert; 3. die Verbilligung der Elemente des konstanten Kapitals; 4. die relative Überbevölkerung; 5. der auswärtige Handel; 6. die Zunahme des Aktienkapitals.

Trotz dieser Gegentendenzen ist Marx überzeugt, dass sich der tendenzielle Fall der Profitrate abzeichnet und sich daraus die bereits genannte Krise von Überproduktion und Unterkonsumtion ergibt. Vor allem durch die *Konzentration und Zentralisation des Kapitals* wachse die Produktivkraft schneller als die Bevölkerung, so dass die Kapitalakkumulation keine Verwertung finden könne. Daraus resultieren die periodisch wiederkehrenden Krisen. Für Marx steht fest,

> daß im Maße wie Kapital akkumuliert, die Lage des Arbeiters, *welches immer seine Zahlung*, hoch oder niedrig, sich verschlechtern muß. Das Gesetz [...], welches die *relative Überbevölkerung* oder *industrielle Reservearmee stets mit Umfang und Energie der Akkumulation in Gleichgewicht hält*, schmiedet den Arbeiter fester an das Kapital als den Prometheus die Keile des Hephaestos an den Felsen. Es bedingt eine der *Akkumulation von Kapital* entsprechende *Akkumulation von Elend*. Die Akkumulation von Reichtum auf dem einen Pol ist also zugleich Akkumulation von Elend, Arbeitsqual, Sklaverei, Unwissenheit, Brutalisierung und moralischer Degradation auf dem Gegenpol, d. h. auf der Seite der Klasse, die ihr eigenes Produkt als Kapital produziert.[67]

Ähnlich wie im ersten Kapitel über den Fetischcharakter der Warenwelt, so kehrt Marx auch im letzten Kapitel des dritten Bandes zur gesellschaftstheoretischen und ideologiekritischen Dimension seiner Strukturanalyse des Kapitals zurück. Er bezeichnet dort die drei Einkommensquellen der modernen Gesellschaft – Kapital-Profit, Boden-Grundrente, Arbeit-Lohn – als »trinitarische Formel«.

67 Ebd., S. 675.

Im Kapital – Profit oder noch besser Kapital – Zins, Boden – Grundrente, Arbeit – Arbeitslohn, in dieser ökonomischen Trinität als dem Zusammenhang der Bestandteile des Werts und des Reichtums überhaupt mit seinen Quellen ist die Mystifikation der kapitalistischen Produktionsweise, die Verdinglichung der gesellschaftlichen Verhältnisse, das unmittelbare Zusammenwachsen der stofflichen Produktionsverhältnisse mit ihrer geschichtlich-sozialen Bestimmtheit vollendet: die verzauberte, verkehrte und auf den Kopf gestellte Welt, wo Monsieur le Capital und Madame la Terre als soziale Charaktere, und zugleich unmittelbar als bloße Dinge ihren Spuk treiben.[68]

3.7 Die Klassentheorie als handlungstheoretische Basis der ökonomischen Krisentheorie

Wie im Falle des historischen Materialismus hat Karl Marx auch keine Klassentheorie ausgearbeitet. Sicher: Das *Klassenkampf-Paradigma* spielt in seiner Gesellschaftstheorie eine entscheidende Rolle, wie die Analyse des *Kommunistischen Manifests* zweifelsfrei erwiesen hat. Doch tiefer ansetzende Überlegungen zur Rolle von Klassen in Geschichte und Gesellschaft und eine theoretische oder doch wenigstens analytische Grundlegung hat er nicht vorgenommen. Marx schien es einfach auf der Hand zu liegen, dass Klassen die geschichtsmächtigen Akteure sind, die für Wandel *in* und die Transformation *von* Gesellschaften sorgen. Wenn etwas so klar ist, warum dann noch weitergehende theoretische Investitionen tätigen, wo doch viele wichtigere Fragen anstehen wie die nach der Funktionsweise des Kapitalismus und den Gesetzen der Politischen Ökonomie. Erst wenn man die *Systemlogik* verstanden hat, kann man sich der *Handlungslogik* zuwenden. Erst kommen die Gesetze der kapitalistischen Produktionsweise, dann die Gesetzmäßigkeiten der proletarischen Handlungs- und Lebensweise.

Das mag erklären, warum Marx einem, wenn nicht *dem* Herzstück seiner Gesellschaftstheorie vergleichsweise wenig theoretische Aufmerksamkeit geschenkt hat. So kommt der Begriff häufig vor, aber es gibt eigentlich nur drei Stellen, die analytisch wirklich ergiebig sind.

68 Marx, *Das Kapital*, Bd. 3, S. 838.

1. *Das Kommunistische Manifest* (1848): Wie gesehen, gehen Marx und Engels hier angesichts der bevorstehenden 48er-Revolution davon aus, dass das Proletariat seine geschichtsmächtige Mission erfüllen und nach der bürgerlichen noch eine sozialistische Revolution machen wird. Das *Manifest* präsentiert das »klassentheoretische Kernmodell«, den revolutionären Klassenkampf von Bourgeoisie und Proletariat, somit die Dichotomie von Herrschenden und Beherrschten. Wir wollen diese Überlegungen als das *dichotome Kernmodell*[69] bezeichnen.

2. *Der achtzehnte Brumaire des Louis Bonaparte* (1852): In dieser historischen Analyse verfeinert Marx seine Untersuchung der *Klassenkämpfe in Frankreich* und schildert das Auf und Ab in der ersten Hälfte des 19. Jahrhunderts. Hier gibt es wesentlich mehr als zwei Klassen, und im Mittelpunkt steht der Klassenkampf zwischen Klassen und Klassenfraktionen. Wir wollen dies als Marx' *historisches Analysemodell* bezeichnen.

3. *Das Fragment über Klass*en, Bd. 3 von *Das Kapital* (1894): Tatsächlich unternimmt Marx, wenn auch spät, einen Anlauf, die Klassenfrage analytisch endgültig zu klären. Unglückseligerweise bricht das Manuskript nach anderthalb Seiten ab. Allerdings, und das macht die Sachlage äußerst delikat und kompliziert, entwirft Marx hier ein Drei-Klassen-Modell je nach den Revenue-Quellen: Boden-Grundrente, Kapital-Zins, Arbeit-Lohn. Marx nennt diese Trias die trinitarische Formel. Folglich kann man die dritte Vorstellung das *trichotomische Klassenmodell* nennen, das aber unausgearbeitet bleibt.

Drei zentrale Quellen in Marx' Werk und drei unterschiedliche Ansätze? Gibt es also nicht einen, sondern drei Anläufe zur Klassentheorie bei Marx? Gemeinhin wird meist nur das *Kommunistische Manifest* gelesen – zu Recht, dürfte das doch der berühmteste Text aus der Feder von Marx und Engels sein. Daraus entsteht jedoch unwillkürlich die Auffassung, Marx habe nur ein dichotomes Modell gekannt. Aber was ist dann mit den beiden anderen Versionen? Und wie muss man das Verhältnis zwischen den drei Anläufen und Variationen zur Klassenbegrifflichkeit verstehen?

69 So auch Anthony Giddens, *Die Klassenstruktur fortgeschrittener Gesellschaften*, Frankfurt/M. 1979, S. 25-45. Zur Diskussion von Giddens' Rekonstruktion der Marxschen Klassentheorie siehe Hans-Peter Müller, *Sozialstruktur und Lebensstile*, Frankfurt/M. 1992, S. 196-237, vor allem S. 230.

Zur Beantwortung diese Fragen muss zunächst überlegt werden, wie sich aus Marxens Gesamtwerk so etwas wie eine Klassentheorie gewinnen lässt. Wir folgen dabei der Standardargumentation in der einschlägigen Diskussion.[70] Sodann soll diese Standardversion kritisiert werden, um die wichtigsten Schwachstellen im Herzstück von Marxens Gesellschaftstheorie zu benennen. Sie zeigen, warum die Übersetzung des ökonomischen Widerspruchs in revolutionären Klassenkampf, von der Systemlogik des Kapitalismus in die Handlungslogik der Klassen, wesentlich komplexer und komplizierter sich darstellt, als es sein theoretischer Ansatz vorsieht. Schließlich wenden wir uns seiner historischen Analyse zu, wie er sie im berühmten *Achtzehnten Brumaire* vorgelegt hat, der selbst einige der notorischen Schwierigkeiten in dem Verhältnis von Kapitalismus und Klasse herausarbeitet. Marx, der Historiker, ist wesentlich genauer und detailverliebter als Marx, der Gesellschaftstheoretiker. Wenn man eine berühmte Unterscheidung von Max Weber[71] bemühen wollte, könnte man sagen, der »Stoffhuber« Marx ist wesentlich präziser als der »Sinnhuber« Marx.

Einfach ist es nicht, in wenigen Grundzügen Marxens Klassentheorie – abgetrennt zu analytischen Zwecken vom Rest des Werkes – darzustellen. Marxens Erkenntnistheorie ist auf die Praxis und damit auf die Veränderung der Gesellschaft gerichtet. D. h., er verfolgt keine statische Analyse, sondern geht von einer evolutionären Entwicklung der Gesellschaft aus. Wie seine Überlegungen zum Historischen Materialismus gezeigt haben, unterscheidet er verschiedene Gesellschaftsformationen und Produktionsweisen (asiatische, antike, feudale, kapitalistische etc.) mit Hilfe von Produktionsweise, Verkehrsform, Produktivkräften und Produktionsverhältnissen. Eingebettet in diese gesellschaftlichen Konstellationen und ihren Wandel ist das transformatorische Subjekt bzw. Medium: das Sub-

70 Vgl. Georg Lukács, *Geschichte und Klassenbewußtsein*, S. 119-169; Theodor Geiger, *Die Klassengesellschaft im Schmelztiegel*, Köln, Hagen 1949; Ralf Dahrendorf, *Class und Class Conflict in Industrial Society*, London, Henley 1959; Stanislaw Ossowski, *Klassenstruktur im sozialen Bewußtsein*, Neuwied, Berlin 1962; Michael Mauke, *Die Klassentheorie von Marx und Engels*, Frankfurt/M. 1970; Anthony Giddens, *Die Klassenstruktur*; Jon Elster, *Making Sense of Marx*, S. 318-387; Eric Olin Wright, *Classes*, London 1985; ders., *Class Counts. Comparative Studies in Class Analysis*, Cambridge 1997; ders. (Hg.), *Approaches to Class Analysis*, Cambridge 2005.

71 Vgl. Max Weber, *Gesammelte Aufsätze zur Wissenschaftslehre*, S. 214.

jekt der sozialen Klassen bzw. das Medium des Klassenkampfes. Es ist gleichsam die »black box« zwischen Struktur und Handeln.

Aus diesen Überlegungen ergibt sich, dass der Marxsche Klassenbegriff die wesentlichen sozialen Triebkräfte der gesellschaftlichen Veränderung zu erfassen sucht. In Anlehnung an Lenin kann man als Kriterien für Klassenzugehörigkeit unterscheiden:

- der Platz in einem geschichtlich bestimmten System der gesellschaftlichen Produktion;
- das Verhältnis zu den Produktionsmitteln;
- die Rolle in der gesellschaftlichen Organisation der Arbeit; und damit
- die Art der Erlangung und die Größe des Anteils am gesellschaftlichen Reichtum;
- eine Klasse kann sich die Arbeit der anderen Klasse aneignen.[72]

Wie kommt es zur *Entstehung von Klassengesellschaften*? Solange die gesellschaftliche Produktion nur ein *notwendiges Produkt* hervorbringt, ist die relative Gleichverteilung von Macht wahrscheinlich. In Jäger- und Sammlergesellschaften etwa, in der die Frauen Beeren und Wurzeln sammeln und die Männer das Wild jagen, werden die bescheidenen »Produktionserfolge« durch Sammlung und Jagd relativ egalitär verteilt. Erst mit dem *Mehrprodukt* entsteht das Systemproblem von Ungleichheit: »Wer bekommt was, wie und warum?« Das ist die Grundfrage aller sozialen Ungleichheit, gleichgültig welche Formen man betrachtet. Die Verteilung des »Überschusses« bietet die strategische Möglichkeit asymmetrischer Machtverteilung. Wer die Verteilungsentscheidungen treffen darf, der hat die Macht und gewinnt auf diese Weise eine Herrschaftsposition. Eine auf Dauer gestellte asymmetrische Machtverteilung bedingt eine Klassengesellschaft.

72 W. I. Lenins berühmte Definition im Wortlaut: »Klassen heißen große Gruppen von Menschen, die sich durch ihren Platz in einem historisch bestimmten System der gesellschaftlichen Produktion unterscheiden, durch ihre (meist in Gesetzen erhärteten und festgelegten) Beziehungen zu den Produktionsmitteln, durch ihre Rolle in der gesellschaftlichen Organisierung der Arbeit und folglich in den Methoden zum Erwerb und in dem Ausmaß der Teile an gesellschaftlichem Reichtum, über die sie verfügen. Die Klassen sind solche Gruppen von Menschen, deren eine sich die Arbeit der anderen aneignen kann, dank des Unterschieds in den Plätzen, die sie in einer bestimmten Ordnung der gesellschaftlichen Wirtschaft einnehmen.« Hier zit. nach Ossowski, *Klassenstruktur im sozialen Bewußtsein*, S. 95, Fn. 1.

Die partikulare Aneignung des Mehrprodukts durch eine herrschende Klasse ist Marx zufolge *historisch notwendig*, denn nur sie erlaubt die Akkumulation und Konzentration von Kapital. Werden die Ressourcen so »in einer Hand« gebündelt, wird die »herrschende Hand« alles daransetzen, die Produktionsmittel zu vermehren und Reichtümer anzuhäufen. Es gibt also einen Anreiz zur Entwicklung der Produktivkräfte durch die wachsende Arbeitsteilung, durch die Differenzierung von geistiger und körperlicher Arbeit und durch die Trennung von Stadt und Land. Auf dem Land hat man *Natur*, aber in der Stadt gewinnt man *Fortschritt*.

Wie muss man sich nun die *Dynamik der Klassengesellschaft* vorstellen? In der analytischen Sprache von heute kann man zwischen System- und Handlungsebene unterscheiden. Das *System* oder in Marxens Diktion die »Gesetzmäßigkeiten der kapitalistischen Produktionsweise« leiden unter dem *Widerspruch zwischen Produktivkräften und Produktionsverhältnissen*. Man könnte diesen Part auch als sein *generelles evolutives Modell* bezeichnen, geht es hier doch um die Abfolge von Produktionsweisen und Gesellschaftsformationen. Einem bestimmten Entwicklungsstand der Produktivkräfte entsprechen bestimmte Produktionsverhältnisse. Die dynamische Struktur der Produktivkräfte gerät jedoch auf einer gewissen Stufe der Entwicklung in Widerspruch zu den überkommenen Produktionsverhältnissen. Um diese Verschiebung vom Gleichgewicht zum »Widerspruch« zu verstehen, sind folgende Überlegungen maßgeblich: Die Kapitalisten stehen auf dem Markt in scharfem Konkurrenzkampf zu- und miteinander. Sie nutzen alle Mittel, Wege und Möglichkeiten, um ihre Konkurrenten auszuschalten und um einen höheren Marktanteil zu erlangen, der weiteres Größenwachstum ermöglicht. Zu diesen Mitteln gehören »Preiskampf« («Wer bietet seine Waren am billigsten an?«), interne Ausbeutung der eigenen Mitarbeiterschaft durch Verlängerung des Arbeitstages oder des Lohndumpings, Kooperation mit anderen Mitkonkurrenten, um dem Rest des Feldes durch Kostenteilung das Wasser abzugraben. Die wirksamste Methode, einen evolutionären Vorteil am Markt zu erlangen und die Gewinne des »first movers« einzuheimsen, besteht in technischer Innovation. Gerade deshalb gewinnen Technik und Technologie eine entscheidende Rolle im Marktkampf. Technische Rationalisierung und Rationalisierung der Produktion bedingen auf der einen Seite die Schrumpfung der Bourgeoisie, weil einzelne

Unternehmer vom Markt verdrängt werden und Platz schaffen für die neuen, nunmehr gewachsenen »Platzhirsche«. Auf der anderen Seite steigt bei Rationalisierung der Arbeit und Firmenschließung mangels Konkurrenzfähigkeit die *industrielle Reservearmee*, weil Arbeitskräfte freigesetzt und als »Arbeitslose« »überzählig« gemacht werden. Dennoch hat dieser Ausscheidungswettkampf, der viele Bourgeois aus dem Markt ab- und in das Proletariat hineingedrängt hat, die Bourgeoisie verkleinert, zugleich aber die Monopolisierung und Zentralisierung des Kapitals vorangetrieben. Das Proletariat wächst also an, während die Bourgeoisie immer kleiner wird. Die wachsende *industrielle Reservearmee* übt zugleich einen Druck auf die Löhne aus, die deshalb um das Existenzminimum oszillieren. Der technische Fortschritt ermöglicht somit eine größere Produktion, aber diesem höheren Produktionsausstoß steht keine ausreichende oder angemessene Nachfrage gegenüber. Pauper kaufen nicht. Ihnen fehlen die Mittel zum Konsum. Diese Konstellation führt zur klassischen *Überproduktionskrise*, der die *Unterkonsumtionskrise* seitens der pauperisierten Bevölkerung gegenübersteht. Genau dieser Hiatus zwischen Überproduktion und Unterkonsumtion markiert die typischen Steuerungsprobleme des Marktes. Man könnte sie als die endemischen *Probleme der Systemintegration* im Kapitalismus bezeichnen.

Auf der *Handlungsebene* manifestiert sich dieser Konflikt im *Widerspruch zwischen Kapital und Lohnarbeit*. Man könnte dies auch als das *spezifisch evolutive Modell* bezeichnen, gilt doch der Klassenkampf als Motor der Geschichte in Marxens Denken. Tatsächlich betreibt der krisenhafte Verlauf des ökonomischen Wachstums offene Ideologiekritik. Der *Schein des Äquivalententausches*, der die (formale) Gleichheit der bürgerlichen Gesellschaft auch für den ökonomischen Bereich (Markt) postuliert, bricht auf, die Ausbeutungsverhältnisse treten offen zutage. Die Besonderheit der Ware Arbeitskraft besteht nämlich darin, dass sie Mehrwert schafft, der von den Kapitalisten privilegiert angeeignet wird. Dieser Hiatus zwischen der Produktion von Reichtum *und* von Armut zugleich umschreibt die *Probleme der Sozialintegration* in kapitalistischen Gesellschaften.

Die materiellen Voraussetzungen, das Anwachsen und die steigende Verelendung des Proletariats, so nimmt Marx an, verschränken sich mit den entsprechenden bewusstseinsmäßigen Entwicklungen auf der Seite der Betroffenen. Das ständig anwachsende Proletariat – zunächst eine *Klasse an sich* – gewinnt ein Bewusstsein seiner negativ privilegierten Lage, und mit der Agitation von sozialen Bewegungen und revolutionären Parteien könnte es gelingen, aus der *Klasse an sich* eine *Klasse für sich selbst* zu entwickeln, die den Klassenkampf beherzt aufnimmt. Dieser politische Bewusstseinsbildungsprozess der Arbeiterschaft ist die Voraussetzung dafür, dass eine Periode von Klassenkämpfen eingeleitet wird, die unter Umständen die bestehende Gesellschaft umwälzt. Eine solche Revolution, so Marx, könnte zur Diktatur des Proletariats als erster Stufe auf dem Weg in den Kommunismus sein. So oder ähnlich hat sich die Standardversion der Marxschen Klassentheorie im Laufe der Zeit durchgesetzt.

Natürlich hat es neben einer Fülle von Rekonstruktionsversuchen nicht an grundlegender Kritik gefehlt. Der Fortbestand der Mittelklasse und die historisch-empirische Widerlegung des dichotomen Modells, das Ausbleiben der Verelendung u.a. durch sozialstaatliche Intervention, die Bevorzugung des reformerischen gegenüber dem revolutionären Weg zur Verbesserung der Gesellschaft sind nur einige zentrale Punkte. Die Achillesferse, so David Lockwood,[73] für die Arbeiterklasse ist ihre schizoide und somit durch und durch ambivalente Mission. Einerseits soll sie für höhere Löhne und kürzere Arbeitszeiten kämpfen. Das verbessert ihre soziale Lage und macht sie weniger revolutionsanfällig, weil man den Kapitalismus offenkundig durch entschlossenen kollektiven Widerstand »zähmen« kann. Auf der anderen Seite sollen sie aber auch für die Abschaffung des kapitalistischen Lohnsystems kämpfen und eine sozialistische Revolution ins Werk setzen. Beides – höhere Löhne *und* Beseitigung des kapitalistischen Lohnsystems – gehen aber nicht zusammen. Wie Edward P. Thompson in seinem Standardwerk *The Making of the English Working Class*[74] gezeigt hat, hat Marx wohl von Beginn an die Politik der englischen Arbeiterklasse und ihrer Wortführer falsch eingeschätzt. Da England in der kapitalistischen Entwicklung am weitesten fortgeschritten war, hatte

73 Vgl. David Lockwood, »The Weakest Link in the Chain? Some Comments on the Marxist Theory of Action«, in: David Rose (Hg.), *Social Stratification and Economic Change*, London 1988, dt.: »Das schwächste Glied in der Kette?«, in: *PROKLA. Zeitschrift für kritische Sozialwissenschaft* 15 (1985), S. 5-34.

74 Edward P. Thompson, *The Making of the English Working Class*, New York 1966.

Marx angenommen, dass das englische Proletariat zu dieser noblen Revolutionsaufgabe von Haus aus berufen wäre. Die englischen Arbeiter – ganz getreu dem britischen Realismus und utilitaristischer Nüchternheit – hatten aber nur eins im Sinn: höhere Löhne und weniger Arbeit. Sie wollten nicht die Taube auf dem Dach gewinnen, sondern den Spatz in der Hand halten. Wie Gareth Steadman Jones in seiner Marx-Biographie[75] betont hat, dürfte Marx niemals den Kontakt zu englischen Arbeitern selbst gesucht haben. Keine Empirie, nirgends. Hätte er sich mit Arbeitern nur einmal unterhalten, hätte er feststellen können, dass sie alle unter einem »falschen Bewusstsein« aus seiner Sicht leiden. Sie bildeten eben nur eine »Klasse an sich«, keine »Klasse für sich selbst«. Alle sozialistische Erziehung und politische Indoktrination wären da umsonst gewesen. Man sieht also: Schon damals wusste eine elfenbeinturmartige akademische Linke – Marx saß fast ständig in der Bibliothek des »British Museum« und hat intellektuell gearbeitet (geistige Arbeit) – es besser als die hart arbeitende Arbeiterklasse (körperliche Arbeit). Der von Marx konstatierte Gegensatz von geistiger und körperlicher Arbeit schlug also auch auf die Ideologie durch: Reform auf Seiten der Arbeiterschaft und Verbesserungen in kleinen Schritten, also Evolution; Revolution auf Seiten der Intellektuellen und *tabula rasa* mit der Chance, eine komplett neue Gesellschaft aufzubauen, natürlich unter ihrer kundigen Anleitung.

Marx, der Historiker, hat das natürlich alles viel genauer gesehen als Marx, der Analytiker der krisenhaften Gesellschaft. Das zeigt ein ausführlicherer Blick auf die Klassenanalyse in seinem *Achtzehnten Brumaire*.[76] Da Marx seine Klassenanalyse im Kontext der Revolutionsgeschichte betreibt, sollte man auch seinem Narrativ der absteigenden Linie der Revolution folgen. Deshalb muss man mit der geschichtsmächtigsten Klasse in Marxens Augen beginnen, zumal sie auch als erste Klasse ein Opfer der absteigenden Linie der Revolution wird. Historisch wichtig, um nicht zu sagen zentral, politisch kampfeslustig und opferbereit, aber politisch letztlich marginal und gesellschaftlich noch zweitrangig: Das *Proletariat*. Wen fasst Marx darunter, und welche Rolle spielt es zwischen 1848 und 1851? Unter Proletariat fasst Marx die arbeitenden Handwerker in

75 Gareth Steadman Jones, *Karl Marx*, S. 288.

76 Karl Marx, *Der achtzehnte Brumaire des Louis Bonaparte*, in: MEW 8, Berlin 1960 [1852], S. 111-207.

Paris, denn das Proletariat ist ein (groß-)städtisches Phänomen. Auf dem Land leben die Bauern und Landarbeiter, die eigentlich nach Marxens Vorstellung solidarisch mit den städtischen Arbeitern zueinanderfinden sollten. Aber historisch-empirisch ist das Gegenteil der Fall. Sicher: Die städtischen Arbeiter sind die Hauptagenten der Februarrevolution, werden aber in der Folge so enttäuscht, dass sie im Juniaufstand ihre Rechte anmelden wollen. 5000 Arbeiter fallen, darunter werden 1500 ohne Prozess erschossen. 25 000 werden festgenommen, 11 000 von ihnen landen im Gefängnis oder werden in die überseeischen Kolonien oder nach Algerien deportiert. »Mit dieser Niederlage tritt das Proletariat in den *Hintergrund* der revolutionären Bühne.«[77] Zwar nimmt es immer wieder einen Anlauf, aber mit stets schwächer werdender Wirkung. Marx attestiert ihm gleichsam ein »falsches Bewusstsein«. »Zum Teil wirft es sich auf *doktrinäre Experimente, Tauschbanken und Arbeiterassoziationen, also in eine Bewegung, worin es darauf verzichtet, die alte Welt mit ihren eigenen großen Gesamtmitteln umzuwälzen, vielmehr hinter dem Rücken der Gesellschaft, auf Privatweise, innerhalb seiner beschränkten Existenzbedingungen, seine Erlösung zu vollbringen sucht, also notwendig scheitert.*«[78]

Die nächste Klasse, die das Schicksal des Proletariats letztlich teilen muss, ist das *Kleinbürgertum*. Als dessen Partei, die *Montagne* mit ihrem politischen Führer Ledru-Rollin, beiseitegeschoben wurde, da wurde den Kleinbürgern klar, dass sie unter Umständen das gleiche Schicksal wie das Proletariat erleiden würden. Das führte zur Annäherung und zur Begründung der *Sozialdemokratie*.

Der eigentümliche Charakter der Sozial-Demokratie faßt sich dahin zusammen, daß demokratisch-republikanische Institutionen als Mittel verlangt werden, nicht um zwei Extreme, Kapital und Lohnarbeit, beide aufzuheben, sondern um ihren Gegensatz abzuschwächen und in Harmonie zu verwandeln. […] Dieser Inhalt ist die Umänderung der Gesellschaft auf demokratischem Wege, aber eine Umänderung innerhalb der Grenzen des Kleinbürgertums. Man muß sich nur nicht die bornierte Vorstellung machen, als wenn das Kleinbürgertum prinzipiell ein egoistisches Klasseninteresse durchsetzen wolle. Es glaubt vielmehr, daß die *besondern* Bedingungen seiner Befreiung die *allgemeinen* Bedingungen sind, innerhalb deren

77 Ebd., S. 122.
78 Ebd., im Original kursiv.

allein die moderne Gesellschaft gerettet und der Klassenkampf vermieden werden kann.[79]

Es fühlt also auch so etwas wie eine historische Mission, verwechselt aber chronisch seine kleinen und kleinlichen Probleme mit den Problemen der Allgemeinheit oder gar der Menschheit. Insofern versteht es sich von selbst, so Marx, »daß, wenn die Montagne mit der Ordnungspartei fortwährend um die Republik und die sogenannten Menschenrechte ringt, weder die Republik noch die Menschenrechte ihr letzter Zweck sind«,[80] sondern stets nur sie selbst. Marx kann daher das Kleinbürgertum weder politisch noch sozial sonderlich ernst nehmen. Für Marx ist das Kleinbürgertum die perfekte Verkörperung von »falschem Bewusstsein«. Sein Charakteristikum ist der gesinnungsethische Moralismus, also eine Politik aus »Worttaten«, »Ausbrüche sittlicher Entrüstung und polternde Deklamation«,[81] aber eben nur Worte und keine Taten.

Freilich steht es um die *Bourgeoisie* keinen Deut besser als um Proletariat und Kleinbürgertum. Obgleich in der ersten Hälfte des 19. Jahrhunderts aufgestiegen, vor allem unter der Regentschaft des Bürgerkönigs Louis Philippe, ist sie doch kein homogenes Gebilde. Vielmehr zerfällt sie in zwei Fraktionen, die keineswegs stets gleichgerichtete Interessen haben. Die *Finanzbourgeoisie,* auch *Finanzaristokratie* von Marx genannt, braucht Bewegung und Unruhe, damit der Geldumlauf beschleunigt wird. Insofern sind ihnen Staat oder Markt selbst erst einmal ziemlich gleichgültig – Hauptsache, es gibt *Mobilität.* Krisen beleben schließlich das Geschäft. Ganz anders die *Handels- und Industriebourgeoisie.* Ihre Kalkulationen fallen in volatilen Zeiten deutlich schwieriger und risikobehafteter aus. Also braucht sie in erster Linie Stabilität und Ordnung, weshalb sie nach politischer Führung verlangt, die genau das zu garantieren verspricht. Sie reiht sich deshalb nahtlos in die *Partei der Ordnung* ein und macht gemeinsame Sache mit den Fraktionen der Royalisten. Ihr geschworener Feind ist der *Sozialismus,* da er unter Umständen seine Waffen gegen sie richtet, so wie sie Freiheits-, Bildungs- und Wahlrechte gegen den Feudalismus gerichtet hatten. »Die Bourgeoisie hatte die richtige Einsicht, daß alle Waffen, die

79 Ebd., S. 141 f.
80 Ebd., S. 142.
81 Ebd., S. 145.

sie gegen den Feudalismus geschmiedet, ihre Spitze gegen sie selbst kehrten, daß alle Bildungsmittel, die sie erzeugt, gegen ihre eigne Zivilisation rebellierten, daß alle Götter, die sie geschaffen, von ihr abgefallen waren. Sie begriff, daß alle sogenannten bürgerlichen Freiheiten und Fortschrittsorgane ihre *Klassenherrschaft* zugleich an der gesellschaftlichen Grundlage und an der politischen Spitze angriffen und bedrohten, also ›sozialistisch‹ geworden waren.«[82] In dem Maße also, in dem die bürgerlichen Werte, die sich ohnehin schon immer als allgemeine und universalistische Werte ausgegeben hatten, von der Bourgeoisie auf die gesamte Gesellschaft ausstrahlen sollten und damit nicht nur in der Theorie, sondern auch in der Praxis universalistischen Charakter für sich reklamieren konnten, mussten sie zwangsläufig die Grundfesten der bürgerlichen Klassenherrschaft bedrohen. Aus bürgerlichen Werten waren durch Verallgemeinerung »sozialistische« Werte geworden mit der Folge, dass die Bourgeoisie ihre eigenen Werte verleugnen musste, wollte sie nicht ihre Klassenherrschaft riskieren.

> In dieser Drohung und in diesem Angriffe fand sie mit Recht das Geheimnis des Sozialismus, dessen Sinn und Tendenz sie richtiger beurteilt, als der sogenannte Sozialismus sich selbst zu beurteilen weiß, der daher nicht begreifen kann, wie die Bourgeoisie sich verstockt gegen ihn verschließt, mag er nun sentimental über die Leiden der Menschheit winseln oder christlich das Tausendjährige Reich und die allgemeine Bruderliebe verkünden oder humanistisch von Geist, Bildung, Freiheit faseln oder doktrinär ein System der Vermittlung und der Wohlfahrt aller Klassen aushecken.[83]

Diesem Dilemma, so Marxens Einsicht, zwischen ökonomischer Herrschaft und politischer Herrschaft kann die Bourgeoisie nur entgehen, wenn sie ihre politische Herrschaft gleichsam »outsourct«. Also nicht selbst herrscht, sondern diese Herrschaft in ihrem Sinne von externer Seite ausüben lässt, damit ihre ökonomische Suprematie unangetastet bleibt. Vor die Wahl gestellt, das private Interesse an ökonomischer Verwertung oder das öffentliche Interesse an der politischen Regierung zu verfolgen, so Marx, siegt immer das partikulare über das allgemeine Interesse.

Aus dieser dilemmatischen Konstellation gewinnt Marx, klassentheoretisch gesehen, zwei wichtige Einsichten:

82 Ebd., S. 153.
83 Ebd.

1. Während er bei den übrigen Klassen davon ausgeht, dass ihre materiellen Interessen sich eins zu eins in politische Interessen übersetzen, ist das bei der Bourgeoisie nicht der Fall. Das Proletariat geht auf die Straße, wenn die Nationalwerkstätten geschlossen werden, die ihnen Arbeit und Brot gewährleistet haben. Hier übersetzt sich das materielle Interesse direkt in politische Bewegung. Im Falle der Bourgeoisie liegt der Fall komplizierter. Bei ihr scheint es einen *trade-off* zwischen materiellen und ideellen Interessen zu geben. Solange die Bourgeoisie im Aufstieg begriffen ist und noch gegen die Kräfte des Feudalismus kämpfen muss, ist sie eine »progressive« Klasse, die ihren weltgeschichtlichen Auftrag, die bürgerliche Gesellschaft zu schaffen, verfolgt. Materielle und ideelle Interessen fallen in diesem Kampf anfänglich zusammen. Hat sie aber die ökonomische und politische Herrschaft einmal errungen und machen sich nun nach ihrem Vorbild auch die unteren Klassen auf den Weg von materieller Sicherheit, Bildung und Aufstieg, wird aus der progressiven eine konservative Klasse. Ihre materiellen und ideellen Interessen geraten in Widerspruch zueinander. Verfolgen sie weiter diese ihre eigenen ideellen Interessen im Rahmen ihrer politischen Herrschaft und geben dem Trend zur Verallgemeinerung nach, wird nicht nur ihre politische, sondern auch ihre ökonomische Suprematie gefährdet.

2. Die prekäre Mittellage der Bourgeoisie zwischen dem Proletariat und dem Adel und die damit verbundene, ständige Statusangst macht das Bürgertum anfällig für radikal konservative und, wie im 20. Jahrhundert gesehen, auch faschistische Lösungen, wenn nur ihre eigene Stellung, ihr Status und ihre ökonomische Macht bestehen bleiben. Das ist der tiefere Grund, warum die Bourgeoisie aus Angst vor dem *Sozialismus*, der die eigene Klassenherrschaft gefährden würde, auch vor dem autoritären Kaiser Napoleon III. einknickt, der ihre ökonomische Macht natürlich nicht antastet. Insofern gibt es eine Arbeitsteilung in der Regierungsweise: Die Bourgeoisie herrscht in der Wirtschaft, der Kaiser in der Politik.

Angesichts dieser Zwitterlage überrascht es nicht, dass die Bourgeoisie gemeinsame Sache mit den *Royalisten* in der *Partei der Ordnung* macht, zumal große Teile des Adels und des Großbürgertums über ihre Verkehrs- und Heiratskreise schon längst fusioniert hatten. Aber auch die Royalisten und ihre aristokratische Gefolgschaft sind kein homogener Block. Der *Adel* ist zutiefst intern gespalten zwischen Bourbonen und Orléanisten, zwischen der Lilie und der Trikolore, zwischen dem alten, deshalb sich legitimistisch gebärdenden und dem neuen, »egalitären« Königtum. Schon Louis Philippes Vater hatte sich wie der Sohn den Zusatz im Namen geleistet: *égalité*, und damit die Parteinahme *für* die Revolution öffentlich kundgetan.

Als Kräfte des *Ancien Régime* mit ihrer Zielsetzung der *Restauration* stehen sie aber gemeinsam allen anderen Klassen der Gesellschaft feindlich gegenüber: dem egalitaristischen Sozialismus des Proletariats, den republikanisch-demokratischen Prätentionen des Kleinbürgertums, der ökonomisch gesinnten Bourgeoisie, aber auch und vor allem Ansprüchen eines erneuten Kaisertums.

Unter den Bourbonen hatte das *große Grundeigentum* regiert mit seinen Pfaffen und Lakaien, unter den Orléans die hohe Finanz, die große Industrie, der große Handel, d.h. *das Kapital* mit seinem Gefolge von Advokaten, Professoren und Schönrednern. Das legitime Königtum war bloß der politische Ausdruck für die angestammte Herrschaft der Herren von Grund und Boden, wie die Julimonarchie nur der politische Ausdruck für die usurpierte Herrschaft der bürgerlichen Parvenüs. Was also diese Fraktionen auseinanderhielt, waren keine sogenannten Prinzipien, es waren ihre materiellen Existenzbedingungen, zwei verschiedene Arten des Eigentums, es war der alte Gegensatz von Stadt und Land, die Rivalität zwischen Kapital und Grundeigentum.[84]

Marx rekurriert hier auf sein *Basis-Überbau-Modell*, denn natürlich gehen solche aristokratischen Klassenlagen in aller Regel einher mit einer adeligen Kultur. »Auf den verschiedenen Formen des Eigentums, auf den sozialen Existenzbedingungen erhebt sich ein ganzer Überbau verschiedener und eigentümlich gestalteter Empfindungen, Illusionen, Denkweisen und Lebensanschauungen. Die ganze Klasse schafft und gestaltet sie aus ihren materiellen Grundlagen heraus und aus den entsprechenden gesellschaftlichen Verhältnissen.«[85] Insofern eint die beiden Fraktionen ihr Interesse an der *Restauration* und der Rückkehr zu den guten, alten Traditionen des Königtums. Aber es spaltet sie zutiefst die Frage nach der

84 Ebd., S. 138f.
85 Ebd., S. 139.

Art des Königtums: Bourbonen oder Orléans bzw. *traditionelle Tradition,* also *Ancien Régime*, oder *moderne Tradition* bzw. konstitutionelle Monarchie. Marx warnt freilich im gleichen Atemzug vor den Illusionen der royalen Ideologien. »Und wie man im Privatleben unterscheidet zwischen dem, was ein Mensch von sich meint und sagt, und dem, was er wirklich ist und tut, so muß man noch mehr in geschichtlichen Kämpfen die Phrasen und Einbildungen der Parteien von ihrem wirklichen Organismus und ihre wirklichen Interessen, ihre Vorstellung von der Realität unterscheiden.«[86]

Das führt abschließend auf den Mann, der am Ende der betrachteten Periode an der Spitze der Gesellschaft stehen wird: *Louis Bonaparte*, später dann Napoleon III. Marx sieht in ihm einen üblen Abenteurer, der sich ganz Frankreich aneignet, um zum einen die Schulden seiner Familie zu begleichen und zum anderen in die Fußstapfen seines berühmten Onkels zu treten: *Kaisertum als Geschäftsmodell.* Bereits 1836 und 1840 hatte er vergeblich versucht, sich an die Macht zu putschen. Bonaparte ist freilich kein Ein-Mann-Unternehmen, das im Handstreich Frankreich erobert hätte. Vielmehr stützt er sich auf zwei Klassen, die wir abschließend auch noch betrachten müssen: Das Pariser *Lumpenproletariat* und die *Parzellenbauern.* In der Klassenhierarchie ganz oben, macht er gemeinsame Sache mit den Klassen in der Stadt und auf dem Land ganz unten. Das *Zusammengehen von Oben und Unten* bildet eine unüberbietbare, *populistische Koalition*, die die anderen Klassen offenkundig notorisch unterschätzt haben.

Bonaparte gründet 1849 eine Wohltätigkeitsgesellschaft, die *Gesellschaft des 10. Dezember*.

> Unter dem Vorwand, eine Wohltätigkeitsgesellschaft zu stiften, war das Pariser Lumpenproletariat in geheime Sektionen organisiert worden, jede Sektion von bonapartistischen Agenten geleitet, an der Spitze des Ganzen ein bonapartistischer General. Neben zerütteten Roués (dt.: Wüstlingen) mit zweideutigen Subsistenzmitteln und von zweideutiger Herkunft, neben verkommenen und abenteuernden Ablegern der Bourgeoisie Vagabunden, entlassene Soldaten, entlassene Zuchthaushäftlinge, entlaufene Galeerensklaven, Gauner, Gaukler, Lazzaroni (dt.: Bezeichnung für die Unterschicht Neapels ohne festen Wohnsitz und Arbeit), Taschendiebe, Taschenspieler, Spieler, Maquereaus (dt.: Zuhälter), Bordellhalter, Lastträger,

86 Ebd.

Literaten, Orgeldreher, Lumpensammler, Scherenschleifer, Kesselflicker, Bettler, kurz, die ganze unbestimmte, aufgelöste, hin- und hergeworfene Masse, die die Franzosen la bohème nennen; mit diesem ihm verwandten Elemente bildete Bonaparte den Stock der Gesellschaft vom 10. Dezember. ›Wohltätigkeitsgesellschaft‹ – insofern alle Mitglieder gleich Bonaparte das Bedürfnis fühlten, sich auf Kosten der arbeitenden Nation wohlzutun. Dieser Bonaparte, der sich als *Chef des Lumpenproletariats* konstituiert, der hier allein in massenhafter Form die Interessen wiederfindet, die er persönlich verfolgt, der in diesem Auswurf, Abfall, Abhub aller Klassen die einzige Klasse erkennt, auf die er sich unbedingt stützen kann, er ist der wirkliche Bonaparte, der Bonaparte sans phrase.[87]

Wie diese aparte Aufzählung zeigt, unterscheidet Marx scharf zwischen *anständigem* Proletariat und *unanständigem* Lumpenproletariat. Zwar sind beide Klassen in der unteren Klassenhierarchie anzutreffen, was ihre materiellen Verhältnisse angeht. Aber das Proletariat arbeitet hart, das Lumpenproletariat lebt parasitär auf Kosten der Gesellschaft. Das Proletariat erstrebt eine soziale Republik, das Lumpenproletariat macht sich gemein mit jeder Herrschaftsform, die sie versorgt: *panem et circenses*, Brot und Spiele. Das Proletariat ist nicht nur eine Klasse an sich, sondern hat die Chance, sich politisch zur Klasse für sich selbst weiterzuentwickeln. Das Lumpenproletariat ist eine Masse und gleichsam die *Bohème* von Lebenskünstlern, die nur das Versorgungsinteresse eint. Es ist der Bodensatz aller anderen Klassen und der Gesellschaft im Ganzen. Aber dieses Lumpenproletariat wird Bonaparte in allen politischen Lebenslagen helfen mit den unterschiedlichsten schmutzigen Beschäftigungen, die von der Einschüchterung und dem Verprügeln politischer Gegner bis zu den Diensten von Claqueuren reicht, die Bonaparte auf Reisen durch Frankreich begleiten und *Vive L'Empereur* brüllen. In Marxens Augen werden die Gesellschaft des 10. Dezember und das Lumpenproletariat so zum wichtigsten Verbündeten von Bonaparte, ohne die er die Macht niemals hätte erringen können.

Neben dem Lumpenproletariat in der Stadt hat Bonaparte einen zweiten Verbündeten auf dem Land, die *Parzellenbauern.* Marx widmet ihnen den ganzen letzten Abschnitt seiner Analyse, so wichtig scheint es ihm, das widersprüchliche Klasseninteresse und -bewusstsein der Bauernschaft zu analysieren. Sie hat, mit Bour-

87 Ebd., S. 160.

dieu gesprochen, einen »gespaltenen Habitus«.[88] Nach der Seite des *Eigentums* sind sie Besitzer ihrer Produktionsmittel und gehören im dichotomen Modell von Marx auf die *Kapital*seite. Aber nach ihren armseligen Lebensbedingungen zu urteilen, gehören sie als *Landarbeiter* zum *Proletariat*. Marx muss nun mit dem Umstand ringen, dass offenkundig nicht immer das nackte Klasseninteresse das politische Bewusstsein bestimmt. Nach seiner eigenen Theorie haben die Parzellenbauern, objektiv gesehen, ein »falsches Bewusstsein«. Statt sich auf die Seite des urbanen Proletariats zu schlagen und in einer Revolution ihre materielle Lage zu verbessern, verteidigen sie ihr bisschen Besitz, von dem sie glauben, dass eine sozialistische Revolution sie enteignen würde. So sehen sie ausgerechnet in Bonaparte, der ihnen schmeichelt und sie mit falschen Versprechungen lockt, den Retter in ihrer miserablen Situation. Genau das markiert die unüberbietbar *populistische Koalition* von ganz oben und ganz unten in der Klassenhierarchie.

Wie charakterisiert Marx diese ländliche Klasse? »Die Parzellenbauern bilden eine ungeheure Masse, deren Glieder in gleicher Situation leben, aber ohne in mannigfache Beziehung zueinander zu treten. Ihre Produktionsweise isoliert sie voneinander, statt sie in wechselseitigen Verkehr zu bringen.«[89] Diese Isolation wird durch die miserablen französischen Kommunikationsmittel und die Armut der Bauern verstärkt. »So wird die große Masse der französischen Nation gebildet durch einfache Addition gleichnamiger Größen, wie etwa ein Sack von Kartoffeln einen Kartoffelsack bildet.«[90] Wenn diese Attribute – Masse, Isolation, kommunikative Funkstille und Armut – die Klassenlage der französischen Bauern definiert, was kann dann *Klasse* heißen? Interessanterweise liefert Marx – gleichsam *en passant* und in kritischer Auseinandersetzung mit dem Agrarproletariat – seine beste Definition von Klasse.

»Insofern Millionen von Familien unter ökonomischen Existenzbedingungen leben, die ihre Lebensweise, ihre Interessen und ihre Bildung von denen der andern Klassen trennen und ihnen feindlich gegenüberstellen, bilden sie eine Klasse. Insofern nur ein lokaler Zusammenhang unter den Parzellenbauern besteht, die

88 Vgl. etwa Pierre Bourdieu u. Loïc J. Wacquant, *Reflexive Anthropologie*, Frankfurt/M. 1996, S. 161.

89 Marx, *Der achtzehnte Brumaire des Louis Bonaparte*, S. 198.

90 Ebd.

Dieselbigkeit ihrer Interessen keine Gemeinsamkeit, keine nationale Verbindung und keine politische Organisation unter ihnen erzeugt, bilden sie keine Klasse.«[91]

Rainer Lepsius expliziert diese Definition wie folgt:

> Klassen sind in dieser Fassung also soziale Gebilde, deren Angehörige durch gleiche ökonomische Bedingungen in ihrer Lebenslage, ihren Interessen und Wertorientierungen homogenisiert werden und sich dadurch von den Angehörigen anderer Klassenlagen unterscheiden und zu diesen in Konflikt treten. Wir haben also verschiedene Elemente zu beachten: die ökonomisch bestimmte Lebenslage, die Interessenformierung und ihre Vermittlung mit anderen Interessenlagen sowie die Wertorientierungen. [...] Die Klassenstruktur einer Gesellschaft ist daher das Ergebnis eines Prozesses von ökonomischer Differenzierung, politischer Organisation und kultureller Deutung.[92]

Wie Lepsius' kongeniale Explikation von Marxens explizitester Klassendefinition zeigt, hat dessen Begriff eine ökonomische, politische und kulturelle Dimension. Diese Dreidimensionalität umfasst daher das gesamte Basis-Überbau-Modell. Klassen sind also nicht nur ein Phänomen der Basis, sondern ohne Überbau und damit ohne ihr Klassenbewusstsein gar nicht denkbar. Aber gerade wenn wir von ökonomischer, politischer und kultureller Differenzierung in den Dimensionen von Wirtschaft, Politik und Kultur ausgehen müssen, wird verständlich, warum nicht nur im historischen Ausnahmefall, sondern, je moderner und damit komplexer sowie kontingenter die Gesellschaft wird, auch in der Regel die Homogenisierung von Klassenlagen zu geschichtsmächtigen sozialen Klassen ausbleiben wird. Komplexität wie Kontingenz moderner Gesellschaften machen andere Statusbündelungen zu sozialen Gebilden durchaus wahrscheinlich. Zu denken ist etwa an Nationalität, Ethnizität, Religiosität usf.

Zurück zu den Parzellenbauern. Nach dieser Definition ist das Heer von Parzellenbauern keine richtige Klasse. Was aber macht eine »falsche« oder »unechte« Klasse? Wie nimmt sie ihre Interessen wahr? Wie kann sie einen politischen Willen artikulieren? Wem folgt sie, wenn sie keine eigene Führung ausbildet, weil alle Parzel-

91 Ebd.

92 M. Rainer Lepsius, »Soziale Ungleichheit und Klassenstrukturen in der Bundesrepublik Deutschland«, in: ders., *Interessen, Ideen und Institutionen*, Opladen 1990, S. 118.

lenbauern nur mit ihrer physischen Reproduktion beschäftigt sind und für Politik wie gesellschaftliche Organisation weder Zeit noch Kraft haben? Was sind ihre kulturellen Wertorientierungen?

> Sie können sich nicht vertreten, sie müssen vertreten werden. Ihr Vertreter muss zugleich als ihr Herr, als eine Autorität über ihnen erscheinen, als eine unumschränkte Regierungsgewalt, die sie vor den andern Klassen beschützt und ihnen von oben Regen und Sonnenschein schickt. Der politische Einfluß der Parzellenbauern findet also darin seinen letzten Ausdruck, daß die Exekutivgewalt sich die Gesellschaft unterordnet.[93]

Insofern bietet sich Bonaparte geradezu als Führungsfigur an. Es ist aber das konservative, nicht das revolutionäre Bauerntum, das er repräsentiert. Innerhalb nicht einmal eines halben Jahrhunderts hat sich die progressive Situation der Bauern in eine deplorable Lage verwandelt. »Die ›Napoleonische‹ Eigentumsform, die im Anfange des neunzehnten Jahrhunderts die Bedingung für die Befreiung und die Bereicherung des französischen Landvolkes war, hat sich im Laufe dieses Jahrhunderts als das Gesetz ihrer Sklaverei und ihres Pauperismus entwickelt.«[94]

Vor diesem Hintergrund diskutiert Marx die vier wichtigsten Ideen Napoleons, die einen Einblick in die Werkstatt seiner Herrschaft gestatten.

1. Louis Bonaparte teilt mit den Parzellenbauern die Illusion, dass sich mit gutem politischen Willen die Situation der Bauernschaft verbessern ließe. Dabei lastet die *Hypothek* auf dem Land, die die Bourgeoisie in den Städten hält, schwer auf den Schultern des Landvolkes. Allerdings ist sich Marx sicher, dass »seine Experimente wie Seifenblasen an den Produktionsverhältnissen zerschellen«.[95]

2. Neben der Hypothek belastet die *Steuer*. »Die Steuer ist die Lebensquelle der Bürokratie, der Armee, der Pfaffen und des Hofes, kurz, des ganzen Apparats der Exekutivgewalt. Starke Regierung und starke Steuer sind identisch.«[96]

3. Eine dritte Idee ist »die Herrschaft der *Pfaffen* als Regierungsmittel«.[97] Allerdings fällt die Religiosität schwer angesichts

93 Marx, *Der achtzehnte Brumaire des Louis Bonaparte*, S. 198 f.

94 Ebd., S. 200.

95 Ebd., S. 201.

96 Ebd., S. 202.

97 Ebd.

der deprimierenden Lebensumstände. »Der Pfaffe erscheint dann nur noch als der gesalbte Spürhund der irdischen Polizei – eine andre ›idée napoléonienne‹.«[98]

4. Die vierte Idee betrifft die *Armee.* »Die Armee war der point d'honneur der Parzellenbauern, sie selbst in Heroen verwandelt, nach außen hin den neuen Besitz verteidigend, ihre eben erst errungene Nationalität verherrlichend, die Welt plündernd und revolutionierend. Die Uniform war ihr eignes Staatskostüm, der Krieg ihre Poesie, die in der Phantasie verlängerte und abgerundete Parzelle das Vaterland und der Patriotismus die ideale Form des Eigentumssinnes.«[99]

Wie muss man das Ensemble der Ideen von Hypothek, Steuern, Pfaffen und Armee verstehen? Marx schlussfolgert: »*Alle* ›idées napoléoniennes‹ *sind Ideen der unentwickelten, jugendfrischen Parzelle,* sie sind ein Widersinn für die überlebte Parzelle. Sie sind nur Halluzinationen ihres Todeskampfes, Worte, die in Phrasen, Geister, die in Gespenster verwandelt. Aber die Parodie des Imperialismus war notwendig, um die Masse der französischen Nation von der Wucht der Tradition zu befreien und den Gegensatz der Staatsgewalt zur Gesellschaft rein herauszuarbeiten.«[100]

Tatsächlich beendet Marx seine historisch-empirische Klassenanalyse mit Grundüberlegungen zum Staatsapparat. Denn was die Entwicklung seit 1789 zeigt, ist die Etablierung des *Staates* als Gegenspieler der bürgerlichen Gesellschaft. »Alle Umwälzungen vervollkommneten diese Maschine statt sie zu brechen. Die Parteien, die abwechselnd um die Herrschaft rangen, betrachteten die Besitznahme dieses ungeheuren Staatsgebäudes als die Hauptbeute des Siegers.«[101] Marx hatte stets gehofft, dass der Abbau der Herrschaft des Menschen über den Menschen einhergehen würde mit dem Absterben des Staates. Jetzt wird ihm wie Alexis de Tocqueville bewusst, dass das womöglich ein frommer Wunsch ist. Tocqueville hatte nicht nur in seinen *Souvenirs* von seiner kurzen Regierungszeit als Außenminister berichtet, sondern in seinem Werk *Der alte Staat und die Revolution* die These aufgestellt, dass die Revolution weniger einen Bruch von der Tradition zur Moderne bedeutet

98 Ebd., S. 203.
99 Ebd.
100 Ebd.
101 Ebd., S. 197.

hat als vielmehr eine fundamentale Kontinuität – nämlich dann, wenn man die Zentralisation des Staates anschaut. Der *Etatismus,* so Tocqueville, war der eigentliche Gewinner der Revolution. Es ist bemerkenswert, dass Marx wider seine eigenen Intentionen zu einer ähnlichen Schlussfolgerung gelangt. Auch für seinen Schüler Lenin, der die russische Revolution leiten wird, wird es vor allem darum gehen, die *Kommandohöhen der Macht* zu erringen und sich den russischen Staatsapparat für die Herrschaft des Sozialismus dienstbar zu machen. Von einem »Absterben des Staates« konnte keine Rede sein – damit aber auch nicht von einem Abbau der Herrschaft der Menschen über die Menschen. Angesichts der Fortdauer politischer Herrschaft blieb auch die Gleichheit unter dem Sozialismus eine Schimäre.

Der *Achtzehnte Brumaire* ist das Herzstück des Marxschen Klassenansatzes. Er gibt eine differenzierte Analyse des Verhältnisses der sozialen Klassen zur politischen Herrschaft. Auf diese Weise vermag er ein interessantes Licht auf das Schicksal der 48er-Revolution zu werfen. In seiner Parallelisierung von 1789 als die aufsteigende Linie der Revolution mit Fortschritt und 1848 mit seiner absteigenden Linie der Revolution als Rückschritt kann Marx überzeugend nachweisen, dass der historische Prozess der Gesellschaftsgeschichte der Menschheit ein dialektischer Prozess ist und keineswegs mit unilinearen Evolutionsvorstellungen vom unaufhaltsamen Fortschritt zusammenfällt.

Zudem zeigt sich, dass Marx unterschiedliche theoretische Vorstellungen zur Klassentheorie hegt und zwischen Dichotomie und Trichotomie schwankt. Das dichotome Modell passt zu seiner Revolutionstheorie, das trichotome Modell zu seiner Politischen Ökonomie des Kapitalismus. Das dichotome Modell legt das Augenmerk auf Akteure, das trichotome Modelle auf ökonomische Ressourcen: Klassen *versus* Revenuequellen.

Eine Entscheidung zwischen diesen beiden unverträglichen Vorstellungen hat er an keiner Stelle getroffen. So bleibt seine Klassen*theorie* unausgearbeitet. Auf der anderen Seite macht seine historisch-empirische Analyse des *Achtzehnten Brumaire* deutlich, dass Marx' unüberbietbarer Realismus immer dann die Oberhand davonträgt, wenn es um eine realitätstaugliche Einschätzung der gesellschaftlichen Verhältnisse geht. *Glaube, Liebe, Hoffnung,* wie sie vielleicht seine Revolutionsaspirationen durchziehen, sind da fehl am Platz. Wie seine bitterböse Ironie gegenüber der Sozialdemokratie und der Montagne demonstriert, hat er nur Hohn und Spott für ihren gesinnungsethischen Moralismus, der große Worte mit großen Taten verwechselt, Rhetorik mit Realität, Gesinnung mit Verantwortung.

Wenn man abschließend ein *Resümee* ziehen will, so verfolgt Marx mit seiner Klassenanalyse gleichsam eine politische Soziologie sozialer Ungleichheit,[102] die aus der Analyse der Klassenstruktur einen Hinweis auf die politische Entwicklung der Gesellschaft gewinnen will. Beim *Achtzehnten Brumaire* ist es die Revolutionszeit von 1848 bis 1851. Man könnte eine solche Analyse aber für alle gesellschaftlichen Verhältnisse einsetzen, um die Chancen für sozialen Wandel und gesellschaftliche Transformation abzuschätzen. Insofern ist der Text hochaktuell und keineswegs einfach Geschichte. Wie *Populismus* geht, hat Bonaparte mit seiner Koalition von ganz oben und ganz unten perfekt vorgemacht. Auch hier springen die historischen Parallelen zu heute ins Auge.

3.8 Wissenschaftlicher Sozialismus und politischer Messianismus

Abschließend lassen sich unsere Betrachtungen zu Karl Marx und der ökonomischen Revolution wie folgt resümieren. Wir hatten Marx' Zeitdiagnose auf die Formel vom *Sozialismus als wahrem Humanismus* gebracht. Diese Formel zerfällt in zwei Teile: die eigentliche *Diagnose* des Kapitalismus als ungeheurer Warensammlung, die auf Ausbeutung und Entfremdung beruht; und die optimistische *Prognose*, wonach die Zukunft dem Kommunismus als wahrer brüderlicher Gesellschaft gehört. Zweifellos liegt der Schwerpunkt von Marx' Betrachtungen auf der detaillierten Analyse des Kapitalismus, um »das ökonomische Bewegungsgesetz der modernen Gesellschaft zu enthüllen«.[103] Wir hatten gesehen, dass Marx und Engels in ihrer eigentlichen Zeitdiagnose, dem *Kommunistischen Manifest*, die Krisenhaftigkeit der bürgerlichen Gesellschaft an der Unterdrückung des Proletariats festmachen. Zwar produziert der

102 Reinhard Kreckel, *Politische Soziologie der sozialen Ungleichheit*, Frankfurt/M. 2004.

103 Marx, *Das Kapital*, Bd. 1, S. 15 f.

Kapitalismus enormen materiellen Reichtum durch die Entfesselung der Produktivkräfte, doch nur um den Preis der Ausbeutung und Entfremdung der Bevölkerungsmehrheit – der Arbeiterklasse. Das Proletariat, so Marx und Engels 1848, wird durch wachsende politische Organisation sich von einer »Klasse an sich« zu einer »Klasse für sich selbst« entwickeln und im Klassenkampf die Herrschaft erringen: die *Diktatur des Proletariats*. Interessanterweise machen Marx und Engels die Krisenhaftigkeit der kapitalistischen Gesellschaftsformation vor allem an dem Ausmaß der Unterdrückung des Proletariats fest und nicht an den Schwächen der Bourgeoisie. Erst in seiner großangelegten Strukturanalyse des Kapitalismus, den drei Bänden des *Kapitals*, findet Marx den Schlüssel zur Transformation der Gesellschaft. Der Grundwiderspruch dieser Produktionsweise, die gesellschaftliche Produktion bei privater Aneignung, treibt in Gestalt der Überproduktions- und Unterkonsumtionskrise auf eine revolutionäre Situation zu, in der dem Proletariat die historisch einmalige Chance geschaffen wird, die Bourgeoisie abzulösen und an die Stelle der bürgerlichen Klassenherrschaft eine klassenlose Gesellschaft zu setzen. Damit gelangt, wie es in der Sprache des Historischen Materialismus heißt, die Vorgeschichte der Menschheit an ihr Ende, und die Menschheit tritt in das wahre Stadium der Menschheitsgeschichte: eine brüderliche Gemeinschaft auf höherem zivilisatorischen Niveau.

Im Gegensatz zur detaillierten Analyse des Kapitalismus fällt die Schilderung der sozialistischen Gesellschaft relativ mager aus. Geschult an Hegels Utopieverbot, sich kein irreales Bild der Zukunft auszumalen, und gemäß den Grundsätzen des wissenschaftlichen Sozialismus verbietet sich auch die konkrete Ausgestaltung der ersehnten zukünftigen Gesellschaft. Was sich findet, sind daher nur verstreute Bemerkungen, die nicht mehr als ein vages Bild enstehen lassen. Es ist die Rede von menschlicher Freiheit, der allseitigen Entfaltung der Gattungskräfte des Menschen und der gemeinschaftlichen Arbeit assoziierter Produzenten. Was in den wenigen Bemerkungen zum Ausdruck kommt, ist das Rousseausche Ideal der *Identität von Individuum und Gattung*. Das wird besonders in der *Deutschen Ideologie* deutlich:

> Sowie nämlich die Arbeit verteilt zu werden anfängt, hat Jeder einen bestimmten ausschließlichen Kreis der Tätigkeit, der ihm aufgedrängt wird,

aus dem er nicht heraus kann; er ist Jäger, Fischer oder Hirt oder kritischer Kritiker und muß es bleiben, wenn er nicht die Mittel zum Leben verlieren will – während in der kommunistischen Gesellschaft, wo Jeder nicht einen ausschließlichen Kreis von Tätigkeit hat, sondern sich in jedem beliebigen Zweige ausbilden kann, die Gesellschaft die allgemeine Produktion regelt und mir eben dadurch möglich macht, heute dies, morgen jenes zu tun, morgens zu jagen, nachmittags zu fischen, abends Viehzucht zu treiben, nach dem Essen zu kritisieren, wie ich gerade Lust habe, ohne je Jäger, Fischer, Hirt oder Kritiker zu werden.[104]

Das berühmte Zitat ist eine der wenigen Stellen, an denen Marx und Engels sich einen vagen Ausblick auf die Struktur- und Gestaltungsweise einer kommunistischen Gesellschaft erlauben. Zugleich ist es aus soziologischer Sicht besonders aufschlussreich, weil es zeigt, dass die typischen Probleme einer arbeitsteiligen Großgesellschaft in dieser Vision einer kommunistischen Gesellschaft ungelöst bleiben. Wer entwickelt die Produktivkräfte weiter, die nach Marx die Grundlage für den zivilisatorischen Reichtum ausmachen? Wie wird die Arbeitsteilung geregelt, wenn doch jede Regelung zur Verteilung der Tätigkeiten offenkundig die allseitige Entfaltung des Individuums bereits behindert? Wie müssen die Institutionen einer kommunistischen Gesellschaft beschaffen sein? Wer ist die »Gesellschaft«, die die allgemeine Produktion regelt? Wie muss man sich die Balancierung und Verteilung von Rechten und Pflichten in einer solchen Gesellschaft vorstellen, ohne die doch aus dem »Reich der Freiheit« unversehens das »Horrorreich« einer verantwortungslosen und rücksichtslos egoistischen Ansammlung von Einzelwesen werden kann?

Ohne Umschweife wird man zugeben müssen, dass der politische Adventismus von Marx, die Erwartung einer kommunistischen Gesellschaft, zu der Achillesferse seiner kritischen Gesellschaftstheorie als Entwicklungs-, Struktur-, Krisen-, Klassen und Transformationstheorie zählt. Dieser politische Messianismus, der darin zum Ausdruck kommt, will gar nicht so recht zu dem reklamierten Image des wissenschaftlichen Sozialismus passen. Das Studium der Struktur- und Funktionsweise des Kapitalismus ist niemals durch ein gleichermaßen skrupulöses Studium der Struktur- und Funktionsweise des Sozialismus ergänzt worden. Paradoxerweise hat das

104 Marx, Engels, *Die deutsche Ideologie*, S. 33.

Damoklesschwert des Utopieverbots zu einem regelrechten Denkverbot geführt, wenn es um die Ausgestaltung der kommunistischen Gesellschaft ging. Während Tocqueville gleichgewichtig die »alte Gesellschaft« der Aristokratie *und* die neue Gesellschaft der Demokratie analysiert hat, um auf diese Weise zu einer ausgewogenen Einschätzung von Vergangenheit und Zukunft zu gelangen, trifft dies für Marx' Ansatz nicht zu. Es herrscht eine unübersehbare Asymmetrie zwischen Kapitalismus und Sozialismus, da die große Transformation an dem Übergang vom Feudalismus zum Kapitalismus untersucht wird. Dies hat dann unglückseligerweise den Epigonen von Marx und Engels, die unter einer marxistisch-leninistischen Ideologie sich anschickten, die »neue Gesellschaft« zu bauen, einen Blankoscheck ausgestellt, unter Berufung auf die »Väter« des wissenschaftlichen Sozialismus ein repressives »Reich der Unfreiheit« im real existierenden Sozialismus zu errichten. Diese veritable Diskrepanz zwischen dem Ideal des Kommunismus als brüderlicher Gesellschaft und der Realität des etablierten Sozialismus dürfte die große gesellschaftsgeschichtliche Alternative[105] zum Kapitalismus auf Jahre hinaus diskreditiert haben. Solange die historische Erinnerung an die Kosten dieses Menschheitsexperiments lebendig bleibt, wie es Stalin in der Sowjetunion und Mao in China angerichtet haben, dürfte es um die Wünschbarkeit sozialistischer Großversuche[106] und ihrer Wiederholung schlecht bestellt sein.

Wenn man also heute, ungeachtet des historischen Zusammenbruchs des real existierenden Sozialismus im Ostblock, noch mit dem Marxschen Gedankengut arbeiten will, so tut man gut daran, die Bestandteile der soziologischen Zeitdiagnose nach entsprechender Revision zu konsultieren, die philosophische Zeitdiagnose mit ihrer Geschichtsphilosophie und ihrem politischen Messianismus indes getrost zu verabschieden.

105 Dennoch gibt es vorsichtige Versuche zur Ehrenrettung einer großen historischen Idee. Siehe Axel Honneth, *Die Idee des Sozialismus. Versuch einer Aktualisierung*, Berlin 2015 und Erik Olin Wright, *Reale Utopien. Wege aus dem Kapitalismus*, Berlin 2017, der die Wünschbarkeit, Machbarkeit und Erreichbarkeit gesellschaftlicher Selbstermächtigung und Selbstverwaltung gegen die kapitalistische Hegemonie in analytisch umsichtiger Weise diskutiert.

106 Eine überzeugende historische Bilanz ziehen François Furet, *Das Ende der Illusion. Der Kommunismus im 20. Jahrhundert*, München, Zürich 1996; Eric Hobsbawm, *Das Zeitalter der Extreme. Weltgeschichte des 20. Jahrhunderts*, München 1999.

4. Émile Durkheim und die moralische Revolution

> Wir arbeiten zusammen, weil wir es gewollt haben, aber unsere freiwillige Zusammenarbeit schafft uns Pflichten, die wir nicht gewollt haben. Émile Durkheim[1]

4.1 Institutioneller Individualismus

Émile Durkheims[2] Augenmerk – das macht das Eingangszitat deutlich – ist auf den Zusammenhang von freiwilliger Kooperation und gesellschaftlicher Koordination gerichtet. Wir arbeiten freiwillig zusammen, aber aus dieser Zusammenarbeit resultieren Pflichten

1 Émile Durkheim, *Über soziale Arbeitsteilung. Studie über die Organisation höherer Gesellschaften,* mit einer Einleitung v. Niklas Luhmann u. einem Nachwort v. Hans-Peter Müller u. Michael Schmid, 2. Aufl., Frankfurt/M. 1988, S. 271.

2 In Deutschland hat Durkheim stets im Schatten von Marx und Weber gestanden, so dass die Rezeption seines Werkes schleppend und diskontinuierlich verlief. Siehe dazu das Sonderheft »Durkheim in Germany. The Performance of a Classic«, hg. von Gregor Fitzi u. Nicola Marcucci, in: *Journal of Classical Sociology* 17/4 (2017), vor allem die Interviews der Herausgeber mit Hans Joas und Hans-Peter Müller, S. 382-398 und S. 399-422. Das Gros der Sekundärliteratur ist daher französischer und englischer Natur. Basal für die deutsche Rezeption sind die Arbeiten von René König: *Kritik der historisch-existentialistischen Soziologie,* München 1975 und ders., *Émile Durkheim zur Diskussion. Jenseits von Dogmatismus und Skepsis*, München 1978. Danach Wolf Lepenies (Hg.), *Geschichte der Soziologie*, 4 Bde., Frankfurt/M. 1981; Hans-Peter Müller, *Wertkrise und Gesellschaftsreform. Émile Durkheims Schriften zur Politik*, Stuttgart 1983; ders., »Émile Durkheim (1858-1917)«, in: Dirk Kaesler (Hg.), *Klassiker der Soziologie*, München 2012, S. 165-186; ders., *Das soziologische Genie und sein solides Handwerk. Studien zu Émile Durkheims Forschungsprogramm,* Wiesbaden 2018; Daniel Suber, *Émile Durkheim*, Konstanz 2011; Heike Delitz, *Émile Durkheim zur Einführung*, Hamburg 2013. Und vor allem: Tanja Bogusz u. Heike Delitz, *Émile Durkheim. Soziologie – Ethnologie – Philosophie*, Frankfurt/M. 2013. Zur internationalen Diskussion siehe: Jeffrey C. Alexander, *Durkheimian Sociology: Cultural Studies*, Cambridge, New York 1988; Jeffrey C. Alexander u. Philip Smith (Hg.), *The Cambridge Companion to Durkheim*, Cambridge 2005; N. J. Allen et al. (Hg.), *On Durkheim's Elementary Forms of Religious Life*, London u. a. 1998; Raymond Aron, *Hauptströmungen des soziologischen Denkens. Teil 2: Émile Durkheim, Vilfredo Pareto, Max Weber*, Köln 1971; Philippe Besnard (Hg.), *The Sociological Domain: The Durkheimians and the founding of French sociology*, Cambridge 1983; Massimo Borlandi (Hg.), »Émile

und Zwänge, die – obschon unintendiert – erfüllt werden müssen, um die erfolgreiche Funktionsweise dieser Kooperation auf Dauer zu stellen. Insofern geht ein regelrechter Druck zu sozialer Solidarität aus den Folgen der arbeitsteiligen Kooperation hervor.

Émile Durkheims Interesse an gesellschaftlicher Koordination, die er in der spannungsgeladenen Beziehung zwischen Arbeitsteilung und Solidarität fasst, reiht sein Werk in die Tradition gesellschaftstheoretischer Ansätze ein, die allesamt der Frage nachgespürt haben, was die Welt im Innersten zusammenhält. Das *Problem der sozialen Ordnung*,[3] wie die Grundfrage der Gesellschaftswissenschaften auch genannt wird, ist zwar der kleinste gemeinsame Nenner für Sozialphilosophie *und* Soziologie; aber auf dieser Basis lassen sich eine Fülle verschiedenartigster Ansätze und Problemlösungen denken. Seit dem modernen Naturrecht und den Gesellschaftsvertragslehren von Thomas Hobbes und John Locke bis zu Jean-Jacques Rousseau und Immanuel Kant wird dieser Grundfrage eine spezifische Form gegeben: Wie ist eine soziale Ordnung möglich, die individuelle Freiheit verwirklicht? *Soziale Ordnung und individuelle Freiheit* – das wäre in den älteren sozialphilosophischen Ordnungsentwürfen schlichtweg als ein Widerspruch angesehen worden. Denn wie kann es Ordnung geben, wo individuelle Freiheit herrscht?

Émile Durkheim greift die Ordnungsproblematik in ihrer mo-

Durkheim: Les formes élémentaires de la vie religieuse un siècle après«, in: *L'Année sociologique* 62/2 (2012), Sondernummer; Massimo Borlandi u. Mohamed Cherkaoui (Hg.), *Le suicide un siècle après Durkheim*, Paris 2000; Anthony Giddens, *Studies in Social and Political Theory*, London 1977; Bruno Karsenti, *La société en personnes. Études durkheimiennes*, Paris 2006; Bernard Lacroix, *Durkheim et le politique*, Paris 1981; Robert A. Nisbet, *Émile Durkheim*, Englewood Cliffs 1965; Talcott Parsons, *The Structure of Social Action. A Study in Social Theory with Special Reference to a Group of Recent European Writers*, Glencoe 1968 [1937]; Gianfranco Poggi, *Images of Society*, Stanford 1972; Anne W. Rawls, *Epistemology and Practice: Durkheim's The Elementary Forms of Religious Life*, Cambridge 2004; Edward A. Tiryakian, *Sociology and Existentialism. Two Perspectives on the Individual and Society*, Englewood Cliffs 1962; ders., *For Durkheim. Essays in Historical and Cultural Sociology*, London 2009; Stephen P. Turner, *Émile Durkheim. Sociologist and Moralist*, London 1993.

3 Wie sehr Durkheim in dieser Tradition des sozialen Ordnungsdenkens steht, zeigt ausführlich Müller, *Wertkrise und Gesellschaftsreform*, S. 6-60. Auch Parsons sieht in *The Structure of Social Action*, S. 87-125 die Ordnungsproblematik an der Wiege von Durkheims Soziologie.

dernen Form auf, gibt aber dieser spannungsgeladenen Beziehung von Ordnung und Freiheit eine besondere strukturelle und moralische Note: *Arbeitsteilung und Moral.* Von Adam Smith bis Herbert Spencer wurde die strukturelle Verfassung moderner Gesellschaften über die *Arbeitsteilung* charakterisiert.[4] Das zentrale Strukturmerkmal moderner Gesellschaften besteht in der sozialen Differenzierung von Tätigkeiten, Berufen, Funktionen und gesellschaftlichen Lebensbereichen. Aber was hält eine solche differenzierte, heterogene und pluralistische Gesellschaft im Innersten zusammen? Wo findet sich die Einheit in der Vielfalt? Wo liegt die Identität in der Differenz? Die Antwort, die von Adam Smith bis Herbert Spencer gegeben wird, lautet: das ureigene *Interesse*,[5] denn die Verfolgung persönlicher Interessen steigert nicht nur das eigene Wohlergehen – die *individuelle Wohlfahrt*; sondern mit der individuellen Interessenverfolgung wird zugleich der gesellschaftliche Zusammenhalt über die Produktion gesellschaftlichen Reichtums – *Der Wohlstand der Nationen* – und somit *gesellschaftliche Wohlfahrt* hergestellt. Émile Durkheim hält diese Lösung der Ordnungsproblematik – die *utilitaristische Moral individueller Interessenverfolgung* – für eine denkbar schwache und instabile Konstruktion. Aber worin könnte die Alternative zu dieser ökonomischen Lesart moderner Sozialordnung bestehen?

Auf der Suche nach einer besseren Alternative wendet er sich dem *Idealismus* Kants zu. Kant hatte das Credo der Aufklärung – das *Sapere aude* – in der Gestalt einer neuen Moraltheorie konstruktiv weiterentwickelt. Der *kategorische Imperativ* ist das Moralgesetz, welches eine geregelte Sozialordnung mit individueller Freiheit zu realisieren erlaubt. Die Grundfrage in Kantischer Diktion lautet von nun an: Wie ist soziale Ordnung mit *moralischer Autonomie* zu vereinbaren? »Tatsächlich ist von allen Philosophien,

4 Adam Smith, *Der Wohlstand der Nationen. Eine Untersuchung seiner Natur und seiner Ursachen*, hg. u. übersetzt v. Horst Claus Recktenwald, München 1978 [1776]; Herbert Spencer, *On Social Evolution*, hg. u. eingeleitet v. J.D.Y. Peel, Chicago 1972.

5 Albert O. Hirschman, *Leidenschaften und Interessen*, Frankfurt/M. 1980 skizziert den ideengeschichtlichen Wandel von Leidenschaften zu den Interessen als Begründungsbasis von Gesellschaft. Hartmut Neuendorff, *Der Begriff des Interesses. Eine Studie zu den Gesellschaftstheorien von Hobbes, Smith und Marx*, Frankfurt/M. 1973 gibt einen Abriss zum Interessenbegriff bei Hobbes, Smith und Marx.

die Deutschland hervorgebracht hat«, so Durkheims Überzeugung schon im Jahre 1887, »die kantische diejenige, die – wohlinterpretiert – noch am ehesten mit den Anforderungen der Wissenschaft zu vereinbaren ist.«[6] Freilich muss Kants Moraltheorie aus dem philosophischen Rahmen des *Idealismus* herausgelöst und in einen soziologischen Ansatz überführt werden. Wie wir sehen werden, wird aus der »Metaphysik der Sitten und des Rechts« von Kant eine *Physik der Sitten und des Rechts* – das jedenfalls ist das Ziel der klugen Interpretation, die Durkheim vorschwebt.

Arbeitsteilung und *Moral* bezeichnen die strukturellen und moralischen Grundkomponenten von Durkheims Version der Ordnungsproblematik. Aber wie lassen sich Smith und Kant, Utilitarismus und Idealismus zusammendenken? Meiner Auffassung nach verknüpft Durkheim die unterschiedlichen Traditionen in der Weise, dass er sich auf die *Suche nach einer dynamischen und gerechten Sozialordnung* begibt: Durkheim »à la recherche d'un nouveau ésprit collective«.[7] Was ihn indes von Marcel Prousts nostalgischer »Suche nach der verlorenen Zeit« unterscheidet, ist der Blick: nicht rückwärtsgewandt auf eine vermeintlich goldene Zeit, sondern vorwärts gerichtet auf eine bessere Zukunft. Diese Suche nach einer dynamischen und gerechten Sozialordnung, so meine Behauptung, umreißt recht gut seine *Problemstellung*: mit der »Dynamik« verweist er auf die unbestrittenen Vorzüge der Arbeitsteilung – ihr Beitrag zur *Produktivität*, der individuelle Wohlfahrt *und* gesellschaftlichen Wohlstand zu steigern erlaubt. Mit der Forderung nach *Gerechtigkeit* meldet Durkheim den moralischen Anspruch an, dass die Früchte der gesellschaftlichen Arbeit auch fair verteilt werden.

Wie verwirklicht man ein solches Ideal? Wenn die dynamische und gerechte Sozialordnung die Problemstellung umschreibt, wie lautet die *Problemlösung*? Durkheim glaubt die Lösung in einer reformerischen Konzeption zu finden, die man in Anlehnung an Talcott Parsons auf die Formel vom *institutionellen Individualismus*[8]

6 Émile Durkheim, *Über Deutschland. Texte aus den Jahren 1887 bis 1915*, hg. v. Franz Schultheis u. Andreas Gipper, Konstanz 1995, S. 48.

7 Vgl. Müller, *Wertkrise und Gesellschaftsreform*.

8 Parsons selbst beruft sich dabei auf Durkheim. »The emerging pattern in modern societies is institutionalized individualism. [...] This pattern of institutionalized individualism requires a balance of solidarity on a basis of pluralistic differentiat-

bringen kann. Was muss man sich darunter vorstellen? Durkheim entwickelt grob die Umrisse einer institutionellen Konfiguration, die es erlauben soll, den moralischen Individualismus zu verwirklichen. Der moralische Individualismus, wie er die Werte der Französischen Revolution von 1789 auch kurzerhand bezeichnet, existiert zwar in den Köpfen der Menschen und steht in den Verfassungen der französischen Gesellschaft geschrieben; doch ist er bislang nicht in institutionelle Realität umgesetzt worden. Erst wenn es gelingt, Institutionen nach den Werten von 1789 zu bauen, werden diese Grundsätze im sozialen Leben auch praktisch wirksam. Sie stecken dann nicht mehr nur als ein Ideal in den Köpfen der Menschen und den Präambeln von Verfassungen, sondern werden – zumindest partiell – soziale Wirklichkeit.

Durkheims Zeitdiagnose lässt sich deshalb auf die *Formel des institutionellen Individualismus* bringen. Wie im Falle von Marx besteht die Formel aus zwei Teilen: der *Diagnose* einer moralischen Krise, die Durkheim als *Anomie* begreift; und der *Therapie* in Gestalt von Reformen, die er als »Physik der Sitten und des Rechts« in soziologisierter Analogie zu Kant entwickelt und die Ausdruck des von ihm favorisierten institutionellen Individualismus sind.

Vergleicht man Durkheims Zeitdiagnose mit denen von Tocqueville und Marx, so springen auf Anhieb einige Gemeinsamkeiten, aber auch einige bedeutsame Unterschiede ins Auge. Mit Alexis de Tocqueville, der den Begriff »Individualismus« theoretisiert, teilt Durkheim die Auffassung, dass der Individualismus das Wertsystem moderner Gesellschaften ausmacht. Er folgt ihm auch in der Einschätzung der bedeutsamen Rolle von intermediären Assoziationen zwischen Individuen und Staat, die Tocqueville so nachdrücklich vor allem am Beispiel des Gemeindelebens akzentuiert hatte. Durkheim wie Tocqueville beschreiben die modernen Gesellschaften als differenzierte und pluralistische Gebilde. Der hauptsächliche Unterschied indes liegt in der Wahl des Ansatzes: Tocqueville betreibt Gesellschaftswissenschaft als historisch-komparative politische Soziologie, und gemäß diesen Vorgaben skizziert

edness and high valuation of the freedom and dignity of the individual, what Durkheim called the ›cult of the individual‹, as well as commitment to standards of justice in balancing the treatment, rewards, and access to facilities of different individuals and subgroups of them.« Talcott Parsons, *On Institutions and Social Evolution*, hg. u. eingeleitet v. Leon H. Mayhew, Chicago 1982, S. 329 f.

seine Zeitdiagnose die »Demokratie als moderne Regierungs-, Gesellschafts- und Lebensform«. Durkheim hingegen versteht unter Gesellschaftswissenschaft vergleichende strukturelle Soziologie und verfügt im Rahmen seines Ansatzes über keine politische Soziologie im engeren Sinne. Beide betonen die Wichtigkeit der komparativen Methode, dennoch besteht ein gewisser Gegensatz zwischen historischer und struktureller Soziologie, die Tocqueville vom theoretischen Ansatz eher in die Nähe zu Max Weber als in die Nachbarschaft von Durkheim rückt.

Mit Karl Marx verbinden Durkheim vor allem die Werte der Französischen Revolution. Zwar teilen in gewisser Weise alle klassischen Soziologen dieses Werteprogramm, aber nach meiner Auffassung verfolgen nur Marx und Durkheim in konsequenter Weise das Ziel der *Brüderlichkeit*: Sozialismus als wahrer Humanismus und institutioneller Individualismus sind zwei, wenn auch im Wesentlichen unterschiedliche Vorschläge, die Herausforderung der Brüderlichkeit in modernen Gesellschaften anzunehmen. Darüber hinaus folgen beide Klassiker einem materialistischen Ansatz, wenn auch Durkheim wenig Sympathie für die Grundsätze des Historischen Materialismus zeigt. Infolgedessen sehen beide die moderne Wirtschaft als wichtigsten Lebensbereich an, der bei aller Produktion materiellen Reichtums nicht unproblematisch ist, wie soziale Ungleichheit, Klassenkampf und die soziale Frage anzeigen. Die Lösung liegt für Marx wie für Durkheim in der gesellschaftlichen Regulierung der Ökonomie, wenn auch Durkheim von der Vergesellschaftung der Produktionsmittel wenig hält. Die wichtigsten Unterschiede betreffen zweifellos die Einschätzung der modernen Gesellschaft: Durkheim spricht nicht von Kapitalismus und Entfremdung, sondern – der Tradition von Saint-Simon folgend – von industrieller Gesellschaft und Anomie. Klassen sind daher ein vorübergehendes Phänomen auf dem Wege von der traditionellen zur modernen Gesellschaft und werden in dem Maße verschwinden, wie soziale Ungleichheiten abgebaut werden. Dies soll nicht durch eine sozialistische Revolution geschehen wie bei Marx, sondern mittels geplanter institutioneller Reformen. Statt für Sozialismus als wahren Humanismus plädiert Durkheim für organische Solidarität und institutionellen Individualismus.

Werfen wir noch einen letzten Blick zurück auf Tocqueville *und* Marx, so fällt ein weiterer bemerkenswerter Unterschied ins

Auge. Während Tocqueville die politische Ordnung und Marx die ökonomische Verfassung einer Gesellschaft zum Mittelpunkt ihrer Analysen machen, setzt Durkheim von vornherein abstrakter an. Studieren Tocqueville und Marx jeweils Demokratie und Kapitalismus und untersuchen deren Bedingungen und Auswirkungen, ist Durkheims Augenmerk auf den Zusammenhang von moderner Sozialstruktur und Kultur gerichtet. Arbeitsteilung und Moral, soziale Differenzierung und organische Solidarität, pluralistische Gesellschaft und individualistische Kultur sowie deren verschiedene Formen der Relationierung stehen im Mittelpunkt seiner Analyse. In meinen Augen macht dies Durkheim zum Soziologen *par excellence*, vor allem dann, wenn man noch sein methodologisches Manifest, *Die Regeln der soziologischen Methode*, hinzuliest.[9] Bevor man überhaupt anfängt, Soziologie zu betreiben, so Durkheims Überzeugung, muss man erst einmal Theorie und Methode der neuen Disziplin entwickeln. Wer historisch-empirische Analysen anstellen will, muss zunächst die theoretischen und methodischen Grundlagen des neuen Faches beherrschen. Ohne diese Fachdisziplin und ohne eine solche professionelle Orientierung laufen die Studien des Sozialen Gefahr, in hochgestochene geschichtsphilosophische Spekulationen und gelehrten Dilettantismus abzugleiten, wie er seinen französischen Vorgängern Saint-Simon und Auguste Comte gerne vorhielt.

Zwar wäre es vollkommen überzogen, Tocqueville und Marx als Protosoziologen, Durkheim dagegen als ersten »richtigen Soziologen« hinzustellen. Dennoch lässt sich festhalten, dass ein gehöriger Abstraktionszuwachs in der Argumentation zu beobachten ist – für die Soziologie als Wissenschaft ein zentrales Gütezeichen theoretischen und methodischen Fortschritts.

Angesichts dieser breit angelegten Problemstellung, der Suche nach einer dynamischen und gerechten Sozialordnung, verwundert es nicht, dass Durkheims Gesellschaftstheorie eine Fülle von Themen- und Forschungsschwerpunkten enthält. Zählt man sie der Einfachheit halber auf, so ergibt sich folgende Liste: 1. Arbeitsteilung und soziale Differenzierung; 2. Moral, d. h. Moralsysteme und moralische Sozialisation; 3. Recht; 4. Selbstmord und Kriminalität;

9 Émile Durkheim, *Die Regeln der soziologischen Methode*, Neuwied, Berlin 1976 [1895].

5. Religion; 6. Familie; 7. Bildung und Erziehung. Im Zentrum unserer Betrachtung werden vor allem Arbeitsteilung und Moral stehen; demgegenüber werden die anderen Themen nur zur Unterstützung der jeweiligen Argumentation herangezogen. Tatsächlich muss zur Rekonstruktion seiner Zeitdiagnose nicht der ganze Durkheim, sondern nur der charakteristische Durkheim behandelt werden.

Die Analyse von Durkheims Zeitdiagnose verfolgt drei Thesen: 1. Die *zeitdiagnostische These*, die die Formel vom institutionellen Individualismus umschreibt. 2. Die *werkinterpretatorische These*, die – ähnlich wie bei Marx – als Kontinuität des Werkes trotz materialer Umorientierung gefasst wird. Wie gesehen, wird in der Sekundärliteratur gern der frühe philosophische Marx von einem späten politökonomischen Marx abgegrenzt, ohne dass die Einheit des Werkes sichtbar wird. Auch im Falle Durkheims kursieren Interpretationen, die einen Unterschied machen zwischen dem frühen Durkheim, der sich mit Arbeitsteilung und Differenzierung befasst, und einem späten Durkheim, der sich mit Religion beschäftigt. So wie es einen philosophischen und einen ökonomischen Marx gibt, so gibt es demnach einen strukturellen und einen kulturellen Durkheim.[10] Wie das Jahr 1848 bei Marx, so lässt sich auch im Falle Durkheims der Wendepunkt zeitlich genau markieren. Es ist das Jahr 1895, in dem Durkheim nach der intensiven Lektüre der kulturanthropologischen Schriften von William Robertson Smith[11] und James G. Frazer[12] sich dem Studium archaischer Religionen zuwendet. Aber wie bei Marx, wird auch im Falle Durkheims behauptet, dass trotz dieses Wendepunktes mit seiner Umorientierung zugunsten archaischer Religionen das Grundproblem, das Durkheim bewegt, erhalten bleibt: die Suche nach einer dynamischen und gerechten Sozialordnung. Sein Versuch, die Funktionsweise organischer Solidarität und des moralischen Individualismus besser zu verstehen, führt ihn zum Studium archaischer Wertsysteme. Ihre Logik und Wirkungsweise, so seine Hoffnung, sollte auch Aufschluss über ihr modernes Gegenstück, den diversi-

10 Vgl. Alexander, *Durkheimian Sociology.*

11 William Robertson Smith, *Die Religion der Semiten,* Dresden 2016 [1889].

12 James G. Frazer, *The Golden Bough. The Roots of Religion and Folklore,* New York 1981 [1890], dt. *Der goldene Zweig. Das Geheimnis von Glauben und Sitten der Völker,* Reinbek 1989.

fizierten Moralkodex des moralischen Individualismus, geben. Hat man einmal prinzipiell verstanden, wie Werte[13] entstehen und wie sie wirken, dann kann man diese Erkenntnisse auf das Studium der Werte der modernen Kultur ausdehnen. Die Vorstellung, dass Arbeitsteilung *das* Strukturmerkmal moderner Gesellschaften ausmacht, behält Durkheim zeit seines Lebens bei.

3. Die *systematische These* zielt schließlich auf die soziologische Transformation der sozialphilosophischen Ordnungsproblematik, wie sie eingangs beschrieben wurde. Soziale Ordnung und individuelle Freiheit werden übersetzt in den Zusammenhang von Arbeitsteilung und Moral bzw. Solidarität. Das beweist die Fragestellung der *Arbeitsteilung*:

> Die Frage, die am Anfang dieser Arbeit stand, war die nach den Beziehungen zwischen der individuellen Persönlichkeit und der sozialen Solidarität. Wie geht es zu, dass das Individuum, obgleich es immer autonomer wird, immer mehr von der Gesellschaft abhängt? Wie kann es zu gleicher Zeit persönlicher und solidarischer sein? [...] Uns schien, dass die Auflösung dieser scheinbaren Antinomie einer Veränderung der sozialen Solidarität geschuldet ist, die wir der immer stärkeren Arbeitsteilung verdanken.[14]

Eine endgültige Antwort findet diese Fragestellung erst in den *Leçons de Sociologie*, in der Durkheim die institutionelle Konfiguration unterbreitet, die dem moralischen Individualismus zum praktischen Durchbruch verhelfen soll. Im Sinne von John Rawls[15] entwirft Durkheim dort das *Bild einer wohlgeordneten Gesellschaft*, so dass sein Ansatz zur Ordnungsproblematik analytisch und normativ zugleich ausfällt.

Dieser Situierung seiner Zeitdiagnose folgend haben wir neun Schritte vor uns: 1. die bereits vorgenommene Kontextuierung: institutioneller Individualismus; 2. Werk und Person; 3. die historische Krisensituation in Frankreich; 4. Durkheims Forschungsprogramm; 5. Durkheims theoretische Analyse: Arbeitsteilung und organische Solidarität; 6. Durkheims empirische Analyse: das Unbehagen in modernen Gesellschaften und die Krise der Ano-

13 Auf den Spuren von Durkheim bewegt sich Hans Joas, *Die Entstehung der Werte*, Frankfurt/M. 1999, zu Durkheim vor allem S. 87-109.

14 Durkheim, *Über soziale Arbeitsteilung*, S. 82. Im französischen Original: Émile Durkheim, *De la division du travail social*, Paris 1902, S. XLIIIf.

15 John Rawls, *Eine Theorie der Gerechtigkeit*, Frankfurt/M. 1979.

mie; 7. das Bild einer wohlgeordneten Gesellschaft: institutionelle Reformen und moralischer Individualismus; 8. Religion und Erkenntnis: Grundformen menschlicher Existenz; 9. Soziologie der Moral – moralisierende Soziologie?

4.2 Émile Durkheim – Rabbinersohn, Laizist und Soziologe

Es gibt zwei Arten von intellektuellen Biographien: zum einen solche, bei der die Person mindestens ebenso interessant ist wie das Werk; man denke nur an Karl Marx, der Wissenschaftler und Revolutionär war, oder an Friedrich Nietzsche, dessen Leben und Krankheit immer wieder große Aufmerksamkeit auf sich gezogen haben. Zum anderen stoßen wir auf intellektuelle Biographien, bei denen Werk und Person eine Einheit bilden, ja wo die Person hinter dem Werk förmlich verschwindet.

Émile Durkheim gehört zur zweiten Kategorie, und über sein arbeitsreiches Leben lässt sich nichts sonderlich Bemerkenswertes[16] berichten, außer dass es eben arbeitsreich war. Durkheim, das ist ein Leben für die Wissenschaft, ein Leben für die Soziologie. Mit ungeheurer Leidenschaft widmet er sein Leben dem Beruf als Berufung, die Soziologie zu einer Wissenschaft zu machen, die an der Universität gelehrt wird. Émile Durkheim, zurückhaltend und von sich selbst nicht viel Aufhebens machend, wollte, dass sich die ganze Aufmerksamkeit auf die Wissenschaft und nicht auf seine Person konzentriert. Das Briefwerk demonstriert freilich, dass das

16 Das klingt negativer, als es gemeint ist. Die beiden besten Werkbiographien von Steven Lukes, *Emile Durkheim. His Life and Work. A Historical and Critical Study*, Stanford 1973 und Marcel Fournier, *Émile Durkheim. 1858-1917*, Paris 2007 dokumentieren denn auch ein äußerst arbeitsreiches Leben. Die Institutionalisierung der Soziologie an französischen Universitäten war sicherlich so schwierig zu bestehen wie das kühnste Abenteuer. Man stelle sich vor, ein junger Mann, Jude aus der Provinz, setzt sich und seine Soziologie in Frankreich gegen vielfachen Widerstand an der französischen Universität durch – so erzählt, wird aus seinem Leben flugs eine wissenschaftliche Heldengeschichte. Durkheim, der Heros, wird zum »père fondateur«, zum Gründungsvater der französischen Soziologie. Also: Vision entwickelt, Mission erfüllt. Vgl. dazu Hans-Peter Müller, *Das soziologische Genie und sein solides Handwerk*, Wiesbaden 2018.

ein Stück weit ein Mythos ist, den er selbst gepflegt hat.[17] Man kann sich daher kurz fassen und die vier Stationen seines Lebens betrachten: 1. Kindheit und Jugend in Épinal (1858-1875); 2. die Ausbildung in Paris (1875-1882); 3. die Zeit in Bordeaux (1887-1902); 4. die Zeit in Paris (1902-1917).

David Émile Durkheim wird am 15. April 1858 in Épinal, einem kleinen Ort in Elsass-Lothringen, als jüngstes Kind in eine sechsköpfige Rabbinerfamilie geboren. Seiner ursprünglichen Bestimmung nach sollte er als jüngstes, aber klügstes Kind das religiöse Amt seines Vaters übernehmen. Dazu sollte es nicht kommen, denn Durkheim wird seine Mission in der Etablierung der Soziologie als wissenschaftliches Fach an der Universität finden. Er genießt eine strenge Erziehung. Ihre Grundsätze – die Verachtung von Intrigen, die Geringschätzung von Erfolg ohne Leistung, die Ablehnung von allem, was nicht positiv begründet ist – finden sich in seinen Persönlichkeitszügen wieder. Durkheim hat eine ernste, strenge Lebensauffassung, einen ausgeprägten Sinn für Pflicht und begegnet jeder Form von Genuss nur mit einem Anflug von schlechtem Gewissen. Er schließt seinen Schulbesuch am Collège d'Épinal 1874/1875 mit dem »baccalauréat« ab und qualifiziert sich im »Concours général« für die Aufnahme an die *École Normale Supérieure* (ENS).

In *Paris* beginnt die harte Zeit des Lernens für die Aufnahme in die ENS. Erst im dritten Anlauf wird er 1879 Erfolg haben – eine so bittere Erfahrung, die ihm für sein weiteres Leben das ständige Gefühl des Ungenügens einimpft, das nur durch rastlose Arbeit besänftigt werden kann. Einen besseren Mechanismus zur unablässigen Steigerung der Leistungsmotivation lässt sich kaum denken, vor allem vor dem Hintergrund der Tatsache, dass die ganze Familie gespart hatte, um dem jungen talentierten Émile das teure Studium in Paris zu ermöglichen. Genug ist niemals genug, so dass – wie bei Marx und Weber – sich Phasen von obsessiver Tätigkeit ablösen mit Phasen der Erschöpfung und Depression. Seinerzeit nannte man das *Neurasthenie,* heute bezeichnet man es als *Burnout* oder *Depression.*

In den drei Jahren bis zur *agrégation* (1882), dem ersten Universitätsexamen, studiert er klassische Philosophie und klassische Litera-

17 Vgl. Émile Durkheim, *Lettres à Marcel Mauss,* präsentiert von Philippe Besnard und Marcel Fournier, Paris 1998.

tur sowie moderne Sozialphilosophie. Seine Lektüre umfasst Hobbes, Locke, Rousseau einerseits, Montesquieu, Kant und Comte andererseits. Die heißen politischen Debatten an der ENS über die soziale Frage in dieser Zeit nimmt Durkheim in der ihm eigenen abstrakten Weise auf. Zunächst beschäftigt er sich mit einem philosophischen Problem, dem Verhältnis von Individualismus und Sozialismus, sodann spitzt er es auf die Beziehung von Individuum und Gesellschaft zu, um es in seiner Dissertation schließlich auf die Beziehung zwischen individueller Persönlichkeit und sozialer Solidarität zu konzentrieren. Nach der *agrégation* wird er – gemäß dem üblichen akademischen Werdegang – Philosophielehrer an verschiedenen Gymnasien in Paris, Sens und St. Quentin.

Im Rahmen eines akademischen Austauschprogramms für die besten ›agrégés‹ weilt er von 1885 bis 1886 in Deutschland und studiert an den Universitäten Berlin und Leipzig die Schriften des Psychologen Wilhelm Wundt (1832-1920), die Kathedersozialisten Gustav Schmoller (1838-1917) und Adolph Wagner (1835-1817) sowie die Juristen Rudolf von Jhering (1818-1892) und Albert-Hermann Post (1839-1895). Seine Erfahrungen in Deutschland schlagen sich in zwei Artikeln nieder: »La Science positive de la morale en Allemagne« und »La Philosophie dans les Universités allemandes« (1887).[18] Diese Artikel stoßen auf so große Resonanz, dass sie Durkheim nicht nur schlagartig in Frankreich bekannt machen, sondern ihm auch eine Stelle an der Universität Bordeaux eintragen. Das sollte der erste Soziologielehrstuhl an einer französischen Universität überhaupt werden. Im Jahre 1887 heiratet Durkheim Louise Dreyfus, die nicht mit dem gleichnamigen Hauptmann Dreyfus verwandt ist. Sie haben zwei Kinder, Marie, geboren 1888, und André, geboren 1892. Nach allen Berichten ist die Familie Durkheim eine glückliche Familie mit traditioneller Arbeitsteilung: Émile Durkheim der Berufung zur Wissenschaft folgend, Louise Dreyfus mit Haushalt und Erziehung wie auch mit der Abschrift der Manuskripte ihres Gatten beschäftigt.

In *Bordeaux* erhält Durkheim als »chargé de cours« für Sozialwissenschaft und Pädagogik an der Faculté de Lettres die große Chance, die Soziologie an französischen Universitäten zu institutionalisieren. Das gelingt ihm ohne große Mühe, zumal die zahl-

18 Durkheim, *Über Deutschland*, S. 27-175.

reichen Bücher, die er in dieser kurzen Zeit verfasst, durchaus beeindrucken: *Die Arbeitsteilung* (1893), *Die Regeln der soziologischen Methode* (1895), *Der Selbstmord* (1897) und die Gründung der *Année Sociologique* (1898), einer Zeitschrift, die in ihrer großen Bedeutung am ehesten mit der *Zeitschrift für Sozialforschung* der frühen kritischen Theorie zu vergleichen ist.[19]

Im Jahre 1902 wird er nach *Paris* an die Sorbonne berufen, wo er einen Lehrstuhl für Soziologie bis an sein Lebensende innehat. 1912 erscheint sein großes Werk über die Religion, *Die elementaren Formen des religiösen Lebens.*[20] Trotz anfänglicher Ressentiments setzt sich Durkheim schon bald in Paris durch, besticht durch sein starkes öffentliches Engagement und schart eine verheißungsvolle Equipe von Schülern, seinen Sohn André eingeschlossen, um sich. Der Beginn des Ersten Weltkriegs macht das Werk der »Durkheim-Schule« jäh zunichte. Die Durkheim-Schule entrichtet einen hohen Blutzoll, denn viele ihrer Talente fallen dem Krieg zum Opfer, darunter auch sein Sohn André im Jahre 1916, der geplant hatte, als Soziologe in die Fußstapfen seines erfolgreichen Vaters zu treten. Durkheim sollte sich von dem Verlust seines Sohnes nicht mehr erholen und verstarb am 15. November 1917.

4.3 Die historische Krisensituation in Frankreich

Wie viele Denker im 19. Jahrhundert führt Durkheim das weitverbreitete Unbehagen in den europäischen Gesellschaften auf den rapiden Wandel von einer agrarisch-ständischen zu einer industriell-kapitalistischen Gesellschaft zurück. Nach seiner Diagnose führt der rasche Wandel zu einer *moralischen Krise*[21] mit spezifisch epo-

19 Vgl. zur Bedeutung der *Année Sociologique*: Émile Durkheim, *Journal Sociologique*, mit einer Einleitung v. Jean Duvignaud, Paris 1969. Die Buchpublikationen: Durkheim, *Über soziale Arbeitsteilung*; ders., *Die Regeln der soziologischen Methode*; ders., *Der Selbstmord*, Neuwied, Berlin 1973 [1897].

20 Émile Durkheim, *Die elementaren Formen des religiösen Lebens*, Frankfurt/M. 1984.

21 Zu Durkheims Krisenbewusstsein siehe u. a. Robert N. Bellah, »Introduction«, in: Émile Durkheim, *On Morality and Society*, Chicago 1973; Jean-Claude Filloux, *Durkheim et le socialisme*, Genève 1977; König, *Kritik der historisch-existentialistischen Soziologie*; ders., *Émile Durkheim zur Diskussion* und Müller, *Wertkrise und Gesellschaftsreform*.

chalen und nationalen Zügen. *Epochal*, weil zwar die Französische Revolution mit den Werten von 1789 einen verbindlichen normativen Rahmen gestiftet hat, der aber bis dahin nicht in institutionelle Realität umgesetzt werden konnte. Der beste Beweis dafür ist das Auf und Ab von Revolution und Restauration: Die Dritte Republik ist nach drei Monarchien, zwei Kaiserreichen und zwei Republiken das achte Regime nach 1789, zwischen 1789 und 1870 sind vierzehn Verfassungen verabschiedet worden, die einen verbindlichen politischen Rahmen setzen sollten. *National*, weil der Doppelschock der Kriegsniederlage von 1870/1871 und der Pariser Kommune das Selbstverständnis der »Grande Nation« zutiefst erschüttert hat. Dieser Schock wird unterschiedlich verarbeitet und kommt in der extremen Zerrissenheit der Dritten Republik zum Ausdruck, die in drei unversöhnliche politische Lager gespalten ist. Der *konservative Block*, hinter dem die katholische Kirche, das Militär, Teile der Bürokratie und der industriellen Elite stehen, ist stramm antidemokratisch, antiparlamentarisch, antiintellektuell und antisemitisch gesinnt. Er will die moralische und intellektuelle Anarchie, in die grassierender Vernunftglaube, egoistisch-gottloser Individualismus und Massendemokratie geführt haben sollen, durch die *Restauration der Monarchie* beenden. Im Gegensatz dazu plädiert der *radikale Block*, welcher die Arbeiterschaft und Teile der Intelligenz umfasst, für eine *sozialistische Revolution*. Seine Anhänger sind ebenfalls antidemokratisch und antiparlamentarisch gesinnt und machen den Kapitalismus für die »soziale Frage« und die ökonomische Anomie verantwortlich. Zwischen diesen beiden Polen, die sich mit den Schlachtrufen von »terminer la Revolution« und »continuer la Revolution« umreißen lassen, versucht der *republikanische Block*, hinter dem das Bürgertum und der Großteil der Intelligenz stehen, die antiklerikal, antimilitaristisch, bourbonen- und bonapartistenfeindlich gesinnt sind, die ökonomische und moralische Anomie durch »Modernisierung« aller gesellschaftlichen Lebensbereiche zu beseitigen. Nicht Restauration oder Revolution, sondern nur durchdachte *Reformen* vermögen langfristig das Erbe der Französischen Revolution weiterzuentwickeln.

Als überzeugter Anhänger der Dritten Republik sieht Durkheim die Lösung der nationalen, der sozialen und der Bildungsfrage als vorrangig an. Die *nationale Frage* erfordert es, die unversöhnlichen politischen Lager auf ein republikanisches Regime einzuschwören.

Nur so kann die Legitimitäts- und Loyalitätsschwäche der Dritten Republik überwunden und Frankreichs angeschlagenes Selbstbewusstsein als »Grande Nation« durch eine angemessene Stellung im Konzert europäischer Mächte wiederhergestellt werden. Das gelingt aber nur dann, wenn alle gesellschaftliche Gruppen am politischen Leben teilhaben und der geschwächte »esprit de collectivité [...] son unité organique«[22] zurückgewinnt. Folglich kann die *soziale Frage* nur gelöst werden, wenn die soziale Ungleichheit in der Ökonomie abgebaut und soziale Gerechtigkeit in den Beziehungen zwischen Arbeitgebern und Arbeitnehmern geschaffen wird. Um die *Bildungsfrage* zufriedenstellend zu klären, muss der konservative Einfluss der katholischen Kirche in den Schulen zurückgedrängt und mit einem rein laizistischen Erziehungssystem den kommenden Generationen ein demokratisches Bewusstsein und eine individualistische Moral vermittelt werden. Um alle diese Fragen einer ersten Beantwortung zuzuführen, muss freilich die Soziologie als Wissenschaft von der Gesellschaft erst noch entwickelt werden, indem man ein klar geschnittenes Forschungsprogramm vorlegt.

4.4 Durkheims Forschungsprogramm

Wie man bereits seiner Einführungsvorlesung an der Universität Bordeaux von 1888 entnehmen kann, in der er sein soziologisches Forschungsprogramm entwickelt, rekonstruiert Durkheim die Geschichte der Soziologie und ihre Entwicklungsetappen so, als ob sie mit ihm eigentlich erst beginnt.[23]

Auch wenn das vielleicht etwas prätentiös, auf jeden Fall ziemlich ambitioniert klingt, ganz falsch – so können wir im Rückblick sagen – ist diese Einschätzung nicht gewesen. Bis dato hatte sich die Soziologie im Großen und Ganzen in sozialphilosophischen Reflexionen auf abstrakter Grundlage erschöpft, ohne wirklich

22 So schon seine programmatische Absicht in der Einführungsvorlesung; siehe Émile Durkheim, »Cours de science sociale. Leçon d'ouverture«, in: *Revue internationale de l'enseignement* 15 (1888), S. 23-48, S. 47 bzw. ders., *La science sociale et l'action*, hg. v. Jean-Claude Filloux, Paris 1970, S. 236-244, hier S. 109; dt.: ders., *Frühe Schriften zur Begründung der Sozialwissenschaft*, hg. u. eingeleitet v. Lore Heisterberg, Darmstadt-Neuwied 1981, S. 51.

23 Durkheim, *Frühe Schriften zur Begründung der Sozialwissenschaft*, S. 11-24.

eine *Sozialwissenschaft* zu werden. Sicher gab es auch bahnbrechende Vorläufer und ihre einschlägigen Studien wie Montesquieu mit seinem *Geist der Gesetze*, Tocqueville mit seiner *Demokratie in Amerika* oder Marx mit seinem *Kapital*, um nur einige aufzuzählen.[24] Aber Soziologie als Erfahrungswissenschaft mit klar geschnittener und eingegrenzter Problemstellung, einem theoretischen Rahmen, einer ausgearbeiteten Methode und einer historisch-empirisch sauberen Analyse – all das stand zu Durkheims Zeiten noch aus.

Der Rolle als Sozialwissenschaft, so seine Überzeugung, kann die Soziologie deshalb nur durch einen wohlumgrenzten Gegenstand und eine verbindliche Methode gerecht werden. Bereits in seiner Dissertation über Montesquieu von 1892 studiert Durkheim die methodischen Grundlagen der Sozialwissenschaft und preist den Autor des *Geistes der Gesetze* für seine bahnbrechenden Einsichten in die Gesetzmäßigkeiten sozialen Lebens, seine Typisierung von Gesellschaften und seine vergleichende Methode, mit der man sie studieren kann.[25] In den *Regeln der soziologischen Methode* von 1895 greift er auf diese Erkenntnisse zurück und definiert Soziologie als »Wissenschaft von den Institutionen, deren Entstehung und Wirkungsart«.[26]

Anders als Montesquieu will Durkheim den Gegenstand der Soziologie jedoch nicht nur auf politische Einrichtungen beschränkt sehen, sondern er fasst darunter allgemein und viel weiter alle sozialen Faktoren, Strömungen und kollektiven Vorstellungen in einer Gesellschaft. Er knüpft in dem Zusammenhang erneut an Auguste Comte an, der diese Wissenschaft nicht nur zu ihrem Namen, sondern auch zu ihrem Untersuchungsgegenstand – der Gesellschaft als Organismus – verholfen hat. Zugleich bemängelt er die Unbestimmtheit dieser Kennzeichnung, die in der weiteren Ausarbeitung nur zu »diese[n] großen Theorien« führen kann, die »alles enthalten, alles umfassen«, letztlich aber wenig über den empirischen Charakter dieses sozialen Wirklichkeitsbereiches aussagen.[27] Das Ungleichgewicht zwischen dem hohen synthetischen Anspruch

24 Montesquieu, *Vom Geist der Gesetze*, 2 Bde., übersetzt u. hg. v. Ernst Forsthoff, Tübingen 1992; Alexis de Tocqueville, *Über die Demokratie in Amerika*, 2 Bde., Zürich 1987 [1835]; Karl Marx, *Das Kapital*, Bd. 1, in: MEW 23, Berlin 1973 [1867].

25 Durkheim, *Frühe Schriften zur Begründung der Sozialwissenschaft*, S. 85-128.

26 Durkheim, *Die Regeln der soziologischen Methode*, S. 100.

27 Durkheim, *Frühe Schriften zur Begründung der Sozialwissenschaft*, S. 44.

Comtes bei geringer analytischer Komplexität führt Durkheim auf zwei Ursachen zurück: Comte diskutiert zum einen die Evolution *der* Gesellschaft, die dann zwangsläufig mit der menschlichen Entwicklung zusammenfällt; stattdessen hätte er besser verschiedene Gesellschaftstypen identifiziert und klassifiziert, wie es ansatzweise schon Montesquieu versucht hatte. Zum anderen ist Comtes Definition der Soziologie als Wissenschaft von der Gesellschaft zwar richtig, so dass sich ihrer Durkheim auch bedient. Sie bleibt aber dann zu vage und allgemein, wenn die materialen Untersuchungsbereiche nicht ausgezeichnet werden, die empirisch erforscht werden müssen.

Durkheim schlägt daher vor, den eigentlichen Gegenstand in sozialen Phänomenen bzw. sozialen Tatbeständen zu sehen. Aber was sind *faits sociaux*, woran lassen sie sich erkennen, und wie sind sie zu klassifizieren? Worin bestehen ihre analytischen Merkmale, ihre methodologische Eigenart und das methodische Verfahren zu ihrer Auszeichnung?

Durkheim definiert einen *fait social* als »jede mehr oder minder festgelegte Art des Handelns, die die Fähigkeit besitzt, auf den Einzelnen einen äußeren Zwang auszuüben; oder auch, die im Bereich einer gegebenen Gesellschaft allgemein auftritt, wobei sie ein von ihren individuellen Äußerungen unabhängiges Eigenleben besitzt«.[28] Diese Definition enthält einige Merkmale, die zusammen genommen die Eigenart von Durkheims Konzeption ausmachen; deshalb sollen die Elemente Äußerlichkeit, Zwanghaftigkeit, Allgemeinheit und Unabhängigkeit näher betrachtet werden, um sie besser zu verstehen.

1. Äußerlichkeit: Dieses Kriterium verweist auf die Existenz »besondere[r] Arten des Handelns, Denkens, Fühlens, deren wesentliche Eigentümlichkeit darin besteht, daß sie außerhalb des individuellen Bewußtseins existieren«. Durkheim verbindet mit diesem Element zwei Überlegungen: Einerseits verbürgt die Exteriorität jedes individuellen Bewusstseins einmal mehr die methodisch gesicherte Erkenntnis, dass soziale Phänomene einen eigenständigen Bereich verkörpern und sich weder auf Psychologie noch auf Biologie reduzieren lassen. »Mit organischen Erscheinungen sind sie nicht zu verwechseln, denn sie bestehen aus Vorstellungen

28 Durkheim, *Die Regeln der soziologischen Methode*, S. 114.

und Handlungen, ebensowenig mit psychischen Erscheinungen, deren Existenz sich im Bewußtsein des Einzelnen erschöpft. Sie stellen also eine neue Gattung dar und man kann ihnen mit Recht die Bezeichnung ›sozial‹ vorbehalten.« Zum anderen weist die Äußerlichkeit auf das sachliche Erfordernis hin, dass soziale Verpflichtungen weder vom einzelnen Individuum geschaffen worden noch ihm angeboren sind, sondern »im Wege der Erziehung« erworben werden.[29]

2. *Zwang*: Dieses Kriterium verkörpert den imperativen Charakter sozialer Verbindlichkeiten. Gleich, ob es sich um Rechtsnormen, Moralgebote, Sitten oder Konventionen dreht, stets sind soziale Phänomene »mit einer gebieterischen Macht ausgestattet«, die das Handeln von Individuen beeinflusst. Der verhaltenssteuernde Druck sozialer Regeln wird immer dann sichtbar, wenn Individuen Normen verletzen und Sanktionen für dieses abweichende Verhalten auf sich ziehen. In allen diesen Fällen bekommen zuwiderhandelnde Menschen den *Widerstand* sozialer Regelungen zu spüren, der sich der Missachtung oder dem Versuch ihrer Änderung entgegenstellt.[30]

3. *Allgemeinheit*: Dieser Klasse verbindlicher Regelungen, die über den Indikator der Sanktionierung unproblematisch zu erfassen sind, fügt Durkheim eine weitere Klasse von sozialen Phänomenen hinzu, die nicht so leicht aufzuspüren sind, weil sie nur »mittelbare[n] Zwang« ausüben. Darunter versteht er soziale Strömungen wie kollektive Massenhysterien oder soziale Tendenzen, die in statistischen Geburten-, Ehe- und Selbstmordraten enthalten sind. Der zweite Teil der Definition versucht dieser Klasse von Phänomenen gerecht zu werden, »die im Bereiche einer gegebenen Gesellschaft allgemein auftritt, wobei sie ein von ihren individuellen Äußerungen unabhängiges Eigenleben besitzt«. Das Kriterium der Allgemeinheit unterstreicht, dass soziale Tatbestände nicht auf universale Attribute, sei es die *Natur des Menschen* oder die *Natur der Gesellschaft*, zurückgeführt werden können, sondern aus dem spezifischen Charakter historisch vorfindbarer Gesellschaften zu erklären sind.[31]

4. *Unabhängigkeit*: Dieses Merkmal unterstreicht, dass durch-

29 Ebd., S. 105-107.

30 Ebd., S. 106.

31 Ebd., S. 112-114.

schnittlich vorfindbare und damit allgemein geäußerte Verhaltensweisen in den *individuellen Inkarnationen* nicht aufgehen, sondern ein von den individuellen Manifestationen trennbares und damit unabhängiges Eigenleben führen. Diese Verknüpfung von Allgemeinheit und Unabhängigkeit sozialer Phänomene wird exemplarisch durch statistische Raten verkörpert, die alle individuellen Fälle enthalten und deren individuelle Besonderheiten durch ihre Aggregation wechselseitig neutralisieren, so dass die soziale Tendenz in reinster Form zutage tritt. Andererseits ist ein auf diese Weise isoliertes soziales Phänomen der Mehrzahl der Gesellschaftsmitglieder gemeinsam, wie das Kriterium der Allgemeinheit andeutet. »Aber wenn es allgemein ist«, darauf insistiert Durkheim mit Nachdruck, »so ist es das, weil es kollektiv (d. h. mehr oder weniger obligatorisch) ist; und nicht umgekehrt ist es kollektiv, weil es allgemein ist.«[32]

Fassen wir zusammen: Gegenstand der Soziologie sind nach Durkheim alle sozialen Tatbestände, sofern sie dem Einzelnen äußerlich sind, auf ihn sozialen Druck ausüben, in der Gesellschaft allgemein auftreten und ein von jedem Einzelnen unabhängiges Eigenleben führen. *Faits sociaux* sind *äußerlich,* da sie dem Menschen nicht angeboren sind, sondern anerzogen werden müssen; sie sind *zwanghaft,* weil sie auf den Willen jedes Individuums einen moralischen Druck ausüben; sie sind *allgemein* und nicht universal, weil sie weder der Natur der Menschheit noch der Natur des Menschen innewohnen; sie sind *unabhängig,* da sie weder im Verhalten einzelner Individuen aufgehen, noch sich in ihrer und durch ihre Praxis erschöpfen. Durkheim illustriert dies an drei Institutionen: Der Sprache, die Verständigung ermöglicht, dem Geld, das zum Austausch dient, und den Produktionsmethoden, die zur Aufrechterhaltung der Wettbewerbsfähigkeit notwendig sind. Das *Soziale* ist also mehr als die Summe individueller Handlungen; Gesellschaft ist mehr als ein Aggregat von Individuen, wie in der individualistischen Denktradition von Thomas Hobbes bis Herbert Spencer angenommen worden war.

Nirgendwo kommt die kollektive Natur des Sozialen und damit die *methodologische Eigenart* seines Ansatzes so deutlich zum Ausdruck wie im Begriff der *Gesellschaft*, die Durkheim nach dem

32 Ebd., S. 109-111.

Prinzip der schöpferischen Synthese als Realität *sui generis,* als *Emergenz* begreift. Ganz im Geiste von Auguste Comte fasst Durkheim das *Soziale* als eigenständigen Bereich der Realität, der sich nicht auf physische, biologische oder gar psychische Faktoren zurückführen lässt. Diese epistemologische Annahme kehrt in seiner Erklärungsstrategie wieder. Der erste methodologische Grundsatz lautet folglich, dass sich Soziales nur durch Soziales erklären lässt. Wo immer wir auf eine organische oder psychologische Erklärung stoßen, können wir laut Durkheim sicher sein, dass sie falsch ist. Gesellschaften lassen sich daher weder in Abhängigkeit von deren Klima bestimmen, wie das Montesquieu noch versucht hatte, noch können sie nach der Vorstellung der Ökonomen ihren Sinn und Zweck aus der individuellen Nutzenmaximierung der beteiligten Akteure gewinnen. Beide Vorstellungen sind *ideologisch*, entstammen also den *idola*[33] der beobachtenden Wissenschaftler und nicht der Natur der Sache, der Gesellschaft, ihrem Strukturprinzip und gegenwärtigen Entwicklungsstand.

Nach der ausführlichen Diskussion der analytischen Merkmale sozialer Phänomene und der methodologischen Eigenart von Durkheims Ansatz stellt sich die Frage nach ihrer konkreten *methodologisch-theoretischen* Erfassung. Seine Erklärungsstrategie besteht stets aus drei Schritten: Wer das soziale Leben verstehen will, muss sich um eine Beschreibung, Erklärung und Beurteilung von sozialen Phänomenen bemühen.

1. Beschreibung: Dazu gilt es, sich in einem ersten Schritt aller vorgefassten Ideen und Vorurteile zu entledigen, soziale Phänomene in ihrer Eigenart und anhand ihrer äußeren Merkmale gleichsam wie Dinge, *comme des choses*, zu beschreiben. Diese *Chosismus*-These Durkheims beruht auf drei Überlegungen. Zunächst sollte sich die Untersuchungspraxis in den Sozialwissenschaften nicht mit Ideen *über* soziale Sachverhalte begnügen, sondern sie *in* ihren empirischen Erscheinungsformen selbst zu erfassen suchen. Ganz im Sinne des methodischen Zweifels von Descartes muss der wissenschaftliche Beobachter »beim Vordringen in die soziale Welt das Be-

33 Durkheim stützt sich an dieser Stelle auf Francis Bacon, *Novum Organon,* London 1620, dt. *Das Neue Organon*, übs. v. R. Hoffmann u. G. Korf, hrsg. v. Manfred Buhr, Berlin/Leipzig 1962, der ja auch schon gegen die *notiones vulgares* oder *praenotiones* ins Feld gezogen war. Siehe Durkheim, *Regeln,* S. 117.

wußtsein haben, daß er ins Unbekannte dringt«.[34] Sodann sollte der Gegenstand mit der sogenannten *Initialdefinition* möglichst exakt bestimmt werden.[35] Das gelingt am ehesten, wenn diese Definition objektiv und allgemein ausfällt. *Objektiv*, wenn die wesentlichen Grundzüge erfasst sind; *allgemein*, wenn auch alle gleichartigen Phänomene dem Begriff subsumiert werden. Diese Initialdefinition als wichtige Stütze der Erklärungsstrategie wird schließlich am ehesten erreicht, wenn man sich auf konsolidierte Formen sozialen Lebens wie Institutionen und Moralregeln konzentriert. Doch die Beschreibung, die auf der Basis der drei Kautelen – Vermeidung von alltagsweltlichen Vorurteilen, präzise Definition des Problems und Rekurs auf etablierte Institutionen – erfolgen soll, steckt nur den Rahmen für die Vorarbeit ab, wie etwa die Identifikation von Gesellschaftstypen. Um diese adäquat erfassen zu können, schlägt Durkheim eine Klassifikation vor, die nach dem Strukturschema *einfach–komplex* gebaut ist, und mit der evolutionären Vorstellung arbeitet, dass die Gesellschaftsgeschichte gleich dem Bild eines Baumes mit gemeinsamem Stamm und vielfältigen, aber rekonstruierbaren Verästelungen zu verstehen sei. Ausgangspunkt ist die einfache Gesellschaft, die Durkheim als Horde oder Clan bezeichnet. Von dort aus kann man die Stufenleiter sozialer Typen rekonstruieren, wenn man annimmt, dass *höhere* Gesellschaften nach dem Prinzip begrenzter Strukturvariationen, durch Rekombination der Elemente und die Art ihrer Zusammensetzung zustande kommen.

2. *Erklärung*: Bietet diese Klassifikation von Gesellschaften einen theoretischen Rahmen zur Ordnung des Materials, so verlangt die Erklärung eines Phänomens die gesonderte Analyse seiner Funktionalität und Kausalität: Der sachliche Begründungszusammenhang – wie hängt ein Phänomen mit dem anderen zusammen? – muss also stets von dem genetischen Entstehungszusammenhang – wie ist ein Phänomen entstanden? – getrennt untersucht werden. Genese und Geltung sollten stets separat erforscht werden. Das gelingt am besten durch die historisch-komparative Methode, einen gleichsam indirekt experimentellen Zugang zur Realität: Zum einen kann man diachron, also *historisch*-vergleichend, zum anderen synchron, also historisch-*vergleichend* verfahren. Ein Beispiel wäre etwa das Studium der Stadt als urbane Vergesellschaftungsform:

34 Ebd., S. 91.
35 Ebd., S. 98.

Zum einen lässt sich die Stadt in Antike, Mittelalter und Neuzeit untersuchen, um ihren Struktur- und Funktionswandel über die Zeit festzustellen; zum anderen kann man die Stadt im Mittelalter analysieren, um Variationen ihrer Kerngestalt – von der Handels- zur Verwaltungsstadt – etwa im europäischen Raum zu eruieren.

3. Beurteilung: Ein Phänomen zu *verstehen,* heißt indes nicht nur, eine adäquate Beschreibung und Erklärung vorzulegen, sondern auch eine *Beurteilung* vorzunehmen. Ist ein Phänomen *normal* oder *pathologisch*? Aber wie kann man diese schwierige Unterscheidung vornehmen? Durkheim schlägt die allgemeine Verbreitung als Normalitätskriterium vor; d. h., zunächst wird die durchschnittliche Häufigkeit durch Beobachtung konstatiert; sodann wird die historische Bedingungskonstellation für deren Allgemeinheit ermittelt; schließlich wird durch einen Vergleich von Vergangenheit und Gegenwart festgestellt, ob diese ursprünglichen Bedingungen noch gegeben sind oder nicht: wenn ja, ist das fragliche Phänomen normal, wenn nicht, gilt es als pathologisch.

Durkheim verdeutlicht dies am Beispiel des *Verbrechens*: Die Existenz von Verbrechen ist normal, notwendig und zuweilen sogar nützlich, wie im Falle moralischer Innovationen, die von der herrschenden Gesellschaft verurteilt werden. Typisch etwa ist die Religionsgeschichte, die voll von Ketzern und Propheten ist. Sie wurden zunächst sicherlich als *kriminell* angesehen, verfolgt und vielfach getötet. Wenn es ihnen indes gelang, sich durchzusetzen, galten sie als Religionsstifter und große Innovatoren. Im christlichen Kulturkreis entsprechen dem die Geschichten von Jesus bis Luther. Pathologisch ist also nicht das Verbrechen an sich, sondern eine bestimmte Kriminalitätsrate, etwa ein plötzlicher Anstieg oder eine starke Variation. Durch longitudinale Beobachtungsreihen und vergleichende Analysen in und zwischen Gesellschaften, so Durkheims Hoffnung, sollte es möglich sein, einen legitimen Schwankungsbereich der Kriminalitätsrate ausfindig zu machen.

Die *Regeln der soziologischen Methode* sollten zum methodischen Manifest der Durkheim-Schule werden. Wie vorläufig auch immer, Durkheim hatte seinen Mitstreitern eine methodologische Blaupause an die Hand gegeben, wie Soziologie als historisch-empirische und vergleichende Erfahrungswissenschaft zu betreiben wäre. Von nun an, so seine Hoffnung, sollte Soziologie nicht mehr nur *diskutiert*, sondern tatsächlich *gemacht* werden. Er selbst wird mit der *Arbeitsteilung* eine theoretische, mit dem *Selbstmord* eine empirische Analyse vorlegen.

4.5 Arbeitsteilung und organische Solidarität

In der *Arbeitsteilung*[36] sucht sich Durkheim ein theoretisch angeleitetes Bild von der Struktur und Funktionsweise moderner Gesellschaften zu verschaffen. Diese »Étude sur l'organisation des sociétés supérieures«[37] bleibt zeitlebens der Bezugsrahmen, in dem er die dominanten Probleme moderner Gesellschaften konzeptualisiert, und ist somit grundlegend für seine politischen Schriften.[38]

Der Wandel von der Tradition zur Moderne wird in den hauptsächlichen Denkschulen des 18. und 19. Jahrhunderts über die *Arbeitsteilung*[39] konzeptualisiert. Die einzelnen Strömungen unterscheiden sich nur in der Einschätzung der Effekte arbeitsteiliger Differenzierung. In der *individualistisch-utilitaristischen Tradition*, angefangen von Adam Smiths »Klassischer Politischer Ökonomie« bis hin zur Soziologie Herbert Spencers, wird der Produktivitätsfortschritt hervorgehoben, der sich segensreich auf den Wohlstand der Nationen und die Wohlfahrt ihrer Bürger auswirkt. Dagegen verweist die *kollektivistisch-sozialistische Tradition* von Karl Marx bis Gustav Schmoller vor allem auf die Kosten der Arbeitsteilung wie Klassenbildung, Ausbeutung und Entfremdung. Die *französische Tradition* ist gespalten: während Henri de Saint-Simon die industrielle Gesellschaft begrüßt, die für die Beseitigung des parasitären Feudalstaates zugunsten einer ökonomischen Assoziation von Produzenten und für technischen Fortschritt sorgt, sieht Auguste

36 Émile Durkheim, *De la division du travail social*, Paris 1978, zuerst 1893 und 1902 mit dem wichtigen zweiten Vorwort über die Berufsgruppen versehen.

37 So der aufschlussreiche Untertitel der ersten Auflage, der dann fortgefallen ist, in der zweiten Auflage der deutschen Ausgabe indes wieder aufgenommen wurde: *Über soziale Arbeitsteilung. Studie über die Organisation der höheren Gesellschaften*.

38 Vgl. Eric Allardt, »Émile Durkheim: sein Beitrag zur politischen Soziologie«, in: *Kölner Zeitschrift für Soziologie und Sozialpsychologie* 20 (1968), S. 1-16; Anthony Giddens, *Durkheim*, Glasgow 1978; Müller, *Wertkrise und Gesellschaftsreform*.

39 Vgl. dazu ausführlicher: Hans-Peter Müller u. Michael Schmid, »Arbeitsteilung, Solidarität und Moral«. Nachwort zur zweiten Aufl., in: Émile Durkheim, *Über soziale Arbeitsteilung*, Frankfurt/M. 1988, S. 481-532.

Comte in der Arbeitsteilung eine Quelle sozialer Zersplitterung, die nur ein starker Staat und die Philosophie als strenges Kollektivideal beseitigen können.

Wie positioniert sich Durkheim in den drei Traditionen der Arbeitsteilungsdiskussion? Zunächst einmal verbleibt er in den Bahnen der französischen Tradition, obgleich er sich mit allen anderen Traditionen, vor allem aber mit Herbert Spencer, auseinandersetzt. Er thematisiert jedoch weder die Beziehung zwischen Arbeitsteilung und Produktivität noch das Verhältnis von Arbeitsteilung und Klassenbildung, sondern den Zusammenhang zwischen *Arbeitsteilung und Solidarität*. Was versteht Durkheim unter Solidarität, einem Begriff, der ja auch im politischen Sinne in der Arbeiterbewegung gebraucht wird? Er bevorzugt eine soziologische Konzeptualisierung. Mit »Solidarität« fasst Durkheim in erster Linie die Beziehung zwischen der sozialen Organisation einer Gesellschaft und ihrem Regel- und Wertsystem. Kurz: Es geht ihm um das Verhältnis zwischen Sozialstruktur und Kultur. Befinden sich beide im Gleichgewicht, kommen also die Werte einer Gesellschaft in ihrer Sozialstruktur und ihren Institutionen zum Ausdruck, so besteht »Solidarität«. Dieser Wertbezug macht »Solidarität« zu einem *moralischen Phänomen*, denn gesellschaftliche Institutionen werden nur dann *moralische Autorität* ausstrahlen und Legitimität erheischen, wenn sie zumindest annähernd, wenn auch niemals vollständig die Werte einer Gesellschaft realisieren. Da er die Beziehung zwischen Arbeitsteilung und Solidarität untersucht, wird für ihn die Frage zentral, ob die Arbeitsteilung eine Quelle von Moralität darstellt oder aber für die Wertkrise moderner Gesellschaften verantwortlich zu machen ist, wie Auguste Comte meinte. Soziologisch gesehen, akzentuiert er Arbeitsteilung in erster Linie als Integrations-, nicht so sehr als Differenzierungsprinzip.

Zwar geht er von der Arbeitsteilung als dynamischer Triebkraft moderner Gesellschaften aus, verallgemeinert aber Smiths Erkenntnisse über den Bereich der Ökonomie hinaus. Denn sie wirkt als zentrales Strukturprinzip der Moderne in allen gesellschaftlichen Lebensbereichen wie Politik, Wissenschaft und Kunst. In diesem Sinne ist arbeitsteilige Differenzierung ein *soziales* Phänomen *sui generis*, und es ist daher umso wichtiger zu wissen, welche moralischen Effekte sie zeitigt.

Den moralischen Charakter der Arbeitsteilung versucht Durkheim durch die Gegenüberstellung von archaischen und modernen Gesellschaften zu erfassen. *Archaische Gesellschaften* bestehen aus kleinen, segmentär differenzierten Einheiten, in denen ein starkes Kollektivbewusstsein eine Solidarität aus Ähnlichkeiten oder *mechanische Solidarität* erzeugt, die den Einzelnen *direkt* in die Gemeinschaft integriert. *Moderne Gesellschaften* hingegen bestehen aus großen, funktional differenzierten Lebensbereichen, in denen Arbeitsteilung ein Netz von Interdependenzen produziert. *Organische Solidarität* oder eine Solidarität aus Unterschieden bindet den Einzelnen *indirekt* an die Gesellschaft, indem sie ihn in die arbeitsteiligen Tätigkeitsbereiche integriert, in denen er wirkt. Differenzierung und Spezialisierung prämieren differente Fähigkeiten, die individuelle Persönlichkeitsbildung begünstigen. In dem Maße, wie die Individualisierung der Gesellschaftsmitglieder fortschreitet, können sie von einem einheitlichen Kollektivbewusstsein nicht mehr integriert werden. Vielmehr differenziert sich auch das Kollektivbewusstsein in eine Fülle funktionsspezifischer Normkomplexe aus, die trotzdem ihren moralischen Charakter beibehalten. Für Durkheim resultiert daraus ein direkter Zusammenhang zwischen Arbeitsteilung, Solidarität und Moral. In einem Wort: »Dadurch, dass die Arbeitsteilung zur Hauptquelle der sozialen Solidarität wird, wird sie gleichzeitig zur Basis der moralischen Ordnung.«[40]

Der genaue Zusammenhang zwischen Arbeitsteilung und organischer Solidarität bleibt indes unklar.[41] Paradoxerweise erfährt man erst in den Kapiteln über die *anormalen* Formen der Arbeitsteilung etwas mehr darüber, wie organische Solidarität *normalerweise*

40 Durkheim, *Über soziale Arbeitsteilung*, S. 471.

41 Vgl. Niklas Luhmann, »Arbeitsteilung und Moral. Durkheims Theorie«, in: Émile Durkheim, *Über soziale Arbeitsteilung. Studie über die Organisation höherer Gesellschaften*, Frankfurt/M. 1977, S. 19-38; Lukes, *Émile Durkheim*; Müller, *Wertkrise und Gesellschaftsreform*; Talcott Parsons, »Durkheim's Contribution to the Theory of Integration of Social Systems«, in: ders., *Sociological Theory and Modern Society*, New York, London 1967, S. 166-191; Parsons, *The Structure of Social Action*; Alessandro Pizzorno, »Lecture actuelle de Durkheim«, in: *Europäisches Archiv für Soziologie* 4 (1963), S. 1-36; Poggi, *Images of Society*; Whitney Pope u. Barcley C. Johnson, »Inside Organic Solidarity«, in: *American Sociological Review* 48 (1983), S. 681-692; Hartmann Tyrell, »Émile Durkheim – Das Dilemma der organischen Solidarität«, in: Niklas Luhmann (Hg.), *Soziale Differenzierung*, Opladen 1985, S. 181-250.

entsteht. Durkheim unterscheidet drei pathologische Formen: die anomische Arbeitsteilung, die erzwungene Arbeitsteilung sowie »eine andere anormale Form«, die man als innerorganisatorisches Koordinationsdefizit bezeichnen könnte. *Anomie*, die sich in ökonomischen Krisen, der Feindschaft zwischen Kapital und Arbeit und der Anarchie in der Wissenschaft äußert, entsteht in Zeiten rapiden Wandels, in denen sich neue Organe und Funktionen herausbilden, ohne dass in gleichem Maße Regeln der Kooperation und damit soziale Bande entstehen. *Normalerweise*, so Durkheims Annahme, bilden sich Regeln im sozialen Austausch *spontan* in einem allmählichen Prozess der *Habitualisierung*, in dem der Austausch erst provisorisch, dann gewohnheitsmäßig und schließlich rechtlich geregelt wird. Diese Selbstregulationshypothese sozialen Lebens beruht demnach auf den Faktoren »Zeit« und »kontinuierlicher Kontakt« zwischen den Organen, die langfristig aus funktionalen Interdependenzen organische Solidarität zu schmieden vermögen. Anomie als Regellosigkeit oder Deregulierung des sozialen Lebens hingegen ist Ausdruck von raschem und tiefgreifendem sozialen Wandel, dennoch meint Anomie keine fundamentale *Systemkrise*, sondern lediglich eine *Anpassungskrise*, denn Zeit zur Regelfindung und kontinuierlicher Kontakt werden ein neues funktionelles Gleichgewicht der geteilten Funktionen hervorbringen und soziale Integration wie organische Solidarität erzeugen.

Während Anomie durch die allmähliche Bildung neuer Regeln beseitigt werden kann, sind im Falle erzwungener Arbeitsteilung oder von Zwang »die Regeln selbst die Ursache des Übels«.[42] Regeln werden dann als drückend und ungerecht empfunden, wenn sie eine soziale Ordnung repräsentieren, die dem fortgeschrittenen Moralbewusstsein nicht mehr entspricht, folglich nur mit Gewalt aufrechterhalten werden können. Klassenkämpfe und ungerechte Verträge sind Ausdruck für die Diskrepanz zwischen traditionaler Sozialstruktur und sozialem Gerechtigkeitsempfinden. Traditionale Statuszuweisung auf der Basis von Geburtsprivilegien widerspricht der natürlichen Verteilung der Talente und steht im Widerspruch zu einer modernen Berufsgesellschaft, die Positionen nach Leistung und nicht nach sozialer Herkunft vergeben soll. Durkheim plädiert daher für die freie Berufswahl und für Optionen zur individuellen

42 Durkheim, *Über soziale Arbeitsteilung*, S. 367.

Selbstentfaltung, die jedoch nur bei äußerer Chancengleichheit gegeben sind.

Im Gegensatz zur Anomie verweist Zwang auf eine Systemkrise, auf einen konstitutiven Defekt im Regelwerk einer Gesellschaft, der nur durch tiefgreifende Änderungen der Regeln selbst beseitigt und keineswegs den Selbstheilungskräften der Zeit überlassen werden kann. Ein revolutionärer Wandel solcher Art hätte am Komplex der Eigentumsrechte, an der wirtschaftlichen Produktionsweise und den Verteilungsmechanismen knapper Güter und Ressourcen anzusetzen. Der konsequente Abbau erzwungener Arbeitsteilung würde eine grundlegende Transformation der Gesellschaftsordnung voraussetzen, und zwar genau so, wie Marx sie vorgesehen hatte.

Anomie deutet also auf einen vorübergehenden Zustand der Anarchie hin, in dem als Folge der Regellosigkeit der Hobbessche »Kampf aller gegen alle« tobt, *Zwang* verweist auf eine illegitime Ordnung, deren ungerechte Regeln *systematisch* eine asymmetrische Machtverteilung hervorbringen, die eine kleine Elite auf Kosten der Masse der Gesellschaft privilegiert. Für die Gesellschaftstheorie im Allgemeinen und die politische Soziologie im Besonderen ist natürlich entscheidend, welchen Krisentyp man für dominant hält.[43] Marx führt die erzwungene Arbeitsteilung auf die Gesetze der kapitalistischen Produktionsweise zurück, die notwendig Ausbeutung und Entfremdung erzeugen, und begründet damit die eingangs geschilderte deutsche Tradition, die Arbeitsteilung stets im Zusammenhang mit Klassenbildung sieht. Durkheim hingegen erachtet anomische Arbeitsteilung als dominant, so dass er Zwang nur als temporäre Begleiterscheinung von Anomie betrachtet, die verschwindet, sobald neue Regeln der Koordination von Funktionen und der Kooperation von Gruppen institutionalisiert worden sind. Da sich moderne Gesellschaften nach Durkheims Diagnose im Zustand einer anomischen Transitionskrise, nicht jedoch in einer fundamentalen Systemkrise befinden, besteht die »Therapie« nicht in einer konsequenten Revolutionierung, sondern in geplantem sozialen Wandel gesellschaftlicher Verhältnisse. In die-

43 John Horton, »The Dehumanization of Anomie and Alienation: A Problem in the Ideology of Sociology«, in: *British Journal of Sociology* 15 (1964), S. 283-300; Steven Lukes, »Alienation and Anomie«, in: Peter Laslett u. Walter G. Runciman (Hg.), *Philosophy, Politics and Society* 3, Oxford 1967, S. 134-156.

sem Sinne ist Durkheim ein typischer Vertreter der französischen Tradition, die den »moralischen Wert der Arbeitsteilung« unbeirrt hervorhebt: »Zu Unrecht stellt man also die Gesellschaft, die aus der Gemeinschaftlichkeit des Glaubens entsteht, der Gesellschaft gegenüber, die auf der Zusammenarbeit beruht, indem man nur der ersten einen moralischen Charakter zubilligt und in der zweiten nur eine wirtschaftliche Gruppierung sieht. In Wirklichkeit hat gerade die Zusammenarbeit ebenfalls ihre eigenständige Moralität.«[44] Wie Saint-Simon begrüßt Durkheim mit evolutionärem Optimismus und vorbehaltlos die »Große Transformation«.[45] In der industriellen Revolution und der Durchsetzung einer kapitalistischen Wirtschaftsordnung, der politischen Revolution und der Heraufkunft demokratischer Verhältnisse sowie der ethischen Revolution und der Entstehung einer individualistischen Moral sieht er die Konturen eines »neuen Rahmens«, der die Versöhnung von sozialer Ordnung und individueller Freiheit zu versprechen scheint.

Trotz aller evolutionistischen Zuversicht bleibt aber der Zusammenhang von Arbeitsteilung und organischer Solidarität am Ende unaufgeklärt. Durkheim vermag vor allem drei Problemkomplexe in der *Arbeitsteilung* nicht zu lösen: 1. Die Rolle *kollektiver Akteure*: Da er vorrangig mit der Perspektive von Individuum und Gesellschaft arbeitet, werden die Träger organischer Solidarität nicht näher behandelt. Das zwingt Durkheim dazu, in der zweiten Auflage von 1902 ein weiteres Vorwort über die Berufsgruppen einzuschieben. Wer genau vermag denn zum Träger organischer Solidarität zu werden? Ideen und Institutionen benötigen stets Trägergruppen, um sich auf lange Sicht durchsetzen zu können. 2. Die Rolle des *Staates*: Durkheims Einschätzung in der *Arbeitsteilung* ist doppeldeutig. Gegen Comtes kollektivistische Forderung nach einem starken Staat hält er die These für zutreffend, dass der moderne Staat selbst nur ein Nebenprodukt sozialer Differenzierung sei. Gegen Spencers Idee eines liberalen Nachtwächterstaates wendet er ein, dass der Staat heute schon zu einem zentralen Regelorgan geworden sei. Zwischen Traditionalismus und Liberalismus stellt sich die Frage, welche Rolle denn nun der Staat in Durkheims republikanischem Modell einer wohlgeordneten Gesellschaft spielen

44 Durkheim, *Über soziale Arbeitsteilung*, S. 285.

45 Polanyi, *The Great Transformation.*

soll? 3. Die Rolle des *modernen Kollektivbewusstseins*: Einerseits erweckt er den Eindruck, als ob die Arbeitsteilung an die Stelle des alten Kollektivbewusstseins als Quelle von Solidarität rücke und sich kollektive Vorstellungen auf den »Kult des Individuums« verdünnten. Andererseits erachtet er diesen Kult als letztes und als das höchste Kollektivideal der Moderne. Welche Rolle spielt also der Individualismus als neues Kollektivideal in Durkheims Denken?

Es ist meine These, dass Durkheim diese drei Problemkomplexe vor allem in seinen politischen Schriften aufgreift, um den *Nomos einer funktional differenzierten Gesellschaft* näher zu charakterisieren. Auch wenn Arbeitsteilung *im Prinzip* organische Solidarität stiften soll, sind doch institutionelle Reformen notwendig, die erst über das reibungslose Zusammenspiel von Berufsgruppen, demokratischem Staat und individualistischem Ideal soziale Integration und organische Solidarität ermöglichen. Da es sich um Reformvorschläge handelt, bekommen Durkheims Schriften zur Politik von vornherein einen normativen Anstrich.

Wie sehr Durkheim dazu gedrängt wird, seine Verhältnisbestimmung von Arbeitsteilung und Solidarität weiter zu vertiefen, demonstriert seine *Krisenhypothese* in seinem dritten großen Werk nach der *Arbeitsteilung* und den *Regeln*, dem Buch *Der Selbstmord* aus dem Jahre 1897. Hatte er zunächst mit evolutionärem Optimismus damit gerechnet, dass die Anomie mit der Zeit überwunden werden kann, wird ihm in seiner ersten großen empirischen Studie zusehends klar, dass Anomie vielleicht doch zum chronischen Zustand werden könnte in einer modernen Gesellschaft, die sich andauernd und in hohem Tempo wandelt. Wo ständig wegen zu hohem Tempo keine Zeit ist, fehlt es an der Muße, dass sich Regeln evolutionär entwickeln können. Angesichts der Bedeutung seiner Krisendiagnose, aber auch ihrer Relevanz für die Selbstmord-, Devianz- und Kriminalitätsforschung wenden wir uns erst seiner Krisenanalyse und dann seinem Reformprogramm zu.

4.6 Das Unbehagen in der modernen Gesellschaft – Selbstmord und Anomie

Durkheims Studie über den *Selbstmord* von 1897 setzt den Diskurs über Charakter und Zustand der modernen Gesellschaft empirisch fort. Gleichzeitig nimmt er stillschweigend tiefgreifende begriffliche Umorientierungen vor: 1. Aus dem *Kollektivbewusstsein* («conscience collective«) der *Arbeitsteilung* werden die *Kollektivvorstellungen* («représentations collectives«) im *Selbstmord*. 2. Die zentrale Unterscheidung von mechanischer und organischer Solidarität verschwindet gänzlich, wie auch der Zusammenhang zwischen Arbeitsteilung und Integration keine große Rolle mehr zu spielen scheint. Aber dieser Eindruck trügt.

Denn nach der theoretischen Konzeptualisierung der modernen Gesellschaft nimmt sich Durkheim eine empirische Studie vor, die den tatsächlichen Zustand Frankreichs im späten 19. Jahrhundert untersuchen soll. Ihn interessieren »die Ursachen des allgemeinen Unbehagens, an dem heute die europäischen Gesellschaften leiden, und [...] die Mittel, die es mildern können«.[46] Zugleich wittert er die Chance, mit dieser Studie ein mustergültiges Exempel seiner Soziologie zu geben. Selbstmord gilt gemeinhin als die private und individuelle Entscheidung schlechthin. Gelingt der Nachweis seiner gesellschaftlichen Bedingtheit, ist das ein weiterer Beweis für die Existenz des Sozialen und für die Notwendigkeit der Soziologie als Wissenschaft. Hier wie in der *Arbeitsteilung* folgt er seiner Forschungsprogrammatik. Im ersten Teil seiner Studie setzt er sich mit alternativen Ansätzen auseinander, die nicht-sozialer Natur sind; im zweiten Teil unterbreitet er seinen eigenen Erklärungsansatz; im dritten Teil zieht er die praktischen Schlussfolgerungen, die vor allem für seine Zeitdiagnose aufschlussreich ist.

Durkheim definiert Selbstmord als »*jeden Todesfall, der direkt oder indirekt auf eine Handlung oder eine Unterlassung zurückzuführen ist, die vom Opfer selbst begangen wurde, wobei es das Ergebnis seines Verhaltens im voraus kannte*«.[47] Diese Definition betont drei Elemente: die Tatsache des Todesfalls, das Opfer als Urheber der Handlung oder Unterlassung, das Wissen um die Folgen dieses

46 Durkheim, *Der Selbstmord*, S. 20.

47 Ebd., S. 72, im Original kursiv.

Schritts. Die Begriffsbestimmung weist zwei Charakteristika auf, die für Durkheims Ansatz typisch sind. Erstens verzichtet diese Definition auf jegliche Selbstmord*motive*, um so den Anschluss an das Datenmaterial der amtlichen Selbstmordstatistiken zu ermöglichen. Zweitens zeigt die Definition, dass Durkheim nicht der einzelne Fall, sondern Selbstmord*raten* als Indikatoren für Kollektivzustände und als Phänomen *sui generis* interessieren. Er dekretiert: »Jede Gesellschaft hat in jedem Augenblick ihrer Geschichte jeweils eine bestimmte Neigung zum Selbstmord. Man misst die Intensität dieser Anlage, indem man die absolute Zahl der Selbstmorde in Beziehung setzt zur Zahl der Gesamtbevölkerung. Wir werden diese Verhältniszahl *die der untersuchten Gesellschaft eigene Selbstmordrate* nennen.«[48] Erklärungstechnisch behandelt er die Selbstmordrate als abhängige Variable und studiert ihre Schwankungen in Abhängigkeit vom gesellschaftlichen Kontext und der sozialen Situation, die er als unabhängige oder erklärende Variable vorsieht.

Im ersten Teil beginnt Durkheim mit einer ausführlichen Diskussion des Einflusses von *nicht-sozialen* Faktoren auf die Selbstmordhäufigkeit. Er untersucht im Einzelnen Faktoren wie Geistesgestörtheit, »Rasse«, Klima, Temperatur und Nachahmung – ein Spiegelbild des Diskussionstandes zu seiner Zeit. Das Ergebnis fällt alles in allem negativ aus, weil der Zusammenhang zwischen Selbstmordrate und diesen Faktoren als nicht signifikant anzusehen ist, obwohl es hier und da Zusammenhänge gibt. Durkheim schließt daraus, dass eine signifikante Erklärung im *sozialen Milieu* selbst gesucht werden muss.

Im zweiten Teil unterbreitet er seinen eigenen Ansatz als Alternative zu den gängigen Erklärungsversuchen. Er entwickelt eine ätiologische Typologie sozialer Phänomene, die Selbstmordarten nach ihren *Ursachen* klassifiziert und auf ihre Wirkungen zu schließen erlauben soll. Er unterscheidet vier Selbstmordarten: Egoismus, Altruismus, Anomie und Fatalismus. Bei rechtem Licht besehen zerfallen diese vier Typen in zwei Gegensatzpaare: 1. *Egoismus* und *Altruismus* beziehen sich auf den *Inhalt* von Regeln: Die individualistische Orientierung kann zu exzessivem Individualismus führen, während die kollektivistische Orientierung zu exzessivem Kollektivismus degenerieren kann. 2. *Anomie* und *Fatalismus* da-

48 Ebd., S. 32.

gegen repräsentieren verschiedene Regel*zustände*: Der gänzlichen Abwesenheit von Regeln im Falle der Anomie entspricht spiegelbildlich die Überreglementierung im Falle des Fatalismus.

Den *egoistischen* Selbstmord diskutiert Durkheim anhand von Religion, Ehe und Familie sowie politischen und nationalen Krisen. Die höhere Selbstmordrate der Protestanten gegenüber den Katholiken kann nicht aus der dogmatischen Einschätzung rühren – beide Konfessionen verbieten den Selbstmord. Die Erklärung für die empirischen Unterschiede entdeckt Durkheim in dem verschiedenartigen Anspruch der Lehre und der sozialen Organisation der Kirchen. Der Protestantismus fordert in seiner Lehre von den Gläubigen den »Geist der freien Prüfung« und zwingt sie dazu, ihren Weg zu Gott weitgehend allein und ohne direkte Vermittlung der Kirche zu finden. Das fördert zwar Reflexion und Vernunftmotive seitens der Gläubigen, leistet aber zugleich der Fragmentierung der evangelischen Kirche in Sekten Vorschub. Der Preis für den »religiöse[n] Individualismus« ist also »diese Freiheit zur Prüfung« auf Seiten der Gläubigen und die fragmentarische Organisation der Kirche. Der Katholizismus strebt »eine Herrschaft über das Gewissen« der Gläubigen an und überzieht sie mit einer »Hierarchie von Autoritäten«, fördert auf diese Weise eher eine Haltung der Meditation und konserviert die Tradition. Der Preis für den religiösen Kollektivismus ist also der Geist der »blinden Unterwerfung« unter kirchliche Autorität auf Seiten der Gläubigen und »die unteilbare Einheit der katholischen Kirche«. Kurz: Die geringere Integration der protestantischen Kirche und der höhere Bildungsgrad der »wissensdurstigen« Protestanten gegenüber den »gutgläubigen« Katholiken sind nach Durkheim für die höhere Selbstmordhäufigkeit der Protestanten verantwortlich. Und was ist mit den Juden, die hohe Bildung und geringe Selbstmordneigung auf sich vereinigen? Ihr höheres Bildungsniveau ist eine Frage des Überlebens, und ihr Status als stets angefeindete Minorität beschert ihnen die den Zusammenhalt fördernde Form einer kleinen Gemeinschaft. Wenn Religion also die beste Vorbeugung gegen Selbstmord ist, dann nicht wegen der Heilslehre, sondern aufgrund der moralischen Gemeinschaft der Gläubigen, die sie stiftet.

In gewissem Sinne gilt das für die *Familie* gleichermaßen. Ihr Kohäsionsgrad wächst proportional mit Umfang und moralischer Dichte der Gemeinschaft. So sind Verheiratete weniger selbstmordanfällig als Unverheiratete, Geschiedene und Verwitwete, eine Familie mit Kindern weniger als ein kinderloses Ehepaar. Auch Revolutionen und Kriege stärken überraschend die soziale Integration und schwächen die Selbstmordneigung empfindlich. Aber auch hier gibt es einen kritischen Schwellenwert, jenseits dessen Überintegration *altruistischen* Selbstmord fördern kann. Dieser Typus kommt vor allem in einfachen Gesellschaften und in den Armeen der heutigen Zeit vor, ein traditionelles Relikt also, weshalb er für moderne Gesellschaften keine größere Rolle spielt. Ähnliches gilt für den *fatalistischen* Selbstmord, den Durkheim erst gar nicht weiter diskutiert.

Den *anomischen* Selbstmord diskutiert er anhand von Konjunkturzyklen. Überraschenderweise stellt sich eine höhere Selbstmordhäufigkeit nicht nur bei wirtschaftlichen Zusammenbrüchen, sondern auch in Zeiten von plötzlichem Wohlstand ein. Wie kann man diese Beobachtung erklären? Durkheim führt diese Phänomene eines sozialen Absturzes sowie einer »crise heureuse« rasanten Aufstiegs auf desorientierende Prozesse sozialer Deklassifizierung und Reklassifizierung zurück, in denen die Menschen ihre Maßstäbe verlieren und in Anomie versinken. Wirtschaftlicher Fortschritt, Materialismus und Wohlstand sind zu den neuen Götzen der Ökonomie geworden, so dass mit der entfesselten Wirtschaft und ihrem Primatanspruch ein konstanter Krisenherd in der Gesellschaft entstanden ist.

Im Schlussteil, in dem Durkheim die Ergebnisse seiner Studie zusammenfasst und eine Diagnose unterbreitet, beurteilt er die empirische Entwicklung der Selbstmordraten von Egoismus und Anomie als pathologische Erscheinung, die ein empirisches Anzeichen für die tiefe *moralische Krise* darstellt, in der die europäischen Gesellschaften seiner Zeit stecken. Die gravierende Anomie, die Durkheim diagnostiziert, macht die Selbstmord-Studie zu einem Stück empirischem Pessimismus, die in umso auffälligerem Kontrast zum evolutionären Optimismus der Arbeitsteilungs-Studie steht. Vielleicht hat er ja den Selbstheilungskräften der anomischen Gesellschaft zu viel zugetraut, wonach Kontakt und Zeit die notwendigen Regelungen für Wirtschaft und Gesellschaft schon hervorbringen würden. In dem Moment jedoch, wo die historisch-empirischen Daten eine andere Sprache sprechen, muss er sein Urteil revidieren.

Am Ende hat Durkheim weder eine Therapie für seine Krisendiagnose, noch bringt er die kollektive Analyse der Selbstmordraten mit einer individuellen Analyse von Selbstmordmotiven zusammen. Auf diese Weise bleibt seine Studie unvollständig, denn wie immer man es dreht und wendet, Selbstmord und Selbstmordraten wird man ohne Rückgriff auf Erklärungsangebote, warum Menschen ihn begangen haben, nicht fassen können. Die strikte Trennung von soziologischer und psychologischer Analyse, die Durkheim favorisiert, verwehrt seinem makrosoziologischen Ansatz eine mikrosoziologische Fundierung. Seiner kongenialen Analyse kollektiver Vorstellungen und Strömungen fehlt ein Korrelat, die Studie individueller Vorstellungen und Motive und vor allem des Zusammenspiels von kollektiven und individuellen Vorstellungen. Das ist umso bedauerlicher, als dies aus Durkheims Ansatz nicht zwangsläufig so hätte folgen müssen.

Immerhin gibt er am Ende seiner Studie seine weiteren Arbeitsvorhaben bekannt, denn er plant eine Studie über das Berufsverbandswesen. Wie wir sehen werden, scheint er in Berufsgruppen die wichtigsten Akteure in Wirtschaft, Politik und Gesellschaft zu erblicken und zugleich in ihnen die Träger der organischen Solidarität auszumachen.

4.7 Das Bild der wohlgeordneten Gesellschaft – Institutionelle Reformen und moralischer Individualismus

Durkheim entwickelt nur eine skizzenhafte Konzeption der Berufsgruppen, da er die im *Selbstmord* angekündigte »Studie über das Berufsverbandswesen und die Gesetze ihrer Entwicklung« niemals durchgeführt hat.[49] Die Umorientierung auf Religion und die Struktur- wie Funktionsweise von archaischen Wertsystemen ist so stark, dass er sein Reformprogramm für das Frankreich der Dritten Republik nicht weiter konkretisiert hat.

So bleibt es beim wichtigen zweiten Vorwort zur zweiten Auflage der *Arbeitsteilung*[50] und seinen Vorlesungen zur *Physik der Sitten*

49 Durkheim, *Der Selbstmord*, S. 466.

50 Durkheim, *Über soziale Arbeitsteilung*, S. 41-75.

und des Rechts.[51] Dennoch sind Bedeutung und Stoßrichtung seiner Vorstellungen nicht schwer zu erfassen.[52] In erster Linie sollen Berufsgruppen die Anomie in der *Ökonomie* beseitigen. Industrie und Handel, so Durkheim, sind seit über hundert Jahren zunehmend dereguliert und von politischem Einfluss freigesetzt worden, ohne dass ein organisatorisches Netzwerk die wichtigsten Regelungsaufgaben übernommen hätte. Die Syndikate wurden in den Tagen der *Commune* 1871 zerschlagen. Erst 1884 erhielten die Arbeiter wieder das Recht zur Gewerkschaftsbildung. Freilich ohne die »soziale Frage« durch ein System industrieller Beziehungen mit Erfolg zu lösen, da die »patrons« sich standhaft weigerten, mit Arbeitervertretern überhaupt zu verhandeln. Aus dieser paradoxen Entwicklung – der Autonomisierung und Desorganisation der Wirtschaft einerseits, dem Primat der Ökonomie in modernen Gesellschaften andererseits – resultiert die drückende Anomie, wie sie »die soziale Frage« zum Ausdruck bringt.

Andererseits sind mit wachsender Arbeitsteilung und mit dem allmählichen Übergang von der Geburts- zur Berufswelt, in der Positionen nicht mehr nach sozialer Herkunft, sondern nach Leistung vergeben werden, Arbeit und Beruf auch zum zentralen Lebensbereich im Leben des Einzelnen geworden. Nach dem Funktionsverlust von Familie und Verwandtschaft, den Durkheim in seinem Kontraktionsgesetz der Familie[53] nachweist, nehmen berufliche Aufgaben den Rang der wichtigsten Rolle im menschlichen Rollenhaushalt ein. Zudem wird Arbeit der Bereich, in dem die meiste Zeit des wachen Lebens verbracht wird und in dem die größten Kontaktchancen bestehen. Dort erwirbt und übt das Individuum seine Fähigkeiten und Fertigkeiten aus und bringt seine Kompeten-

51 Émile Durkheim, *Physik der Sitten und des Rechts. Vorlesungen zur Soziologie der Moral*, hg. u. mit einem Nachwort v. Hans-Peter Müller, Frankfurt/M. 1991.

52 Vgl. ausführlich dazu Hans-Peter Müller, »Die Moralökologie moderner Gesellschaften«, Nachwort zu: Émile Durkheim, *Die Physik der Sitten und des Rechts*, S. 307-341.

53 Tatsächlich gilt Durkheim auch als Begründer der modernen Familiensoziologie. Schon seine zweite Vorlesung in Bordeaux aus den Jahren 1888-1889 widmet sich der Einführung in die Soziologie der Familie (Durkheim, *Frühe Schriften zur Begründung der Sozialwissenschaft*, S. 53-76). Er plädiert für das historisch-komparative Studium der Typen der Familie. In Émile Durkheim, »La famille conjugale«, in: ders., *Textes*, Bd. 3, Paris 1975, S. 35-49 weist er in seinem Kontraktionsgesetz nach, dass die Kleinfamilie in modernen Gesellschaften dominiert.

zen in das Netz von Kooperation ein. Zeit, Kontakt und Zusammenarbeit, so hatten wir gesehen, sind gleichzeitig die wichtigsten Kriterien, wie aus Arbeitsteilung Regeln erwachsen sollen, die organische Solidarität stiften.

Darüber hinaus gibt es für Durkheim noch ein weiteres strukturelles Charakteristikum, warum Berufsgruppen zum wichtigsten Träger organischer Solidarität werden können. Professionelle Organisationen haben eine mittlere Größe und sind gleichsam zwischen politischer Gesellschaft und Staat auf der einen Seite und Familie auf der anderen Seite angesiedelt. Sie sind daher als *intermediäre Instanzen* geeignet, die Erfordernisse des Berufslebens zu artikulieren *und* zwischen politischen und familialen, öffentlichen und privaten Pflichten zu vermitteln.

Um genaueren Aufschluss über Form und Funktionsweise von Berufsgruppen zu erhalten, unternimmt Durkheim eine historisch-komparative Analyse von Korporationen in Altertum und Mittelalter. Da er feststellt, dass Form und erfolgreiche Funktionsausübung stets in Abhängigkeit von der ökonomischen Organisation variieren, inzwischen aber ein National- bzw. Weltmarkt entstanden ist, hat die Berufsorganisation auch auf nationaler oder – falls möglich – internationaler Ebene organisiert zu werden. Durkheim schlägt als Organ einen *gewählten administrativen Rat* vor, in dem alle Industriezweige auf nationaler Ebene vertreten sind. Auf regionaler und lokaler Basis sind die nachgeordneten Organe entsprechend einzurichten. Diese hierarchische Organisation soll die lückenlose Artikulation und Repräsentation von industriellen Interessen und Problemen gewährleisten. Durkheim fordert die Anlage eines Zwei-Kammer-Systems auf der Basis von Zwangsmitgliedschaft, in dem Arbeitgeber und Arbeitnehmer vertreten sind. Ihr obliegt die Regelung des gesamten Komplexes industrieller Beziehungen, von den Arbeitsbedingungen über Löhne und Gehälter bis hin zu den Wettbewerbsbedingungen. Artikulations-, Repräsentations- und Entscheidungsfunktionen sind eingebunden in den verbindlichen Rahmen, wie er vom Staat gesetzt wird. Zu diesem Zweck steht das oberste Organ, der administrative Rat, in engem Kontakt zum Staat, der die allgemeinen Prinzipien der industriellen Gesetzgebung festlegt. Trotz regen Kontakts und Austausches muss die relative Autonomie von Staat und administrativem Rat wechselseitig erhalten bleiben. Weder darf der Staat über allgemeine Rahmenrichtlinien hinaus versuchen, konkrete Regelungen zu implementieren, noch sollte der administrative Rat sich anmaßen, die Funktion der allgemeinen Regelsetzung zu usurpieren. Gelingt es, die relative Autonomie der beiden Instanzen aufrechtzuerhalten, können ökonomische Effizienz und generelle Erwägungen sozialer Gerechtigkeit miteinander verbunden werden.

Durkheim schätzt die Leistungsfähigkeit der Berufsorganisation so hoch ein, dass er sie auch als Grundlage der *politischen* Struktur für geeignet hält. Berufsgruppen sollen also nicht nur die ökonomische Anomie abbauen, sondern in zweiter Linie auch zur politischen Reorganisation Frankreichs beitragen. Dieser Vorschlag, wirtschaftliche Gruppierungen zur Grundlage politischer Organisation zu machen, verleiht Durkheims Reformansatz einen stark *korporatistischen Zug*. Einmal mehr steht dahinter die französische Erfahrung des Verlusts aller intermediären Instanzen, denn mit der Abschaffung der »corps intermédiares« während der Französischen Revolution, der nachfolgenden Zentralisierung und der territorialen Neuordnung sind sämtliche sekundären Organe zerstört worden. Daraus sollte eine bizarre strukturelle Konstellation resultieren, in der ein zentralisierter Staat einer Masse von Individuen gegenübersteht. »Eine Gesellschaft, die aus seiner Unmasse von unorganisierten Individuen zusammengesetzt ist und die sich ein Überstaat bemüht zusammenzuhalten, ist ein wahres soziologisches Monstrum.«[54] Wie Tocqueville hält Durkheim diese Konstellation für eine ernsthafte Gefährdung der Demokratie, die in der fortwährenden Diskrepanz zwischen revolutionärem Anspruch (Individualismus) und bürokratischer Verwaltungsroutine (Traditionalismus) zum Ausdruck kommt.

Er führt diese Diskrepanz auf die Verwirklichung der Rousseauschen Demokratiekonzeption zurück, die aus einem falsch verstandenen Einheitsbedürfnis die Identität von Regierung und Regierten verlangt und die strukturelle Einheit von Staat und Gesellschaft heraufbeschwört. Daraus entspringt letztlich das Vexierbild von Kollektivismus und Individualismus einerseits, das Vexierbild von Allmacht und Ohnmacht des Staates andererseits. Anomie in der Ökonomie und in der Gesellschaft haben daher in seinen Augen gleich gelagerte strukturelle Defizite zur Ursache. »Unsere politi-

54 Durkheim, *Über soziale Arbeitsteilung*, S. 71.

sche Malaise hat also dieselben Ursachen wie unsere gesellschaftliche Malaise: das Fehlen sekundärer Instanzen, die zwischen das Individuum und den Staat eingeschaltet sind.«[55] Die funktionale Differenzierung von Staat und Gesellschaft muss daher durch die Organisation sekundärer Instanzen als System von Gegenkräften zum Staat erfolgen. Nur dann wird es auf lange Sicht gelingen, die Werte der Französischen Revolution in institutionelle Realität zu übersetzen.

Um diesen Nachweis zu führen, entwickelt er seine Konzeption des Staates, beleuchtet das Verhältnis von Staat und Individualismus und schildert die Rolle der Demokratie. In der *Arbeitsteilung*, so hatten wir gesehen, schwankt Durkheims *Staats*konzept zwischen Staat als mechanischem Produkt sozialer Differenzierung und als eigenständigem Zentralorgan. Danach greift er jedoch den Zusammenhang von Strafarten, Stand der sozialen Differenzierung und dem Grad der Zentralisierung nochmals auf und formuliert zwei Gesetze zur Entwicklung von Strafrechtssystemen. Durkheim argumentiert hier, dass der Staat nicht einfach ein Appendix der sozialen Differenzierung ist, sondern dass Sozialstruktur und politische Herrschaft durchaus unabhängig voneinander sind. In unserem Zusammenhang ist das *Gesetz der quantitativen Variation* entscheidend: »Die Intensität der Strafe ist umso größer, je primitiver die Gesellschaft – und die zentrale Macht nimmt einen absoluten Charakter an.«[56] Der Charakter politischer Herrschaft kovariiert demnach nicht zwangsläufig mit dem Grad sozialer Differenzierung, vielmehr ist diese Beziehung komplexer und häufig kontingent. Die Absolutheit staatlicher Macht hängt daher nicht von Anzahl und Umfang staatlicher Funktionen ab, wie Spencer fälschlicherweise glaubte, sondern von der Existenz gesellschaftlicher Gegenkräfte.

Diese wichtige Einsicht legt ihm auch konzeptionell nahe, zwischen *Staat* und *politischer Gesellschaft* zu unterscheiden. Als Staat bezeichnet er die Repräsentation der souveränen Herrschaft; die politische Gesellschaft hingegen umfasst eine komplexe Gruppe, von der der Staat selbst nur das oberste Organ ist und die alle üb-

55 Durkheim, *Physik der Sitten und des Rechts*, S. 138.

56 Siehe Émile Durkheim, »Deux Lois de l'Évolution pénale«, in: *Année Sociologique* 4 (1901), S. 65-95; wieder abgedruckt in: *Journal Sociologique*, mit einer Einleitung von Jean Duvignaud, Paris 1969, S. 245-272, hier S. 245.

rigen sekundären Gruppen der Gesellschaft mit einschließt. Diese etwas vage Staatskonzeption, die den Staat zunächst nur als oberstes Regelorgan begreift, präzisiert Durkheim im Hinblick auf die personelle Zusammensetzung:

Er besteht aus einer speziellen Gruppe von Funktionsträgern *sui generis*, in deren Schoß Vorstellungen und Willensakte entwickelt werden, die für die Gemeinschaft bindende Wirkungen haben, obwohl sie nicht das Werk der Gemeinschaft sind. [...] Der Staat ist ein spezielles Organ, das die Aufgabe hat, bestimmte Vorstellungen zu entwickeln, die für die Gemeinschaft bindend sind. Diese Vorstellungen unterscheiden sich von den übrigen kollektiven Vorstellungen durch ein höheres Maß an Bewußtheit und Reflexion.[57]

Nach dieser Vorstellung bildet den Staat eine Gruppe von Funktionären, die eine Art Artikulations-, Informations- und Entscheidungszentrum darstellt, das diffuse Kollektivvorstellungen in der Gesellschaft aufgreift, systematisiert und Entscheidungen fällt.

Neben diesen Steuerungsfunktionen hat der Staat auch integrative Aufgaben zu erfüllen, denn er ist nach Durkheim Hüter des Kollektivideals. In traditionellen Gesellschaften wachte der Staat über den *Kult des Staates*; im Zeichen archaischen Kollektivismus galt die einzelne Person nicht viel, der Staat dagegen alles. In modernen Gesellschaften kehrt sich die Relation von Staat und Individuum um, und die Person wird heilig, ohne dass der Staat deshalb einen Funktionsverlust erleidet: »Daß die Geschichte in der Tat zur Annahme eines solchen ursächlichen Zusammenhangs zwischen der Entwicklung des moralischen Individualismus und der Entwicklung des Staates berechtigt, das zeigen die Tatsachen. Sieht man einmal von anomalen Fällen ab, auf die wir bei Gelegenheit noch zu sprechen kommen werden, können wir sagen: Je stärker der Staat, desto größer die Achtung vor dem Individuum.«[58]

Diese These gilt freilich nur unter spezifischen Randbedingungen, bei deren Abwesenheit sich sofort *Despotismus* einstellt. Denn: »Jede Gesellschaft ist despotisch, soweit nicht etwas von außen hinzutritt, das ihren Despotismus in Grenzen hält.«[59] Durkheim unterscheidet zwei pathologische Fälle, den kollektiven Partikula-

57 Durkheim, *Physik der Sitten und des Rechts*, S. 74f.

58 Ebd., S. 85.

59 Ebd., S. 90.

rismus und die staatliche Tyrannei. Bei *kollektivem Partikularismus* ist der Staat schwach, und es regiert die dominante Gruppe. Die Zünfte im Mittelalter etwa beherrschten das Individuum und banden es völlig an die lokale Autorität, so dass Individualismus nicht entstehen konnte. Es muss also immer ein System von Gegenkräften bestehen, wenn man so will eine Art strukturelle *checks and balances*, die sich in einer Machtbalance befinden. »Erst aus diesem Konflikt der gesellschaftlichen Kräfte erwachsen die individuellen Freiheiten.«[60] Gleiches gilt für *staatliche Tyrannei*, die sofort entsteht, wenn dem Staat keine anderen Kräfte entgegentreten.

Aus der Analyse der pathologischen Formen leitet Durkheim folgende Schlussfolgerung ab: *Machtbalance* und *Kommunikation* markieren die beiden entscheidenden Randbedingungen, die das Verhältnis von sekundären Gruppen und Staat so definieren, dass daraus die Autonomie des Individuums erwachsen kann. Die *Demokratie* ist nun die politische Form, welche diese beiden Eigenschaften kongenial auf sich vereint und so pathologische Entwicklungen zu minimieren vermag. Sowohl die Konzeption *direkter Demokratie* als auch die *liberale Demokratie*, wie sie in der Dritten Republik praktiziert wird, unterschätzen indes die Bedeutung eines solchen ausbalancierten Kräftedreiecks für die Realisierung des wichtigsten Erbes der Französischen Revolution: des moralischen Individualismus.

Durkheim ist überzeugt, dass ein Machtgleichgewicht zwischen Berufsgruppen und demokratischem Staat die zentrale strukturelle Voraussetzung für die Praktizierung des »Kults des Individuums« ist. Aber wird der moralische Individualismus am Ende auch eine Art säkularer Religion, eine Zivilreligion im Rousseauschen Sinne? Bevor wir diese Frage im letzten Schritt beantworten können, müssen wir Durkheims Tiefenbohrungen in die Natur von Religion und Erkenntnis nachvollziehen.

60 Ebd., S. 93.

4.8 Grundformen menschlicher Existenz – Religion und Erkenntnis

In den Jahren 1897/1898 hätte Durkheims Werk nach der methodischen, theoretischen und empirischen Grundlegung zwei prinzipielle Richtungen einschlagen können. Zum einen hätte er die am Ende des Selbstmord-Werkes angekündigte Studie über das Berufsverbandswesen vornehmen, die Träger organischer Solidarität spezifizieren und seine Vorstellungen zu einer dynamischen und gerechten Sozialordnung, zum Zusammenspiel von Ökonomie und Politik, d.h. Wirtschaft, Berufsgruppen und Staat, im Rahmen einer demokratischen Zivilgesellschaft entwickeln können. Das hätte nicht nur seine Ideen zur Reorganisation europäischer Gesellschaften präzisiert, sondern seinen gemäßigten, reformerischen und nicht revolutionären, friedlichen und nicht gewaltsamen, kollektiven und nicht klassenbezogenen Sozialismus expliziert, wie er verschiedentlich, vor allem in seinen Vorlesungen zum Sozialismus anklingt.[61] Wie gezeigt, schlägt Durkheim diesen Weg nicht ein, auch wenn er eine Skizze der Berufsgruppenidee in einem weiteren Vorwort zur zweiten Auflage der *Arbeitsteilung* vorstellt und zumindest die Konturen seiner zusammenhängenden Vorstellungen zu diesem Problemkomplex in seinen Vorlesungen zur *Physik der Sitten und des Rechts* andeutet.[62]

Sein Weg nimmt jedoch eine andere Richtung, über dessen Beschreibung sich die Durkheim-Exegeten noch heute streiten. Auch wenn die Diskussion zwischenzeitlich etwas abgeflaut ist, entstand weder ein Konsensus über das Verständnis von Durkheims Werk, noch sind verbindlich kodifizierte Lesarten etabliert worden. Alles in allem herrscht über diesen zentralen Punkt Unklarheit trotz breiter Diskussion in der Sekundärliteratur. Als gleichsam kleinsten gemeinsamen Nenner könnte man vielleicht von einer *kulturellen Wende*[63] sprechen: Statt der Strukturreform der modernen Gesellschaft untersucht Durkheim Struktur und Entwicklung von Wertsystemen. Statt Arbeitsteilung und soziale Differenzierung in ihren Funktionen, Strukturen und Konsequenzen weiter zu analysieren

61 Émile Durkheim, *Le Socialisme*, mit einer Einführung v. Marcel Mauss u. einem Vorwort v. Pierre Birnbaum, Paris 1971.

62 Vgl. Müller, »Die Moralökologie moderner Gesellschaften«.

63 Alexander, *Durkheimian Sociology*.

und der Krise der Anomie noch näher auf den Grund zu gehen, zieht er es vor, der »Religiosität« von Religion, der »Moralität« von Moral und den »Kategorien wie der Kategorisierung« von Erkenntnis auf die Spur zu kommen. Vereinfacht könnte man sagen, Durkheim bewegt sich von der Sozialstruktur zur Kultur, von der Infrastruktur zur Suprastruktur, oder mit Marx gesprochen von der Basis zum Überbau. Wie immer mit solchen griffigen Formeln – sie helfen zu vereinfachen, aber tragen nicht unbedingt zur Vertiefung unseres Verständnisses bei.

Die *Kulturwende* ist auf zweierlei Weise gedeutet worden: Radikal als Bruch, so dass von der Entwicklung vom positivistischen zum voluntaristischen Durkheim,[64] vom materialistischen zum idealistischen Durkheim,[65] vom strukturellen zum kulturellen Durkheim die Rede war; gemäßigt als eine graduelle Umorientierung, welche zugleich die Kontinuität in der Problemstellung (die Ordnungsfrage), im thematischen Bezug (soziale Bindungen und Solidarität), im analytischen Fokus (die Moral) und im Strukturbild moderner Gesellschaft (funktionale Differenzierung) nicht vernachlässigt.[66] Es ist auch keineswegs so, als habe Durkheim plötzlich die Religion entdeckt und sie als allmächtigen Erklärungsfaktor etabliert. Wie Ernest Wallwork gezeigt hat, spielt sie schon im Frühwerk eine zentrale Rolle:[67] In der *Arbeitsteilung* figuriert sie vor allem als Kontrastfolie zu modernen differenzierten Gesellschaften in Gestalt archaischer Gemeinschaften: Religion ist am Anfang alles – Moral, Recht, Tradition und Gemeinschaft; das soziale Leben ist durch und durch religiös imprägniert, wie die Rede vom allmächtigen Kollektivbewusstsein andeutet, das natürlich religiös fundiert ist. Im *Selbstmord* fungiert sie als wichtiger Erklärungsfaktor in seiner Ätiologie der Selbstmordarten, wird also von ihm auch in modernen Gesellschaften als eine wichtige Institution angesehen – trotz

64 Parsons, *The Structure of Social Action.*

65 Jeffrey C. Alexander, *Theoretical Logic in Sociology, Bd. 2: The Antinomies of Classical Thought*, Berkeley-Los Angeles 1982.

66 Steve Fenton, *Durkheim and Modern Sociology*, Cambridge 1984; Giddens, *Studies in Social and Political Theory*; Giddens, *Durkheim*; Müller, *Wertkrise und Gesellschaftsreform.*

67 Ernest Wallwork, *Durkheim: Morality and Milieu*, Cambridge/MA 1972; ders., »Durkheim's Early Sociology of Religion«, in: *Sociological Analysis* 46 (1985), S. 201-217.

Aufklärung, Säkularisierung und Laizismus in Frankreich. Was also hat es dann mit der »Kulturwende« auf sich?

Mit der Hinwendung zur Kultur im Allgemeinen, der Religion im Besonderen scheint er zwei Ziele im Auge gehabt zu haben. Erstens wollte er ein analytisch tieferes und empirisch gehaltvolleres Verständnis von Religion entwickeln. So wie er in der einfachsten Gesellschaft, der Horde, die Keimzelle für alle höheren Strukturtypen von Gesellschaften erblickte, so hoffte er in der primitiven Religion den Schlüssel für alle Formen der Religiosität, inklusive säkularer und moderner Spielarten, zu finden. Zudem darf man nicht vergessen, dass die Begeisterung Durkheims für die Arbeiten von Religionswissenschaftlern wie James G. Frazer und William Robertson Smith nicht zuletzt aus deren empirischem Material herrührte, das eine solide Basis für seinen theoretischen Anlauf abzugeben versprach. Das Ergebnis dieser Anstrengung ist in den *Elementaren Formen des religiösen Lebens* (1912) nachzulesen. Zweitens, und das wird häufig vergessen, wollte er auf dieser Grundlage die moderne Kultur genauer untersuchen: Zum einen an der Umstellung vom moralischen Kollektivismus auf den moralischen Individualismus; zum anderen durch ein detaillierteres Studium des Moral- und Normenkomplexes, als es die *Physik der Sitten und des Rechts* geleistet hatte. Das sollte sein letztes und größtes Werk mit dem schlichten Titel *Die Moral* werden, das aufgrund seines frühen Todes ungeschrieben blieb. Das Fragment und seine lang gehegten Pläne lassen die Interpretation zu, dass daraus in der Tat eine Moralökologie moderner Gesellschaften resultiert hätte.

Dennoch bleibt am Ende ein unerklärlicher Rest für diese Umorientierung. Warum muss sich ausgerechnet der verhinderte Rabbiner, missionarische Soziologe und glühende Anhänger des Laizismus sowie der Dritten Republik so obsessiv für Religion interessieren? Was fasziniert den durch und durch säkularen Durkheim, der nur an eines glaubt – die Soziologie –, an der Religion? In der 1898 gegründeten *Année Sociologique* befassen sich nicht weniger als die Hälfte der 22 Abhandlungen mit Religion, von den Sonderbänden, in denen Marcel Mauss, Henri Hubert, Célestin Bouglé und Lucien Lévy-Bruhl publizieren, ganz zu schweigen.[68] Nun muss man natürlich nicht an Gott glauben, um als Sozio-

68 König, *Émile Durkheim zur Diskussion*, S. 239 ff.

loge zu erkennen, dass gerade das viele Menschen doch tun; man muss auch nicht religiös sein, um Religion zu studieren. Faktum ist, dass es sich bei der Religion um ein soziales Phänomen ersten Ranges handelt. Durkheim, der wie Max Weber »religiös unmusikalisch« war, hat wie auch der deutsche Klassiker erkannt, was für eine zentrale Lebensführungsmacht die Religion in der Geschichte menschlicher Gesellschaften darstellt. Keine realistische Soziologie als Wissenschaft der Gesellschaft darf daher die Religion ausblenden. Während Weber aufgrund dieser Einsicht zum Studium der Weltreligionen ansetzt, vergräbt sich Durkheim in die einfachste Religion, die es gibt. Er wendet sich deshalb von der modernen Gesellschaft ab und der elementarsten, weil einfachsten Sozialorganisation menschlichen Zusammenlebens zu.

Warum? Mir scheint – aber das ist eine kühne und recht ungeschützte Arbeitshypothese –, dass Durkheim mit dem Studium primitiver Gesellschaft und primitiver Religion auf einen schlagartigen Erkenntnisfortschritt gehofft hatte. Es ging ihm darum, Einblick zu gewinnen in die *Konstitutionsprozesse menschlicher Vergesellschaftung und Sozialität*. Unter anderem interessieren ihn basale Fragen wie:

1. Wie wird Sinn erzeugt?
2. Wie entstehen Ideen und Ideale, Werte und Normen?
3. Wie werden Kategorien gebildet und nach welchen Mechanismen?
4. Wie kommen soziale und kognitive Gemeinschaft zustande, so dass sich Sozialstruktur und Kultur einer Gesellschaft im Gleichgewicht befinden mit der Folge moralischer und kognitiver Ordnung?

Das sind höchst allgemeine Fragen, die Durkheims methodischem Ideal von wohlumgrenzten Problemen, die man empirisch geduldig Stück für Stück studieren sollte, natürlich Hohn sprechen. Durkheim muss förmlich der Hafer gestochen haben, als er plötzlich im ethnographischen Material von William Robertson Smith, James G. Frazer und anderen die Chance erblickte, mit einem *Coup* an die Wiege und in den Schoß menschlicher Gesellschaft zurückzukehren, um dort soziologischen Aufschluss über Fragen der Sinnkonstitution, der Idealisierung, der Kategorisierung und der Balance von sozialer und kognitiver Ordnung zu gewinnen. Sein Projekt ist genial und umfassend. Das Ergebnis ist Durkheims wildestes, kühnstes, spekulativstes und unkonventionellstes Buch, dessen Erkenntnisse längst nicht ausgeschöpft scheinen.

Vielleicht hilft nochmals ein Blick auf seine Konzeption des Sozialen, um den Stellenwert der Religion zu begreifen und das Ausmaß der Umorientierung zu ermessen. In der Frühphase versteht Durkheim das *Soziale* über strukturelle Faktoren wie Volumen, Dichte und das Arrangement von Elementen. In seinen Schriften zur Moral und Erziehung,[69] vollends aber in *Soziologie und Philosophie*[70] betont er das moralische Erstrebenswertsein und die mentale Repräsentation des Sozialen. Nicht so sehr der strukturelle Zwang, der sich als externer Druck in der Opportunitätsstruktur der Handelnden bemerkbar macht, sondern die moralische Autorität von Normen und die symbolischen Klassifikationen und Kategorien, welche die Gelegenheitsstruktur der Handelnden selbst konstitutiv mitprägen, stehen im Mittelpunkt seines Interesses.

In den *Elementaren Formen* sucht Durkheim deshalb eine Analyse und Erklärung der einfachsten Religion vorzunehmen. Mit der Konzentration auf die »Infrastruktur« von Religion, also auf die Grundvorstellungen und rituellen Handlungen, hofft Durkheim Grundzustände für »die religiöse Mentalität im allgemeinen« aufspüren zu können.[71] Außerdem sind Religionen als Kosmologien Denksysteme, in denen sich der Ursprung der Begriffe, die Kategorien des Urteilsvermögens und die Fähigkeit zur logischen und sozialen Klassifikation überhaupt untersuchen lassen. Seine Überlegungen sind deshalb als Religions-, Moral- und Erkenntnissoziologie angelegt.

Durkheim bleibt auch in den *Elementaren Formen* seiner Methode treu. Im ersten Buch gibt er eine Definition der Religion und diskutiert die Kandidaten für den Status der primitivsten Religion. Animismus und Naturismus scheiden nach sorgfältiger Diskussion aus, und es bleibt der Totemismus. Im zweiten Buch diskutiert er die elementaren Glaubensvorstellungen und ihren Ursprung. Wir erfahren alles über das Totem, das Totemtier, das individuelle und sexuelle Totem und ihre Einbettung in die Stammesstruktur. Im

69 Émile Durkheim, *Erziehung und Soziologie*, Düsseldorf 1972; ders., *Erziehung, Moral und Gesellschaft*, Frankfurt/M. 1984.

70 Émile Durkheim, *Soziologie und Philosophie*, Frankfurt/M. 1967.

71 Émile Durkheim, *Die elementaren Formen des religiösen Lebens*, S. 23.

dritten Buch wendet er sich den wichtigsten Ritualhaltungen zu und diskutiert unter dem Oberbegriff »negative Kulte« asketische Riten, unter dem der »positiven Kulte« Opferriten, mimetische Riten, Gedenk- und Sühneriten. Die Einleitung enthält die Problemstellung, das Schlusskapitel fasst die Ergebnisse zusammen und versucht sie zu verallgemeinern. Die Studie quillt über von Fakten und Beobachtungen, welche die Anthropologie und Ethnologie der Zeit zusammengetragen hatte. Folglich beschränken wir uns auf den Gang der Untersuchung und diskutieren die wesentlichen soziologischen Einsichten.

Bei seiner Suche nach einer geeigneten Initialdefinition fällt Durkheim auf, dass alles bisherigen Bestimmungen den Versuch machen, mit ihrer Definition die Essenz der Religion zu fassen und gleichsam das Ewige und Unveränderliche der religiösen Erfahrung einzufangen. Natürlich ist das nicht falsch, und Durkheim versucht letztlich genau dasselbe. Aber er legt Wert darauf, die elementaren Komponenten aufzufinden, die auch die einfachste Religion benötigt. Und hier wird er in zweierlei Hinsicht fündig: 1. mit der Unterscheidung von heilig und profan und – im Rahmen religiöser Dinge – zwischen Glauben und Ritus oder Kult; 2. mit der Idee der Kirche als moralischer Gemeinschaft der Gläubigen.

> Alle bekannten religiösen Überzeugungen, wie einfach oder komplex sie auch seien, haben den gleichen Zug: sie setzen eine Klassifizierung der realen oder idealen Dinge, die sich die Menschen vorstellen, in zwei Klassen, in zwei entgegengesetzte Gattungen voraus, die man im allgemeinen durch zwei unterschiedliche Ausdrücke bezeichnet hat, nämlich durch *profan* und *heilig*. Die Aufteilung der Welt in zwei Bereiche, von denen der eine alles umfaßt, was heilig ist, und der andere alles, was profan ist; das ist Unterscheidungsmerkmal religiösen Denkens.[72]

Diese elementare Klassifikation teilt die Welt in zwei Bereiche ein, die strikt voneinander getrennt und häufig als antagonistisch angesehen werden. Zudem existiert eine regelrechte Hierarchie zwischen ihnen, denn heilige Dinge gelten als wertvoller als profane Dinge. Heterogenität, Antagonismus und Hierarchie – diese Merkmale markieren den Unterschied zwischen heilig und profan und unterstreichen die tiefe Scheidelinie zwischen beiden Bereichen.

72 Ebd., S. 62.

Aber Durkheim geht noch einen Schritt weiter. Denn: »Die religiösen Phänomene kann man auf natürliche Weise in zwei Kategorien aufteilen: die Glaubensüberzeugungen und die Riten. Die ersten sind Meinungen: sie bestehen aus Vorstellungen; die zweiten sind bestimmte Handlungsweisen. Zwischen diesen beiden Klassen liegt derselbe Abstand wie zwischen dem Denken und Tun.«[73] Durkheim wehrt sich damit gegen alle idealistischen und spiritualistischen Konstruktionen der Religion, die vor allem auf Glaubenssysteme und Transzendenzerfahrungen abheben, ohne das religiöse Handeln zu berücksichtigen. Für Durkheim ist gerade beides wichtig: die Vorstellungen *und* die Praktiken, der Glauben *und* die Riten, das Denken *und* das Tun gehören konstitutiv zur religiösen Erfahrung.

Wir können daher die doppelte Unterscheidung von heilig und profan sowie Glauben und Riten wie folgt zusammenfassen:

> Heilige Dinge sind, was die Verbote schützen und isolieren. Profane Dinge sind, worauf sich diese Verbote beziehen und die von den heiligen Dingen Abstand halten müssen. Religiöse Überzeugungen sind Vorstellungen, die die Natur der heiligen Dinge und die Beziehungen ausdrücken, die sie untereinander oder mit den profanen Dingen halten. Riten schließlich sind Verhaltensregeln, die dem Menschen vorschreiben, wie er sich den heiligen Dingen gegenüber zu benehmen hat.[74]

Freilich ist damit erst die eine Unterscheidungsreihe bezeichnet, die Durkheim als konstitutiv für eine Definition von Religion erachtet. Die andere wichtige Distinktion betrifft die kollektive Erfahrung von Religion und damit ihre gesellschaftliche Verankerung. Wir glauben und beten nicht im luftleeren Raum, weder allein noch voraussetzungslos. Durkheim greift die Unterscheidung von Magie und Religion auf und zeigt, dass auch die Magie aus Überzeugungen und Praktiken besteht. Um nun sauber zwischen Magie und Religion zu trennen, ist ein weiteres Kriterium vonnöten, dass nur auf die Religion zutrifft. Nach Durkheim ist es die Vorstellung der *Kirche*, die Magie von der Religion abtrennt. »Eine Kirche ist eben nicht einfach eine Priester-Brüderschaft; sie ist eine moralische Gemeinschaft, die aus allen Anhängern eines gemeinsamen Glaubens

73 Ebd., S. 61.
74 Ebd., S. 67.

besteht, aus den Gläubigen wie aus den Priestern. Eine derartige Gemeinschaft fehlt der Magie normalerweise.«[75]

Diese Distinktion ist nicht wirklich überzeugend, formen Magier doch durchaus Gesellschaften, wie Durkheim selbst zugesteht. Es ist aufschlussreich, dass Max Weber die Unterscheidung von Magie und Religion genau umgekehrt anlegt und auf Durkheims erstes Kriterium, den Glauben, rekurriert. Religion beginnt für ihn erst da, wo der Glaube anfängt. Magie bedeutet meist ein Wissen und eine Macht, die Dämonen und Gottheiten »zwingen« soll. Und wenn sie nicht spuren, wird man böse auf sie. Diese Vorstellung des Verhältnisses zwischen Gläubigem und Gott ist völlig abwegig. Sicher: Auch der Gläubige hofft und bittet, wenn er betet. Aber wenn sich seine Wünsche denn erfüllen, so ist das eine »Gnade« Gottes, nicht der allfällige Lohn für eifriges Beten. Also: Der Gläubige glaubt und hat nur seinen Glauben, seine Liebe, seine Hoffnung; der Magier zwingt und fordert auf der Grundlage seines Wissens. Im ersten Fall geht es um Gnade, im zweiten um ein Geschäft.

Wie immer man die beiden Definitions- und Abgrenzungsversuche von Durkheim und Weber einschätzen mag, fest steht, dass damit die konstitutiven Komponenten für eine Initialdefinition ermittelt sind. Durkheim definiert wie folgt: »Eine Religion ist ein solidarisches System von Überzeugungen und Praktiken, die sich auf heilige, d. h. abgesonderte und verbotene Dinge, Überzeugung und Praktiken beziehen, die in einer und derselben moralischen Gemeinschaft, die man Kirche nennt, alle vereinen, die ihr angehören.«[76]

Mit dieser Problemstellung, diesem Untersuchungsdesign und dieser Definition glaubt Durkheim im *Totemismus* der australischen Ureinwohner fündig geworden zu sein und die primitivste Religion mit allen ihren Elementen in einer Art *Schlüsselexperiment* aufgedeckt zu haben: dem Dualismus von heilig und profan, den Begriffen der Seele, des Geistes, der mythischen Persönlichkeit, der natürlichen und übernatürlichen Gottheit, dem negativen Kult mit seinen asketischen Riten, den Opfer- und Gedächtnisriten und den Nachahmungs-, Gedenk- und Sühneriten.

Wie sieht Durkheims Erklärungsansatz im Einzelnen aus? »Unsere ganze Studie beruht auf der Annahme, dass dieses einstim-

75 Ebd., S. 73.

76 Ebd., S. 75, im Original kursiv.

mige Gefühl der Gläubigen aller Zeiten nicht rein illusorisch sein kann.«[77] Dieses Axiom erlaubt ihm, alle Ansätze der Religionskritik zurückzuweisen, die Religion als pure Illusion ansehen. Andererseits handelt es sich häufig um partielle Illusionen und Täuschungen. Auch wenn man von einer religiösen Erfahrung der Gläubigen ausgeht wie William James, »folgt noch nicht, dass die Realität, die sie begründet, objektiv mit der Idee übereinstimmt, die sich die Gläubigen davon machen. [...] Wenn die Eindrücke, die die Gläubigen empfinden, nicht erdichtet sind, so bilden sie doch keine privilegierte Intuition.«[78] Für die Religionssoziologie kommt es darauf an herauszufinden, was die Religion repräsentiert, was sie eigentlich bedeutet und was sie symbolisiert. Durkheim sucht und findet: die *Gesellschaft*.

Wir können in der Tat sagen, dass sich der Gläubige keinen Täuschungen hingibt, wenn er an die Existenz einer moralischen Kraft glaubt, von der er abhängt und von der er den besten Teil seiner selbst bezieht: diese Macht existiert; es ist die Gesellschaft. Wenn der Australier außer sich gerät, wenn er ein Leben in sich hineinfließen fühlt, dessen Stärke ihn überrascht, dann hat ihn nicht etwa eine Illusion getäuscht. Dieser Überschwang ist wirklich; er ist das Ergebnis äußerer und das Individuum übersteigender Kräfte. [...] Die Religion bekommt damit einen Sinn und einen Grund, den auch der unbeugsamste Rationalist nicht verkennen kann. Ihr Hauptziel ist nicht, dem Menschen eine Darstellung der physischen Welt zu geben. Denn wenn das der Fall wäre, dann könnte man nicht verstehen, wie sie sich hat erhalten können; da sie in dieser Beziehung nicht mehr als ein Netz von Irrtümern ist. Vielmehr ist sie im Gegenteil vor allem ein Begriffssystem, mit dessen Hilfe sich die Menschen die Gesellschaft vorstellen, deren Mitglieder sie sind, und die dunklen, aber engen Beziehungen, die sie mit ihr haben. [...] Allein dadurch, dass ihre offensichtliche Funktion darin besteht, die Bande, die den Gläubigen an seinen Gott binden, zu verstärken, verstärken sie gleichzeitig tatsächlich die Bande, die das Individuum mit seiner Gesellschaft verbinden, denn der Gott ist nur der bildhafte Ausdruck der Gesellschaft.[79]

Durkheim belässt es indes nicht bei diesem allgemeinen Zusammenhang, der für ihn fundamental ist, sondern sucht das Verhältnis von Religion und Gesellschaft in dreierlei Weise zu vertiefen:

77 Ebd., S. 559.
78 Ebd., S. 559.
79 Ebd., S. 309.

1. Religion ist sozial bestimmt; das ist die kausale Hypothese;
2. Religion verkörpert Repräsentationen der sozialen Wirklichkeit; das verweist auf die interpretative Hypothese;
3. Religion zeitigt funktionale Konsequenzen; das umschreibt die funktionale Hypothese.[80]

Ad 1. In bestimmten sozialen Situationen, so Durkheims These, werden religiöse Glaubenssysteme erzeugt und/oder bekräftigt. Diese Situation sind solche der »effervescence créatrice«, Momente der »schöpferischen Gärung«, wie die deutsche Übersetzung lautet. Wie muss man sich diesen Prozess vorstellen? Durkheim untersucht den Alltag der australischen Ureinwohner und konstatiert, dass ihr soziales Leben in zwei Phasen zerfällt: a) das normale Leben, in dem die Menschen in kleinen Gruppen ihren Tätigkeiten wie Jagen und Fischen nachgehen; b) die »corrobbori«, wenn sich die Bevölkerung versammelt, ein religiöses Fest feiert und Riten begeht. Dann verdichtet sich das soziale Leben, die Erregung steigt, die Leidenschaften werden entfesselt, und die Gefühle erreichen einen ganz neuen Intensitätsgrad. Es sind solche Momente der Auf- und Erregung, indem entweder bestehende religiöse Gefühle und Ideen bestätigt werden oder neue entstehen. Der Australier lebt also in zwei Welten.

> In der einen schleppt er träge sein tägliches Leben dahin, in die andere kann er aber nicht eindringen, ohne alsbald mit außerordentlichen Mächten in Verbindung zu treten, die ihn bis zur Raserei aufpeitschen. Die erste ist die profane Welt, die zweite die Welt der heiligen Dinge. In diesem gärenden sozialen Milieu und aus dieser Gärung selbst scheint also die religiöse Idee geboren worden zu sein. Die Bestätigung, dass das ihr wahrer Ursprung ist, scheint damit gegeben zu sein, dass in Australien die eigentlich religiöse Tätigkeit fast ausschließlich auf die Zeiten konzentriert ist, in der solche Versammlungen stattfinden.[81]

Der Mechanismus, den Durkheim ganz ähnlich wie sein Zeitgenosse Gustave Le Bon[82] entdeckt, ist der einer Art *kollektiver Massenhysterie*, in der Volumen, Dichte und Intensität von Gefühlen das »Neue« hervorbringen können. Dieser Mechanismus der Kreation und Rekreation ist allerdings gesellschaftlich eingebettet, hängt also

80 Lukes, *Durkheim*, S. 462 ff.

81 Durkheim, *Die elementaren Formen des religiösen Lebens*, S. 300 f.

82 Gustave Le Bon, *Psychologie der Massen*, Stuttgart 1968 [1895].

auch ab von der sozialen Umgebung, sei es der Clan, wie bei den australischen Arunta, sei es das *Ancien Régime*, wie bei den Franzosen zur Zeit der Französischen Revolution. Und dieser soziale Kontext ermöglicht und begrenzt den Horizont, in dem religiöse oder politische Innovationen gemacht werden können. Der Totemismus als primitive Religion bleibt an die Grenzen des Clans gebunden, die Französische Revolution als politische Religion verbreitete kosmopolitische Ideen der Demokratie über den ganzen Erdball.

Ad 2. Religion ist eine Repräsentationsform sozialer Realitäten. Der französische Begriff der »représentation« ist allerdings systematisch doppeldeutig. Zum einen bedeutet er in kognitiver Hinsicht, dass die Religion eine Vorstellung von der Gesellschaft gibt, also der Totemismus etwa vom sozialen Leben im Clan. Zum anderen meint er in expressiver Hinsicht, dass die Religion eine dramatisierte Version der Gesellschaft gibt. Im ersten Falle geht es um eine mehr oder minder adäquate Abbildung der Gesellschaft – *Repräsentation als Rekonstruktion*; im zweiten Falle hingegen wird die Gesellschaft in bestimmter Weise dramatisiert oder ausgedrückt – *Repräsentation als Symbolisierung*. Im ersten Sinne verkörpern Religionen erste und vorläufige Modelle der Welterklärung, sie nehmen die Gestalt von Kosmologien an, die alles und jedes sich zu erklären zutrauen. Mit der Aufklärung, der Säkularisierung und der Heraufkunft der Wissenschaften wird diese Funktion freilich immer stärker substituiert. Wissenschaft tritt an die Stelle der Religion, und wenn man Durkheim folgt, ersetzt die Soziologie eine mythologisch erscheinende Religion. Im zweiten Sinne jedoch geht es um die expressiven und ästhetischen Momente der Religion. Hier steht nicht »das Wahre« im Mittelpunkt, sondern »das Schöne« oder »das Erhabene«. Daraus resultiert ein enger Konnex zwischen Religion und Kunst. Man nehme nur die abendländische Kunst und frage sich etwa, was die Malerei und Bildhauerei ohne das Christentum gewesen wäre. In dieser Hinsicht ist die Religion ewig und kann schon gar nicht durch Wissenschaft ersetzt werden. Diese weltschaffende und weltbildprägende Funktion bleibt auch nach der Säkularisierung erhalten.

Ad 3. Religion zeitigt soziale Konsequenzen auf makroskopischer und mikroskopischer Ebene, für Gesellschaft und Individuum gleichermaßen. Auf makrosozialer Ebene, das sieht Durkheim ganz ähnlich wie Tocqueville, sorgt die Religion für Kommunikation unter den Gesellschaftsmitgliedern, trägt zur sozialen Integration und zum Zusammenhalt bei und erneuert ihre Werte und Ideale. Ferner ist sie nicht nur die erste Stufe der Kultur, die die Menschen erklimmen, sondern sorgt auch für so etwas wie ein Bewusstsein von sich selbst und markiert insofern auch eine erste Stufe der Selbstreflexion. Auf mikrosozialer Ebene vermag Religion den Menschen über sich selbst hinauszuheben, zu stärken und in seiner Lebensführung zu disziplinieren.

> Der Gläubige, der mit seinem Gott kommuniziert hat, ist nicht nur ein Mensch, der neue Wahrheiten sieht, die der Ungläubige nicht kennt: er ist ein Mensch, der mehr *kann*. Er fühlt mehr Kraft in sich, entweder um die Schwierigkeiten des Lebens zu ertragen oder um sie zu überwinden. Er scheint über der menschlichen Natur zu stehen, weil er sich über den Zustand des Menschen erhoben hat. Er glaubt, vom Übel, unter welcher Form er es auch auffassen mag, befreit zu sein. Der erste Artikel eines jeden Glaubens ist der Glaube an das Heil durch den Glauben.[83]

In der religiösen Erfahrung drückt sich also die Tiefendimension sozialen Lebens aus, es ist etwas Ewiges, Natürliches und Menschliches darin enthalten: Das Bedürfnis nach Gemeinschaft, Sinn, Idealisierung und Transzendenz. Andererseits enthält auch die primitivste Religion schon eine Kosmologie und Begriffe als kollektive Repräsentationen. Durkheim glaubt hier auch gezeigt zu haben, dass sich die Entstehung begrifflicher Ordnung der Gesellschaftsform verdankt und dass die Klassifikation der Dinge nur die Klassifikation von Menschen reproduziert.

Wie muss man diese kühne These verstehen? Durkheim unterscheidet zwei Seiten von Wahrheitsansprüchen, die kollektive Seite, mithin die Verbindung zwischen denkenden Menschen, und die objektive Seite, den Zusammenhang mit der Natur der Dinge. Die begriffliche Evolution, also den weiten Weg von den australischen Ureinwohnern zum modernen wissenschaftlichen Menschen, stellt sich Durkheim wie folgt vor: »Der Begriff, der ursprünglich für wahr gehalten wurde, weil er kollektiv ist, neigt dazu, nur unter der Bedingung kollektiv zu werden, dass er für wahr gehalten wird. Wir verlangen seine Richtigkeit, ehe wir ihm unser Vertrauen schenken.«[84] Folglich sind auch Kategorien ein

83 Durkheim, *Die elementaren Formen des religiösen Lebens*, S. 558.

84 Ebd., S. 585.

Werk der Kollektivität, was ihren Ursprung angeht, und Ausdruck von sozialen Phänomenen, was ihren Inhalt anbetrifft: Die *Gattung* verweist auf die menschliche Gruppe, die *Zeit* auf den Rhythmus des sozialen Lebens, der *Raum* auf den gesellschaftlichen Raum bzw. das Territorium und die *Kausalität* auf die kollektive Kraft, das *mana*. »Es ist also nicht weiter erstaunlich, wenn die soziale Zeit, der soziale Raum, die soziale Klasse und die kollektive Kausalität den entsprechenden Kategorien zugrunde liegen, da die verschiedenen Relationen vom menschlichen Bewusstsein zunächst in ihren sozialen Formen mit einiger Klarheit erfasst worden sind.«[85] Die Evolution des Denkens ist auch in diesem Fall angedeutet: »Anscheinend löst sich somit das Band, das zunächst das Denken an bestimmte kollektive Individualitäten gebunden hatte, immer mehr; das logische Denken wird folglich immer unpersönlicher, während es sich universalisiert.«[86] Durkheim ist zuversichtlich, mit dieser soziologischen Erkenntnistheorie die Kluft zwischen Sensualismus (John Locke, David Hume) und Apriorismus (Immanuel Kant) überwunden zu haben.

Schließlich kommt Durkheim auf die *moralische Krise* zurück und konstatiert zeitdiagnostisch eine Übergangsphase *moralischer Mediokrität*.

> Mit einem Wort: die alten Götter werden alt und andere sind noch nicht geboren [...]. Nur aus dem Leben selbst kann ein lebendiger Kult entstehen und nicht aus einer toten Vergangenheit. Aber dieser Zustand der Unsicherheit und der verwirrenden Unruhe kann nicht ewig dauern. Ein Tag wird kommen, an dem unsere Gesellschaften aufs neue Stunden der schöpferischen Erregung kennen werden, in deren Verlauf neue Ideen auftauchen und neue Formen erscheinen werden, die eine Zeitlang als Führer der Menschheit dienen werden.[87]

Obgleich sich Durkheim in der Spätphase seines Werkes fast ausschließlich mit Struktur und Funktionsweise von archaischen Religionssystemen beschäftigt, hat er keine systematische Analyse der modernen Werte als staatsbürgerlicher Religion vorgenommen. Auch wenn er Momente der Efferveszenz, jener schöpferischen

85 Ebd., S. 593.
86 Ebd., S. 594.
87 Ebd., S. 572.

Erregung, in den Ritualen der Arunta mit den Riten der Französischen Revolution und ihrem kollektiven Vermächtnis parallelisiert, hat er doch die Erkenntnisse aus seinen Tiefenbohrungen in die Geheimnisse von Religion und Erkenntnis nicht für die Analyse der Gegenwart, die krisenhafte Situation der Dritten Republik in Frankreich vor dem Ersten Weltkrieg, übertragen können. Der erhoffte Transfer von der einfachsten Religion zur modernen Zivilreligion, von dem archaischen Kollektivbewusstsein zum modernen Wertsystem, von dem moralischen Kollektivismus zum moralischen Individualismus scheint ausgeblieben zu sein.

Diese Einschätzung trifft allgemein zu, allerdings mit einer bemerkenswerten Ausnahme, seiner Stellungnahme zur *Dreyfus-Affäre* aus dem Jahr 1898.[88] Provoziert durch den Vorwurf der Dreyfus-Gegner, die Intellektuellen würden mit ihrem gottlosen und egoistischen Individualismus die Staatsräson untergraben und die französische Gesellschaft immer tiefer in geistige und moralische Anarchie treiben, versucht er die *Religiosität der individualistischen Moral* unter Beweis zu stellen. Zunächst unterscheidet er scharf zwischen Utilitarismus und Individualismus. Der *Utilitarismus* huldigt dem »egoistischen Kult des Ich«, kennt nur ein *Dogma*, die »Apotheose des Wohlergehens und der Privatinteressen«, und einen *Ritus*, die »Lehre der Nützlichkeit«. In striktem Gegensatz dazu steht der *moralische Individualismus* mit seinem »Kult des Individuums«,[89] seinem einzigen *Dogma*, der »Autono-

88 Hier sollte der aseptisch-apolitische Durkheim seine generelle Zurückhaltung aufgeben und klar *für* die Dreyfus-Anhänger Partei ergreifen. Die Dreyfus-Affäre war eine der schlimmsten Krisen der Dritten Republik, denn Hauptmann Dreyfus – als deutscher Spion verdächtigt – wurde auf dubioser Beweisgrundlage abgeurteilt. Émile Zola hatte mit seinem beherzten »J'accuse« den Startschuss für den Kampf der Intellektuellen gegeben, sich für die Menschen- und Freiheitsrechte von Hauptmann Dreyfus einzusetzen. Am Ende sollten sie diesen Kampf gewinnen, und Dreyfus wurde schlussendlich freigesprochen. Vgl. Émile Durkheim, »L'Individualisme et les Intellectuels«, in: *Revue bleue* 4 (1898), S. 7-13, wieder abgedruckt in Durkheim, *La science sociale et l'action*; und deutsch: »Der Individualismus und die Intellektuellen«, in: Hans Bertram (Hg.), *Gesellschaftlicher Zwang und moralische Autonomie*, Frankfurt/M. 1986, S. 54-70.

89 Siehe zu Durkheims »Kult des Individuums«: Bellah, »Introduction«; Giddens, *Studies in Social and Political Theory*, S. 273-291; Hans Joas, *Die Entstehung der Werte*, Frankfurt/M. 1999; Matthias Koenig, *Menschenrechte bei Durkheim und Weber*, Frankfurt/M. 2002; Charles E. Marske, »Durkheim's ›Cult of the Individual‹ and the Moral Reconstitution of Society«, in: *Sociological Theory* 5 (1987),

mie der Vernunft«, und seinem *Ritus*, der »Lehre von der freien Prüfung«. Während der Utilitarismus tatsächlich in moralische Anarchie einmünden kann, führt der Individualismus zu organischer Solidarität. Aber wie ist soziale Ordnung mit individueller Freiheit vereinbar, um auf seine Ausgangsfrage zurückzukommen? Welcher Mechanismus sorgt für diese, neudeutsch gesprochen: »Win-win-Situation«, die ein Höchstmaß von Ordnung mit einem hohen Grad von Freiheit zu verbinden vermag?

Ohne ein gewisses Maß von *Intellektualismus*, so Durkheim, ist der moralische Individualismus in der Tat nicht denkbar. Doch heißt diese geistige Freiheit nicht, dass das Individuum nun sich selbst zum alleinigen Maßstab aller Dinge machen würde. Im Gegenteil: So wie der Wissenschaftler laufend ungeprüft Wissensbestände aus anderen Disziplinen übernimmt, ohne an seiner Autonomie zu zweifeln, so beugt sich auch das Individuum dem Rat der Mitmenschen, sofern sie *gute Gründe* vorbringen. Die guten Gründe selbst stiften die notwendige wissenschaftliche und moralische Autorität, die dem Prinzip organischer Solidarität, Reziprozität auf der Basis von Gleichheit, zugrunde liegt. Ferner erzeugt die soziale Arbeitsteilung im Prozess der Zusammenarbeit selbst die gemeinsamen Ideen und Gefühle, die sich auf den *Kult des Individuums* verdichtet haben. Schließlich bringt der moralische Individualismus nichts anderes als die *Heiligkeit der Person* zum Ausdruck: »Diese menschliche Person [...] wird als heilig betrachtet, sozusagen in der rituellen Bedeutung des Wortes. Sie hat etwas von der transzendenten Majestät, welche die Kirchen zu allen Zeiten ihren Göttern verleihen [...]. Eine solche Moral ist also nicht einfach eine hygienische Disziplin oder eine weise Ökonomie der Existenz; sie ist eine Religion, in der der Mensch zugleich Gläubiger und Gott ist.«[90]

Dieser religiöse Aspekt erklärt auch die heftige Reaktion der Öffentlichkeit auf die fragwürdige Aburteilung von Hauptmann Dreyfus. Dieses Urteil wird als Sakrileg gegen das heilige Kollek-

S. 1-14; Hans-Peter Müller, »Gesellschaft, Moral und Individualismus«, in: Hans Bertram (Hg.), *Gesellschaftlicher Zwang und moralische Autonomie*, Frankfurt/M. 1986, S. 71-105; Tiryakian, *For Durkheim*; Wallwork, *Durkheim: Morality and Milieu*; Hans Joas, *Die Sakralität der Person. Eine neue Genealogie der Menschenrechte*, Frankfurt/M. 2011.

90 Durkheim, *La science sociale et l'action*, S. 264; dt.: »Der Individualismus und die Intellektuellen«, S. 56 f.

tivideal, die Freiheit und Unverletzlichkeit der Person, angesehen. Die öffentliche Empörung erfolgt daher nicht nur aus Mitleid mit dem Betroffenen, sondern gilt auch der Reinigung und Wiederherstellung des religiösen Ideals. Die engagierte Parteinahme für *individuelle* Interessen ist also nichts anderes als die nachhaltige Stärkung des *gemeinschaftlichen* Kollektivideals. Der moralische Individualismus wird so zum letzten und höchsten Kollektivideal in modernen Gesellschaften.

Das zeigt also, wie der Mensch ein Gott für den Menschen geworden ist und warum er, ohne sich selbst zu belügen, sich keine anderen Götter mehr schaffen kann. Und da jeder von uns etwas von der Menschheit in sich verkörpert, hat jedes individuelle Bewußtsein in sich etwas Göttliches und findet sich so mit einem Merkmal versehen, das es für die anderen heilig und unverletzlich macht. Hier liegt der ganze Individualismus; und das ist es, was aus ihm eine notwendige Doktrin macht.[91]

So wie sein Landsmann Alexis de Tocqueville einen aristokratischen Liberalismus verteidigt hat,[92] so plädiert Durkheim gleichsam für eine kommunitaristische Verteidigung des Liberalismus.[93] »Denn dieser Liberalismus des 18. Jahrhunderts, um den der ganze Streit im Grunde geht, ist nicht einfach eine Kabinettstheorie, eine philosophische Konstruktion; er ist eingeflossen in die Fakten, er hat unsere Institutionen und unsere Sitten durchdrungen, er ist mit unserem ganzen Leben verwoben, und wenn wir uns wirklich von ihm befreien müßten, so müßten wir gleichzeitig unsere gesamte moralische Organisation umstürzen.«[94]

Durkheim ist zuversichtlich, dass die forcierte Weiterentwicklung des Erbes von 1789 zu einer wahrhaft demokratischen Gesellschaft führen wird, in der der Staat oberster Hüter des individualistischen Kollektivideals, Berufsorganisationen die Regelungsorgane von Wirtschaft und Politik und ein rationaler Erziehungs- und

91 Durkheim, *La science sociale et l'action*, S. 272; dt.: »Der Individualismus und die Intellektuellen«, S. 63.

92 Vgl. Kahan, *Aristocratic Liberalism*.

93 Vgl. Mark Cladis, *A Communitarian Defense of Liberalism. Émile Durkheim and Contemporary Social Theory*, Stanford 1992; Joas, *Die Entstehung der Werte*; Koenig, *Menschenrechte bei Durkheim und Weber*.

94 Durkheim, *La science sociale et l'action*, S. 265; dt.: »Der Individualismus und die Intellektuellen«, S. 57 f.

Bildungsprozess die beste Gewähr für die Entwicklung autonomer Persönlichkeiten sind.

4.9 Soziologie der Moral – moralisierende Soziologie?

Wie Durkheims institutionelle Vorstellungen zum *Nomos einer differenzierten Gesellschaft* zeigen, läuft dieser auf eine korporative Gesellschaft Saint-Simonscher Provenienz hinaus, mit dem er offenkundig zwei Ziele zugleich verwirklichen wollte: Die *Politisierung der Ökonomie* hebt ihren Status der Autarkie mitsamt den krisenhaften Folgen auf und holt die Ökonomie wieder zurück in das gesellschaftliche Steuerungszentrum. Die *Ökonomisierung der Politik* erkennt indirekt den Primat der Wirtschaft in der modernen Gesellschaft an und weist die Berufsgruppen als bedeutende autonome demokratische Einheiten aus. Das *Projekt einer korporativen Gesellschaft* schien ihm für drei Vorzüge zu bürgen: Erstens ermöglicht die Kontrolle der Ökonomie durch die regulativen Instanzen des Staates, den Daseinskampf der Menschen zwar nicht zu beseitigen, denn »es ist weder nötig noch auch nur möglich, dass das soziale Leben ohne Kämpfe verläuft. Die Rolle der Solidarität besteht nicht darin, die Konkurrenz zu unterdrücken, sondern diese zu mäßigen.«[95] Doch diese Mäßigung verhindert die ärgsten disruptiven Nebenfolgen der Ökonomie, verbessert die sozialen Beziehungen und trägt dadurch zur *organischen Solidarität* bei. Zweitens erhöht die Rückbindung der Ökonomie an das zentrale Regelorgan die Chancen des demokratischen Staates, zugunsten des Individuums zu intervenieren, weil ihm nunmehr im Prinzip alle gesellschaftlichen Lebensbereiche unterstehen (*soziale Gerechtigkeit*). Drittens scheinen ihm unter diesen sozialstrukturellen und institutionellen Voraussetzungen die Aussichten zur Realisierung des *moralischen Individualismus* am höchsten zu sein.

Das Projekt einer korporativen Gesellschaft soll über die praktische Wirksamkeit hinaus gleichzeitig auch eine *theoretische Synthese* zu den unversöhnlichen Positionen von ökonomischem Utilitarismus und Sozialismus leisten. Mit den *Utilitaristen* wie Spencer akzeptiert Durkheim den Primat der Ökonomie, ohne damit die Ver-

95 Durkheim, *Über soziale Arbeitsteilung*, S. 434.

pflichtung einzugehen, Gesellschaft als ökonomische Assoziation oder als Marktgesellschaft zu begreifen. Die utilitaristische Perspektive unterschätzt den politischen Organisations- und Koordinationsbedarf der modernen Staats- und Berufswelt und übersieht den soziokulturellen Rahmen, in den ökonomisches und politisches Handeln stets eingebettet sind.

Durkheims Programm konvergiert zwar weitgehend mit den verschiedenen Strömungen des *Sozialismus*, was das zentrale Problem – die *soziale Frage* –, das oberste Ziel – die Schaffung von *sozialer Gerechtigkeit* – und den geeigneten Weg dahin – die *politische Regulation der Ökonomie* – anbetrifft, divergiert aber stark in der Wahl der Mittel und Methoden. Weder scheint eine gewaltsame Revolution noch die Vergesellschaftung der Produktionsmittel zu sozialem Wandel vonnöten. Zudem reduziert sich in seinen Augen Sozialismus nicht auf die Arbeiterfrage und ist insofern kein Problem von partikularen Gruppen oder Klassen, sondern betrifft die Reorganisation der Gesamtgesellschaft.[96]

Durkheims Berufsgruppenmodell ist mit dem *traditionellen Korporativismus* gleichermaßen in Verbindung gebracht worden wie mit dem *korporativen Faschismus* Mussolinis.[97] Zu beiden Konzeptionen bestehen eher oberflächliche Analogien. Durkheims Ansatz teilt zwar die Funktion der »Intermediarität« mit den alten »corps intermediares«, Letztere beruhen indes auf einer ständischen Gesellschaft mit rechtlicher Ungleichheit und geburtsmäßig zugeteilten Privilegien. Ähnliches gilt für das korporativistische Modell des Faschismus, das die Berufsorganisationen ganz eng dem Diktat des totalitären Staates unterstellt und insofern die Vorzüge der relativen Autonomie und individueller Freiheit gerade nicht teilt. Schließlich ist Durkheims Ansatz auch mit Hegels Konzeption von Staat, bürgerlicher Gesellschaft und Familie verglichen worden.[98] Der Staat als Sitz und Hüter des Kollektivideals, als Instanz, die der Gesellschaft erst zu dem Bewusstsein ihrer selbst verhilft, und als

96 Das zeigt seine Vorlesung *Le Socialisme* sehr deutlich; siehe da auch die instruktive Einführung von Marcel Mauss und zum Gesamtkomplex Filloux, *Durkheim et le socialisme.*

97 Vgl. Marion Mitchell, »Émile Durkheim and the Philosophy of Nationalism«, in: *Political Science Quarterly* 46 (1931), S. 87-106.

98 Peter Knapp, »The Question of Hegelian Influence upon Durkheim's Sociology«, in: *Sociological Inquiry* 55 (1985), S. 1-15.

Sachwalter des Allgemeininteresses, das sind Wendungen, die der Hegelschen Rechtsphilosophie entstammen könnten. Durkheim unterzieht indes Hegels mystische Lösung einer herben Kritik, denn sie repräsentiert für ihn die bedauernswerte Renaissance des archaischen Kollektivismus. Der zentrale Unterschied der beiden Konzeptionen liegt darin, dass in Hegels Konzeption der Staat selbst zum Gegenstand des Kollektivideals wird, in Durkheims Modell hingegen ist es das Individuum.

Wichtiger als diese Kritik in Anlehnung an die problemgeschichtliche Verortung ist die systematisch gerichtete Kritik an seinem Ansatz. Durkheim könnte man als typischen Vertreter einer *substantiellen* oder *normativen Demokratietheorie* bezeichnen.[99] Vertreter dieser Tradition nehmen meist den Ausgang ihrer Analyse von einer idealen Ordnung und fragen dann nach den strukturellen und funktionalen Voraussetzungen und Mechanismen, welche diese erwünschte, gedachte Ordnung zur Realisierung benötigt. Zweifellos ist dieser Typus wichtig, um die soziologische Phantasie anzuregen, utopische Ordnungsentwürfe als Alternativen zu entwickeln und zu durchdenken. Ferner zeigt die Renaissance der Vertragstheorien in den Sozialwissenschaften, dass rationale Normendiskussion unerlässlich ist, um zu prüfen, ob erwünschte Ordnungen auch realisierbar sind, ob also unserem »Sollen« auch ein »Können« entspricht.[100] Phantasie- und Prüfungsfunktion machen zwar diese Analyseart unverzichtbar; gleichwohl haften dieser Denktradition zwei immanente Schwächen an, denen auch Durkheims Schriften zur Politik ausgesetzt sind: Erstens bleibt stets unklar, ob der behauptete Satz von strukturellen und funktionalen Voraussetzungen und Mechanismen *vollständig* ist. Zweitens hat die Vernachlässigung detaillierter historisch-empirischer Institutionenanalyse zur Konsequenz, dass *soziologisch* unklar bleibt, *wie* und *unter welchen Struktur- und Funktionsbedingungen* Staat und Berufsgruppen die ihnen normativ zugedachten Aufgaben auch tatsächlich erfüllen können. So *soll* etwa der Staat Hüter des Kollektivideals sein; doch diese Behauptung ist nicht das Resultat historisch-empirischer

99 Jeffrey Prager, »Moral Integration and Political Inclusion. A Comparison of Durkheim's and Weber's Theories of Democracy«, in: *Social Forces* 59 (1981), S. 918-950.

100 Lucian Kern u. Hans-Peter Müller, *Gerechtigkeit, Diskurs oder Macht? Die neuen Ansätze in der Vertragstheorie*, Opladen 1986.

Analyse, sondern scheint eher aus einfacher Organismusanalogie abgeleitet zu sein: So wie das Gehirn höherer Organismen *denkt*, so soll der Staat *lenken*. Selbst wenn man die idealistisch getönte Funktionsbestimmung »staatliche Reflexion« akzeptiert, stellt sich sofort die entscheidende Anschlussfrage, unter welchen Randbedingungen die Gruppe von Funktionären, die den Staat bilden, mit annehmbarer Wahrscheinlichkeit zum Allgemeinwohl vordringt. Durkheim verlangt nur, dass die staatlichen Funktionäre auf egoistische Interessenverfolgung zugunsten des Allgemeininteresses verzichten und deshalb auch keine Beamtengewerkschaften gründen sollten. Unterbleibt dieser Verzicht, was empirisch wahrscheinlich ist, so kann das Durkheim nur als pathologische Konstellation deuten. Seine pathologischen Formen des Staats entsprechen deshalb der durchaus »normalen« Konzeption des Staates bei anderen soziologischen Klassikern: Die Marxsche Vorstellung, dass der herrschende Staat unter Umständen nur den Staat der herrschenden Klasse darstellt, markiert den typischen Fall *staatlicher Despotie*; die Webersche Vorstellung, dass politische Institutionen die bevorzugte Arena für den unaufhörlichen Kampf von rivalisierenden Statusgruppen um die Macht im Staat sei, bezeichnet in Durkheims Augen den bedenklichen Fall *kollektiven Partikularismus*. Ähnlich ist die Situation bei den Korporationen. Berufsgruppen und nicht Gewerkschaften *sollen* die industriellen Beziehungen regeln, weil Durkheim nur Ersteren einen moralischen Wert beimisst, Letztere indes als reine Kampf- und Interessengemeinschaften abtut. Historisch gesehen hat aber gerade die institutionalisierte Konfliktbereitschaft – wie Streiks und Tarifkämpfe – wesentlichen Forderungen der Arbeiterschaft zu ihrer Durchsetzung verholfen (ökonomischer und sozialer Nutzen) und gerade dadurch tiefgreifende Konflikte (Anomie) verhindert sowie den sozialen Frieden (moralische Ordnung) aufrechterhalten.

Wie die knapp illustrierten Beispiele zeigen, scheint es so, als ob Durkheims Ansatz eine tiefer ansetzende Verhältnisbestimmung von Ideen und Institutionen, von Werten und Interessen, von Gruppen- und Schichtungsstruktur sowie von Macht- und Herrschaftsstruktur am Ende fehlt. Seine Wissenschaft von der Moral, die nach Art eines »soziologisierten Kantianismus« als »Physik der Sitten und des Rechts« im Falle seiner »politischen Soziologie« angelegt ist, scheint systematisch zur Einseitigkeit zu neigen. Das soziale Leben wird über kollektive Vorstellungen gefasst, die hauptsächlich von der sittlichen Hierarchie familialer, professioneller und staatsbürgerlicher Moral gesteuert werden sollen. In Parsons' Sprache der kybernetischen Kontrollhierarchie sozialer Prozesse überbetont Durkheim die Bedeutung der *Steuerungs*vorgänge und unterbelichtet den Einfluss des *energetischen Dynamisierungspotentials*, das egoistische Motive, individuelles und kollektives Machtstreben sowie partikulare Gruppeninteressen auf das soziale Leben haben. Dieses Ungleichgewicht zwischen *Moral*-Komponenten und *Macht- und Interessen*-Komponenten in seinem Ansatz zeichnet auch für das kuriose Verhältnis von Normalität und Pathologie in seinen politischen Schriften verantwortlich. Es entsteht der paradoxe Effekt, dass die (gewünschten) Normalverhältnisse empirisch gesehen eher Seltenheits- und Ausnahmewert haben, die von ihm kritisch abgelehnten pathologischen Entwicklungen aber den normalen empirischen Durchschnitt bezeichnen.

Trotz dieser Schwachstellen, die zum Teil auf der Eigenart seiner Wissenschaft von der Moral, zum Großteil jedoch auf dem unausgearbeiteten Charakter seiner politischen Soziologie beruhen, sollen abschließend die unbestreitbaren, systematischen Erkenntnisse hervorgehoben und in *fünf Punkten* zusammengefasst werden. In meinen Augen machen sie Durkheims Ansatz im Allgemeinen wie seine Schriften zur Politik im Besonderen zu einem wertvollen Ausgangspunkt für politische Analysen, der interessante Anregungen und überraschende Denkanstöße bereithält, die sich bei kritischer Anwendung konstruktiv fortführen lassen. 1. Zentral ist zweifellos seine eingängige Analyse von fortschreitender Arbeitsteilung und wachsender Autonomisierung der Individuen. Ähnlich wie Georg Simmel sieht Durkheim im Prozess arbeitsteiliger Differenzierung, funktionaler Spezialisierung und der Rollenvervielfältigung für den Einzelnen die strukturelle Chance zur Autonomie, da die Widersprüchlichkeit der verschiedenen Rollenpflichten von jedem Individuum in modernen Gesellschaften zu persönlicher eigenständiger Lebensführung synthetisiert werden muss. Was zunächst auf mikrosozialer Ebene angelegt ist, demonstriert er in seinen politischen Schriften auch auf makrosozialem Gebiet: die Kommunikations- und Machtbalance-Modelle umschreiben den gesellschaftlichen Rahmen *und* benennen den strukturellen Mechanismus zur Entstehung individueller Freiheit.

2. Aus seiner *Berufsgruppendiskussion* lässt sich die Einsicht in die konkomitante Variation von ökonomischer und beruflicher Organisation festhalten: Zusammenschlüsse von Berufsgruppen müssen dem Maßstab des Marktes entsprechen, wenn ihr Einfluss und Gestaltungsspielraum wirksam sein sollen. Zugleich wirft diese Erkenntnis ein bezeichnendes Licht auf das Machtgefälle von Kapital und Arbeit. 3. Ferner beharrt Durkheim mit Nachdruck darauf, dass *politische Herrschaft* weder auf purem Interessenkalkül noch schierer Gewalt beruhen kann, sondern stets der Legitimität moralischer Autorität bedarf. Die Betonung des Obligationsmoments politischer Herrschaft steigt dabei in dem Maße, wie Fortschritte in der gesellschaftlichen Organisation gemacht werden. Je besser die gesellschaftlichen Verhältnisse ausgestaltet werden, desto sensibler und heftiger reagiert das moderne Kollektivbewusstsein in der Öffentlichkeit auf die kleinste Verletzung der geltenden Ideale. 4. Es gehört zu den wesentlichen Einsichten Durkheims, die Existenz eines modernen Kollektivideals nicht nur behauptet, sondern seine Funktionsweise im Einzelnen demonstriert zu haben. Moderne Gesellschaften verfügen nicht nur über ein abstraktes und abgehobenes Kollektivbewusstsein, so eine Art fernen Wertehimmel. Vielmehr ist sein idealer Symbolkern, obgleich säkularen Inhalts, in gleicher Weise *heilig* wie das archaische Kollektivbewusstsein. Es gibt so etwas wie »säkulare Sakralität«, denn unsere öffentlichen Institutionen und Werte gelten als heilig wie die Menschenrechte und die Demokratie. In der Tat ist der moralische Individualismus zu einer Art individualistischer Menschheitsreligion geworden, die der moderne Staat schützt und in ihrer Ausstrahlung nach Kräften politisch fördert. Zugleich trägt der »Kult des Individuums« alle Züge einer Religion mit fest umrissenem Dogma und wohldefiniertem Ritus. Gerade die »Prinzipien von 1789« haben zu einem reichen Festivitäts- und Ritualkalendarium geführt, der periodisch die Chancen zur Erneuerung und Regenerierung seiner Bindungskraft eröffnet. 5. Dieses eindrucksvolle Spektrum von Einsichten, dessen analytischer Gehalt in der modernen Soziologie noch nicht ausgeschöpft scheint, ist eingebunden in Durkheims Perspektive, stets die sozialstrukturellen Komplexe in Verbindung mit den herrschenden Kollektividealen zu studieren. Zumindest in seinen Schriften zur Politik unternimmt er darüber hinaus den Versuch, aus dem analysierten Zusammenhang zwischen Arbeitsteilung und

individualistischer Moral einen *institutionellen Rahmen* zu entwerfen, der die Beziehung zwischen sozialer Ordnung und individueller Freiheit auf Dauer zu stellen vermag. Das hatten wir auf die zeitdiagnostische Formel des *institutionellen Individualismus* gebracht.

Das Fazit lautet: Es ist eine feinsinnige Ironie der Geschichte und vielleicht eben doch auch kein Zufall, dass weder Marx' Vision einer sozialistischen Gesellschaft als »Reich der Freiheit« noch Webers düsterer Ausblick auf die bürokratische Erstarrung in einem neuen »Gehäuse der Hörigkeit« sich bewahrheitet haben. Vielmehr ist die reformerische Vision Durkheims von einer sozialisierten Ökonomie, einem modernen Sozialstaat und einer individualistischen Moral mehr oder minder verbindliche institutionelle Realität in fast allen westlichen Gesellschaften geworden.

5. Georg Simmel und die kulturelle Revolution

> »Ich weiß, dass ich ohne geistige Erben sterben werde (und es ist gut so). Meine Hinterlassenschaft ist wie eine in barem Gelde, das an viele Erben verteilt wird, und jeder setzt sein Teil in irgend einen Erwerb um, der seiner Natur entspricht: dem die Provenienz aus jener Hinterlassenschaft nicht anzusehen ist.«
>
> Georg Simmel[1]

5.1 Simmel – ein soziologischer Klassiker?

Was für eine weise Vorahnung: Als habe Georg Simmel genau gewusst, dass sich sein geistiges Nachleben recht schwierig gestalten würde. Er, der in rastloser Produktivität als Philosoph und Soziologie ein gewaltiges Werk geschaffen hatte, das heute in einer vorbildlichen und verbindlichen 24-bändigen Gesamtausgabe beim Suhrkamp-Verlag vorliegt, war sich wohl klar darüber, dass ihm als Solitär im Wissenschaftsbetrieb des deutschen Kaiserreiches und als langjähriger Privatdozent an der Berliner Universität, den erst im vorgerückten Alter von 56 Jahren ein Ruf an die Universität Straßburg erreichen sollte, kein großer Ruhm beschieden sein würde. Wie recht er doch mit der Einschätzung der postmortalen Würdigung seiner Schriften haben sollte.

Denn bis vor kurzem galt Simmel nicht unbedingt als Klassiker der Soziologie. Die heilige Triade – Marx, Durkheim und Weber –, mit der einschlägige Textbücher vor allem im anglo-amerikanischen Bereich in die Soziologie einführen, ließ keinen Platz für den deutschen Philosophen und Soziologen. Einschlägig, wenn auch wohl unrichtig, aber typisch für die standardmäßige Ein- und dabei Unterschätzung von Simmels Bedeutung war etwa Jürgen Habermas' Urteil: »Zum ›Klassiker‹ hat es Simmel nicht gebracht«, so der Doyen der Kritischen Theorie, er sei »eher Anreger als Systematiker gewesen – eher philosophierender Zeitdiagnostiker mit

1 Georg Simmel, »Aus dem nachgelassenen Tagebuche«, in: ders., GSG 20, *Postume Veröffentlichungen, Ungedrucktes, Schulpädagogik*, hrsg. v. Torge Karlsruhen u. Otthein Rammstedt, Frankfurt/M. 2004, S. 261.

sozialwissenschaftlichem Einschlag als ein solide im Wissenschaftsbetrieb verwurzelter Philosoph und Soziologe«.[2] Sicher: Die *Georg-Simmel-Gesamtausgabe* (GSG) mit ihren 24 Bänden, der *Simmel-Newsletter*, seit 1999 *Simmel-Studies* genannt, und die anschwellende Sekundärliteratur vermögen das gängige Bild vielleicht allmählich zu korrigieren. Und dennoch gilt: Auch über ein Jahrhundert nach seinen ersten Arbeiten hat sich die Soziologie noch kein abschließendes Urteil über Georg Simmels Werk bilden können. War es in der Vergangenheit hauptsächlich Desinteresse geschuldet – Simmel galt nur in eingeweihten Kreisen als Geheimtipp –, so hat auch die Simmel-Renaissance in den letzten Jahren nicht allzu viel daran zu ändern vermocht. Simmel gilt offenkundig in den Kulturwissenschaften[3] mehr als in Philosophie und Soziologie. Es scheint sogar, dass in dem Maße, wie genuin Simmelsche Themen diskutiert werden – wie seit den 1980er und 1990er Jahre Moderne und Postmoderne, Kultur und Gesellschaft, Identität und Lebensstil sowie Lebensführung –, die Konturen seines originären Beitrags mehr und mehr zu verschwimmen drohen. Wer Habermas und Lyotard, Archer und Tenbruck, Beck und Schulze[4] gelesen hat, wird zwar auch irgendwann auf Georg Simmel gestoßen und die überraschende »Modernität« seines Denkens bewundert haben; in der Regel führt dies jedoch mehrheitlich zu einer steinbruchartigen Aneignung seines Gedankenguts, ohne den Versuch zu machen, das »Ganze« seines Ansatzes in den Blick zu nehmen.

Auch die neuere Sekundärliteratur[5] hat zunächst einmal die

2 Jürgen Habermas, »Simmel als Zeitdiagnostiker«, in: Georg Simmel, *Philosophische Kultur*, Berlin 1983 [1911], S. 243-253, hier S. 244.

3 Vgl. Ralf Konersmann (Hg.), *Handbuch Kulturphilosophie*, Darmstadt 2012.

4 Habermas, *Der philosophische Diskurs der Moderne*; Lyotard, *Das postmoderne Wissen*; Margaret Archer, *Culture and Agency*, Cambridge 1988; Friedrich H. Tenbruck, *Die kulturellen Grundlagen der Gesellschaft. Der Fall der Moderne*, Opladen 1989; Ulrich Beck, *Risikogesellschaft. Auf dem Weg in eine andere Moderne*, Frankfurt/M. 1986; Schulze, *Die Erlebnisgesellschaft*.

5 Siehe u.a. Heinz-Jürgen Dahme u. Otthein Rammstedt (Hg.), *Georg Simmel und die Moderne*, Frankfurt/M. 1984; Otthein Rammstedt (Hg.), *Simmel und die frühen Soziologen*, Frankfurt/M. 1988; ders. (Hg.), *Georg Simmels Philosophie des Geldes. Aufsätze und Materialien*, Frankfurt/M. 2003; Michael Kaern, Bernhard S. Phillips, Robert S. Cohen (Hg.), *Georg Simmel and Contemporary Sociology*, Dordrecht 1990; Roger Häußling, *Nietzsche und die Soziologie*, Würzburg 2001; Klaus Lichtblau, *Kulturkrise und Soziologie um die Jahrhundertwende*, Frank-

bisherigen Deutungsbestände gesichtet, die Unabgeschlossenheit einer verbindlichen Deutung – vor allem in schmerzlicher Abwesenheit einer gesicherten wissenschaftlichen Biographie[6] – unterstrichen und die Vielschichtigkeit von Werk und Interpretationen konstatiert. Der Streit um Georg Simmels Erbe hält also an – und

furt/M. 1996; Andreas Ziemann, *Die Brücke zur Gesellschaft. Erkenntniskritische und topographische Implikationen der Soziologie Simmels*, Konstanz 2002; Cécile Rol u. Christian Papilloud (Hg.), *Soziologie als Möglichkeit. 100 Jahre Georg Simmels Untersuchungen über die Formen der Vergesellschaftung*, Wiesbaden 2009; Olli Pyyhtinen, *Simmel and ›The* Social‹, Basingstoke 2010; Hartmann Tyrell, Otthein Rammstedt, Ingo Meyer (Hg.), *Georg Simmels große »Soziologie«. Eine kritische Sichtung nach hundert Jahren*, Bielefeld 2011; Gregor Fitzi u. Denis Thouard (Hg.), *Réciprocités sociales. Lectures de Simmel*, Sonderausgabe v. *Sociologie et Sociétés* 44/2 (2012); Annika Schlitte, *Die Macht des Geldes und die Symbolik der Kultur. Georg Simmels Philosophie des Geldes*, Paderborn 2012; Elizabeth S. Goodstein, *Georg Simmel and the Disciplinary Imaginary*, Stanford 2017; Ingo Meyer, *Georg Simmels Ästhetik. Autonomiepostulat und soziologische Referenz*, Weilerswist 2017; Denis Thouard u. Bénédicte Zimmermann (Hg.), *Simmel, le parti-pris du tiers*, Paris 2017. Eine umfassende und gelungene Bestandsaufnahme von Rezeption und Werk Simmels gibt Heinz-Jürgen Dahme, *Soziologie als exakte Wissenschaft. Georg Simmels Ansatz und seine Bedeutung in der gegenwärtigen Soziologie*, 2 Bde., Stuttgart 1981. Von großem Wert bleiben gleichwohl Kurt H. Wolff (Hg.), *Georg Simmel. 1858-1918*, Columbus 1959 und Lewis A. Coser (Hg.), *Georg Simmel*, Englewood Cliffs/NJ 1965 für die ältere Diskussion. Einen aktuellen Gesamtüberblick versucht das *Simmel-Handbuch* zu geben, siehe Hans-Peter Müller u. Tilman Reitz (Hg.), *Simmel-Handbuch. Begriffe, Hauptwerke, Aktualität*, Berlin 2018.

6 Zur Person und Biographie: Georg Simmel, »Anfang einer unvollendeten Selbstdarstellung«, in: Kurt Gassen, Michael Landmann (Hg.), *Buch des Dankes an Georg Simmel. Briefe, Erinnerungen, Bibliographie*, Berlin 1958, S. 9-10 und Hans Simmel, »Lebenserinnerungen«, in: Hannes Böhringer u. Karlfried Gründer (Hg.), *Ästhetik und Soziologie um die Jahrhundertwende: Georg Simmel*, Frankfurt/M. 1976, S. 247-268 sowie insgesamt das *Buch des Dankes* von Gassen u. Landmann, ferner Michael Landmann, »Georg Simmel: Konturen seines Denkens«, in: Böhringer, Gründer (Hg.), *Ästhetik und Soziologie um die Jahrhundertwende: Georg Simmel*, S. 3-11; Michael Landmann »Einleitung des Herausgebers«, in: Georg Simmel, *Das individuelle Gesetz*, Frankfurt/M. 1987, S. 7-29; Dahme, Rammstedt (Hg.), *Georg Simmel und die Moderne* und für den jungen Simmel unersetzlich Klaus Christian Köhnke, *Der junge Simmel in Theoriebeziehungen und sozialen Bewegungen*, Frankfurt/M. 1996. Aber es fehlt nach wie vor eine umfassende wissenschaftliche Biographie zu Georg Simmels Leben und Denken. Siehe auch Hans-Peter Müller, »Einführung«, in: Müller u. Reitz (Hg.), *Simmel-Handbuch*, S. 11-90. Gute Einführungen geben Klaus Lichtblau, *Georg Simmel*, Frankfurt/M. 1997 und Matthias Junge, *Georg Simmel kompakt*, Bielefeld 2009.

den als Klassiker mittlerweile anerkannten Simmel höchst lebendig im Diskurs. Ohne das multiperspektivische Deutungsspektrum ernsthaft diskutieren zu können, lassen sich an den beiden Polen dieses Spektrums zwei große Parteien in den Erbauseinandersetzungen unterscheiden. Beide Parteien erheben einen nahezu exklusiven Anspruch auf das Vermächtnis von Georg Simmels Werk.

Für die eine Partei ist er der klassische Begründer einer eigenständigen Gesellschaftslehre, der sogenannten *formalen Soziologie*,[7] die sich dem Studium sozialer Strukturen, Prozesse und Wechselwirkungen verschreibt und Arbeitsteilung und soziale Differenzierung, Über- und Unterordnung, die Kreuzung sozialer Kreise und weitere strukturelle Phänomene analysiert. Diese Interpretation erblickt in Simmels *Soziologie* von 1908 sein Hauptwerk, in dem die früheren Betrachtungen, vor allem aus seinem Buch *Über sociale Differenzierung* von 1890 zu einem Abschluss gelangen. In einem Satz: *Simmel als klassischer Ahnherr der strukturellen Soziologie.*

Für die andere Partei zählt dagegen Simmel nicht zu den Klassikern seines Faches, denn er hat der Soziologie weder zu einem unverwechselbaren Ansatz verholfen noch die Tradition ei-

7 Die formale Soziologie wurde vor allem von Alfred Vierkandt, »Programm einer formalen Gesellschaftslehre«, in: *Kölner Vierteljahresschrift für Sozialwissenschaften* 1 (1921), S. 56-66 und Leopold von Wiese, »Zur Methodologie der Beziehungslehre«, in: *Kölner Vierteljahreshefte für Sozialwissenschaften* 1 (1921), S. 47-55 unter dem Etikett der Beziehungslehre fortgeführt, zusammenfassend Leopold von Wiese, »Beziehungslehre«, in: *Handwörterbuch der Soziologie*, hg. v. Alfred Vierkandt, Stuttgart 1931, S. 66-80. Im Paradigma der strukturellen Soziologie hat vor allem Peter M. Blau Simmelsche Themen und Thesen weiterentwickelt; vgl. hierzu Peter M. Blau, *Inequality and Heterogeneity. A Primitive Theory of Social Structure*, New York 1977 und Peter M. Blau u. Joseph E. Schwartz, *Crosscutting Social Circles*, New York, London 1984. Zu den Parallelen von Simmel und Blau siehe Müller, *Sozialstruktur und Lebensstile*, S. 59-70. Auch die Netzwerkforschung zählt Simmel zu ihren Ahnherren: Siehe Mark Granovetter, »The Strength of Weak Ties«, in: *American Journal of Sociology* 78 (1973), S. 1360-1380; Ronald Burt, *Structural Holes. The Social Structure of Competition*, Cambridge 1992; Harrison C. White, *Identity and Control. A Structural Theory of, Social Action*, Princeton 1992; Barry Wellman u. Stephen D. Berkowitz (Hg.), *Social Structures. A Network Approach*, Bingley 1997 und als Überblick Jens Beckert, »Soziologische Netzwerkanalyse«, in: Dirk Kaesler (Hg.), *Aktuelle Theorien der Soziologie*, München 2005, S. 286-312. Zu Simmel selbst aus einer Netzwerkperspektive siehe Claudius Härpfer, *Georg Simmel und die Entstehung der Soziologie in Deutschland. Eine netzwerksoziologische Studie*, Wiesbaden 2014.

ner »Simmel-Schule« begründet. Diese Interpretation stützt sich hauptsächlich auf die *Philosophie des Geldes* von 1900, vor allem auf das berühmte letzte Kapitel »Der Stil des Lebens«, und verknüpft die dort enthaltene Zeitdiagnose mit den kultur-, kunst- und lebensphilosophischen Arbeiten des Simmelschen Spätwerkes. Kurz und auf eine Formel gebracht: *Simmel als Zeitdiagnostiker.*[8]

Diese beiden Lesarten – Simmel als Struktursoziologe versus Simmel als Kulturkritiker respektive Zeitdiagnostiker – leugnen nicht nur die *Einheit* von Denken und Werk Georg Simmels und unterstreichen damit die typische Art der Rezeption, die Simmel selbst weitsichtig vorausgeahnt hatte: Jeder bedient sich des Teils aus seiner Hinterlassenschaft, der *seiner* eigenen Natur und seinem Erkenntnisinteresse entspricht. Sondern diese beiden Formeln, die die endgültige Aufteilung seines Erbes besiegeln, zerreißen auch genau *den* Zusammenhang, der sein Werk auch für uns heute noch wertvoll macht: Das »lehrreiche Ineinander von strukturanalytischer Betrachtung und Kulturanalyse«.[9] Wohlgemerkt – es geht nicht darum, die Berechtigung dieser gegensätzlichen Interpretationen grundsätzlich in Frage zu stellen. Sie haben ihre Berechtigung und unterbreiten gute Gründe für ihre Lesart, die Simmel im Bereich der Struktursoziologie zu einem Wegbereiter der Netzwerkforschung und in der Kultursoziologie zum kongenialen Zeitdiagnostiker von Moderne *und* Postmoderne machen. Auch so lässt sich natürlich die Anschlussfähigkeit seines Denkens herstellen.

Unsere Perspektive dagegen leitet eine dritte Lesart an, ganz im Sinne von Simmel und seiner steten Suche nach dem »Dritten«, um eine Brücke zwischen den polaren Gegensätzen zu bauen. Wenn es einen Grund gibt, sich mit Simmel kritisch auseinanderzusetzen, so meine *werkinterpretatorische* These, dann ist es gerade dieser

8 Vgl. Habermas, *Simmel als Zeitdiagnostiker*, S. 243-253 auf einer Linie mit Georg Lukács, *Die Zerstörung der Vernunft*, Darmstadt, Neuwied 1954. Zur Moderne-Postmoderne-Diskussion siehe David Frisby, *Georg Simmel*, London, New York 1984; ders., »Georg Simmels Theorie der Moderne«, in: Dahme, Rammstedt (Hg.), *Georg Simmel und die Moderne*, S. 9-79; ders., *Fragmente der Moderne*; David Frisby (Hg.), *Georg Simmel: Critical Assessments*, 5 Bde., London 1994; David Frisby, *Simmel and Since. Essays on Georg Simmel's Social Theory*, London 2011 und Deena Weinstein u. Michael A. Weinstein, *Postmodern(ized) Simmel*, London, New York 1993.

9 Friedrich Tenbruck, »Georg Simmel«, in: *Kölner Zeitschrift für Soziologie und Sozialpsychologie* 10 (1958), S. 587-614, hier S. 610.

enge Zusammenhang zwischen seiner Gesellschaftsanalyse einerseits und seiner Kultur- und Zeitdiagnose andererseits. Die *Einheit* seines Denkens und seines Werkes in dem *Konnex von Struktur- und Kulturanalyse* zu suchen, bedeutet gerade nicht, diese These auf ein werkbiographisches Argument zu verkürzen, das bestenfalls der Simmel-Exegese zu neuen Anregungen verhilft. Vielmehr ist damit gleichzeitig ein anspruchsvolleres analytisches Argument verbunden, denn Simmels Ansatz wird anschlussfähig für die neuere kulturtheoretische Diskussion, die sich ebenfalls um die Beziehung zwischen Sozialstruktur und Kultur einerseits, Kultur und Handeln[10] andererseits dreht. Dieser Zusammenhang geht freilich verloren, wenn man den Soziologen Simmel gegen den Philosophen Simmel ausspielt, den Strukturtheoretiker gegen den Kulturkritiker, seine Gesellschaftsanalyse gegen seine Kulturdiagnose, seine Strukturanalyse moderner Vergesellschaftung gegen seine Kulturanalyse des modernen Lebensstils, den frühen und mittleren Simmel gegen den mittleren und späten Simmel.

Dieser Zusammenhang wird unmittelbar deutlich, wenn man sich seinem zentralen Thema, seinem Grundproblem, seinem Ansatz nebst seinem analytischen Bezugsrahmen zuwendet. Das *Thema* Simmels ist *Modernität und Individualität* und umschreibt zugleich formelhaft seine abstrakte und ambivalente Zeitdiagnose. Ein, wenn nicht *das Grundproblem* seines Ansatzes betrifft das Verhältnis von gesellschaftlicher Differenzierung und menschlicher Individualität. Im Rahmen seiner Gesellschaftsanalyse zeigt Simmel auf, dass der Prozess sozialer Differenzierung Freiheits- und Individualitätsspielräume zu eröffnen vermag. Im Rahmen seiner Kulturanalyse verfolgt er dagegen die Frage, ob diese strukturell eröffneten Freiheits- und Individualitätsspielräume auch durch kulturelle Orientierungen so abgestützt werden, dass sie zur Stilisierung autonomer Lebensführung beitragen. Sein *Ansatz* erlaubt ihm, das Wechselspiel oder, wie er sagen wird, die *Wechselwirkung* zwischen Gesellschaft und Kultur zu untersuchen. Sein Grundproblem, das Verhältnis von gesellschaftlicher Differenzierung und Individualität, so meine *systematische* These, untersucht er mit einem *analytischen Bezugsrahmen*, der sich aus den Komponenten

10 Siehe Archer, *Culture and Agency*; Hans Haferkamp, (Hg.), *Sozialstruktur und Kultur*, Frankfurt/M. 1990 und Tenbruck, *Die kulturellen Grundlagen der Gesellschaft.*

Gesellschaft, Kultur und Persönlichkeit zusammensetzt. Simmel geht den Beziehungen zwischen gesellschaftlichen Wechselwirkungen, objektiver und subjektiver Kultur und individueller Seele[11] nach. Dieser Rahmen versucht, das spannungsreiche Verhältnis zwischen dem objektiven Stil des modernen Lebens und der individuellen Lebensführung aufzudecken. Im Grunde genommen hat Simmel stets mit zwei Fragen gerungen. Zum einen mit der Frage »Wie ist Gesellschaft möglich?«, zum anderen mit der Frage »Wie ist Individualität möglich?«.[12] Die erste Frage inspiriert seine Überlegungen zu sozialer Differenzierung, Geldwirtschaft und Urbanität. Die zweite Frage kulminiert in seinen Gedanken über die »Tragödie der Kultur« einerseits, seinem lebensphilosophischen Erbe des »individuellen Gesetzes« andererseits. Wenn man seine Antworten genauer unter die Lupe nimmt, so meine dritte *zeitdiagnostische* These, stößt man auf seine abstrakte Grundformel *Modernität und Individualität* und deren *Ambivalenz*, in der er die kulturelle Revolution der Moderne einfängt. In den Begriffen Max Webers ausgedrückt: Die Moderne und ihre arbeitsteilig differenzierte Gesellschaftsform eröffnen einmalige Lebenschancen zur Freiheit und Selbstentfaltung. Aber stellt die Moderne und ihre pluralistische Kultur auch die vorbildlichen und verbindlichen Wertorientierungen zur Verfügung, die für die Stilisierung einer autonomen Lebensführung geeignet sind? Wird also die *Freiheit von* gesellschaftlichen Zwängen oder die negative Freiheit genutzt für eine *Freiheit zu* selbstbestimmter Lebensführung, also zu positiver Freiheit? Simmels Antwort auf diese Fragen hält die zweideutige Schwebelage fest, ohne eine harmonisierende Versöhnung anzubieten oder aber in Klagen über die Entfremdung in der Moderne auszubrechen. Genau dieses »Dazwischen« oder diese »Zwischenlage« bringt seine zeitdiagnos-

11 Vgl. Klaus Lichtblau, »Die Seele und das Geld. Kulturtheoretische Implikationen zu Georg Simmels ›Philosophie des Geldes‹«, in: Friedhelm Neidhardt, Rainer M. Lepsius, Johannes Weiß (Hg.), *Kultur und Gesellschaft*, Sonderheft 27 der *Kölner Zeitschrift für Soziologie und Sozialpsychologie*, Opladen 1986, S. 57-74; ders., *Georg Simmel*; Georg Lohmann, »Die zögernde Begrüßung der Moderne. Zu Georg Simmels Diagnose moderner Lebensstile«, in: Burkhart Lutz (Hg.), *Soziologie und gesellschaftliche Entwicklung. Verhandlungen des 22. Deutschen Soziologentages in Dortmund 1984*, Frankfurt/M. 1985, S. 543-548.

12 Hans-Peter Müller, »Wie ist Individualität möglich? Strukturelle und kulturelle Bedingungen eines modernen Kulturideals«, in: *Zeitschrift für theoretische Soziologie* 1 (2015), S. 89-111.

tische Formel zum Ausdruck: *Die Ambivalenz von Modernität und Individualität.*

Diese drei Thesen sollen in den folgenden sechs Schritten belegt und ausgeführt werden. Zunächst wenden wir uns Person und Werk zu. Sodann soll seine Vorstellung von Soziologie als moderner Wirklichkeitswissenschaft skizziert werden. Ferner verfolgen wir den strukturellen Komplex von gesellschaftlicher Differenzierung, Geldwirtschaft und Urbanität. Überdies beleuchten wir seine Überlegungen zu moderner Kultur und Lebensstil. Nachfolgend wenden wir uns seinem lebensphilosophischen Vermächtnis zu, das er im »individuellen Gesetz« und seinen Studien zu erfüllter Individualität gesucht und gefunden hat. Der Schluss greift nochmals seine zeitdiagnostische Formel von *Modernität und Individualität* auf und setzt sie ins Verhältnis zu aktuellen Diskursen heute.

Man darf bei allen diesen Betrachtungen eines nicht vergessen: Georg Simmel war Philosoph *und* Soziologe, der sich selbst allerdings eher als Philosoph, vor allem aber als Lebensphilosoph verstand. Insofern geriet ihm die Soziologie gleichsam zu einer »ernsthaften Nebenbeschäftigung«. Er wollte keine allgemeine Gesellschaftstheorie entwickeln, wie das seine Vorgänger Tocqueville und Marx getan hatten und wie es sein Zeitgenosse in Frankreich, Émile Durkheim, ebenfalls versucht hatte. Ihn interessieren Probleme, Phänomene und Perspektiven der Moderne, die er etwa an typischen Formen und Typen der Vergesellschaftung analysiert. Simmel ist ein Totalitätsdenker, der sich allerdings vornimmt, das »Ganze« am Fragment zu studieren. Daher bevorzugte Simmel die kleine Form des Essays, um anvisierte Grundprobleme buchstäblich zu umkreisen, meist in Gestalt einer Ellipse, bevor er dann, wenn er das Kernproblem identifiziert hatte, dieses durchaus zu einer umfassenden und illustrationsreichen Monographie »ausziehen« konnte, wie er das gern nannte. Alles konnte ihm thematisch werden, von Phänomenen des Alltags bis zu den größten metaphysischen Grundfragen. In dem ihm eigenen Stil entwickelte er eine Meisterschaft, die bis heute unübertroffen ist. Aber aus der Perspektive einer professionellen Fachdisziplin, die angesichts des Grades an Spezialisierung immer kleinere Probleme mit ungeheurem Datenaufwand traktiert, muss Simmels Schaffen ebenso wie das Denken Tocquevilles empirisch orientierten Sozialwissenschaftlern wie wohlfeile Spekulation und Dilettantismus vorkommen. Mehr

Kunst als Wissenschaft, wie Durkheim gesagt hätte. Auf den ersten Blick mögen die typischen Kritiken an Simmel wie Atomismus, Psychologismus, Ästhetizismus und Essayismus zumindest ein Stück weit zutreffen. Trotz alledem treffen sie weder ihn noch sein Werk wirklich im Kern. Wie zutreffend diese Vorwürfe im Einzelnen auf Anhieb klingen mögen, sie zeigen nur, dass die Urheber dieser Kritik das Denken Simmels und die Größe seines Werkes nicht vollumfänglich verstanden haben. Simmel betreibt sogar, wie eine der besten Werkinterpretationen[13] zeigt, *Soziologie als exakte Wissenschaft.* Man wird bei ihm weder ein System noch eine ausgearbeitete Gesellschaftstheorie finden. Aber bei näherem Hinsehen entdeckt man eine tiefer ansetzende Systematik, und seine Einzelstudien zu den Formen der Vergesellschaftung sind so punktgenau, was Phänomen, Problematik und Wirkungsweise angeht, dass sie eine zeitlose Bedeutung gewonnen haben. Das ist vielleicht das Geheimnis von Simmels Individualität als Wissenschaftler, Philosoph und Soziologe: die *Unikalität*, also die Eigenart und Einzigartigkeit seines Werkes.

5.2 Georg Simmel – Soziologie und Berlin

Am 1. März 1858 unweit der Königlichen Friedrich-Wilhelms Universität an der in Berlins Innenstadt gelegenen Friedrich-/Ecke Leipziger Straße als jüngstes von sieben Geschwistern in die Familie von Edward Simmel und seiner Ehefrau Flora (geb. Bodstein) geboren, verbringt Georg Simmel nicht gerade eine »Nesthäkchen«-Jugend. Seine Eltern konvertieren vom Judentum zum Katholizismus (der Vater) und Protestantismus (die Mutter), und Georg wird protestantisch getauft. Sein Vater Edward, ein Kaufmann aus Breslau, gründet zwar nach seiner Übersiedlung nach Berlin die Firma »Felix und Sarotti«, aus der sich der erfolgreiche Schokoladen-Konzern »Sarotti« entwickeln sollte – aber da hatte die Familie Simmel ihre Anteile schon wieder verkauft. Immerhin reichen die Revenuen aus, um die musischen Neigungen des jungen Georg mit Klavier- und Geigenunterricht zu fördern. Als der Vater bereits 1874 stirbt, wird der wohlhabende Musikalienhändler Julius Friedländer zum

13 Dahme, *Soziologie als exakte Wissenschaft.*

Vormund des 16-Jährigen bestellt, der ihn nach Kräften fördern wird. Er reist mit ihm, um ihm die Kulturschätze nahezubringen, und bestärkt ihn in seinen Plänen für eine akademische Karriere. Schließlich vermacht er ihm auch den Löwenanteil seines Vermögens, was es Simmel gestattet, trotz anhaltender beruflicher Erfolglosigkeit seine akademische Laufbahn hartnäckig durchzuhalten.

Nach dem Abitur studiert Simmel an der Berliner Universität ab 1876 Geschichte bei Theodor Mommsen und Kunstgeschichte bei Hermann Grimm, Völkerpsychologie bei Moritz Lazarus und Heymann Steinthal, vor allem übt er sich in Philosophie und Altitalienisch. Er promoviert 1881, habilitiert sich 1884 und nimmt anschließend seine Lehrtätigkeit als unbesoldeter Privatdozent auf, die er insgesamt 38 Jahre an der Berliner Universität bekleiden wird. Sein akademischer Werdegang steht von Beginn an unter einem Unstern. Seine Schrift »Psychologisch-ethnologische Studien über die Anfänge der Musik«, die er als Dissertation einreicht, wird abgelehnt. Seine Lehrer ermöglichen ihm, mit seiner zuvor verfassten Preisschrift über Kants Materieauffassung zu promovieren. Auch das Habilitationsverfahren gestaltet sich schwierig. Seine Probevorlesung über »Die metaphysischen Grundlagen des Erkennens« und das anschließende Kolloquium wird als ungenügend qualifiziert und dem Habilitanden anheimgestellt, seine Probevorlesung nach einem halben Jahr zu wiederholen. Was war geschehen? Einem Ondit der Familie[14] zufolge war Simmel in einen heftigen Disput mit einem Prüfer über den Sitz der Seele geraten. Die Vorstellung des Professors Eduard Zeller, die Seele sei ein punktförmiges Wesen und ihr Sitz in der Mitte des Gehirns beheimatet, war Simmel in ihrem Unsinn so unerträglich erschienen, dass er, um es neudeutsch auszudrücken, »ausgerastet« war. Mit der Auflage, darüber nachzudenken, wie man sich verdienten älteren Gelehrten gegenüber ins Benehmen zu setzen habe, wird er nach Hause geschickt. Zwar ist er beim nächsten Mal erfolgreich, also vorsichtiger – bei einem Disput »Über die Lehre von den Assoziationen der Vorstellung« muss über den Sitz der Seele schließlich auch nicht definitiv entschieden werden –, sein Avancement gestaltet sich gleichwohl schleppend. Er rückt zwar 1885 in die Stellung des Privatdozenten ein und nimmt seine Lehrtätigkeit mit einer Vorlesung über Kants

14 Hans Simmel, »Lebenserinnerungen«, S. 251.

Philosophie auf. Erst nach mehreren Anläufen wird er 1901 auf Fürsprache von Gustav Schmoller und Wilhelm Dilthey zum Extraordinarius ernannt unter der Bedingung, auch Soziologie lesen zu *müssen.* An dieser Auflage kann man ungefähr den Beliebtheitsgrad dieses neuen Faches an der Alma Mater ermessen. Im Jahre 1890 heiratet Simmel Gertrud Kinel, Tochter aus gutem Hause eines Ministerialbeamten, eine Malerin und Schriftstellerin, die unter dem Pseudonym »Marie Louise Enckendorf« selbst philosophische Bücher schrieb. Sie haben zusammen einen Sohn, Hans (1891-1942), der später den Beruf des Arztes ergreifen wird. In ihrem Haus im Charlottenburger Westend gehen die Größen der Wissenschafts-, Kultur- und Kunstszene ein und aus; so etwa Rainer Maria Rilke, Stefan George, Martin Buber, Edmund Husserl, Reinhold und Sabine Lepsius, Max und Marianne Weber usf. Simmels Vorlesungen sind ein städtisches Ereignis und betreffen Themen aus Philosophie, Soziologie und Kunst- und Kulturgeschichte. Im Jahre 1914 endlich, kurz vor Ausbruch des Ersten Weltkrieges, erhält Simmel eine Professur für Philosophie und Pädagogik an der Universität Straßburg, nachdem alle Versuche vorher, u. a. die Berufung nach Heidelberg im Jahre 1908, für die sich Max Weber stark eingesetzt hatte, scheitern. Am 26. September 1918 stirbt Georg Simmel an einem Leberkrebsleiden.

Simmel ist produktiv – er legt ein Œuvre mit mehr als 25 Büchern und über 200 Artikeln – insgesamt über 14 000 Seiten[15] – vor; er ist innovativ, denn er verleiht der jungen Disziplin Soziologie ein struktur- und kulturwissenschaftliches Programm; er ist ein erfolgreicher Lehrer, der stets im größten Hörsaal liest; er gehört zu den Gründervätern der Deutschen Gesellschaft für Soziologie; er führt mit seiner Frau Gertrud einen Salon, in dem sich die geistige Elite versammelt; Simmel erwirbt sich internationales Ansehen durch seine englischen und französischen Publikationen – er ist Mitherausgeber des von seinem Schüler Albion W. Small neu gegründeten *American Journal of Sociology* und veröffentlicht u. a. in Émile Durkheims *Année Sociologique.*

Doch Produktivität, internationales Ansehen, die studentische Anerkennung und seine Anziehungskraft für Intellektuelle,

15 Claudius Härpfer, *Georg Simmel und die Entstehung der Soziologie in Deutschland. Eine Netzwerksoziologische Studie*, Wiesbaden 2014, S. 55.

Künstler und Wissenschaftler in Berlin – all das vermochte nichts auszurichten gegen die traditionelle deutsche Universität und ihre gelehrten Mandarine. Vieles kam da zusammen: die Abneigung gegenüber dem neuen Fach *Soziologie* – eine Parvenu- wie Pariadisziplin; der Neid auf die großen Hörerzahlen, denn damals lief ein Teil der Besoldung über das Hörergeld; Simmels geistvolle und unkonventionelle Art und seine *Modernität*; aber auch und gerade der *Antisemitismus* gegenüber dem getauften Juden.

Um den Zeitgeist zu verstehen und gleichzeitig die Schwierigkeiten nachzuvollziehen, denen sich Simmel in seinem akademischen Avancement gegenübersehen musste, sei ausführlich das Gutachten von Dietrich Schäfer zitiert, seines Zeichens Historiker, Treitschke-Schüler, Antisemit, dank seiner chauvinistischen Unterstützung für die deutsche Flottenpolitik im Kaiserreich auch »Flottenschäfer« genannt und später von den Nazis als Vorkämpfer ihrer Sache mit einem Straßennamen in Berlin-Steglitz geehrt:

Ob Prof. Simmel getauft ist oder nicht, weiß ich nicht, habe es auch nicht erfragen wollen. Er ist aber Israelit durch und durch, in seiner äußeren Erscheinung, in seinem Auftreten und seiner Geistesart. Möglicherweise hat das seine Berufung nach auswärts und sein Fortkommen hier gehindert (er soll einmal in Wien vorübergehend in Frage gekommen sein); man braucht das aber zur Erklärung nicht heranzuziehen. Denn seine akademischen und literarischen Verdienste und Erfolge sind sehr bedingt und begrenzt. Er erfreut sich guter Zuhörerzahlen. Aber er hat seit langem die Gewohnheit, 2-stündige Vorlesungen zu halten, die in Berlin stets auf guten Zuspruch rechnen können. Er spricht überaus langsam, tropfenweise und bietet wenig Stoff, aber knapp, abgerundet und fertig. Das wird von gewissen Hörerkreisen, die hier in Berlin zahlreich vertreten sind, geschätzt. Dazu würzt er seine Worte mit Pointen. Seine Hörerschaft setzt sich dementsprechend zusammen. Die Damen bilden ein selbst für Berlin starkes Kontingent. Im übrigen ist die orientalische Welt, die seßhaft gewordene und die allsemesterlich aus den östlichen Ländern zuströmende, überaus stark vertreten. Seine ganze Art ist ihrer Richtung, ihrem Geschmack entsprechend. Allzuviel Positives wird aus den Vorlesungen nicht hinweggenommen; aber mancherlei prickelnde Anregung und vorübergehenden geistigen Genuß läßt man sich gern bieten. Dazu kommt, daß der ganz- oder halb- oder philosemitische Dozent an einer Universität, in welcher die entsprechende Hörerschaft mehrere Tausend zählt, bei dem Zusammenhang, der in diesen Kreisen besteht, unter allen Umständen einen ergiebigen Boden findet. […] Ich kann überhaupt nicht glauben, dass man Heidelberg hebt, wenn man den von Simmel vertretenen Lebens- und Weltanschauungen, die sich von unserer deutschen christlich-klassischen Bildung ja deutlich genug abheben, einen noch breiteren Raum gewährt, als sie ohnehin schon im Lehrkörper haben. [...] Richtungen, die mehr zersetzend und negierend als grundlegend und aufbauend sind, haben doch nur ihre begrenzte Berechtigung in einer Zeit, die geneigt ist, alles ins Wanken zu bringen, und nicht nur immer aus Forschungseifer, sondern auch aus Sensationslust. Simmel verdankt seinen Ruf wesentlich seiner ›soziologischen‹ Betätigung. [...] Nach meiner Auffassung soll sich aber die Soziologie ihre Stellung als Wissenschaft noch erst erstreiten. Die ›Gesellschaft‹ als maßgebendes Organ für menschliches Zusammenleben an die Stelle von Staat und Kirche setzen zu wollen, ist nach meiner Auffassung ein verhängnisvoller Irrtum. Diese Richtung schon jetzt offiziell einzubürgern, zumal an einer Universität, die eine Bedeutung hat für Staat und Reich wie Heidelberg in Baden und Deutschland, würde mir nicht richtig erscheinen, und gar noch durch eine Persönlichkeit, die mehr durch geistreiche und geistreichelnde Art als durch starkes und zusammenhängendes Denken wirkt. Ich kann auch nicht finden, dass man aus Simmels Schriften (soweit sie mir bekannt geworden sind) viel Bleibendes hinwegnimmt.[16]

Wie in einem Brennglas gebündelt, finden sich hier alle Urteile über und Vorurteile gegenüber der Soziologie wieder, und eben nicht nur an die Adresse von Georg Simmel, sieht man einmal vom Antisemitismus ab. Im konservativen Kaiserreich sollte dieses Gutachten von Erfolg gekrönt sein, denn Heidelberg verzichtete schließlich auf die Berufung von Simmel trotz der massiven Unterstützung durch den einflussreichen Max Weber. Georg Simmel schreibt an den Vizerektor der Heidelberger Universität, Georg Jellinek, der sich für seine Berufung ebenfalls eingesetzt hatte, im Sommer 1908: »Das offizielle Deutschland hat nun einmal keinen Platz für mich.«[17] Die jahrzehntelange Diskriminierung und die unfreiwillig enge Verknüpfung seines Lebens und seines Werkes mit Berlin führten zu einer bemerkenswerten Kontinuität: 56 Jahre in Berlin, und davon wirkte Georg Simmel 38 Jahre an der Berliner Universität. Berlin und Soziologie – das ist Georg Simmel, und das prägt auch seine Soziologie wie seine Zeitdiagnose.

Sein Werk ist ungemein anspruchsvoll, komplex, vielschichtig

16 Zitiert nach Gassen, Landmann (Hg.), *Buch des Dankes an Georg Simmel*, S. 26 f.

17 Georg Simmel, »Brief an Georg Jellinek«, in: ders., *GSG 22*, Frankfurt/M. 2005 [1908], S. 640-641, hier S. 640.

und streut breit über die Fächergrenzen hinweg. Es berührt die Philosophie, die Soziologie, die Psychologie, die Kunst- und Kulturgeschichte. Das 2018 erschienene *Simmel-Handbuch*[18] notiert über 100 Begriffe, die von *Abenteuer* bis *Zynismus* reichen. Von daher nimmt es nicht wunder, dass sich auf den ersten Blick der Eindruck festsetzt, hier habe ein unermüdlicher Forschergeist alle seine Steckenpferde geritten, ohne an die Einheit oder Geschlossenheit seines Werkes auch nur einen Gedanken zu verschwenden. Ein System wird man also auf den ersten Blick kaum entdecken können. Zudem befleißigt sich Simmel eines komplexen und gelehrten Stils, der heute im Zeitalter von Twitter und SMS so umständlich wie unverständlich erscheinen muss. Tatsächlich liebt Simmel die kleine Form des Essays, um einen Grundgedanken in gleichsam elliptischer Form durchzuspielen. Häufig enthält der Essay die Grundidee des Autors, die später materialreich und mit vielen Illustrationen in großen Monographien ausgebreitet wird. Entsprechend schwierig ist es auch, sein Werk zu klassifizieren und einzuteilen.[19] Konventionell eingebürgert hat sich eine Dreiteilung: In einer ersten positivistischen und evolutionistischen Phase beschäftigt sich Simmel mit strukturellen Fragen, die in seiner Studie von 1890 *Über soziale Differenzierung* kulminiert. Es schließt sich die eigentliche Phase seiner Beschäftigung mit der Soziologie an, die ihren Abschluss in seiner großen *Soziologie* von 1908 findet. Seine Beschäftigung mit Henri Bergson sowie die Auseinandersetzung mit kultur- und kunstphilosophischen Fragen leitet die dritte Phase seiner Lebensphilosophie ein, die in seiner letzten Studie *Lebensanschauung* von 1918 gipfelt. Freilich sind diese drei Phasen alles andere als trennscharf und überlappen sich stark.[20] Viele seiner Grundideen halten sich durch, und die »Nebenbeschäftigung Soziologie« verschwindet nicht einfach in der lebensphilosophischen Phase, da er seine kleine Soziologie 1917 veröffentlicht. Schließlich – so ließe sich zusammenfassen – laufen thematische Kontinuitätslinien und Diskontinuitäten bei Simmel vielfach nebeneinander. Es ergibt da-

18 Vgl. Müller, Reitz (Hg.), *Simmel-Handbuch.*

19 Hier dürfte einer der Gründe für die weitverbreitete Rezeptionsweise Simmels liegen, die sich durch eine Inkognito-Übernahme seiner Gedanken, das heißt ohne Nennung seines Namens, auszeichnet.

20 So sind unter anderem auch die Schriften zu Nietzsche und Schopenhauer oder zu Kant und Goethe lebensphilosophisch eingefärbt.

her mehr Sinn, sich seinem Werk systematisch am Leitfaden unserer drei Thesen zuzuwenden.

5.3 Soziologie als moderne Wirklichkeitswissenschaft

Simmels Wirklichkeitsauffassung, am prägnantesten ausgedrückt in seiner *Philosophie des Geldes* (1900), geht vom »relativistischen Charakter des Seins«[21] aus. Was muss man sich unter dem *relativistischen Charakter des Seins* vorstellen? Die Auflösung identitätsstiftender Traditionen und einheitsbegründender Werte haben einem pluralistischen Wertekosmos in der Moderne Platz gemacht, in dem das »Gute, Schöne und Wahre« prinzipiell auseinanderfallen, Recht und Moral, Kunst und Wissenschaft eigenständige »Lebensmächte« geworden sind. Wertevielfalt und ausdifferenzierte Lebensmächte wie Recht und Moral, Kunst und Wissenschaft, Wirtschaft und Politik haben zur Folge, dass die verschiedenen Lebensbereiche eigenständigen Regeln und Standards sowie einer eigenen Dynamik unterliegen. Man kann sich den *Relativismus,* der für Simmel daraus resultiert, an der Situation der Wissenschaften im Zeitalter aus dem Schoß der Philosophie ausdifferenzierter Einzeldisziplinen verdeutlichen. Wenn es um die Frage geht, wie Erkenntnisse gewonnen werden, konkurrieren in der Epistemologie seit jeher zwei Vorstellungen. Der *Realismus* geht – vereinfacht gesagt – davon aus, dass die Analyse mehr oder minder eine Kopie der Wirklichkeit anfertigt und Erkenntnis gleichsam als »Spiegel der Natur«[22] entsteht – eine Vorstellung, die auch heute noch das Gros der empirischen Sozialforschung dominiert. Angesichts der Komplexität in Natur und Kultur hält Simmel diese Auffassung für unhaltbar; ganz in der Tradition Kants geht er davon aus, dass unsere Erkenntnis strukturiert wird durch *Apriori*, welche den Weltausschnitt erst ordnen und einsichtig machen. In Abgrenzung zu Kant hingegen nimmt Simmel nicht an, dass es sich bei den Apriori um von Natur aus gegebene Invarianten des menschlichen Verstandes handelt. Vielmehr dreht es sich um Prinzipien, die nach Raum, Zeit und gesellschaftlicher Entwicklung selbst variieren.

Der Ursprung dieser Prinzipien und die Entwicklung der Er-

21 Georg Simmel, *Philosophie des Geldes*, Berlin 1977 [1900], S. 585.

22 Rorty, *Der Spiegel der Natur*.

kenntnisgewinnung stellt er[23] sich – etwas schematisch – als stufenartigen Prozess vor. Vorerst, auf einer ersten pragmatischen Stufe, könnten die Prinzipien gemäß den vitalen Bedürfnissen des erkennenden Subjekts entstanden sein. Zumindest hier hätte gegolten: Wahr ist, was nützlich erscheint. Doch gegen eine pragmatistische Verkürzung, die Wahrheit auf Nützlichkeit reduziert, wendet Simmel ein, dass auf einer nächsten Stufe sofort ein darwinistisches Selektionsprinzip greift. Sowie es konkurrierende Erkenntniskonzeptionen gibt, wird sich diejenige durchsetzen, die den besten Zugang zur Wirklichkeit eröffnet, und das heißt, welche das höchste Maß an Natur- und Gesellschaftsbeherrschung garantiert. Da dieser darwinistisch geregelte Erkenntnisvorgang ein dynamischer Prozess ist, befinden sich die Wissenschaften in einem dauerhaften Auf-, Aus- und Umbau. Es entstehen immer mehr und neue Einzelwissenschaften mit hochgradiger Spezialisierung und eigenen Prinzipien und Apriori der Erkenntnis. Wie muss man sich die Formung der Erkenntnis durch Apriori vorstellen? Auf jeden Fall nicht, wie schon erwähnt, in Anlehnung an Kants unwandelbare Kategorien des Verstandes. Vielmehr eher in dem Sinne, dass alle Erkenntnisgewinnung abhängig ist vom Bezugspunkt der jeweiligen Einzelwissenschaft. Dieser Bezugspunkt wiederum variiert historisch gemäß dem Wandel der Gesellschaften durch soziale Differenzierungsprozesse und dem »Fortschritt« der Wissenschaften selbst als Folge neuer Erkenntnisse. Simmels Relativismus ist deshalb am ehesten als *Perspektivismus* anzusehen, und jede Wissenschaft wie auch jeder einzelne Zweig von ihr legt einen anderen »Blick« nahe, der wiederum in charakteristischer Weise geformte Erkenntnisse erzeugt. Aber heißt das: Es gibt keine Wahrheit, sondern nur »Wahrheiten«, die relativ, bedingt und am Ende auch kontingent ausfallen?

Dieser Skeptizismus liegt dem modernen Relativismus Rortyscher[24] Prägung zugrunde, und von dort aus ist es nur ein kleiner Schritt zur zweiten erkenntnistheoretischen Auffassung, dem *Konventionalismus.* Danach sind alle unsere Erkenntnisse lediglich Instrumente, mit denen wir arbeiten, weil wir übereingekommen sind, sie als Wahrheiten zu behandeln.

23 Simmel, *Philosophie des Geldes*, S. 62-86.

24 Richard Rorty, *Objectivism, relativism, and truth*, Cambridge 1991.

Simmels *Relativismus* dagegen markiert eine dritte Position jenseits von Realismus und Konventionalismus. Relativismus heißt bei ihm gerade nicht Skeptizismus und Beliebigkeit oder gar Zersetzung, wie ihm der Historiker Schäfer in seinem Gutachten vorgeworfen hatte. Relativismus impliziert *Perspektivismus*.[25] Die Bezugspunktabhängigkeit unserer Forschung, ihre besondere Perspektive, impliziert, dass unsere Erkenntnis immer nur fragmentarisch sein kann, stets unvollständig und korrekturbedürftig, weil sie nur einen spezifischen Wirklichkeitsausschnitt in den Blick nimmt. Diese Auffassung garantiert Bescheidenheit unter den Einzeldisziplinen, die um die Unvollständigkeit ihrer Erkenntnisproduktion wissen müssen. Keine einzelne Disziplin kann sich unter diesen Umständen die alte Paraderolle der Philosophie anmaßen, wenn sie um die fragmentarische Natur ihrer Erkenntnisse weiß. Simmels Soziologie konnte sich unter diesen Umständen gar nicht anheischig machen, *den Überblick* über *die* Gesellschaft für sich zu reklamieren. Das legt nicht nur der epistemologische Kern seines Relativismus nahe, sondern das unterstreichen auch die Implikationen für den Gegenstandsbereich seiner Soziologie.

Wie sehr sich Simmel in der Frage des *Relativismus der Moderne* missverstanden fühlte, beweist sein »Anfang einer unvollendeten Selbstdarstellung«:[26]

Von dieser soziologischen Bedeutung des Wechselwirkungsbegriffs aus aber wuchs er mir allmählich zu einem schlechthin umfassenden metaphysischen Prinzip auf. Die zeitgeschichtliche Auflösung alles Substantiellen, Absoluten, Ewigen in den Fluß der Dinge, in die historische Wandelbarkeit, in die nur psychologische Wirklichkeit scheint mir nur dann vor einem haltlosen Subjektivismus und Skeptizismus gesichert, wenn man an die Stelle jener substantiell festen Werte die lebendige Wechselwirksamkeit von Elementen setzt, welche letzteren wieder der gleichen Auflösung ins Unendliche hin unterliegen. Die Zentralbegriffe der Wahrheit, des Wertes, der Objektivität etc. ergaben sich mir als Wechselwirksamkeiten, als Inhalte eines Relativismus, der jetzt nicht mehr die skeptische Lockerung aller Festigkeiten, sondern gerade die Sicherung gegen diese vermittels eines neuen Festigkeitsbegriffs bedeutete («Philosophie des Geldes«). Mit diesem Rela-

25 Hiermit befinden wir uns in Abgrenzung zu Jürgen Ritsert, *Theorie praktischer Probleme*, Wiesbaden 2012 in der Lage, nicht zwischen Perspektivismus und Relativismus unterscheiden zu müssen.

26 Georg Simmel »Anfang einer unvollendeten Selbstdarstellung«, S. 9 f.

tivismus als kosmischem und Erkentnisprinzip, das an die Stelle der substantiellen und abstrakten Einheit des Weltbildes die organische Wechselwirkung setzt, hängt mein besonderer Begriff der Metaphysik zusammen.

Simmels Relativismus und die Frage der Apriori lässt sich weiter vertiefen, wenn man sich seine Überlegungen zur Stellung des Menschen in der Welt, seine Natur als Grenzwesen wie als *homo duplex* anschaut und von dort aus die *Apriori* beleuchtet, die *seine* Soziologie voraussetzt. Nur auf dieser Grundlage lassen sich die Formen der Vergesellschaftung gewinnbringend studieren.

Nach Simmels Auffassung wird der Mensch in zweifacher Hinsicht konstituiert, was seine besondere Stellung in der Welt begründet: durch seine Eigenschaft als Grenzwesen und durch seine Natur als *homo duplex*. Zu jeder Zeit und in jedem Raum ist der Mensch stets durch zwei Grenzen bestimmt. »Wir orientieren uns dauernd, wenn auch nicht mit abstrakten Begriffen, an einem Über-uns und einem Unter-uns, einem Rechts und Links, einem Mehr oder Minder, einem Fester oder Lockrer, einem Besser oder Schlechter.« Es sind diese elementaren Klassifikationen, wie sie Emile Durkheim und Marcel Mauss genannt haben, die uns eine Orientierung erlauben. Mehr noch: Je weiter wir diese Klassifikationen verfeinern, desto punktgenauer vermögen wir Menschen, Dinge, ja die ganze Welt zu vermessen. Aber nicht nur das – wir können auch unseren eigenen Standpunkt in der Welt bestimmen. »Die Grenze nach oben und nach unten ist unser Mittel, uns in dem unendlichen Raum unserer Welten zurechtzufinden.« Orientierung und Standortbestimmung gelingen nur über Grenzen, also die Arbeit der Ein- und Ausgrenzung, der Ab- und Begrenzung; aber genau diese anthropologische Grenzbestimmtheit, so Simmel,[27] macht den Menschen zum Grenzwesen *par excellence*.

Damit, daß wir immer und überall Grenzen *haben*, *sind* wir auch Grenze. Denn indem jeder Lebensinhalt: Gefühl, Erfahrung, Tun, Gedanke – eine bestimmte Intensität und eine bestimmte Farbe besitzt, ein bestimmtes Quantum und eine bestimmte Stelle in irgendeiner Ordnung, so setzt sich von jedem jeweils eine Reihe nach zwei Richtungen, nach ihren beiden Polen zu, fort; dadurch hat der Inhalt selbst an jeder dieser beiden Reihenrichtungen teil, die in ihm zusammenstoßen und die er begrenzt. Dieses Teilhaben an Wirklichkeiten, Tendenzen, Ideen, die ein Plus und ein Mi-

27 Georg Simmel, *Lebensanschauung. Vier metaphysische Kapitel*, in: ders., *GSG 16*, Frankfurt/M. 1999 [1918], S. 209-425, hier S. 212 f.

nus, ein Diesseits und ein Jenseits unseres Jetzt und Hier und So sind, mag dunkel und fragmentarisch genug sein; aber es gibt unserem Leben die beiden sich ergänzenden, wenn auch oft kollidierenden Werte: den Reichtum und die Bestimmtheit.[28]

Diese Doppelnatur – Grenze(n) zu haben, Grenze zu sein – hat eine Reihe wichtiger Implikationen: 1. Diese Bestimmungen definieren den »Grenzcharakter unserer Existenz«,[29] weil erst durch Festlegung und Feststellung der Mensch im Kosmos nicht verloren geht oder sich verloren fühlt. Aber keine Grenze ist unbedingt, starr, aus Stein gemeißelt oder unveränderlich. Im Gegenteil: Grenzen im Leben sind dazu da, überschritten zu werden. 2. Der Mensch ist also nicht nur Grenzwesen, sondern auch Grenzüberschreiter und -verschieber. Auf diese Weise – und das ist für die Selbstreflexion und Selbsttranszendenz des Individuums zentral – steht er stets zugleich diesseits und jenseits der Grenze und vermag die Grenzsetzung von beiden Seiten zu betrachten. 3. Die Doppelnatur – Grenze(n) zu haben und Grenze zu sein – führt Simmel in einer weiteren Gedankendrehung in die Zweiheit von Begrenzung und Entgrenzung über, um die prinzipielle Verschiebbarkeit von Grenzen zu verdeutlichen. Er macht das am Wissen und Nicht-Wissen um die Folgen unseres Handelns deutlich. Vergleichbar einem Schachspieler können wir zwar die Folgen unserer nächsten Züge abmessen, aber die Konsequenzen des gesamten Spiels eben nicht. Sonst wäre das Schachspiel kein Spiel und das Leben kein Leben. Für beide gilt: Sie sind ein Fluss von Wechselwirkungen mit offenem Ausgang. Platons Definition des Philosophen als Stellung zwischen Wissendem und Nicht-Wissendem gilt laut Simmel für die Situation des Menschen schlechthin. Stets können wir zwar unsere nächsten Schritte im Leben überschauen, aber eben nicht alle Schritte bis zum Tod. Sonst wäre der Charakter des menschlichen Lebens – Kontingenz, Zäsur, Schicksal – ein ganz anderer. Ein amerikanisches Sprichwort bringt diesen Sachverhalt auf die lapidare Formel: »Life is something which happens while you're planning something else!« 4. Das Wechselspiel zwischen Form und Inhalt sorgt für das Vexierspiel zwischen Reichtum und Bestimmtheit des Lebens. Denn »die formale Struktur unseres Daseins« muss stets mit Inhalt gefüllt sein, die Quantitäten müssen mit Qualitäten versehen sein, also

28 Ebd., S. 212 f.

29 Ebd., S. 213.

das, was Simmel mit Intensität, Farbe, Licht, Akzentuierung und Nuancierung zu bezeichnen pflegt. So bedarf etwa jeder Stil einer Kulturidee, die der Form erst seine inhaltliche Gestalt verleiht. Wo dieser Inhalt verblasst, wird der Stil hohl und verkommt zur puren Geste, zum Zierrat oder zum Zitat. Das gilt auch etwa für den modernen geldbestimmten Lebensstil mit allen seinen Optionen zum Konsum von Gütern und Diensten, aber wenn dieser Lebensstil nicht eingepasst wird in ein übergreifendes System der Lebensführung, dann gewinnt er zwar an Bestimmtheit – »money makes the world go round« –, verliert aber an Reichtum. Simmel fasst seine Überlegungen zum Grenzcharakter menschlichen Lebens in dem Paradox zusammen: »Wir haben nach jeder Richtung eine Grenze, und wir haben nach keiner Richtung hin eine Grenze.«[30]

Dieser Grenzcharakter des menschlichen Wesens und die Dialektik von Form und Inhalt kehren auch in Simmels Vorstellung vom Individuum als *homo duplex* wieder, die er in seinen drei *soziologischen Aprioritäten* zur Beantwortung der Frage: »Wie ist Gesellschaft möglich?« als Basis seiner *großen Soziologie* diskutiert. Zunächst geht er davon aus, dass jeder Mensch in sich einen tiefsten *Individualitätspunkt* trägt, den weder andere noch das betreffende Individuum selbst vollständig nachempfinden können. Aber wie erkennt man einen Menschen als Individuum? Stets nur fragmentarisch und unsicher. Denn unsere Wahrnehmung des Anderen schwankt zwischen dem Typus Mensch, also den allgemeinen Zügen der menschlichen Natur, und der Idee der »individuellen Persönlichkeit«, der Einzigkeit und Einzigartigkeit der betreffenden Individualität. Die Folge: »Wir alle sind Fragmente, nicht nur des allgemeinen Menschen, sondern auch unserer selbst.«[31] Im Alltag behelfen wir uns mit dem Verstehen des Anderen, indem wir die empirisch erkennbaren Fragmente zu einem vollständigen Bild in unserer Wahrnehmung zusammensetzen, gleichgültig, ob diese Ergänzung richtig oder falsch ist.[32]

Sodann fügt Simmel der Dialektik von Allgemeinheit und Indi-

30 Ebd., S. 214.

31 Vgl. hierzu die präzisierte Ausführung dieses Gedankens des Fragmentarischen in Simmels Aufsatz »Der Fragmentcharakter des Lebens«, in: ders., *GSG 13*, Frankfurt/M. 2000 [1916/17], S. 202-216.

32 Georg Simmel, *Soziologie. Untersuchung über die Formen der Vergesellschaftung*, Berlin 1968 [1908], S. 21-30.

vidualität das Prinzip des »Außerdem« hinzu. Der Mensch ist nicht nur ein Gesellschaftswesen, sondern »außerdem« noch etwas anderes. Jeder Mensch ist mit einem Bein, dem Standbein, Mitglied der Gesellschaft, mit dem anderen Bein hingegen, dem Spielbein, markiert er eine individuelle Persönlichkeit. Simmels *homo duplex* trennt also strikt zwischen sozialer und personaler Existenz. »Der ganze Verkehr der Menschen innerhalb der gesellschaftlichen Kategorien wäre ein anderer, wenn ein jeder dem anderen nur als das gegenüberträte, was er in seiner jeweiligen Kategorie, als Träger der ihm grade jetzt zufallenden *sozialen Rolle* ist.«[33] Je weiter die soziale Differenzierung und die Geldwirtschaft voranschreiten, desto mehr wird die Sachlichkeit die funktionale Natur der gesellschaftlichen Beziehungen durchtränken. Im Prinzip zutreffend, kann man im Alltag dennoch unter Umständen auf einen Beamten treffen, der sich nicht nur sachlich, sondern wütend oder vollends irrational benimmt und buchstäblich aus seiner »Rolle« fällt.

Die Dialektik von Individuum und Gesellschaft, von Innen und Außen, bringt zwar Mensch und Gesellschaft in einen Gegensatz, der nicht nur analytisch-soziologischer, sondern durchaus empirisch-realer Natur sein kann. So fühlt sich der Mensch, der sein eigenes, selbstbestimmtes Leben führen will, durch die wirtschaftlichen, politischen und sozialen Anforderungen der Gesellschaft beeinträchtigt oder gar »entfremdet«. Er lebt nicht, sondern wird »gelebt«. Aber Simmel beharrt darauf, dass diese Entgegensetzung von Individuum und Gesellschaft ganz im Einklang mit seiner Bestimmung des Menschen als Grenzwesen steht. Der Mensch als Teil ist zwar auch Produkt und Glied der Gesellschaft, aber auch als Ganzes ein eigenes Sinn- und Gestaltungszentrum. »Damit erzeugt die Gesellschaft vielleicht die bewußteste, mindestens die allgemeinste Ausgestaltung einer Grundform des Lebens überhaupt: daß die individuelle Seele nie innerhalb einer Verbindung stehen kann, außerhalb deren sie nicht zugleich steht, dass sie in keine Ordnung eingestellt ist, ohne sich zugleich ihr gegenüber zu finden.«[34] Selbst der religiöse Mensch, der in seinem Glauben eins sein will mit Gott, also seine eigene Persönlichkeit zugunsten einer mystischen All-Einheit aufzugeben bereit ist, muss sein Selbst als adorierende Instanz beibehalten. Denn: »Das Eins-Sein mit Gott

33 Ebd., S. 26.

34 Ebd., S. 27.

ist in seiner Bedeutung durch das Anders-Sein als Gott bedingt.«[35] Das soziale Wesen Mensch kann danach im formalen Sinne nie eine vollkommene Persönlichkeit sein, weil die individuelle Seele stets in Wechselwirkung mit der Natur, der Gesellschaft, den Mitmenschen und der Kultur steht.

Wir wären also formal *vollkommene* Persönlichkeiten, wenn diese Wechselwirkung eine vollkommen geschlossene wäre und jedes seelische Geschehen seine Veranlassung ausschließlich in eben diesem Umkreis hätte. [...] So wenig wir mit unsrem Körper den reinen Begriff des Organismus erfüllen, so wenig mit unsrer Seele den der Persönlichkeit.

Die Voraussetzung für eine reine Persönlichkeit, die All-Einheit, die All-Gleichheit, die Allmacht und die Allwissenheit erfüllt demnach nur Gott, wie Simmel in »Die Persönlichkeit Gottes« notiert.

Grade in dem Maße, in dem die Idee Gottes ein wirkliches Ganzes und ein zeitloses Ein-für-alle-Mal, eine absolute Verbundenheit aller seiner Daseinsmomente ist, in dem Maße also, in dem er grade über den Menschen hinausreicht, erfüllt er den Begriff der Persönlichkeit.[36]

Schließlich unterstreicht Simmel[37] den »Allgemeinheitswert der Individualität«, womit er auf die Art und Weise, wie man der Gesellschaft angehört, hinweisen will. Danach sollte sich für jedes Individuum mit seinen Fähigkeiten und Fertigkeiten eine »Stelle« in der Gesellschaft finden lassen, die seinen Platz in und seine Mitwirkung an der Gesellschaft sicherstellt. Die »vollkommene Gesellschaft« wäre also *die* Formation, welche die »prästabilierte Harmonie zwischen unsern geistigen, wenn auch noch so individuellen Energien und dem äußern, objektiven Dasein«[38] realisiert.

Fassen wir zusammen: Der Mensch ist nicht nur ein Grenzwesen, sondern auch ein Grenzüberschreiter. Gerade deshalb kann er sein Leben so führen und seine Persönlichkeit so entwickeln, dass er dem tiefsten Individualitätspunkt mal näher, mal ferner steht. Grenzwesen ist er auch, weil er mit einem Bein in der Gesellschaft und mit dem anderen Bein außerhalb von ihr steht. So vermag

35 Ebd.

36 Georg Simmel, »Die Persönlichkeit Gottes«, in: ders., *GSG 12*, Frankfurt/M. 2001 [1911], S. 290-307 hier S. 296, 292 ff., 297.

37 Simmel, *Soziologie*, S. 27.

38 Ebd., S. 29 f.

er die Grenze diesseits und jenseits der Gesellschaft zu betrachten, was die Selbstreflexion und Selbstdistanzierung erst ermöglicht. Simmel lehnt jeglichen Soziologismus ab, wonach die Gesellschaft den Menschen macht. Vielmehr sind Gesellschaft wie soziale Kreise Arena und Schauplatz, auf denen der Mensch seine individuelle Persönlichkeit entwickeln kann. Das wesentliche Erfordernis, damit aus der Potentialität auch die Realität von Individualität werden kann, besteht darin, dass jeder einen seinen Neigungen und seinem Leistungsvermögen angemessenen Platz in der Gesellschaft zu finden vermag. Insofern ist auch für Simmel der Mensch ein genuin soziales Wesen, als die Selbstentfaltung nur *in* und *mit* der Gesellschaft, wenn auch nicht allein *durch* die Gesellschaft erfolgen kann.

Deshalb entspricht diesem prinzipiellen Relativismus auf der *Wert*ebene der *Relationismus* auf *sozialer* Ebene. Die Soziologie als moderne Wirklichkeitswissenschaft hat es daher nicht mit einem substanzartig fest umrissenen Gegenstand wie *der Gesellschaft* zu tun. Die Gesellschaft ist also keine *Realität sui generis,* die über ein Kollektivbewusstsein («conscience collective«) erfasst werden kann, wie Durkheim behauptete. Denn, wie Simmel sagt, »die Gesellschaft ist [...] keine Substanz, [...] sondern ein Geschehen«, keine statische Einheit, sondern »etwas Funktionelles«.[39] Kurz und auf eine Formel gebracht: Gesellschaft existiert nur als *Vergesellschaftung*, im Sinne ihrer Dynamik und ihrer Prozesshaftigkeit. Seine Minimaldefinition von Gesellschaft lautet daher, »daß sie da existiert, wo mehrere Individuen in Wechselwirkung treten«.[40] Simmel macht also eine Gleichung auf, um den Gegenstandsbereich *seiner* Soziologie zu umreißen: »Soziologie – Gesellschaft – Wechselwirkungen – Formen der Vergesellschaftung«.

Diese Wechselwirkung entsteht immer aus bestimmten Trieben heraus oder um bestimmter Zwecke willen. Erotische, religiöse oder bloß gesellige Triebe, Zwecke der Verteidigung wie des Angriffs, des Spieles wie des Erwerbes, der Hilfeleistung wie der Belehrung und unzählige andere bewirken es, daß der Mensch in ein Zusammensein, ein Füreinander-, Miteinander-, Gegeneinander-Handeln, in eine Korrelation der Zustände mit

39 Georg Simmel, *Schriften zur Soziologie*, hg. u. eingeleitet v. Heinz-Jürgen Dahme u. Otthein Rammstedt, Frankfurt/M. 1983, S. 39.

40 Simmel, *Soziologie*, S. 4.

andern tritt, d.h. Wirkungen auf sie ausübt und Wirkungen von ihnen empfängt. Diese Wechselwirkungen bedeuten, daß aus den individuellen Trägern jener veranlassenden Triebe und Zwecke eine Einheit, eben eine ›Gesellschaft‹ wird.[41]

Um Ordnung in die Fülle möglicher Wechselwirkungen zu bringen, unterscheidet Simmel *analytisch* streng zwischen Inhalt und Form. Der *Inhalt* – das sind die mannigfaltigen Triebe, Interessen, Neigungen und Zwecke der Individuen, »gleichsam die Materie der Vergesellschaftung«.[42] Die *Form* oder die *Formen* sind die Gebilde, die diese Wechselwirkungen zwischen den Menschen im Zuge der Vergesellschaftung annehmen können und deren Eigenart und Typik Simmel zu studieren vorschlägt. Er unterscheidet zwei Arten soziologischer Objekte: Zum einen die »großen Organe und Systeme« wie Staaten, Wirtschaft, Klassen etc.; zum anderen die »unscheinbaren Sozialformen« und »die scheinbar unbedeutenden Relationsarten«. Es sind Letztere, die »mikroskopisch-molekularen Vorgänge«, die »die wunderbare Unzerreißbarkeit der Gesellschaft« bewerkstelligen. Simmels Programm zielt auf »die Aufdeckung der zarten Fäden, der minimalen Beziehungen zwischen Menschen, von deren kontinuierlicher Wiederholung all jene großen, objektiv gewordenen, eine eigentliche Geschichte bildenden Gebilde begründet und getragen werden«. Simmel schlägt eine mikrosoziale Fundierung seiner Soziologie vor, gleichsam die Basis oder der Unterbau der Gesellschaft, auf deren Grundlage erst die großen Gebilde wie Organisationen und Institutionen, differenzierte Lebensbereiche und »Lebensmächte« wie die Wirtschaft, die Politik, die Wissenschaft, die Religion usf. aufruhen.[43]

Gemäß diesem Programm weist Simmel seiner Soziologie drei zentrale Arbeitsgebiete zu: die reine, die allgemeine und die philosophische Soziologie. Die Formen der Vergesellschaftung, verstanden als dynamische Prozesse der Wechselwirkung, bilden das Hauptgebiet der sogenannten *reinen* Soziologie. Es ist diese reine Soziologie, die sich mit den Formen der Wechselwirkung wie Arbeitsteilung, Konkurrenz, Streit, Über- und Unterordnung usf. befasst, die als *formale Soziologie* in der Disziplin rezipiert und von

41 Ebd., S. 4.

42 Ebd., S. 5.

43 Ebd., S. 5, 14-16.

Leopold von Wiese zur Beziehungslehre weiterentwickelt wurde. Die reine Soziologie ist in Simmels Augen aber nur *eins* von drei Hauptgebieten der Soziologie. Hinzu treten stets die allgemeine und die philosophische Soziologie.

Die *allgemeine* Soziologie bettet die in der reinen Soziologie gewonnenen speziellen Erkenntnisse ein in den Rahmen genereller Prinzipien der Differenzierung, der Evolution und der gesellschaftlichen Konfiguration. Nur durch diese Einbettung kann man ihren Charakter und ihren Stellenwert verstehen.

Die *philosophische* Soziologie, bestehend aus Erkenntnistheorie und Metaphysik, studiert einerseits die Verfahrensweisen des Denkens, andererseits versucht sie den allgemeinen »*Sinn* der Einzelerscheinungen« aufzudecken und die kulturelle »*Deutung* festgestellter Tatsachen«[44] vorzunehmen. Die reine oder formale Soziologie, welche die Formen der Wechselwirkungen in Abstraktion von den Inhalten untersucht, kann daher prinzipiell keine zureichende Analyse bieten. Die rein strukturellen Ergebnisse der formalen Soziologie müssen stets auf allgemeine Überlegungen zum globalen evolutionären und geschichtlichen Geschehen bezogen werden; zum anderen müssen ihr Sinn und ihre kulturelle Bedeutung im Rahmen der philosophischen Soziologie geprüft werden.

Warum sind diese methodologischen Erwägungen für Simmels Ansatz im Allgemeinen, seine Zeitdiagnose im Besonderen überhaupt von Relevanz? Sie machen schlagartig deutlich, dass die geschilderten einseitigen Rezeptionen seines Werkes aus Simmels Sicht geradezu unsinnig sind. Die strukturell angeleitete Gesellschaftsanalyse bleibt unanschaulich, ohne kultursoziologische Reflexion ihres Sinnes und ihrer Bedeutung. Die reine Beschränkung auf die Kultur- und Zeitdiagnose ohne solide strukturelle Fundierung riskiert, in bodenlose kulturphilosophische Spekulation abzugleiten.

Dieser Zusammenhang von Gesellschaftsanalyse und Kulturdiagnose wird jedoch nicht nur durch *methodologische* Erwägungen Simmels gestützt, sondern auch durch den *theoretischen* Rahmen, den er unterschwellig benutzt. Er setzt sich aus den drei genannten Analyseeinheiten zusammen: 1. Gesellschaft im Sinne von Vergesellschaftung; 2. Kultur in der Doppelung von objektiver und sub-

44 Simmel, *Schriften zur Soziologie*, S. 50.

jektiver Kultur; 3. Persönlichkeit oder »individuelle Seele«. Freilich, und das ist eine wichtige Einschränkung, handelt es sich um eine Rekonstruktion des impliziten Rahmens seines soziologischen Ansatzes. Simmel, der »Systematiker des Unsystematischen« (Heinrich Rickert), hat keine analytische Begriffsarbeit vorgenommen und kein theoretisches Bauwerk von ähnlich beeindruckender Größe hinterlassen wie Talcott Parsons oder Jürgen Habermas, die sich nach ihm der Kategorien Gesellschaft, Kultur und Persönlichkeit bedient haben. Vielmehr erwachsen Simmel diese Kategorien und ihr Wechselspiel aus seinen materialen Analysen selbst. Zwar steht Simmel noch ganz in der bewusstseinsphilosophischen Tradition des Subjekt-Objekt-Dualismus und setzt sich mit allen in diesem Rahmen möglichen Dichotomien auseinander – aber doch nur, um sie in einem *Dritten* zu überwinden. Margarete Susman hat am nachdrücklichsten darauf hingewiesen, dass »das Grundschema seiner Philosophie [...] die Drei [ist, H.-P.M.], die in allen Disziplinen seines Denkens wiederkehrt«. Was genau muss man sich unter dem Dritten vorstellen?

> Es ist weder Verkündung noch Durchgangspunkt der geschichtlichen Entwicklung, noch auch das Ergebnis einer dialektischen Denkweise; es ist eine zeitlose metaphysische Versöhnung und Aufhebung zweier als ewig erlebter und so nicht ertragbarer Gegensätze in einem metaphysischen Bereich, der teils gedanklich, teils chiliastisch gefaßt ist: Subjekt und Objekt, Leben und Tod, Sein und Sollen, Wirklichkeit und Idee sollen sich in einer dritten, noch nicht entdeckten, doch zu entdeckenden Geistes- und Lebensform versöhnen. Ja, das Dritte als ein Ausdruck des Absoluten ist nicht nur in der Form des Metaphysischen, sondern auch in der des Mystischen, sogar des Religiösen, immer der letzte Gegenstand von Simmels relativistischem Denken geblieben.[45]

Wenn demnach das Dritte als der Fluchtpunkt seiner methodologischen, soziologischen und lebensphilosophischen Überzeugungen angesehen werden darf, scheint es nicht unstatthaft, in seinem gesellschaftstheoretischen Ansatz von der Trias Gesellschaft, Kultur und Persönlichkeit auszugehen. Ihnen und ihren Wechselwirkungen geht Simmel nach. Wenden wir uns also Gesellschaft, Kultur und Persönlichkeit zu und betrachten zuerst seine Gesellschaftsanalyse, dann seine Kultur- und Zeitdiagnose.

45 Margarete Susman, *Die geistige Gestalt Georg Simmels*, Tübingen 1959, S. 5 ff.

5.4 Gesellschaftliche Differenzierung, Geldwirtschaft und Urbanität

Georg Simmel beginnt schon recht früh in seiner wissenschaftlichen Karriere, sich mit dem Konzept der Arbeitsteilung und Differenzierung auseinanderzusetzen. Im 19. Jahrhundert wurde die Struktur- und Entwicklungsdynamik moderner Gesellschaften vor allem über diese beiden Konzepte zu fassen versucht, wenn auch mit unterschiedlicher Stoßrichtung. Ideengeschichtlich und systematisch lassen sich drei Traditionen unterscheiden, wie wir im Kapitel über Durkheim bereits gesehen hatten. Zur Erinnerung: Die britische Tradition von Adam Smith bis Herbert Spencer betont den Zusammenhang zwischen Arbeitsteilung und Produktivität, die sich segensreich auf Wachstum, Wohlstand und Wohlfahrt von Nationen und ihrer Bevölkerung auswirken soll. In eine Kurzformel gebracht, bedeutet das: Je mehr Arbeitsteilung, desto mehr »Fortschritt«. Diese benevolente Lesart dominiert in der Folgezeit nicht nur die Wirtschaftswissenschaft, sondern formuliert bis auf den heutigen Tag das Mantra von Ökonomie und Politik. Die französische Tradition hingegen ist tief gespalten, wenn es um die Folgewirkungen der Arbeitsteilung geht. Saint-Simon begrüßt emphatisch die Arbeitsteilung als Advent der industriellen Gesellschaft und des mit ihr verbundenen gesellschaftlichen Fortschritts; Auguste Comte hingegen befürchtet die soziale Zersplitterung der Gesellschaft, der nur ein starker Staat und eine mächtige säkulare Religion mit einem starken Konsensus entgegenwirken können. Émile Durkheim generalisiert diese Problemstellung und untersucht das Verhältnis von Arbeitsteilung und Integration einerseits, Arbeitsteilung und Individualisierung andererseits. Obgleich die moderne Gesellschaft stets von Anomie bedroht wird, vermögen sich unter bestimmten Umständen eine neue organische Solidarität und im »Kult des Individuums« ein neues Kollektivideal zu entwickeln.

Weder Arbeitsteilung und Produktivität noch Arbeitsteilung und Solidarität stehen im Zentrum der deutschen Tradition. Ganz im Banne von Karl Marx und Friedrich Engels dominiert das Verhältnis von Arbeitsteilung und Klassenbildung. Sicher, der Kapitalismus bringt eine Entfesselung der Produktivkräfte mit sich, aber die Früchte der gesellschaftlichen Produktion sind höchst ungleich verteilt. Kapital und Arbeit, Bourgeoisie und Proletariat stehen sich im Klassenkampf unversöhnlich gegenüber. Der Kapitalismus führt auf diese Weise unweigerlich zu Ausbeutung und Entfremdung der breiten Masse der Lohnarbeiter. Statt Arbeitsteilung und gesellschaftlichem Reichtum wie in der englischen Tradition oder Arbeitsteilung und gesellschaftlichen Errungenschaften von Integration und Individualität wie in der französischen Tradition herrscht im deutschen Diskurs über die »soziale Frage« die Beziehung zwischen Arbeitsteilung und Pauperisierung vor.

Simmel folgt nun nicht der deutschen Tradition, obwohl er für Fragen sozialer Ungleichheit keineswegs unempfindlich ist. Er begibt sich vor allem in die britische Tradition Spencers und in die französische Tradition, da er das Verhältnis von Differenzierung und Produktivität sowie von Differenzierung und Individualität untersucht. Für ihn bergen die Fortschritte der Arbeitsteilung und der Geldwirtschaft durchaus ein emanzipatorisches Potential, das in der düsteren Zeitdiagnose des deutschen Sozialismus von Klassenkampf, Ausbeutung und Entfremdung unterzugehen droht.

Simmel versteht unter *gesellschaftlicher Differenzierung*[46] drei Prozesse. 1. Arbeitsteilung; 2. Rollendifferenzierung und 3. Funktionsdifferenzierung. Ähnlich wie Adam Smith, Karl Marx und Herbert Spencer vor ihm sowie Émile Durkheim zu seiner Zeit sieht er das hauptsächliche gesellschaftliche Entwicklungsmoment in der wachsenden Teilung der Arbeit. Indem Tätigkeiten auf mehrere Personen aufgespalten werden, so das zentrale Argument in seiner Arbeit *Über sociale Differenzierung* von 1890, wirkt das »Prinzip der Kraftersparnis« zugunsten der Produktivität und der effizienteren Allokation von sachlichen und personellen Ressourcen. Neben dieser gesellschaftlichen Wachstums- und Leistungssteigerung führt die Teilung der Arbeit zur *Spezialisierung* der Produzenten, und die berufliche Differenzierung mildert den Wettbewerb durch Verteilung der Produktion auf spezialisierte Berufstätigkeiten.

Zu dieser Arbeitsteilung im klassisch volkswirtschaftlichen Sinne tritt ein spezifisch soziologisches Argument: *die Rollendifferenzierung*. Indem der Wirtschaftskreis ausgedehnt und die Gruppeneinheit, der jemand angehört, größer wird, so Simmels Einsicht,

46 Hans-Peter Müller, »Soziale Differenzierung und Individualität. Georg Simmels Gesellschafts- und Zeitdiagnose«, in: Harald Mieg, Astrid O. Sundsboe, Majken Bieniok (Hg.), *Georg Simmel und die aktuelle Stadtforschung*, Wiesbaden 2011, S. 165-184.

wachsen auch die Chancen zur Ausbildung einer eigenständigen Individualität. Dieser Prozess der parallelen Ausdehnung von Gruppengröße und Individualität wird verstärkt durch die interne Differenzierung der gewachsenen Gruppe. Je größer die Gruppe, desto höher ist die Wahrscheinlichkeit, dass sich innerhalb der Großgruppe kleinere Kreise herausbilden. In dem Maße, wie der Einzelne in den Schnittpunkt mehrerer Kreise gerät, wächst seine Freiheit. Da der Einzelne verschiedene Rollenerwartungen koordinieren muss, eröffnet ihm die Art und Weise der Koordination Handlungs- und Manipulationsspielräume in der Ausgestaltung und Balancierung seiner Rollenverpflichtungen. *Gruppenausdehnung* und die *Kreuzung sozialer Kreise* fördern Individualität und eröffnen Freiheitsspielräume – so das in der Rollen- und Gruppensoziologie inzwischen etablierte Argument der Rollendifferenzierung.

Der Rollendifferenzierung auf sozialer und individueller Ebene korrespondiert die *Funktionsdifferenzierung* auf gesellschaftlicher Ebene. In dem Maße, wie die Arbeitsteilung fortschreitet, werden immer mehr Funktionen ausdifferenziert und wachsen zu eigenständigen Funktionsbereichen aus. Diese Funktionsbereiche wie die Wirtschaft, die Wissenschaft oder das Recht bezeichnet Simmel als »formale Lebensmächte«, die eigensinnige »Gehäuse des schöpferischen Lebens« mit eigenen Werten, Normen und Sachgehalten ausbilden und fast »unvermeidlich die Widersprüche [...] in die Totalität des Lebens« hineinbringen. Paradigmatisch für die Funktionsweise dieser »rein formalen und indifferenten Lebensmächte«, die eine spezielle Aufgabe wahrnehmen und über diese Funktionsausübung die gesamte Gesellschaft beeinflussen, ist die entwickelte *Geldwirtschaft*.[47]

Simmel betrachtet das *Geld* als Symbol und Medium zugleich und versucht die weitreichenden Effekte abzuschätzen, welche die

47 Georg Simmel, *Das individuelle Gesetz. Philosophische Exkurse*, hg. u. eingeleitet. v. Michael Landmann, Neuausg. mit einem Nachwort v. Klaus Christian Köhnke, Frankfurt/M. 1987, S. 148; Simmel, *Philosophie des Geldes*, S. 495 f. Aus der Fülle der Sekundärliteratur zur *Philosophie des Geldes* (1900) siehe vor allem Paschen von Flotow, *Geld, Wirtschaft und Gesellschaft. Georg Simmels* Philosophie des Geldes, Frankfurt/M. 1995; Jeff Kintzelé u. Peter Schneider (Hg.) *Georg Simmels Philosophie des Geldes*, Frankfurt/M. 1983; Friedrich Pohlmann, *Individualität, Geld und Rationalität. Georg Simmel zwischen Karl Marx und Max Weber*, Stuttgart 1987 und Rammstedt (Hg.), *Georg Simmels Philosophie des Geldes.*

Geldwirtschaft für den Charakter sozialer Beziehungen in modernen Gesellschaften hat. Zunächst ist das Geld *das* Symbol für das moderne Leben schlechthin: »Für den absoluten Bewegungscharakter der Welt [...] gibt es sicher kein deutlicheres Symbol als das Geld. [...] Es ist nichts als der Träger einer Bewegung, in dem eben alles, was nicht Bewegung ist, ausgelöscht ist, es ist sozusagen actus purus.« Sodann ist es das wichtigste Medium modernen Lebens: »das Geld funktioniert einerseits als das Gelenksystem dieses Organismus; es macht seine Elemente gegeneinander verschiebbar, stellt ein Verhältnis gegenseitiger Abhängigkeit und Fortsetzbarkeit aller Impulse zwischen ihnen her. Es ist andrerseits dem Blute zu vergleichen, dessen kontinuierliche Strömung alle Verästelungen der Glieder durchdringt, und, alle gleichmäßig ernährend, die Einheit ihrer Funktionen trägt.« Wie Simmels Analogie zum lebenden Organismus drastisch verdeutlicht, drückt die entwickelte Geldwirtschaft allen sozialen Beziehungen ihren Stempel auf. Soziale Beziehungen werden einerseits versachlicht, objektiviert, nivelliert und berechenbar, da sie alle dem Maßstab des Geldwertes unterworfen werden; durch die unterschiedliche Verteilung des Geldbesitzes andererseits differenziert es zwischen den Menschen und schafft soziale Distanz wie soziale Ungleichheit unter ihnen. In seiner Eigenschaft als Symbol und Medium erwächst Simmel unter der Hand ein neues, vorher noch so vehement abgelehntes »totalisierendes Prinzip«:

> [...] so ermöglicht das Geld, indem es zwischen den Menschen und die Dinge tritt, jenem eine sozusagen abstrakte Existenz, ein Freisein von unmittelbaren Rücksichten auf die Dinge und die unmittelbare Beziehung zu ihnen, ohne das es zu gewissen Entwicklungschancen unserer Innerlichkeit nicht käme; wenn der moderne Mensch unter günstigen Umständen eine Reserve des Subjektiven, eine Heimlichkeit und Abgeschlossenheit des persönlichen Seins – hier nicht im sozialen, sondern in einem tieferen, metaphysischen Sinn – erringt, die etwas von dem religiösen Lebensstil früherer Zeiten ersetzt, so wird das dadurch bedingt, daß das Geld uns in immer steigendem Maße die unmittelbaren Berührungen mit den Dingen erspart, während es uns doch zugleich ihre Beherrschung und die Auswahl des uns Zusagenden unendlich erleichtert.[48]

48 Simmel, *Philosophie des Geldes*, S. 583, 531.

Arbeitsteilung, gesellschaftliche Differenzierung und Geldwirtschaft verdichten sich im privilegierten sozialen Raum der modernen Gesellschaft: der *Großstadt*. Denn die Großstadt ist Hort und Brutstätte der Individualität. Hier ist mehr Gesellschaft als Gemeinschaft, mehr Anonymität und Indifferenz als Vertrautheit und soziale Kontrolle, mehr Verstand als Gemüt. Genau diese strukturelle Situation und Konfiguration eröffnet erst die Freiheit zur Selbstentfaltung. Simmels Analyse von *Urbanität und Individualität*, die eine Auskoppelung und Verlängerung seiner Studien in der *Philosophie des Geldes* darstellen, haben den gleichen Ausgangspunkt – die »Senkblei«-Annahme. Entscheidend für seine Analyse ist, »daß sich von jedem Punkt an der Oberfläche des Daseins, sosehr er nur in und aus dieser erwachsen scheint, ein Senkblei in die Tiefe der Seele schicken läßt, daß alle banalsten Äußerlichkeiten schließlich durch Richtungslinien mit den letzten Entscheidungen über den Sinn und Stil des Lebens verbunden sind«.[49]

Im vorliegenden Fall heißt das, zuerst die Struktur- und Charaktereigenschaften der Großstadt – gleichsam die Oberflächenstruktur urbanen Lebens – zu untersuchen, um dann über die Prozesse der Differenzierung und Individualisierung auf die Folgen für die Mentalität des Großstadtmenschen zu schließen, wenn man so will auf die Innenseite und Tiefenstruktur der großstädtischen Seele (siehe Abbildung 1).

Zunächst zeichnet sich die *Struktur urbanen Lebens* durch vier Eigenschaften aus, die sie vom kleinstädtischen oder ländlichen Leben abheben. Da ist erstens die *Steigerung des Nervenlebens*, denn in der Großstadt ballen sich Tempo und Vielseitigkeit der unterschiedlichsten Reize zusammen, die auf das Individuum niederprasseln. Beschleunigung, Abwechslung und Diversität stehen im Gegensatz zur gemächlichen Lebensform der Kleinstadt und des Landes. Zweitens sticht »der intellektualistische Charakter des großstädtischen Seelenlebens« hervor, denn die *Dominanz des Verstandes* überwiegt das Gemüt in der Regulation des menschlichen Verkehrs. Das hängt drittens eng mit der Tatsache zusammen, dass die Großstädte »der Sitz der Geldwirtschaft« sind. Das Geld als Mittel, Medium und Zweck fördert die *Sachlichkeit* des gesellschaftlichen Verkehrs. »Geldwirtschaft aber und Verstandesherr-

49 Simmel, *Die Großstädte und das Geistesleben*, S. 120.

schaft stehen im tiefsten Zusammenhange. Ihnen ist gemeinsam die reine Sachlichkeit in der Behandlung von Menschen und Dingen, in der sich eine formale Gerechtigkeit oft mit rücksichtsloser Härte paart.« Eng damit verbunden ist viertens die *Rechenhaftigkeit*, zu dem Wissenschaft, Technik und Wirtschaft, die Steigerungsprovinzen gesellschaftlichen Lebens, gleichermaßen beitragen. »Dem Ideale der Naturwissenschaft, die Welt in ein Rechenexempel zu verwandeln, jeden Teil ihrer in mathematischen Formeln festzulegen, entspricht die rechnerische Exaktheit des praktischen Lebens, die ihm die Geldwirtschaft gebracht hat; sie erst hat den Tag so vieler Menschen mit Abwägen, Rechnen, zahlenmäßigem Bestimmen, Reduzieren qualitativer Werte auf quantitative ausgefüllt.«[50]

Charaktereigenschaften der Großstadt	**Prozesse der Individualisierung**	**Mentalität des Großstadtmenschen**
1) Steigerung des Nervenlebens (Tempo und Vielseitigkeit der Reize)	1) ökonomisch-beruflich: Arbeitsteilung	1) Blasiertheit
2) Intellektualistischer Charakter: Dominanz des Verstandes	2) sozial: Kampf der Menschen untereinander	2) Reserviertheit
3) Sitz der Geldwirtschaft – Sachlichkeit	3) geistig: a) Persönlichkeitsgeltendmachung b) Hiatus obj.-subj. Kultur	3) gestiegene persönliche Freiheit
4) Rechenhaftigkeit – klare Zeit-Raum-Strukturierung ⇒ »Exaktheit und minutenhafte Präzision der Lebensform«		4) Kosmopolitismus

Abbildung 1: Sinn und Stil des Lebens der Großstadt

Was diese vier Struktur- und Charaktereigenschaften des großstädtischen Lebens eint, also Tempo und Steigerung des Nervenlebens, die Dominanz des Verstandes, der Sachlichkeit und Rechenhaftigkeit, ist ihre *unpersönliche* Natur. Allein es ist diese unpersönliche Form, welche erst die »Exaktheit und minutenhafte Präzision der

50 Ebd., S. 118 f.

Lebensform« in der Stadt möglich macht. In dem Gegensatz zwischen Gemüt und Verstand gründet für Simmel der Hiatus zwischen Persönlichkeit und Indifferenz. »Alle Gemütsbeziehungen zwischen Personen gründen sich auf deren Individualität, während die verstandesmäßigen mit den Menschen wie mit Zahlen rechnen, wie mit an sich gleichgültigen Elementen, die nur nach ihrer objektiv abwägbaren Leistung ein Interesse haben.«[51]

Während diese Eigentümlichkeiten der Großstadt den *Konformismus urbaner Lebensformen* begründet, treiben *Prozesse der Differenzierung und Individualisierung* die höchst *individualistische Form urbaner Mentalität* hervor. In ökonomischer Hinsicht ist es die Arbeitsteilung, welche berufliche Spezialisierung verlangt; in sozialer Hinsicht ist es der Kampf der Menschen unter- und gegeneinander, denn im Gegensatz zum Land, in dem der Kampf gegen die Natur auf der Tagesordnung steht, muss der Mensch im städtischen Alltag sich im Kampf gegen seine Mitmenschen behaupten. In geistiger Hinsicht herrscht das Problem vor, in der Anonymität der Großstadt als Person überhaupt auf sich aufmerksam zu machen, um nicht als anonymes Rädchen im urbanen Getriebe sang- und klanglos unterzugehen. Gerade dieser Druck, seine Persönlichkeit in der denkbar unpersönlichsten Lebensform geltend zu machen, treibt die qualitative Individualisierung voran. Diese Konkurrenz auf dem Gebiet der Individualität führt »zu den spezifisch großstädtischen Extravaganzen des Apartseins, der Kaprice, des Pretiösentums, deren Sinn gar nicht mehr in den Inhalten solchen Benehmens, sondern nur in seiner Form des Andersseins, des Sich-Heraushebens und dadurch Bemerklich-Werdens liegt – für viele Naturen schließlich noch das einzige Mittel, auf dem Umweg über das Bewusstsein der anderen irgendeine Selbsteinschätzung und das Bewusstsein, einen Platz auszufüllen, für sich zu retten.«[52]

Die tiefste Ursache für diese verzweifelte Suche nach Individualität freilich ist der *Hiatus zwischen objektiver und subjektiver Kultur*, der sich vor allem in der Großstadt zeigt. »Hier bietet sich in Bauten und Lehranstalten, in den Wundern und Komforts der raumüberwindenden Technik, in den Formungen des Gemeinschaftslebens und in den sichtbaren Institutionen des Staates eine so überwältigende Fülle kristallisierten, unpersönlich gewordenen

51 Ebd., S. 118, 121.

52 Ebd., S. 128.

Geistes, dass die Persönlichkeit sich sozusagen dagegen nicht halten kann.« »Die Atrophie der individuellen durch die Hypertrophie der objektiven Kultur«[53] erklärt die verbissenen Anstrengungen zur individuellen Persönlichkeitsbildung.

Struktur- und Charaktereigenschaften der Großstadt wie die Prozesse der Differenzierung und Individualisierung zusammen genommen zeichnen für die *Mentalität* des Großstädters verantwortlich. Vier Eigenschaften sind es, die Simmel hervorhebt. Da ist erstens eine Haltung der *Blasiertheit* gegenüber den Dingen, die als Folge der Reizabwechslung und -überflutung gelten muss. »Das Wesen der Blasiertheit ist die Abstumpfung gegen die Unterschiede der Dinge, nicht in dem Sinne, dass sie nicht wahrgenommen würden, wie bei dem Stumpfsinnigen, sondern so, dass die Bedeutung und der Wert der Unterschiede der Dinge und damit der Dinge selbst als nichtig empfunden wird.«[54] Die Folge ist eine kontinuierlich graue und matte Seelenstimmung des »déja-vu«, die nur durch neue, auf- und anregende Reize erneut eine farbliche Tönung vorübergehend bis zur nächsten Abstumpfung annehmen kann. Diese Haltung der Blasiertheit gegenüber den Dingen korrespondiert, zweitens, mit einer Haltung der *Reserviertheit*, ja der latenten Aversion, gegenüber den Menschen. Angesichts der zahllosen Berührungen im alltäglichen Verkehr wird es dem Einzelnen unmöglich, auf jeden Mitmenschen mit der notwendigen Aufmerksamkeit einzugehen, sondern er wird dazu gezwungen, auf Distanz zu gehen. Die Großstadt vereinigt eine *Gesellschaft von Fremden*, denen man mit einem gewissen Misstrauen gegenübertritt. »Die ganze innere Organisation eines derartig ausgedehnten Verkehrslebens beruht auf einem äußerst mannigfaltigen Stufenbau von Sympathien, Gleichgültigkeiten und Aversionen der kürzesten wie der dauerndsten Art.« Das wichtigste Kennzeichen für die Mentalität des Großstädters freilich besteht, drittens, in seiner *Freiheit*. Es ist die doppelte Freiheit *von* Zwängen und Rücksichtnahmen einerseits, und die Freiheit *zur* Selbstgestaltung des eigenen Lebens andererseits. »Dass wir den Gesetzen der eigenen Natur folgen – und dies ist doch Freiheit, wird uns und anderen erst dann ganz anschaulich und überzeugend, wenn die Äußerungen dieser Natur sich auch von denen anderer unterscheiden; erst unsere Unverwechselbarkeit

53 Ebd., S. 130.
54 Ebd., S. 121.

mit anderen erweist, dass unsere Existenzart uns nicht von anderen aufgezwungen ist.« Schließlich gilt die Großstadt als Hort des *Kosmopolitismus*. Gerade weil die Großstadt eine Welt für sich ist und an der Welt durch internationale Beziehungen teilhat, eine Gesellschaft *in* der Gesellschaft also, vermag sie eine kosmopolitische Geisteshaltung gegenüber der übrigen Welt zu entwickeln. Simmel erklärt diese Horizonterweiterung, den *globalen Blick der Urbanität*, mit der funktionellen Größe einer Metropole, die an ihren physischen Grenzen nicht haltmacht. Gerade weil die Großstadt eine globale Welt im Kleinformat darstellt, vermag sie Sinn und Bedeutung für die eine Welt im Großen und Ganzen zu entwickeln.[55]

Kein Wunder, dass »Die Großstadt und das Geistesleben« zusammen mit seinem amerikanischen Pendant *Urbanism as a Way of Life* von Louis Wirth (1938) zu den Klassikern der *Urban Studies*[56] geworden ist. Wie in einem Brennglas bündelt Simmel die Konsequenzen, welche die Prozesse der Differenzierung und Individualisierung (Arbeitsteilung, Kampf der Menschen untereinander und Persönlichkeitsbildung) auf der Ebene der Gesellschaft als Großstadt und auf der Ebene des Individuums in Gestalt der Mentalität des Großstadtmenschen haben. »Die Großstädte und das Geistesleben« sind auf diese Weise ein Paradigma für die Stadtanalyse wie eine Zeitdiagnose metropolitaner Lebensführung: *Modernität und Individualität*. Die Großstadt, so Simmels Vorliebe für paradoxe Argumente, ist die unpersönliche Lebensform schlechthin durch das Übergewicht der objektiven Kultur über die subjektive Kultur. Zugleich – und das heißt im Einklang mit und im Gegensatz zu dieser Einschätzung – wird sie zur privilegierten Pflanzstätte der Ausbildung moderner Individualität und der persönlichen Lebensführung.

Wir können unsere bisherigen Ausführungen dahingehend zusammenfassen, dass der Prozess gesellschaftlicher Differenzierung

55 Ebd., S. 123, 127.

56 Vgl. Rolf Lindner, »Georg Simmel, die Großstadt und das Geistesleben«, in: Mieg et al. (Hg.), *Georg Simmel und die aktuelle Stadtforschung*, S. 29-37; ders., *Die Entdeckung der Stadtkultur. Soziologie aus der Erfahrung der Reportage*, Frankfurt/M. 1990; Steffen Sigmund, »Georg Simmel in Berlin«, in: *Berliner Journal für Soziologie* 3/2 (1993), S. 161-182; Johanna Hoerning, Gunter Weidenhaus, »Simmel als Ahnherr der Stadtsoziologie und der Urban Studies«, in: Müller, Reitz, *Simmel-Handbuch*, S. 800-814.

im Sinne von Arbeitsteilung, Rollen- und Funktionsdifferenzierung, die entwickelte Geldwirtschaft und der urbane Raum der Großstadt nicht nur die Wachstums- und Leistungsfähigkeit der modernen Gesellschaft steigert, sondern in eins damit auch Individualität und Freiheit ermöglicht. Freilich ist »der Gewinn individueller Freiheit«, so fügt Simmel[57] hinzu, nur »die Freiheit von etwas«, ohne nähere Spezifizierung der »Freiheit zu etwas«.[58] Hort und Brutstätte von Freiheit und das Reservoir für die Inszenierung von aufmerksamkeitsheischender Individualität ist die moderne Großstadt, die eine kosmopolitisch-urbane Lebensführung nahelegt. Wir müssen daher unseren Blick auf Kultur und Lebensstil richten, um zu prüfen, wie die rein negative oder formale Freiheit positiv oder materiell angereichert werden und ob die Inszenierung von Individualität auch Individuierung nach sich ziehen kann. Nur wenn das gelingt, so lässt sich vermuten, wird sich der formelle Freiheitszuwachs in kulturell spezifizierte und materialisierte Individualität ummünzen lassen.

5.5 Moderne Kultur und Lebensstil

Während Simmels Gesellschaftsanalyse alles in allem eine recht positive Bilanz zum Prozess von Differenzierung und Individualisierung zieht, stimmt ihn seine Kultur- und Zeitdiagnose eher skeptisch, ob die Freiheitschancen auch zur Ausbildung von Individualität tatsächlich genutzt werden können. Wie muss man sich die Diskrepanz zwischen gesellschaftlicher Differenzierung und kultureller Entwicklung erklären, obgleich doch die Ideengeschichte alle Weichen auf Freiheit und Individualität stellt?

Simmel versteht unter *Kultur* »die Verfeinerungen, die vergeistigten Formen des Lebens, die Ergebnisse der inneren und äußeren Arbeit an ihm«.[59] Man muss dabei indes einen *objektiven* und einen

57 Simmel, *Philosophie des Geldes*, S. 444 f.

58 Simmel nimmt hier ähnlich wie schon Tocqueville eine wichtige Unterscheidung vorweg, die den Philosophen und genialen Ideenhistoriker Isaiah Berlin später berühmt machen wird: die Distinktion zwischen negativer Freiheit, der Freiheit »von«, und positiver Freiheit, der Freiheit »zu«. Vgl. Isaiah Berlin, *Four Essays on Liberty*, London 1970.

59 Simmel, *Philosophie des Geldes*, S. 502.

subjektiven Aspekt unterscheiden, die Schaffung von Kulturgütern und die Kultivierung der Menschen voneinander trennen. In der Regel besteht zwar durchaus ein enger Zusammenhang zwischen objektiver und subjektiver Kultur: »Indem wir die Dinge kultivieren«, so Simmel, »kultivieren wir uns selbst: es ist der gleiche, von uns ausgehende und in uns zurückgehende Werterhöhungsprozess, der die Natur außer uns oder die Natur in uns ergreift.«[60] Aber das drastische Entwicklungstempo gesellschaftlicher Differenzierung hat zu einer enormen Kultivierung der Dinge und zum Anwachsen der objektiven Kultur geführt, hinter dem die Kultur der Individuen indes zurückgeblieben ist. Ist diese Diskrepanz wohl ein generelles Problem aller entwickelten Kulturen, weil sich die Individuen das Wissen von Generationen nicht mehr vollständig aneignen können, so hat darüber hinaus der Pluralismus des Wertekosmos zu einer Vervielfältigung von Stilen geführt. Über der Vielfalt von Stilen ist ein allgemein verbindlicher Stil verlorengegangen. Denn: »Wir nennen es den *Stil* der Zeit oder des Volkes, der Lebensäußerungen überhaupt, die sich in jeweils begrenzten Abschnitten von Raum und Zeit ergeben; und diese Gemeinsamkeit des Stiles, die wir selten genau beschreiben können, aber sozusagen als unverkennbare Familienähnlichkeit fühlen, läßt uns einen solchen jeweiligen Abschnitt des Menschheitslebens eben als *eine* Kulturepoche, als *einen* fest charakterisierten unter den Bezirken des Lebens erscheinen.«[61] Der Verlust eines orientierungsfähigen, allgemeinen Stils einerseits, die Pluralisierung möglicher individueller Stile andererseits erklären die »tiefe Sehnsucht, den Dingen eine neue Bedeutsamkeit, einen tieferen Sinn, einen Eigenwert zu verleihen«. Es speist sich aus dem Bedürfnis nach Individualität, jener positiven oder materiellen Freiheit, denn »das Individuum begehrt, ein geschlossenes Ganzes zu sein, eine Gestaltung mit eigenem Zentrum, von dem aus alle Elemente seines Seins und Tuns einen einheitlichen, aufeinander bezüglichen Sinn erhalten«.[62]

Woher rührt das Bedürfnis nach Individualität? Simmel spürt immer wieder den historischen Formen des Individualismus nach, um genealogische Hinweise auf die zeitgemäße Form der Individu-

60 Ebd., S. 503.

61 Georg Simmel, *Das Individuum und die Freiheit. Essays*, Neuausgabe von *Brücke und Tür*, hg. v. Michael Landmann, Berlin 1984, S. 146.

62 Simmel, *Philosophie des Geldes*, S. 449, 563.

alität zu gewinnen. Für ihn steht fest, dass Idee und Ideal der Individualität *modernen Ursprungs* sind. *Modernität und Individualität* sind gleichursprünglich, d. h. keine Modernität ohne Individualität und keine Individualität ohne Modernität. Um seine Richtungen und Ausprägungen näher charakterisieren zu können, führt er die Unterscheidung von quantitativem und qualitativem Individualismus ein. Historisch gesehen hat sich der *quantitative Individualismus* im Zeitalter der Aufklärung herausgebildet. Im Zentrum steht die Idee der *Freiheit* des Menschen, die gegen die traditionellen Mächte von Monarchie und Kirche erkämpft werden müssen. Das *Ancien Régime* bindet den Einzelnen an traditionelle Gewalten und deren Verpflichtungen, die aus moderner Sicht als Last und Zumutung empfunden werden. Das Licht der Freiheit scheint so hell, dass ihre Realisierung scheinbar alle gesellschaftlichen Probleme gleich mit zu lösen verspricht. Es geht vor allem um den Kampf *gegen* die Macht und die Freiheit *von* ihrer Gewalt. Die befreite Gesellschaft schafft offenkundig das autonome Individuum in Gestalt des Menschen als Menschen. In diesem Sinne, also nach heutigem Verständnis der Menschen- und Bürgerrechte, gehen die Werte von Freiheit und Gleichheit eng zusammen. Aber die naheliegenden Fragen – »Was kommt nach der Freiheit? Wie sieht eine tragfähige Freiheit *zu* autonomer Lebensführung aus?« – werden erst gar nicht aufgeworfen. Die Vorstellung von Individualität richtet sich auf den Menschen als eigenständiges Sinn-, Bedeutungs- und Moralzentrum, das sich und seine Lebensführung in sittlicher Autonomie zu verantworten hat. Für Simmel repräsentiert Kants kategorischer Imperativ die reinste Ausgestaltung dieses Begriffs von Individualität im 18. Jahrhundert: »die persönliche Freiheit, die die Gleichheit nicht aus-, sondern einschließt, weil die wahre ›Person‹ in jedem zufälligen Menschen eben die gleiche ist«.[63]

Die Folgeprobleme bleiben indes ausgespart. Die Menschen sind als Personen gleichgestellt, aber als Menschen sind sie höchst unterschiedlich in ihren Talenten und Energien, Fähigkeiten und Fertigkeiten. Das Bedürfnis nach Freiheit schafft in der Verwirklichung einen performativen »Selbstwiderspruch. Denn sie ist offenbar nur dann dauernd zu realisieren, wenn die Gesellschaft aus lauter gleich starken und innerlich wie äußerlich genau gleich begünstigten

63 Georg Simmel »Grundfragen der Soziologie. Individuum und Gesellschaft«, in: ders., *GSG 16*, Frankfurt/M. 1999 [1917], S. 59-15, hier S. 137.

Individuen besteht.« Ist das nicht der Fall, dann werden diese individuellen Unterschiede soziale Ungleichheiten produzieren, und die Freiheit der Starken wird die Unterdrückung der Schwachen bedeuten. »Aus diesem Grunde war die paradoxe Frage durchaus gerechtfertigt, ob nicht die Vergesellschaftung der Produktionsmittel die einzige Bedingung wäre, unter der – die freie Konkurrenz durchzuführen wäre! [...] Die volle Freiheit eines jeden kann nur bei voller Gleichheit mit jedem anderen statthaben.«[64]

Im 19. Jahrhundert gehen diese beiden Ideale auseinander mit der Folge, das »die Tendenz auf Gleichheit ohne Freiheit und auf Freiheit ohne Gleichheit«[65] geht. Im *Sozialismus* ist der primäre Wert die Gleichheit, so dass existierende Ungleichheiten abgebaut und eine Nivellierungspolitik betrieben werden müssen. Je nach Status und Stellung des Einzelnen in der sozialen Hierarchie der Gesellschaft ist die individuelle Freiheit davon unterschiedlich betroffen. Was für den Arbeiter ein Zugewinn an Freiheit bedeutet, kann für Unternehmer, Künstler und Gelehrte einen veritablen Freiheitsverlust implizieren. Zudem vermag auch der Sozialismus das Problem der Meritokratie nicht zu lösen. Auch in der sozialistischen Gesellschaft wird es mehr Menschen geben, die zu Höherem befähigt wären – allein, diese vielen höheren Stellungen gibt es nicht.

Der *qualitative Individualismus* des 19. Jahrhunderts hält an der Freiheit fest, ersetzt aber Gleichheit durch Ungleichheit oder Differenz. Gerade nicht wie alle anderen Menschen zu sein, sondern *Anderssein* ist das Ideal. »Es geht durch die ganze Neuzeit: das Individuum sucht nach sich selber, als ob es sich noch nicht hätte, und ist doch sicher, an seinem Ich den einzig festen Punkt zu haben.« Diese Einzigartigkeit und Unvergleichbarkeit der je eigenen Individualität ein Leben lang zu entwickeln, zu pflegen und zu verwirklichen, wird das wichtigste Anliegen eines jeden Menschen. Denn es gilt, »sein eigenes, nur ihm eigenes Urbild zu verwirklichen«. In Simmels Augen schließt sich da der Kreis zwischen der strukturellen Entwicklung der Gesellschaft in Gestalt der Arbeitsteilung einerseits, ihrer kulturellen Entfaltung in Gestalt des qualitativen Individualismus andererseits. »Mit dem Individualismus des Andersseins, der Vertiefung der Individualität bis zur Unvergleich-

64 Ebd., S. 129 f.
65 Ebd., S. 136.

lichkeit des Wesens ebenso wie der Leistung, zu der man berufen ist – war nun auch die Metaphysik der Arbeitsteilung gefunden.«[66]

Simmel versagt sich am Ende eine *normative* Lösung dieses Problems in seiner Soziologie der Individualität, welches die Ambivalenzen, Spannungen und Widersprüche des modernen Lebens aufheben oder gar vollends versöhnen könnte. Er scheint eher ständig auf der Suche gewesen zu sein, wie seine spätere Lebensphilosophie, das »individuelle Gesetz« und seine Studien zu »erfüllter Individualität« – *Kant und Goethe* (1906), *Schopenhauer und Nietzsche* (1907), *Goethe* (1913) und *Rembrandt* (1916) – beweisen. Den mannigfaltigen Wegen, die er beschritt, kann man soziologisch auf Anhieb nur zwei *empirisch* wahrscheinliche Entwicklungen entnehmen. Das aristokratische Individuum vermag aus seinen schöpferischen Kräften einen persönlichen Lebensstil zu kreieren. »Hier ist das Individuelle der Fall eines individuellen Gesetzes; wer dazu nicht stark genug ist, muß sich an ein allgemeines Gesetz halten.«[67] Es scheint, als ob eine starke Minderheit für sich das, was man als erfolgreiche *Individuierung* zu bezeichnen pflegt, realisieren kann. Für die große Mehrheit der Menschen hingegen gilt, dass sie die Qual der Lebensstilwahl aus dem Ensemble rasch wechselnder Mode- und Stilangebote zu treffen haben. Simmel nimmt weitsichtig die heutige Konsumgesellschaft vorweg, die mit ihren Angeboten an flotten Lebensstilen die Accessoires für eine Form der »Individualität *light*« ohne Individuierung offeriert. »Der Mangel an Definitivem im Zentrum der Seele treibt dazu, in immer neuen Anregungen, äußeren Aktivitäten eine momentane Befriedigung zu suchen; so verstrickt uns dieser erst seinerseits in die wirre Halt- und Ratlosigkeit, die sich bald als Tumult der Großstadt, bald als Reisemanie, bald als wilde Jagd der Konkurrenz, bald als die spezifisch moderne Treulosigkeit auf den Gebieten des Geschmacks, der Stile, der Gesinnungen, der Beziehungen offenbart.«[68]

66 Ebd., S. 146, 148.

67 Georg Simmel, »Das Problem des Stiles«, in: *Dekorative Kunst* 11/7 (1908), S. 307-316, hier S. 314.

68 Simmel, *Philosophie des Geldes*, S. 551.

5.6 Erfüllte Individualität – Das individuelle Gesetz

Indes, dieser skeptische Ausblick am Ende seiner *Philosophie des Geldes* bleibt nicht sein letztes Wort. Simmel wendet sich in seiner letzten Schaffensphase der Lebensphilosophie zu,[69] um von dieser Warte das Verhältnis von Individuum und Gesellschaft nochmals in neuartiger Weise zu beleuchten. »Die Tragödie der Individualität« scheint als Schicksal dem modernen Menschen – mit einigen wenigen Ausnahmen – vorbestimmt, doch Simmel ruhte nicht, bevor er eine neue, eben lebensphilosophische Basis für diese »Metaphysik der Arbeitsteilung« gefunden zu haben glaubte. Er gab ihr den höchst merkwürdigen, ja widersprüchlichen Namen: *Das individuelle Gesetz*. Auf Anhieb scheint es sich um eine »contradictio in adiecto« zu handeln, denn ein Gesetz ist allgemein, sonst ist es kein Gesetz. Wie kann es dann individuell sein, also am Ende nur auf einen besonderen Menschen zutreffen?

Simmel war stets ein guter Kantianer, aber die Ethik des kategorischen Imperativs hielt er nicht nur für hoffnungslos veraltet, sondern auch in ihrer dualistischen Konstruktion ungeeignet mit ihren Dichotomien wie Subjekt/Objekt, das Individuelle/das Allgemeine, die Wirklichkeit/das Ideal, die Freiheit/das Gesetz, das Sein/das Sollen, die Subjektivität/die Objektivität. Statt solcher Dualismen wie Leben und Sollen optierte Simmel für ein »Drittes« – seine Lieblingslösung: die Triade von Wirklichkeit, Sollen und Leben. Das Leben umfasst nämlich stets beides: die Wirklichkeit und das Sollen. Die Ethik wird also nicht abgeschoben in eine eigene Sphäre, um dann wie ein »deus ex machina« exogen und von oben das Leben zu regeln. Vielmehr geht es Simmel um eine endogene, aus der Mitte des Lebens heraus sich entwickelnde Lösung. Es ist das Individuum selbst, das sich gleichsam »von innen her« ein ethisches Gesetz verleihen muss, das als Richtschnur für die individuelle Selbstverwirklichung dem einzelnen Leben sein »Telos« vorschreiben sollte. Man fühlt sich an dieser Stelle an Webers Diktum erinnert, dass jeder den Dämon in sich finden solle, der dann die Fäden des eigenen Lebens in den Händen halten wür-

69 Zu dieser Lesart siehe: Hans Joachim Lieber, *Kulturkritik und Lebensphilosophie. Studien zur deutschen Philosophie der Jahrhundertwende*, Darmstadt 1974; Gregor Fitzi, *Soziale Erfahrung und Lebensphilosophie. Georg Simmels Beziehung zu Henri Bergson*, Konstanz 2002.

de. Aber Simmel hätte diese Redeweise sicherlich als irrationalistisch, willkürlich und schicksalhaft kritisiert. Hier handelt es sich um eine bewusste und vernünftige Bestimmung eines ethischen Gesetzes, dem dann die Lebensführung der ganzen Existenz unterstellt wird. Es erwächst gleichsam ein objektives Sollen für das Individuum, »die aus *seinem* Leben heraus an *sein* Leben gestellte Forderung«.[70] Das Leben des modernen Individuums, das seinem eigenen »individuellen Gesetz« konsequent über seinen Lebensverlauf hinweg und im Rahmen seiner Biographie folgt, ähnelt der »methodisch-rationalen Lebensführung« der Puritaner in seiner Rigorosität, Folgerichtigkeit und Lebenslänglichkeit. Hier wie dort wird ein strenges moralisches Regime errichtet, das eine gelungene Seelen- und Lebensführung verspricht. Aber das moderne Individuum unterwirft sich seinem »individuellen Gesetz« nicht um Gottes Wohlgefallen halber oder um einen Platz im jenseitigen Paradies zu erheischen, sondern um die Sicherheit seines eigenen Seelenheils im Diesseits zu gewährleisten. Am Ende, so Simmels Überzeugung, nützt nur die Hilfe zur ethischen Selbsthilfe, wenn soziale Differenzierung und Komplexität der Gesellschaft zu groß geworden sind und die Kultur in ihrer eklektizistischen Mannigfaltigkeit keine Stil- und Sinnorientierung mehr dem Einzelnen zu geben vermag. Der Mensch muss unter Zuhilfenahme des individuellen Gesetzes sein Leben zum ethischen Gesamtkunstwerk machen, wenn er der allgemeinen Kultur- und seiner eigenen Seelennot entkommen will. Angesichts der Optionsvielfalt und der Orientierungsunsicherheit muss er sich – wie Münchhausen – am eigenen Schopf aus dem Sumpf ziehen. Individualität im ethischen Sinne heißt: Mache dir deinen eigenen Regelkanon und folge ihm konsequent. Das individuelle Gesetz, unerbittlich und rigoros in seinem ethischen Gehalt, verleiht die Sicherheit zur eigenständigen Lebensführung und vermag über die Zeit dem eigenen Lebenslauf und der eigenen Biographie Sinn und Bedeutung zu verleihen. Nur ein menschliches Leben, das sich dieses individuelle Gesetz schafft und ihm folgt, hat die Chance, als erfülltes Leben zu gelten.

Deshalb sind es gerade seine Studien zu erfüllter Individualität, welche die Abstraktion des »individuellen Gesetz[es]« mit Leben erfüllen. Simmel begnügte sich nicht damit, Voraussetzungen und

70 Simmel, *Lebensanschauung*, S. 408.

Bedingungen für Individualität in der modernen Gesellschaft abstrakt und analytisch zu eruieren. Vielmehr versuchte er, in einer Art von philosophischer Porträtkunst, Fälle gelungener Individualität aufzuspüren und konkret wie synthetisch zu charakterisieren. Die bevorzugten Felder für diese Porträtstudien waren Philosophie und Kunst. Im Bereich der Philosophie beschäftigte er sich vor allem mit Kant, dem er in der Erkenntnistheorie weit folgte, nicht aber in seiner Moraltheorie, wie sein »individuelles Gesetz« gezeigt hat. Schopenhauer und Nietzsche haben ihn nicht losgelassen, weil sie nach der Systemphilosophie von Kant, Hegel und Fichte einen radikalen Neuanfang gewagt und Philosophie gleichsam als Lebensphilosophie *avant la lettre* betrieben hatten. Ihnen ging es nicht so sehr um die großen Systeme von Wissenschaft, Kunst und Moral sowie um die Erkenntnistheorie als um die Kunst der Lebensführung des Menschen in der Moderne selbst. Es ist also die idealistische und individualistische Linie, die er in der Philosophie des 19. Jahrhunderts verfolgt, nicht jedoch die materialistische und kollektivistische Linie, wie sie von Marx und Engels verfolgt wurde. Eine Spannung, die an dieser Stelle nicht weiterverfolgt werden kann. Zwar äußerte sich Simmel immer wieder sympathetisch zu dem Gleichheitsanliegen des Sozialismus, verhehlte indes nicht die Kosten des Nivellements, die diese Gesellschaftsform als Lebensform für Freiheit und Individualität des Menschen haben würde. Ihm selbst als einen extremen Individualisten und Ästheten musste der Sozialismus am Ende stets eine perhorreszierte Lebensform bleiben, trotz aller Sympathie für Gleichheit, soziale Gerechtigkeit und gesellschaftliche Partizipation, wie er diese Ideale als guter Sozialdemokrat wie selbstverständlich vertrat. Aber trotz der Anerkennung des Sozialismus als ein berechtigtes gesellschaftliches Ideal hätte er ihn als gelebte Gesellschaftsform für sich wohl kategorisch abgelehnt. Man stelle sich als kleines Gedankenexperiment nur einen Georg Simmel in der Sowjetunion oder in der Deutschen Demokratischen Republik vor – das wäre nicht gut gegangen für den Berliner Philosophen und Soziologen.

Im Bereich der Kunst interessiert sich Simmel in erster Linie für große Künstlergestalten – Michelangelo als Schöpfer und Raffael als Gestalter, die Modernität von Rodins Plastiken, die Dichtung von Stefan George, die Malerei Rembrandts und allen voran als sein Idol der große Solitär Goethe. Rembrandt und Goethe sind es auch, denen Simmel eigens eine Monographie widmet. Während er bei Rembrandt die Möglichkeiten einer Kunstphilosophie auslotet und diese Bemühungen ins religionsphilosophische Fahrwasser verlängert, geht es ihm bei Goethe um die Lebensform »Goethe« selbst. Immer wieder hat er sich mit dem größten deutschen Dichter beschäftigt, und in fast allen Fragen von Kunst und Lebensphilosophie war Goethes Leben und Schaffen das Vorbild wie die Messlatte für alles Weitere. Seine große Monografie widmete er Marianne Weber, der Frau von Max Weber, wohl wissend, dass das befreundete Ehepaar seine Goetheverehrung wie auch den Vorbildcharakter von Goethes Lebensführung mit ihm teilten. Warum Goethe? Es ist Goethe selbst, der fordert, dass der Mensch aus seinem Inneren heraus leben soll. Es ist Goethe, der die beiden Formen von Individualismus, die Simmel unterscheidet, in sich verkörpert und zu einer eigensinnigen, eben goetheanischen Symbiose – dem von Simmel stets gesuchten »Dritten« – führt. Es ist die ganze Lebensführung des Staatsmannes, Theaterdirektors, Dichters und Weltliteraten, die Simmel fasziniert. Goethe hat das individuelle Gesetz vorgelebt, das Simmel als sein geistig-moralisches Vermächtnis in seiner *Lebensanschauung* hinterlassen hat. Kein Zweifel, Goethe verkörpert für Simmel Ideal und Realität von erfüllter Individualität und gelungener Lebensführung, die »Mehr-Leben« und »Mehr-als-Leben« bedeutet.

Schon im Vorwort zu seiner großen Studie macht er klar, dass es ihm nicht so sehr um Leben oder Werk geht, sondern »um das ›Urphänomen‹ Goethe« selbst. »Was ist der geistige Sinn der Goetheschen Existenz überhaupt?« – so lautet die ambitionierte Fragestellung. Aber wie findet man die »Idee Goethe«? Wie bestimmt man sein Wesen? Simmel sucht nach dem »Dritten« jenseits von Leben und Werk:

der reine Sinn, die Rhythmik und Bedeutsamkeit des Wesens, die sich einerseits an dem zeitlich gelebten persönlichen Leben, andererseits an den objektiven Leistungen ausformen, wie sich ein Begriff sowohl in der Seele realisiert, die ihn denkt, wie an dem Ding, dessen Inhalt er bestimmt. Wenn irgendwo, so muss bei ihm dieses Dritte, diese ›Idee Goethe‹ aufzufinden sein, weil ihre Darstellung in der subjektiven Seelenhaftigkeit und die in dem geleisteten Werke einander hier in ganz einziger Unmittelbarkeit und Vollständigkeit entsprechen. Ich kann meine Absicht auch damit ausdrücken, dass das Goethesche Leben, diese Rastlosigkeit von Selbstentwicklung und Produktivität, auf die Ebene des zeitlos bedeutsamen Gedankens projiziert werden soll.

Im Kern zielt seine Analyse auf die Persönlichkeit Goethes, seine Individualität und Lebensführung.

> Wie bei jeder Darstellung einer geistigen Persönlichkeit, für die nicht erst Kenntnis, sondern Verständnis gesucht wird, d.h. nicht Einzelheiten, sondern ihr Zusammenhang, steht im Mittelpunkt eine gewisse Anschauung der Individualität; diese kann, als Anschauung, nicht unmittelbar ausgesprochen werden, sondern man kann nur zu ihrer Nachbildung durch eine Summe partieller Bilder auffordern, deren jeweilige Motive durch die großen geistesgeschichtlichen Begriffe unserer Welt- und Lebensdeutung bestimmt sind.[71]

Wer mit dem Werk Goethes vertraut ist, wird die prometheische Wucht dieser Aufgabe sofort einsehen. Simmel will Goethe geistig nachschaffen und auf diese Weise den Struktur- und Identitätseigentümlichkeiten seiner Biographie und seines Lebenslaufs auf die Spur kommen. Allein, einfach ist das nicht. Goethes Sein ist ständiges Werden. Es scheint fast, als habe Goethe in seiner Person alle möglichen Persönlichkeiten ausprobieren wollen, sei es in seiner eigenen Biografie oder in seinem Werk. Er selbst hat seine individuelle Existenz als kollektives Gesamtkunstwerk charakterisiert[72] Seine Methode des Schreibens und der Dichtung hat Goethe als System einander zugewandter Spiegel charakterisiert, deren Wechselwirkungen und Brechungen es ihm erlauben, alle möglichen Personen und Figuren wie auch Positionen und Weltanschauungen abzuspiegeln, ohne jemals als Autor Partei für irgendeine seiner Figuren oder Positionen zu ergreifen. Goethe als Enigma – denn der Klassifizierer unter allen Klassifizierern, der unter anderem die Klassik kodifiziert hat, arbeitet ständig daran, selbst nicht klassifiziert werden zu können. Kritik an seinem Werk aus deutscher Feder vermag ihn zwar maßlos zu ärgern; ernst genommen hat er sie freilich nicht, da er wusste, dass er »Weltliteratur«, so sein Begriff, schuf. Kurz: Das Individuum Goethe ist ein Hort multipler Identi-

71 Georg Simmel, *Goethe*, in: ders., *GSG 15*, Frankfurt/M. 2003 [1913], S. 7-270, hier S. 9f.

72 Hans-Peter Müller, »Goethe: The Ambivalence of Modernity and the Faustian Ethos of Personality«, in: Christofer Edling u. Jens Rydgren (Hg.), *Sociological Insights of Great Thinkers*, Santa Barbara u. a. 2010, S. 169-176.

täten und mehr »Möglichkeitsmensch« als »Wirklichkeitsmensch« im Musilschen Sinne. In seinen beiden großen Werken *Faust* und *Wilhelm Meister* löst er nach dem jeweils konventionellen ersten Teil – die verkorkste Wissenschaftlerkarriere nebst magisch-mephistophelisch vermittelter Erkenntnis- und Liebeserfahrung bei Faust, der Bildungsroman bei Wilhelm – die Einheit von Raum, Zeit und Handlung vollends auf. Was im jeweils zweiten Teil durchgespielt wird, sind Projekte der Modernität. Goethe, ganz utopischer Soziologe, probiert die Wechselwirkungen von Lebensformen und Gesellschaftsformen aus. Welcher Gesellschaftstyp erheischt welchen Individualitätstyp von Mensch, damit der »Fortschritt« sich durchsetzen kann? Goethe, ganz auf den Spuren von Saint-Simon, spielt den Gesellschaftsplaner und Menschenmacher.

Simmel indes ist sich seiner gewaltigen Aufgabe bewusst und zeigt sich ihr gewachsen. Nach dem Durchgang durch alle Permutationen Goetheschen Werdens stößt er am Ende auf die gesuchte Generalformel: »die Objektivierung des Subjekts. In einer kaum überschaubaren Arbeit hat er das vielleicht reichste, gedrängteste, bewegteste, subjektive Leben, das wir kennen, derart zu objektiver Geistigkeit gebildet, dass man den ganzen Umfang und die unzähligen Ausschlagspole dieses rastlosen innerlichen Werdens, dieser immer schwingenden, immer empfangenden und immer zeugenden Ichfunktion wie lückenlos an dem zeitlos ausgebreiteten Werk ablesen kann.«[73] Es nimmt daher nicht wunder, wenn Goethe in seinem Leben die beiden Formen des Individualismus versöhnt; der junge Goethe strebt vehement dem qualitativen, der alte Goethe dem quantitativen Individualismus nach, um doch als »Genie der Normalität« in seiner Suche nach dem »Allgemein-Menschlichen« die Brücke zu einem »Dritten«, einer metaphyischen Individualität zu bauen.

Die metaphysische Auffassung der Individualität aber erreicht ihre ganze anschauliche Fülle und lebendige Ausgestaltung dann, wenn die Grundfärbung, die das Individuum in seiner Einzigkeit ausmacht, die Ganzheit des Daseins um das Individuum herum durchströmen und auf sich abstimmen kann. Das menschliche Wesen ist erst dann wirklich ganz Individuum, wenn es nicht nur ein Punkt in der Welt, sondern selbst eine Welt ist, und dass es sie ist, kann es nur damit beweisen, dass seine Qualität sich als

73 Simmel, *Goethe*, S. 230 f.

Bestimmung eines möglichen Weltbildes zeigt, als der Kern eines geistigen Kosmos, von dessen individueller Totalität all seine einzelnen Äußerungen nur ganz partielle Verwirklichungen sind.[74]

5.7 Die Ambivalenz von Modernität und Individualität

Georg Simmel hat keine Gesellschaftstheorie in der Art entwickelt, wie Tocqueville und Marx vor ihm oder sein französischer Zeitgenosse Durkheim jenseits des Rheins dies versucht haben. Zwar ist auch er ein Totalitätsdenker, der das »Ganze« in den Blick nimmt, aber nicht anhand der Gesellschaft, sondern über Formen und Prozesse der Vergesellschaftung. Das »Ganze«, so seine Überzeugung, lässt sich nur über das Fragment ausschnitthaft essayistisch umkreisen und darüber perspektivisch studieren. Sein Relativismus, den er als angemessene Erkenntnistheorie wie als zeitgemäße Metaphysik der Moderne empfindet, spürt den mannigfaltigen Wechselwirkungsprozessen nach, die das soziale Leben in ständiger Bewegung halten. Auch ohne den Halt einer Gesellschaftstheorie und die Stütze eines Rahmens wie der Gesellschaft vermag er mit Hilfe seines soziologischen Ansatzes die wichtigsten Prozesse und Mechanismen wie Tausch, Macht, Konflikt und Ungleichheit zu analysieren, aber auch Sozialfiguren wie den Fremden, den Armen, den Adligen oder den Großstädter. Mit seinem Blick für Probleme, Phänomene und Perspektiven ersteht kaleidoskopartig ein komplexes und pluralistisches Gesellschaftsbild der Modernität.

Simmels Gesellschafts- und Zeitdiagnose, die wir im Lichte der gesellschaftlichen, kulturellen und Persönlichkeitsentwicklung skizziert haben, zeichnet alles in allem ein ambivalentes Bild der Moderne (siehe Abbildung 2). Einerseits eröffnet erst der gesellschaftliche Differenzierungsprozess die Chancen zu Freiheit und Individualität. Andererseits zeigt seine Kultur- und Zeitdiagnose, dass das Übergewicht der objektiven über die subjektive Kultur, der Verlust eines orientierungsleitenden kollektiven Lebensstils, den Freiheits- und Individualitätsoptionen keine materiale Ab-

74 Ebd., S. 169.

stützung angedeihen lässt. In dieser ambivalenten Konstellation, mit der der Einzelne in der modernen Gesellschaft konfrontiert wird, sieht Simmel soziologisch, und das heißt empirisch, nur zwei Lösungswege, um dem Bedürfnis nach Freiheit und Individualität gerecht zu werden: einen individualistischen und einen kollektivistischen. Das aristokratische Individuum ist dank intellektueller Bildung und ästhetischer Erfahrung in der Lage, aus sich heraus den eigenen Lebensweg zu gestalten und einen eigenen, unverwechselbaren persönlichen Lebensstil zu kreieren. Diese *aristokratische Individualität* in diesem Sinne, darüber gibt sich Simmel keinen Illusionen hin, ist nur einer Minorität und wohl nur einer kleinen Elite vorbehalten. Die Mehrheit der Menschen und mithin die Masse muss seine Individualitätsbedürfnisse aus dem reichhaltigen gesellschaftlichen Reservoir von Mode- und Stilangeboten des Marktes befriedigen. Wo die konsumistische Befriedigung versagt, bleibt nur die therapeutische Betreuung von gescheiterten Lebensstilexperimenten einzelner Gruppen und Individuen. Auch in diesem Falle bleibt Simmel skeptisch, ob die konsumorientierte Lebensstilisierung langfristig tragfähig ist, um der menschlichen Lebensführung Sinn und Bedeutung zu verleihen. Er zieht einen bemerkenswerten Vergleich der Situation des modernen Menschen mit den Franziskanern. Das asketische Ideal der Armut gipfelte in dem franziskanischen Grundsatz: »Nihil habentes, omnia possidentes« (»Wir haben nichts, besitzen aber alles«). Der moderne Mensch hingegen, dem »Mammonismus« und dem ungeheuer »praktischen Materialismus« seiner Zeit ausgesetzt, scheint dem umgekehrten Grundsatz nachzustreben: »Omnia habentes, nihil possidentes« (»Wir haben alles, besitzen aber nichts«), so Simmel[75] über den »Begriff« und die »Tragödie der modernen Kultur«.

75 Simmel, *Das individuelle Gesetz*, S. 144.

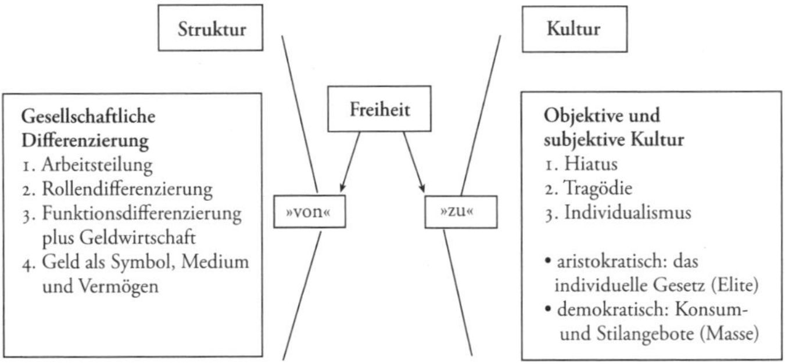

Abbildung 2: Soziale Differenzierung und Individualität

Trotz der kulturkritischen Töne hütet sich Simmel davor, diese spannungsgeladene »gesellschaftsgeschichtliche Konstellation«[76] einseitig normativ aufzulösen. Im Gegenteil – er verharrt in einer Position, die man positive Unentschiedenheit oder auch heiter-gelassene Indifferenz[77] nennen könnte. Sie ist ihm das Dritte, nach dem er stets gestrebt hat. Weder sucht er Zuflucht in der rückwärtsgewandten Tradition eines kollektiven Wertsystems, wie das in der französischen Tradition von Comte bis Durkheim zum Ausdruck kommt. Noch sieht er die Lösung in Richtung einer vagen Zukunftsutopie, die über eine gewaltsame Revolution den Übergang vom Reich der Notwendigkeit ins Reich der Freiheit verspricht, wie das Marx vorschwebt. Vielmehr weist ihn seine Diagnose dieser spannungsreichen Ambivalenz als typischen Vertreter der Moderne aus. Unsere zeitdiagnostische Formel von Modernität und Individualität soll diese schwebende, oszillierende Gemengelage charak-

76 Simmel, *Soziologie*, S. 114.

77 Ludwig Marcuse, »Georg Simmels Gegenwart«, in: ders., *Essays – Porträts – Polemiken*, Zürich 1979, S. 203-208, hier S. 203 f. hat diese Haltung kongenial auf den Begriff gebracht: »Er war denk-verliebt in das Leben, kein Denk-Diktator. Er schrieb eine Ethik – und schuf kein konkretes Soll. Er schrieb eine Geschichtsphilosophie – und wies dem Wandel der Kulturen keinen eindeutigen Weg nach. Er entwarf eine unendlich tiefsinnige Soziologie – und kein Ideal menschlichen Zusammenlebens wird hier erwogen. Seine Kunstphilosophie gestaltete die absolute, einander ausschließende Gegensätzlichkeit von italienischer Renaissance und Rembrandt – und entschied sich nicht. Seine Religionsphilosophie stellte das religiöse Erleben dar – und keinen Gott.«

terisieren: Die moderne Gesellschaft verspricht Freiheit, aber die pluralistische Kultur macht das Freiheitsversprechen zur Makulatur. Die soziale Differenzierung eröffnet Chancen zur Ausbildung von Individualität, aber die moderne Kultur entzieht sie zugleich, weil sie in ihrer Polyvalenz und ihrem Polytheismus keine anerkannten Identitätsmodelle bereitstellt. Individualität, so Simmels These, ist nur in der Modernität möglich, aber die Modernität scheint sie zugleich zu verunmöglichen. Das ist die Botschaft seiner Soziologie und Philosophie. Seine Lebensphilosophie lässt ihn indes Ausschau halten nach einer dritten Möglichkeit diesseits und jenseits von Modernität und Individualität. Er findet »das individuelle Gesetz« als Kern seiner »Lebensanschauung« und füllt es mit Anschauungsmaterial in seinen Studien zu erfüllter Individualität.

Ähnlich wie Max Weber plädiert Simmel letztlich dafür, Spannungen und Paradoxien des modernen Lebens auszuhalten. Verlangt diese Situation dem »modernen Kulturmenschentum« eine Haltung asketischen Heroismus ab, ist sie aus kultursoziologischer und -philosophischer Sicht die Voraussetzung weiterer schöpferischer Entwicklung. Gegensätze und Spannungen wie Leben und Form, objektive und subjektive Kultur, die Charakterlosigkeit des modernen objektiven Lebensstils und die persönlicher Lebensführung können produktiv aufgelöst werden und sozialen wie kulturellen Wandel anleiten. Schließlich bezeichnen moderne Gesellschaften und die moderne Kultur kein »stahlhartes Gehäuse der Hörigkeit« (Max Weber), sondern »Gehäuse des schöpferischen Lebens«. Am Ende verbirgt sich hinter der Logik kulturellen Wandels Simmels persönliche und philosophische Auffassung modernen Lebens. Denn: »[…] es ist ja gar nicht der Sinn des Lebens, die Dauer versöhnter Zustände, nach der es stets strebt, auch wirklich zu erlangen«.[78]

78 Simmel, *Philosophie des Geldes*, S. 550.

6. Max Weber und die institutionelle Revolution der Rationalisierung

»Das Schicksal einer Kulturepoche, die vom Baum der Erkenntnis gegessen hat, ist es, wissen zu müssen, dass wir den Sinn des Weltgeschehens nicht aus dem noch so sehr vervollkommneten Ergebnis seiner Durchforschung ablesen können, sondern ihn selbst zu schaffen imstande sein müssen, dass ›Weltanschauungen‹ niemals Produkt fortschreitenden Erfahrungswissens sein können, und dass also die höchsten Ideale, die uns am mächtigsten bewegen, für alle Zeit nur im Kampf mit anderen Idealen sich auswirken, die anderen ebenso heilig sind, wie uns die unseren.« Max Weber[1]

6.1 Max Webers Problemstellung

Max Weber darf wohl zu Recht als der letzte Universalgelehrte des 19. und frühen 20. Jahrhunderts[2] bezeichnet werden. Er war Rechts-, Wirtschafts-, Geschichts-, Politik- und Sozialwissenschaftler zugleich – manche haben in ihm sogar einen Philosophen[3] gesehen. Seine enzyklopädischen Interessen erstreckten sich auf rechtliche, historische, wirtschaftliche und soziologische Studien von Antike, Mittelalter und Moderne. Vor dem Hintergrund dieses breitgefächerten Interessenspektrums sollte er, der dem Dilettantismus dieses neumodischen Faches zeit seines Lebens skeptisch gegenüberstand, gleich zum multiplen Gründervater innerhalb der

1 Max Weber, »Die ›Objektivität‹ sozialwissenschaftlicher und sozialpolitischer Erkenntnis«, in: ders., *Gesammelte Aufsätze zur Wissenschaftslehre*, S. 146-214, hier S. 154.

2 Siehe Hans-Peter Müller, *Max Weber. Eine Einführung in sein Werk*, Köln, Weimar, Wien 2007, S. 11-15 und ders., *Max Weber. Eine Spurensuche*, Berlin 2020.

3 Karl Jaspers erblickte in ihm den »Makroanthropos unserer Welt« und stellte seine eigene Philosophie in den Dienst Webers. Ders. (Hg.), *Max Weber. Gesammelte Schriften*, München, Zürich 1988, S. 36. Was dieser »Dienst« bedeutete, macht die vorzügliche *Einführung* von Dieter Henrich, »Denken im Blick auf Max Weber«, S. 7-31, deutlich.

Soziologie avancieren. Neben der politischen und sozialen Theorie inspirierte er die Wirtschaftssoziologie, wie Richard Swedberg[4] gezeigt hat; ferner die Arbeits-, Berufs, Professions-, Organisations- und Industriesoziologie,[5] und er ist stets ein Geheimtipp für »Management Studies«, wie die Arbeiten von Peter Drucker[6] demonstrieren; überdies die Soziologie sozialer Ungleichheit, Mobilität und Schichtung, wo Weber neben Marx' Klassentheorie und der funktionalistischen Schichtungstheorie[7] einen der drei theoretischen Ansätze entwickelt; darüber hinaus die politische Soziologie und Soziologie des Staates, wo er das Modell des westfälischen Staates[8] auf den Begriff gebracht haben dürfte; schließlich die Kultur- und Religionssoziologie, in der Weber nicht nur einen bemerkenswerten Ansatz[9] bereitgestellt, sondern durch sein Studium der Weltreligionen Maßstäbe[10] gesetzt hat.

Ähnlich wie im Fall der vorangegangenen Klassiker beschäftigt uns an seinem Werk der Zusammenhang zwischen Theorie, Methode, Analyse und zeitdiagnostischer Kritik der Gesellschaft. Auch hier gilt die Suche einer zeitdiagnostischen Formel, auf die sich sein Ansatz bringen lässt. Webers großes Thema wird die *Gesellschaftsgeschichte der okzidentalen Moderne*, um die Frage zu beantworten, warum es nur im Westen zur Modernisierung in einer ganz spezifischen Art und Weise gekommen ist. Warum geht der *Take-off* zur Industriellen Revolution und der Entstehung des Ka-

4 Richard Swedberg, *Max Weber and the Idea of Economic Sociology*, Princeton 1998; siehe auch Andrea Maurer (Hg.), *Wirtschaftssoziologie nach Max Weber*, Wiesbaden 2010; Klaus Kraemer u. Florian Brugger (Hg.), *Schlüsselwerke der Wirtschaftssoziologie*, Wiesbaden 2017, darin vor allem Hans-Peter Müller, »Max Webers Sozialökonomik«, S. 89-134.

5 Fritz Böhle, G. Günter Voss, Günther Wachtler (Hg.), *Handbuch Arbeitssoziologie*, Wiesbaden 2010.

6 Drucker, *Die postkapitalistische Gesellschaft*.

7 Müller, *Sozialstruktur und Lebensstile*.

8 Thomas Ertman, *Birth of Leviathan. Building States and Regimes in Medieval and Early Modern Europe*, Cambridge 1997.

9 Pierre Bourdieu, *Die feinen Unterschiede. Kritik der gesellschaftlichen Urteilskraft*, Frankfurt/M. 1982; Müller, *Sozialstruktur und Lebensstile*; Andreas Reckwitz, *Die Transformation der Kulturtheorien. Zur Entwicklung eines Theorieprogramms*, Weilerswist 2000; Friedrich H. Tenbruck, *Das Werk Max Webers. Gesammelte Aufsätze zu Max* Weber, Tübingen 1999.

10 Wolfgang Schluchter, *Religion und Lebensführung. Studien zu Max Webers Religions- und Herrschaftssoziologie*, 2 Bde., Frankfurt/M. 1988.

pitalismus, der politischen Revolution und der Durchsetzung der Demokratie sowie der kulturellen Revolution und der Genese des Individualismus nur von Europa aus? Woher rührt diese eigenartige und einzigartige Melange aus Kapitalismus, Demokratie und Individualismus, die auch heute noch vielleicht als der Kern des westlichen Erbes gelten darf? Welche *Verkettung von Umständen* hat diese spezifische gesellschaftsgeschichtliche Konstellation im Westen möglich gemacht und warum? Es geht Weber also um die okzidentale Moderne, ihre charakteristische *Eigenart* oder auch Besonderheit einerseits, ihre historische *Einzigartigkeit* andererseits. Um diese knifflige wie komplexe Frage zu beantworten, richten sich seine Studien auf:

1. den *Kapitalismus* und hier vor allem den modernen bürgerlichen Betriebskapitalismus, die »schicksalsvollste [...] Macht unsres modernen Lebens«;[11]
2. den *Staat*, die *Bürokratie* und das *Recht*, die erst dem entstehenden Kapitalismus einen stabilen gesellschaftlichen Rahmen zu seiner Entfaltung sichern;
3. die *Religion als Kultur*, denn die Religion war und ist eine der größten Lebensführungsmächte der Welt. Es ist die Religion, die den Menschen sagt, was »gut« und was »böse« ist, was sie tun und lassen sollen, was sie wünschen und wollen dürfen und wie sie auf ihrem beschwerlichen Weg mit ihren Leiden und ihrem Schicksal das Leben meistern, ihre Ziele erfüllen und am Ende ins »Paradies« kommen können. Weber untersucht in vergleichender Absicht die *Wirtschaftsethik der Weltreligionen*, um herauszufinden, warum gerade der asketische Protestantismus den Aufstieg Europas und Amerikas ermöglicht hat, und umgekehrt, was in anderen Religionen und Regionen der Welt diesen *Take-off* zur Moderne behindert hat.

Webers Thema ist wie bei Marx der moderne Kapitalismus. Er studiert »Wirtschaft und Gesellschaft« wie Marx, der das in seinem Modell von Basis (Kapitalismus) und Überbau (Recht, Religion, Politik usf.) versucht hatte. Ähnlich wie sein Vorgänger hebt der »bürgerliche Marx«[12] Max Weber die besondere Leistungs-, Produk-

11 Max Weber, *Gesammelte Aufsätze zur Religionssoziologie*, Bd. 1, Tübingen 1972 [1920], S. 4.

12 So Albert Salomon, »Max Weber (1926)«, in: ders., *Werke*, Bd. 1, Wiesbaden 2008, S. 148.

tiv- und Innovationskraft dieses modernen ökonomischen Regimes hervor. Gleich Marx vergisst er darüber nicht dessen unübersehbare Schattenseiten. Dem unbestreitbaren Erfolg stehen mannigfache Verluste gegenüber. Weber zeigt sich besonders sensibel für die Ambivalenzen der Moderne, ihre Paradoxien und den Preis, den diese moderne Gesellschafts- und Lebensform den Menschen abfordert. Denn der Kapitalismus, die Wissenschaft und die Technik, der Staat und die wachsende Bürokratisierung der Welt errichten ein stählernes »Gehäuse der Hörigkeit«, das es dem Einzelnen schwer macht, sein Leben selbständig zu führen. *Ambivalenzen der Moderne versus autonome Lebensführung* – auf diese Formel lässt sich seine Zeitdiagnose zusammenziehen. Sie gilt es, im Einzelnen näher zu untersuchen und zu spezifizieren.

Webers Ansatz ist nicht leicht auf den Begriff zu bringen, aber folgende Komponenten lassen sich herausstellen: Zunächst entwirft er eine Handlungs-, Ordnungs- und Kulturtheorie, die das Zusammenspiel von Wirtschaft, Politik und Kultur zu studieren erlaubt. Sodann entwickelt er seine verstehende Soziologie als eine Methode, die mit idealtypischer Begriffsbildung Verstehen und Erklären ermöglichen soll, und das unter dem Postulat der Werturteilsfreiheit. Schließlich verfolgt er eine universalhistorische Analyse, die Entstehung, Durchsetzung und Etablierung der westlichen Moderne auf der Grundlage historisch-komparativer Studien der institutionellen Konfiguration des Okzidents zum Gegenstand hat.

Was diese kurze Charakterisierung zu Theorie, Methode und Analyse genauer heißen soll, wird in den nächsten sechs Schritten geklärt. Erstens wenden wir uns Person und Werk zu. Wer war Max Weber, und warum hat sein Werk auch heute noch eine so zentrale Bedeutung? Zweitens stellen wir die Grundzüge seines Forschungsprogramms vor: Soziologie als Wirklichkeitswissenschaft, Handlungs-, Ordnungs- und Kulturtheorie, Verstehen über idealtypische Begriffsbildung und Wertfreiheit. Drittens wenden wir uns seiner Skizze der strukturellen Konfiguration der Moderne zu, die man als okzidentale Konstellation bezeichnen könnte. Auf dieser Basis lässt sich, viertens, die protestantische Ethik diskutieren, mit deren Hilfe Weber die kulturelle Genealogie des Kapitalismus zu erklären sucht. Seine düstere Zeitdiagnose am Ende der Studie nehmen wir, fünftens, zum Ausgangspunkt, um über die Rationalisierung Webers Vorstellung des Verhältnisses zwischen institutionellen Wertsphären und Lebensordnungen einerseits und der methodisch-rationalen Lebensführung andererseits zu beleuchten. Das soll anhand seiner berühmten Reden über *Wissenschaft als Beruf* und *Politik als Beruf* erfolgen. Am Ende kommen wir, sechstens, auf seine Zeitdiagnose und ihre Bedeutung für die heutigen gesellschaftlichen Verhältnisse zurück.

Auch hier gilt die Regel, dass nicht der »ganze«, sondern nur der »charakteristische« Weber mit Blick auf seine Zeitdiagnose im Folgenden vorgestellt wird. Wer mehr erfahren möchte, sollte auf die großartige *Max Weber-Gesamtausgabe* (MWG) oder die *Studienausgabe* zurückgreifen und die reichhaltige Sekundärliteratur[13] konsultieren.

13 Einen ersten Einstieg geben die Beiträge in Hans-Peter Müller u. Steffen Sigmund (Hg.), *Max Weber-Handbuch. Leben – Werk – Wirkung*, Stuttgart, Weimar 2014. Zu übersichtlichen Einführungen siehe Volker Heins, *Max Weber zur Einführung*, Hamburg 1990; Dirk Kaesler, *Max Weber. Eine Einführung in Leben, Werk und Wirkung*, Frankfurt/M., New York 1995; ders., *Max Weber*, München 2011; Volker Kruse, Uwe Barrelmeyer, *Max Weber. Eine Einführung*, Konstanz 2012; Klaus Lichtblau, *Zur Aktualität Max Webers. Eine Einführung*, Wiesbaden 2020; Hans-Peter Müller, *Max Weber. Eine Einführung in sein Werk*; ders., *Max Weber. Eine Spurensuche*; Detlev Peukert, *Max Webers Diagnose der Moderne*, Göttingen 1989; Lawrence Scaff, *Weber and the Weberians*, Basingstoke, New York 2014. Systematische Werkinterpretationen geben Talcott Parsons, *The Structure of Social Action*; Jürgen Habermas, *Theorie des kommunikativen Handelns*, 2 Bde., Frankfurt/M. 1981; Wilhelm Hennis, *Max Webers Fragestellung. Studien zur Biographie des Werks*, Tübingen 1987; Steven Kalberg, *Max Weber's Comparative Historical Sociology*, Cambridge 1994; Wolfgang Schluchter, *Die Entwicklung des okzidentalen Rationalismus. Eine Analyse von Max Webers Gesellschaftsgeschichte*, Tübingen 1979; ders., *Die Entzauberung der Welt. Sechs Studien zu Max Weber*, Tübingen 2009; Tenbruck, *Das Werk Max Webers*; Johannes Weiß, *Max Webers Grundlegung der Soziologie*, München 1975. Zur *Wissenschaftslehre* siehe Thomas Burger, *Max Weber's Theory of Concept Formation. History, Laws, and Ideal Types*, Durham 1976; Gerhard Wagner u. Heinz Zipprian (Hg.), *Max Webers Wissenschaftslehre. Interpretation und Kritik*, Frankfurt/M. 1994; zu den »Grundbegriffen« Webers Klaus Lichtblau, *Max Webers* ›Grundbegriffe‹. *Kategorien der kultur- und sozialwissenschaftlichen Forschung*, Wiesbaden 2006; zum Weber-Paradigma Gert Albert, Agatha Bienfait et al. (Hg.), *Das Weber-Paradigma. Studien zur Weiterentwicklung von Max Webers Forschungsprogramm*, Tübingen 2003. Zur Handlungs-, Ordnungs- und Kulturtheorie siehe Wolfgang Schluchter, *Handlung, Ordnung, Kultur. Studien zu einem Forschungsprogramm im Anschluss an Max Weber*, Tübingen 2005. Zur Herrschaftssoziologie siehe Stefan Breuer, *Max Webers Herrschaftssoziologie*, Frankfurt/M., New York 1991; zur Staatstheorie Andreas Anter, *Max*

6.2 Max Weber – ein (groß-)bürgerlicher Marx?

Wer war Max Weber?[14] Vielleicht hilft ein Zitat von ihm selbst zur besseren Einordnung: »Ich bin ein Mitglied der bürgerlichen Klassen, fühle mich als solches und bin erzogen in ihren Anschauungen und Idealen.«[15] Auch wenn sich Weber im Bürgertum verortet, so meine Eingangsthese, wird er doch auch zu einem der schärfsten Kritiker der bürgerlichen Gesellschaft, sei es ökonomisch mit Blick auf den Kapitalismus als neues »Gehäuse der Hörigkeit«, sei es moralisch in Gestalt des Nihilismus und der Gefahr der Dekadenz.

Am 21. April 1864 wird Max Weber in Erfurt als erstes von acht Kindern der Familie von Max Weber sen. und Helene Fallenstein geboren. Sein Vater ist Jurist, stammt seinerseits aus dem Bielefelder Handelspatriziat, ist Magistrat in Erfurt, um dann 1869 Stadtrat in Berlin zu werden und eine Karriere in der Nationalliberalen Partei im Preußischen Abgeordnetenhaus zu beginnen. Max Weber sen. verkörpert den Typus eines bürgerlichen Politikers, pragmatisch, tagespolitisch orientiert, also das, was man mit Wolfgang Momm-

Webers Theorie des modernen Staates, Berlin 1995; zur Rechtssoziologie Siegfried Hermes, »Vom Aufbau der sozialen Welt. Zur Genese, Genealogie und Kategorienlehre in Max Webers Soziologie des Rechts«, in: *Rechtstheorie* 38 (2007), S. 419-449; zur Stadtsoziologie Hinnerk Bruhns, *Max Webers historische Sozialökonomie*, Wiesbaden 2014. Zur Religionssoziologie siehe Schluchter, *Religion und Lebensführung*; Hartmann Tyrell, *»Religion« in der Soziologie Max Webers*, Wiesbaden 2014. Die beste Textsammlung eröffnet Max Weber, *Schriften 1894-1922*, ausgewählt u. hg. v. Dirk Kaesler, Stuttgart 2002. Eine gute Diskussion zu seiner Bedeutung bei Christian Gneuss u. Jürgen Kocka (Hg.), *Max Weber. Ein Symposium*, München 1988.

14 Es gibt drei neuere Biographien: Joachim Radkau, *Max Weber. Die Leidenschaft des Denkens*, München 2005 beleuchtet vor allem Webers Krankheit. Kaesler porträtiert Weber umfassend als »Preuße, Denker und Muttersohn«; vgl. Dirk Kaesler, *Max Weber. Preuße, Denker, Muttersohn*, München 2014. Jürgen Kaube schildert Webers Biographie als ein »Leben zwischen den Epochen«, vgl. Jürgen Kaube, *Max Weber. Ein Leben zwischen den Epochen*, Reinbek 2014. Kurz und lesbar immer noch Hans Norbert Fügen, *Max Weber. Mit Selbstzeugnissen und Dokumenten*, Reinbek 1985. Unübertroffen in seiner Authentizität Marianne Webers »Lebensbild« ihres Mannes; vgl. Marianne Weber, *Max Weber. Ein Lebensbild*, München 1989 [1926]. Guenter Roth, *Max Webers deutsch-englische Familiengeschichte 1800 bis 1950*, Tübingen 2001 rekonstruiert die Webersche deutsch-englische Familiengeschichte.

15 Max Weber, *Gesammelte Politische Schriften*, Tübingen 1971, S. 20.

sen[16] als »selbstzufriedenen Honoratiorenliberalismus« bezeichnen könnte. Sein persönlicher Hedonismus und seine Lebenslust kollidieren immer wieder mit den stark religiösen Überzeugungen der Ehefrau. Denn Helene Fallenstein, deren Großvater Regierungsrat und später Geheimer Finanzrat im Berliner Ministerium war, verfügt über eine hohe Bildung, durchaus untypisch für Frauen dieser Zeit, und setzt sich vor allem mit religiösen und sozialen Problemen auseinander. Ihr Engagement für die Armen führt zur Etablierung einer Armenverwaltung innerhalb der Charlottenburger Stadtverwaltung.

Max gilt als großes Sorgenkind, erkrankt mit vier Jahren an Meningitis, hat einen mächtigen Schädel, so dass man schon Angst vor einer Wasserkopfbildung hat, und wird folglich von der Mutter übervorsichtig und protektiv erzogen. Gleichzeitig macht Max schon früh sein Recht als Erstgeborener geltend und fühlt sich in der Rolle als Kronprinz, aber auch als Vermittler in Streitfällen zwischen Eltern und Kindern. Max Weber wird das, was man wohl als »liebevollen Macho« charakterisieren darf – den Frauen gegenüber aufgeschlossen, aber sehr dominant. Als Jugendlicher in Berlin gilt er als verschlossen, nimmt die Welt überhaupt nur durch die Brille seiner Familie und Verwandtschaft wahr. Er ist emotional verklemmt und unfähig, Gefühle zu zeigen. Intellektuell nimmt er eine rasante Entwicklung: Mit 13 Jahren hat er Schopenhauer, Spinoza, Kant schon gelesen, den Goethe heimlich unter der Schulbank. Mit 15 Jahren hat er sämtliche antike Klassiker verschlungen wie Homer, Herodot, Vergil, Lucius, Cicero und Sallust. Wie er selbst von sich meinte: »Ich bin intellektuell früh, in allem übrigen aber sehr spät reif geworden.«[17]

1882 macht er Abitur am Königlichen Kaiserin-Augusta-Gymnasium in Charlottenburg und beginnt sein Studium der Jurisprudenz, Geschichte, Philosophie, Theologie und Nationalökonomie. Zunächst verbringt er drei Semester in Heidelberg, dann 1883 absolviert er eine einjährige Militärzeit in Straßburg, wo er sehr viel Zeit in der Familie Baumgarten verbringt und sein Onkel Hermann zu einer Art Ersatzvater und Mentor avanciert. Danach stu-

16 Wolfgang Mommsen, *Max Weber und die deutsche Politik 1890-1920*, Tübingen 1974.

17 Zitiert nach Fügen, *Max Weber*, S. 18.

diert er 1883/1884 zwei Semester Jura in Berlin, um dann noch ein Vorbereitungssemester in Göttingen anzuschließen.

Er ist ein vielseitiger und eifriger Student, schließt sich auf Wunsch seines Vaters der Burschenschaft Alemannia in Heidelberg an und erwirbt nicht nur seine »Satisfaktionsfähigkeit« auf dem Paukboden, sondern auch eine »gelegentliche Lust zum exzessiven Renommiertrinken«.[18] 1886 macht er sein juristisches Staatsexamen, um dann u. a. aus pekuniären Gründen bis zum Jahr 1893, dem seiner Heirat, ins Elternhaus nach Berlin in die Charlottenburger Villa zurückzukehren: weitere sieben Jahre, in denen er bis zum dreißigsten Lebensjahr eine verlängerte »Postadoleszenz«, wie man das heute wohl nennen würde, unter dem Dach des patriarchalischen Vaters und der seelisch dominanten Mutter verbringen muss – fürwahr eine narzisstische Kränkung für den »Kronprinzen« und ältesten Sohn, der eine glänzende Universitätskarriere anzustreben sich anschickt.

1889 promoviert er sich bei Levin Goldschmidt über die »Entwicklung des Solidarhaftprinzips der offenen Handelsgesellschaften in den italienischen Städten«, 1892 habilitiert er sich bei August Meitzen mit einer Arbeit über »Römische Agrargeschichte«.

In diesem Jahr kommt auch die junge Marianne Schnitger nach Berlin, die von Webers Mutter wie eine Tochter aufgenommen wird. Nach der Eheschließung mit Marianne 1893 beginnt Webers steiler beruflicher Aufstieg. Im gleichen Jahr, im Alter von 29 Jahren, wird er zunächst außerordentlicher Professor für Handels- und Deutsches Recht an der Berliner Universität, um bereits 1894 als Ordinarius für Nationalökonomie in Freiburg zu wirken; 1896 nimmt er den Ruf auf den renommierten Lehrstuhl von Karl Knies in Heidelberg an. Alles läuft auf eine glänzende, in den festen bildungsbürgerlichen Bahnen eingeschiente Karriere hinaus, würde da nicht der Konflikt mit dem Vater auftreten.

1897 besuchen Webers Eltern das junge Paar in Heidelberg, und Weber traut sich zum ersten Mal, seinem Vater die Meinung zu sagen. Er kritisiert dessen autoritäres und patriarchales Verhalten und klagt ihn an, die persönliche Freiheit und den Seelenfrieden der Mutter zu vergewaltigen. Nach dem Disput wirft er den Vater hinaus, der allein nach Berlin zurückkehrt, wo er nach wenigen Wo-

18 Fügen, *Max* Weber, S. 32.

chen auf einer Reise nach Riga überraschend verstirbt, ohne sich mit dem Sohn ausgesöhnt zu haben. Das erträgt Max Weber junior nicht, und sein Zusammenbruch folgt 1898 auf dem Fuß. Die ominöse Krankheit, eine schwere Nervenkrise, führt zum Rückzug aus der Universität. Weber ist frei vom Beruf, also keine »Pflicht« zwingt ihn, und er führt ein unstetes Reise- und Wanderleben. 1903 scheidet er endgültig aus dem Amt aus und wird Honorarprofessor mit Lehrauftrag, aber ohne Promotionsrecht und auch ohne Mitspracherecht in der Fakultät.

Man stelle sich vor: Max Weber, der größte deutsche Soziologe, wenn nicht vielleicht überhaupt der wichtigste klassische Soziologe und einer der größten Denker des 19. und 20. Jahrhunderts neben Marx, Nietzsche, Freud und Einstein – wird Privatgelehrter und privatisiert. Im Rückblick und aus heutiger Perspektive muss das als Glücksfall angesehen werden. Denn ohne diesen Rückzug und ohne den Luxus unvergleichlicher Muße besäßen wir heute nicht dieses umfassende Werk. Krankheit als Flucht, Krankheit als einmalige Chance zu einem großen Werk, Krankheit als Lebensform.

1904 reist er halbwegs genesen auf Einladung von Hugo Münsterberg nach St. Louis und hält seinen ersten akademischen Vortrag seit sechseinhalb Jahren über »Deutsche Agrarverhältnisse«. Er ist unglaublich beeindruckt von den USA als Modell moderner Gesellschaft, so wie Alexis de Tocqueville ein gutes halbes Jahrhundert vor ihm.[19]

1909 gehört er zu den Gründungsmitgliedern der Deutschen Gesellschaft für Soziologie und bezeichnet sich von da an auch als Soziologen. Mit dem Ausbruch des Ersten Weltkrieges 1914 unterbricht er seine wissenschaftliche Arbeit, da er als Reserveoffizier zum Dienst in das Lazarett von Heidelberg eingezogen wird. Weber, der zunächst die Kriegsbegeisterung wie die meisten Deutschen teilt, wird schon bald skeptisch, vor allem angesichts der rasch ausufernden Kriegszielforderungen der Ultrarechten ab 1916.

19 Gemeinsamkeiten und Unterschiede zwischen der alten Welt Europas und der neuen Welt Amerikas bezeichneten für die Sozialwissenschaften stets einen Dreh- und Angelpunkt, der produktiv für Theorieentwicklung, Analyse und Kritik der modernen Welt genutzt werden konnte. Vgl. dazu u. a. Georg Kamphausen, *Die Erfindung Amerikas in der Kulturkritik der Generation von 1890*, Weilerswist 2002; Claus Offe, *Selbstbetrachtung aus der Ferne*; Lawrence Scaff, *Max Weber in Amerika*, mit einem Geleitwort v. Hans-Peter Müller, Berlin 2013.

Wie John Maynard Keynes auf englischer Seite wird Max Weber 1919 Mitglied der deutschen Friedensdelegation und nimmt an den Verhandlungen zum Versailler Vertrag teil. Er mischt sich aktiv in die Politik ein, wird Mitglied der Deutschen Demokratischen Partei, arbeitet an der Weimarer Reichsverfassung mit und tritt für die Parlamentarisierung in Deutschland unter Führung eines vom Volk gewählten Reichspräsidenten ein.

1918 kehrt er auch in die Alma Mater zurück und nimmt probeweise einen Lehrstuhl für Nationalökonomie in Wien an, um dann 1919 nach München als Nachfolger von Lujo Brentano zu wechseln. Weber stirbt überraschend infolge einer zu spät behandelten Lungenentzündung am 14. Juni 1920 in München.

Das ist nur die Skizze eines Lebensbildes von Max Weber, die bei weitem nicht den Facettenreichtum seiner Persönlichkeit erschöpft. Zwei Seelen wohnen in seiner Brust. Weber war einerseits nüchtern, sachlich, asketisch und diszipliniert, und in diesem Teil seiner Persönlichkeit kam er dem Gesamthabitus des Puritaners und seiner methodisch-rationalen Lebensführung, wie er ihn in seiner »Protestantischen Ethik« beschrieben hatte, erstaunlich nahe. Andererseits treibt ihn eine enorme Leidenschaftlichkeit an, wenn auch mit Unterdrückung und Hemmungen im Gefühlsausdruck verbunden. Diese Ambivalenz, die wir in Webers Persönlichkeitsstruktur ausmachen können, kehrt auch in der systematischen Ambivalenz seiner Beurteilung der westlichen Moderne wieder.

Angesichts seiner Komplexität und Vielgestaltigkeit kann man das Werk Max Webers genealogisch[20] oder systematisch[21] angehen. Des besseren und kürzeren Überblicks halber folgen wir der systematischen Einteilung, nach der man vier bzw. fünf große Abteilungen unterscheiden kann:

1. Studien zur Agrar-, Wirtschafts- und Sozialgeschichte der Antike und des Mittelalters
2. Studien zur Sozial- und Wirtschaftsverfassung des Wilhelminischen Deutschland
3. Schriften zur Religionssoziologie
4. Die Wirtschaft und die gesellschaftlichen Ordnungen und Mächte
5. Die Methode

20 Vgl. Schluchter, *Religion und Lebensführung*.

21 Kaesler, *Max Weber*.

Zur ersten Abteilung zählen seine Dissertation »Zur Geschichte der Handelsgesellschaften im Mittelalter« (1889), seine Habilitation »Die römische Agrargeschichte« (1891), die Studien »Die sozialen Gründe des Untergangs der antiken Kultur« (1896) und »Agrarverhältnisse im Altertum« (1897, 1898, 1909) sowie seine »Wirtschaftsgeschichte« (1923) und »Die Stadt« (1920/1921).

Die *Studien zur Sozial- und Wirtschaftsverfassung des Wilhelminischen Deutschland* umfassen Arbeiten zur Lage der deutschen Landarbeiter, der Industriearbeiter und der Börse. Diese Untersuchungen zeigen den wirtschafts- und sozialpolitisch interessierten und empirisch arbeitenden Soziologen, der sich den drückenden politischen und sozialen Fragen seiner Zeit stellt.

Diese beiden Abteilungen seiner Schriften unterstreichen die Rolle Max Webers als ein Historiker, aber auch als ein Wirtschafts- und Sozialwissenschaftler von Bedeutung. Die anderen Abteilungen sind zentral für seine Soziologie. Seine *Schriften zur Religionssoziologie* umfassen seine »Protestantische Ethik«, aber auch seine Studien zur »Wirtschaftsethik der Weltreligionen«, wie sie in seinen drei Bänden *Gesammelte Aufsätze zur Religionssoziologie* und der systematischen »Religionssoziologie« in *Wirtschaft und Gesellschaft* zum Ausdruck kommen.[22] *Die Wirtschaft und die gesellschaftlichen Ordnungen und Mächte* umfassen seine allgemeine Soziologie, die Wirtschafts-, Herrschafts-, Rechts-, Stadt- und Ungleichheitssoziologie.[23] Die Arbeiten zur *Methode* finden sich in seinen *Gesammelten Aufsätzen zur Wissenschaftslehre*.[24]

6.3 Das Forschungsprogramm

Max Weber zögerte lange, bevor er sich selbst »Soziologe« zu nennen begann. Der geschulte Jurist und ausgewiesene Nationalökonom interessierte sich zwar für sozialwissenschaftliche Themen und Probleme. Allein die verwirrende Vielfalt, der Dilettantismus und zuweilen auch die Ideologiehaftigkeit dessen, was da unter dem neuen Etikett »Soziologie« ans Licht der Öffentlichkeit kam, war

22 Max Weber, *Gesammelte Aufsätze zur Religionssoziologie*, 3 Bde., Tübingen 1978 [1921].

23 Max Weber, *Wirtschaft und Gesellschaft*, Tübingen 1972 [1921/22].

24 Max Weber, *Gesammelte Aufsätze zur Wissenschaftslehre*.

Weber ein regelrechter Gräuel. Dieses Tohuwabohu konnte nur durch die Schaffung analytisch sauberer und klar geschnittener Begriffe, eine entsprechende Theoriebildung und durch die »strenge [...] *Scheidung von Erfahrungswissen und Werturteil*«[25] beseitigt werden. Wir wollen sein Forschungsprogramm kurz und knapp über fünf Stichworte charakterisieren: Soziologie als Wirklichkeitswissenschaft, Verstehen, Handlungs-, Ordnungs- und Kulturtheorie, Idealtyp und Wertfreiheit.[26]

1. *Soziologie als Wirklichkeitswissenschaft*: Als Max Weber zusammen mit Edgar Jaffé und Werner Sombart im Jahre 1904 die Zeitschrift *Archiv für Sozialwissenschaft und Sozialpolitik* übernimmt, ist das eine willkommene Gelegenheit, dem Plädoyer für Begriffe, Theorie und Wertfreiheit Substanz zu verleihen. Er liefert sie mit seinem Aufsatz über »Die ›Objektivität‹ sozialwissenschaftlicher und sozialpolitischer Erkenntnis«, den er gleich als ersten programmatischen Beitrag des neuen Archivs platziert und in dem er definiert:

> Die Sozialwissenschaft, die *wir* treiben wollen, ist eine *Wirklichkeitswissenschaft*. Wir wollen die uns umgebende Wirklichkeit des Lebens, in welches wir hineingestellt sind, *in ihrer Eigenart* verstehen – den Zusammenhang und die Kultur*bedeutung* ihrer einzelnen Erscheinungen in ihrer heutigen Gestaltung einerseits, die Gründe ihres geschichtlichen So-und-nicht-anders-Gewordenseins andererseits.[27]

Es geht also um die Realität, nicht die Idealität des sozialen Lebens, und zwar nicht allgemein, generell oder gar universal wie im Fall des Studiums des gesellschaftlichen Lebens an und für sich, etwa im Sinn von »Der Mensch in der Gesellschaft«. Vielmehr geht es um die jeweilige Eigenart, den spezifischen Charakter, also die *differentia specifica* einer konkreten sozialen Wirklichkeit, d. h. um den Zusammenhang, die Kulturbedeutung, die Gestalt und die Entstehungsgründe ihrer einzelnen Erscheinungen.

Ein Beispiel zur Illustration: Zwar bezeichnet Max Weber im Gleichklang mit Karl Marx den Kapitalismus als die »schicksalsvollste [...] Macht unsres modernen Lebens«[28] und unternimmt

25 Kaesler, *Max Weber*.

26 Vgl. Müller, *Max Weber*, S. 50-75.

27 Weber, *Gesammelte Aufsätze zur Wissenschaftslehre*, S. 170 f.

28 Weber, *Gesammelte Aufsätze zur Religionssoziologie*, Bd. 1, S. 4.

vielfältige Anstrengungen, den bürgerlichen Betriebskapitalismus als die moderne, zeitgemäße Ausprägung dieser Wirtschaftsform idealtypisch auf den Begriff zu bringen. Doch trotz dieses gemeinsamen Themas trennen Karl Marx und Weber in methodischer Hinsicht regelrecht Welten. Marx glaubt, mit der Bestimmung des »Wesens« des Kapitalismus das ökonomische Bewegungsgesetz der modernen Gesellschaft ein für alle Mal auf den Begriff gebracht zu haben, wenn man so will, das Gattungsmäßige des Kapitalismus.[29] Weber indes interessiert sich vornehmlich für historische Ausprägungen des Kapitalismus, ihre Eigenart und Entstehung, also das, was in der Politischen Ökonomie heute »Varieties of Capitalism«[30] genannt wird. Marx zielt auf einen generischen Gattungsbegriff von Kapitalismus, Weber hingegen auf historisch ausdifferenzierte und spezifische Kapitalismen, also darauf, wie uns die konkrete Wirtschaftsform in historischen Ausprägungen in der sozialen Wirklichkeit begegnet. Es geht ihm um das, was im Anschluss an die philosophische Diskussion dieser Zeit als »historisches Individuum« bezeichnet wird. Die Frage, die sich epistemologisch und methodologisch stellt, ist natürlich, wie man »historische Individuen« sozialwissenschaftlich untersuchen kann. Um seine Soziologie als Wirklichkeitswissenschaft näher zu charakterisieren, knüpft Weber an die Unterscheidung zwischen Natur- und Geisteswissenschaften an, wie sie Wilhelm Dilthey in seiner *Einleitung in die Geisteswissenschaften*[31] getroffen hatte, bzw. an die zwischen nomothetischer und idiographischer Methode, wie Wilhelm Windelband das in seiner Rektoratsrede *Geschichte und Naturwissenschaft*[32] genannt hatte. Die Naturwissenschaften nutzen als Mittel die *nomothetische* Methode, um ihr Ziel der Erklärung durch die Aufstellung von

29 Weber, *Gesammelte Aufsätze zur Wissenschaftslehre*, S. 15.

30 Zu den Spielarten des Kapitalismus vgl. Peter Hall u. David W. Soskice, *Varieties of Capitalism: The Institutional Foundations of Comparative Advantage*, Oxford 2001; Hans-Peter Müller, »Europäischer Kapitalismus?«, in: Robert Hettlage u. Hans-Peter Müller (Hg.), *Die europäische Gesellschaft*, Konstanz 2006, S. 249-269; Richard Whitley, *Competing Capitalisms. Institutions and Economies*, Cheltenham 2002.

31 Wilhelm Dilthey, *Einleitung in die Geisteswissenschaften: Versuch einer Grundlegung für das Studium der Gesellschaft und der Geschichte*, Leipzig 1883.

32 Wilhelm Windelband, *Geschichte und Naturwissenschaft*, Rede zum Antritt des Rectorats der Kaiser-Wilhelm-Universität Straßburg, geh. am 1. Mai 1894, Straßburg 1894.

Naturgesetzen zu erreichen. Die Geisteswissenschaften hingegen bedienen sich des Mittels der *idiographischen* Methode, um ihrem Ziel des Verstehens durch phänomenologische Beschreibung näher zu kommen. Wie wir indes sehen werden, schwebt Max Weber für seine Sozialwissenschaften ein dritter Weg vor, also weder Naturwissenschaft noch Geisteswissenschaft, weder nomothetische noch idiographische Methode, sondern Erklären *und* Verstehen.

THEORIE

PHILOSOPHIE
+
»Verstehen« ← METHODOLOGIE → »Erklären«

GEISTESWISSENSCHAFTEN (Ideen + Ideengeschichte)	SOZIALWISSENSCHAFTEN als empirische Wirklichkeitswissenschaft	NATURWISSENSCHAFTEN (Gesetze + Gesetzeswissenschaften)

GESELLSCHAFTSPOLITIK
SOZIALPOLITIK
SOZIALARBEIT

PRAXIS

Abbildung 1: Die drei Kulturen

Dieser dritte Weg wird vielleicht deutlicher, wenn man auf eine idealtypische Gegenüberstellung der zwei Kulturen in den Wissenschaften zurückgreift. C. P. Snow hatte die Naturwissenschaft als eine Kultur, die Geisteswissenschaften als eine andere Kultur charakterisiert, die trotz ihrer Unterschiede unter dem Dach der »Alma Mater« eine gemeinsame Heimat gefunden haben.[33] Dieser alte Streit war von zwei Kulturen ausgegangen, hatte darüber aber die Soziologie völlig vergessen.[34] Wo jedoch ist der Platz der Soziologie? Soll sie nach dem Vorbild der Naturwissenschaften modelliert werden, oder soll sie dem Paradigma der Geistes- oder Kulturwissenschaften folgen? Max Webers zentrale Einsicht lautet: weder noch. Denn bei den Sozialwissenschaften handelt es sich um eine dritte Kultur, die weder in der einen noch der anderen Kultur

33 Charles Percy Snow, *The Two Cultures*, Cambridge 2005.

34 Vgl. Lepenies, *Die drei Kulturen*.

einseitig aufgeht (vgl. Abbildung 1). Seine eigene, dritte Lösung lautet: Erklären *und* Verstehen, oder kurz: erklärendes Verstehen. Was heißt das?

2. *Verstehen* und *Erklären*: Zunächst wäre es ein grobes Missverständnis, Max Weber, den Verfechter einer *verstehenden Soziologie*, als Gegner kausaler Analysen zu positionieren. Im Gegenteil: Die Kausalanalyse gilt ihm als selbstverständlicher Bestandteil jeglichen erklärenden Verstehens. Nur warnt er vor einer Überschätzung von Gesetzeswissen.[35] Unabhängig davon, ob und inwiefern es Gesetze im sozialen Leben gibt und wir sie entdecken können, hilft es uns im Alltagsgeschäft soziologischen Verstehens nur bedingt weiter. Tatsächlich ist die Feststellung von Ursache-Wirkungs-Relationen, von »Gesetzen« und »Faktoren« stets nur eine Vorarbeit. Im nächsten Schritt hat die individuelle Anordnung der »Faktoren« sowie die Aufdeckung ihrer Bedeutsamkeit und ihres konkreten Zusammenwirkens zu erfolgen. Sodann muss man sich um eine historische Erklärung ihrer Entstehung bemühen, um schließlich »die Abschätzung möglicher Zukunftskonstellationen«[36] vornehmen zu können. Erst diese vier Schritte genügen einer sozialwissenschaftlichen Erklärung: 1. Die Kausalanalyse; 2. Die individuelle Konstellationsanalyse; 3. Die genetische Analyse; 4. Die projektive Zukunftsanalyse.

Im Gegensatz zu vielen geisteswissenschaftlichen Philosophen und Phänomenologen macht Max Weber aus dem Prozess des Verstehens kein mystisches Geheimnis, dem man nur mit einer besonderen hermeneutischen Methode, genannt »Verstehen«,[37] auf die

35 Selbst da, wo es Gesetze des Sozialen im Sinne von Regeln »adäquater Verursachung« gibt, haben sie einen spezifischen, an bestimmte (Zeit-)Umstände gebundenen, probabilistischen Charakter. Weber erläutert dies an anderer Stelle anhand des Wilhelm-Busch-Verses aus »Plisch und Plum«: »Wer sich freut, wenn wer betrübt, macht sich meistens unbeliebt« – ein »ganz tadellos formuliertes ›historisches Gesetz‹«. Vgl. Weber, *Gesammelte Aufsätze zur Wissenschaftslehre*, S. 112.

36 Ebd., S. 175.

37 Vgl. zu dieser Linie der Notwendigkeit einer speziellen Methode des Verstehens den bereits erwähntn Wilhelm Dilthey, *Der Aufbau der geschichtlichen Welt in den Geisteswissenschaften*, Frankfurt/M. 1990 [1910]; Hans-Georg Gadamer, *Wahrheit und Methode. Grundzüge einer philosophischen Hermeneutik*, Tübingen 1960; Jürgen Habermas, *Zur Logik der Sozialwissenschaften*, Frankfurt/M. 1970; Peter Winch, *Die Idee der Sozialwissenschaft und ihr Verhältnis zur Philosophie*, Frank-

Spur kommen kann. Die kulturelle Verfassung der Gesellschaft, ihre Eigenart und Bedeutsamkeit und die anthropologische Basis des Menschen als »Kulturmensch« – mit der Fähigkeit zur sinnhaften Stellungnahme zur Welt und seinen Mitmenschen – machen Verstehen im Alltag zu einem soziologisch nachvollziehbaren, wenn auch komplexen Vorgang.

Was den grundlegenden Prozess der Zurechnung von Motiven und Handlungen angeht, unterscheiden sich Verstehen im Alltag und Verstehen in der Wissenschaft nicht prinzipiell voneinander. »All dies sind verständliche *Sinnzusammenhänge*, deren Verstehen wir als ein *Erklären* des tatsächlichen Ablaufs des Handelns ansehen. ›Erklären‹ bedeutet also für eine mit dem Sinn des Handelns befaßte Wissenschaft so viel wie: Erfassung des Sinn*zusammenhangs*, in den, seinem subjektiv gemeinten Sinn nach, ein aktuell verständliches Handeln hineingehört.«[38]

Stets geht es dabei um den subjektiv *gemeinten* Sinn eines Handelnden, der auf bekannte und anerkannte, verständliche und insofern berechenbare Motivlagen zugerechnet werden kann. Die verstehende Soziologie à la Weber interessiert sich also weder für den vollkommen *privaten*, idiosynkratrischen und auf diese Weise vollkommen unzugänglichen Sinn individuellen Handelns noch für etwaige *unbewusste* Motive, die dem Handelnden selbst nicht gewärtig sind. Überdies geht es auch nicht um einen *metaphysisch wahren* Sinn, der den Akteuren häufig gänzlich verborgen zu sein scheint, noch um irgendeinen *objektiven* Sinn, der sich angeblich aus dem Geschichtsablauf erschließen lässt.

Soziologie als Wissenschaft vom sozialen Handeln, also als Handlungs-, nicht als Strukturwissenschaft, der Fokus auf Sinn und Bedeutung, Handeln als »verständliches« Sichverhalten – Weber schneidet seine Sozialwissenschaft als Kulturwissenschaft so zu, dass Erklären und Verstehen, Kausal- und Sinnanalyse ineinandergreifen.

furt/M. 1966. In der Soziologie betont die handlungstheoretische Tradition das phänomenologisch-hermeneutische Sinnverstehen im Anschluss an Max Weber und auf den Spuren von Alfred Schütz, *Der sinnhafte Aufbau der sozialen Welt*, Frankfurt/M. 1974. Siehe einführend dazu Peter Berger u. Thomas Luckmann, *Die gesellschaftliche Konstruktion der Wirklichkeit*, Frankfurt/M. 1966.

38 Max Weber, *Wirtschaft und Gesellschaft*, S. 4.

3. *Handlungs-, Ordnungs- und Kulturtheorie*:

> Soziologie (im hier verstandenen Sinn dieses sehr vieldeutig gebrauchten Wortes) soll heißen: eine Wissenschaft, welche soziales Handeln deutend verstehen und dadurch in seinem Ablauf und seinen Wirkungen ursächlich erklären will. ›Handeln‹ soll dabei ein menschliches Verhalten (einerlei ob äußeres oder innerliches Tun, Unterlassen oder Dulden) heißen, wenn und insofern als der oder die Handelnden mit ihm einen subjektiven *Sinn* verbinden. ›Soziales‹ Handeln aber soll ein solches Handeln heißen, welches seinem von dem oder den Handelnden gemeinten Sinn nach auf das Verhalten *anderer* bezogen wird und daran in seinem Ablauf orientiert ist.[39]

Webers berühmte Definition von Soziologie strebt also eine rationale Erklärung regelorientierten Handelns an. Sein Plädoyer für eine Handlungswissenschaft heißt nun nicht, allein die Lebenswelt der Menschen zu studieren, den strukturellen Kontext der größeren Gesellschaft aber außer Acht zu lassen. Das Gegenteil ist richtig, denn Webers Interesse gilt makroskopischen und mesoskopischen Zusammenhängen, also »Gesellschaft« und »Organisation« in heutiger soziologischer Diktion, Gemeinschaftsbildungen und Vergesellschaftungsprozessen in Weberscher Sprache. Seine soziologischen Grundbegriffe sind von dem Gedanken der »Aufstufung« von mikroskopischen Beziehungen über die Meso-Ebene zur makroskopischen Konstellation getragen. Diesen Weg von der Mikro- zur Makroebene spiegelt auch konzeptuell-analytisch die Trias von sozialem Handeln, sozialer Beziehung und sozialer Ordnung wider.

Max Webers Typologie des Handelns geht von den jeweiligen Motiven aus und versucht, die vier Handlungstypen nach Art und Ausmaß rationaler Kontrolle zu klassifizieren. Er unterscheidet: 1. zweckrationales, 2. wertrationales, 3. affektuelles und 4. traditionales Handeln. Messlatte, Maßstab und Folie für die Rationalität menschlichen Tuns sind ihm der *zweckrationale Typus*. Denn in diesem Idealtypus herrscht eine vollständige Kontrolle über die Mittel, den Zweck, den Wert und die Folge des Handelns. Wohlgemerkt, es handelt sich um einen Idealtyp und kein Ideal, einen Grenzfall und nicht die Regel, ein reines Gedankenbild, von dem das empirische Tun mehr oder weniger stark abweicht. Nach Weber meint *Zweck* »die Vorstellung eines *Erfolges*, die *Ursache* einer Handlung wird«.[40] Doch Menschen handeln nicht nur erfolgsorientiert wie

39 Ebd., S. 1.

40 Weber, *Gesammelte Aufsätze zur Wissenschaftslehre*, S. 183.

ein »homo oeconomicus«, der stets asketisch, diszipliniert und ausschließlich seinem individuellen Nutzen folgen soll. Für die Soziologie ist eine solche ökonomistische Vorstellung vom Menschen als nutzenmaximierendem Tier zu eng und im Übrigen empirisch falsch. Denn neben Zwecken gibt es auch noch Werte, nach denen Menschen handeln.

Wert lässt sich im Anschluss an Schluchter definieren als »die Vorstellung einer *Verpflichtung*, die *Ursache* einer Handlung wird«.[41] *Wertrationales Handeln* erfolgt aus dem bewussten Glauben an den Eigenwert einer Handlung, die um ihrer selbst getan wird. In diesem Falle bleiben auch noch Mittel, Zweck und Wert kontrolliert, während die Folgen und Nebenfolgen unter den Tisch fallen. »Der Christ tut recht und stellt die Folgen Gott anheim« ist das typische Credo des gläubigen Christen. Das *affektuelle Handeln* kontrolliert noch Mittel und Zwecke, muss aber Wert und Folge außen vor lassen. Das *traditionale Handeln*, nach eingelebter Gewohnheit, kontrolliert nur die Mittel, alles andere entgleitet seiner bewussten Kontrolle.

Weber geht von der einseitigen Sinnbezogenheit (Handeln und soziales Handeln) zur direkten wechselseitigen Sinnbezogenheit über, wie sie *soziale Beziehungen* charakterisiert. »Soziale ›Beziehung‹«, so definiert Weber, »soll ein seinem Sinngehalt nach aufeinander gegenseitig *eingestelltes* und dadurch orientiertes Sichverhalten mehrerer heißen. Die soziale Beziehung *besteht* also durchaus und ganz ausschließlich: in der *Chance*, daß in einer (sinnhaft) angebbaren Art sozial gehandelt wird, einerlei zunächst: worauf diese Chance beruht.«[42] Inhalt und Zweck einer sozialen Beziehung können ganz unterschiedlicher Natur sein, von der ökonomischen Konkurrenz bis zur erotischen Liebe. Auch eine gegenseitige Feindschaft ist eine soziale Beziehung.

Weber zeichnet nun Typen des Ablaufs von Handeln aufgrund gleichartig gemeinten Sinns aus und unterscheidet insgesamt Brauch, Sitte, Interessenlage, Konvention und Recht.

Soziales Handeln und soziale Beziehungen können »an der *Vorstellung* vom Bestehen einer *legitimen Ordnung* orientiert werden. Die Chance, dass dies tatsächlich geschieht, soll ›Geltung‹ der betreffenden Ordnung heißen.« Orientiert sich der Sinngehalt ei-

41 Schluchter, *Religion und Lebensführung*, Bd. 1, S. 75.

42 Weber, *Wirtschaft und Gesellschaft*, S. 13.

ner sozialen Ordnung an angebbaren Maximen, so werden diese »Maximen« nur dann gelten, wenn sie als verbindlich oder vorbildlich angesehen werden. Genau diesen Sachverhalt erfasst das Konzept der *Legitimität*, also das »Prestige der Verbindlichkeit oder Vorbildlichkeit«.[43]

Es kommt nun nicht ganz überraschend zu einer Aufzählung von Motiven für die Geltung einer *sozialen Ordnung*, die der Handlungstypologie entsprechen. Die legitime Geltung ergibt sich kraft: 1. Tradition; 2. affektuellen Glaubens; 3. wertrationalen Glaubens; 4. positiver Satzung, an deren *Legalität*, sei es dank *Paktierung* bzw. Vereinbarung oder dank *Oktroyierung* bzw. Zwang, geglaubt wird.

Die Geltungsgründe von Handeln und Ordnung sind so geschnitten, dass sie auf Sinn, Bedeutung und Wert der *Kultur* verweisen. Weber hat keine Kulturtheorie oder -philosophie entwickelt wie Simmel, sondern er relationiert einfach Kultur und Kulturmensch. »›Kultur‹ ist ein vom Standpunkt des *Menschen* aus mit Sinn und Bedeutung bedachter endlicher Ausschnitt aus der sinnlosen Unendlichkeit des Weltgeschehens.« Wenn man so will, nutzt Weber eine »implizite Anthropologie«, um den Menschen als »Kulturmenschen« zu *setzen*. »Transzendentale Voraussetzung jeder *Kulturwissenschaft* ist *nicht* etwa, daß wir eine bestimmte oder überhaupt irgendeine ›Kultur‹ *wertvoll* finden, sondern dass wir Kultur*menschen sind*, begabt mit der Fähigkeit und dem Willen, bewußt zur Welt Stellung zu nehmen und ihr einen *Sinn* zu verleihen.«[44] Diese Definition enthält drei Momente, welche die enge Verzahnung mit der Kulturdefinition demonstrieren: Transzendentalität, Urteilsfähigkeit und Sinngebungskompetenz. Die Setzung kommt in der transzendentalen Qualität zum Ausdruck: Die »Bedingung der Möglichkeit« von Kulturwissenschaft ist der Kulturmensch. Kulturmenschen zeichnen sich durch Urteilsfähigkeit aus; sie wollen *und* sie können eine bewusste Stellungnahme zur Welt abgeben. Fähigkeit und Wille zur Stellungnahme schließen auch das Vermögen ein, sich einen Reim auf die Welt zu machen. Diese welterschließende Kompetenz nennt Weber Sinn bzw. Sinngebungskompetenz. In seiner Methodologie der Kulturwissenschaft sind diese Qualitäten des »Kulturmenschen« auch die Grundlage für Verstehen und für seine Kulturwissenschaft die Basis für eine »verstehende Soziologie«.

43 Ebd., S. 16.

44 Weber, *Gesammelte Aufsätze zur Wissenschaftslehre*, S. 180.

4. *Idealtypus*: Ausgangspunkt für ihn ist die Erkenntnis, dass es angesichts der unendlichen Mannigfaltigkeit der Wirklichkeit ein aussichtsloses Unterfangen wäre, den Versuch zu machen, mit einem *System von Begriffen* die soziale Realität vollständig auszuschöpfen. Es gibt keine analytische Ausschöpfbarkeit der Wirklichkeit durch Begriffe. Das ist nicht nur eine Schimäre, sondern auch ein gefährliches, weil falsches Wissenschaftsideal. Ebenso naiv und falsch wäre es anzunehmen, dass Begriffe einfach *Abbilder der Wirklichkeit* sind. Begriffe sind vielmehr *analytische Konstruktionen*, die stets gesichtspunktabhängig bleiben und von einer Wertbeziehung, also letztlich den Wertideen abhängig sind.

[Der Idealtypus] »wird gewonnen durch einseitige *Steigerung eines* oder *einiger* Gesichtspunkte und durch Zusammenschluß einer Fülle von diffus und diskret, hier mehr, dort weniger, stellenweise gar nicht, vorhandenen *Einzel*erscheinungen, die sich jenen einseitig herausgehobenen Gesichtspunkten fügen, zu einem in sich einheitlichen *Gedanken*bilde. In seiner begrifflichen Reinheit ist dieses Gedankenbild nirgends in der Wirklichkeit empirisch vorfindbar, es ist eine Utopie, und für die *historische* Arbeit erwächst die Aufgabe, in jedem *einzelnen Falle* festzustellen, wie nahe oder wie fern die Wirklichkeit jenem Idealbilde steht [...].[45]

Der Idealtypus ist also nicht das Ziel, sondern ein wesentliches methodisches Mittel, um zu sozialwissenschaftlichen Erkenntnissen zu gelangen.

5. *Werturteilsfreiheit*: Ein großes Missverständnis in der ganzen Diskussion, das auch bis heute nicht gänzlich ausgeräumt zu sein scheint, besteht in der Vorstellung, Weber plädiere für eine wertfreie Soziologie. Das ist nach seinen eigenen Denkvoraussetzungen gar nicht möglich, denn Problem- und Fragestellungen empfangen die Sozialwissenschaften als Kulturwissenschaften von den sogenannten »Wertideen«, die eine »Wertbeziehung« zwischen der Kultur und der soziologischen Arbeit stiften. Es sind *Kulturwertideen*, die den Sozialwissenschaften Perspektiven, Probleme, Themen, Ideen und Ideale, Visionen und Utopien vorgeben.

Wenn aber alle Sozialwissenschaft wertideen- und perspektivenabhängig ist, wie kann sie dann »objektiv« sein? Und wie verträgt sich die Vorstellung von »Kulturwertideen« als »Agenda Setting«-

45 Ebd., S. 191.

Institution mit der Forderung nach »Werturteilsfreiheit«? Es hilft, im Wissenschaftsprozess zwischen Entstehungs-, Begründungs- und Verwendungszusammenhang zu unterscheiden. Im *Entstehungszusammenhang* stiften Kulturwertideen die Themen und Probleme der Forschung. Dann im *Begründungszusammenhang* heißt es, die wissenschaftliche Analyse mit der größten Objektivität, Validität und Reliabilität durchzuführen, weil ansonsten die Resultate nichts wert sind. Im *Verwendungszusammenhang* steht Politik und Gesellschaft das Recht zu auf die Entscheidung, was aus den Resultaten für Schlussfolgerungen gezogen werden. *Wertfreiheit* spielt ihre Hauptrolle also im Begründungszusammenhang.

6.4 Die strukturelle Konfiguration der Moderne

Max Webers zentrale Fragestellung aus der Religionssoziologie lautet: »Universalgeschichtliche Probleme wird der Sohn der modernen europäischen Kulturwelt unvermeidlicher- und berechtigterweise unter der Fragestellung behandeln: welche Verkettung von Umständen hat dazu geführt, dass gerade auf dem Boden des Okzidents, und nur hier, Kulturerscheinungen auftraten, welche doch – wie wenigstens wir uns gern vorstellen – in einer Entwicklungsrichtung von *universeller* Bedeutung und Gültigkeit lagen?«[46]

Schon die Art, so zu fragen, unbefangen und neugierig, hat Weber den Vorwurf des *Eurozentrismus*[47] eingetragen, ja des westli-

46 Weber, *Gesammelte Aufsätze zur Religionssoziologie*, Bd. 1, S. 1.

47 Die Rede von Eigenart und Einzigartigkeit, von einem Modell der europäischen Gesellschaft oder des Westens oder des Abendlandes – Weber gebraucht diese Begriffe synonym – legt die Vorstellung von Superiorität nahe, wonach die europäische Zivilisation dem Rest der Welt überlegen sein soll, eine Vorstellung, die im 19. Jahrhundert in Europa durchaus verbreitet war; vgl. Jürgen Osterhammel, *Die Entzauberung Asiens. Europa und die asiatischen Reiche im 18. Jahrhundert*, München 1998. »Ethnozentrismus ist die mutmaßlich in allen Gesellschaften anzutreffende Grundüberzeugung, dass die eigene Lebensform allen anderen überlegen ist. Der Eurozentrismus teilt diese Überzeugung, unterscheidet sich aber von anderen Ethnozentrismen dadurch, dass er zum einen die Überlegenheit der eigenen Lebensform begründet sieht in einer – instrumentalistisch verstandenen – *wissenschaftlichen Vernunft* und dass er zum anderen sowohl den Willen als auch die Machtmittel entwickelt hat, die ganze Welt nicht nur zu unterwerfen, sondern *nach seinem Bilde zu formen.*« Gerhard Hauck, *Die Gesellschaftstheorie und ihr Anderes: Wider den Eurozentrismus der Sozialwissenschaften*,

chen Rassismus. Der deutsche Soziologe scheint die Modernität für Europa pachten zu wollen, übersieht geflissentlich die Errungenschaften anderer Völker und Kontinente und unterschätzt das, was heute »multiple modernities«[48] genannt wird. Wer wollte ernsthaft die historisch-empirische Tatsache leugnen, dass es mittlerweile zahlreiche Wege in die Moderne gibt und der westliche in der Tat nur einer davon ist? Aber genauso wenig lässt sich abstreiten, dass die Wiege des *Take-off* zur Moderne in Europa lag und die westliche Welt bis zum heutigen Tag den Rest der Welt auf Trab hält, also Takt, Tempo, Richtung und Zielsetzung der Entwicklung vorgibt. Und manche sagen auch, ob in apologetischer oder kritischer Absicht, der Westen herrsche über den Rest der Welt. Ganz aus der Luft gegriffen scheint also Webers Problemstellung nicht zu sein.

Was bei dieser Diskussion geflissentlich übersehen wird, ist Webers präzise und unvoreingenommene Frageweise: Ihm geht es um ein Ensemble von Kulturerscheinungen, eine Konstellation oder Konfiguration, die in dieser Typik und Systematik, in ihrer Eigenart wie Einzigartigkeit als »historisches Individuum«, aber auch in Entwicklungsrichtung und Einflussweise eben doch von universeller Bedeutung und globaler Ausstrahlung gewesen ist. Ob das »gut« oder »schlecht« ist, politisch »erwünscht« oder »perhorresziert«, interessiert Weber *prima facie* nicht. Im Gegenteil, wie seine Befürchtungen in Bezug auf ein neues »Gehäuse der Hörigkeit« und seine Rede von den »Fachmenschen ohne Geist, Genußmenschen ohne Herz«[49] anzeigen, hegt er eine zutiefst ambivalente Einstellung zur Moderne.

Ihm geht es vor allem um die evolutionäre Bedeutung von Phänomenen in ihrem Zusammenhang. Das meint die Rede von »uni-

Münster 2003, S. 14. Weder Eurozentrismus noch Ethnozentrismus im strengen Sinne kennzeichnen indes Webers Position. Allenfalls könnte man mit Schluchter, *Religion und Lebensführung*, Bd. 2, S. 283 ff. von einem »heuristischen Ethnozentrismus« im methodischen Sinne sprechen, als Weber sich nun einmal primär für die okzidentale Entwicklung interessiert und den Rest der Welt, Regionen wie Religionen, nur als Kontrastfolie benutzt, also gerade keine umfassenden Kulturanalysen anstrebt, um die Eigenart des Westen typologisch umso genauer zu erfassen.

48 Vgl. dazu Shmuel N. Eisenstadt (Hg.), *Multiple Modernities*, New Brunswick 2002. Zur Frage der Einheit oder Vielfalt der Moderne siehe als geeigneten Überblick den Sammelband von Schwinn (Hg.), *Einheit oder Vielfalt der Moderne.*

49 Weber, *Gesammelte Aufsätze zur Religionssoziologie*, Bd. 1, S. 204.

verseller Bedeutung«. Dahinter steht ein *evolutionäres*, aber nicht unbedingt *evolutionistisches* Verständnis von Gesellschaft.[50] Mit »Fortschritt«, in welcher Form auch immer – sei es als menschlicher, gesellschaftlicher oder kultureller Fortschritt –, hat Weber nichts im Sinn.[51] Im Gegenteil – er ist ein scharfer Kritiker jeglicher Entwicklungs- und Evolutionstheorie, wie sie im 19. Jahrhundert *en vogue* waren. Er kann weder Hegels »Fortschritt im Bewusstsein der Freiheit« etwas abgewinnen noch Marx' säkularer Version des Paradieses auf Erden, dem Sozialismus. Ebenso skeptisch steht er Ansätzen von Herbert Spencer bis Georg Simmel und Émile Durkheim gegenüber, welche die gesellschaftliche Entwicklung als wachsende soziale Differenzierung und Komplexitätsgewinn betrachten – eine Auffassung, die in der Soziologie als differenzierungstheoretische Tradition Fuß fassen sollte.[52] Es war Talcott Parsons, dessen Idee der »evolutionären Universalien«[53] Webers Intentionen wohl am nächsten kam. Parsons' Grundidee war relativ einfach: Es gibt so etwas wie institutionelle Erfindungen, die neue und leistungsfähigere Wege der gesellschaftlichen Organisation erlauben und die daher unhintergehbar, ja nicht mehr wegzudenken sind und genau aus diesem Grund, ihrer Unentbehrlichkeit, sich global verbreiten. Man denke nur an Erfindungen wie die Schrift, Wissenschaft und Technologie (vom Faustkeil bis zum Computer), Familie und Verwandtschaft, die Bürokratie als Verwaltungsstab eines Herrschers, aber auch soziale Schichtung und soziale Ungleichheit. Wenn man *partout* auch Weber in die Differenzierungstradition einordnen

50 Zu dem Komplex soziale Differenzierung, sozialer Wandel und Evolution siehe Hans-Peter Müller u. Michael Schmid, »Paradigm Lost? Von der Theorie sozialen Wandels zur Theorie dynamischer Systeme«, in: dies. (Hg.), *Sozialer Wandel. Modellbildung und theoretische Ansätze*, Frankfurt/M. 1995, S. 9-55; zu Webers Position eines evolutionstheoretischen Minimalprogramms vgl. Schluchter, *Die Entwicklung des okzidentalen Rationalismus*.

51 Im Gegenteil – Weber sah die »Fortschrittsmetaphysik« ganz nüchtern: »Der ›Fortschritts‹-Gedanke stellt sich eben erst dann als notwendig ein, wenn das Bedürfnis entsteht, dem religiös entleerten Ablauf des Menschheitsschicksals einen diesseitigen und dennoch objektiven ›Sinn‹ zu verleihen.« Weber, *Gesammelte Aufsätze zur Wissenschaftslehre*, S. 33, Fn. 2.

52 Ein guter Überblick hierzu findet sich in Niklas Luhmann, *Gesellschaft der Gesellschaft*, 2 Bde., Frankfurt/M. 1997, hier: Kapitel 4 über »Differenzierung«.

53 Talcott Parsons, »Evolutionäre Universalien der Gesellschaft«, in: Wolfgang Zapf (Hg.), *Theorien des sozialen Wandels*, Köln 1969 [1964], S. 55-74.

wollte, dann handelt es sich bei ihm um eine Theorie der institutionellen Differenzierung. Folglich richtet sich sein Augenmerk auf die institutionelle Revolution oder Revolutionen der Rationalisierung. Das Ergebnis ist die *okzidentale Konstellation.*

Worin besteht nun die besondere und einzigartige Konstellation des Westens? Nur im Westen, so Max Weber in seiner berühmten »Vorbemerkung« zu den *Gesammelten Aufsätzen zur Religionssoziologie*, hat es 1. rationalen Kapitalismus, 2. rationale Wissenschaft, 3. rationale Kunst, 4. rationales Recht, 5. einen rationalen Staat, 6. rationale Bürokratie und professionell geschultes Fachbeamtentum, 7. freie Lohnarbeit gegeben.[54] Gehen wir die einzelnen Punkte durch.

Ad 1. Kapitalismus: Überall und stets hat es in der menschlichen Geschichte so etwas wie Erwerbstrieb, Geldgier und Streben nach Gewinn gegeben. Diese »ökonomische Einstellung« hat an sich noch nichts mit *Kapitalismus*[55] zu tun bzw. nichts mit dem modernen okzidentalen Kapitalismus. »Schrankenloseste Erwerbsgier ist nicht im mindesten gleich Kapitalismus, noch weniger gleich dessen ›Geist‹. Kapitalismus *kann* geradezu identisch sein mit *Bändigung*, mindestens mit rationaler Temperierung, dieses irrationalen Triebes. Allerdings ist Kapitalismus identisch mit dem Streben nach *Gewinn*, im kontinuierlichen, rationalen kapitalistischen Betrieb: nach immer *erneutem* Gewinn: nach ›Rentabilität‹.« Weber definiert daher: »Ein ›kapitalistischer‹ Wirtschaftsakt soll uns heißen zunächst ein solcher, der auf Erwartung von Gewinn durch Ausnützung von *Tausch*-Chancen ruht: auf (formell) *friedlichen* Erwerbschancen also.«[56] Damit grenzt er das Spezifische des okzidentalen Kapitalismus, also Gewinnerwartung und friedlicher Tausch, gerade von allen Formen des Abenteuer- oder Beutekapitalismus ab, die auf Spekulation, Macht und Gewalt beruhen. Also: Kapitalismus, Geldwirtschaft und Unternehmertum an sich sind sehr alt. Der moderne bürgerliche Betriebskapitalismus in der definierten Form hingegen ist rezenter Natur, und ihn hat es in dieser Form zuerst und vor allem im Westen gegeben.

54 Weber, *Gesammelte Aufsätze zur Religionssoziologie*, Bd. 1, S. 1-16.

55 Vgl. dazu auch Max Weber, *Wirtschaftsgeschichte*, Berlin 1981 und zum Komplex von Max Webers Sozialökonomik Müller, »Max Webers Sozialökonomik«.

56 Weber, *Gesammelte Aufsätze zur Religionssoziologie*, Bd. 1, S. 4.

Ad 2. Wissenschaft: Ähnlich steht es mit der *Wissenschaft*.[57] Reflexionen über Mensch und Natur, Maxime und empirische Kenntnisse, religiöses oder magisches Wissen – all das hat es in allen Kulturen gegeben. Aber der babylonischen Astronomie ermangelt es an einer mathematischen Basis, die erst die Griechen schufen, der indischen Geometrie fehlt der Beweis, ebenfalls griechischer Provenienz genauso wie Mechanik und Physik. Die indischen Naturwissenschaften kennen kein rationales Experiment. Eine rationale Chemie gibt es nur im Westen. Existieren einerseits einige wichtige Entwicklungen einfach nicht, die zum *Take-off* erforderlich waren, so kommt es andererseits auch auf das Verhältnis von Theorie und Praxis an. Wichtig ist vor allem das Verhältnis von Wissenschaft und Anwendung, Invention und Innovation, Wissenschaft und Technologie. Der enge Konnex von (natur-)wissenschaftlicher Entdeckung, technologischer Anwendung und kapitalistischer Verwertung war es, welcher der westlichen Entwicklung ihre Dynamik verlieh. Ein Beispiel zur Illustration: Das Schießpulver wurde in China erfunden. Aber man weigerte sich, es für kriegerische Zwecke zu nutzen. Es blieb buchstäblich »Feuerwerk« und erhielt sich seinen säkularen Unterhaltungswert. Im Westen hingegen sollte es die Militärtechnologie und die Kriegsführung revolutionieren.

Ad 3. Kunst: Auch die *Kunst* gibt es in allen Kulturen. Das gilt genauso für Musik, Architektur, Malerei usf. »Das musikalische Gehör war bei anderen Völkern anscheinend eher feiner entwickelt als heute bei uns; jedenfalls nicht minder fein.« Ebenso finden sich Polyphonie, das Zusammenwirken von Instrumenten, das Diskantieren, die Berechnung der Tonintervalle.

Aber rationale harmonische Musik: – sowohl Kontrapunktik wie Akkordharmonik, – Bildung des Tonmaterials auf der Basis der drei Dreiklänge mit der harmonischen Terz, unsre, nicht distanzmäßig, sondern in rationaler Form seit der Renaissance harmonisch gedeutete Chromatik und Enharmonik, unser Orchester mit seinem Streichquartett als Kern und der Organisation des Ensembles der Bläser, der Generalbaß, unsre Notenschrift

57 Nelson, *Der Ursprung der Moderne*, S. 11 hat im Geiste Webers das Zusammenspiel von wissenschaftlicher Revolution und protestantischer Reformation untersucht, um zu zeigen, dass und wie die moderne Wissenschaft unser Bewusstsein und Gewissen selbst verändert. Diesen Universalisierungsschub bringt er auf die Formel »From Tribal Brotherhood to Universal Otherhood«, um den »Ursprung der Moderne« zu erkunden.

(die erst das Komponieren und Ueben moderner Tonwerke, also ihre ganze Dauerexistenz überhaupt, ermöglicht), unsre Sonaten, Symphonien, Opern, – obwohl es Programmusik, Tonmalerei, Tonalteration und Chromatik als Ausdrucksmittel in den verschiedensten Musiken gab, – und als Mittel zu dem alle unsre Grundinstrumente: Orgel, Klavier, Violine: dies alles gab es nur im Okzident.[58]

In der Architektur des Orients fehlt »die rationale Verwendung des gotischen Gewölbes als Mittel der Schubverteilung und der Ueberwölbung beliebig geformter Räume«, obgleich das Spitzbogen-Kreuzgewölbe bekannt gewesen ist. In der Malerei schuf die Renaissance im Westen die Linear- und Luftperspektive. Kurz: Es fehlt im Orient »jene Art von ›klassischer‹ Rationalisierung der gesamten Kunst [...], welche die Renaissance bei uns schuf«.[59]

Ad 4. Recht: Ebenso ist das *Recht* in seinen vielfältigen Spielarten ein Bestandteil aller menschlicher Kulturen. »Für eine rationale Rechtslehre fehlen anderwärts trotz aller Ansätze in Indien (Mimamsa-Schule), trotz umfassender Kodifikationen besonders in Vorderasien und trotz aller indischen und sonstigen Rechtsbücher, die streng juristischen Schemata und Denkformen des römischen und des daran geschulten okzidentalen Rechtes. Ein Gebilde ferner wie das kanonische Recht kennt nur der Okzident.«[60] Ein rationales Recht, welches dem gesellschaftlichen Handeln erst seinen Rahmen und seine Verbindlichkeit verschafft, formte die Grundlage der westlichen Rechtstradition auf der Basis des römischen Rechts und des kanonischen Rechts.[61]

Ad 5. Rationaler Staat, rationale Verwaltung und Fachbeamtentum: »Der ›Staat‹ überhaupt im Sinne einer politischen *Anstalt*, mit rational gesatzter ›Verfassung‹, rational gesatztem Recht und einer an rationalen, gesatzten Regeln: ›Gesetzen‹, orientierten Verwaltung durch *Fach*beamte, kennt, in dieser für ihn wesentlichen Kombination der entscheidenden Merkmale, ungeachtet aller anderen Ansätze dazu, nur der Okzident.«[62] Wie sehr Staat, Recht

58 Weber, *Gesammelte Aufsätze zur Religionssoziologie,* Bd. 1, »Vorbemerkung«, S. 2.

59 Ebd., S. 2f.

60 Ebd., S. 2.

61 »Die Bildung der westlichen Rechtstradition« rekonstruiert in seiner bahnbrechenden Studie Harold J. Berman, *Recht und Revolution. Die Bildung der westlichen Rechtstradition*, Frankfurt/M. 1991 auf den Spuren Webers.

62 Weber, *Gesammelte Aufsätze zur Religionssoziologie*, Bd. 1, »Vorbemerkung«, S. 3f.

und Verwaltung einen wichtigen Bedingungskomplex für die Heraufkunft des Kapitalismus darstellen, unterstreicht Weber mit allem Nachdruck: »Denn der moderne rationale Betriebskapitalismus bedarf, wie der berechenbaren technischen Arbeitsmittel, so auch des berechenbaren Rechts und der Verwaltung nach formalen Regeln, ohne welche zwar Abenteurer- und spekulativer Händlerkapitalismus und alle möglichen Arten von politisch bedingtem Kapitalismus, aber kein rationaler privatwirtschaftlicher Betrieb mit stehendem Kapital und sicherer *Kalkulation* möglich ist.«[63]

Ad 6. Freie Arbeit: »Die rational-kapitalistische Organisation von (formell) *freier Arbeit*«[64] ist ebenfalls eine okzidentale Entwicklung. Sie ist Voraussetzung für eine kapitalistische Arbeitsorganisation ebenso wie die *Trennung von Haushalt und Betrieb* sowie die *rationale Buchführung*. Erst die Scheidung von Familie und Unternehmen macht die Differenzierung von Privat- und Betriebsvermögen möglich und damit auch die unterschiedlichen Funktionen der Geld- bzw. Kapitalverwendung: Konsumieren einerseits, Investieren andererseits. Erst die rationale Buchführung erlaubt die exakte Kalkulation von Gewinn und Verlust, das Verhältnis von Einsatz und Risiko, die Abschätzung von Aufwand und Ertrag, kurz: die präzise Rechenhaftigkeit und Kalkulierbarkeit des Kapitalismus.

Vor dem Hintergrund dieser eigenartigen wie einzigartigen Konstellation wiederholt Weber nochmals »das zentrale Problem« einer »Universalgeschichte der Kultur«. Es kann nicht einfach darum gehen, die wechselnden Formen des Kapitalismus in der Geschichte zu untersuchen oder die verschiedenen Figuren des Abenteuerkapitalisten.

> Sondern vielmehr die Entstehung des *bürgerlichen Betriebs*kapitalismus mit seiner rationalen Organisation der *freien Arbeit*. Oder, kulturgeschichtlich gewendet: die Entstehung des abendländischen *Bürgertums* und seiner Eigenart, die freilich mit der Entstehung kapitalistischer Arbeitsorganisation zwar im nahen Zusammenhang steht, aber natürlich doch nicht einfach identisch ist. Denn ›Bürger‹ im ständischen Sinn gab es schon vor der Entwicklung des spezifisch abendländischen Kapitalismus. Aber freilich: *nur* im Abendlande.[65]

63 Ebd., S. 11.
64 Ebd., S. 7.
65 Ebd., S. 10.

Hinter der Fragestellung nach dem modernen bürgerlichen Betriebskapitalismus lauert die viel weiter reichende Problematik des spezifischen »›Rationalismus‹ der okzidentalen Kultur«. *Rationalisierung* ist freilich ein mehrdeutiger Begriff je nach Perspektive und Bezug.

Es gibt z. B. ›Rationalisierungen‹ der mystischen Kontemplation, also: von einem Verhalten, welches, von anderen Lebensgebieten her gesehen, spezifisch ›irrational‹ ist, ganz ebenso gut wie Rationalisierungen der Wirtschaft, der Technik, des wissenschaftlichen Arbeitens, der Erziehung, des Krieges, der Rechtspflege und Verwaltung. Man kann ferner jedes dieser Gebiete unter höchst verschiedenen letzten Gesichtspunkten und Zielrichtungen ›rationalisieren‹, und was von einem aus ›rational‹ ist, kann, vom andern aus betrachtet, ›irrational‹ sein.[66]

Angesichts dieser Vielfalt und Polyvalenz stellt sich schon die Frage, was dieser Leitbegriff und das Leitthema im Kosmos des Weberschen Denkens allgemein und in seiner Religionssoziologie im Besonderen bedeutet. Trotz seiner Forderung nach klar geschnittenen und eindeutigen Begriffen arbeitet Weber keine Rationalisierungs*theorie* aus, welche nicht nur die verschiedenen Formen zu klassifizieren hätte, sondern auch ihre Konstellation oder Konfiguration, also ihr Verhältnis zueinander, damit die diversen Probleme, Konflikte, ja Widersprüche untereinander gefasst und verstanden werden könnten. Nur in der Rechtssoziologie trifft er einige Unterscheidungen, und in der »Zwischenbetrachtung« diskutiert er verschiedene Spannungen und Wertkonflikte, wie wir sehen werden. Wolfgang Schluchter[67] hat aus der Not einer fehlenden Theorie die Tugend einer Klassifikation zu analytischen Zwecken gemacht und unterscheidet drei Formen des Rationalismus:[68] 1. Der *wissenschaftlich*-technische Rationalismus im weitesten Sinn bezeichnet die mit dem empirischen Wissen gegebene Fähigkeit, fragliche Sachverhalte durch *Berechnung* zu beherrschen. 2. Der metaphysisch-*ethische* Rationalismus stellt auf die anthropologische Notwendigkeit des »Kulturmenschen« ab, seine soziale Wirklichkeit als irgendwie

66 Ebd., S. 11.

67 Wolfgang Schluchter, *Rationalismus der Weltbeherrschung. Studien zu Max Weber*, Frankfurt/M. 1980, S. 10.

68 Vgl. Manfred Kopp u. Hans-Peter Müller, *Herrschaft und Legitimität in modernen Industriegesellschaften*, München 1980, S. 43.

sinnvoll geordnete Welt zu erfassen; folglich behandelt er in erster Linie die Systematisierung von Sinn, die intellektuelle Durchdringung und kohärente Bestimmung von Sinnzielen und ihre Bedeutung. 3. Der *praktische* Rationalismus im weitesten Sinn beschäftigt sich mit Fragen methodischer Lebensführung, die sich als gesellschaftlich umgrenzte Möglichkeitsspielräume mit der Institutionalisierung von spezifischen Sinn- und Interessenkomplexen auftun. Aufschlussreich wird diese Klassifikation, wenn man sie für eine Konstellationsanalyse nutzt und sich zum Beispiel fragt, wie der wissenschaftliche und ethische Rationalismus auf den praktischen Rationalismus wirkt und was das für die Lebensführung des Menschen bedeutet. Weber indes ist wesentlich bescheidener, unterstreicht die Bedeutung des Themas ohne weiter reichende Theorie, aber mit klar geschnittener Fragestellung: »Es kommt also zunächst wieder darauf an: die besondere *Eigenart* des okzidentalen und, innerhalb dieses, des modernen okzidentalen Rationalismus zu erkennen und in ihrer Entstehung zu erklären.«[69]

6.5 Die kulturelle Genealogie des Kapitalismus – Die protestantische Ethik

Die berühmteste Schrift von Max Weber besteht in einer Aufsatzfolge zum Thema »Die protestantische Ethik und der ›Geist‹ des Kapitalismus«, die eine lange Diskussion auslöste, die Weber im Jahre 1910 mit einem »Antikritischen Schlußwort« entschieden beendete.[70] Aber bis zum heutigen Tage haben die Auseinandersetzungen um die »Protestantische Ethik« nicht aufgehört.[71] Worum geht es? Gemäß seiner Problemstellung, der Genealogie des Kapitalismus, stellt er sich die Frage, wie ein aus menschlicher Sicht so

69 Weber, *Gesammelte Aufsätze zur Religionssoziologie*, Bd. 1, S. 12.

70 Max Weber, »Antikritisches Schlußwort zum ›Geist des Kapitalismus‹«, in: *Archiv für Sozialwissenschaft und Sozialpolitik* 31 (1910), S. 554-599.

71 Peter Gosh, *Max Weber and the Protestant Ethic. Twin Histories*, Oxford 2014; Walter Sprondel u. Constans Seyfarth, *Seminar: Religion und gesellschaftliche Entwicklung. Studien zur Protestantismus-Kapitalismus-These Max Webers*, Frankfurt/M. 1973; Heinz Steinert, *Max Webers unwiderlegbare Fehlkonstruktionen. Die protestantische Ethik und der Geist des Kapitalismus*, Frankfurt/M. 2010; William Swatos u. Lutz Kaelber, *The Protestant Ethic Turns 100. Essays on the Centenary of the Weber Thesis*, Boulder 2005; Tyrell, *»Religion« in der Soziologie Max Webers*.

perverses Wirtschaftssystem hat entstehen können. Denn der Kapitalismus dreht die »natürliche« Folge um: Statt zu »arbeiten, um zu leben«, zwingt er die Menschen zu »leben, um zu arbeiten«. Wie ist das möglich? Wenn man sich nicht einfach mit Zwang, Macht und Gewalt zufriedengeben will, die historisch natürlich auch stets eine gewichtige Rolle gespielt haben,[72] muss man nach den kulturellen Voraussetzungen fragen, die ein solches Wirtschaftssystem ermöglicht oder gar begünstigt haben. Weber glaubt, im »asketischen Protestantismus«, und hier vor allem im Calvinismus, eine Religion gefunden zu haben, die zur Entstehungszeit des Kapitalismus die Durchsetzung dieses Wirtschaftssystems mit ihrem »Geist« einer asketischen Berufsethik begünstigt hat. Webers These lautet allgemein, dass es eine Wahlverwandtschaft zwischen Puritanismus und Kapitalismus gibt, und so ist die »Weber-These« berühmt geworden. Seine Fragestellung ist aber spezifischer, welchen Beitrag der Puritanismus zur Entstehung einer Wirtschaftsethik, dem »Geist des Kapitalismus«, geleistet hat, der diesem Wirtschaftssystem zum Durchbruch verholfen hat. Wie weist man eine solche komplexe These nach? Wie soll eine Religion eigentlich die Wirtschaft beeinflussen? Was genau meint dabei Wahlverwandtschaft? Wie werden überhaupt Ideen in der Geschichte wirksam? Das ist der Fragekreis, den Weber in seiner Studie zu bewältigen sich vornimmt.

Seine Studie besteht aus zwei großen Teilen, denen er noch einen Aufsatz über »Die protestantischen Sekten und der Geist des Kapitalismus« anfügt. Im ersten Teil skizziert Weber »Das Problem«,[73] indem er zunächst auf den Zusammenhang von »Konfession und soziale Schichtung« eingeht; sodann stellt er seine Konstruktion des Idealtypus vor: »Der ›Geist‹ des Kapitalismus«; schließlich setzt er sich mit »Luthers Berufskonzeption« auseinander und umreißt die »Aufgabe der Untersuchung«. Die Tatsache, dass Weber zur Entfaltung seiner Problemstellung 66 Seiten benötigt, verdeutlicht bereits die Schwierigkeit des Unternehmens. Im zweiten Teil entwickelt er »Die Berufsethik des asketischen Protestantismus«,[74] indem er zunächst »Die religiösen Grundlagen der innerweltlichen Askese« schildert und im zweiten Abschnitt »Askese und kapitalistischer

72 Polanyi, *The Great Transformation.*

73 Weber, *Gesammelte Aufsätze zur* Religionssoziologie, Bd. 1, S. 17-83.

74 Ebd., S. 84-206.

Geist« dann den inneren Zusammenhang von Puritanismus und Kapitalismus aufzeigt.

Ausgangspunkt seiner Analyse ist die empirische Beobachtung, dass Protestanten häufiger als Katholiken das Unternehmertum und die gebildeteren Arbeiterkreise stellen. Woher rührt die »spezifische Neigung zum ökonomischen Rationalismus«[75] bei den Protestanten? Diese Neigung ist sicherlich kein Ergebnis der Reformation, weil sie etwa die moralischen Zügel gelockert und dem ökonomischen Erwerb Tür und Tor geöffnet hätte. Ganz im Gegenteil, so Weber, bedeutete sie im Alltag eine »unendlich lästige und ernstgemeinte Reglementierung der ganzen *Lebensführung*«.[76] Woher soll dann die behauptete Wahlverwandtschaft zwischen Religion und Wirtschaft, Puritanismus und Kapitalismus kommen? Zur Beantwortung konstruiert Weber seinen Idealtyp vom »Geist des Kapitalismus«, worunter er das »Ideal des *kreditwürdigen* Ehrenmannes« versteht. Dem amerikanischen »Businessman« als Nachfolgemodell des englischen »Gentleman« geht es einzig und allein darum, mit ehrlichen Mitteln und durch unaufhörliches Streben sein Kapital zu vermehren. Kapitalbildung als Selbstzweck, so Weber, ist mehr als nur Technik oder Geschäftsklugheit, sondern »nimmt hier den Charakter einer *ethisch* gefärbten Maxime der Lebensführung an«.[77] Er verdeutlicht das exemplarisch am Beispiel von Benjamin Franklin, weil hier die puritanischen Tugenden schon eine stark utilitaristische Färbung bekommen haben, wie sie noch heute für das Geschäftsgebaren von Unternehmern und Managern typisch sind. Zugleich stößt er hier auf die Brücke zwischen Religion und Wirtschaft: Tüchtigkeit im Beruf. Die Reformation bringt eine mächtige moralische Aufwertung der Arbeit mit sich, wie er sowohl anhand von Luthers als auch von Calvins Berufskonzeption demonstriert. Das strukturkonservative Luthertum schließt Weber in der Folge aus, weil die lutherische Frömmigkeit («sola fide« – allein der Glaube zählt) auf eine gottgewollte mystische Gefühlskultur zielt, die den Einzelnen im Alltag in seinem sozialen Status traditionalistisch festhält («Schuster, bleib bei deinem Leisten!«) und folglich wenig für die ökonomische Dynamik leistet. Ganz anders die Lehre von Jean Calvin, denn die reformier-

75 Ebd., S. 23.
76 Ebd., S. 20.
77 Ebd., S. 3.

te Frömmigkeit («fides efficax« – nur der Glaube zählt, der wirkt) legt gottgewirktes, asketisches Handeln nahe und begünstigt somit eine methodisch-rationale Lebensführung, die der Wirtschaft die entscheidende Dynamik stürmischer Entwicklung verleiht.

Webers Augenmerk richtet sich daher auf die Berufsethik des asketischen Protestantismus. Die geschichtlichen Träger eines solchen asketischen Protestantismus oder Puritanismus, wie Weber das nennt, sind der Calvinismus, der Pietismus, der Methodismus und die aus der Täuferbewegung hervorgegangenen Sekten (Baptisten, Mennoniten und Quäker). Ihn interessiert, warum und wie diese religiösen Ethiken die puritanische Berufsidee hervorgebracht haben, die in der Folge dem Kapitalismus die notwendige methodisch-rationale Lebensführung für seine Entstehung und Etablierung bereitgestellt hat. Im Zentrum des Calvinismus steht für Weber die Lehre von der Gnadenwahl. Es ist die Prädestination, also die Vorherbestimmung durch Gott, wer in den Himmel und wer in die Hölle kommt. Gott gilt als »deus absconditus«, als unergründliches Wesen, das frei und willkürlich seine Entscheidung über die Verteilung von Seligkeit und Verdammnis der Menschen fällt – ungeachtet ihrer diesseitigen Verdienste. Die Wirkung dieser reinen Lehre ist eine »pathetische Unmenschlichkeit« und das »Gefühl einer unerhörten, inneren Vereinsamung des einzelnen Individuums«,[78] denn kein Prediger, kein Sakrament wie die Beichte und letztlich auch nicht dieser Gott kann dem Einzelnen helfen, sich seines Seelenheils zu vergewissern. Der Mensch ist vollkommen auf sich allein gestellt, soll gleichwohl zum Wohle Gottes wirken und kann nur hoffen, durch Gott wohlgefällige Lebensführung die Gnade Gottes zur Rettung vor dem ewigen Höllenschicksal zu erringen. Die Folge ist die Entstehung eines religiösen Individualismus («Gott hilft dem, der sich selbst hilft!«), der »eine der wichtigsten geschichtlichen Grundlagen des modernen ›Individualismus‹«[79] werden sollte.

Für Weber ist klar, dass die reine calvinistische Lehre nur von einer Minderheit religiöser Virtuosen ausgehalten werden konnte. Die Mehrheit religiöser Laien hingegen brauchte seelsorgerische Unterstützung in der wichtigsten Frage ihres Lebens: der »certitudo salutis« oder Heilsgewissheit und damit der Frage nach ihrem

78 Ebd., S. 93.
79 Ebd., S. 235.

Schicksal im Jenseits. Weber interessiert sich folglich nicht nur für die reine Lehre, sondern vor allem für die seelsorgerische Praxis. Anhand der Schriften von Richard Baxter untersucht er, wie die Puritaner im Alltag mit dieser Lehre umgegangen sind. Zwei Ratschläge waren es, die Baxter den Gläubigen empfahl: 1. Die Umbiegung des *Dogmas*: Jeder hat sich für erwählt zu halten. Zweifel daran zeigen bereits, dass man den Anfechtungen des Teufels zu erliegen droht. 2. Die Wahl der *Mittel*: »rastlose Berufsarbeit« als ein Weg, um die eigenen Ängste abzubauen und die Selbstgewissheit zu erlangen, zu den »beati electi«, den glücklich Auserwählten Gottes, zu gehören. Der reine Calvinismus führt, wenn man ihn logisch zu Ende denkt, zu schicksalsergebenem Fatalismus, denn man kann ohnehin nichts für sein Seelenheil tun, da Gottes Ratschluss ja von jeher feststeht. Der baxterianische Puritanismus dagegen sorgt für eine *axiologische Kehre*, für die Drehung der Wirkung gegenüber dem Wollen im Glauben, um 180 Grad. Statt fatalistischer Schicksalsergebenheit führt die Pflicht zur Selbsterwähltheit und rastloser Berufsarbeit zu aktiver Selbst- und Weltbeherrschung. Es ist dieser religiöse Bewährungsgedanke, der mittels methodisch-rationaler Lebensführung zur lebenslangen Kontrolle des Gnadenstandes in der Berufsarbeit zwingt. »Diese *Rationalisierung* der Lebensführung innerhalb der Welt im Hinblick auf das Jenseits war die Wirkung der *Berufskonzeption* des asketischen Protestantismus.«[80]

Im zweiten Teil zeigt Weber die ökonomischen Auswirkungen dieser puritanischen Idee einer asketischen Berufsethik auf und diskutiert indirekte und direkte Einflüsse. Zu den *indirekten* Einflüssen zählen Reichtum, Zeit, Arbeit und Arbeitsteilung, Berufsarbeit und -mobilität sowie Armut. Allen Religionen ist *Reichtum* suspekt, denn verdirbt er nicht den Charakter und führt zur Hybris der Menschen? Der Puritanismus macht darin keine Ausnahme, aber er verurteilt nur das Ausruhen auf dem Besitz oder seinen eitlen Genuss, nicht aber seine unbeschränkte Anhäufung. Denn der ökonomische Erfolg gilt ja als Zeichen der »Auserwähltheit« durch Gott. Weber notiert daher den Hang zur Selbstgerechtigkeit der Puritaner, weil sie ökonomischen und religiösen Erfolg derart engführen. Die *Zeit* spielt eine Schlüsselrolle, denn »Zeit ist Geld«. Waren die Mönche die ersten Menschen, die ihr Leben dem Re-

80 Ebd., S. 163.

gime der Glocken unterstellten, so wird daraus bei den Puritanern die minutenhafte Präzision einer durchrationalisierten Tagesorganisation im Wirtschaftsleben. Die Puritaner adeln harte, stetige und disziplinierte körperliche oder geistige *Arbeit* als Heilmittel wie als Schutz gegen ein »unclean life«: »Wer arbeitet, sündigt nicht.« Ebenso treiben sie die *Arbeitsteilung* voran, wenn denn Spezialisierung die Arbeitsleistung zu steigern verspricht. *Berufsarbeit* und nicht Arbeit an sich sowie *Berufsmobilität* stehen im Zentrum der religiösen Bewährungsethik, zumal sie Gottwohlgefälligkeit und Profitabilität kongenial zu kombinieren erlauben. *Armut* hingegen ist das Skandalon des Puritanismus. Der Arme zeigt schon durch seine Armut, dass er des Teufels ist. Die wohlverdiente Unterstützung besteht nicht etwa in Wohlfahrtsleistungen der politischen Gemeinschaft, denn: »Wer nicht arbeitet, soll nicht essen!« Vielmehr sind es die Puritaner, die durch die Einrichtung von Arbeitshäusern den Einzelnen wieder auf den rechten Weg führen wollen. Weber fasst den »innere[n] Gesamthabitus des Puritaners«[81] wie folgt zusammen: »Wie die Einschärfung der asketischen Bedeutung des festen Berufs das moderne *Fachmenschentum* ethisch verklärt, so die providentielle Deutung der Profitchancen den *Geschäftsmenschen*. Die vornehme Läßlichkeit des Seigneurs und die parvenumäßige Ostentation des Protzens sind der Askese gleichermaßen verhaßt. Dagegen trifft ein voller Strahl ethischer Billigung den nüchternen bürgerlichen Selfmademan.«[82]

Die *direkten* Einflüsse der puritanischen Berufsidee bündeln sich vor allem im Verbot des unbefangenen Genießens des Daseins. Triebhafter Lebensgenuss verstößt gegen »das Prinzip asketischer Lebensführung«,[83] woraus sich eine ambivalente Haltung gegenüber der Kultur ergibt. So wird Theater leicht zu »idle talk«, Literatur, sofern sie nicht zu Gottes Ruhm verfasst ist, gerät zu »superfluities«, Kunst erscheint als »vain ostentation«. Das Genussverbot hat Konsequenzen für Konsumtion, Produktion sowie den Reichtum und seine Gefahren. Im Bereich des Konsums wird dem Puritaner zwar ein gewisser »comfort« zugestanden, jede Protzerei dagegen ist verpönt. Angesichts des bescheidenen Konsums sind alle Kräfte auf die Produktion gerichtet, so dass die puritanische Le-

81 Ebd., S. 182.

82 Ebd., S. 178.

83 Ebd., S. 84.

bensführung einer regelrechten Akkumulationsethik gleichkommt: »*Kapitalbesitz* durch *asketischen Sparzwang*«[84] – Webers Version der »ursprünglichen Kapitalakkumulation« (Karl Marx) und der Geburt des modernen Kapitalismus aus dem Geist des Puritanismus. Dennoch hat die Askese eine Schattenseite, so dass sich hier die *Paradoxie der Wirkung gegenüber dem Wollen* zeigt, denn die »Askese [ist] die Kraft, ›die stets das Gute will und stets das Böse‹ – das in ihrem Sinn Böse: den Besitz und seine Versuchungen – ›schafft‹«.[85] Von daher gehen von großem Reichtum immer die Gefahren der Aristokratisierung durch den Erwerb von Schlössern und den Kauf von Adelstiteln aus. Dennoch, so Webers Fazit: »Soweit die Macht puritanischer Lebensauffassung reichte, kam sie unter allen Umständen – und dies ist natürlich weit wichtiger als die bloße Begünstigung der Kapitalbildung – der Tendenz zu bürgerlicher, ökonomisch *rationaler* Lebensführung zugute; sie war ihr wesentlichster und vor allem: ihr einzig konsequenter Träger. Sie stand an der Wiege des modernen ›Wirtschaftsmenschen‹.«[86]

Die Liaison zwischen Puritanismus und Kapitalismus endet tragisch, denn der einmal eingerichtete Kapitalismus, so Weber, bedarf nicht länger dieses puritanischen »Geistes«. Im Gegenteil: Sein enormer Wohlstand säkularisiert die Gesellschaften und unterminiert eine rein religiöse Lebensführung. Weber gibt am Ende der »Protestantischen Ethik« eine denkbar düstere Zeitdiagnose. »Der Puritaner *wollte* Berufsmensch sein – wir *müssen* es sein. [...] Indem die Askese die Welt umzubauen und in der Welt sich auszuwirken unternahm, gewannen die äußeren Güter dieser Welt zunehmende und schließlich unentrinnbare Macht über den Menschen, wie niemals zuvor in der Geschichte.« Der Kapitalismus errichtet »ein stahlhartes Gehäuse«, das »Fachmenschen ohne Geist, Genußmenschen ohne Herz [züchtet]: dies Nichts bildet sich ein, eine nie vorher erreichte Stufe des Menschentums erstiegen zu haben.«[87]

Weber ist völlig klar, dass die »Protestantische Ethik« eine bewusst einseitige, spirituelle Konstruktion der Geschichte darstellt. Kein Wunder, dass er als »idealistischer« Gegenspieler von Marx wahrgenommen wurde, der die materialistische Geschichtsauffas-

84 Ebd., S. 192.
85 Ebd., S. 191 f.
86 Ebd., S. 195.
87 Ebd., S. 203 f.

sung zu überwinden suchte.[88] Weber ist indes kein »Idealist«. Sein Anspruch ist wesentlich bescheidener, denn er versucht nur, »den Einschlag, welchen religiöse Motive in das Gewebe der Entwicklung unserer aus zahllosen historischen Einzelmotiven erwachsenen modernen spezifisch ›diesseitig‹ gerichteten Kultur geliefert haben, etwas deutlicher zu machen«.[89] Das Resultat seiner Studie lautet: »Einer der konstitutiven Bestandteile des modernen kapitalistischen Geistes, und nicht nur dieses, sondern der modernen Kultur: die rationale Lebensführung auf Grundlage der Berufsidee, ist [...] geboren aus dem Geist der christlichen Askese.«[90] Deshalb spricht er auch nicht von »Kausalität«, sondern nur von einer »Wahlverwandtschaft« zwischen Religion und Kultur, Reformation und Kapitalismus. Weber rekurriert auf Goethes Roman *Die Wahlverwandtschaften* (1808/1809), um die kreuzweise und unwahrscheinliche Verschlingung von ökonomischen (Produktion und Konsum) und kulturellen (Religion und Lebensführung) Faktoren zu verdeutlichen.[91] Die Reformation bringt eine religiös inspirierte methodisch-rationale Lebensführung hervor, eine Wirtschafts- und Berufsethik, die zum Kapitalismus in seiner Entstehungszeit kongenial »gepasst« hat. Die Reformatoren wollten demnach alles andere als den Kapitalismus schaffen, vielmehr die Menschen zum rechten Glauben bekehren. Anhand seiner Studie führt Weber[92] vor, wie Ideen in der Geschichte wirksam werden können. Sicher: »Interessen (materielle und ideelle), nicht Ideen beherrschen unmittelbar das Handeln der Menschen. Aber: die ›Weltbilder‹, welche durch ›Ideen‹ geschaffen wurden, haben sehr oft als Weichensteller die Bahnen bestimmt, in denen die Dynamik der Interessen das Handeln fortbewegte. Nach dem Weltbild richtete es sich ja: ›wovon‹ man ›erlöst‹ sein wollte und – nicht zu vergessen – konnte.« Ideen fungieren als Weichensteller für die Kanalisierung von Interessen – und werden als solche über kurz oder lang unsichtbar, weil sie nur noch als Interessen weiterleben. Die Puritaner haben

88 Reinhard Bendix, *Max Weber – Das Werk. Darstellung, Analyse, Ergebnisse*, München 1964; Karl Löwith, »Max Weber und Karl Marx«, in: ders., *Sämtliche Schriften*, Bd. 5, Stuttgart 1988, S. 324-407.

89 Weber, *Gesammelte Aufsätze zur Religionssoziologie*, Bd. 1, S. 82.

90 Ebd., S. 202.

91 Müller, *Max Weber*, S. 86.

92 Weber, *Gesammelte Aufsätze zur Religionssoziologie*, Bd. 1, S. 252.

eine methodisch-rationale Lebensführung entwickelt, um das eigene Seelenheil mittels ethischer Buchführung zu sichern. Von modernen Menschen wird heute generell eine solche Lebensführung verlangt, und das in allen Lebensbereichen. »Der Puritaner *wollte* Berufsmensch sein – wir *müssen* es sein«, konstatiert Weber.[93] Die Weichensteller-Metapher ist der eine Mechanismus zur Funktionsweise von Ideen, paradoxe Effekte der andere. »Ideen« werden nicht »intentione recta« und somit direkt wirksam, sondern eher indirekt und als unintendierte wie unvorhergesehene Effekte. Weber nennt das »die Paradoxie der Wirkung gegenüber dem Wollen«,[94] und die neuere Forschung bezeichnet die Verkehrung von Intention und Folge als »perverse Effekte«.[95] Die Puritaner wollten ein Gott wohlgefälliges Leben führen, haben das asketisch-diszipliniert aber so erfolgreich getan, dass ihre Wirtschafts- und Berufsgesinnung zum ethischen Steigbügelhalter des modernen okzidentalen Kapitalismus wurde. »Wir wollten den Puritanismus, haben aber den Kapitalismus bekommen!« – so könnte die paradoxe Formel lauten. Der Streit zwischen Idealismus («Ideen«) und Materialismus («Interessen«) ist im Falle Webers also vollkommen unangebracht, denn Ideen *und* Interessen sind erklärungsrelevant.[96] M. Rainer Lepsius hat in seinem Ansatz der drei I – »Interessen, Ideen und Institutionen« – noch eine dritte Ebene eingezogen: die Institutionen.[97] Tatsächlich ist es die Aufgabe von Institutionen, Ideen so erfolgreich im alltagsweltlichen Leben zu etablieren, dass die Menschen sie in ihrer Lebensführung als Interessen rational verfolgen können.

93 Ebd., S. 203.

94 Ebd., S. 524.

95 Raymond Boudon, *Die Logik des gesellschaftlichen Handelns*, Darmstadt, Neuwied 1979.

96 Steffen Sigmund, »Ideen und Interessen«, in: Hans-Peter Müller u. Steffen Sigmund (Hg.), *Max-Weber-Handbuch*, S. 66-69.

97 Mario Rainer Lepsius, *Interessen, Ideen und Institutionen*, Opladen 1990.

6.6 Die Rationalisierung der Welt – Wertsphären und Lebensführung

In seinen späten Vorträgen »Wissenschaft als Beruf« (1917/1919) und »Politik als Beruf« (1919) unterbreitet Max Weber eine sozialphilosophisch eingefärbte Zeitdiagnose, die den Zusammenhang von Beruf, professioneller Ethik und Persönlichkeit beleuchten soll. Es zeigt sich, dass er den pessimistischen Ausblick auf die Zukunft des Menschentums – »Fachmenschen ohne Geist, Genußmenschen ohne Herz« –, wie er ihn am Ende der »Protestantischen Ethik« vorgenommen hatte, nicht für das letzte Wort in dieser existentiell zentralen Frage hält. Vielmehr sucht er die institutionelle Eigenart der jeweiligen Wertsphäre und Lebensordnung zu charakterisieren, um dann zu prüfen, welche Art von Menschen mit welchem Persönlichkeitstypus für diesen Beruf geeignet ist. Diese Passform zwischen rationalisierter Wertsphäre und Lebensordnung und der ihr angemessenen, methodisch-rationalen Lebensführung gibt eine Vorstellung davon, wie der moderne Mensch in diesem Kosmos der modernen Welt sich überhaupt behaupten kann.

Tatsächlich haben diese Reden einen doppelten Status:[98] Sie sind *sozialphilosophisch* ausgerichtet, denn Weber geht es um eine Standortbestimmung der »geistigen und politischen Situation der Zeit« zwischen dem militärischen Zusammenbruch des Deutschen Reiches und der Novemberrevolution. Diese sozialphilosophisch angeleitete Gesellschafts-, Kultur- und Zeitdiagnose kann indes nicht darüber hinwegtäuschen, dass es sich zugleich um eine genuin *soziologische* Analyse von Wissenschaft und Politik als Beruf handelt. Sie liegt ganz auf der Linie der »Zwischenbetrachtung«[99] in der *Wirtschaftsethik der Weltreligionen* und folgt der dort entwickelten Logik der Wertsphären und Lebensordnungen. Wissenschaft und Politik sind Sphären eigenen Rechts, so dass ihre institutionellen Ausgestaltungen einerseits, ihre inneren Eigenarten andererseits betrachtet werden müssen. Erst auf dieser Grundlage kann man fragen, welche persönlichen Eigenschaften Wissenschaftler und Politiker mitbringen sollten, um diese Berufe sinnvoll auszufüllen, und

98 Vgl. Wolfgang Schluchter, *Unversöhnte Moderne*, Frankfurt/M. 1996.

99 Die Systematik der »Zwischenbetrachtung« für die Systematik von Webers Gesellschaftsgeschichte, Gesellschaftsanalyse und Gesellschaftskritik nehmen wir im letzten Abschnitt auf und verbinden sie mit seiner Zeitdiagnose.

welche Bedeutung solchermaßen ausgelesenen »Persönlichkeiten« innerhalb der »sittlichen Gesamtökonomie der Lebensführung«[100] zukommt.

In »Wissenschaft als Beruf« untersucht Weber zunächst die äußere Bedeutung des Gelehrtenberufs durch einen Vergleich der Karriereorganisation in Deutschland und in den Vereinigten Staaten, sodann analysiert er die innere Bedeutung des Gelehrtenberufs, fragt nach den Vorbedingungen wissenschaftlicher Arbeit und widmet sich ausführlich dem Sinnproblem in der Wissenschaft, wie es sich aus der inneren Stellung des Wissenschaftlers zu seinem Beruf im Besonderen sowie dem Wert der Wissenschaft für das Gesamtleben der Menschheit im Allgemeinen ergibt.

Ganz ähnlich verfährt Weber in »Politik als Beruf«. Er skizziert die Ausdifferenzierung einer eigenständigen Sphäre der Politik mit dem Staat als Hort der legitimen physischen Gewaltsamkeit, den verschiedenen Herrschaftsformen und ihren Legitimitätsgründen sowie der politischen Führungsauslese in einem Zeitalter, in dem die Menschen nicht *für,* sondern *von* der Politik leben müssen. Welcher Eigenschaften bedarf ein Politiker, wenn er nicht zum karriere- und erfolgsorientierten Gesinnungsopportunisten einerseits, zum reinen Machtpolitiker andererseits degenerieren soll? Nur wer seine Leidenschaft diszipliniert dem Dienst an einer »Sache« unterstellt und seine politische Gestaltungsmacht mit Verantwortlichkeit und Augenmaß zugleich ausübt, nur der, so Weber, hat den Beruf bzw. die Berufung zur Politik.

Die beiden Reden, das demonstriert ihre innere Zusammengehörigkeit, haben also eine identische Struktur. Gehen wir sie der chronologischen Reihenfolge nach durch.

Wissenschaft als Beruf

Der *äußeren Bedeutung des Gelehrtenberufes* versucht Weber gerecht zu werden, indem er die universitären Verhältnisse in Deutschland und den USA vergleicht. In Deutschland setzt die wissenschaftliche Karriere mit Dissertation und Habilitation ein und führt zum Status des Privatdozenten. Nicht jeder freilich, der habilitiert, kann auch Professor werden. Es sind stets nur einige wenige, die *beati*

100 Weber, *Gesammelte Politische Schriften*, S. 536.

possidentes,[101] die aus der Wissenschaft einen Beruf machen können. Der große Rest ist zu einem Dasein als »akademisches Proletariat« verurteilt. Kurz: »Das akademische Leben ist also ein wilder Hasard.«[102]

Ganz anders in den USA. Dort empfängt der »Assistant Professor« ein festes Gehalt, gilt aber bis zum Erreichen der *tenure* als jederzeit kündbar. Der PhD reicht in der Regel als Qualifikation, um eine Professur zu bekommen, die Habilitation gilt als entbehrlich. Trotz Überlastung mit Lehre in den Anfangsjahren muss er nicht damit rechnen, ins »akademische Proletariat« abzurutschen, sondern allenfalls an eine schlechtere Universität oder schlimmstenfalls an ein »community college« zu wechseln. Er kann also seine Wissenschaft zum Beruf machen – mal besser, mal schlechter.

Weber gibt nun keine Empfehlung ab, welches wissenschaftliche System besser ist, das deutsche oder das amerikanische. Vielmehr rechnet er empirisch damit, dass sich das deutsche Universitätssystem »amerikanisieren« wird, und wie der Arbeiter in jedem kapitalistischen Betrieb, so wird auch der Gelehrte von seinen Produktionsmitteln getrennt werden. So oder so ist und bleibt die wissenschaftliche Karriere eine unwägbare, riskante Angelegenheit, über die, neben dem eigenen Können, Glück und soziale Beziehungen, also die Einbettung in einflussreiche Netzwerke, entscheiden. Zudem braucht man einen langen Atem und starke Nerven, denn das durchschnittliche Habilitationsalter heute liegt bei über 40 Jahren. In keinem anderen beruflichen Bereich gilt das Motto so uneingeschränkt: hop oder top. Denn es handelt sich um ein extremes Bewährungsmodell, in der Tat um eine »*geistesaristokratische* Angelegenheit«,[103] wie Weber sagt, mit starkem Lotteriecharakter: Verdienst und Zufall liegen eng und un(v)erträglich beieinander, wie sonst nur in künstlerischen Berufen.

Genau diese kontingente und zufallsbehaftete Organisation von

101 Professoren sind »glückliche Besitzende«, weil diese akademische Position durch Knappheit und Ausstattung ein sogenanntes »positionales Gut« ist, wie Fred Hirsch, *Social Limits to Growth*, Cambridge/MA 1976, diese knappen, nicht beliebig vermehrbaren und daher chronisch beliebten Positionen genannt hat. So gibt es nur einen Papst, einen Chef, einen Bundestrainer und nur einen Professor pro Lehrgebiet in einer Universität.

102 Weber, *Gesammelte Aufsätze zur Wissenschaftslehre*, S. 588.

103 Ebd., S. 587.

»Wissenschaft als Beruf« geht mit besonderen psychischen Belastungen einher, da nirgendwo die Kluft zwischen eigenem Selbstverständnis und objektiver Lage so groß sein dürfte wie in der Wissenschaft. Weber weiß denn auch aus seiner Erfahrung zu berichten:

> Wenn junge Gelehrte um Rat fragen kommen wegen Habilitation, so ist die Verantwortung des Zuredens fast nicht zu tragen. Ist er ein Jude, so sagt man ihm natürlich: lasciate ogni speranza.[104] Aber auch jeden anderen muß man auf das Gewissen fragen: Glauben Sie, daß Sie es aushalten, dass Jahr um Jahr Mittelmäßigkeit nach Mittelmäßigkeit über Sie hinaussteigt, ohne innerlich zu verbittern und zu verderben? Dann bekommt man selbstverständlich jedesmal die Antwort: Natürlich, ich lebe nur meinem ›Beruf‹; – aber ich wenigstens habe es nur von sehr wenigen erlebt, dass sie das ohne inneren Schaden für sich aushielten.[105]

Das wirft natürlich sofort und unmittelbar die *Sinnfrage* auf, also die Frage nach der *inneren Stellung* des Wissenschaftlers zu seinem Beruf einerseits, dem Wert der Wissenschaften für das Gesamtleben der Menschheit andererseits. »Warum betreibt man etwas, das in der Wirklichkeit nie zu Ende kommt und kommen kann?«[106] Das schneller veraltet, als es produziert worden ist? Wie hält man das aus? Eine tröstliche Antwort lautet, dass Wissenschaft zum technisch-praktischen Verständnis von Welt und Leben beiträgt. Aber, so Weber, der primitive Mensch kennt seine Welt ungleich besser als der moderne Mensch. Unser Handeln heute ist zum Großteil *Einverständnishandeln* – die allermeisten Menschen benutzen die Technik, ohne das Wie ihres Funktionierens zu verstehen. Dagegen geht das *Verständnishandeln* – dass wir etwas tun, was wir genau verstehen – immer weiter zurück. Was aber bedeutet dann die wachsende *Rationalisierung* und *Intellektualisierung der Welt*, wenn der »Zivilisierte« ungleich weniger von seiner unmittelbaren Lebenswelt versteht als der »Wilde«? Webers Antwort zielt auf seine berühmte These von der *Entzauberung der Welt*: »das Wissen davon oder den Glauben daran: dass man, wenn man *nur wollte*, es jederzeit erfahren *könnte*, dass es also prinzipiell keine geheimnisvollen unberechenbaren Mächte gebe, die da hineinspielen, dass man

104 »Lasst alle Hoffnung fahren!« steht über dem Hölleneingang in Dantes *Göttlicher Komödie*.

105 Weber, *Gesammelte Aufsätze zur Wissenschaftslehre*, S. 588.

106 Ebd., S. 593.

vielmehr alle Dinge – im Prinzip – durch *Berechnen beherrschen* könne«.[107]

Worin besteht dann der *Wert* der Wissenschaften für das Gesamtleben der Menschheit? Um diese weitreichende Frage zu beantworten, geht Weber in einem kleinen Exkurs historisch und systematisch die prinzipiellen Positionen von der Antike bis heute durch. Auch hier scheint, um das Ergebnis vorwegzunehmen, so etwas wie ein »Selbstentzauberungsprozess« der Wissenschaften stattgefunden zu haben. Je mehr sich die Wissenschaften ausdifferenziert und professionalisiert haben, desto weniger können (und wollen) sie die Existenz- und Sinnfragen der Menschen beantworten. Das Pathos und mit ihm die Aura der Magie (der Wissenschaftler als legitimer Nachfolger des Zauberers) ist gewichen. Übrig geblieben sind die nüchterne Professionalität und der Glaube an die technische Machbarkeit. Das heißt der Glaube, dass man alles durch Kalkül berechnen und technisch schon meistern wird. Aber das unvermeidliche Resultat scheint nun eben zu sein, dass Wissenschaft und Leben immer weiter auseinanderfallen. »Hat der ›Fortschritt‹ als solcher einen erkennbaren, über das Technische hinaus reichenden Sinn, so dass dadurch der Dienst an ihm ein sinnvoller Beruf würde?«[108] Welche Antworten wurden im Laufe der Geschichte darauf gefunden?

Für *Platon* in seinem berühmten »Höhlengleichnis« lag der Wert der Wissenschaften noch im »Weg zum wahren Sein« und zur »ewigen Wahrheit« über den philosophischen Begriff. »[...] daraus schien zu folgen, dass, wenn man nur den rechten Begriff des Schönen, des Guten, oder auch etwa der Tapferkeit, der Seele – und was es sei – gefunden habe, dass man dann auch ihr wahres Sein erfassen könne, und das wieder schien den Weg an die Hand zu geben, zu wissen und zu lehren: wie man im Leben, vor allem: als Staatsbürger, richtig handle.«[109]

Die *Renaissance* begriff den Wert der Wissenschaften als den »Weg zur wahren Natur« über das rationale Experiment. »Den künstlerischen Experimentatoren von der Art Lionardos und den musikalischen Neuerern bedeutete sie den Weg zur *wahren* Kunst, und das hieß für sie zugleich: zur wahren *Natur*. Die Kunst sollte

107 Ebd., S. 594.
108 Ebd., S. 595.
109 Ebd., S. 596.

zum Rang einer Wissenschaft, und das hieß zugleich und vor allem: der Künstler zum Rang eines Doktors, sozial und dem Sinne seines Lebens nach, erhoben werden.«[110]

In der frühen *Neuzeit* suchten die Puritaner den Wert der Wissenschaften als »Weg zum wahren Gott« zu bestimmen. Sicherlich: Gott ist unergründlich, ein »deus absconditus«, wir kennen seine Beweggründe und Ziele nicht, aber über die exakten Naturwissenschaften kommen wir dem Bauplan der Natur und damit seinen Absichten vielleicht auf die Spur. Weber zitiert Jan Swammerdams berühmten Ausspruch: »›Ich bringe Ihnen hier den Nachweis der Vorsehung Gottes in der Anatomie einer Laus.‹«[111]

Im *19. Jahrhundert* schließlich, dem Zeitalter der großen naturwissenschaftlichen Entdeckungen, glaubte man voller Optimismus, den Wert der Wissenschaften als »Weg zum wahren Glück« gefunden zu haben. Aber so Weber: »dies darf ich wohl, nach Nietzsches vernichtender Kritik an jenen ›letzten Menschen‹, die das ›Glück erfunden haben‹, ganz beiseite lassen. Wer glaubt daran? – außer einigen großen Kindern auf dem Katheder oder in Redaktionsstuben?«[112] Und doch, so muss man kritisch anmerken, scheint es gerade diese Glücks- und Komfortverheißung zu sein, die immer wieder den mächtigsten Antrieb hinter der ungeheuren Förderung der Naturwissenschaften ausmacht – auch heute noch und stets aufs Neue. Längst ist Nietzsches vernichtende Kritik nur noch Philosophen oder umfassend gebildeten Menschen bekannt, also einer verschwindenden Minderheit ohne Einfluss oder Stimme im mächtigen Chor der »Fortschrittseliten und -massen«. Insofern ist es nur konsequent, dass die Geistes- und Sozialwissenschaften nicht oder nur spärlich gefördert werden, stören sie doch – siehe Nietzsche – nur den gut geölten, kapitalistisch organisierten Wissenschaftsbetrieb im allfälligen Dienste des »Fortschritts der Menschheit«. Wer solche edlen Motive hinterfragt, muss sich nicht wundern, ins Abseits zu geraten und von Politik und Wirtschaft nicht mehr gefördert zu werden.

Und *heute* – wie sehen wir das? Im Angesicht der existentiellen Fragen, die Tolstoi noch einmal mit allem Nachdruck aufgeworfen hatte: »Was sollen wir tun?« »Wie sollen wir leben?« – an diesen

110 Ebd., S. 597.
111 Ebd., S. 597.
112 Ebd., S. 598.

Fragen erweist sich in letzter Instanz zumindest die endemische Sinnlosigkeit der Wissenschaft. Die Naturwissenschaften etwa, welche die Gesetze des kosmischen Geschehens erforschen, verzichten auf eine Stellungnahme zum »Sinn« des Ganzen vollkommen. »Alle Naturwissenschaften geben uns Antwort auf die Frage: Was sollen wir tun, *wenn* wir das Leben *technisch* beherrschen wollen? *Ob* wir es aber technisch beherrschen sollen und wollen, und ob das letztlich eigentlich Sinn hat: – das lassen sie ganz dahingestellt oder setzen es für ihre Zwecke voraus.«[113] Ganz analog verfahren die Kunstwissenschaften, die Rechtswissenschaften, die historischen Kulturwissenschaften, die Medizin etc.

Für die Deutungsproblematik der Kultur- und Sozialwissenschaften heißt das, zwischen wissenschaftlicher Analyse und praktisch-politischer Stellungnahme rückhaltlos zu trennen – das *Gebot der intellektuellen Rechtschaffenheit* fordert, wie wir gesehen haben, die Werturteilsfreiheit. Noch einmal zitiert Weber John Stuart Mills Formel vom Polytheismus und ewigen Kampf der Götter.

> Wenn irgend etwas, so wissen wir es heute wieder: dass etwas heilig sein kann nicht nur: obwohl es nicht schön ist, sondern: *weil* und *insofern* es nicht schön ist, – in dem 53. Kapitel des Jesaiasbuches und im 22. Psalm können Sie die Belege dafür finden; – und dass etwas schön sein kann nicht nur: obwohl, sondern: in dem, worin es nicht gut ist, das wissen wir seit Nietzsche wieder, und vorher finden Sie es gestaltet in den ›Fleurs du mal‹, wie Baudelaire seinen Gedichtband nannte; – und eine Alltagsweisheit ist es, dass etwas wahr sein kann, obwohl und indem es nicht schön und nicht heilig und nicht gut ist. Aber das sind nur die elementarsten Fälle dieses Kampfes der Götter der einzelnen Ordnungen und Werte.

Der »Polytheismus der Werte« beschwört den »Kampf der Götter« in neuer Gestalt wieder herauf:

> Die alten vielen Götter, entzaubert und daher in Gestalt unpersönlicher Mächte, entsteigen ihren Gräbern, streben nach Gewalt über unser Leben und beginnen untereinander wieder ihren ewigen Kampf. Das aber, was gerade dem modernen Menschen so schwer wird, und der jungen Generation am schwersten, ist: einem solchen *Alltag* gewachsen zu sein. Alles Jagen nach dem ›Erlebnis‹ stammt aus dieser Schwäche. Denn Schwäche ist es: dem Schicksal der Zeit nicht in sein ernstes Antlitz blicken zu können.[114]

113 Ebd., S. 599 f.
114 Ebd., S. 604 f.

Doch macht dies die Leistungen der Kultur- und Sozialwissenschaft nicht überflüssig. Nur weil sie die Tolstoischen Fragen so nicht beantwortet, muss sie nicht wertlos sein. »Die Frage ist nur, in welchem Sinne sie ›keine‹ Antwort gibt, und ob sie statt dessen nicht doch vielleicht dem, der die Frage richtig stellt, etwas leisten könnte.«[115] Immerhin nennt Weber vier große Bereiche, in denen die akademische Bildung uns über das Spezialwissen der einzelnen Disziplinen hinaus am Ende doch für das Leben und die eigene Lebensführung schult: 1. Die Wissenschaften verleihen uns Kenntnisse über die *Technik*, wie man das Leben durch Berechnung beherrscht. 2. Sie schulen *Methoden* des Denkens. 3. Sie verhelfen uns zur *Klarheit* über Zweck-Mittel-Relationen, Folgen und Nebenfolgen unseres Tuns. 4. Sie helfen uns, Rechenschaft abzulegen über den letzten *Sinn* unseres eigenen Tuns.

Das ist nicht nichts. Dennoch lassen sich mit den Wissenschaften keine letzten Wert- und Sinnfragen des Lebens verbindlich entscheiden, wie das einstmals »dem großartigen Pathos der christlichen Ethik«[116] gelungen war. Denn: »Es ist das Schicksal unserer Zeit, mit der ihr eigenen Rationalisierung und Intellektualisierung, vor allem: Entzauberung der Welt, dass gerade die letzten und sublimsten Werte zurückgetreten sind aus der Öffentlichkeit, entweder in das hinterweltliche Reich mystischen Lebens oder in die Brüderlichkeit unmittelbarer Beziehungen der Einzelnen zueinander.« Unter diesen Voraussetzungen bleibt uns, unsere eigene Aufgabe zu erfüllen und der »Forderung des Tages« zu gehorchen. »Die aber ist schlicht und einfach, wenn jeder den Dämon findet und ihm gehorcht, der *seines* Lebens Fäden hält.«[117]

Wer Führer in der Wissenschaft und Führung durch die Wissenschaft in dem Sinne erhofft, wie das Religionen für ihre Gläubigen bieten, der wird notgedrungen von Webers Überlegungen enttäuscht werden. Viele seiner jungen Zuhörer im Jahre 1917 waren es auch – sie vermissten das »Positive« und die konkrete Anleitung zur gelungenen Lebensführung. Das passiert aber womöglich vor allem dann, wenn man die Wissenschaften zu stark in Analogie zum Modell der Religionen betrachtet. Zwischen dem mystischen Haben des Glaubens und dem Besitz des Wissens, darauf kommt

115 Ebd., S. 598.
116 Ebd., S. 605.
117 Ebd., S. 612 f.

Weber immer wieder zurück, gibt es eine unüberbrückbare Kluft und keine Versöhnung. Die Religion nimmt ihren Gläubigen die Entscheidung über alle Existenzfragen ab, um den Preis der individuellen Autonomie und Freiheit. Gerade die gilt es aber nach Weber vor allem zu schützen, wenn man ernsthaft die autonome Lebensführung der menschlichen Persönlichkeit erhalten will. Die Lösung des Sinnproblems sollte nicht mit der Verschärfung der Freiheitsproblematik erkauft werden, wie es dann ja in den totalitären Spielarten von Faschismus und Kommunismus im Verlauf des 20. Jahrhunderts gekommen ist. Dennoch: Einfach ist die geistige Situation der Zeit nicht zu ertragen, und nicht allen wird das gelingen. Weber ist sich vollkommen im Klaren darüber: »Wer dies Schicksal der Zeit nicht männlich ertragen kann, dem muß man sagen: Er kehre lieber, schweigend, ohne die übliche öffentliche Renegatenreklame, sondern schlicht und einfach, in die weit und erbarmend geöffneten Arme der alten Kirchen zurück. Sie machen es ihm ja nicht schwer. Irgendwie hat er dabei – das ist unvermeidlich – das ›Opfer des Intellekts‹ zu bringen, so oder so.«[118]

Politik als Beruf

»Politik als Beruf« ist sicherlich eine von Webers berühmtesten und zusammen mit der »Protestantischen Ethik« am häufigsten zitierten Schriften. Regelmäßig wird dieser Vortrag von Intellektuellen und Journalisten zur fälligen Lektüre für Politiker vorgeschlagen, vor allem dann, wenn die Verärgerung in Öffentlichkeit und Gesellschaft über das Mittelmaß der politischen Klasse, die großzügig *von* der Politik lebt, ohne entsprechend *für* die Politik zu leben, einmal wieder hohe Wellen schlägt. Was macht diese Rede aus dem Jahre 1919 vor Studenten in München so berühmt? Was verleiht ihr diesen bleibenden, »zeitlos« zu nennenden Wert?

Weber hält den Vortrag am Ende seines Lebens, auf der Basis seiner ausgearbeiteten Herrschafts-, Rechts-, Staats- und Parteisoziologie, vor dem Hintergrund eines verlorenen Weltkrieges und einer Revolution in Deutschland und mit der Aussicht auf eine mögliche langjährige Fremdherrschaft für Deutschland, wie ihn der unglückselige Friedensvertrag von Versailles besiegeln sollte. In

118 Ebd., S. 612.

dieser existentiellen Notsituation Deutschlands zwang sich Weber zu einem nüchternen und distanzierten Vortrag über »Politik als Beruf« ohne Rekurs auf die allzu brennenden tagespolitischen Existenzfragen. Wie erwähnt, folgt er wieder der zwei- bzw. dreigliedrigen Struktur und betrachtet zunächst die äußere Organisation von Politik als selbständiger Wertsphäre und Lebensordnung, um dann ihre innere Eigenart und die Konsequenzen für Beruf, Persönlichkeit und Lebensführung herauszuarbeiten.

Weber schaltet seiner Betrachtung eine Reihe von Definitionen voraus. Politik hat immer mit dem »Streben nach Machtanteil oder nach Beeinflussung der Machtverteilung, sei es zwischen Staaten, sei es innerhalb eines Staates zwischen den Menschengruppen, die er umschließt«,[119] zu tun. Denn: »Wer Politik treibt, erstrebt Macht.«[120] Politik meint also ganz allgemein »die Leitung oder die Beeinflussung der Leitung eines *politischen* Verbandes, heute also: eines *Staates*«.[121] Den Staat definiert er als »ein auf das Mittel der legitimen [...] Gewaltsamkeit gestütztes *Herrschafts*verhältnis von Menschen über Menschen«.[122] Schließlich rekapituliert er das Verhältnis von Herrschaft und Legitimität und entwickelt seine drei reinen Typen von Herrschaft: die traditionale, die charismatische und die legal-rationale Herrschaft.

Was die *äußere Organisation von Politik* als Betrieb angeht, also die Politik als eigene Wertsphäre und Lebensordnung, so diskutiert Weber die Figur des Politikers und die der Parteien im historischen Wandel. Die Rolle des *Politikers* kommt in drei Abstufungen vor: 1. als *Gelegenheitspolitiker* – diese Funktion betrifft alle Menschen in einer Demokratie, etwa wenn sie zur Wahl gehen; 2. als *nebenberuflicher Politiker* – etwa wenn jemand ein Ehrenamt im Gemeinderat ausübt; 3. als *Berufspolitiker*: »Es gibt zwei Arten, aus der Politik seinen Beruf zu machen. Entweder: man lebt ›für‹ die Politik, – oder aber: ›von‹ der Politik.«[123] *Für* die Politik lebt, wer sich ein Leben lang einer Sache hingibt. Voraussetzung für ein solches Engagement ist aber, dass man vermögend und abkömmlich ist. Zu allen Zeiten haben sich daher Rentiers, Advokaten und der Land-

119 Max Weber, *Gesammelte Politische Schriften*, Tübingen 1971 [1919], S. 493.
120 Ebd., S. 495.
121 Ebd., S. 493.
122 Ebd., S. 495.
123 Ebd., S. 501.

adel in der Politik engagiert, während Arbeiter, Unternehmer und Ärzte dort so gut wie nicht vertreten sind. *Von* der Politik leben Menschen, die aus dieser Tätigkeit einen bezahlten Beruf machen können. Das ist heute, im Zeitalter parlamentarischer Demokratie, der Regelfall.

Betrachtet man die geschichtliche Entwicklung, so kommt keine Herrschaft im Alltag ohne *Verwaltung* aus, also Personen und Ressourcen, die im Auftrag des Herrschers dessen Weisungen vor Ort und praktisch durchzusetzen helfen. Der Fürst z. B. »mußte sich einen Stab von ganz und ausschließlich seinem Dienst gewidmeten, also *haupt*beruflichen, Hilfskräften zu schaffen suchen. Davon, woher er diese nahm, hing zum sehr wesentlichen Teil die Struktur des entstehenden dynastischen politischen Gebildes und nicht nur sie, sondern das ganze Gepräge der betreffenden Kultur ab.«[124]

Schaut man sich die *Arten der Politiker* näher an, so kann man Fachbeamte und politische Beamte unterscheiden. »Die Entwicklung der Politik zu einem ›Betrieb‹, der eine Schulung im Kampf um die Macht und in dessen Methoden erforderte, so wie sie das moderne Parteiwesen entwickelte, bedingte nun die Scheidung der öffentlichen Funktionäre in zwei, allerdings keineswegs schroff, aber doch deutlich geschiedene Kategorien: Fachbeamte einerseits, ›politische Beamte‹ andererseits.«[125] *Fachbeamte* arbeiten in der Regel *sine ira et studio*, also ohne Ansehen der Person, wenn auch im Dienste einer Herrschaft. Historisch gesehen, waren dies im Mittelalter die Kleriker, in der Renaissance humanistisch gebildete Literaten, seit dem 17. Jahrhundert der Hofadel, der in den politischen und diplomatischen Dienst der Höfe trat, im 18. und 19. Jahrhundert dann die *gentry*, also jener Kleinadel und jenes städtische Rentnertum, das gegen die Macht der Barone in England anging. In der Neuzeit sind es schließlich durchgängig universitätsgeschulte Juristen, die gleichsam ein Monopol auf den öffentlichen Dienst entwickeln. Im Westen sind es gerade Rechtsgelehrte, die das Verwaltungsrückgrat des Staates bilden. »Der moderne Advokat und die moderne Demokratie gehören seitdem schlechthin zusammen, – und Advokaten in unserem Sinn, als ein selbständiger Stand, existieren wiederum nur im Okzident, seit dem Mittelalter, wo sie aus dem ›Fürsprech‹ des formalistischen germanischen Pro-

124 Ebd., S. 500 f.
125 Ebd., S. 507.

zeßverfahrens unter dem Einfluss der Rationalisierung dieses Prozesses sich entwickelten.«[126]

Die *politischen Beamten* hingegen walten ihres Amtes *cum ira et studio*, vertreten also mit Leidenschaft ihre Ideen und Interessen. Weber spricht von Demagogen und Journalisten, welche die Macht des gesprochenen und gedruckten Wortes verkörpern. »Der Journalist teilt mit allen Demagogen und übrigens – wenigstens auf dem Kontinent und im Gegensatz zu den englischen und übrigens auch zu den früheren preußischen Zuständen – auch mit dem Advokaten (und dem Künstler) das Schicksal: der festen sozialen Klassifikation zu entbehren. Er gehört zu einer Art von Pariakaste, die in der ›Gesellschaft‹ stets nach ihren ethisch tiefststehendsten Repräsentanten sozial eingeschätzt wird.«[127] »Geist auf Kommando« als gute journalistische Leistung, die große Verantwortung, in und für die Öffentlichkeit zu wirken, und die Diskretion machen einen »guten« Journalisten aus, der in Webers Augen kein Deut unter einem Wissenschaftler steht. In dem Maße freilich, wie sich das Medienwesen weiter kommerzialisiert und der Parteibetrieb weiter differenziert, verliert der Journalist nicht nur die Aussicht, in führenden Politikpositionen Fuß zu fassen, sondern sein berufliches Leben ist ein noch größerer Hasard als das des angehenden Wissenschaftlers.

Was das *Parteiwesen* betrifft, so hat der Typus des politischen Betriebes als Interessentenvereinigung historisch alle möglichen Formen angenommen: als persönliche Gefolgschaften im Mittelalter wie z. B. bei den Guelfen und Ghibellinen; als Adelsparteien im *Ancien Régime*; im 19. Jahrhundert dann in Gestalt von Honoratiorenparteien wie im Bürgertum; und schließlich im modernen Parteiwesen in Gestalt von Weltanschauungsparteien wie der Sozialdemokratie, die die Arbeiterschaft vertritt, oder dem Zentrum, welches katholische Interessen bündelt. Weber diskutiert das moderne Parteiwesen anhand von England, den USA und Deutschland. Seine Vorliebe gilt dem angloamerikanischen Typus des Führers mit Parteimaschine. Damit tritt das plebiszitäre Element auf den Plan. Sein Fazit: »Aber es gibt nur die Wahl: Führerdemokratie mit ›Maschine‹ oder führerlose Demokratie, das heißt: die Herrschaft der ›Berufspolitiker‹ ohne Beruf, ohne die inneren,

126 Ebd., S. 511.
127 Ebd., S. 513.

charismatischen Qualitäten, die eben zum Führer machen.« Anders gesagt: die »Herrschaft des ›Klüngels‹«.[128]

Wie steht es um die *inneren Voraussetzungen zur Politik als Beruf*? Mit anderen Worten geht es um die Frage, »was für ein Mensch man sein muß, um seine Hand in die Speichen des Rades der Geschichte legen zu dürfen«.[129]

Drei Qualitäten, so Weber, zeichnen den Politiker aus: »Leidenschaft – Verantwortungsgefühl – Augenmaß«.[130] Die Leidenschaft ist das Antriebsmoment für die politische Sache, das Verantwortungsgefühl rechnet mit den Folgen des eigenen Handelns, und das Augenmaß sorgt für Balance zwischen Leidenschaft und Verantwortung.

Gerade weil es stets um Macht und Entscheidung geht, Krieg und Frieden, ja Sein oder Nichtsein, stellt sich im politischen Bereich das Problem der *Ethik* besonders hartnäckig. Wie im Falle von *Wissenschaft als Beruf* sucht Weber nach den besonderen Eigenschaften des Politikers, wirft er also die Frage nach dem »*Ethos* der Politik als ›Sache‹ [auf]. Welchen Beruf kann sie selbst, ganz unabhängig von ihren Zielen, innerhalb der sittlichen Gesamtökonomie der Lebensführung ausfüllen? Welches ist, sozusagen, der ethische Ort, an dem sie beheimatet ist?«[131] Kurz: welche Rolle spielt die Politik für die Gesellschaft im Allgemeinen?

Wenn es um das *Verhältnis von Ethik und Politik* geht, so könnte man zwei unversöhnliche Positionen vertreten: zum einen die Auffassung, dass diese beiden Bereiche nichts miteinander zu tun haben, zum anderen die Auffassung, dass politisches Handeln derselben Ethik untersteht wie jedes andere Handeln auch. Es scheint so, als habe man nur die Wahl zwischen anethischer oder ethischer Politik. Oder gibt es am Ende einen dritten Weg, also so etwas wie eine *politische Ethik*, die sowohl der Eigenlogik und dem Eigenwert der Politik als eigenständiger Wertsphäre und Lebensordnung gerecht wird als auch dem berechtigten gesellschaftlichen Interesse an einer wie auch immer gearteten ethischen Standards folgenden Politik?

Weber steht der zweiten Position recht skeptisch gegenüber.

128 Ebd., S. 532.
129 Ebd., S. 533.
130 Ebd., S. 533.
131 Ebd., S. 536.

> Aber ist es denn wahr: dass für erotische und geschäftliche, familiäre und amtliche Beziehungen, für die Beziehungen zu Ehefrau, Gemüsefrau, Sohn, Konkurrenten, Freund, Angeklagten die inhaltlich *gleichen* Gebote von irgendeiner Ethik der Welt aufgestellt werden könnten? Sollte es wirklich für die ethischen Anforderungen an die Politik so gleichgültig sein, dass diese mit einem sehr spezifischen Mittel: Macht, hinter der *Gewaltsamkeit* steht, arbeitet?[132]

Umgekehrt kann dieser Einwand indes nicht bedeuten, dass die Politik gar keinen ethischen Standards unterstehen sollte, denn dann wäre ja Politik nichts anderes als angewandte Macht und praktizierte Gewalt, also das Recht des Stärkeren ohne Rücksicht auf Verluste.

Weber versucht dieser kniffligen Problematik mit seiner berühmten Unterscheidung von *Gesinnungs-* und *Verantwortungsethik* beizukommen.

> Wir müssen uns klarmachen, dass alles ethisch orientierte Handeln unter *zwei* voneinander grundverschiedenen, unaustragbar gegensätzlichen Maximen stehen kann: es kann ›gesinnungsethisch‹ oder ›verantwortungsethisch‹ orientiert sein. Nicht dass Gesinnungsethik mit Verantwortungslosigkeit und Verantwortungsethik mit Gesinnungslosigkeit identisch wäre. Davon ist natürlich keine Rede. Aber es ist ein abgrundtiefer Gegensatz, ob man unter der gesinnungsethischen Maxime handelt – religiös geredet: ›Der Christ tut recht und stellt den Erfolg Gott anheim‹ –, *oder* unter der verantwortungsethischen: dass man für die (voraussehbaren) *Folgen* seines Handelns aufzukommen hat.[133]

An dieser *Spannung zwischen Gesinnung und Verantwortung* scheint der reine Gesinnungsethiker in der Politik regelmäßig scheitern zu müssen. Denn: »›Verantwortlich‹ fühlt sich der Gesinnungsethiker nur dafür, dass die Flamme der reinen Gesinnung, die Flamme z. B. des Protestes gegen die Ungerechtigkeit der sozialen Ordnung, nicht erlischt. Sie stets neu anzufachen, ist der Zweck seiner, vom möglichen Erfolg her beurteilt, ganz irrationalen Taten, die nur exemplarischen Wert haben können und sollen.«[134] Für die Folgen ist man keineswegs selbst verantwortlich, sondern die Gesellschaft, der Krieg, der Gegner – alle anderen, nur man selbst nicht. Es kommt

132 Ebd., S. 537 f.
133 Ebd., S. 539 f.
134 Ebd., S. 540.

aber stets der Punkt, an dem die spezifischen Mittel der Politik, Macht und Gewaltsamkeit, mit den hehren und durchaus edlen Zielen kollidieren. Diese *Wertkollision zwischen Politik und unbedingter Gesinnungsethik* ist keineswegs ein kontingentes Schicksal, sondern eine selbstverursachte, unintendierte und paradoxe Folge des eigenen Kurses, die sich spätestens an *dem* Punkt zeigt, an dem der Zweck plötzlich die Mittel heiligen muss. Eigentlich müsste eine reine Gesinnungsethik, um ihre gute Sache nicht zu verraten, ganz auf sittlich gefährliche Mittel wie *Gewalt* verzichten. »In der Welt der Realitäten machen wir freilich stets erneut die Erfahrung, dass der Gesinnungsethiker plötzlich umschlägt in den chiliastischen Propheten, dass z. B. diejenigen, die soeben ›Liebe gegen Gewalt‹ gepredigt haben, im nächsten Augenblick zur Gewalt aufrufen, – zur *letzten* Gewalt, die dann den Zustand der Vernichtung *aller* Gewaltsamkeit bringen würde […].«[135]

Was folgt aus dieser Analyse für das Verhältnis von Ethik und Politik allgemein, für das Verhältnis von Gesinnungs- und Verantwortungsethik im Besonderen? »Wer Politik überhaupt und wer vollends Politik als Beruf betreiben will, hat sich jener ethischen Paradoxien und seiner Verantwortung für das, was aus *ihm selbst* unter ihrem Druck werden kann, bewußt zu sein. Er läßt sich […] mit den diabolischen Mächten ein, die in jeder Gewaltsamkeit lauern.«[136]

Weber mit seinem Faible für Charismatiker versagt sich am Ende ein klares Bekenntnis zu reinen Gesinnungs- oder echten Verantwortungspolitikern. Charismatische Führer mit ihrer Gesinnungsethik sind notwendig für die Dynamik des politischen Lebens, aber gefährlich für den politischen Alltag; Verantwortungspolitiker sind möglich im politischen Alltag, aber auf Dauer erstarren sie in habitueller Routine und tragen zur politischen Stagnation bei. Seiner politischen Ethik folgend, schwebt Weber nicht nur als Idealtyp, sondern auch als Ideal der gesinnungsethisch inspirierte, aber verantwortungsethisch disziplinierte Politiker vor.

Das hat am Ende auch mit dem Charakter von Politik selbst zu tun:

135 Ebd., S. 541.
136 Ebd., S. 545.

Die Politik bedeutet ein starkes langsames Bohren von harten Brettern mit Leidenschaft und Augenmaß zugleich. Es ist ja durchaus richtig, und alle geschichtliche Erfahrung bestätigt es, daß man das Mögliche nicht erreichte, wenn nicht immer wieder in der Welt nach dem Unmöglichen gegriffen worden wäre. Aber der, der das tun kann, muß ein Führer und nicht nur das, sondern auch – in einem sehr schlichten Wortsinn – ein Held sein. Und auch die, welche beides nicht sind, müssen sich wappnen mit jener Festigkeit des Herzens, die auch dem Scheitern aller Hoffnungen gewachsen ist, jetzt schon, sonst werden sie nicht imstande sein, auch nur durchzusetzen, was heute möglich ist. Nur wer sicher ist, dass er daran nicht zerbricht, wenn die Welt, von seinem Standpunkt aus gesehen, zu dumm oder zu gemein ist für das, was er ihr bieten will, dass er all dem gegenüber: ›dennoch!‹ zu sagen vermag, nur der hat den ›Beruf‹ zur Politik.[137]

Liest man die beiden Reden »Wissenschaft als Beruf« und »Politik als Beruf« zusammen, wird der Zusammenhang von rationalisierter Wertsphäre und Lebensführung, Beruf und Persönlichkeit, der Weber offenkundig vorschwebt, deutlich. Die Rationalisierung der Welt hat zur Ausdifferenzierung von Wertsphären und Lebensordnungen geführt, in der der Einzelne sich qua Beruf hineingestellt zu bewähren hat. Webers Grundgedanke kulminiert in der Vorstellung, dass der »Beruf« heute im Gegensatz zum modischen Persönlichkeitskult »Selbstbegrenzung«[138] verlangt. Wissenschaft als Beruf heißt daher entsagungsvolles, nicht versöhntes Leben, impliziert »Dienst an der Sache« und »Beschränkung auf Facharbeit«, bedeutet also gerade nicht »die faustische Allseitigkeit des Menschentums«. Ähnliches gilt für die Politik als Beruf. Leidenschaft als Dienst an der Sache, Verantwortung und Augenmaß lassen den gesinnungsethisch inspirierten, aber verantwortungsethisch disziplinierten Politiker, der von der Politik lebt, für Politik und Gesellschaft arbeiten.

6.7 Ambivalenzen der Moderne und autonome Lebensführung

Webers Erkenntnisinteresse ist auf die Eigenart und Einzigartigkeit der okzidentalen Moderne gerichtet und auf die Frage, welche »Verkettung von Umständen« ihr zur Durchsetzung im Wes-

137 Ebd., S. 548.
138 Ebd., S. 494.

ten verholfen hat.[139] Die *okzidentale Konstellation*, so hatten wir gesehen, umfasst in rationaler Form Kapitalismus, Wissenschaft, Kunst, Recht, Staat, Bürokratie und Fachbeamtentum sowie freie Lohnarbeit. Ganz *allgemein* interessiert sich Weber für Genese und Konstellation der okzidentalen Moderne. *Spezifisch* fragt er danach, welche Folgen die gesellschaftliche Rationalisierung für die individuelle Lebensführung zeitigt.

Um diese Frage beantworten zu können, benötigt man eine Vorstellung von der modernen Gesellschaft. Weber lehnt den Begriff der *Gesellschaft* ab und spricht lieber wie Georg Simmel von »Vergesellschaftung«, aber das Ensemble gesellschaftlicher Verhältnisse fasst er mit einer *Theorie der institutionellen Differenzierung*. Die ausdifferenzierten Bereiche einer modernen Gesellschaft begreift er als Wertsphären und Lebensordnungen. Die Rede von *Wertsphären* spielt auf die Deutungs- und Sinnkomponente an, die Vorstellung von *Lebensordnungen* verweist auf die institutionelle Eigenart.

Die Attraktivität und Applikabilität von Webers Ansatz hat sehr viel mit den beiden Säulen zu tun, auf denen seine Behandlung des okzidentalen Rationalismus ruht: 1. dem Kapitalismus, »der schicksalsvollsten Macht unsres modernen Lebens«,[140] und 2. der Religion. Beide, Kapitalismus und Religion, sind die zentralen Mächte, welche die Lebensführung der Menschen prägen. Die *Religion* herrscht vor allem in *traditionalen* Gesellschaften, wobei »der moderne Mensch im ganzen selbst beim besten Willen nicht imstande zu sein pflegt, sich die Bedeutung, welche religiöse Bewußtseinsinhalte auf die Lebensführung, die Kultur und die Volkscharaktere gehabt haben, *so* groß vorzustellen, wie sie tatsächlich gewesen ist«.[141] Am Anfang umfasst und regelt die Religion fast alles, wie schon Durkheim notierte, und heute scheint sie nur noch ein Glaubenssystem auf privater Grundlage zu sein.

Der *Kapitalismus* im Verein mit Wissenschaft und Technik, mit bürokratischer Organisation und dem Berufsmenschentum drückt seinen Stempel vor allem den modernen Gesellschaften der Gegenwart auf und trägt maßgeblich dazu bei, die *Säkularisierung* und *Entzauberung* der Welt voranzutreiben, indem das gesellschaftliche

139 Weber, *Gesammelte Aufsätze zur Religionssoziologie*, Bd. 1, S. 1.

140 Ebd., S. 4.

141 Ebd., S. 205.

Leben in wachsendem Maße seiner technisch-instrumentellen Rationalität unterworfen wird.

Dieser Rationalisierungsprozess hat drei gravierende Konsequenzen. 1. *Institutionelle Ebene – Religion als institutionelle Macht*: Die Religion wird als zentrale Wertsphäre »zunehmend aus dem Reich des Rationalen ins Irrationale verdrängt und nun erst: *die* irrationale oder antirationale überpersönliche Macht schlechthin«.[142] Überall, wo sie einst unumschränkt herrschte, sind ihre Ansprüche beschnitten worden. In der *kognitiven* Dimension wird sie von der *Wissenschaft* abgelöst; an die Stelle von magischer und religiöser Rationalität tritt wissenschaftliche Rationalität, kurz: Wissen löst den Glauben ab. In der *expressiven* Dimension verliert die *Kunst* ihre religiöse Einfärbung und reklamiert eine eigene ästhetische Aura. *L'art pour l'art* etwa dient nicht der Verherrlichung Gottes und des Glaubens, sondern ist eine Apotheose der Kunst selbst. Und in der *evaluativen* Dimension wird die religiöse Ethik und Moral durch rein weltliche Modelle ersetzt. Die Kantische Moral etwa verweist noch auf Gott als letzten Referenten und Fluchtpunkt – ihre Logik und Begründung ist jedoch rein säkular bzw. laizistisch, wie Durkheim gezeigt hat.

2. *Ideelle Ebene – Religion als Lebensführungsmacht*: Die Religion verliert im Alltagsleben der Menschen ihre fraglos höchste Priorität, und an die Stelle des religiösen Heils als vornehmstes Ziel religiös geprägter Lebensführung treten anders geartete säkulare Ziele. Mit Ausnahme der Minorität religiöser Virtuosen dürfte das Gros der Menschen im Westen mundane Erfolgsziele verfolgen: Schulerfolg, Berufserfolg, Einkommenserfolg, Liebeserfolg, Sporterfolg, Freizeiterfolg, Erlebniserfolg und Ruhmeserfolg. In allen diesen Erfolgsgeschichten kommt Gott oder das Paradies nicht mehr oder nur noch am Rande vor. Im Jenseits lauert das Nichts, um so größer fällt der Lebenshunger im Diesseits aus. »Erleben will ich, erleben!« – so könnte man den schon zu Webers Zeiten zumindest unter der akademischen Jugend grassierenden und von ihm kritisierten neuen kategorischen Imperativ nennen. Darum die sterile Aufgeregtheit, die Jagd nach dem nächsten Erlebnis und die hektische Hast nach den Gütern des westlichen Lebensstils, wie auch Georg Simmel schon registriert hatte. Dem Kapitalismus kann das

142 Ebd., S. 564.

nur recht sein. Denn sein kategorischer Imperativ lautet: »Konsumieren sollst du, konsumieren!«

3. *Inter- und intrainstitutionelle Ebene – Wertsphären und Lebensordnungen im Zusammenhang*: Schließlich werden Wirtschaft und Politik als Wertsphären in materialistischen Gesellschaften immer bedeutender. Zudem machen der Religion andere Kulturmächte als Sinnstifter heftig Konkurrenz. Wie Weber zeigt, ziehen die Rationalisierung der Lebensordnungen und die Säkularisierung der Ideale einen Rückgang der religiös bestimmten Lebensführung nach sich, und die religiöse Wertsphäre wird durch differenzierte Kultursphären ersetzt. In der »Zwischenbetrachtung« zur *Wirtschaftsethik der Weltreligionen* unterscheidet Weber in diesem Sinne die ästhetische, erotische und intellektuelle Sphäre.[143] Kunst, Liebe und Wissenschaft kommen sehr wohl ohne Religion aus, ja können unter Umständen je für sich *säkulare Sakralität* beanspruchen, ein Muster, das auch schon Durkheim entdeckt hatte. Gläubigen Menschen dagegen kann dieses Muster westlicher Gesellschaften – *säkulare Sakralität* – als regelrechte Blasphemie gelten, seien es Christen, Juden und heute vor allem Muslime. Im Prinzip können alle Wertsphären und Lebensordnungen aus sich heraus und nach ihren eigenen Wertstandards »Heiligtümer« schaffen, die mit der Religion nichts oder eben nur das Ansehen und die Anerkennung als etwas »Heiliges« teilen. Die *Mona Lisa* lächelt ewig und ist göttlich. Die Rede von Wertsphären (der Deutungs- und Sinnkomponente) und Lebensordnungen (der Komponente der institutionellen Gestaltung) bringt am konsequentesten die Vorstellung von der Eigenlogik und der Autonomie von gesellschaftlich ausdifferenzierten Bereichen zum Ausdruck, die für Weber letztlich den unentrinnbaren Antagonismus verschiedener Werte und letzter Stellungnahmen zu Fragen der Welt, der Gesellschaft und des einzelnen Lebens markiert.

Wer sich der ökonomischen Sphäre («der Kapitalist«), der politischen Sphäre («der charismatische Führer«), der religiösen Sphäre («der Priester, Prophet, Zauberer«), der intellektuellen Sphäre («der Wissenschaftler«) oder der ästhetischen Sphäre («der Künstler«) voll und ganz verschrieben hat, der bekommt die Eigengesetzlichkeiten des Dämons, der die Fäden seines Lebens in den Händen

143 Ebd., S. 536 ff.

hält, mit aller Macht zu spüren und wird jedenfalls bei konsequent methodischer Lebensführung fast zwangsläufig mit den Anforderungen der anderen Lebensordnungen in Konflikt geraten.

Das schließt freilich im Normalfall nicht aus, dass Individuen und Gesellschaften historisch gesehen immer wieder durchaus tragfähige Kompromisse und die wechselseitige Anpassung unterschiedlicher Wertsphären gelungen wären. Es heißt jedoch, dass konsequente Rationalisierung in *einer* bestimmten Richtung die *Kluft* zwischen verschiedenen Wertsphären überhaupt erst geöffnet und damit dauerhaft *Spannungen* im Gesellschaftsgefüge erzeugt hat. Diese Gegensätze und latenten Spannungen zwischen den »Eigengesetzlichkeiten« unterschiedlicher Lebensordnungen haben zur Folge, dass sich Werte und Regeln einer Sphäre nicht mehr in eine andere übersetzen lassen ohne Verletzung von deren spezifischem Charakter. Wo der erotische Maßstab der reinen Liebe angelegt wird, ist die rationale Kalkulation von Gewinnerwartung und Rentabilität fehl am Platze. Wer das doch tut, verwechselt Liebe mit Prostitution. Wo der religiöse Glaube, also das »credo non quod sed quia absurdum« («ich glaube nicht, dass, sondern weil es absurd ist«), gefordert wird, ist es mit der »intellektuellen Rechtschaffenheit« vorbei, und das »Opfer des Intellekts« muss erbracht werden. Viele Ketzer in den Religionsgemeinschaften und Dissidenten in totalitären Regimen haben ihre intellektuelle Redlichkeit und Ehrlichkeit mit dem Tod bezahlt.

In Webers Augen sind diese *Wertkonflikte* die unausweichliche Folge der Entstehung von unterschiedlichen Wertmaßstäben, Beurteilungskriterien und »letzten Wertungen« im Zuge der Ausdifferenzierung von spezifischen Lebensbereichen, die nur um den Preis einer fadenscheinigen Harmonisierung rückgängig gemacht und in einer einheitlichen Wertordnung synthetisiert werden können. Die *Heterogenität der Werte* ist gerade das spezifische Kennzeichen der Moderne, so dass es keinen übergreifenden Maßstab für die gegensätzlichen ethischen Werte geben kann. Es existiert keine kollektiv verbindliche »Überwährung«, die es erlaubt, die Werte der einen Sphäre in die der anderen zu konvertieren. Das, was einst die Religion zu stiften versprochen hatte, Versöhnung, Einheit, Harmonie und eine allgemeine Brüderlichkeitsethik, ist unter modernen Bedingungen nicht mehr zu haben. Keine Ideologie, sei es der Sozialismus, sei es religiöser Fundamentalismus, kann das leisten. Wo es dennoch rückhaltlos und rücksichtslos versucht wird, endet das Experiment meist in Zwang, Gewalt und Terror. Vom Paradies zum Gulag ist es manchmal nur ein kleiner Schritt.

Aus Webers Analyse lassen sich drei Schlussfolgerungen ziehen. 1. Was seine allgemeine Einschätzung der okzidentalen Moderne betrifft, so gibt er eine denkbar pessimistische Gesellschafts-, Kultur- und Zeitdiagnose. Die kapitalistische Wirtschaft und der bürokratische Anstaltsstaat weben an einer gigantischen Verwaltungsmaschinerie, die ein neues stahlhartes »Gehäuse der Hörigkeit« errichtet, welches die individuelle Freiheit ernsthaft bedroht. Der Säkularisierungs- und Entzauberungsprozess entwertet das kollektiv verbindliche religiöse Weltbild des Christentums als Prägeinstanz individueller Lebensführung. An seine Stelle tritt eine fragmentierte Kultur, die Ausdruck der modernen Erfahrung sozialer Zerrissenheit ist. Die Fortschritte in Wissenschaft und Kunst vermehren zwar unser Wissen von Natur, Gesellschaft und Mensch, ohne jedoch das »mystische Haben« des metaphysischen Erklärungsversprechens zu teilen, das alle Weltreligionen wie die großen philosophischen Lehren auszeichnete. Sie alle verkündeten, dass die Welt ein sinnhaft geordneter Kosmos ist und dass die Spannungen und Konflikte in der Welt unter bestimmten Voraussetzungen eine »Versöhnung« erfahren können, sei es im Diesseits oder im Jenseits. Dieses metaphysische Heils- und Versöhnungsversprechen führt die moderne Wissenschaft ein für alle Mal ad absurdum, und nicht nur das: Sie erweist mit unüberbietbarer Klarheit und Nüchternheit die endemische Sinnlosigkeit der Welt, wie wir an »Wissenschaft als Beruf« gesehen haben.

Webers Kultur- und Zeitdiagnose lässt sich mit der *These vom drohenden Freiheitsverlust* und mit der *These vom virulenten Sinnverlust* resümieren.[144] Habermas' Doppelformel bringt Webers größte Ängste und seine Ambivalenz gegenüber der Moderne treffend auf den Begriff: Auf der einen Seite steht der Zuwachs an Wachstum, Wohlstand, Wohlfahrt und Bequemlichkeit, aber nur um den Preis, in einer gigantischen Wirtschafts- und Verwaltungsmaschinerie als Rädchen im Getriebe gefangen zu sein – daher der drohende *Freiheitsverlust*. Gegen globalen Kapitalismus, Massengesellschaft und -bürokratie und Massenüberwachung hat der Einzel-

144 Habermas, *Theorie des kommunikativen Handelns.*

ne kaum eine Chance. Folgerichtig erscheinen Freiheit und Unabhängigkeit als reine Illusion eines kultivierten Individualismus. Auf der anderen Seite bleibt die stets bohrende Frage: Wozu das Ganze? Warum stets »höher, schneller, weiter«, die stupende und stupide Wachstumsphilosophie? Was ist bedeutungsvoll, was macht Sinn? Am Ende vielleicht nichts – daher der drohende *Sinnverlust*. Das aber ist eine Botschaft, der nur Stoiker einen kultivierenden Restsinn für ihre asketische Lebenskunst abzugewinnen vermögen. Das Gros der Menschheit würde wohl nicht umhinkönnen, Nietzsches Botschaft des Nihilismus zuzustimmen.

Auf jeden Fall enthält die Doppelbotschaft zwei weitere wichtige Schlussfolgerungen: die Frage nach der gesellschaftlichen Integration durch eine gemeinsame Moral und die Frage nach einer sinnhaften, moralisch inspirierten individuellen Lebensführung bzw. nach moralischer Autonomie.

2. Der Pluralismus, ja Antagonismus letzter Werte – das hat die Analyse der »Zwischenbetrachtung« gezeigt – verhindert eine »ethische Überwährung« zur harmonisierenden Koordination der Eigenlogiken der verschiedenen Wertsphären. Eine gesellschaftliche Integration durch ein gemeinsames Moral- und Wertsystem erscheint als eine Schimäre. Der moderne Individualismus, den Weber wie Tocqueville, Durkheim und Simmel als kollektive Wertorientierung ansehen, konzediert nur das, was ohnehin der Fall ist: dass jeder nach seiner eigenen Fasson selig werden muss – eine Lösung, die ja schon der religiöse Individualismus des asketischen Protestantismus als »moralische Pflicht« vorschreibt, nämlich dass jeder seinen Weg zu Gott zu finden habe.

3. Schließlich ist Weber selbst zunehmend skeptisch, ob und inwieweit überhaupt eine moralisch inspirierte, sinnvolle individuelle Lebensführung noch möglich wird. Nachdem das »Pathos der christlichen Ethik«[145] an ihr Ende gekommen ist, bleibt nur die *Perfektibilität* von Mensch und Gesellschaft. Ein Blick zurück auf die Kulturentwicklung scheint Weber die Vergeblichkeit der Perfektibilitätsidee und der ihr innewohnenden Fortschrittsmetaphysik nahezulegen:

Alle ›Kultur‹ erschien, so angesehen, als ein Heraustreten des Menschen aus dem organisch vorgezeichneten Kreislauf des natürlichen Lebens, und

145 Weber, *Gesammelte Aufsätze zur Wissenschaftslehre*, S. 605.

eben deshalb dazu verdammt, mit jedem Schritt weiter eine nur immer vernichtendere Sinnlosigkeit, der Dienst an den Kulturgütern aber, je mehr er zu einer heiligen Aufgabe, einem ›Beruf‹, gemacht wurde, ein um so sinnloseres Hasten im Dienst wertloser und überdies in sich überall widerspruchsvoller und gegeneinander antagonistischer Ziele zu werden.[146]

Das ist – im Großen und Ganzen – Webers Botschaft, denn auch die Idee des Berufsmenschentums, die er in der »Protestantischen Ethik« genetisch entwickelt, erfährt am Ende eine ambivalente, ja abwertende Einschätzung, wie die Rede von den »›Fachmenschen ohne Geist, Genußmenschen ohne Herz‹«[147] erweist.

Das jedoch, so meine These, ist nicht Webers letztes Wort. In seinen späten Reden »Wissenschaft als Beruf« und »Politik als Beruf« unterbreitet er eine sozialphilosophisch eingefärbte, weitreichendere und weniger pessimistische Deutung, die den Zusammenhang zwischen Beruf, professioneller Ethik und Persönlichkeit grundsätzlich beleuchtet. Webers Grundgedanke kulminiert in der Vorstellung, dass »Beruf« heute im Gegensatz zum modischen Persönlichkeitskult »Selbstbegrenzung«, »Hingabe an eine ›Sache‹«[148] und professionelle Facharbeit und gerade nicht »die faustische Allseitigkeit des Menschentums« verlangt.[149] Wo dies asketische Grundmotiv, das schon an der Wiege bürgerlicher Lebensführung gestanden hat, sich zu entfalten vermag, wo Beruf in diesem Sinne zur »Berufung« wird, da kann sich eine »Persönlichkeit« durch »Konstanz ihres inneren Verhältnisses zu bestimmten letzten ›Werten‹ und Lebens-›Bedeutungen‹«[150] bilden. Diese letzten Werte verbindlich zu setzen, ist gerade nicht Aufgabe der modernen Wissenschaft, sondern obliegt der freien Wahl eines jeden Menschen – eine schicksalhafte Entscheidung, in der »jeder den Dämon findet und ihm gehorcht, der seines Lebens Fäden hält«.[151] Diese Ambivalenzen der Moderne gilt es als Schicksal auszuhalten, um in der Wahl des Berufs seine eigene Lebensführung gleichwohl zu behaupten.

146 Weber, *Gesammelte Aufsätze zur Religionssoziologie*, Bd. 1, S. 570.
147 Ebd., S. 204.
148 Ebd., S. 494.
149 Ebd., S. 203.
150 Weber, *Gesammelte Aufsätze zur Wissenschaftslehre*, S. 132.
151 Ebd., S. 613.

7. Die große Erblast der soziologischen Klassik: Gesellschaftstheorie, Gesellschaftsanalyse und Gesellschaftskritik heute

Nach der *tour de force* durch die soziologische Klassik ist es an der Zeit, eine Bilanz zu ziehen. Welche Gemeinsamkeiten und welche Unterschiede lassen sich in den fünf Ansätzen entdecken? Wie könnte man die verschiedenen Denker vergleichen? Welche Botschaft, aber auch welche Herausforderungen kann man ihren Beiträgen entnehmen? Was heißt das für die Sozialwissenschaften heute? Wie stellt man gegenwärtig eine Gesellschaftstheorie auf, fabriziert eine Gesellschaftsanalyse und schließt eine Gesellschaftskritik an? Wie ist es um die Fähigkeit zur Zeitdiagnose bestellt? Oder hat sich die Beschreibung, Erklärung und Beurteilung sozialer Phänomene so ausdifferenziert und verselbständigt, dass solche makrosoziologischen Großmodelle, Großanalysen und Großkritiken heute entweder als unzeitgemäß oder gar als undurchführbar gelten?

Die *Gemeinsamkeiten*, zumal sie buchstäblich ins Auge springen, lassen sich in zehn Punkten zusammenfassen. Erstens versuchen alle fünf Denker, diese neue, moderne Welt zu verstehen. Allen ist bewusst, dass sie Zeuge einer »Großen Transformation«[1] geworden sind, dass die alte Welt untergegangen und eine neue Welt entstanden ist. Zweitens trachten alle fünf Denker danach, diese neue »moderne« Gesellschaft zu erklären. Was ist die *differentia specifica*, also die Eigenart und Einzigartigkeit dieser neuen Gesellschaftsform? Was macht sie modern, und wie operiert »Modernität«? Nach welchen Gesetzmäßigkeiten funktionieren diese Gesellschaften, die vor ihren Augen entstehen? Drittens ist allen fünf Beobachtern der Moderne klar, dass die Entstehung einer neuen Gesellschaft auch eine *neue Wissenschaft* erfordert, die diese neue Formation in ihrer Gestalt beschreiben und in ihrer Funktionsweise erklären kann. Moderne und Soziologie sind gleichursprünglich, so hatten wir eingangs argumentiert. Sie entstehen gleichzeitig, und die eine kommt nicht ohne die andere aus. Ohne Moderne bedarf es offen-

1 Polanyi, *The Great Transformation*.

kundig gar keiner Soziologie, sonst wäre sie schon sehr viel früher entstanden. Und der präsentistische Charakter der Soziologie, ja ihre Gegenwartsobsession, liegt darin begründet, dass sie gleichsam zur Begleitwissenschaft der modernen Gesellschaft und ihrer Entwicklung wird. Das schließt selbstverständlich nicht aus, dass die einmal etablierte Soziologie ihren Gegenstandsbereich zeitlich und räumlich ausdehnt und frühere Gesellschaftsformationen von der Urzeit über die Antike und Mittelalter bis in die frühe Neuzeit im Verein mit den etablierten Disziplinen der Archäologie, Paläontologie, Ethnologie und Geschichtswissenschaft verfolgt. Nach der Logik der Wissenschaftsdisziplinen an deutschen Universitäten treten die Gesellschaftswissenschaften allmählich an die Stelle der klassischen Staatswissenschaften. Die Letzteren verschwinden nicht einfach, sondern konzentrieren sich auf ihr Kerngeschäft, Staat, Verwaltung und Recht, während Wirtschafts- und Sozialwissenschaften eigene Fakultäten bilden.

Freilich: Zu Zeiten der fünf Gründerväter liegt diese Entwicklung noch in ferner Zukunft. Sie dagegen haben alle Hände voll damit zu tun, diese neue Wissenschaft ins Leben zu rufen. Dazu bedarf es, viertens, der *Begriffs- und Theoriebildung* und eigener *Methoden*, mit dem der Gegenstand, die moderne Gesellschaft und ihre Evolution, untersucht werden kann. Alle fünf Denker sind sich dieser Aufgabe und der Größe dieser Herausforderung bewusst. Das Neue mit dem Neuen zu analysieren, wie soll das gehen? Keiner der fünf Klassiker scheitert an dieser Aufgabe, wenn sie sie auch in verschiedenartigster Weise angehen. Viele Begriffe werden von den Klassikern geprägt, die auch heute noch unter spätmodernen Verhältnissen benutzt werden. Teile ihrer theoretischen Ansätze sind zu gewichtigen Theoremen weiterentwickelt worden, die als Erklärungsmodelle nach wie vor ihre Gültigkeit behalten. Auch ihre methodischen Grundlagen wie der historisch-empirische Vergleich und die statistische Basis für Analysen sind zwar zwischenzeitlich enorm ausdifferenziert und verfeinert worden, gehen aber in der einen oder anderen Weise auf die Klassiker zurück. Kurz gesagt: Alle liefern einen Beitrag, der so wichtig werden sollte, dass ihre Studien noch heute mit Gewinn gelesen werden.

Ein Grund dafür ist, fünftens, ihre Problemorientierung. Alle fünf sozialwissenschaftlichen Pioniere gehen von *Problemen* aus und suchen erst dann nach den theoretischen und methodischen

Mitteln, um sie zu lösen. Tocqueville sieht in der Demokratie das Strukturprinzip der Moderne und schlägt deshalb eine neue politische Wissenschaft vor, die sich der Analyse dieser Regierungs-, Gesellschafts- und Lebensform widmen soll. Marx erblickt im Kapitalismus das Strukturprinzip der Moderne und entwickelt eine eigene Kritik der Politischen Ökonomie als Untersuchungsdesign für Kapitalismusanalysen, um die moderne Produktions- und Lebensweise aufzudecken. Durkheim studiert die Arbeitsteilung, entdeckt die Anomie und sucht nach einer dynamischen und gerechten Sozialordnung, um die Werte der Französischen Revolution zu institutionalisieren und dadurch mit Leben zu erfüllen. Simmel erblickt in der Wechselwirkung von Modernität und Individualität die zentrale Problemstellung der Moderne. Mit einer Fülle von Gesellschaftsanalysen einerseits und einer luziden Kulturanalyse andererseits findet er mit der Lebensphilosophie das gesuchte Dritte und in seinem »individuellen Gesetz« die Lösung für die Lebensführungsprobleme der Moderne. Weber entwickelt die Soziologie als Gesellschaftsgeschichte und untersucht diverse Konfigurationen in Antike, Mittelalter und Moderne. Ähnlich wie für Marx, ist auch für ihn der Kapitalismus entscheidend, dessen Genealogie er mit strukturellen, institutionellen und kulturellen Analysen virtuos studiert und in den Rahmen von *Wirtschaft und Gesellschaft* einzubetten sucht.

Alle fünf Klassiker verfügen sechstens über ein ausgeprägt feinnerviges Sensorium für die *Zeitdiagnostik*. Ihre Analysen haben den Finger am Puls der Zeit, und ihre Diagnosen suchen die »Zeichen der Zeit« zu verstehen. Das geht nicht ohne *Krise und Kritik*. Die neue Gesellschaft erzeugt heftige Geburtswehen, und nicht alles, was da ideologisch zu glänzen vermeint, hält einer nüchternen und kritischen Bestandsaufnahme durch die Soziologie stand. Die Moderne schafft ihre eigene Hochglanz-Ideologie durch ihre Apologeten des »Fortschritts« und vergisst darüber geflissentlich ihre Schattenseiten, die unsere fünf Klassiker mit unbestechlichem Blick herausarbeiten. Tocqueville sieht das postrevolutionäre Frankreich in einer tiefgreifenden Krise, weshalb er seinen Landsleuten die funktionierende amerikanische Demokratie als Vorbild vor Augen hält. Seine Botschaft: Es geht doch, wenn man es richtig macht. Seine Kritik richtet sich zum einen auf den staatlichen Zentralismus, der das *Ancien Régime und* die neue Republik, die neue

Monarchie und das neue Kaisertum auszeichnen. Kein Fortschritt, nirgends. Zum anderen macht er sich regelrecht lustig über die Ideologie der Großen Revolution und ihre angeblich so grandiosen Errungenschaften. Marx kritisiert die endemische Krisenhaftigkeit des Kapitalismus, die über kurz oder lang eine weitere Transformation notwendig machen wird: die Transition zum Sozialismus. Marx hofft, dass die Menschheit dann endlich das Jammertal der Klassengesellschaften durchschritten haben und vom »Reich der Notwendigkeit« in das ersehnte »Reich der Freiheit« gelangen würde. Durkheim kritisiert die Anomie und die unübersehbaren Defizite des alten und neuen Frankreichs angesichts der institutionellen Abwesenheit sekundärer Assoziationen. Die Krise der Anomie ist wohl eine endemische und somit lästige Begleiterscheinung der modernen Gesellschaft, aber mit institutionellen Dauerreformen vermag man ihr immer wieder abzuhelfen. Simmel sieht eine in die Moderne eingebaute, insofern konstitutive Krise, die er die »Tragödie der modernen Kultur« nennt. Sie zu registrieren ist notwendig, um die Illusionen überzogener Freiheits- und Individualitätsbegehren zu begrenzen. Liberalisierung ja, Emanzipation eher nein. Sie zu kritisieren erweist sich jedoch als überflüssig, da sie zum Wesen der Moderne, ihrer Selbstbefeuerungskraft und Selbstenthusiasmierung gehört. Insofern ist sie Schicksal, und ein Schicksal kann man aushalten lernen, aber man vermag es nicht grundsätzlich zu ändern, aller notorischen Fortschrittsrhetorik zum Trotz. Das individuelle Gesetz als Ausdruck aristokratischer Individualität ist ein Remedium für die innengeleitete Lebensführung, aber eben nicht unbedingt ein Rezept für die gesamte Gesellschaft. Einen asketischen Heroismus sieht auch Max Weber als die entscheidende Herausforderung für den modernen Menschen an. Der Kapitalismus im Verein mit seiner unerbittlichen Maschinerie der Rationalisierung mag vielleicht eines Tages an energetische und ökologische Schranken stoßen, aber angesichts seiner überwältigenden Leistungsfähigkeit schafft er solch einen immensen Reichtum auch für die breiten Massen, dass er sich unentbehrlich zu machen versteht. Kapitalismus, was sonst – wenn es um die drei »W« geht: Wachstum, Wohlstand, Wohlfahrt, nicht umsonst das Mantra westlicher Gesellschaften – und nicht nur ihrer – bis zum heutigen Tage. In Webers Augen wird der Kapitalismus zudem als Gegenstruktur zur befürchteten bürokratischen Erstarrung der Welt durch die Herrschaftsansprüche von Staat, Politik und Verwaltung benötigt. Auch der Sozialismus, auf den Marx so große Hoffnungen gesetzt hatte, heißt im Alltag Bürokratisierung auf erweiterter Stufenleiter und bedeutet in der Folge Leistungsabfall und Armut; damit ist er für Weber keine ernsthafte Alternative zur dynamischen Reichtumsmaschine des Kapitalismus. Im Gegenteil, man kommt vom Regen in die Traufe. Pointiert formuliert: Sozialismus signalisiert Knappheit, Kapitalismus verspricht Überfluss.

Das deutet bereits auf eine siebte Gemeinsamkeit hin: Die Beschäftigung mit *Armut* und *Reichtum*, soziologisch gewendet mit *sozialer Ungleichheit* und der *sozialen Frage*. Tocqueville registriert den Wohlstandszuwachs in der amerikanischen Gesellschaft, rechnet aber nicht mit der Entstehung einer Geld-Aristokratie, da das Geld rasch von einer Tasche in die andere wandert. Es gibt viele Vermögen, aber nicht die Super-Vermögen. Insofern profitiert die amerikanische Demokratie von einer breiter werdenden Mittelklasse bei gleichzeitigem Schrumpfen der Armut. Das gilt mit einer Ausnahme – den verschiedenen »Rassen«. Seine Einschätzungen treffen auf die »Weißen« zu, von den »Schwarzen« als versklavtem Bevölkerungsteil und den »Roten« als Ureinwohnern des Kontinents zeichnet er ein eher düsteres Bild. Die Schwarzen können so erfolgreich sein, wie sie wollen, sie werden das einstige Stigma, als Schwarze mit Gewalt zur Einwanderung gezwungen worden zu sein, nicht ablegen können und insofern stets Bürger zweiter Klasse bleiben. Den »roten«, indigenen Völkern hingegen droht das Schicksal der Extinktion. Marx kritisiert die Pauperisierung der Arbeiterklasse und die inegalitäre Verteilung des Reichtums durch die gesellschaftliche Produktion und die private Aneignung der ökonomischen Früchte. Angesichts der gewaltigen Machtdifferenz zwischen Bourgeoisie und Proletariat, Arbeitgebern und Arbeitnehmern, kann es »gerechte« Löhne im Kapitalismus nicht geben. Solange antagonistische Klassen die Struktur der Gesellschaft definieren, so lange wird auch mit massiven sozialen Ungleichheiten zu rechnen sein. »Faire Löhne« und Gleichheit – das wird es erst im Sozialismus geben, wo die Gerechtigkeitsformel regieren wird: »Jedem nach seinen Bedürfnissen, jeder nach seinen Leistungen!«, wie Marx in seiner »Kritik des Gothaer Programms« (1875) forderte. Auch Durkheim interessiert sich sehr für die soziale Frage, für soziale Gerechtigkeit und für den Sozialismus. Aber in seinen Augen ist die soziale Frage keine reine Arbeiterfrage, sondern bezieht sich auf alle benachteiligten Statusgruppen der Gesellschaft, die um ihre Emanzipation kämpfen. Durkheim plädiert für sozialen Ausgleich und soziale Gerechtigkeit in der Gesellschaft. Zugleich aber ist er durchaus ein Anhänger der »Leistungsgesellschaft« und ihrer Ideologie der Meritokratie. »Wer viel leistet, soll sich auch viel leisten können!« – so könnte man die Herrschaft des Verdienstes in einer griffigen Formel zusammenfassen. Die Meritokratie ist für kapitalistische Arbeits- und Leistungsgesellschaften von zentraler Bedeutung, da sie die inegalitären Ergebnisse der Leistungskonkurrenz als angemessen und gerecht legitimiert. Überdies lehnt Durkheim gewaltsame Revolutionen ab, die eine *tabula rasa* schaffen wollen. Wozu soll eigentlich eine radikale Destruktion gut sein, um dann auf dieser verbrannten Erde alles von vorn und ganz neu aufbauen zu müssen? Durkheim zieht die friedlich-schrittweise Evolution der radikalen, aber gewalttätig-zerstörerischen Revolution eindeutig vor. Wie Durkheim betrachtet Simmel die soziale Frage nicht als reine Arbeiterfrage, sondern auch als eine »Frauenfrage«. Es gibt eben nicht nur Klassen-, sondern auch Geschlechterungleichheit. Auch Weber glaubt nicht, dass sich die soziale Frage von heute auf morgen lösen lässt noch dass der Sozialismus die *passe-partout*-Lösung dafür sein könnte. Ähnlich wie Marx reagiert er soziologisch mit einer Klassentheorie, die über die dimensionale Auffächerung von positiver und negativer Privilegierung ein differenziertes Schichtungsbild der Gesellschaft ermöglichen soll. Was für Marx gilt, gilt auch für Weber: Beiden gelang es aufgrund ihres frühen Todes nicht, ihre Klassentheorien als Grundlage ihrer Gesellschaftstheorie weiter auszuarbeiten, geschweige denn empirische Analysen anzustellen.

Das Pendant zum *Materialismus* von Armut und Reichtum oder von sozialer Frage und sozialer Ungleichheit bilden der *Idealismus* und die Frage der Spiritualität. Die achte Gemeinsamkeit unserer fünf Klassiker besteht in ihrem regen Interesse an der *Religion*, das aber unterschiedliche Thematisierungen erfährt. Wie Max Weber unterstreicht, war die Religion einst die ausschließliche Instanz, die allen Menschen vorgeschrieben hat, wie sie ihr Leben führen sollen. Was ist ihr Schicksal in der Moderne, die mit der Säkularisierung und der Entzauberung der Welt den Bedeutungsrückgang von Religion kräftig vorangetrieben hat? Tocqueville schreibt der religiösen Vielfalt puritanischer Sekten in Amerika eine enorm wichtige Rolle zu, sind sie doch der beste Garant für die Freiheit und die Mäßigung des Materialismus. Ohne Religion lässt sich weder Freiheit noch Demokratie haben, sondern man wird nur Materialismus und Despotismus ernten. Marx erweist sich als klassischer Vertreter der Religionskritik, der auf den Spuren von Feuerbach Religion als »Opium des Volkes« versteht. Schon diese Metapher zeigt an, dass mit der Religion kein Sozialismus zu machen ist. *Opium des Volkes* – das signalisiert Betäubung, Einlullung, Fatalismus und Unterwerfung, somit also Passivismus und Schicksalsergebenheit. Die Hoffnung auf das Jenseits («Die Letzten werden die Ersten sein!«) erzeugt die Demut, um die Leiden des Diesseits als »gottgegeben« zu ertragen. Eine solch fatalistische Haltung bildet Charakter- und Motivationseigenschaften, die eine sozialistische Bewegung mit dem Furor zur Schaffung einer Revolution kaum gebrauchen kann. Logisch und soziologisch gesehen, scheint der Religionskritik letztlich nur ein Ausweg zu bleiben: Sie muss selbst eine säkulare Religion (er-)finden. Vielleicht liegt hierin auch ein Grund, warum der Sozialismus im 20. Jahrhundert am Ende selbst zu einer Art Staatsreligion werden sollte. Im Gegensatz zu Marx sieht Durkheim in der Religion etwa Ewiges, das nicht allein auf reiner Illusion oder Ideologie beruhen kann, sonst hätte sich die Menschheit nicht so lange von der Religion als Seelen- und Lebensführerin leiten lassen. Er entdeckt das »Heilige«, das sich – soziologisch gesehen – an alles Mögliche heften kann. Selbst die Französische Revolution kann sich – so gesehen – sakralisieren lassen. Durkheim macht dieses Muster von *säkularer Sakralität* an den Menschen- und Bürgerrechten fest, wie sein Beitrag zur Dreyfus-Affäre zeigt. Simmel folgt Durkheim in diesem Punkt, wechselt aber von der Religion zur Religiosität. Der »homo religiosus« scheint so gesehen ewig zu sein, woran selbst die säkulare Moderne nichts zu ändern vermag. Säkularisierung und Entzauberung der Welt rechnen nicht mit der Eigen- und Widerständigkeit der Individuen. Ein Stück weit nimmt auch Simmels »individuelles Gesetz« die Funktion einer säkularen Ersatzreligion ein, denn es leitet die Seelen- und Lebensführung an, wie es einst die Religion geleistet hatte. Auch Simmel plädiert also, wenn auch mit anderer Argumentation, für *säkulare Sakralität.* Mit den Tröstungen einer säkularen Sakralität vermag Weber hingegen nichts anzufangen.

Er, der sich wie kein zweiter unserer Autoren in das Studium der Weltreligionen vertieft hatte, sieht kein Licht am religiösen Horizont. Nachdem das Pathos des Christentums definitiv an sein Ende gekommen ist, bleibt nur die Botschaft Friedrich Nietzsches: der *Nihilismus*. Die Lehre des Nichts erscheint einerseits als eine ernsthafte Bedrohung, weil die Botschaft von der »transzendentalen Obdachlosigkeit« (Lukács) für viele Menschen offenkundig nur schwer zu ertragen ist. Folglich suchen sie ihr Heil krampfhaft in Religion oder Ideologie. Andererseits bietet sie auch eine Chance. Was vormals exogen und zwanghaft vorgegeben war und mit roher Gewalt – in manchen Weltregionen und -religionen bis auf den heutigen Tag – durchgesetzt wurde, darf jetzt endogen selbst entschieden werden. Die Freiheit *von* der Religion stiftet die Freiheit *zur* Religion Marke Eigenbau. Die transzendente »Leere« eröffnet die Chance zur eigenen »Lehre«. Jedenfalls dürfte der Raum zur Selbst-, Welt- und Werterschaffung noch nie so groß gewesen sein wie heute. Aber Weber ist sich auch wohl bewusst, dass die Freiheit zur Wahl für viele Menschen eine Qual ist. Gleichwohl macht er ihnen Mut, den eigenen Dämon in und für sich zu entdecken, der in der Folge die Fäden des eigenen Lebens in den Händen halten wird.

Kirche und Staat waren die beiden zentralen institutionellen Eckpfeiler im *Ancien Régime*. Mit der Säkularisierung und Entzauberung der Welt verliert die Religion an Bedeutung und mit ihr die Kirchen ganz erheblich an Macht. Wie steht es um die zweite Institution, den Staat? Er verliert nun keineswegs an Bedeutung – im Gegenteil. Aber was sich wandelt, so unsere neunte Gemeinsamkeit, betrifft das Verhältnis von *Politik und Gesellschaft*. Im *Ancien Régime* gestaltete sich das Verhältnis, *cum grano salis* versteht sich, wie folgt: Der Staat denkt und lenkt, die Gesellschaft arbeitet und kämpft. Die Politik determiniert die Gesellschaft materiell, so wie es die Religion spirituell tat. So einfach und eindeutig wie im *Ancien Régime* gestaltet sich das Verhältnis von Politik und Gesellschaft in der Moderne nicht mehr. Der Staat verliert seine unangefochtene Stellung als Spitze und Zentrum der Gesellschaft. Er erhält massive Konkurrenz durch andere Leistungszentren der Gesellschaft wie die Wirtschaft, die Technologie und die Wissenschaft, die ja der Religion das Monopol der Weltauslegung streitig machen. In dem Moment, in dem der Reichtum als Ziel der gesellschaftlichen Entwicklung immer wichtiger wird und der Materialismus als Wertsystem, verliert der Staat seine Rolle als allmächtiger *Leviathan.* In dem Maße, wie aus traditionellen Militärgesellschaften moderne Industriegesellschaften (Herbert Spencer) werden, treten an die Stelle von Krieg als »Fortsetzung der Politik mit anderen Mitteln« (Carl von Clausewitz) friedlicher Handel und Austausch. Alle fünf Klassiker reflektieren diesen Wandel im Verhältnis von Politik und Gesellschaft. Tendenziell wird dabei die Gesellschaft fast wichtiger als die Politik. Erst kommt die Gesellschaft, dann die Politik. Denn die fünf Klassiker entdecken die Eigenlogik und Eigendynamik der Gesellschaft in Gestalt von sozialer Differenzierung und Arbeitsteilung, Tausch und Geldwirtschaft. In dem Maße, in dem die Gesellschaft als System mit einem eigenen Kräfteparallelogramm begriffen wird, kann sich auch die Politik ihrer Eigendynamik nicht verschließen. Gesellschaft ist kein Wunschkonzert und die Politik nicht länger ihr unumstrittener Dirigent. Hatte im Gefolge der Aufklärung ein großer Optimismus vorgeherrscht, was die Gestaltbarkeit, Machbarkeit und grenzenlose Verbesserbarkeit (*malléabilité* und *perfectibilité*) der Gesellschaft anging, so reagieren die Gründerväter der Sozialwissenschaften mit nüchterner Skepsis gegenüber dem in ihren Augen so naiven Fortschrittsglauben. Wenn es Gesetzmäßigkeiten des gesellschaftlichen Zusammenlebens gibt, dann kann keine Politik und keine Regierung diese Triebkräfte einfach ignorieren oder gar an ihnen einfach vorbeizusteuern versuchen. Denn diese Regel- und Gesetzmäßigkeiten setzen als Restriktionen dem Willen politischer Herrscher eindeutige Grenzen. Selbst Tocqueville, der eine neue Politikwissenschaft zum Studium der Demokratie fordert, versteht diese nicht nur als politisches Regime, sondern als Gesellschafts- und Lebensform. Er wird damit zum politischen Soziologen, der eine Soziologie der Politik betreibt. Für Marx sind die herrschenden Werte ohnehin die Werte der Herrschenden, und folglich wird der Staat zum geschäftsführenden Ausschuss der Bourgeoisie-Klasse, wie Friedrich Engels meinte. Der Kapitalismus nimmt die Politik an die Kandare und schreibt dem Staat die Richtlinien der Politik vor. So weit würde Émile Durkheim jedoch niemals gehen. Auf den Schultern von Tocqueville sieht er den Staat als zentrales Regelorgan, das die Gesellschaft über sich selbst aufklären muss, und das heißt, sie planvoll zu steuern, um die drückende Anomie in Wirtschaft und Gesellschaft zu beseitigen. Obgleich Durkheim eine politische Soziologie ablehnt, sieht sein Reformprogramm den Staat als Steuerungszentrum der Gesellschaft vor. Simmel ist sicherlich der unpolitischste der fünf Klassiker, der sich deshalb fast ausschließlich mit Vergesellschaftungsprozessen beschäftigt, ohne eine eigenständige politische Soziologie zu entwickeln. Gesellschaft und Kultur scheinen ihm die soziologische Reflexion der Politik fast überflüssig zu machen. Ganz anders Max Weber, der politischste unter den fünf Denkern. Auch wenn er wie Marx den Kapitalismus als modernes Schicksal ansieht, lotet seine Herrschaftssoziologie die wesentlichen Institutionen wie Staat, Parlament, Parteien und Verbände aus. Sein Modell der Bürokratie, die er als rationalste Form der Verwaltung präsentiert, gibt seiner Befürchtung Aufschub, dass die Bürokratisierung der Welt bevorsteht. Sein Hauptwerk *Wirtschaft und Gesellschaft* ist deshalb als Wirtschafts-, Herrschafts-, Ungleichheits- und Religionssoziologie angelegt, die von einer Rechts- und Stadtsoziologie als Hüter und Hort der Regierung ergänzt wird.

Die zehnte Gemeinsamkeit zielt auf das *Projekt* der fünf Klassiker. Alle fünf Denker entwerfen eine Gesellschaftstheorie nebst Methode, stellen Gesellschaftsanalysen an und unterbreiten eine Gesellschaftskritik. TAK – dieser *Dreiklang von Theorie, Analyse und Kritik* macht vielleicht das wichtigste Erbe der soziologischen Klassik aus. Klassiker lesen wir nicht wegen ihrer Problem*lösung*, die meistenteils als veraltet angesehen werden darf, sondern wegen ihrer paradigmatischen Problem*stellung*, in der wir uns heute noch erkennen und von der wir dementsprechend profitieren können. Tocqueville entwirft seine Gesellschaftstheorie als Demokratietheorie, Marx als Kritik der Politischen Ökonomie, Durkheim als Arbeitsteilungstheorie, Simmel als Differenzierungstheorie und Weber als Theorie der institutionellen Differenzierung von Wertsphären und Lebensordnungen. Fast alle Klassiker bevorzugen die historisch-komparative Methode, sieht man von Georg Simmel ab, der eine abstrakte Soziologie der Formen von Vergesellschaftung anstrebt. Ihre Analysen richten sich zumeist auf mehr als eine Gesellschaft, um durch deren Gegenüberstellung Gemeinsamkeiten und Unterschiede herauszuarbeiten, was zugleich die *differentia specifica* der untersuchten Gesellschaft besser zu bestimmen erlaubt. Die Einheit der Moderne in der Vielfalt der Gesellschaften ist die eine, eher generische Stoßrichtung. Die moderne Vielfalt und die Spielarten der Moderne sind die andere, eher auf die »historischen Individuen« der Modernität zielende Stoßrichtung. Überdies variieren ihre Analysen in dem Maße, wie sie eine Partial- oder Fundamentalkritik vertreten. Tocqueville zeigt sich in seiner Zeitdiagnose überzeugt davon, dass die Demokratie in Zukunft die Welt erobern wird. Also versucht er, ihre internen Schwächen herauszuarbeiten und wie man ihnen zugleich entgegenwirken kann, damit die Demokratie als Regierungs-, Gesellschafts- und Lebensform ein Erfolg für die Menschheit wird. Die Partialkritik dient also der endogenen Verbesserung des Gesellschaftsmodells. Marx hingegen übt in seiner Zeitdiagnose am Kapitalismus eine Fundamentalkritik – Ausbeutung und Entfremdung trotz Wohlstandszuwachses, was den Sozialismus als alternatives und besseres Gesellschaftsmodell notwendig macht. Freilich: Die beste aller möglichen Welten, der Sozialismus, wird erst möglich auf der Basis des Reichtums des Kapitalismus, weshalb Marx die Abfolge der Gesellschaftsformationen von Feudalismus, Kapitalismus und Sozialismus als evolutionäre Zeitenfolge von Vergangenheit, Gegenwart und Zukunft untersucht. Ähnlich wie Tocqueville ist Durkheim davon überzeugt, dass die Französische Revolution den neuen Rahmen der modernen Gesellschaft geschaffen hat, so dass seine Zeitdiagnose des institutionellen Individualismus sich mit der Beseitigung der unerquicklichen Geburtswehen und Nebenfolgen wie der Anomie beschäftigt. Simmels differenzierungstheoretisches Gesellschaftsbild, das er um eine Kulturanalyse des modernen Wertsystems des Relativismus ergänzt, speist sich aus der Erfahrung von Arbeitsteilung und Geldwirtschaft. Auch er übt Fundamentalkritik, denn die »Tragödie der modernen Kultur« ist eine konstitutive Krise, die nicht einfach überwunden werden kann, ohne den kulturellen Nährboden der Moderne zu verlassen. Weber betreibt Gesellschaftstheorie in besonderer Weise, nämlich als Gesellschaftsgeschichte, und interessiert sich für den Kapitalismus als zentrales Strukturprinzip der Moderne. Auch er übt in seinen Analysen so heftige Kritik, dass er wiederholt als »bürgerlicher Marx«[2]

2 Als Erstes sprach wohl Albert Salomon von Weber als »bürgerlichem Marxisten«. Siehe seinen Aufsatz »Max Weber«, in: *Die Gesellschaft. Internationale Revue für Sozialismus und Politik* 3/1 (1926), S. 131-153; jetzt in: ders., *Werke*, Bd. 1, hg. v. Peter Gostmann u. Gerhard Wagner, Frankfurt/M. 2008, S. 135-157, hier S. 154. Dann nahm diese Formel Ernst Topitsch auf und sprach vom »bürgerlichen Marx«; ders., »Max Webers Geschichtsauffassung«, in: *Wissenschaft und Weltbid* 3 (1950), S. 262. Meist durchzieht diese Charakterisierung dann die klassischen Vergleiche

bezeichnet wurde. Aber seine Kritik geht trotz aller Schärfe nicht so weit wie die von Marx, denn Weber sieht keine Alternative zur modernen Gesellschaft und erachtet den Sozialismus als schlechtere Alternative zum Kapitalismus. Alle fünf Denker spitzen ihre Zeitdiagnosen pointiert zu, so dass wir sie jeweils auf eine Formel zu bringen vermochten: Demokratie als moderne Gesellschafts- und Lebensform (Tocqueville), Sozialismus als wahrer Humanismus (Marx), institutioneller Individualismus (Durkheim), die Ambivalenz von Modernität und Individualität (Simmel) und die Ambivalenzen der Moderne und autonome Lebensführung (Weber).

Wir können die Resultate der Zeitdiagnosen und ihre verschiedenen Profile systematisch in einem Schaubild zusammenfassen (Abbildung 1) und anhand dieses Schemas sodann zugleich die wesentlichen *Unterschiede* markieren, um abschließend zu diskutieren, warum es den gegenwärtigen Sozialwissenschaften so viel schwerer fällt, die Trias von Gesellschaftstheorie, -analyse und -kritik zu leisten, als es der soziologischen Klassik mit ihren paradigmatischen Synthesen zumindest ansatzweise gelungen ist.

Drei wesentliche *Unterschiede* lassen sich in den fünf Ansätzen ausmachen. Da ist, erstens, der *unterschiedliche Ausarbeitungsgrad in der Theorie- und Methodenbildung*. Zwar hatten wir die Unterscheidung von Protosoziologie (Tocqueville und Marx) und Soziologie (Durkheim, Simmel und Weber) abgelehnt, weil sie fälschlicherweise dazu verleiten könnte, Tocqueville und Marx nur noch als historisch, aber nicht mehr als systematisch wichtige Figuren anzusehen. Doch ist es gar keine Frage, dass der Theorie- und Methodenaufwand, den Tocqueville und Marx betreiben, deutlich geringer ausfällt als bei den restlichen Drei. Durkheim, Simmel und Weber sehen sich in der Folge gezwungen, Studien zu verfassen, die eigens Fragen der Theorie und Methode gewidmet sind, um ihr Forschungsprogramm zu begründen. Durkheim schreibt die *Regeln*, Simmel beschäftigt sich mit *Problemen der Geschichtsphilosophie* und verfasst eine *Einleitung in die Moralwissenschaft*, Weber ringt sich die *Wissenschaftslehre* ab.

von Marx und Weber. Siehe Karl Löwith, »Karl Marx und Max Weber«; Jürgen Kocka, »Karl Marx und Max Weber. Ein methodologischer Vergleich«, in: *Zeitschrift für die gesamte Staatswissenschaft* 166/2 (1966), S. 328-357; Reinhard Bendix, »Inequality and Social Structure. A Comparison of Marx and Weber«, in: *American Sociological Review* 39/2 (1974), S. 149-161.

	Tocqueville	Marx	Durkheim	Simmel	Weber
Fokus	Politische Revolution: Demokratie	Ökonomische Revolution: Industrielle Revolution und Kapitalismus	Moralische Revolution: Individualismus	Kulturelle Revolution: Individualismus	Kapitalismus und die Revolution der Rationalisierung
Ansatz	Kritik der modernen Demokratie	Kritik der Politischen Ökonomie	Soziologie sozialer Phänomene, Studium sozialer Institutionen, ihrer Entstehung und Wirkungsweise	Soziologie sozialer Wechselwirkungen, Formen der Vergesellschaftung, Lebens-, Kultur- und Kunstphilosophie	Soziologie als Handlungs-, Ordnungs- und Kulturtheorie, Verstehen, Idealtyp und Wertfreiheit
Analyse	Politische Analyse: Aristokratie vs. Demokratie	Ökonomische Analyse Feudalismus – Kapitalismus	Soziologische Analyse der Moral	Soziale Differenzierung und Individualität	Genealogie des Kapitalismus und Rationalisierung der Moderne
Bezugsgesellschaft	Vereinigte Staaten von Amerika und Frankreich	England und Frankreich	Frankreich und Deutschland	Deutschland, Frankreich und Italien	Deutschland, England und die Vereinigten Staaten von Amerika
Oberstes Ziel	Freiheit, Gleichheit, Menschenwürde	Freiheit, Gleichheit, Brüderlichkeit	Realisierung der Werte der Französischen Revolution	Freiheit und Individualität	Parlamentarische Führerdemokratie, Freiheit und Menschenrechte, autonome Lebensführung
Mittel zur Realisierung	Religion als Mechanismus für die Balance von Demokratie, Gleichheit und Freiheit	Sozialistische Revolution	Institutionelle Reformen	Das individuelle Gesetz	Kapitalismus und staatliche Bürokratie als Gegenstrukturen, Erziehung zur Selbständigkeit

	Tocqueville	Marx	Durkheim	Simmel	Weber
Zeit-diagnose	Demokratie als moderne Lebensform	Sozialismus als wahrer Humanismus	Institutioneller Individualismus	Ambivalenz von Modernität und Individualität	Ambivalenzen der Moderne und autonome Lebensführung
Die zukünftige Gesellschaft	Friedliche Industriegesellschaft, Massendemokratie, Individualismus	Arbeitsteilige, geplante Koordination, Demokratie, Sozialismus	Friedliche demokratische Industriegesellschaft, Freiheit, Menschenrechte und Solidarität	Moderne Geldwirtschaft, Freiheit und Individualität	Friedlicher ökonomischer Wettbewerb souveräner Nationalstaaten, Kampf um Weltwirtschaftsmacht
Gefahren	politischer Despotismus, übertriebener Individualismus, Gleichheit und Nivellierung	Ökonomischer Despotismus, politischer Quietismus, Ungleichheit	Restauration zu Monarchie oder Kaiserreich, Revolution zum Sozialismus und Kommunismus	Autoritäre Regime: Kollektivismus und Sozialismus	Bürokratisierung der Welt, Kollektivismus und Sozialismus
Einschätzung der Zukunft	Das Ende großer Revolutionen, der friedliche Wettstreit um das moterielle Wohlergehen	Die permanente Revolution (bis zum Sozialismus), demokratische Kooperation und allseitige Selbstentfaltung	Demokratische Zivilisation und friedliches Europa, der Nationalstaaten: die europäische Gesellschaft	Kreative Weiterentwicklung der europäischen Kultur und Zivilisation	Pessimistische Einschätzung Deutschlands als Verlierer des Ersten Weltkrieges, europäischer Zivilisationsbruch

Abbildung 1: Klassische soziologische Zeitdiagnosen

Ein zweiter wichtiger Unterschied betrifft die Frage der *Religion/Spiritualität* und die Rolle eines gemeinschaftlichen Wertsystems als kollektiver Identität. Existieren noch gemeinsame Werte, die alle Menschen einer Gesellschaft teilen? Ist ein solches Wertsystem überhaupt noch möglich, und bleibt es wirklich notwendig? Wenn diese Fragen positiv beschieden werden, welchen Inhalt hat ein solches Wertsystem, und wie wird es begründet, transzendent oder immanent? Die französischen Klassiker Tocqueville und Durkheim zeigen sich da ganz sicher. Es sind die Werte der Französischen

Revolution, die eine globale Ausstrahlung erhalten und ein modernes Wertsystem formen, das immanent begründet wird, aber transzendenten Charakter gewinnt. Das genau meint das Stichwort von *säkularer Sakralität.* Marx nimmt in diesem Konzert eine Sonderstellung ein und erweist sich als ein Solitär. Denn auf der einen Seite, so seine Religionskritik, dürfte alle transzendent begründete Metaphysik in der Moderne ein für alle Mal abgedankt haben. Kurz: Es gibt keine transzendent begründenden Werte mehr. Andererseits gewinnt seine Vision und Mission von Sozialismus und Kommunismus eine solche Heilsqualität, ohne die das Engagement und die großen Opfer auf dem Weg ins Paradies auf Erden auch nicht denkbar geworden wären. Der real existierende Sozialismus hat sehr viele Menschenleben gefordert. Stalin und Mao sind die größten Menschenschlächter der Geschichte. Und noch ein inhaltlicher Unterschied zu den anderen vier Klassikern fällt ins Auge. Auch wenn Marx die endgültige und wahre Freiheit wie Selbstentfaltung durch die vollkommene Assoziation im Kommunismus in Aussicht gestellt hat, so fällt auf, dass der Kommunismus ein kommunitäres oder kollektivistisches Wertsystem ist, während die vier anderen Denker den Individualismus als Wertsystem für unhintergehbar halten. Dennoch unterscheiden sich auch hier im individualistischen Lager nochmals französische und deutsche Soziologie. Tocqueville und Durkheim sehen in den Menschen- und Bürgerrechten eine neue quasi-religiöse Qualität, *säkulare Sakralität,* also einen kollektiven Individualismus. Simmel bezeichnet ihn als *romanischen Individualismus,* der den Typus Mensch als Person bevorzugt, etwa den *honnête homme,* der sich am Hof *comme il faut* zu benehmen weiß. Demgegenüber steht der *germanische Individualismus,* der auf die Eigenart und Einzigartigkeit des Individuums als Persönlichkeit mit Ecken und Kanten zielt. Dennoch machen Simmel und Weber daraus keine Notwendigkeit, für dieses Wertsystem eine transzendente oder religiöse Dignität zu bemühen. Im Gegenteil: Weber sieht moderne Gesellschaften eigentlich als Formationen an, die einem *Polytheismus der Werte* huldigen.

Ein letzter Unterschied zielt auf die Frage, ob die Moderne als *Fortschritt* oder als *Rückschritt* betrachtet wird beziehungsweise ob ihr mit Optimismus oder Pessimismus begegnet wird. Mithin auch: Ist die Moderne unausweichlich, und was kommt *nach* der Moderne? Tocqueville und Durkheim geben sich deutlich optimistischer als ihre deutschen Gegenstücke Marx, Simmel und Weber. Marx spielt auch hier wieder eine Sonderrolle, da die eigentlich wahre Gesellschaft erst im Sozialismus und schließlich im Kommunismus erreicht sein wird, aber eben auf dem Boden moderner Errungenschaften. Simmel und Weber halten die Moderne eher für ein Schicksal, das es auszuhalten und zu meistern gilt. Ihr Pessimismus hat mit den Schattenseiten der Moderne zu tun, die bei ihren dogmatischen Anhängern allzu gern unter den Tisch fallen. Alle fünf Denker sehen sie als Gesellschaftsformation an, die wohl am Ende unumgänglich ist: *Modernity is here to stay.* In der Folge gibt es dann nur zwei Optionen, wie über die nächste Gesellschaft nachgedacht werden kann: 1. als gravierender Rückschritt, und dann ist meist von *Moderne und Barbarei* die Rede; oder 2. als nächstes Stadium, hier aber der Moderne selbst, weshalb von der *Nachmoderne* oder *Postmoderne* die Rede ist.

Wie die fünf Porträts der klassischen Moderne gezeigt haben sollten, sind sie je für sich und allesamt Paradigmen für eine ausgearbeitete Gesellschaftstheorie, -analyse und -kritik. Warum gelingt das den gegenwärtigen Sozialwissenschaften in dieser Form nicht mehr, vor allem der Soziologie, die dafür eigentlich prädestiniert sein würde? Normalerweise vergessen reife Wissenschaften ihre Klassiker, weil der wissenschaftliche Fortschritt sie hat obsolet werden lassen. Sie behalten ihren Status als Klassiker, gelten aber als hoffnungslos veraltet, weil der »wissenschaftliche Fortschritt« weitergegangen ist. Adam Smith etwa gilt zweifellos als Klassiker der modernen Nationalökonomie, aber den *Wohlstand der Nationen* dürfte kaum ein junger Ökonom heute noch gelesen haben. Die mathematisierte Ökonomie hat mit dem schottischen Moralphilosophen so gut wie nichts mehr zu tun. In der Soziologie, einer ewig jugendbewegten Disziplin, ist das scheinbar anders. Hier kann man bei den Klassikern nach wie vor noch am besten lernen, wie man Soziologie betreibt und was es heißt, Soziologie zu machen. Und zugleich wird man bei der Lektüre selbstkritisch feststellen müssen, dass die heutige Soziologie das intellektuelle Niveau ihrer Vorgänger kaum noch zu erreichen vermag. Warum gelingt es heute nicht mehr so gut, Gesellschaftstheorie, Gesellschaftsanalyse und Gesellschaftskritik zu betreiben, was die Soziologie zweifellos aus ihrer Pariaexistenz im Konzert der Wirtschafts- und Sozialwissenschaften herausholen würde?

Vier Gründe nur seien genannt, um etwas Verständnis für die Schwierigkeiten für dieses Geschäft heute zu wecken. Da sind, erstens, die parallelen Entwicklungen in *Gesellschaft und Soziologie*. Moderne Gesellschaften haben durch ihre weitere Entwicklung einen enormen Komplexitätszuwachs durch fortgesetzte Differenzierung und Spezialisierung erfahren. Im Zeitalter von Globalisierung und supranationaler Formationsbildung (die EU als europäische Gesellschaft, die Weltgesellschaft) scheint überdies zusehends unklarer zu werden, was *Gesellschaft* heute noch heißen könnte. Seit der Ära der Klassiker hat auch die Soziologie eine Ausdifferenzierung und Spezialisierung durchlaufen, die der der Gesellschaft in nichts nachsteht. Das Fach zerfällt in zahllose Bindestrich-Soziologien, die keine Facette moderner Gesellschaft in ihren Untersuchungen außer Acht lassen. Alles, was sich nur irgendwie messen lässt, wird minutiös untersucht und als Information über die erforschte Gesellschaft bereitgestellt. Noch nie haben wir, auch dank der Soziologie, so viel über uns gewusst wie heute. Nur sieht niemand mehr den Wald vor lauter Bäumen. Die multiplen Analysen verdichten sich nicht mehr zu gesellschaftlichen Synthesen.

Das hängt, zweitens, auch mit dem Umstand zusammen, dass TAK selbst, also *Theorie, Analyse und Kritik*, immer weiter auseinandergezogen worden ist. Viele empirische Analysen in den verschiedensten Bereichen machen gar keine Anstalten mehr, ihre Überlegungen theoretisch rückzubinden oder aber in einer kritischen Dimension intellektuell zu reflektieren. Sie begnügen sich einfach mit gesellschaftlichen Selbstbeschreibungen von *petits faits*, deren Informationswert nicht unterschätzt werden soll, aber häufig genug nur noch das eigene Forschernetzwerk interessiert, den Rest der Soziologie nicht und die Gesellschaft auch nicht. Hinzu kommt, dass sich auch die Methoden unglaublich ausdifferenziert haben, zugleich aber der Graben zwischen quantitativen und qualitativen Methoden nach wie vor als sehr tief wahrgenommen wird. Hinter diesen Methodenfragen verbergen sich auch unterschiedliche erkenntnistheoretische und methodologische Vorstellungen. Die quantitative Sozialforschung strebt nach einem naturwissenschaftlichen Verständnis der Erklärung, was in Positivismus, Naturalismus und Empirismus zum Ausdruck kommt. Was gemessen wird, ist so, wie es gemessen wird, real vorhanden, so dass jede quantitative Studie gleichsam ein Abbild der sozialen Wirklichkeit zu erstellen beansprucht. Simmel und Weber hatten diese positivistische Methodologie als ungenügend zurückgewiesen und stattdessen auf den Perspektivismus bzw. die unterschiedlichen Wertbeziehungen in der Themen-, Problem-, Theorie- und Methodenauswahl hingewiesen. Die qualitativen Methoden streben eher nach einer geisteswissenschaftlichen Vorstellung von Verstehen[3], die zwar Kausalanalysen nicht ablehnt, aber sinnorientiert ansetzt. Keine Frage: Die *quantitative Bestimmtheit des Sozialen* (Georg Simmel) ist unbedingt zu berücksichtigen, um die Größenordnung und quantitative Relevanz eines Phänomens[4] zu erfassen. Sie darf aber nur der informative Ausgangspunkt für die eigentlich soziologischen Studien sein, die Sinn und Bedeutung des Phänomens zu erfassen versuchen.

Diesen Prozess der Ausdifferenzierung demonstriert, drittens, auch die *Begriffs- und Theoriebildung* heute, die sich in drei Zweige zerlegen lässt: Sozialtheorie, soziologische Theorien, Gesellschaftstheorie. Die *Sozialtheorie* klärt Grundfragen der Theoriebildung. Was heißt Handeln? Was heißt Struktur? Wie kann man das Verhältnis von Handeln und Struktur konzeptualisieren? Wie steht es um die verschiedenen Aggregationsebenen der sozialen Realität, also die Mikroebene der Interaktion, die Mesoebene von Organisation und Institution, die Makroebene der Gesellschaft?[5] *Die soziologischen Theorien* befassen sich mit ausgewählten Phänomenen und/oder Bereichen der Gesellschaft, die jedoch die Gesamtgesellschaft allenfalls als sozialen Kontext bemühen. Sei es, dass man eine

3 Der Band von Rainer Greshoff et al. (Hg.), *Verstehen und Erklären*, München 2008, spielt das Spektrum von Sozial- und kulturwissenschaftlichen Perspektiven sehr instruktiv durch.

4 In seiner großen *Soziologie* macht Simmel auf »Die quantitative Bestimmtheit der Gruppe« aufmerksam und studiert die Zahl als Richtmesser für die Logik und Dynamik sozialer Prozesse; siehe ders., *Soziologie. Untersuchungen über die Formen der Vergesellschaftung, GSG 11*, Frankfurt/M. 1992 [1908], S. 63-159. Peter Blau hat diese Simmelschen Einsichten in seiner Strukturtheorie und -analyse entscheidend weiterentwickelt. Vgl. ders., *Inequality and Heterogeneity*. Siehe dazu auch Hans-Peter Müller, *Sozialstruktur und Lebensstile. Der neuere Diskurs über soziale Ungleichheit*, Frankfurt/M. 1992, S. 55-144.

5 Einschlägig dazu Jeffrey C. Alexander et al. (Hg.), *The Micro-Macro Link*, Berkeley, Los Angeles, London 1987; Neil J. Smelser, *Problematics of Sociology. The Georg Simmel Lectures, 1995*, mit einer Einführung v. Hans-Peter Müller, Berkeley, Los Angeles, London 1997; Uwe Schimank, *Handeln und Strukturen. Einführung in die akteurtheoretische Soziologie*, Weinheim, München 2000.

allgemeine Konflikttheorie[6] aufstellt, sei es, dass man eine Theorie der Familie[7] entwirft. Die *Gesellschaftstheorie* heute führt eher ein Schattendasein, da große Entwürfe nicht nur aus der Mode gekommen, sondern auch immer schwieriger zu leisten sind. Die großen Theorieentwürfe und -debatten aus den 1970er und -80er Jahren sind Geschichte, sei es Jürgen Habermas' Theorie des kommunikativen Handelns,[8] Niklas Luhmanns Systemtheorie,[9] Anthony Giddens' Strukturationstheorie,[10] Pierre Bourdieus Struktur-, Habitus- und Praxistheorie[11] oder der Versuch einer allgemeinen Theorie rationalen Handelns.[12] Wenn heute doch noch ein solcher Versuch

6 So könnte man das Lebenswerk von Randall Collins zusammenfassen. Ders., *Konflikttheorie. Ausgewählte Schriften*, hg. u. eingeleitet v. Jörg Rössel, Wiesbaden 2012.

7 Vgl. etwa Heidi Rosenbaum, *Formen der Familie*, Frankfurt/M. 1982 und aktuell Paul Bernhard Hill u. Johannes Kopp, *Familiensoziologie: Grundlagen und theoretische Perspektiven*, Wiesbaden 2013.

8 Habermas, *Theorie des kommunikativen Handelns*; ders., *Vorstudien und Ergänzungen zur Theorie des kommunikativen Handelns*, Frankfurt/M. 1984. Siehe auch Axel Honneth et al. (Hg.), *Zwischenbetrachtungen. Im Prozeß der Aufklärung. Jürgen Habermas zum 60. Geburtstag*, Frankfurt/M. 1989 und Hauke Brunkhorst et al. (Hg.), *Habermas-Handbuch. Leben–Werk–Wirkung*, Stuttgart, Weimar 2009.

9 Niklas Luhmann, *Soziale Systeme*, Frankfurt/M. 1984; ders., *Die Gesellschaft der Gesellschaft*. Siehe auch Dirk Baecker et al. (Hg.), *Theorie als Passion. Niklas Luhmann zum 60. Geburtstag*, Frankfurt/M. 1987 und Oliver Jahraus et al. (Hg.), *Luhmann-Handbuch. Leben–Werk–Wirkung*, Stuttgart 2012.

10 Anthony Giddens, *Die Konstitution der Gesellschaft. Grundzüge einer Theorie der Strukturierung*, mit einer Einführung v. Hans Joas, Frankfurt/M., New York 1984. Siehe dazu auch Hans-Peter Müller, *Sozialstruktur und Lebensstile*, S. 145-237 und Christopher Bryant u. David Jary (Hg.), *Anthony Giddens. Critical Assessments*, London 1997.

11 Pierre Bourdieu, *Entwurf einer Theorie der Praxis*, Frankfurt/M. 1979; ders., *Die feinen Unterschiede*. Zu seinem Ansatz siehe auch Hans-Peter Müller, *Pierre Bourdieu. Eine systematische Einführung*, Berlin 2014 und Gerhard Fröhlich u. Boike Rehbein (Hg.), *Bourdieu-Handbuch. Leben–Werk–Wirkung*, Stuttgart, Weimar 2009.

12 James S. Coleman, *Foundations of Social Theory*, Cambridge/MA 1990, dt.: *Grundlagen der Sozialtheorie*, 3 Bde., München 1991; dazu Hans-Peter Müller u. Michael Schmid (Hg.), *Norm, Herrschaft und Vertrauen. Beiträge zu James S. Colemans Grundlagen der Sozialtheorie*, Wiesbaden 1998; Raymond Boudon, *Widersprüche sozialen Handelns*, Darmstadt, Neuwied 1979; ders., *Die Logik des gesellschaftlichen Handelns*; Hartmut Esser, *Soziologie. Allgemeine Grundlagen*, Frankfurt/M., New York 1993. Ein geeigneter Überblick zu den handlungstheoretischen Traditionen bei Manfred Gabriel (Hg.), *Paradigmen der akteurszentrierten Soziologie*, Wiesbaden 2004.

unternommen wird, dann nehmen solche Entwürfe häufig einen sozialphilosophischen Charakter an, mit der Folge, dass sie von den empirisch argumentierenden Sozialwissenschaften nicht sonderlich ernst genommen werden. Oder sie münden gleich in eine zündende Zeitdiagnose ein, ohne große theoretische, methodische oder empirische Fundierung. Alle drei Zweige nennen sich Theorie, haben aber untereinander nicht allzu viel miteinander zu tun, so dass eine wechselseitige Befruchtung weitgehend ausbleibt. Die Folge ist eine Theoriediskussion, die zentrale Grundprobleme[13] debattiert, aber häufig als selbstgenügsam wahrgenommen wird. Pointiert gesagt: Es handelt sich um Theoriediskurs als Bedingung der Möglichkeit von Theoretisieren, aber nicht um problemorientierte Theoriebildung mit erkennbarem, geschweige denn leicht umsetzbarem Anwendungsbezug.

Schließlich ist auch, viertens, die Aufgabe der *Gesellschaftskritik* heute deutlich schwieriger geworden. Das Deutungsgeschäft, so hatten wir eingangs gesehen, hat sich ausdifferenziert, und die Sozialwissenschaften sehen sich einer breiten Konkurrenz von vielen Deutungsanbietern gegenüber. Die Ansprüche an soziologische *Zeitdiagnosen* sind auch gestiegen, denn heute haben sie – wie es neudeutsch heißt – »evidenzbasiert« zu sein. Ohne solide empirische Basis riskiert eine Zeitdiagnose, weder öffentliche Anerkennung zu erfahren noch soziale Legitimität zu gewinnen. Sie gilt dann rasch als *eine* Meinung unter anderen in den Kämpfen der medialen Aufmerksamkeitsökonomie. Eine soziologische Zeitdiagnose, der es an empirischer Evidenz erkennbar mangelt, gerät dann rasch in den Verdacht von bloßer Ideologiekritik und einseitiger Parteinahme. Eine solche öffentliche Bloßstellung als pure »Ideologie« schlägt dann zurück auf das Fach als ganzes, dem es offenkun-

13 Eine kleine einschlägige und für das »Theoretisieren« wertvolle Auswahl: Rainer Greshoff et al. (Hg.), *Die Transintentionalität des Sozialen. Eine vergleichende Betrachtung klassischer und moderner Sozialtheorien*, Wiesbaden 2003; Uwe Schimank u. Rainer Greshoff (Hg.), *Was erklärt die Soziologie? Soziologische Erklärung, Modellbildung, Simulation*, Berlin 2005; Rainer Greshoff u. Uwe Schimank (Hg.), *Integrative Sozialtheorie? Esser – Luhmann – Weber*, Wiesbaden 2006; Gert Albert u. Steffen Sigmund (Hg.), *Soziologische Theorie kontrovers*, Sonderheft 50 der *Kölner Zeitschrift für Soziologie und Sozialpsychologie*, Wiesbaden 2010; Sina Farzin u. Henning Laux (Hg.), *Gründungsszenen soziologischer Theorie*, Wiesbaden 2014; Michael Schmid, *Forschungsprogramme. Beiträge zur Vereinheitlichung der soziologischen Theoriebildung*, Wiesbaden 2017.

dig an den notwendigen wissenschaftlichen Standards ermangelt, um solide Analysen vorzulegen. Gerade diese Befürchtung, den »Mund zu voll zu nehmen«, um endlich »gehört« zu werden, legt dann wieder auch der Neigung zu radikaler Kritik entsprechend politische Zügel an. Soziologie soll schließlich »Wissenschaft« bleiben und nicht »Politik« werden.

Trotz dieser ernstzunehmenden Probleme, die Gesellschaftstheorie, -analyse und -kritik wie das Geschäft der Zeitdiagnose erschweren, gibt es auch heute komplexe Analysen mit aufschlussreichen Zeitdiagnosen. Eine Reihe aktueller Beispiele sei abschließend kurz vorgestellt, die Wirtschaft, Politik, Kultur und soziale Ungleichheit betreffen. Interessanterweise greifen die gegenwärtigen Zeitdiagnosen in der einen oder anderen Weise auf die Klassiker zurück und demonstrieren somit deren ungebrochene Aktualität und Anschlussfähigkeit.

So nimmt schon im Buchtitel Thomas Piketty mit seiner bahnbrechenden Studie *Das Kapital im 21. Jahrhundert* Marx wieder auf, um das Interesse am Zusammenhang zwischen Kapitalismus und sozialer Ungleichheit erneut zu wecken und damit eine Fülle von Anschlussstudien zu sozialer Ungleichheit zu stimulieren.[14] Sicher: Piketty folgt nicht Marx' Grundsätzen der Politischen Ökonomie, sondern legt eine historisch-empirische Sozialstrukturanalyse auf der einmaligen Basis historisch-statistischer Zeitreihen vor, von der Karl Marx nur hätte träumen können. Was Marx trotz einiger empirischer Referenzen *theoretisch* aufzuzeigen versucht hatte, die endemische Krisenanfälligkeit des Kapitalismus und seine Klassen- und Ungleichheitskonflikte zwischen Kapital und Arbeit, das demonstriert Piketty *empirisch*. Überzeugend zeigt er auf, dass die Welt auf eine neue *Belle Epoque* bzw. ein *Guilded Age* zuläuft, »in denen die Ungleichheit in der Menschheitsgeschichte bisher am höchsten war«.[15] Längst scheint der egalitäre Grundsatz der Demokratie, wie er auch Tocquevilles Zeitdiagnose durchzieht, »So viel Gleichheit wie möglich, so viel Ungleichheit wie nötig!«, um-

14 Piketty, *Das Kapital im 21. Jahrhundert*. Das Buch wurde rasch zum globalen Bestseller und hat sich 2,5 Millionen Mal verkauft.

15 Hans-Peter Müller, »Eine neue Soziologie für eine neue große Transformation«, in: Klaus Dörre, Hartmut Rosa et al. (Hg.), *Große Transformation? Zur Zukunft moderner Gesellschaften*. Sonderband des *Berliner Journals für Soziologie*, Wiesbaden 2019, S. 549-566, hier S. 555.

gekehrt worden zu sein. Tocqueville war noch davon ausgegangen, dass zwar große Vermögen in den Vereinigten Staaten entstanden sind. Aber daraus würde keine Plutokratie resultieren, da die Dynamik der amerikanischen Gesellschaft diese großen Vermögen in der Generationenfolge wieder pulverisieren würde. Piketty beweist, dass Tocqueville im 21. Jahrhundert in diesem Punkt unrecht behalten hätte, da die globale Dynamik des Finanzmarkt- und Plattformkapitalismus eine erbliche Plutokratie hervorgebracht hat: den globalen Geldadel der Reichen und Mächtigen. Angesichts dieser dramatischen Sachlage plädiert Piketty in seinem Folgeband *Capital et Idéologie*[16] für die Überwindung des Kapitalismus und für die Einrichtung eines partizipativen Sozialismus auf der Basis radikaler Umverteilung durch progressive Einkommens- und Vermögenssteuern, durch organisatorische Mitbestimmung und ein chancengerechtes Bildungssystem. Um gleichsam historisch-empirisches Begründungsfutter für seine radikalen politischen Alternativen zu gewinnen, nimmt er die Leserschaft auf eine *tour d'horizon* der Ungleichheitsregime in der Geschichte der Menschheit mit, um dann die große Transformation im 20. Jahrhundert aufzuzeigen.

Auch Branko Milanović widmet sich in seiner Studie *Die ungleiche Welt*[17] dem grotesken Verhältnis von Kapitalismus und sozialer Ungleichheit. Was ihn indes vornehmlich interessiert, sind die paradoxen Folgen der globalen Inegalität. Indem er analytisch sauber zwischen Ungleichheit *innerhalb* und Ungleichheit *zwischen* Ländern unterscheidet, kann er den Aufstieg einer globalen Mittelschicht *und* der globalen Plutokratie aufzeigen. Während die soziale Ungleichheit innerhalb der Länder gestiegen ist, hat sie zwischen den Ländern abgenommen, denn allein in Asien sind durch die ökonomischen Erfolge Chinas über 300 Millionen Menschen in die Mittelschicht aufgestiegen. Die ungleiche Welt, in der die »Ortsrente« («citizenship rent«, also das: »Sage mir, wo du geboren worden bist, und ich sage dir, wie es dir gehen wird!«) heute wichtiger ist als die Klassenzugehörigkeit, setzt hohe Anreize auf Migration. »Migratien«, wie Milanović die Population der 230 Millionen Migranten oder 3 Prozent der Weltbevölkerung im Jahre 2016 nennt, ist bereits heute das fünftgrößte Land der Erde zwischen Indonesien und Brasilien. Diese durch das demographi-

16 Thomas Piketty, *Capital et Idéologie*, Paris 2019.

17 Milanović, *Die ungleiche Welt*, Berlin 2016.

sche Wachstum und den Klimawandel in Zukunft weiter wachsende Migrationsdynamik setzt vor allem die Mittelschichten in den wohlhabenden Ländern unter Druck, die einerseits von der zunehmenden Ungleichheit betroffen sind, zugleich aber den Löwenanteil der Sozialstaatskosten tragen müssen. In seinem Nachfolgewerk *Capitalism, Alone*[18] stellt sich deshalb Milanović die grundsätzliche Frage, was es heißt, wenn ein Typus von Wirtschaftssystem hegemonial herrscht. Auf der Basis eines Porträts der Nachkriegswelt im 20. Jahrhundert geht er vor allem den beiden übrig gebliebenen Varianten des Kapitalismus nach: dem liberalen wie meritokratischen Kapitalismus der Vereinigten Staaten und dem politischen Kapitalismus Chinas. Auch wenn diese Zweiteilung vielleicht etwas grobschlächtig ausfällt, um das Spektrum der gesamten Wirtschaftswelt einzufangen, vermag Milanović die Alternativen einer politischen Ökonomie idealtypisch auszuloten, weil er das Verhältnis von Ökonomie und Politik betrachtet. Das chinesische System mit dem Autoritarismus seiner politischen Führung besticht durch vermeintliche Effizienz und Geschwindigkeitsvorteile, die aber mit hoher Korruption im politökonomischen Zentrum und einem enormen sozialen Protestaufkommen erkauft werden. Das dezentrale amerikanische System hält an der wie auch immer unvollkommenen Demokratie und meritokratischen Idealen fest und kann so ein Stück weit die ausufernde soziale Ungleichheit einhegen. Die Achillesferse für beide Varianten ist die wachsende Inegalität. Anders als Piketty, der den Kapitalismus zugunsten eines partizipativen Sozialismus überwinden will, hält Milanović auch die Alleinherrschaft des Kapitalismus für durchaus überlebensfähig, wenn er sich die Responsivität und Resonanz für seine chronischen Probleme und deren Regelung erhält.

Klaus Dörre, Stephan Lessenich und Hartmut Rosa haben eine Debatte über *Soziologie – Kapitalismus – Kritik*[19] angestoßen, indem sie die Mechanismen der Dynamisierung des Kapitalismus in Augenschein genommen haben. Dörre hat das Konzept der *Landnahme* Polanyis mobilisiert, um zu zeigen, wie der Kapitalismus

18 Branko Milanović, *Capitalism, Alone. The Future of the System that Rules the World*, Cambridge/MA 2019.

19 Dörre, Lessenich, Rosa, *Soziologie – Kapitalismus – Kritik*; in englischer Übersetzung jetzt auch erhältlich als *Sociology, Capitalism, Critique*, London, New York 2015.

in immer weitere Bereiche eindringt, die vormals dem Markt entzogen und in der Verantwortung öffentlicher Dienste gestanden haben. Lessenich zeigt vor allem anhand des Umbaus der Sozialpolitik auf, wie der Mechanismus der *Aktivierung* das Verhältnis der Bürger zu ihrem Sozialstaat grundlegend verändert hat. Hartmut Rosa untersucht die Dynamik des Kapitalismus in der Zeitdimension über den Mechanismus der *Beschleunigung*. Landnahme, Aktivierung und Beschleunigung sind die Stichworte, um Wirtschaft und Gesellschaft heute in Marxscher und Weberscher Tradition zu studieren. Diese fruchtbare Debatte hat nicht nur die Einrichtung des Kollegs »Postwachstumsgesellschaften« angestoßen, sondern ist in der Folge von den einzelnen Autoren weiterverfolgt worden. Dörre hat das Konzept der Landnahme einerseits zur Analyse der »Zangenkrise«[20] genutzt. Während Wachstum das probate Mittel zur Dämpfung sozialer Ungleichheit durch Bereitstellung von Umverteilungsspielräumen zu sein scheint, auch wenn diese dann politisch ungenutzt bleiben, so trägt der dazu notwendige Ressourcenverbrauch zur Steigerung der ökologischen Krise bei. Andererseits hat er sich mit Michael Burawoy and Brigitte Aulenbacher für eine öffentliche Soziologie[21] stark gemacht, die die gravierenden Probleme mit Nachdruck in die mediale Öffentlichkeit bringen soll. Auch ihm schwebt ein »Neosozialismus«[22] vor, um die Chancen für Solidarität, Demokratie und Ökologie zu erhöhen. Stephan Lessenich wendet in der Folgezeit das Konzept der Aktivierung global und untersucht die Externalisierungsgesellschaft, wie wir weiter unten sehen werden. Hartmut Rosa nutzt den Mechanismus der Beschleunigung zu einer großangelegten Theorie der Moderne und ihrer Krisenhaftigkeit, um ihn zugleich mit dem Konzept der Entfremdung[23] zu verbinden.

Die Systemdynamik ist das eine, das Handeln der Akteure das

20 Klaus Dörre, »Risiko Kapitalismus. Landnahme, Zangenkrise, Nachhaltigkeitsrevolution«, in: ders. et al. (Hg.), *Große Transformation*, S. 3-34.

21 Michael Burawoy, *Public Sociology. Öffentliche Soziologie gegen Marktfundamentalismus und globale Ungleichheit*, Weinheim, Basel 2015; Brigitte Aulenbacher et al. (Hg.), *Öffentliche Soziologie. Wissenschaft im Dialog mit der Gesellschaft*, Frankfurt/M., New York 2017.

22 Klaus Dörre u. Christine Schickert (Hg.), *Neosozialismus. Solidarität, Demokratie und Ökologie*, München 2019.

23 Hartmut Rosa, *Beschleunigung. Die Veränderung der Zeitstrukturen in der Moderne*, Frankfurt/M. 2005; ders., *Beschleunigung und Entfremdung*.

andere. Auch der Kapitalismus als Wirtschaftssystem ist auf die Motivation zum »Mitmachen« der Menschen angewiesen, wie schon Weber in seiner »Protestantischen Ethik« unterstrichen hatte. Luc Boltanski und Ève Chiapello haben im Anschluss an Weber den *neuen Geist des Kapitalismus* untersucht.[24] Wenn Kapitalismus auch, aber eben nicht nur Zwang bedeutet, dann muss es starke Motive zum »Mitmachen« geben. Sie entdecken diese Anreize durch das Studium der Managementliteratur darin, dass der Kapitalismus die »Künstlerkritik«, wonach Kapitalismus stets Entfremdung bedeutet, so produktiv aufgenommen habe, dass Kapitalismus heute mit dem Versprechen winke, Selbstverwirklichung zu ermöglichen. Seither, so ihre These, hat die große Lust an der Selbstverwirklichung die Last der Selbstausbeutung weitgehend vergessen lassen, ebenso wie die klassische »Sozialkritik«, nach der Kapitalismus immer Ausbeutung bedeutete, die Armen also noch ärmer und die Reichen noch reicher machte. Trotz Ungleichheit, Ausbeutung und Entfremdung gelingt es auch dem globalen Kapitalismus durch vermeintliche Autonomie am Arbeitsplatz, flache Hierarchien und Netzwerkstrukturen sowie den Übergang zu Projektarbeit (die sogenannte »cité par projet«), die junge, gebildete Arbeitnehmerschaft an sich zu binden und somit diesem Wirtschaftssystem bei aller Kritik immer wieder Legitimität und Akzeptanz zuzuführen.

Was Branco Milanović von außen, gleichsam als globales Gesamtporträt, gezeichnet hat – der Abbau der sozialen Ungleichheit *zwischen* den Ländern und ihre Zunahme *in* den Ländern, verfolgt Oliver Nachtwey mit einer Binnenperspektive. In seinem Essay *Die Abstiegsgesellschaft*[25] zeigt er auf, was es heißt, in einer Gesellschaft mit wachsender sozialer Ungleichheit und sozialer Spaltung wie in Deutschland zu leben. Die Mobilitätschancen zum Aufstieg werden stark beschnitten, während der »Fahrstuhl nach unten« und damit prekäre soziale Verhältnisse immer mehr Menschen bedrohen. Dieses düstere Bild einer wohlhabenden Gesellschaft beruht auf einer Verkehrung: Während nach dem Zweiten Weltkrieg die soziale Moderne für Wohlstand und sozialen Ausgleich gesorgt hat, reserviert die regressive Moderne angesichts von schwachem

24 Luc Boltanski u. Ève Chiapello, *Le Nouvel Ésprit du Capitalisme*, Paris 1999, dt.: *Der neue Geist des Kapitalismus*, Konstanz 2003.

25 Oliver Nachtwey, *Die Abstiegsgesellschaft. Über das Aufbegehren in der regressiven Moderne*, Berlin 2016.

Wachstum die Wohlfahrt nur für die Spitze der Gesellschaft. »In Postwachstumsgesellschaften geht es für immer weniger Gruppen voran, für gute Stellen gibt es zu viele qualifizierte Bewerber. Aufstiegsorientierungen können zur Quelle von Konflikten werden, wenn die Leitern des Aufstiegs keine Sprossen mehr haben [...]. Durch die Deinstitutionalisierung des sozialen Konflikts und die Verletzung normativer Prinzipien gewinnen Fragen von Anerkennung und Moral wieder stärker an Bedeutung.«[26]

Während Nachtwey die deplorablen gesellschaftlichen Verhältnisse in einem Land studiert, das mit seiner »Weltmarktaußenpolitik zu den hauptsächlichen Profiteuren der Weltwirtschaft und des Welthandels« gehört, gilt Stephan Lessenichs Augenmerk den Abhängigkeits- und Ausbeutungsverhältnissen der globalen Ökonomie. Lessenich diskutiert in *Neben uns die Sintflut*[27] die Rolle und Funktionsweise der *Externalisierungsgesellschaft*. Seine These lautet, dass *wir*, das heißt für ihn der »globale Norden«, ehemals kurz »Westen« genannt, auf Kosten der anderen, also des armen Rests der Welt, früher als »Entwicklungsländer« bezeichnet, heute zusammengefasst als globaler Süden, leben. Warum leben »wir« auf Kosten der »anderen«? Die Macht von »uns« beruht darauf, die Kosten der eigenen Lebensführung peripheren Weltregionen aufzubürden und sie auf diese Weise auszubeuten. Unser *Externalisierungshabitus* sorgt zudem dafür, dass wir das noch nicht einmal merken, sondern die herrschenden Verhältnisse als Verhältnisse der Herrschenden (also »wir«) mit einem normalen und natürlichen Ergebnis globaler Wirtschaftsbeziehungen verwechseln. Auch Lessenich mahnt radikale institutionelle Reformen an, die von der Revision des Welthandelsregimes über die Besteuerung von Finanztransaktionen, die Einführung einer Postwachstumswirtschaft in den wohlhabenden Ländern, »einen globalen Sozialvertrag zur Verzögerung des Klimawandels [...] und einer transnationalen Rechtspolitik« zur Institutionalisierung globaler sozialer Rechte reicht. Denn, so sein Fazit: »Wir leben nicht über unsere Verhältnisse, sondern über die Verhältnisse der anderen – und zugleich unter unseren Möglichkeiten, nämlich unseren Möglichkeiten zur Änderung der Verhältnisse.«[28]

26 Ebd., S. 225.

27 Stephan Lessenich, *Neben uns die Sintflut. Die Externalisierungsgesellschaft und ihr Preis*, München 2017.

28 Ebd., S. 195 f.

Während die bisher skizzierten Zeitdiagnosen Kapitalismus und Technologie, Globalisierung und soziale Ungleichheit als entscheidende makrostrukturelle Faktoren für die gesellschaftlichen Konstellationen der Gegenwart veranschlagen, setzen die letzten drei Zeitdiagnosen vornehmlich kultursoziologisch an. Die Stichworte dazu lauten: Digitalisierung, Singularisierung und Resonanz.

Steffen Mau stellt in *Das metrische Wir* die Folgen der *Quantifizierung des Sozialen* dar.[29] Die neuen soziometrischen Systeme der quantifizierten Gesellschaft bilden nicht einfach und vermeintlich unschuldig die sozialen Unterschiede wie Ungleichheiten der Welt ab, sondern werden selbst zu einer entscheidenden Größe bei der Verteilung von Lebenschancen. Auf dem Weg in die »Bewertungsgesellschaft«[30] als Zielhorizont und mit der Ausbreitung und Universalisierung von Wettbewerb verändert die Sprache der Zahlen auch sukzessive die Vorstellungen von Wert und gesellschaftlichem Status. Die Übersetzung qualitativer Unterschiede in quantitative Ungleichheiten führt zu wachsender gesellschaftlicher Hierarchisierung. Treiber für Staat und Wirtschaft sind die Digitalisierung und Ökonomisierung der Gesellschaft, denn ohne detaillierte Daten und die Schaffung eines »Vergleichsdispositivs«[31] wäre durchgängiger Wettbewerb nicht möglich. Mau untersucht in seiner Studie unter dieser Perspektive die Felder der Quantifizierung: »Ratings« und »Scorings« führen zur Hierarchisierung, wenn etwa Universitäten global in eine Rangordnung gebracht oder Rating-Agenturen das Gebaren ganzer Staaten mit »Credit-Scores« bewerten. »Scorings und Screenings« erbringen Klassifikationsleistungen, sei es der Gesundheitsstatus, die Mobilitätswertigkeit oder die wissenschaftliche Leistungsmessung. Das wissenschaftliche Personal an Universitäten und Forschungsstätten konkurriert nicht nur auf der Basis von Publikationsoutput und Forschungsmittelakquise, sondern muss sich auch um den eigenen »Impaktfaktor« Gedanken machen. »Sterne« und »Punkte« bei Dienstleistungen verschiedener Art geben Rückmeldungen über die Zufriedenheit. Bewertungsportale geben Aufschluss über die Leistungsfähigkeit

29 Steffen Mau, *Das metrische Wir. Über die Quantifizierung des Sozialen*, Berlin 2017; ins Englische übersetzt als *The Metric Society. On the Quantification of the Social*, Cambridge 2019.

30 Ebd., S. 16.

31 Ebd., S. 18.

von allen möglichen Einrichtungen. »Balken« und »Kurven« leisten der »Quantifizierung des Selbst« Vorschub, ob es sich um die eigene Gesundheit, die Fitness oder das Bewegungsvolumen handelt. Das führt zu Transparenz, denn noch nie hat es so viele Daten über die Gesellschaft gegeben wie heute. Das leistet der totalen »Vermessung der Welt«[32] gewaltigen Vorschub. Die Kehrseite der Medaille ist die Disziplinierung der Akteure, denn niemand kann sich auf Dauer schlechte Bewertungen erlauben und damit offiziell dokumentierten wie vermeintlich objektiven Misserfolg leisten, ohne aus dem Marktsystem des Wettbewerbs herauszufallen. Das Ungleichheitsregime der Quantifizierung führt somit »vom Konflikt der Klassen zum Wettbewerb der Individuen«. »Die Gesellschaft des metrischen Wir erzieht uns zu Numerokraten, die immerzu die Zahlen im Blick haben.«[33]

Andreas Reckwitz stellt in seiner Studie *Die Gesellschaft der Singularitäten* die These auf, dass die Menschen heute nicht nach Individualität, wie zu Zeiten der Klassiker, sondern nach *Singularität* streben müssen.[34] Der Management-Guru Tom Peters hatte den kategorischen Imperativ unserer Zeit bereits wie folgt formuliert: »Sei besonders, oder du wirst ausgesondert.« Freilich: »Die Explosion des Besonderen« hat zwischenzeitlich eine Gesellschaft der Singularitäten entstehen lassen, in der durchgängig Objekte, Subjekte, Räume als »Orte«, Zeiten als »Ereignisse« und ganze Kollektive diesem Imperativ unterworfen werden. Die »Logik des Allgemeinen« der industriellen Moderne ist durch die »Logik des Besonderen« der Spätmoderne abgelöst, der Mechanismus der Rationalisierung durch den der Singularisierung ersetzt worden. Ziel seiner Studie ist eine »*kritische Analytik* der Gegenwart und ihrer Genese«,[35] mit deren Hilfe er den Strukturwandel von der industriellen Ökonomie zum Kulturkapitalismus und infolge der digitalen Revolution zur Kulturmaschine nachzeichnet. Zu diesem Zweck untersucht er mit seinem analytischen Bezugsrahmen Wirtschaft, Arbeit, Digitalisierung und den Aufstieg der Kulturmaschine, die Lebensführung anhand der Lebensstile von Klassen und ihren entsprechenden Subjektformen sowie die Politik anhand

32 Kehlmann, *Die Vermessung der Welt.*

33 Ebd., S. 257-286, hier S. 286.

34 Andreas Reckwitz, *Die Gesellschaft der Singularitäten*, Berlin 2017.

35 Ebd., S. 23.

des »apertistisch-differentiellen Liberalismus«, wie er den Neoliberalismus nennt. Auf diese Weise entsteht in der Tat ein umfassendes »Panorama der Moderne«,[36] das auf eine Trias von Krisen verweist. Die *Krise der Anerkennung* zielt auf die Spaltung zwischen Hoch- und Geringqualifizierten mit der Folge der Polarisierung von Arbeitsverhältnissen und Lebensstilen. »Die neue Mittelklasse kann nicht nur auf berufliche Anerkennung zählen, sondern entfaltet eine kulturorientierte kuratierte Lebensführung, in der sie in allen Bereichen – von der Gesundheit bis zum Kosmopolitismus, von der Bildung und Erziehung bis zum Wohnumfeld – am hohen (ethischen und ästhetischen) Wert arbeitet und als Trägerin eines wertvollen ›guten Lebens‹ erscheint. Demgegenüber erfährt die neue Unterklasse eine Entwertung ihrer Arbeit, die mit einer Entwertung ihres gesamten Lebensstils einhergeht.«[37] Die *Krise der Selbstverwirklichung* verweist auf die Schattenseiten dieses Ideals, die im Falle von Scheitern mit psychischen Erkrankungen wie Depression und Burnout einhergeht. In Reckwitz' Augen ist genau das die Kehrseite der Singularisierung. »Der Steigerungsimperativ der Selbsttransformation, die Verzichtsaversion, die Erwartung der Anderen einer beständigen Performanz als attraktive Persönlichkeit und die Abhängigkeit von unberechenbaren Bewertungskonjunkturen, schließlich der Mangel an kulturellen Ressourcen, um mit Unverfügbarkeiten, Enttäuschungen und negativen Affekten umzugehen, tragen allesamt zu einer solchen Krise der Kultur der Selbstverwirklichung bei.«[38] Die *Krise des Politischen* schließlich verweist auf den Verlust der Steuerungskapazität des Staates und die Fragmentierung der politischen Öffentlichkeit, die durch den apertistisch-differentiellen Liberalismus seinerseits verstärkt wird. Die Folgen sind auch hier eine politische Spaltung und der Aufstieg eines Kulturessentialismus wie der von Reckwitz so genannten »Neogemeinschaften«, die auf religiösem Fundamentalismus, Populismus und der Politik der Ethnizität beruhen. Alle drei Krisen sind letztlich Ausdruck einer »Krise des Allgemeinen«, die sich durch dessen »Rekonstitution« und einen regulativen Liberalismus nicht so leicht bewältigen lässt, zu stark scheint ihm das »hyperkulturelle[] Dreieck, das die Ökonomie der Singularitäten, die

36 Ebd., S. 21.

37 Ebd., S. 433.

38 Ebd., S. 434.

Kulturmaschine der digitalen Technologien und der singularistische Lebensstil der neuen Mittelklasse bilden«.[39] Reckwitz warnt jedenfalls eindringlich vor zu viel rückwärtsgewandter Nostalgie.[40]

Von dieser Skepsis gegenüber der Spätmoderne ist Hartmut Rosa weit entfernt. Im Gegenteil, so sein optimistisches Credo: »*Eine bessere Welt ist möglich,* und sie lässt sich daran erkennen, dass ihr zentraler Maßstab nicht mehr das Beherrschen und Verfügen ist, sondern das Hören und das Antworten.«[41] Um dieses Credo einzulösen, legt er eine sozialphilosophisch inspirierte *Soziologie der Weltbeziehung* vor, die er unter dem Titel *Resonanz* zu fassen sucht. Soziale Beziehungen, so lautet seine zentrale Intuition, sollten eine gewisse Resonanzqualität besitzen, um zu einem erfüllten Leben führen zu können. Der Begriff Resonanz muss freilich ein weites Feld abdecken, weil Rosa ihn als »Metakriterium des gelingenden Lebens« setzt. »Eine Kritik der Resonanzverhältnisse bedarf dann nicht der Ergänzung durch eine Kritik der Anerkennungsverhältnisse, der Verteilungsverhältnisse, der Verständigungsverhältnisse, der Produktionsverhältnisse usw., weil sie diese immer schon integriert.«[42] Resonanz hat als Konzept gleich einen dreifachen Status: *analytisch*, denn im Rahmen einer Soziologie der Weltbeziehungen muss er das »In-die-Welt-Gestelltsein« und dessen Arten und Weisen dechiffrieren; *kritisch*, denn Resonanz muss als Gegenbegriff von Entfremdung die stummen Weltverhältnisse und ihren Verdinglichungscharakter aufdecken; *normativ*, denn Resonanz ist der Inbegriff guten Lebens. Um diesen gewaltigen Anspruch einer kritischen Gesellschaftstheorie im Geiste der Frankfurter Schule einzulösen, geht Rosa in vier großen Schritten vor. Zunächst diskutiert er Grundelemente menschlicher Weltbeziehungen, die von körperlichen Weltbeziehungen über Angst und Begehren als elementare Formen der Weltbeziehung bis hin zu Resonanz und

39 Ebd., S. 442.

40 »Die sozialen Asymmetrien und kulturellen Heterogenitäten, welche dieser Strukturwandel der Moderne potenziert, seine nichtplanbare Dynamik von Valorisierungen und Entwertungen, seine Freisetzung positiver und negativer Affekte lassen Vorstellungen einer rationalen Ordnung, einer egalitären Gesellschaft, einer homogenen Kultur und einer balancierten Persönlichkeitsstruktur, wie sie manche noch hegen mögen, damit als das erscheinen, was sie sind: pure Nostalgie.« Ebd.

41 Hartmut Rosa, *Resonanz. Eine Soziologie der Weltbeziehung,* Berlin 2016, S. 762.

42 Ebd., S. 749.

Entfremdung wie auch deren Dialektik reicht. Sodann diskutiert er Resonanzsphären und Resonanzachsen gleichsam als Gerüst und »Heuristik«[43] von Subjekt und Welt. Familie, Freundschaft und Politik etwa formen horizontale Resonanzachsen, die als Quellen der Anerkennung fungieren. Arbeit, Schule, Sport und Konsum bezeichnen diagonale Resonanzachsen, die Chancen zur Erfahrung von Selbstwirksamkeit verteilen. Religion, Natur, Kunst und Geschichte dürfen als vertikale Resonanzachsen gelten, die »in den Kategorien der *Liebe* und des *Sinns* die Gewähr dafür zu geben« versprechen, »dass die Ur- und Grundform des Daseins eine Resonanz- und keine Entfremdungserfahrung ist«.[44] Auf dieser theoretischen Basis von Resonanz unternimmt Rosa ferner eine Analyse der Moderne, die er in ihrer Doppelbewegung als Resonanzkatastrophe und als gesteigerte Resonanzsensibilität zu fassen versucht. Seine Diagnose lautet in einer Kurzformel: *Die Moderne ist verstimmt.*[45] Was zu dem »Verstimmen« und der Gefahr des »Verstummens« geführt hat, diskutiert er schließlich in einer kritischen Theorie der Weltbeziehung, die unter Zuhilfenahme kontextueller Faktoren wie Atmosphären und Stimmungen, kulturellen und sozialstrukturellen Faktoren wie Weltbildern und sozialem Raum und institutionellen Faktoren wie Schule und Börse zu erklären unternimmt. Das definitorische Charakteristikum der Moderne ist ihre *dynamische Selbststabilisierung*: Eine Gesellschaft ist nur »dann *modern* [...], *wenn sie sich nur (noch) dynamisch zu stabilisieren vermag, wenn sie also systematisch auf Wachstum, Innovationsverdichtung und Beschleunigung angewiesen ist, um ihre Struktur zu erhalten.*«[46] Genau diese Dynamik, so Rosas These, stößt jetzt an ihre Systemgrenzen und äußert sich in einer vierfachen Krise: der ökonomischen Krise, denn Wachstum gelingt immer weniger und die Profite werden höchst ungleich verteilt; der ökologischen Krise, wovon der Klimawandel u.a. zeugt; der politischen Krise der Demokratie, die sich in den Dienst der Dynamisierung gestellt und dadurch als politische Form an Legitimität verloren hat; und schließlich der »Psychokrise der Spätmoderne« als Folge der Erschöpfung in diesem Steigerungsspiel. Alle diese Krisen beruhen darauf, »dass die

43 Ebd., S. 340.
44 Ebd., S. 435.
45 Ebd., S. 739.
46 Ebd., S. 673.

strukturell institutionalisierte und kulturell legitimierte Strategie der *Weltreichweitenvergrößerung* paradoxerweise zu voranschreitenden Formen des *Weltverlustes* und damit zu einem Verstummen der Resonanzachsen führt«.[47] Den Ausweg aus der Krise sieht Rosa in den Konturen einer Postwachstumsgesellschaft. Das würde einem Paradigmenwechsel innerhalb der Spätmoderne gleichkommen, wenn vom Steigerungs- auf ein Qualitätsspiel umgestellt würde, das die Resonanzachsen wieder zum Klingen bringen würde. Wie eine solche »große Transformation« genauer aussehen könnte, zeigt ein Band mit Studien »zur Zukunft moderner Gesellschaften«,[48] die vor allem den multiplen Krisen von Kapitalismus, Ökologie, Demokratie und individualistischer Lebensführung nachgehen.

Zeitdiagnosen sind Soziologie mit beschränkter Haftung, so unsere Eingangsvermutung. Zeit und Diskurs zusammen werden aufzeigen, ob diese aktuellen zeitdiagnostischen Versuche tatsächlich »die Zeichen der Zeit« im 21. Jahrhundert einzufangen vermögen. Aufschlussreich sind jedenfalls drei Merkmale: Erstens, allesamt bewegen sie sich nach wie vor im Horizont der Moderne, auch wenn zuweilen von der Spätmoderne die Rede ist. Zweitens ruhen sie alle mehr oder minder auf den Schultern der klassischen Riesen, zum Teil explizit in kritischer Anknüpfung und zum Teil implizit durch Anschluss an die typischen Probleme der Moderne. Drittens bewegen sie sich alle im Rahmen von »Krise und Kritik«, verbinden sie doch Theorie, Analyse und Kritik, um die Krisen der Gegenwart herauszuarbeiten. Diese spannenden soziologischen Zeitdiagnosen beweisen jedenfalls, dass trotz aller endemischen und scheinbar unüberwindbaren Schwierigkeiten die Soziologie des 21. Jahrhunderts recht erfolgreich auf den Schultern der Generation der klassischen Soziologie steht und die modernen Gesellschaften der Gegenwart mit diagnostischen Einschätzungen ihrer Stärken und Schwächen zu versorgen versteht.

47 Ebd., S. 711.

48 Dörre et al. (Hg.), *Große Transformation? Zur Zukunft moderner Gesellschaften.*

Literatur

Theodor W. Adorno et al., *Der Positivismusstreit in der deutschen Soziologie*, Neuwied 1969.

Gert Albert, Agatha Bienfait et al. (Hg.), *Das Weber-Paradigma. Studien zur Weiterentwicklung von Max Webers Forschungsprogramm*, Tübingen 2003.

Gert Albert u. Steffen Sigmund (Hg.), *Soziologische Theorie kontrovers*, Sonderheft 50 der *Kölner Zeitschrift für Soziologie und Sozialpsychologie*, Wiesbaden 2010.

Louisa Mae Alcott, *Little Women,* London 2020 [1868].

Jeffrey C. Alexander, *Theoretical Logic in Sociology, Bd. 2: The antinomies of Classical Thought*, Berkeley-Los Angeles 1982.

Jeffrey C. Alexander (Hg.), *Durkheimian Sociology: Cultural Studies*, Cambridge, New York 1988.

Jeffrey C. Alexander et al. (Hg.), *The Micro-Macro Link*, Berkeley, Los Angeles, London 1987.

Jeffrey C. Alexander u. Philip Smith (Hg.), *The Cambridge Companion to Durkheim*, Cambridge 2005.

Jeffrey C. Alexander u. Piotr Sztompka (Hg.), *Rethinking Progress*, Boston, London u. a. 1990.

Eric Allardt, »Émile Durkheim: sein Beitrag zur politischen Soziologie«, in: *Kölner Zeitschrift für Soziologie und Sozialpsychologie* 20 (1968), S. 1-16.

N. J. Allen et al. (Hg.), *On Durkheim's Elementary Forms of Religious Life*, London u. a. 1998.

Louis Althusser, *Für Marx*, Frankfurt/M. 1965.

Louis Althusser et al., *Das Kapital lesen. Vollständige und ergänzte Ausgabe mit Retraktationen zum* Kapital, Münster 2015.

Louis Althusser u. Étienne Balibar, *Das Kapital lesen I+II*, Reinbek 1972.

Perry Anderson, *The Origins of Postmodernity*, London 1998.

Andreas Anter, *Max Webers Theorie des modernen Staates*, Berlin 1995.

Margaret Archer, *Culture and Agency*, Cambridge 1988.

Andreas Arndt, *Karl Marx. Versuch über den Zusammenhang seiner Theorie*, Berlin 2011.

Raymond Aron, *Die industrielle Gesellschaft*, Frankfurt/M. 1964.

Raymond Aron, *Hauptströmungen des soziologischen Denkens. Teil 1: Montesquieu, Auguste Comte, Karl Marx, Alexis de Tocqueville*, Köln 1971.

Raymond Aron, *Hauptströmungen des soziologischen Denkens. Teil 2: Émile Durkheim, Vilfredo Pareto, Max Weber*, Köln 1971.

Raymond Aron, *Les Sociétés Modernes.* Paris 2006.

Brigitte Aulenbacher et al. (Hg.), *Öffentliche Soziologie. Wissenschaft im Dialog mit der Gesellschaft*, Frankfurt/M., New York 2017.

Shlomo Avineri, *The Social and Political Thought of Karl Marx*, Cambridge 1968.

Francis Bacon, *Novum Organon,* London 1620, dt. *Das Neue Organon*, übs. v. R. Hoffmann u. G. Korf, hrsg. v. Manfred Buhr, Berlin/Leipzig 1962.

Dirk Baecker et al. (Hg.), *Theorie als Passion. Niklas Luhmann zum 60. Geburtstag*, Frankfurt/M. 1987.

Charles Baudelaire, »Der Maler des modernen Lebens«, in: Ders., *Der Künstler und das moderne Leben. Essays, »Salons«, intime Tagebücher*, hg. u. mit einem Nachwort von Henry Schumann, Leipzig 1990 [1863], S. 290-320.

Zygmunt Bauman, *Moderne und Ambivalenz*, Hamburg 1992.

Zygmunt Bauman, *Intimations of Postmodernity*, London 1992.

Christopher A. Bayly, *The Birth of the Modern World 1780-1914*, Oxford 2004.

Ulrich Beck, *Risikogesellschaft. Auf dem Weg in eine andere Moderne*, Frankfurt/M. 1986.

Jens Beckert, »Soziologische Netzwerkanalyse«, in: Dirk Kaesler (Hg.), *Aktuelle Theorien der Soziologie*, München 2005, S. 286-312.

Daniel Bell, *Die nachindustrielle Gesellschaft*, Frankfurt/M. 1975.

Daniel Bell, *The Cultural Contradictions of Capitalism*, New York 1976.

Robert N. Bellah, »Introduction«, in: Émile Durkheim, *On Morality and Society*, Chicago 1973.

Robert N. Bellah et al., *Habits of the Heart. Individualism and Commitment in American Life*, Berkeley 1985; dt.: *Gewohnheiten des Herzens. Individualismus und Gemeinsinn in der amerikanischen Gesellschaft*, Frankfurt/M. 1987.

Reinhard Bendix, *Herrschaft und Industriearbeit*, Frankfurt/M. 1960.

Reinhard Bendix, *Max Weber – Das Werk. Darstellung, Analyse, Ergebnisse*, München 1964.

Reinhard Bendix, »Inequality and Social Structure. A Comparison of Marx and Weber«, in: *American Sociological Review* 39/2 (1974), S. 149-161.

Reinhard Bendix, *Kings or People. Power and the Mandate to Rule*, Berkeley 1978; dt.: *Könige oder Volk. Machtausübung und Herrschaftsmandat,* 2 Bde., Frankfurt/M. 1980.

Peter L. Berger, *The Capitalist Revolution. Fifty Propositions about Prosperity, Equality, and Liberty*, New York 1986.

Peter L. Berger u. Thomas Luckmann, *Die gesellschaftliche Konstruktion der Wirklichkeit*, Frankfurt/M. 1966.

Isaiah Berlin, *Four Essays on Liberty*, London 1970.

Isaiah Berlin, *Karl Marx. His Life and Environment*, London 1996, neu übersetzt v. Britta Grell, hrsg. von Hans-Peter Müller, *Karl Marx. Sein Leben und sein Werk,* Wiesbaden 2021.

Harold J. Berman, *Recht und Revolution. Die Bildung der westlichen Rechtstradition*, Frankfurt/M. 1991.
Hans Bertram (Hg.), *Gesellschaftlicher Zwang und moralische Autonomie*, Frankfurt/M. 1986.
Philippe Besnard (Hg.), *The Sociological Domain: The Durkheimians and the founding of French sociology*, Cambridge 1983.
Peter M. Blau, *Inequality and Heterogeneity. A Primitive Theory of Social Structure*, New York 1977.
Peter M. Blau u. Joseph E. Schwartz, *Crosscutting Social Circles*, New York, London 1984.
Harald Bluhm u. Hans-Peter Müller (Hg.), *Der analytische Tocqueville. Alexis de Tocqueville zum 200. Geburtstag. Berliner Journal für Soziologie*, Heft 4 (2005).
Harald Bluhm u. Skadi Krause (Hg.), *Alexis de Tocqueville. Analytiker der Demokratie*, München 2016.
Harald Bluhm, »MEGA-Marx«, in: *Zeitschrift für Ideengeschichte* XI/3 (2017), S. 41-54.
Alexander Bogner, *Gesellschaftsdiagnosen. Ein Überblick*, Weinheim, Basel 2012.
Tanja Bogusz u. Heike Delitz, *Émile Durkheim. Soziologie – Ethnologie – Philosophie*, Frankfurt/M. 2013.
Fritz Böhle, G. Günter Voss, Günther Wachtler (Hg.), *Handbuch Arbeitssoziologie*, Wiesbaden 2010.
Matthias Bohlender, »Was ist Kritik? Versuch einer Archäologie«, in: Harald Bluhm et al. (Hg.), *Ideenpolitik. Geschichtliche Konstellationen und gegenwärtige Konflikte*, Berlin 2011, S. 3-18.
Luc Boltanski, *De la critique. Précis de sociologie de l'émancipation*, Paris 2009.
Luc Boltanski u. Ève Chiapello, *Le Nouvel Ésprit du Capitalisme*, Paris 1999, dt. *Der neue Geist des Kapitalismus*, Konstanz 2003.
Thorsten Bonacker u. Andreas Reckwitz (Hg.), *Kulturen der Moderne*, Frankfurt/M., New York 2007.
Massimo Borlandi (Hg.), »Émile Durkheim: Les formes élémentaires de la vie religieuse un siècle après«, in: *L'Année sociologique* 62/2 (2012), Sondernummer.
Massimo Borlandi u. Mohamed Cherkaoui (Hg.), *Le suicide un siècle après Durkheim*, Paris 2000.
Raymond Boudon, *Die Logik des gesellschaftlichen Handelns*, Darmstadt, Neuwied 1979.
Raymond Boudon, *Widersprüche sozialen Handelns*, Darmstadt, Neuwied 1979.
Raymond Boudon, *Tocqueville aujourd'hui*, Paris 2005.
Pierre Bourdieu, *Entwurf einer Theorie der Praxis*, Frankfurt/M. 1979.

Pierre Bourdieu, *Die feinen Unterschiede. Kritik der gesellschaftlichen Urteilskraft*, Frankfurt/M. 1982.
Pierre Bourdieu u. Loïc J. Wacquant, *Reflexive Anthropologie*, Frankfurt/M. 1996.
Stefan Breuer, *Max Webers Herrschaftssoziologie*, Frankfurt/M., New York 1991.
Hinnerk Bruhns, *Max Webers historische Sozialökonomie*, Wiesbaden 2014.
Hauke Brunkhorst et al. (Hg.), *Habermas-Handbuch. Leben–Werk–Wirkung*, Stuttgart, Weimar 2009.
Otto Brunner, Werner Conze u. Reinhart Koselleck (Hg.), *Geschichtliche Grundbegriffe. Historisches Lexikon zur politisch-sozialen Sprache in Deutschland*, 8 Bde., Stuttgart 1972 ff.
Christopher Bryant u. David Jary (Hg.), *Anthony Giddens. Critical Assessments*, London 1997.
Michael Burawoy, *Public Sociology. Öffentliche Soziologie gegen Marktfundamentalismus und globale Ungleichheit*, Weinheim, Basel 2015.
Thomas Burger, *Max Weber's Theory of Concept Formation. History, Laws, and Ideal Types*, Durham 1976.
Edmund Burke, *Betrachtungen über die Französische Revolution*, aus dem Englischen übertragen von Friedrich Gentz, hrsg. von Ulrich Frank-Planitz, Zürich 1987.
Ronald Burt, *Structural Holes. The Social Structure of Competition*, Cambridge 1992.

Mark Cladis, *A Communitarian Defense of Liberalism. Émile Durkheim and Contemporary Social Theory*, Stanford 1992.
Gerald Cohen, *Karl Marx's Theory of History. A Defence*, Princeton 1978.
James S. Coleman, *Foundations of Social Theory*, Cambridge/MA 1990, dt.: *Grundlagen der Sozialtheorie*, 3 Bde., München 1991.
Randall Collins, *Konflikttheorie. Ausgewählte Schriften*, hg. u. eingeleitet v. Jörg Rössel, Wiesbaden 2012.
Lewis A. Coser (Hg.), *Georg Simmel*, Englewood Cliffs/NJ 1965.

Heinz-Jürgen Dahme, *Soziologie als exakte Wissenschaft. Georg Simmels Ansatz und seine Bedeutung in der gegenwärtigen Soziologie*, 2 Bde., Stuttgart 1981.
Heinz-Jürgen Dahme u. Otthein Rammstedt (Hg.), *Georg Simmel und die Moderne*, Frankfurt/M. 1984.
Ralf Dahrendorf, *Class und Class Conflict in Industrial Society*, London, Henley 1959.
Ralf Dahrendorf u. Christoph Henning, »Karl Marx (1818-1883)«, in: Dirk Kaesler (Hg.), *Klassiker der Soziologie. Band 1: Von Auguste Comte bis Alfred Schütz*, München 2012, S. 58-91.

Heike Delitz, *Émile Durkheim zur Einführung*, Hamburg 2013.
Jacques Derrida, *Die différance. Ausgewählte Texte*, Stuttgart 2004.
Wilhelm Dilthey, *Einleitung in die Geisteswissenschaften: Versuch einer Grundlegung für das Studium der Gesellschaft und der Geschichte*, Leipzig 1883.
Wilhelm Dilthey, *Gesammelte Schriften. Band VII: Der Aufbau der geschichtlichen Welt in den Geisteswissenschaften*, hg. v. Bernhard Groethuysen, Stuttgart 1927.
Wilhelm Dilthey, *Der Aufbau der geschichtlichen Welt in den Geisteswissenschaften*, Frankfurt/M. 1990 [1910].
Oliver Dimbath, *Soziologische Zeitdiagnosen*, Konstanz, München 2016.
Christof Dipper, »Moderne, Version: 1.0«, in: *Docupedia-Zeitgeschichte*, 25.08.2010, URL: ⟨http://docupedia.de/zg/Moderne⟩.
Klaus Dörre, »Risiko Kapitalismus. Landnahme, Zangenkrise, Nachhaltigkeitsrevolution«, in: Ders. et al. (Hg.), *Große Transformation*, S. 3-34.
Klaus Dörre et al. (Hg.), *Große Transformation? Zur Zukunft moderner Gesellschaften*, Sonderband des *Berliner Journal für Soziologie*, Wiesbaden 2019.
Klaus Dörre, Stephan Lessenich, Hartmut Rosa, *Soziologie – Kapitalismus – Kritik. Eine Debatte*, Frankfurt/M. 2009.
Klaus Dörre u. Christine Schickert (Hg.), *Neosozialismus. Solidarität, Demokratie und Ökologie*, München 2019.
Hans Peter Dreitzel, *Sozialer Wandel. Zivilisation und Fortschritt als Kategorien der soziologischen Theorie*, Neuwied, Berlin 1967.
Peter Drucker, *Die postkapitalistische Gesellschaft*, Düsseldorf 1993.
Émile Durkheim, »Cours de science sociale. Leçon d'ouverture«, in: *Revue internationale de l'enseignement* 15 (1888), S. 23-48.
Émile Durkheim, »L'Individualisme et les Intellectuels«, in: *Revue bleue* 4 (1898), S. 7-13, wiederabgedruckt in Durkheim, »*La science sociale et l'action*«; und deutsch: »Der Individualismus und die Intellektuellen«, in: Hans Bertram (Hg.), *Gesellschaftlicher Zwang und moralische Autonomie*, Frankfurt/M. 1986, S. 54-70.
Émile Durkheim, »Deux Lois de l'Évolution pénale«, in: *Année Sociologique* 4 (1901), S. 65-95; wiederabgedruckt in: *Journal Sociologique*, mit einer Einleitung von Jean Duvignaud, Paris 1969, S. 245-272.
Émile Durkheim, *Soziologie und Philosophie*, Frankfurt/M. 1967.
Émile Durkheim, *Journal Sociologique*, mit einer Einleitung v. Jean Duvignaud, Paris 1969.
Émile Durkheim, *La science sociale et l'action*, hg. v. Jean-Claude Filloux, Paris 1970.
Émile Durkheim, *Le Socialisme*, mit einer Einführung v. Marcel Mauss u. einem Vorwort v. Pierre Birnbaum, Paris 1971.
Émile Durkheim, *Erziehung und Soziologie*, Düsseldorf 1972.

Émile Durkheim, *Der Selbstmord*, Neuwied, Berlin 1973 [1897].
Émile Durkheim, »La famille conjugale«, in: Ders., *Textes*, Bd. 3, Paris 1975, S. 35-49.
Émile Durkheim, *Die Regeln der soziologischen Methode*, Neuwied, Berlin 1976 [1895].
Émile Durkheim, *De la division du travail social*, Paris 1978.
Émile Durkheim, *Frühe Schriften zur Begründung der Sozialwissenschaft*, hg. u. eingeleitet v. Lore Heisterberg, Darmstadt-Neuwied 1981.
Émile Durkheim, *Die elementaren Formen des religiösen Lebens*, Frankfurt/M. 1984.
Émile Durkheim, *Erziehung, Moral und Gesellschaft*, Frankfurt/M. 1984.
Émile Durkheim, *Über soziale Arbeitsteilung. Studie über die Organisation höherer Gesellschaften*, mit einer Einleitung v. Niklas Luhmann u. einem Nachwort v. Hans-Peter Müller u. Michael Schmid, 2. Aufl., Frankfurt/M. 1988 [1893/1902].
Émile Durkheim, *Physik der Sitten und des Rechts. Vorlesungen zur Soziologie der Moral*, hg. u. mit einem Nachwort v. Hans-Peter Müller, Frankfurt/M. 1991.
Émile Durkheim, *Über Deutschland. Texte aus den Jahren 1887 bis 1915*, hg. v. Franz Schultheis u. Andreas Gipper, Konstanz 1995.
Émile Durkheim, *Lettres à Marcel Mauss*, präsentiert von Philippe Besnard und Marcel Fournier, Paris 1998.

Terry Eagleton, *The Illusions of Postmodernism*, Oxford 1996.
Terry Eagleton, *Why Marx was Right*, New Haven 2011.
Rolf Eickelpasch u. Arnim Nassehi (Hg.), *Utopie und Moderne*, Frankfurt/M. 1996.
Shmuel N. Eisenstadt, *Die Vielfalt der Moderne*, Weilerswist 2000.
Shmuel N. Eisenstadt (Hg.), *Multiple Modernities*, New Brunswick 2002
Norbert Elias, *Studien über die Deutschen. Machtkämpfe und Habitusentwicklung im 19. und 20. Jahrhundert*, Frankfurt/M. 1989.
Jon Elster, *Making Sense of Marx*, Cambridge 1985.
Jon Elster, *Alexis de Tocqueville. The First Social Scientist*, Cambridge 2009.
Ralph Waldo Emerson, »Self-Reliance«, in: Ders., *The Portable Emerson*, New York 2014 [1841].
Friedrich Engels, »Brief Engels an Paul Lafargue, 27. August 1890«, in: MEW 37, Berlin 1967 [1890], S. 450-451.
Hans Magnus Enzensberger (Hg.), *Gespräche mit Marx und Engels*, 2 Bde., Frankfurt/M. 1973.
Thomas Ertman, *Birth of Leviathan. Building States and Regimes in Medieval and Early Modern Europe*, Cambridge 1997.
Theodor Eschenburg, »Tocquevilles Wirkung in Deutschland«, in: Alexis

de Tocqueville, *Über die Demokratie in Amerika*, Bd. 2, Zürich 1987, S. 489-562.
Hartmut Esser, *Soziologie. Allgemeine Grundlagen*, Frankfurt/M., New York 1993.
Walter Euchner, *Karl Marx*, München 1983.

Sina Farzin u. Henning Laux (Hg.), *Gründungsszenen soziologischer Theorie*, Wiesbaden 2014.
Steve Fenton, *Durkheim and modern sociology*, Cambridge 1984.
Jean-Claude Filloux, *Durkheim et le socialisme*, Genève 1977.
Gregor Fitzi, *Soziale Erfahrung und Lebensphilosophie. Georg Simmels Beziehung zu Henri Bergson*, Konstanz 2002.
Gregor Fitzi, Hans Joas u. Nicola Marcucci, »Interview«, in: *Journal of Classical Sociology* 17/4 (2017), S. 382-398 (Sonderheft »Durkheim in Germany. The Performance of a Classic«, hg. von Gregor Fitzi u. Nicola Marcucci).
Gregor Fitzi, Nicola Marcucci u. Hans-Peter Müller, »Interview«, in: *Journal of Classical Sociology* 17/4 (2017), S. 399-422 (Sonderheft »Durkheim in Germany. The Performance of a Classic«, hg. von Gregor Fitzi u. Nicola Marcucci).
Gregor Fitzi u. Denis Thouard (Hg.), *Réciprocités sociales. Lectures de Simmel*, Sonderausgabe v. *Sociologie et Sociétés* 44/2 (2012).
Paschen von Flotow, *Geld, Wirtschaft und Gesellschaft. Georg Simmels* Philosophie des Geldes, Frankfurt/M. 1995.
Marcel Fournier, *Émile Durkheim. 1858-1917*, Paris 2007.
James G. Frazer, *The Golden Bough. The Roots of Religion and Folklore,* New York 1981 [1890], dt. *Der goldene Zweig. Das Geheimnis von Glauben und Sitten der Völker,* Reinbek 1989.
Richard Friedenthal, *Karl Marx. Sein Leben und seine Zeit*, München 1990.
David Frisby, *Georg Simmel*, London, New York 1984.
David Frisby, »Georg Simmels Theorie der Moderne«, in: Dahme, Rammstedt (Hg.), *Georg Simmel und die Moderne*, Frankfurt/M. 1984, S. 9-79.
David Frisby, *Fragmente der Moderne. Georg Simmel, Siegfried Kracauer, Walter Benjamin*, Rheda, Wiedenbrück 1989.
David Frisby (Hg.), *Georg Simmel: Critical Assessments*, 5 Bde., London 1994.
David Frisby, *Simmel and Since. Essays on Georg Simmel's Social Theory*, London 2011.
Gerhard Fröhlich u. Boike Rehbein (Hg.), *Bourdieu-Handbuch. Leben–Werk–Wirkung*, Stuttgart, Weimar 2009.
Hans Norbert Fügen, *Max Weber. Mit Selbstzeugnissen und Dokumenten*, Reinbek 1985.

Francis Fukuyama, *Das Ende der Geschichte. Wo stehen wir?*, München 1992.
François Furet, *1789 – Vom Ereignis zum Gegenstand der Geschichtswissenschaft*, übersetzt v. Tamara Schoenbaum-Holtermann, Frankfurt/M. u. a. 1980.
François Furet, *Das Ende der Illusion. Der Kommunismus im 20. Jahrhundert*, Müchen, Zürich 1996.
François Furet, *La Révolution 1770-1880*, Paris 1988.

Manfred Gabriel (Hg.), *Paradigmen der akteurszentrierten Soziologie*, Wiesbaden 2004.
Hans-Georg Gadamer, *Wahrheit und Methode. Grundzüge einer philosophischen Hermeneutik*, Tübingen 1960.
John Kenneth Galbraith, *Gesellschaft im Überfluss*, München 1959.
Kurt Gassen u. Michael Landmann (Hg.), *Buch des Dankes an Georg Simmel. Briefe, Erinnerungen, Bibliographie*, Berlin 1958.
Clifford Geertz, *The Interpretation of Cultures. Selected Essays*, New York 1973.
Theodor Geiger, *Die Klassengesellschaft im Schmelztiegel*, Köln, Hagen 1949.
Heinrich Geiselberger (Hg.), *Die große Regression. Eine internationale Debatte über die geistige Situation der Zeit*, Berlin 2017.
Anthony Giddens, *Studies in Social and Political Theory*, London 1977.
Anthony Giddens, *Die Klassenstruktur fortgeschrittener Gesellschaften*, Frankfurt/M. 1979.
Anthony Giddens, *Die Konstitution der Gesellschaft. Grundzüge einer Theorie der Strukturierung*, mit einer Einführung v. Hans Joas, Frankfurt/M., New York 1984.
Anthony Giddens, *The Consequences of Modernity*, Stanford 1990.
Bernhard Giesen, *Zwischenlagen. Das Außerordentliche als Grund der sozialen Wirklichkeit*, Weilerswist 2011.
Christian Gneuss u. Jürgen Kocka (Hg.), *Max Weber. Ein Symposium*, München 1988.
Johann Wolfgang Goethe, »Wilhelm Meisters Lehrjahre«, in: Hans-Jürgen Schings (Hg.), *Sämtliche Werke*, Bd. 5, München 2006 [(1795/96)].
Elizabeth S. Goodstein, *Georg Simmel and the Disciplinary Imaginary*, Stanford 2017.
Peter Gosh, *Max Weber and the Protestant Ethic. Twin Histories*, Oxford 2014.
Mark Granovetter, »The Strength of Weak Ties«, in: *American Journal of Sociology* 78 (1973), S. 1360-1380.
Rainer Greshoff et al. (Hg.), *Die Transintentionalität des Sozialen. Eine vergleichende Betrachtung klassischer und moderner Sozialtheorien*, Wiesbaden 2003.
Rainer Greshoff et al. (Hg.), *Verstehen und Erklären*, München 2008.

Rainer Greshoff u. Uwe Schimank (Hg.), *Integrative Sozialtheorie? Esser – Luhmann – Weber*, Wiesbaden 2006.
Peter Gross, *Die Multioptionsgesellschaft*, Frankfurt/M. 1994.
Hans Ulrich Gumbrecht, »Modern, Modernität, Moderne«, in: Otto Brunner et al. (Hg.), *Geschichtliche Grundbegriffe*, Bd. 4, Stuttgart 1978, S. 93-131.

Jürgen Habermas, *Zur Logik der Sozialwissenschaften*, Frankfurt/M. 1970.
Jürgen Habermas, *Legitimationsprobleme im Spätkapitalismus*, Frankfurt/M. 1973.
Jürgen Habermas, *Zur Rekonstruktion des Historischen Materialismus*, Frankfurt/M. 1976.
Jürgen Habermas, *Stichworte zur ›Geistigen Situation der Zeit‹*, 2 Bde., Frankfurt/M. 1979.
Jürgen Habermas, *Theorie des kommunikativen Handelns*, 2 Bde., Frankfurt/M. 1981.
Jürgen Habermas, »Die Moderne – ein unvollendetes Projekt«, in: Ders., *Kleine politische Schriften I-IV*, Frankfurt/M. 1981, S. 444-464.
Jürgen Habermas, »Simmel als Zeitdiagnostiker«, in: Georg Simmel, *Philosophische Kultur*, Berlin 1983 [1911], S. 243-253.
Jürgen Habermas, *Vorstudien und Ergänzungen zur Theorie des kommunikativen Handelns*, Frankfurt/M. 1984.
Jürgen Habermas, *Der philosophische Diskurs der Moderne*, Frankfurt/M. 1985.
Hans Haferkamp, (Hg.), *Sozialstruktur und Kultur*, Frankfurt/M. 1990.
Peter Hall u. David W. Soskice, *Varieties of Capitalism: The Institutional Foundations of Comparative Advantage*, Oxford 2001.
Claudius Härpfer, *Georg Simmel und die Entstehung der Soziologie in Deutschland. Eine netzwerksoziologische Studie*, Wiesbaden 2014.
David Harvey, *The Condition of Postmodernity*, Oxford 1990.
Gerhard Hauck, *Die Gesellschaftstheorie und ihr Anderes: Wider den Eurozentrismus der Sozialwissenschaften*, Münster 2003.
Wolfgang Fritz Haug, *Vorlesungen zur Einführung ins »Kapital«*, Köln 1974.
Wolfgang Fritz Haug (Hg.), *Historisch-kritisches Wörterbuch des Marxismus*, 15 Bde., Hamburg 1994ff.
Roger Häußling, *Nietzsche und die Soziologie*, Würzburg 2001.
Georg Wilhelm Friedrich Hegel, *Grundlinien der Philosophie des Rechts*, Frankfurt/M. 1972 [1820].
Michael Heinrich, *Die Wissenschaft vom Wert. Die Marxsche Kritik der politischen Ökonomie zwischen wissenschaftlicher Revolution und klassischer Tradition*, Münster 2001.
Michael Heinrich, *Kritik der Politischen Ökonomie – eine Einführung*, Stuttgart 2004.

Volker Heins, *Max Weber zur Einführung*, Hamburg 1990.
Christoph Henning, *Philosophie nach Marx. 100 Jahre Marxrezeption und die normative Sozialphilosophie der Gegenwart in der Kritik*, Bielefeld 2005.
Christoph Henning, *Theorien der Entfremdung zur Einführung*, Hamburg 2015.
Wilhelm Hennis, *Max Webers Fragestellung. Studien zur Biographie des Werks*, Tübingen 1987.
Dieter Henrich, »Denken im Blick auf Max Weber«, in: *Max Weber. Gesammelte Schriften*, hg. v. Karl Jaspers, München, Zürich 1988, S. 7-31.
Siegfried Hermes, »Vom Aufbau der sozialen Welt. Zur Genese, Genealogie und Kategorienlehre in Max Webers Soziologie des Rechts«, in: *Rechtstheorie* 38 (2007), S. 419-449.
Paul Bernhard Hill u. Johannes Kopp, *Familiensoziologie: Grundlagen und theoretische Perspektiven*, Wiesbaden 2013.
Fred Hirsch, *Social Limits to Growth*, Cambridge/MA 1976.
Albert O. Hirschman, *Leidenschaften und Interessen*, Frankfurt/M. 1980.
Eric Hobsbawm, *Das Zeitalter der Extreme. Weltgeschichte des 20. Jahrhunderts*, München 1999.
Axel Honneth, *Die Idee des Sozialismus. Versuch einer Aktualisierung*, Berlin 2015.
Axel Honneth et al. (Hg.), *Zwischenbetrachtungen. Im Prozeß der Aufklärung. Jürgen Habermas zum 60. Geburtstag*, Frankfurt/M. 1989.
Johanna Hoerning u. Gunter Weidenhaus, »Simmel als Ahnherr der Stadtsoziologie und der Urban Studies«, in: Müller, Reitz, *Simmel-Handbuch*, S. 800-814.
Max Horkheimer u. Theodor W. Adorno, *Dialektik der Aufklärung*, Frankfurt/M. 1969.
John Horton, »The Dehumanization of Anomie and Alienation: A Problem in the Ideology of Sociology«, in: *British Journal of Sociology* 15 (1964), S. 283-300.
Matthias Horx, *Die wilden Achtziger – Eine Zeitgeistreise durch die Bundesrepublik*, München 1994.
Stefan Hradil, »Postmoderne Sozialstruktur? Zur empirischen Relevanz einer ›modernen‹ Theorie sozialen Wandels«, in: Stefan Hradil u. Peter A. Berger (Hg.), *Lebenslagen, Lebensläufe, Lebensstile*, Göttingen 1990, S. 125-152.
Samuel Huntington, *Kampf der Kulturen. Die Neugestaltung der Weltpolitik im 21. Jahrhundert*, München 2002.

Marco Iorio, *Einführung in die Theorien von Karl Marx*, Berlin 2012.
Joachim Israel, *Der Begriff Entfremdung*, Hamburg 1972.

Rahel Jaeggi, *Entfremdung. Zur Aktualität eines sozialphilosophischen Problems*, Frankfurt/M. 2005.
Rahel Jaeggi u. Tilo Wesche (Hg.), *Was ist Kritik?*, Frankfurt/M. 2009.
Rahel Jaeggi u. Daniel Loick (Hg.), *Nach Marx. Philosophie, Kritik, Praxis*, Berlin 2013.
Oliver Jahraus et al. (Hg.), *Luhmann-Handbuch. Leben–Werk–Wirkung*, Stuttgart 2012.
André Jardin, *Alexis de Tocqueville. Leben und Werk*, Darmstadt 1991.
Karl Jaspers (Hg.), *Max Weber. Gesammelte Schriften*, München, Zürich 1988.
Karl Jaspers, *Die geistige Situation unserer Zeit*, Berlin, Boston 1998.
Hans Joas, *Die Entstehung der Werte*, Frankfurt/M. 1999.
Hans Joas, *Die Sakralität der Person. Eine neue Genealogie der Menschenrechte*, Frankfurt/M. 2011.
Gareth Stedman Jones, *Karl Marx. Die Biographie*, Frankfurt/M. 2018.
Matthias Junge, *Georg Simmel kompakt*, Bielefeld 2009.

Michael Kaern, Bernhard S. Phillips u. Robert S. Cohen (Hg.), *Georg Simmel and Contemporary Sociology*, Dordrecht 1990.
Dirk Kaesler, *Max Weber. Eine Einführung in Leben, Werk und Wirkung*, Frankfurt/M., New York 1995.
Dirk Kaesler, *Max Weber*, München 2011.
Dirk Kaesler (Hg.), *Klassiker der Soziologie*, 2 Bde., München 2012.
Dirk Kaesler, *Max Weber. Preuße, Denker, Muttersohn*, München 2014.
Alan S. Kahan, *Aristocratic Liberalism. The Social and Political Thought of Jacob Burckhardt, John Stuart Mill and Alexis de Tocqueville*, New Brunswick 2001.
Steven Kalberg, *Max Weber's Comparative Historical Sociology*, Cambridge 1994.
Georg Kamphausen, *Die Erfindung Amerikas in der Kulturkritik der Generation von 1890*, Weilerswist 2002.
Immanuel Kant, *Kritik der reinen Vernunft*, Darmstadt 1983 [1781].
Immanuel Kant, »Beantwortung der Frage: Was ist Aufklärung?«, in: *Schriften zur Anthropologie, Geschichtsphilosophie, Politik und Pädagogik*, Bd. VI der Werke in sechs Bänden, Darmstadt 1983 [1784], S. 51-61.
Immanuel Kant, »Grundlegung zur Metaphysik der Sitten«, in: *Schriften zur Ethik und Religionsphilosophie*, Bd. IV der Werke in sechs Bänden, Darmstadt 1983 [1785], S. 7-102.
Bruno Karsenti, *La société en personnes. Études durkheimiennes*, Paris 2006.
Jürgen Kaube, *Max Weber. Ein Leben zwischen den Epochen*, Reinbek 2014.
Daniel Kehlmann, *Die Vermessung der Welt*, Reinbek bei Hamburg 2005.

Lucian Kern u. Hans-Peter Müller (Hg.), *Gerechtigkeit, Diskurs oder Macht? Die neuen Ansätze in der Vertragstheorie*, Opladen 1986.

Otto F. Kernberg u. Hans-Peter Hartmann, *Narzissmus. Grundlagen – Störungsbilder – Therapie*, Stuttgart 2006.

Jeff Kintzelé u. Peter Schneider (Hg.) *Georg Simmels Philosophie des Geldes*, Frankfurt/M. 1983.

Cornelia Klinger, »Modern/Moderne/Modernismus«, in: Karlheinz Barck (Hg.), *Ästhetische Grundbegriffe. Historisches Wörterbuch in 7 Bänden*, Bd. 4, Stuttgart 2002, S. 121-60.

Peter Knapp, »The Question of Hegelian Influence upon Durkheim's Sociology«, in: *Sociological Inquiry* 55 (1985), S. 1-15.

Georg Kneer et al. (Hg.), *Soziologische Gesellschaftsbegriffe 2. Klassische Zeitdiagnosen*, München 2001.

Wolfgang Knöbl, *Spielräume der Modernisierung: das Ende der Eindeutigkeit*, Weilerswist 2001.

Wolfgang Knöbl, *Die Kontingenz der Moderne. Wege in Europa, Asien und Amerika*, Frankfurt/M., New York 2007.

Jürgen Kocka, »Karl Marx und Max Weber. Ein methodologischer Vergleich«, in: *Zeitschrift für die gesamte Staatswissenschaft* 166/2 (1966), S. 328-357.

Matthias Koenig, *Menschenrechte bei Durkheim und Weber*, Frankfurt/M. 2002.

Klaus Christian Köhnke, *Der junge Simmel in Theoriebeziehungen und sozialen Bewegungen*, Frankfurt/M. 1996.

Heinz Kohut, *Narzismuss. Eine Theorie der psychoanalytischen Behandlung narzisstischer Persönlichkeitsstörungen*, Frankfurt/M. 1976.

Ralf Konersmann (Hg.), *Handbuch Kulturphilosophie*, Darmstadt 2012.

René König, *Kritik der historisch-existentialistischen Soziologie*, München 1975.

René König, *Émile Durkheim zur Diskussion. Jenseits von Dogmatismus und Skepsis*, München 1978.

Manfred Kopp u. Hans-Peter Müller, *Herrschaft und Legitimität in modernen Industriegesellschaften*, München 1980.

William Kornhauser, *The Politics of Mass Society*, New York 1959.

Karl Korsch, *Marxismus und Philosophie*, Frankfurt/M. 1966 [1923].

Reinhart Koselleck, *Begriffsgeschichten*, Frankfurt/M. 2006.

Reinhart Koselleck, *Kritik und Krise. Eine Studie zur Pathogenese der bürgerlichen Welt*, Frankfurt/M. 1973.

Reinhart Koselleck, *Vergangene Zukunft. Zur Semantik geschichtlicher Zeiten*, Frankfurt/M. 1979.

Reinhart Koselleck: »Krise«, in: Otto Brunner, Werner Conze, Reinhart Koselleck (Hg.), *Geschichtliche Grundbegriffe. Historisches Lexikon zur*

politisch-sozialen Sprache in Deutschland, 8 Bde., Stuttgart 1972 ff., hier Bd. 3, 1982, S. 617-650.
Klaus Kraemer u. Florian Brugger (Hg.), *Schlüsselwerke der Wirtschaftssoziologie*, Wiesbaden 2017.
Skadi Siiri Krause, *Eine neue Politische Wissenschaft für eine neue Welt. Alexis de Tocqueville im Spiegel seiner Zeit*, Berlin 2017.
Reinhard Kreckel, *Politische Soziologie der sozialen Ungleichheit*, Frankfurt/M. 2004.
Volker Kruse, *Historisch-soziologische Zeitdiagnosen in Westdeutschland nach 1945*, Frankfurt/M. 1994.
Volker Kruse, Uwe Barrelmeyer, *Max Weber. Eine Einführung*, Konstanz 2012.

Bernard Lacroix, *Durkheim et le politique*, Paris 1981.
Jean-Claude Lamberti, *Tocqueville and the Two Democracies*, Cambridge/MA 1989.
David S. Landes, *Der entfesselte Prometheus. Technologischer Wandel und industrielle Entwicklung in Westeuropa*, Köln 1986.
Michael Landmann, »Georg Simmel: Konturen seines Denkens«, in: Hannes Böhringer, Karlfried Gründer (Hg.), *Ästhetik und Soziologie um die Jahrhundertwende: Georg Simmel*, Frankfurt/M. 1976, S. 3-11.
Michael Landmann »Einleitung des Herausgebers«, in: Georg Simmel, *Das individuelle Gesetz*, Frankfurt/M. 1987, S. 7-29.
Christopher Lasch, *Das Zeitalter des Narzissmus*, Hamburg 1995.
Gustave Le Bon, *Psychologie der Massen*, Stuttgart 1968 [1895].
W. I. Lenin, *Der Imperialismus als höchste Stufe des Kapitalismus. Gemeinverständlicher Abriß*, Berlin 1962 [1917].
Wolf Lepenies (Hg.), *Geschichte der Soziologie*, 4 Bde., Frankfurt/M. 1981.
Wolf Lepenies, *Die drei Kulturen. Soziologie zwischen Literatur und Wissenschaft*, München 1985.
Mario Rainer Lepsius, *Interessen, Ideen und Institutionen*, Opladen 1990.
Mario Rainer Lepsius, »Soziale Ungleichheit und Klassenstrukturen in der Bundesrepublik Deutschland«, in: Ders., *Interessen, Ideen und Institutionen*, Opladen 1990, S. 117-152.
Stephan Lessenich, *Neben uns die Sintflut. Die Externalisierungsgesellschaft und ihr Preis*, München 2017.
Klaus Lichtblau, »Die Seele und das Geld. Kulturtheoretische Implikationen zu Georg Simmels ›Philosophie des Geldes‹«, in: Friedhelm Neidhardt, M. Rainer Lepsius, Johannes Weiß (Hg.), *Kultur und Gesellschaft*, Sonderheft 27 der *Kölner Zeitschrift für Soziologie und Sozialpsychologie*, Opladen 1986, S. 57-74.
Klaus Lichtblau, *Kulturkrise und Soziologie um die Jahrhundertwende*, Frankfurt/M. 1996.

Klaus Lichtblau, *Georg Simmel*, Frankfurt/M. 1997.

Klaus Lichtblau, *Max Webers ›Grundbegriffe‹. Kategorien der kultur- und sozialwissenschaftlichen Forschung*, Wiesbaden 2006.

Klaus Lichtblau, *Zur Aktualität Max Webers. Einführung in sein Werk*, Wiesbaden 2020.

Hans Joachim Lieber, *Kulturkritik und Lebensphilosophie. Studien zur deutschen Philosophie der Jahrhundertwende*, Darmstadt 1974.

Rolf Lindner, *Die Entdeckung der Stadtkultur. Soziologie aus der Erfahrung der Reportage*, Frankfurt/M. 1990.

Rolf Lindner, »Georg Simmel, die Großstadt und das Geistesleben«, in: Harald Mieg et al. (Hg.), *Georg Simmel und die aktuelle Stadtforschung*, Wiesbaden 2011, S. 29-37.

Seymour Martin Lipset, *The First New Nation. The United States in Historical and Comparative Perspective*, New York 1981 [1963].

Seymour Martin Lipset, *American Exceptionalism. A Double-Edged Sword*, New York 1997.

David Lockwood, »The weakest link in the chain? Some comments on the Marxist Theory of Action«, in: David Rose (Hg.), *Social Stratification and Economic Change*, London 1988, dt.: »Das schwächste Glied in der Kette?«, in: *PROKLA. Zeitschrift für Kritische Sozialwissenschaft* 15(58).

Georg Lohmann, »Die zögernde Begrüßung der Moderne. Zu Georg Simmels Diagnose moderner Lebensstile«, in: Burkhart Lutz (Hg.), *Soziologie und gesellschaftliche Entwicklung. Verhandlungen des 22. Deutschen Soziologentages in Dortmund 1984*, Frankfurt/M. 1985, S. 543-548.

Georg Lohmann, *Indifferenz und Gesellschaft. Eine kritische Auseinandersetzung mit Marx*, Frankfurt/M. 1991.

Karl Löwith, *Von Hegel zu Nietzsche*, Zürich, New York 1941.

Karl Löwith, *Weltgeschichte und Heilsgeschehen. Die theologischen Voraussetzungen der Geschichtsphilosophie*, Stuttgart 1953.

Karl Löwith, »Max Weber und Karl Marx«, in: Ders., *Sämtliche Schriften*, Bd. 5, Stuttgart 1988, S. 324-407.

Niklas Luhmann, »Arbeitsteilung und Moral. Durkheims Theorie«, in: Émile Durkheim, *Über soziale Arbeitsteilung. Studie über die Organisation höherer Gesellschaften*, Frankfurt/M. 1977, S. 19-38.

Niklas Luhmann, *Gesellschaftsstruktur und Semantik*, Bd. 1, Frankfurt/M. 1980.

Niklas Luhmann, *Soziale Systeme*, Frankfurt/M. 1984.

Niklas Luhmann, *Beobachtungen der Moderne*, Wiesbaden 1992.

Niklas Luhmann, *Die Gesellschaft der Gesellschaft*, 2 Bde., Frankfurt/M. 1997.

Georg Lukács, *Geschichte und Klassenbewusstsein. Studien über marxistische Dialektik*, Berlin 1923.

Georg Lukács, *Die Zerstörung der Vernunft*, Darmstadt, Neuwied 1954.
Steven Lukes, »Alienation and Anomie«, in: Peter Laslett u. Walter G. Runciman (Hg.), *Philosophy, Politics and Society* 3, Oxford 1967, S. 134-156.
Steven Lukes, *Émile Durkheim. His Life and Work. A Historical and Critical Study*, Stanford 1973.
Rosa Luxemburg, *Die Akkumulation des Kapitals. Ein Beitrag zur ökonomischen Erklärung des Imperialismus*, Berlin 1913.
François Lyotard, *La condition postmoderne*, Paris 1979.
François Lyotard, *Das postmoderne Wissen*, Wien 2009.

Hans-Joachim Maaz, *Die narzisstische Gesellschaft. Ein Psychogramm*, München 2016.
Michael Makropoulos, *Modernität und Kontingenz*, München 1997.
Pierre Manent, *Tocqueville and the Nature of Democracy*, Lanham/MD 1996.
Heinrich Mann, *Der Untertan*, Frankfurt/M. 2008 [1918].
Karl Mannheim, *Diagnose unserer Zeit. Gedanken eines Soziologen*, Frankfurt/M. 1951.
Ludwig Marcuse, »Georg Simmels Gegenwart«, in: Ders., *Essays – Porträts – Polemiken*, Zürich 1979, S. 203-208.
Herbert Marcuse, *Der eindimensionale Mensch. Studien zur Ideologie der fortgeschrittenen Industriegesellschaft*, Neuwied, Berlin 1967.
Charles E. Marske, »Durkheim's ›Cult of the Individual‹ and the Moral Reconstitution of Society«, in: *Sociological Theory* 5 (1987), S. 1-14.
Karl Marx u. Friedrich Engels, *Manifest der kommunistischen Partei*, in: MEW 4, Berlin 1959 [1848], S. 459-493.
Karl Marx, *Der achtzehnte Brumaire des Louis Bonaparte*, in: MEW 8, Berlin 1960 [1852], S. 111-207.
Karl Marx, *Ökonomisch-philosophische Manuskripte aus dem Jahre 1844*, in: MEW 40, Berlin 1968 [1844].
Karl Marx u. Friedrich Engels, *Die deutsche Ideologie*, in: MEW 3, Berlin 1969 [1845/46], S. 17-77.
Karl Marx, *Zur Kritik der Politischen Ökonomie*, in: MEW 13, Berlin 1971 [1859].
Karl Marx, *Das Kapital*, Bd. 1, in: MEW 23, Berlin 1973 [1867].
Karl Marx, *Grundrisse der Kritik der Politischen Ökonomie. (Rohentwurf 1857-1858)*, Berlin 1974 [1857/58].
Karl Marx, *Thesen über Feuerbach*, in: MEW 3, Berlin 1978 [1845].
Karl Marx, *Zur Kritik der Hegelschen Rechtsphilosophie. Einleitung*, in: MEW 1, Berlin 1978 [1844].
Karl Marx, *Das Kapital*, Bd. 3, in: MEW 25, Berlin 1983 [1894].
Karl Marx, *Die Frühschriften*, hg. v. Siegfried Landshut, Stuttgart 2004.

Joachim Matthes (Hrsg.), *Krise der Arbeitsgesellschaft? Verhandlungen des 21. Deutschen Soziologentages in Bamberg 1982*, Frankfurt/M. 1983.

Steffen Mau, *Das metrische Wir. Über die Quantifizierung des Sozialen*, Berlin 2017.

Michael Mauke, *Die Klassentheorie von Marx und Engels*, Frankfurt/M. 1970.

Andrea Maurer (Hg.), *Wirtschaftssoziologie nach Max Weber*, Wiesbaden 2010.

Jacob P. Mayer, *Alexis de Tocqueville. Prophet des Massenzeitalters*, 2. Aufl., Stuttgart 1955.

David McLellan, *Karl Marx. His life and thought*, New York 1974.

Heinrich Meier (Hg.), *Zur Diagnose der Moderne*, München 1990.

Thomas Mergel, *Krisen verstehen. Historische und kulturwissenschaftliche Annäherungen*, Frankfurt/M., New York 2012.

Ingo Meyer, *Georg Simmels Ästhetik. Autonomiepostulat und soziologische Referenz*, Weilerswist 2017.

John W. Meyer, *Weltkultur. Wie die westlichen Prinzipien die Welt durchdringen,* Frankfurt/M. 2005.

Branco Milanović, *Die ungleiche Welt. Migration, das eine Prozent und die Zukunft der Mittelschicht*, Berlin 2016.

Branco Milanović, *Capitalism, Alone. The Future of the System that Rules the World*, Cambridge/MA 2019.

Max Miller u. Hans-Georg Soeffner (Hg.), *Modernität und Barbarei. Soziologische Zeitdiagnose am Ende des 20. Jahrhunderts*, Frankfurt/M. 1996.

Marion Mitchell, »Emile Durkheim and the Philosophy of Nationalism«, in: *Political Science Quarterly* 46 (1931), S. 87-106.

Wolfgang Mommsen, *Max Weber und die deutsche Politik 1890-1920*, 2. Aufl., Tübingen 1974.

Montesquieu, *De l'esprit des lois,* Genf 1748.

Montesquieu, *Größe und Niedergang Roms,* hrsg. und eingeleitet von Lothar Schuckert, Frankfurt/M. 1980 [1734].

Montesquieu, *Vom Geist der Gesetze*, 2 Bde., übersetzt u. hg. v. Ernst Forsthoff, Tübingen 1992.

Christina Morina, *Die Erfindung des Marxismus. Wie eine Idee die Welt eroberte*, München 2017.

Hans-Peter Müller, *Wertkrise und Gesellschaftsreform. Émile Durkheims Schriften zur Politik*, Stuttgart 1983.

Hans-Peter Müller, »Gesellschaft, Moral und Individualismus«, in: Hans Bertram (Hg.), *Gesellschaftlicher Zwang und moralische Autonomie*, Frankfurt/M. 1986, S. 71-105.

Hans-Peter Müller, »Die Moralökologie moderner Gesellschaften«, Nachwort zu: Émile Durkheim, *Die Physik der Sitten und des Rechts*, Frankfurt/M. 1991, S. 307-341.

Hans-Peter Müller, *Sozialstruktur und Lebensstile. Der neuere theoretische Diskurs über soziale Ungleichheit*, Frankfurt/M. 1992.

Hans-Peter Müller, »Sinn deuten. Über soziologische Zeitdiagnostik«, in: *Merkur* 51/4 (1997), S. 352-357.

Hans-Peter Müller, »Editorial«, in: *Berliner Journal für Soziologie* 8/3 (1998), S. 301-304 (Schwerpunktthema des Heftes: »Fin de siècle und seine Zeitdiagnosen – 150 Jahre »Kommunistisches Manifest«).

Hans-Peter Müller, »Das stille Ende der Postmoderne. Ein Nachruf«, in: MERKUR, *Postmoderne. Eine Bilanz*, Jg. 55, H. 9/10 (1998), S. 975-980.

Hans-Peter Müller, »Europäischer Kapitalismus?«, in: Robert Hettlage u. Hans-Peter Müller (Hg.), *Die europäische Gesellschaft*, Konstanz 2006, S. 249-269.

Hans-Peter Müller, *Max Weber. Eine Einführung in sein Werk*, Köln, Weimar, Wien 2007.

Hans-Peter Müller, »Goethe: The Ambivalence of Modernity and the Faustian Ethos of Personality«, in: Christofer Edling u. Jens Rydgren (Hg.), *Sociological Insights of Great Thinkers*, Santa Barbara u. a. 2010, S. 169-176.

Hans-Peter Müller, »Soziale Differenzierung und Individualität. Georg Simmels Gesellschafts- und Zeitdiagnose«, in: Harald Mieg, Astrid O. Sundsboe, Majken Bieniok (Hg.), *Georg Simmel und die aktuelle Stadtforschung*, Wiesbaden 2011, S. 165-184.

Hans-Peter Müller, »Émile Durkheim (1858-1917)«, in: Dirk Kaesler (Hg.), *Klassiker der Soziologie*, München 2012, S. 165-186.

Hans-Peter Müller, *Pierre Bourdieu. Eine systematische Einführung*, Berlin 2014.

Hans-Peter Müller, »Wie ist Individualität möglich? Strukturelle und kulturelle Bedingungen eines modernen Kulturideals«, in: *Zeitschrift für theoretische Soziologie* 1 (2015), S. 89-111.

Hans-Peter Müller, »Max Webers Sozialökonomik«, in: Klaus Kraemer u. Florian Brugger (Hg.), *Schlüsselwerke der Wirtschaftssoziologie*, Wiesbaden 2017, S. 89-134.

Hans-Peter Müller, *Krise und Kritik. Klassische soziologische Zeitdiagnosen*, Lehrbrief Fernuniversität Hagen 2017.

Hans-Peter Müller, *Das soziologische Genie und sein solides Handwerk. Studien zu Émile Durkheims Forschungsprogramm*, Wiesbaden 2018.

Hans-Peter Müller, »Einführung«, in: Hans-Peter Müller u. Tilman Reitz (Hg.), *Simmel-Handbuch. Begriffe, Hauptwerke, Aktualität*, Berlin 2018, S. 11-90.

Hans-Peter Müller, »Eine neue Soziologie für eine neue große Transformation«, in: Klaus Dörre, Hartmut Rosa et al. (Hg.), *Große Transformation? Zur Zukunft moderner Gesellschaften*, Sonderband des *Berliner Journal für Soziologie*, Wiesbaden 2019, S. 549-566.

Hans-Peter Müller, *Max Weber. Eine Spurensuche*, Berlin 2020.

Hans-Peter Müller u. Michael Schmid, »Arbeitsteilung, Solidarität und Moral«. Nachwort zur zweiten Aufl., in: Émile Durkheim, *Über soziale Arbeitsteilung*, Frankfurt/M. 1988, S. 481-532.

Hans-Peter Müller u. Michael Schmid (Hg.), *Sozialer Wandel. Modellbildung und theoretische Ansätze*, Frankfurt/M. 1994.

Hans-Peter Müller u. Michael Schmid, »Paradigm Lost? Von der Theorie sozialen Wandels zur Theorie dynamischer Systeme«, in: Dies. (Hg.), *Sozialer Wandel. Modellbildung und theoretische Ansätze*, Frankfurt/M. 1995, S. 9-55.

Hans-Peter Müller u. Michael Schmid (Hg.), *Norm, Herrschaft und Vertrauen. Beiträge zu James S. Colemans Grundlagen der Sozialtheorie*, Wiesbaden 1998.

Hans-Peter Müller u. Steffen Sigmund (Hg.), *Max Weber-Handbuch. Leben – Werk – Wirkung*, Stuttgart, Weimar 2014.

Hans-Peter Müller u. Tilman Reitz (Hg.), *Simmel-Handbuch. Begriffe, Hauptwerke, Aktualität*, Berlin 2018.

Richard Münch, *Die Struktur der Moderne. Grundmuster und differentielle Gestaltung des institutionellen Aufbaus der modernen Gesellschaften*, Frankfurt/M. 1984.

Oliver Nachtwey, *Die Abstiegsgesellschaft. Über das Aufbegehren in der regressiven Moderne*, Berlin 2016.

Jürgen Neffe, *Marx. Der Unvollendete*, München 2018.

Benjamin Nelson, *Der Ursprung der Moderne*, Frankfurt/M. 1984.

Hartmut Neuendorff, *Der Begriff des Interesses. Eine Studie zu den Gesellschaftstheorien von Hobbes, Smith und Marx*, Frankfurt/M. 1973.

Robert Nisbet, *Émile Durkheim*, Englewood Cliffs 1965.

Robert Nisbet, *The Sociological Tradition*, London 1970.

Robert Nisbet, »Many Tocquevilles«, in: *American Scholar* 46/1 (1977), S. 59-75.

Claus Offe, *Strukturprobleme des kapitalistischen Staates*, Frankfurt/M. 1972.

Claus Offe, *»Arbeitsgesellschaft«. Strukturprobleme und Zukunftsperspektiven*, Frankfurt/M. 1984.

Claus Offe, *Selbstbetrachtung aus der Ferne – Tocqueville, Weber und Adorno in den Vereinigten Staaten. Adorno-Vorlesungen 2003*, Frankfurt/M. 2004.

Hans-Ludwig Ollig (Hg.), *Philosophie als Zeitdiagnose*, Darmstadt 1991.

Fran Osrecki, *Die Diagnosegesellschaft. Zeitdiagnostik zwischen Soziologie und medialer Popularität*, Bielefeld 2011.

Stanislaw Ossowski, *Klassenstruktur im sozialen Bewußtsein*, Neuwied, Berlin 1962.
Jürgen Osterhammel, *Die Entzauberung Asiens. Europa und die asiatischen Reiche im 18. Jahrhundert*, München 1998.
Jürgen Osterhammel, *Die Verwandlung der Welt. Eine Geschichte des 19. Jahrhunderts*, München 2009.

Sven Papcke, *Gesellschaftsdiagnosen. Klassische Texte der deutschen Soziologie im 20. Jahrhundert*, Frankfurt/M., New York 1991.
Talcott Parsons, »Durkheim's Contribution to the Theory of Integration of Social Systems«, in: Ders., *Sociological Theory and Modern Society*, New York, London 1967, S. 166-191.
Talcott Parsons, *The Structure of Social Action. A Study in Social Theory with Special Reference to a Group of Recent European Writers*, Glencoe 1968 [1937].
Talcott Parsons, »Evolutionäre Universalien der Gesellschaft«, in: Wolfgang Zapf (Hg.), *Theorien des sozialen Wandels*, Köln 1969 [1964], S. 55-74.
Talcott Parsons, *Das System moderner Gesellschaften*, München 1972.
Talcott Parsons, *Gesellschaften*, Frankfurt/M. 1975.
Talcott Parsons, *On Institutions and Social Evolution*, hg. u. eingeleitet v. Leon H. Mayhew, Chicago 1982.
Talcott Parsons u. Gerald M. Platt, *The American University*, Cambridge/MA 1973.
Detlev Peukert, *Max Webers Diagnose der Moderne*, Göttingen 1989.
Thomas Piketty, *Das Kapital im 21. Jahrhundert*, München 2014.
Thomas Piketty, *Capital et Idéologie*, Paris 2019.
Alessandro Pizzorno, »Lecture actuelle de Durkheim«, in: *Europäisches Archiv für Soziologie* 4 (1963), S. 1-36.
Gianfranco Poggi, *Images of Society*, Stanford 1972.
Friedrich Pohlmann, *Individualität, Geld und Rationalität. Georg Simmel zwischen Karl Marx und Max Weber*, Stuttgart 1987.
Karl Polanyi, *The Great Transformation. Politische und gesellschaftliche Ursprünge von Gesellschaften und Wirtschaftssystemen*, Frankfurt/M. 1978.
Whitney Pope u. Barcley C. Johnson, »Inside Organic Solidarity«, in: *American Sociological Review* 48 (1983), S. 681-692.
Heinrich Popitz, *Der entfremdete Mensch. Zeitkritik und Geschichtsphilosophie des jungen Marx*, Darmstadt 1973.
Nicos Poulantzas, *Politische Macht und gesellschaftliche Klassen*, Frankfurt/M. 1975.
Jeffrey Prager, »Moral integration and political inclusion. A comparison of Durkheim's and Weber's theories of democracy«, in: *Social Forces* 59 (1981), S. 918-950.

Manfred Prisching, *Zeitdiagnose. Methoden, Modelle, Motive*, Weinheim, Basel 2018.
Olli Pyyhtinen, *Simmel and The* ›Social‹, Basingstoke 2010.

Michael Quante u. David Schweikard, *Marx Handbuch. Leben – Werk – Wirkung*, Stuttgart 2015.

Joachim Radkau, *Max Weber. Die Leidenschaft des Denkens*, München 2005.
Otthein Rammstedt (Hg.), *Simmel und die frühen Soziologen*, Frankfurt/M. 1988.
Otthein Rammstedt (Hg.), *Georg Simmels Philosophie des Geldes. Aufsätze und Materialien*, Frankfurt/M. 2003.
Anne W. Rawls, *Epistemology and Practice: Durkheim's The Elementary Forms of Religious Life*, Cambridge 2004.
John Rawls, *Eine Theorie der Gerechtigkeit*, Frankfurt/M. 1979.
Andreas Reckwitz, *Die Transformation der Kulturtheorien. Zur Entwicklung eines Theorieprogramms*, Weilerswist 2000.
Andreas Reckwitz, *Die Gesellschaft der Singularitäten*, Berlin 2017.
Helmut Reichelt, *Zur logischen Struktur des Kapitalbegriffs bei Karl Marx*, Frankfurt/M. 1968.
Helmut Reichelt, *Neue Marx-Lektüre. Zur Kritik sozialwissenschaftlicher Logik*, Hamburg 2008.
Wolfgang Reinhard, *Die Unterwerfung der Welt. Globalgeschichte der europäischen Expansion 1415-2015*, München 2016.
Paul Ricœur, *Die Interpretation. Ein Versuch über Freud*, Frankfurt/M. 1974.
David Riesman, Reuel Denney, Nathan Glazer, *Die einsame Masse. Eine Untersuchung der Wandlungen des amerikanischen Charakters*, mit einer Einführung in die deutsche Ausgabe von Helmut Schelsky, Hamburg 1958.
Jürgen Ritsert, *Theorie praktischer Probleme*, Wiesbaden 2012.
John Roemer (Hg.), *Analytical Marxism*, Cambridge 1986.
Cécile Rol u. Christian Papilloud (Hg.), *Soziologie als Möglichkeit. 100 Jahre Georg Simmels Untersuchungen über die Formen der Vergesellschaftung*, Wiesbaden 2009.
Richard Rorty, *Der Spiegel der Natur. Eine Kritik der Philosophie*, Frankfurt/M. 1987.
Richard Rorty, *Objectivism, relativism, and truth*, Cambridge 1991.
Hartmut Rosa, *Beschleunigung. Die Veränderung der Zeitstrukturen in der Moderne*, Frankfurt/M. 2005.
Hartmut Rosa, *Beschleunigung und Entfremdung. Entwurf einer kritischen Theorie spätmoderner Zeitlichkeit*, Berlin 2013.
Hartmut Rosa, *Resonanz. Eine Soziologie der Weltbeziehung*, Berlin 2016.
Heidi Rosenbaum, *Formen der Familie*, Frankfurt/M. 1982.

Guenter Roth, *Max Webers deutsch-englische Familiengeschichte 1800 bis 1950*, Tübingen 2001.
Walter G. Runciman, *Relative Deprivation and Social Justice*, London 1972.

Claude-Henri Saint-Simon, *Ausgewählte Schriften*, hg. v. Lola Zahn, Berlin 1977.
Albert Salomon, »Max Weber«, in: *Die Gesellschaft. Internationale Revue für Sozialismus und Politik* 3/1 (1926), S. 131-153; jetzt in: Ders., *Werke*, Bd. 1, hg. v. Peter Gostmann u. Gerhard Wagner, Frankfurt/M. 2008, S. 135-157.
Lawrence Scaff, *Max Weber in Amerika*, mit einem Geleitwort v. Hans-Peter Müller, Berlin 2013.
Lawrence Scaff, *Weber and the Weberians*, Basingstoke, New York 2014.
Uwe Schimank, *Handeln und Strukturen. Einführung in die akteurtheoretische Soziologie*, Weinheim, München 2000.
Uwe Schimank u. Rainer Greshoff (Hg.), *Was erklärt die Soziologie? Soziologische Erklärung, Modellbildung, Simulation*, Berlin 2005.
James T. Schleifer, *The Making of Tocqueville's* ›Democracy in America‹, Indianapolis 2000.
Annika Schlitte, *Die Macht des Geldes und die Symbolik der Kultur. Georg Simmels Philosophie des Geldes*, Paderborn 2012.
Wolfgang Schluchter, *Die Entwicklung des okzidentalen Rationalismus. Eine Analyse von Max Webers Gesellschaftsgeschichte*, Tübingen 1979.
Wolfgang Schluchter, *Rationalismus der Weltbeherrschung. Studien zu Max Weber*, Frankfurt/M. 1980.
Wolfgang Schluchter, *Religion und Lebensführung. Studien zu Max Webers Religions- und Herrschaftssoziologie*, 2 Bde., Frankfurt/M. 1988.
Wolfgang Schluchter, *Unversöhnte Moderne*, Frankfurt/M. 1996.
Wolfgang Schluchter, *Handlung, Ordnung, Kultur. Studien zu einem Forschungsprogramm im Anschluss an Max Weber*, Tübingen 2005.
Wolfgang Schluchter, *Die Entzauberung der Welt. Sechs Studien zu Max Weber*, Tübingen 2009.
Michael Schmid, *Forschungsprogramme. Beiträge zur Vereinheitlichung der soziologischen Theoriebildung*, Wiesbaden 2017.
Gerhard Schulze, *Die Erlebnisgesellschaft. Kultursoziologie der Gegenwart*, Frankfurt/M., New York 1992.
Joseph A. Schumpeter, *Kapitalismus, Sozialismus und Demokratie*, München 1975.
Alfred Schütz, *Der sinnhafte Aufbau der sozialen Welt*, Frankfurt/M. 1974.
Melvin Seeman, »On the meaning of alienation«, in: *American Sociological Review* 24/6 (1959), S. 783-791.

Steffen Sigmund, »Georg Simmel in Berlin«, in: *Berliner Journal für Soziologie* 3/2 (1993), S. 161-182.
Steffen Sigmund, »Ideen und Interessen«, in: Hans-Peter Müller u. Steffen Sigmund (Hg.), *Max-Weber-Handbuch*, S. 66-69.
Georg Simmel, »Das Problem des Stiles«, in: *Dekorative Kunst* 11/7 (1908), S. 307-316.
Georg Simmel, »Anfang einer unvollendeten Selbstdarstellung«, in: Kurt Gassen, Michel Landmann (Hg.), *Buch des Dankes an Georg Simmel*, Berlin 1958, S. 9-10.
Georg Simmel, »Lebenserinnerungen«, in: Hannes Böhringer u. Karlfried Gründer (Hg.), *Ästhetik und Soziologie um die Jahrhundertwende: Georg Simmel*, Frankfurt/M. 1976, S. 247-268.
Georg Simmel, *Philosophie des Geldes*, Berlin 1977 [1900].
Georg Simmel, *Schriften zur Soziologie*, hg. u. eingeleitet v. Heinz-Jürgen Dahme u. Otthein Rammstedt, Frankfurt/M. 1983, S. 39.
Georg Simmel, *Das Individuum und die Freiheit. Essays*, Neuausgabe von *Brücke und Tür*, hg. v. Michael Landmann, Berlin 1984.
Georg Simmel, *Das individuelle Gesetz. Philosophische Exkurse*, hg. u. eingeleitet. v. Michael Landmann, Neuausg. mit einem Nachwort v. Klaus Christian Köhnke, Frankfurt/M. 1987.
Georg Simmel, *Soziologie. Untersuchungen über die Formen der Vergesellschaftung*, Georg Simmel Gesamtausgabe (GSG), Bd. 11, Frankfurt/M. 1992 [1908].
Georg Simmel, *Grundfragen der Soziologie. Individuum und Gesellschaft*, in: ders., GSG 16, Frankfurt/M. 1999 [1917], S. 59-150.
Georg Simmel, *Lebensanschauung. Vier metaphysische Kapitel*, in: ders., GSG 16, Frankfurt/M. 1999 [1918], S. 209-425.
Georg Simmel, »Der Fragmentcharakter des Lebens«, in: ders., GSG 13, Frankfurt/M. 2000 [1916/17], S. 202-216.
Georg Simmel, »Die Persönlichkeit Gottes«, in: ders., GSG 12, Frankfurt/M. 2001 [1911], S. 290-307.
Georg Simmel, *Goethe*, in: ders., GSG 15, Frankfurt/M. 2003 [1913], S. 7-270.
Georg Simmel, »Brief an Georg Jellinek«, in: ders., GSG 22, Frankfurt/M. 2005 [1908], S. 640-641.
Neil J. Smelser, *Problematics of Sociology. The Georg Simmel Lectures, 1995*, mit einer Einführung v. Hans-Peter Müller, Berkeley, Los Angeles, London 1997.
Adam Smith, *Der Wohlstand der Nationen. Eine Untersuchung seiner Natur und seiner Ursachen*, hg. u. übersetzt v. Horst Claus Recktenwald, München 1978 [1776].
William Robertson Smith, *Die Religion der Semiten*, Dresden 2016 [1889].

Charles Percy Snow, *The Two Cultures*, Cambridge 2005.
Werner Sombart, *Der moderne Kapitalismus*, 3 Bde., Leipzig 1902.
Herbert Spencer, *On Social Evolution*, hg. u. eingeleitet v. J.D.Y. Peel, Chicago 1972.
Oswald Spengler, *Der Untergang des Abendlandes*, 2 Bde., München 1921/22.
Walter Sprondel u. Constans Seyfarth, *Seminar: Religion und gesellschaftliche Entwicklung. Studien zur Protestantismus-Kapitalismus-These Max Webers*, Frankfurt/M. 1973.
Heinz Steinert, *Max Webers unwiderlegbare Fehlkonstruktionen. Die protestantische Ethik und der Geist des Kapitalismus*, Frankfurt/M. 2010.
Fritz Stern, *Kulturpessimismus als Gefahr*, München 1986.
Daniel Suber, *Émile Durkheim*, Konstanz 2011.
Henry Sumner Maine, *Das alte Recht, sein Zusammenhang mit der Frühgeschichte der Gesellschaft und sein Verhältnis zu modernen Ideen,* hrsg. und übers. von Heiko Dahle. Baden-Baden 1997.
Margarete Susman, *Die geistige Gestalt Georg Simmels*, Tübingen 1959.
William Swatos u. Lutz Kaelber, *The Protestant Ethic Turns 100. Essays on the Centenary of the Weber Thesis*, Boulder 2005.
Richard Swedberg, *Max Weber and the Idea of Economic Sociology*, Princeton 1998.

Friedrich H. Tenbruck, »Georg Simmel«, in: *Kölner Zeitschrift für Soziologie und Sozialpsychologie* 10 (1958), S. 587-614.
Friedrich H. Tenbruck, *Die kulturellen Grundlagen der Gesellschaft. Der Fall der Moderne,* Opladen 1989.
Friedrich H. Tenbruck, *Das Werk Max Webers. Gesammelte Aufsätze zu Max* Weber, Tübingen 1999.
Edward P. Thompson, *The Making of the English Working Class*, New York 1966.
Denis Thouard u. Bénédicte Zimmermann (Hg.), *Simmel, le parti-pris du tiers*, Paris 2017.
Edward A. Tiryakian, *Sociology and Existentialism. Two Perspectives on the Individual and Society*, Englewood Cliffs 1962.
Edward A. Tiryakian, *For Durkheim. Essays in Historical and Cultural Sociology*, London 2009.
Alexis de Tocqueville, *Erinnerungen*, Stuttgart 1954.
Alexis de Tocqueville, *Der alte Staat und die Revolution*, München 1978 [1856], S. 15.
Alexis de Tocqueville, *Über die Demokratie in Amerika*, 2 Bde., Zürich 1987 [1835 u. 1840].
Alexis de Tocqueville, *Kleine politische Schriften*, hg. v. Harald Bluhm, Berlin 2006.

Ferdinand Tönnies, *Gemeinschaft und Gesellschaft*, Darmstadt 2010 [1887].
Ernst Topitsch, »Max Webers Geschichtsauffassung«, in: *Wissenschaft und Weltbild* 3 (1950).
Steven Toulmin, *Kosmopolis. Die unerkannten Aufgaben der Moderne*, Frankfurt/M. 1991.
Alain Touraine, *La voix et le regard*, Paris 1978.
Stephen Turner (Hg.), *Emile Durkheim. Sociologist and Moralist*, London 1993.
Hartmann Tyrell, »Emile Durkheim – Das Dilemma der organischen Solidarität«, in: Niklas Luhmann (Hg.), *Soziale Differenzierung*, Opladen 1985, S. 181-250.
Hartmann Tyrell, *»Religion« in der Soziologie Max Webers*, Wiesbaden 2014.
Hartmann Tyrell, Otthein Rammstedt, Ingo Meyer (Hg.), *Georg Simmels große »Soziologie«. Eine kritische Sichtung nach hundert Jahren*, Bielefeld 2011.

Alfred Vierkandt, »Programm einer formalen Gesellschaftslehre«, in: *Kölner Vierteljahresschrift für Sozialwissenschaften* 1 (1921), S. 56-66.
Ute Volkmann u. Uwe Schimank (Hg.), *Soziologische Gegenwartsdiagnosen*, 2. Aufl., Wiesbaden 2007.
Klaus von Beyme, *Theorie der Politik im 20. Jahrhundert*, Frankfurt/M. 1991.
Christian Graf von Krockow, *Die Deutschen in ihrem Jahrhundert: 1890-1990*, Reinbek bei Hamburg 1992.
Leopold von Wiese, »Zur Methodologie der Beziehungslehre«, in: *Kölner Vierteljahreshefte für Sozialwissenschaften* 1 (1921), S. 47-55.
Leopold von Wiese, »Beziehungslehre«, in: *Handwörterbuch der Soziologie*, hg. v. Alfred Vierkandt, Stuttgart 1931, S. 66-80.

Gerhard Wagner u. Heinz Zipprian (Hg.), *Max Webers Wissenschaftslehre. Interpretation und Kritik*, Frankfurt/M. 1994.
Peter Wagner, *A Sociology of Modernity*, London 1994.
Peter Wagner, *Modernity as Experience and Interpretation*, Cambridge 2008.
Immanuel Wallerstein, *The Modern World-System I. Capitalist Agriculture and the Origins of the European World-Economy in the Sixteenth Century*, New York 1974.
Ernest Wallwork, *Durkheim: Morality and Milieu*, Cambridge/MA 1972.
Ernest Wallwork, »Durkheim's early sociology of religion«, in: *Sociological Analysis* 46 (1985), S. 201-217.
Marianne Weber, *Max Weber. Ein Lebensbild*, München 1989 [1926].
Max Weber, »Antikritisches Schlußwort zum ›Geist des Protestantismus‹«, in: *Archiv für Sozialwissenschaft und Sozialpolitik* 31 (1910), S. 554-599.

Max Weber, *Gesammelte Politische Schriften*, Tübingen 1971 [1920].
Max Weber, *Gesammelte Aufsätze zur Religionssoziologie*, 3 Bde., Tübingen 1978 [1920/1921].
Max Weber, *Wirtschaft und Gesellschaft*, Tübingen 1972 [1921/1922].
Max Weber, *Gesammelte Aufsätze zur Wissenschaftslehre*, 4. Aufl., Tübingen 1973 [1922].
Max Weber, »Die ›Objektivität‹ sozialwissenschaftlicher und sozialpolitischer Erkenntnis«, in: Ders., *Gesammelte Aufsätze zur Wissenschaftslehre*, 4. Aufl., Tübingen 1973, S. 146-214.
Max Weber, *Wirtschaftsgeschichte. Abriß der universalen Sozial- und Wirtschaftsgeschichte*, aus den nachgelassenen Vorlesungen hrsg. v. Siegmund Hellmann u. Melchior Palyi, Berlin 1981.
Max Weber, *Schriften 1894-1922*, ausgewählt u. hg. v. Dirk Kaesler, Stuttgart 2002.
Deena Weinstein u. Michael A. Weinstein, *Postmodern(ized) Simmel*, London, New York 1993.
Johannes Weiß, *Max Webers Grundlegung der Soziologie*, München 1975.
Cheryl B. Welch, *De Tocqueville*, Oxford 2001.
Cheryl B. Welch (Hg.), *The Cambridge Companion to Tocqueville*, Cambridge 2006.
Barry Wellman u. Stephen D. Berkowitz (Hg.), *Social Structures. A Network Approach*, Bingley 1997.
Wolfgang Welsch, *Unsere moderne Postmoderne*, Berlin 2008 [1987].
Harrison C. White, *Identity and Control. A Structural Theory of Social Action*, Princeton 1992.
Richard Whitley (Hg.), *Competing Capitalisms. Institutions and Economies*, Cheltenham 2002.
Peter Winch, *Die Idee der Sozialwissenschaft und ihr Verhältnis zur Philosophie*, Frankfurt/M. 1966.
Wilhelm Windelband, *Geschichte und Naturwissenschaft*, Rede zum Antritt des Rectorats der Kaiser-Wilhelm-Universität Strassburg, geh. am 1. Mai 1894, Strassburg 1894.
Paul Windolf (Hg.), *Finanzmarkt-Kapitalismus. Analysen zum Wandel von Produktionsregimen*, Wiesbaden 2005.
Richard Wittrock, »Modernity: One, None or Many? European Origins and Modernity as a Global Condition«, in: *Daedalus* 129 (2000), S. 31-59.
Kurt H. Wolff (Hg.), *Georg Simmel. 1858-1918*, Columbus 1959.
Sheldon Wolin, *Tocqueville between Two Worlds: The Making of a Political and Theoretical Life*, Princeton 2001.
Eric Olin Wright, *Classes*, London 1985.
Eric Olin Wright, *Class counts. Comparative Studies in Class Analysis*, Cambridge 1997.

Eric Olin Wright (Hg.), *Approaches to Class Analysis*, Cambridge 2005.
Eric Olin Wright, *Reale Utopien. Wege aus dem Kapitalismus*, Berlin 2017.

Wolfgang Zapf (Hg.), *Theorien des sozialen Wandels*, Köln, Berlin 1970.
Andreas Ziemann, *Die Brücke zur Gesellschaft. Erkenntniskritische und topographische Implikationen der Soziologie Simmels*, Konstanz 2002.
Olivier Zunz u. Alan S. Kahan (Hg.), *The Tocqueville Reader*, Oxford 2002.
Stefan Zweig, *Die Welt von gestern. Erinnerungen eines Europäers*, Frankfurt/M. 1982.

Namenregister

Sachregister

Pierre Bourdieu
im Suhrkamp Verlag

Algerische Skizzen. Übersetzt von Andreas Pfeuffer, Achim Russer, Bernd Schwibs u. a. 523 Seiten. Gebunden

Ein soziologischer Selbstversuch. Übersetzt von Stephan Egger. Mit einem Nachwort von Franz Schultheis. es 2311. 151 Seiten

Entwurf einer Theorie der Praxis. Übersetzt von Cordula Pialoux und Bernd Schwibs. Mit Abbildungen. stw 291. 493 Seiten

Die feinen Unterschiede. Kritik der gesellschaftlichen Urteilskraft. Übersetzt von Bernd Schwibs und Achim Russer. Gebunden und stw 658. 910 Seiten

Homo academicus. Übersetzt von Bernd Schwibs. Gebunden, kartoniert und stw 1002. 455 Seiten

Die männliche Herrschaft. Übersetzt von Jürgen Bolder. 211 Seiten. Gebunden

Meditationen. Zur Kritik der scholastischen Vernunft. Übersetzt von Achim Russer. Gebunden und stw 1695. 335 Seiten

Praktische Vernunft. Zur Theorie des Handelns. Übersetzt von Hella Beister. es 1985. 226 Seiten

Rede und Antwort. Übersetzt von Bernd Schwibs. es 1547. 237 Seiten

Reflexive Anthropologie. Mit Loïc J. D. Wacquant. Übersetzt von Hella Beister. stw 1793. 351 Seiten

NF 147/1/10.15

Die Regeln der Kunst. Genese und Struktur des literarischen Feldes. Übersetzt von Bernd Schwibs und Achim Russer. stw 1539. 552 Seiten

Sozialer Sinn. Kritik der theoretischen Vernunft. Übersetzt von Günther Seib. stw 1066. 503 Seiten

Soziologische Fragen. Übersetzt von Hella Beister und Bernd Schwibs. es 1872. 256 Seiten

Über den Staat. Vorlesungen am Collège de France 1989-1992. Übersetzt von Horst Brühmann und Petra Willim. 722 Seiten. Gebunden

Zur Soziologie der symbolischen Formen. Übersetzt von Wolfgang Fietkau. stw 107. 201 Seiten

Schriften

Band 7: Politik. Schriften zur Politischen Ökonomie 2. Herausgegeben von Franz Schultheis und Stephan Egger. Übersetzt von Roswitha Schmid, Hella Beister, Eva Kessler, Achim Russer und Bernd Schwibs. stw 2056. 374 Seiten

Band 12.1: Kunst und Kultur. Zur Ökonomie symbolischer Güter. Schriften zur Kultursoziologie 4. Herausgegeben von Franz Schultheis und Stephan Egger. Übersetzt von Hella Beister. stw 2106. 256 Seiten

Band 12.2: Kunst und Kultur. Kunst und künstlerisches Feld. Schriften zur Kultursoziologie 4. Herausgegeben von Franz Schultheis und Stephan Egger. Übersetzt von Michael Tillmann, Bernd Schwibs, Hella Beister, Wolfgang Fietkau und Bernhard Dieckmann. stw 2126. 546 Seiten

NF 147/2/10.15

Band 12.3: Kunst und Kultur. Kultur und kulturelle Praxis. Schriften zur Kultursoziologie 4. Herausgegeben von Franz Schultheis und Stephan Egger. Übersetzt von Bernd Schwibs, Achim Russer, Udo Rennert, Michael Tillmann und Hella Beister. stw 2146. 684 Seiten

Band 13: Religion. Schriften zur Kultursoziologie 5. Herausgegeben von Franz Schultheis und Stephan Egger. Übersetzt von Andreas Pfeuffer, Hella Beister und Bernd Schwibs. stw 1975. 278 Seiten

Zu Pierre Bourdieu

Bourdieu und Luhmann. Ein Theorienvergleich. Herausgegeben von Armin Nassehi und Gerd Nollmann. stw 1696. 350 Seiten

Pierre Bourdieu: Deutsch-französische Perspektiven. Herausgegeben von Catherine Colliot-Thélène, Etienne François und Gunter Gebauer. stw 1752. 329 Seiten

Hans-Peter Müller. Pierre Bourdieu. Eine systematische Einführung. stw 2110. 372 Seiten

Soziologie ist ein Kampfsport. Pierre Bourdieu im Portrait. Von Pierre Carles. fes 5. DVD, OmU, 140 min.

NF 147/3/10.15

Soziologie
im Suhrkamp Verlag
Eine Auswahl

Dirk Baecker
- Beobachter unter sich. Eine Kulturtheorie. Gebunden. 309 Seiten
- Form und Formen der Kommunikation. stw 1828. 285 Seiten
- Neurosoziologie. Ein Versuch. eu 52. 262 Seiten
- Organisation und Management. stw 1614. 348 Seiten
- Organisation und Störung. stw 2012. 336 Seiten
- Studien zur nächsten Gesellschaft. stw 1856. 229 Seiten
- Womit handeln Banken? stw 946. 207 Seiten
- Wozu Theorie? stw 2177. 292 Seiten

Ulrich Beck
- Nachrichten aus der Weltinnenpolitik. es 2619. 150 Seiten
- Reflexive Modernisierung. Eine Kontroverse. Zusammen mit Anthony Giddens und Scott Lash. es 1705. 368 Seiten
- Risikogesellschaft. es 1365. 396 Seiten
- Weltrisikogesellschaft. Auf der Suche nach der verlorenen Sicherheit. st 4038. 439 Seiten

Herbert Blumer. Symbolischer Interaktionismus. Aufsätze zu einer Wissenschaft der Interpretation. Herausgegeben von Heinz Bude und Michael Dellwing. stw 2069. 187 Seiten

Pierre Bourdieu
- Entwurf einer Theorie der Praxis. stw 291. 493 Seiten
- Die feinen Unterschiede. Kritik der gesellschaftlichen Urteilskraft. stw 659. 912 Seiten
- Homo academicus. stw 1002. 455 Seiten
- Die männliche Herrschaft. stw 2031. 211 Seiten

NF 178/1/6.16

- Manet. Eine symbolische Revolution. Gebunden. 921 Seiten
- Sozialer Sinn. Kritik der theoretischen Vernunft. stw 1066. 512 Seiten
- Über den Staat. Gebunden. 722 Seiten

Ulrich Bröckling. Das unternehmerische Selbst. Soziologie einer Subjektivierungsform. stw 1832. 327 Seiten

Eva Illouz
- Die Errettung der modernen Seele. Therapien, Gefühle und die Kultur der Selbsthilfe. stw 1997. 412 Seiten
- Gefühle in Zeiten des Kapitalismus. stw 1857. 170 Seiten
- Israel. Soziologische Essays. es 2683. 229 Seiten
- Der Konsum der Romantik. Liebe und die kulturellen Widersprüche des Kapitalismus. stw 1858. 343 Seiten
- Warum Liebe weh tut. stw 2057. 467 Seiten

Stefan Kühl. Ganz normale Organisationen. Zur Soziologie des Holocaust. stw 2130. 411 Seiten

Jörn Lamla. Verbraucherdemokratie. Politische Soziologie der Konsumgesellschaft. stw 2072. 507 Seiten

Bruno Latour
- Eine neue Soziologie für eine neue Gesellschaft. stw 1967. 488 Seiten
- Existenzweisen. Eine Anthropologie der Modernen. Gebunden. 665 Seiten
- Die Hoffnung der Pandora. Untersuchungen zur Wirklichkeit der Wissenschaft. stw 1595. 386 Seiten
- Jubilieren. Über religiöse Rede. stw 2186. 247 Seiten
- Die Ökonomie als Wissenschaft der leidenschaftlichen Interessen. Eine Einführung in die ökonomische Anthropologie Gabriel Tardes. Zusammen mit Vincent Lépinay. Broschur. 120 Seiten

NF 178/2/6.16

- Das Parlament der Dinge. Für eine politische Ökologie. stw 1954. 364 Seiten
- Wir sind nie modern gewesen. Versuch einer symmetrischen Anthropologie. stw 1861. 205 Seiten

Martina Löw
- Prostitution. Herstellungsweisen einer anderen Welt. Zusammen mit Renate Ruhne. es 2632. 215 Seiten
- Raumsoziologie. stw 1506. 320 Seiten
- Soziologie der Städte. stw 1976. 289 Seiten

Niklas Luhmann
- Die Gesellschaft der Gesellschaft. stw 1360. 1164 Seiten
- Kontingenz und Recht. Gebunden. 348 Seiten
- Die Kunst der Gesellschaft. stw 1303. 517 Seiten
- Liebe als Passion. stw 1124. 231 Seiten
- Liebe. Eine Übung. Gebunden. 94 Seiten
- Macht im System. stw 2089. 156 Seiten
- Die Moral der Gesellschaft. stw 1871. 402 Seiten
- Der neue Chef. Gebunden. 120 Seiten
- Politische Soziologie. stw 2068. 499 Seiten
- Das Recht der Gesellschaft. stw 1183. 598 Seiten
- Soziale Systeme. Grundriß einer allgemeinen Theorie. stw 666. 675 Seiten
- Die Wirtschaft der Gesellschaft. stw 1152. 360 Seiten

Hans-Peter Müller. Pierre Bourdieu. Eine systematische Einführung. stw 2110. 372 Seiten

Armin Nassehi
- Geschlossenheit und Offenheit. Studien zur Theorie der modernen Gesellschaft. stw 1636. 352 Seiten
- Gesellschaft der Gegenwarten. Studien zur Theorie der modernen Gesellschaft II. stw 1996. 362 Seiten
- Der soziologische Diskurs der Moderne. stw 1922. 481 Seiten

NF 178/3/6.16

Andreas Reckwitz. Die Erfindung der Kreativität. Zum Prozess gesellschaftlicher Ästhetisierung. stw 1995. 408 Seiten

Hartmut Rosa
- Beschleunigung. Die Veränderung der Zeitstrukturen in der Moderne. stw 1760. 537 Seiten
- Beschleunigung und Entfremdung. Entwurf einer kritischen Theorie spätmoderner Zeitlichkeit. Broschur. 145 Seiten
- Resonanz. Gebunden. 816 Seiten
- Weltbeziehungen im Zeitalter der Beschleunigung. Umrisse einer neuen Gesellschaftskritik. stw 1977. 446 Seiten

Robert Schmidt. Soziologie der Praktiken. Konzeptionelle Studien und empirische Analysen. stw 2030. 288 Seiten

Georg Simmel. Gesamtausgabe in 24 Bänden. Gebunden oder Broschur.

Silke Steets. Der sinnhafte Aufbau der gebauten Welt. Eine Architektursoziologie. stw 2139. 274 Seiten

Rudolf Stichweh
- Der Fremde. Studien zu Soziologie und Sozialgeschichte. stw 1924. 213 Seiten
- Die Weltgesellschaft. Soziologische Analysen. stw 1500. 274 Seiten

Wolfgang Streeck. Gekaufte Zeit. Die vertagte Krise des demokratischen Kapitalismus. stw 2133. 351 Seiten

Gabriel Tarde
- Die Gesetze der Nachahmung. stw 1883. 400 Seiten
- Monadologie und Soziologie. stw 1884. 153 Seiten

Gunter Weidenhaus. Soziale Raumzeit. stw 2138. 240 Seiten

NF 178/4/6.16

- Von Person zu Person. Zur Moralität persönlicher Beziehungen. Herausgegeben zus. mit Beate Rössler. stw 1756. 361 Seiten
- Der Wert des Marktes. Ein ökonomisch-philosophischer Diskurs vom 18. Jahrhundert bis zur Gegenwart. Herausgegeben zus. mit Lisa Herzog. stw 2065. 670 Seiten
- Die zerrissene Welt des Sozialen. Sozialphilosophische Aufsätze. Erweiterte Ausgabe. stw 849. 279 Seiten

Axel Honneth/Nancy Fraser. Umverteilung oder Anerkennung? Eine politisch-philosophische Kontroverse. stw 1460. 320 Seiten

Rahel Jaeggi
- Entfremdung. stw 2185. 337 Seiten
- Kritik von Lebensformen. stw 1987. 451 Seiten
- Nach Marx. Philosophie, Kritik, Praxis. Herausgegeben zus. mit Daniel Loick. stw 2066. 518 Seiten
- Sozialphilosophie und Kritik. Herausgegeben zus. mit Rainer Forst, Martin Hartmann und Martin Saar. stw 1960. 743 Seiten
- Was ist Kritik? Herausgegeben zus. mit Tilo Wesche. stw 1885. 375 Seiten

Hans Joas
- Die Entstehung der Werte. stw 1416. 321 Seiten
- Die Kreativität des Handelns. stw 1248. 415 Seiten

Angelika Krebs. Arbeit und Liebe. Die philosophischen Grundlagen sozialer Gerechtigkeit. stw 1564. 336 Seiten

George Herbert Mead. Geist, Identität und Gesellschaft. Aus der Sicht des Sozialbehaviorismus. Einleitung von Charles W. Morris. Übersetzt von Ulf Pacher. stw 28. 456 Seiten

NF 123/2/6.16

Bernhard Peters. Der Sinn von Öffentlichkeit. Herausgegeben von Hartmut Weßler. Mit einem Nachwort von Jürgen Habermas. stw 1836. 410 Seiten

Beate Rössler. Der Wert des Privaten. stw 1530. 384 Seiten

NF 123/3/6.16

Eva Illouz
im Suhrkamp Verlag

Die Errettung der modernen Seele. Therapien, Gefühle und die Kultur der Selbsthilfe. stw 1997. 412 Seiten

Gefühle in Zeiten des Kapitalismus. Adorno-Vorlesungen 2004. stw 1857. 170 Seiten

Das Glücksdiktat. Und wie es unser Leben beherrscht. Zusammen mit Edgar Cabanas. st 4998. 242 Seiten

Israel. Soziologische Essays. es 2683. 150 Seiten

Der Konsum der Romantik. Liebe und die kulturellen Widersprüche des Kapitalismus. stw 1858. 343 Seiten

Die neue Liebesordnung. Frauen, Männer und *Shades of Grey*. es digital. 88 Seiten

Wa(h)re Gefühle. Authentizität im Konsumkapitalismus (Hg.). stw 2208. 332 Seiten

Warum Liebe endet. Eine Soziologie negativer Beziehungen. stw 2318. 447 Seiten

Warum Liebe weh tut. Eine soziologische Erklärung. stw 2057. 467 Seiten

NF 174/1/6.20